Bürgerliches Gesetzbuch

sammt Einführungsgesetz.

Mit Anhang:

Gesetz über die

Angelegenheiten der freiwilligen Gerichtsbarkeit

und

Grundbuchordnung.

Handausgabe,

in systematischer Anordnung

herausgegeben von

M. Hesse,

Amtsgerichtsrath.

Leipzig

Verlag von Veit & Comp.

1900.

Vorwort.

Die vorliegende Ausgabe des Bürgerlichen Gesetzbuches ist der in die Gestalt einer systematischen Darstellung gebrachte Text dieses Gesetzes. Bei seiner knappen und klaren Schreibweise konnte der Versuch einer solchen Anordnung des Textes unternommen werden. Es waren hierzu folgende Veränderungen erforderlich. Zunächst wurden die 2385 Paragraphenzahlen hinter die Rechtssätze gestellt und die den Gesetzesstoff andeutenden Wörter der einzelnen Paragraphen durch gesperrten Druck hervorgehoben. Die Vorschriften der einzelnen Abschnitte und Titel sind dann zur schnelleren Orientirung für den Nachschlagenden systematisch geordnet worden. Die eingeschobenen Ueberschriften sind fett gedruckt und fallen so noch mehr in die Augen. Durch Gliederung einer beträchtlichen Anzahl von Gesetzesabschnitten in Rubriken ist daneben eine größere Uebersichtlichkeit zu erreichen versucht worden. So gewinnt diese Ausgabe den Anschein, als hätte ein Systematiker Institutionen des Bürgerlichen Gesetzbuches schaffen wollen.

Die Vorzüge einer solchen Ausgabe liegen auf der Hand. Sie erleichtert das Auffinden des Gesuchten, erspart dem Nachschlagenden viel Zeit, giebt ihm dabei die Sicherheit, daß die ermittelten Stellen mit dem Wortlaute des Gesetzes übereinstimmen und prägt dem Lernenden vermöge der plastischen Darstellung den Gesetzesinhalt leichter in das Gedächtniß ein. Die damit geleistete, nicht gering anzuschlagende Vorarbeit ermöglicht juristisch gebildeten Lesern zweifelsohne eine schnellere wissenschaftliche Durchdringung des neuen Rechts. Es ist sogar nicht ausgeschlossen, daß sie sich mit dieser Textausgabe in der Hand unter Benutzung des beigegebenen alphabetischen Registers, welches auch die bisherigen termini technici aufgenommen hat, leichter, als sie hofften, den neuen Rechtsstoff zu eigen machen werden. Namentlich Studirenden ist in dem Buche eine Form des Textes geboten, welche ihnen die Aufnahme des Stoffes erleichtern wird, und den Praktikern wird eine Ausgabe geliefert, deren Brauchbarkeit für sie durch Einfügung von Bestimmungen aus den landesgesetzlichen Ausführungsgesetzen zum Bürgerlichen Gesetzbuche u. s. w. sich leicht erhöhen läßt.

Im Zusammenhange mit dem Bürgerlichen Gesetzbuche, das die großen Verschiedenheiten auf dem Gebiete des Privatrechts in Deutschland beseitigt hat, sind außer einem Einführungsgesetz ein die Angelegenheiten der freiwilligen Gerichtsbarkeit regelndes Gesetz und eine das Grundbuchwesen und das Verfahren der mit Führung der Grundbücher betrauten Behörden einheiltlich regelnde Grundbuchordnung erlassen worden. Diese beiden Nebengesetze verweisen ihrer Natur nach vielfach auf das BGB, und auf das Einführungsgesetz dazu, stehen also in einem so nahen rechtlichen Zusammenhange, daß ihre Vereinigung mit dem BGB in einem Bande gerechtfertigt erscheinen wird. Wenn auch das BGB das Privatrecht vollständig und erschöpfend regelt, so sind doch in dem Einführungsgesetz Ausnahmen vorgesehen, die zumeist die privatrechtlichen Bestimmungen der bisherigen Reichsgesetze betreffen. Ausnahmen erleidet ferner der Grundsatz, daß das BGB das gesammte bürgerliche Recht umfaßt, durch eine Reihe von Vorbehalten mit verschiedener Tragweite zu Gunsten der Landesgesetzgebung. Einzelne Gebiete, deren Regelung zu einem großen Theile in den Bereich des öffentlichen Rechts fallen, werden durch solche Vorbehalte den Landesgesetzen ganz und gar zugewiesen. Diese Rechtsgebiete pflegt das Einführungsgesetz durch die Worte: „Unberührt bleiben" einzuleiten. Dem Einführungsgesetz fällt ferner die Aufgabe zu, das internationale Privatrecht, d. h. den Inbegriff derjenigen Rechtssätze, nach denen zu entscheiden ist, von welchem örtlichen Rechte (dem deutschen oder einem ausländischen) ein bestimmtes Rechtsverhältniß beherrscht wird, zum großen Theile zu regeln. Zum Schluß trifft das Einführungsgesetz Uebergangsbestimmungen über die zeitliche Anwendbarkeit des bürgerlichen Rechts, welche inhaltlich dem System des BGB (Personenrecht, Verjährung, Recht der Schuldverhältnisse, Sachenrecht, Familienrecht, Erbrecht) folgen. Diese Vorschriften sind jedoch von so geringem Umfange, daß sie sich zu einer systematischen Bearbeitung wenig eignen. Nur einige Abschnitte daraus können wissenschaftlich geordnet werden. Dasselbe trifft für das Gesetz über die Angelegenheiten der freiwilligen Gerichtsbarkeit und die Grundbuchordnung zu. Diese drei Gesetzestexte sind deshalb zweckmäßigerweise in kleine Rechtswörterbücher verwandelt worden, womit namentlich den Praktikern gedient sein wird.

Die Besitzer dieser Textausgabe werden in ihr sehr bald ein Hülfsmittel erkennen, das seine Aufgabe, des neuen Rechtes „vielverschlungenen Pfad" mit einem nützlichen Wegweiser zu versehen, nicht ganz ungelöst gelassen hat.

Brandenburg, im Januar 1900.

Der Verfasser.

Inhalt.

Seite

Bürgerliches Gesetzbuch.

Erstes Buch.

Allgemeiner Theil.

Zweites Buch.

Recht der Schuldverhältnisse.

Drittes Buch.

Sachenrecht.

Viertes Buch.

Familienrecht.

Fünftes Buch.

Erbrecht.

Einführungsgesetz

zum

Bürgerlichen Gesetzbuche

vom 18. August 1896.

Erster Abschnitt. Allgemeine Vorschriften. Artikel 1—31. — Zweiter Abschnitt. Verhältniß des BGB zu den Reichsgesetzen. Art. 32—54. — Dritter Abschnitt. Verhältniß des BGB zu den Landesgesetzen. Art. 55—152. — Vierter Abschnitt. Uebergangsvorschriften. Art. 153—218.

A

Abgaben, öffentliche. Unberührt bleiben die landesgesetzlichen Vorschriften über den Anspruch auf Rückerstattung mit Unrecht erhobener öff. Abg. oder Kosten eines Verfahrens. **104.**

Ablösungen von Dienstbarkeiten rc. Siehe Gemeinheitstheilung, Gutsherrlich-bäuerliche Verhältnisse.

Adel. Siehe Reichsständische Häuser.

Aenderung vom BGB unberührt gebliebener Landesgesetze. Soweit nach den Vorschriften dieses Abschnitts die bisherigen Landesgesetze maßgebend bleiben, können sie nach dem Inkrafttreten des BGB durch Landesgesetz auch geändert werden. **218.**

Altentheilsvertrag. Unberührt bleiben die landesgesetzlichen Vorschriften über einen mit der Ueberlassung eines Grundstücks in Verbindung stehenden Leibgedings-, Leibzuchts-, Auszugs- oder Altentheilsvertrag, soweit sie das sich aus dem Vertrag ergebende Schuldverhältniß für den Fall regeln, daß nicht besondere Vereinbarungen getroffen werden. **96.**

Aneignung. Siehe Grundstücksverhältnisse.

Aneignungsrecht des Fiskus. Das nach § 928 Abs. 2 des BGB („Eigent.") dem Fiskus zustehende Aneignungsrecht erstreckt sich auf alle Grundstücke, die zu der Zeit herrenlos sind, zu welcher das Grundbuch (S. 12) als angelegt anzusehen ist. Die Vorschrift des Art. 129 (S. 14 Sp. 2) findet entsprechende Anwendung. **190.**

Anerbenrecht. Unberührt bleiben die landesgesetzlichen Vorschriften über das Anerbenrecht in Ansehung landwirthschaftlicher und forstwirthschaftlicher Grundstücke nebst deren Zubehör. | Die Landesgesetze können das Recht des Erblassers, über das dem Anerbenrecht unterliegende Grundstück von Todeswegen zu verfügen, nicht beschränken. **64.**

Annahme an Kindesstatt. Siehe Kinder.

Anstalt des öffentlichen Rechts. Siehe Hypotheken, Körperschaften.

Arbeiter. Siehe Gewerbeordnung.

Auflauf, Aufruhr. Siehe Schadensersatz.

Ausländer. Unberührt bleiben die landesgesetzlichen Vorschriften, welche den

Erwerb von Grundstücken durch Ausländer von staatlicher Genehmigung abhängig machen. 88. — Siehe auch Entmündigung, Geschäftsfähigkeit, Vormundschaft.

Ausländisches Gesetz. a) Die Anwendung eines ausländischen Gesetzes ist ausgeschlossen, wenn die Anwendung gegen die guten Sitten oder gegen den Zweck eines deutschen Gesetzes verstoßen würde. 30.

b) Sind nach dem Rechte eines fremden Staates, dessen Gesetze in dem Artikel 7 Abs. 1 (S. 11 Sp. 1), dem Artikel 13 Abs. 1 (S. 5 Sp. 1), dem Artikel 15 Abs. 2 (S. 5 Sp. 2), dem Artikel 17 Abs. 1 (S. 6 Sp. 1) und dem Artikel 25 (S. 9 Sp. 1) für maßgebend erklärt sind, die deutschen Gesetze anzuwenden, so finden diese Gesetze Anwendung. 27.

c) Die Vorschriften der Artikel 15 (S. 5 Sp. 2), 19 (S. 6 Sp. 2), des Artikel 24 Abs. 1 (S. 8 Sp. 2) und der Artikel 25, 27 (S. 9 Sp. 1) finden keine Anwendung auf Gegenstände, die sich nicht in dem Gebiete des Staates befinden, dessen Gesetze nach jenen Vorschriften maßgebend sind, und die nach den Gesetzen des Staates, in dessen Gebiete sie sich befinden, besonderen Vorschriften unterliegen. 28.

Die Außerkurssetzung von Schuldverschreibungen auf den Inhaber findet nach dem Inkrafttreten des BGB nicht mehr statt. Eine vorher erfolgte Außerkurssetzung verliert mit dem Inkrafttreten des BGB ihre Wirkung. 176.

Außer Kraft gesetzte Vorschriften. Soweit in Reichsgesetzen oder in Landesgesetzen auf Vorschriften verwiesen ist, welche durch das BGB oder durch dieses Gesetz außer Kraft gesetzt werden, treten an deren Stelle die entsprechenden Vorschriften des BGB oder dieses Gesetzes. 4.

Auszugsvertrag. Siehe Altentheilsvertrag.

B

Bannrechte. Siehe Zwangsrechte.

Baulast. Unberührt bleiben die landesgesetzlichen Vorschriften über die Kirchenbaulast und die Schulbaulast. 132.

Bäume auf der Grenze. Siehe Grundstücksverhältnisse.

Bäuerliches Nutzungsrecht. Siehe Nutzungsrecht.

Beamte. a) Der § 6 Abs. 2 des Gesetzes, betreffend die Rechtsverhältnisse der Reichsbeamten, vom 31. März 1875 (Reichs-Gesetzbl. S. 61) wird aufgehoben. 43.

b) Unberührt bleiben die landesgesetzlichen Vorschriften, nach welchen die Beamten für die von ihnen angenommenen Stellvertreter und Gehilfen in weiterem Umfange als nach dem BGB haften. 78.

c) Unberührt bleiben, soweit nicht in dem BGB eine besondere Bestimmung getroffen ist, die landesgesetzlichen Vorschriften über die vermögensrechtlichen Ansprüche und Verbindlichkeiten der Beamten, der Geistlichen und der Lehrer an öffentlichen Unterrichtsanstalten aus dem Amts- oder Dienstverhältnisse, mit Einschluß der Ansprüche der Hinterbliebenen. | Unberührt bleiben die landesgesetzlichen Vorschriften über das Pfründenrecht. 80. | Unberührt bleiben die landesgesetzlichen Vorschriften, welche die Uebertragbarkeit der Ansprüche der im Artikel 80 Abs. 1 bezeichneten Personen auf Besoldung, Wartegeld, Ruhegehalt, Wittwen- und Waisengeld beschränken, sowie die landesgesetzlichen Vorschriften, welche die Aufrechnung gegen solche Ansprüche abweichend von der Vorschrift des § 394 („Aufrechn.") des BGB. zulassen. 81. — Siehe auch Haftung.

Begräbnißstätte. Siehe Platz.

Beistand. Die nach den französischen oder den badischen Gesetzen für einen Geistesschwachen angeordnete Bestellung eines Beistandes verliert mit dem Ablaufe von 6 Monaten nach dem Inkrafttreten des BGB ihre Wirkung. 211. — Siehe auch Entmündigung, Vormundschaft.

Belastung von Grundstücken. Unberührt bleiben die landesgesetzlichen Vorschriften, welche die Belastung eines Grundstücks mit dem vererblichen und veräußerlichen Rechte zur Gewinnung eines den bergrechtlichen Vorschriften nicht unterliegenden Minerals gestatten und den Inhalt dieses Rechtes näher bestimmen. Die Vorschriften der §§ 874, 875, 876, 1015, 1017 des BGB

(„Rechte a. Grundst. und Erbbaur.") finden entsprechende Anwendung. 68. — Siehe auch Erbbaurecht, Hypothek.

Bergrecht. Unberührt bleiben die landesgesetzlichen Vorschriften, welche dem Bergrecht angehören. | Ist nach landesgesetzlicher Vorschrift wegen Beschädigung eines Grundstücks durch Bergbau eine Entschädigung zu gewähren, so finden die Vorschriften der Artikel 52, 53 (S. 7 Sp. 1) Anwendung, soweit nicht die Landesgesetze ein anderes bestimmen. 67. — Siehe auch „Belastung".

Berufspflichtverletzung. Siehe Sachverständige.

Beschädigung eines Grundstücks. Siehe „Bergrecht".

Beschränkungen. Siehe Hypothek.

Besitzverhältniß. Auf ein zur Zeit des Inkrafttretens des BGB bestehendes Besitzverhältniß finden von dieser Zeit an, unbeschadet des Artikel 191 (S. 4), die Vorschriften des BGB Anwendung. **180.**

Betrieb. Unberührt bleiben die landesgesetzlichen Vorschriften, nach welchen der Unternehmer eines Eisenbahnbetriebs oder eines anderen mit gemeiner Gefahr verbundenen Betriebs für den aus dem Betrieb entstehenden Schaden in weiterem Umfang als nach den Vorschriften des BGB verantwortlich ist. **105.**

Beurkundungen. a) Die Landesgesetze können bestimmen, daß für die Beurkundung von Rechtsgeschäften, die nach den Vorschriften des BGB gerichtlicher oder notarieller Beurkundung bedürfen, entweder nur die Gerichte oder nur die Notare zuständig sind. **141.**

b) Unberührt bleiben die landesgesetzlichen Vorschriften, welche in Ansehung der in dem Gebiete des Bundesstaats liegenden Grundstücke bestimmen, daß für die Beurkundung des § 313 des BGB („Grundstücksübertr.") bezeichneten Vertrags sowie für die nach § 873 Abs. 2 des BGB („Rechte a. Grundst.") zur Bindung der Betheiligten erforderliche Beurkundung der Erklärungen außer den Gerichten und Notaren auch andere Behörden und Beamte zuständig sind. **142.**

Bewässerung. Siehe Wasserrecht.

Büdnerrecht. Siehe Erbpachtsrecht.

Bundesangehörigkeit. Das Gesetz über die Erwerbung und den Verlust der Bundes- und Staatsangehörigkeit vom 1. Juni 1870 (Bundes-Gesetzbl. S. 355) wird dahin geändert: I. An Stelle des § 11 treten folgende Vorschriften: Die Verleihung der Staatsangehörigkeit erstreckt sich, insofern nicht dabei eine Ausnahme gemacht wird, zugleich auf die Ehefrau und auf diejenigen minderjährigen Kinder, deren gesetzliche Vertretung dem Aufgenommenen oder Naturalisirten kraft elterlicher Gewalt zusteht. Ausgenommen sind Töchter, die verheirathet sind oder verheirathet gewesen sind. II. Als § 14a werden folgende Vorschriften eingestellt: Die Entlassung eines Staatsangehörigen, der unter elterlicher Gewalt oder Vormundschaft steht, kann von dem gesetzlichen Vertreter nur mit Genehmigung des Vormundschaftsgerichts beantragt werden. | Die Genehmigung des Vormundschaftsgerichts ist nicht erforderlich, wenn der Vater oder die Mutter die Entlassung für sich und zugleich kraft elterlicher Gewalt für ein Kind beantragt. Erstreckt sich der Wirkungskreis eines der Mutter bestellten Beistandes auf die Sorge für die Person des Kindes, so bedarf die Mutter in einem solchen Falle die Genehmigung des Beistandes zu dem Antrag auf Entlassung des Kindes. III. An die Stelle des § 19 treten folgende Vorschriften: Die Entlassung erstreckt sich, insofern nicht dabei eine Ausnahme gemacht wird, zugleich auf die Ehefrau und auf diejenigen Kinder, deren gesetzliche Vertretung dem Entlassenen kraft elterlicher Gewalt zusteht. | Diese Vorschrift findet keine Anwendung auf Töchter, die verheirathet sind oder verheirathet gewesen sind, sowie auf Kinder, die unter der elterlichen Gewalt der Mutter stehen, falls die Mutter zu dem Antrage auf Entlassung der Kinder nach § 14a Abs. 2 Satz 2 der Genehmigung des Beistandes bedarf. IV. An die Stelle des § 21 Abs. 2 treten folgende Vorschriften: Der hiernach eingetretene Verlust der Staatsangehörigkeit erstreckt sich zugleich auf die Ehefrau und auf diejenigen Kinder, deren gesetzliche Vertretung dem Ausgetretenen kraft elterlicher Gewalt zusteht, soweit sich die Ehefrau oder die Kinder bei dem Ausgetretenen befinden. Ausgenommen sind Töchter, die verheirathet sind oder verheirathet gewesen sind. **41.**

Bundeskonsulate. Das Gesetz, betreffend die Organisation der Bundeskonsulate, sowie die Amtsrechte und Pflichten der Bundeskonsuln, vom 8. November 1867 (Bundes-Gesetzbl. S. 137) wird dahin ergänzt: I. Der § 16 erhält folgenden Abs. 2: Einem Wahlkonsul steht in Ansehung der Errichtung einer Verfügung von Todeswegen das im Abs. 1 bezeichnete Recht der Notare nur dann zu, wenn das Recht ihm vom dem Reichskanzler besonders beigelegt ist. II. Als § 17a wird folgende Vorschrift eingestellt: Auf die Errichtung einer Verfügung von Todeswegen finden nicht die Vorschriften des § 17, sondern die Vorschriften des BGB Anwendung. **38.**

Bundesstaat. Als Bundesstaat im Sinne des BGB und dieses Gesetzes gilt auch das Reichsland Elsaß-Lothringen. **5.**

D

Dampfschifffahrtsunternehmen. Siehe Gewerbeordnung.

Darlehen zur Verbesserung von Grundstücken. Unberührt bleiben die landesgesetzlichen Vorschriften, welche einer Geldrente, Hypothek, Grundschuld oder Rentenschuld, die dem Staate oder einer öffentlichen Anstalt wegen eines zur Verbesserung des belasteten Grundstücks gewährten Dahrlehns zusteht, den Vorrang vor anderen Belastungen des Grundstücks einräumen. Zu Gunsten eines Dritten finden die Vorschriften der §§ 892, 893 des BGB („Rechte a. Grundst.") Anwendung. **118.**

Deichrecht. Siehe Sielrecht.

Dienstbarkeit. Die bisherigen Gesetze über den Schutz im Besitz einer Grunddienstbarkeit oder einer beschränkten persönlichen Dienstbarkeit finden auch nach dem Inkrafttreten des BGB Anwendung, bis das Grundbuch für das belastete Grundstück als angelegt anzusehen ist. | Von der Zeit an, zu welcher das Grundbuch als angelegt anzusehen ist, finden zum Schutze der Ausübung einer Grunddienstbarkeit, mit welcher das Halten einer dauernden Anlage verbunden ist, die für den Besitzschutz geltenden Vorschriften des BGB entsprechende Anwendung, solange Dienstbarkeiten dieser Art nach Artikel 128 (S. 12 Sp. 2) oder Artikel 187 (S. 12 Sp. 2) zur Erhaltung der Wirksamkeit gegenüber dem öffentlichen Glauben des Grundbuchs nicht der Eintragung bedürfen. Das Gleiche gilt für Grunddienstbarkeiten anderer Art mit der Maßgabe, daß der Besitzschutz nur gewährt wird, wenn die Dienstbarkeit in jedem der 3 letzten Jahre vor der Störung mindestens einmal ausgeübt worden ist. **191.** — Siehe auch Gemeinheitstheilung, Grundstücksverhältnisse.

E

Eheschließung. Das Gesetz, betreffend die Eheschließung und die Beurkundung des Personenstandes von Bundesangehörigen im Auslande, vom 4. Mai 1870 (Bundes-Gesetzbl. S. 599) wird dahin geändert: I. In dem § 3 Abs. 1 Satz 1, dem § 9, dem § 11 Abs. 2 und dem § 12 Abs. 1 Satz 2 wird das Wort: „muß" ersetzt durch das Wort: „soll". II. An die Stelle der §§ 7, 8 treten folgende Vorschriften: § 7. Die Ehe wird dadurch geschlossen, daß die Verlobten vor dem Beamten persönlich und bei gleichzeitiger Anwesenheit erklären, die Ehe mit einander eingehen zu wollen. Der Beamte muß zur Entgegennahme der Erklärungen bereit sein. | Die Erklärungen können nicht unter einer Bedingung oder einer Zeitbestimmung abgegeben werden. | § 7a. Der Beamte soll bei der Eheschließung in Gegenwart von 2 Zeugen an die Verlobten einzeln und nach einander die Frage richten, ob sie die Ehe mit einander eingehen wollen, und, nachdem die Verlobten die Frage bejaht haben, aussprechen, daß sie kraft dieses Gesetzes nunmehr rechtmäßig verbundene Eheleute seien. | Als Zeugen sollen Personen, die der bürgerlichen Ehrenrechte für verlustig erklärt sind, während der Zeit, für welche die Aberkennung der Ehrenrechte erfolgt ist, sowie Minderjährige nicht zugezogen werden. Personen, die mit einem der Verlobten, mit dem Beamten oder mit einander verwandt oder verschwägert sind, dürfen als Zeugen zugezogen werden. | § 8. Als zur Eheschließung ermächtigter Beamter (§ 1) gilt auch derjenige, welcher, ohne ein solcher Beamter zu sein, das Amt eines solchen öffentlich ausübt, es sei denn, daß die Verlobten den Mangel der amtlichen Befugniß bei der Eheschließung kennen. | § 8a. Eine Ehe, die vor einem zur Eheschließung ermächtigten Beamten (§ 1) oder vor einer im § 8 einem solchen Beamten gleichgestellten Person geschlossen wird, ist wegen Formmangels nur dann nichtig, wenn bei der Eheschließung die im § 7 vorgeschriebene Form nicht beobachtet worden ist. | Ist die Ehe in das Heirathsregister eingetragen worden und haben die Ehegatten nach der Eheschließung 10 Jahre oder, falls einer von ihnen vorher gestorben ist, bis zu dessen Tode, jedoch mindestens 3 Jahre als Ehegatten mit einander gelebt, so ist die Ehe als von Anfang an giltig anzusehen. Diese Vorschrift findet keine Anwendung, wenn bei dem Ablaufe der 10 Jahre oder zur Zeit des Todes des einen Ehegatten die Nichtigkeitsklage erhoben ist. **40.** — Siehe auch Personenstandsgesetz.

Eherechtliche Bestimmungen. a) Die Eingehung der Ehe wird, sofern auch nur einer der Verlobten ein Deutscher ist, in Ansehung eines jeden der Verlobten nach den Gesetzen des Staates beurtheilt, dem er angehört.

b) Das Gleiche gilt für Ausländer, die im Inland eine Ehe eingehen.

c) In Ansehung der Ehefrau eines nach Artikel 9 Abs. 3 (S. 28) für todt erklärten Ausländers wird die Eingehung der Ehe nach den deutschen Gesetzen beurtheilt.

d) Die Form einer Ehe, die im Inlande geschlossen wird, bestimmt sich ausschließlich nach den deutschen Gesetzen. **13.**

e) Die persönlichen Rechtsbeziehungen deutscher Ehegatten zu einander werden nach den deutschen Gesetzen beurtheilt, auch wenn die Ehegatten ihren Wohnsitz im Auslande haben.

f) Die deutschen Gesetze finden auch Anwendung, wenn der Mann die Reichsangehörigkeit verloren, die Frau sie aber behalten hat. **14.**

g) Das eheliche Güterrecht wird nach den deutschen Gesetzen beurtheilt, wenn der Ehemann zur Zeit der Eheschließung ein Deutscher war. | Erwirbt der Ehemann nach der Eingehung der Ehe die Reichsangehörigkeit oder haben ausländische Ehegatten ihren Wohnsitz im Inlande, so sind für das eheliche Güterrecht die Gesetze des Staates maßgebend, dem der Mann zur Zeit der Eingehung der Ehe angehörte; die Ehegatten können jedoch einen Ehevertrag schließen, auch wenn er nach diesen Gesetzen unzulässig sein würde. **15.**

h) Für den Güterstand einer zur Zeit des Inkrafttretens des BGB bestehenden Ehe bleiben die bisherigen Gesetze maßgebend. Dies gilt insbesondere auch von den Vorschriften über die erbrechtlichen Wirkungen des Güterstandes und von den Vorschriften der französischen und der badischen Gesetze über das Verfahren bei Vermögensabsonderungen unter Ehegatten. | Eine nach den Vorschriften des BGB zulässige Regelung des Güterstandes kann durch Ehevertrag auch dann getroffen werden, wenn nach den bisherigen Gesetzen ein Ehevertrag unzulässig sein würde. | Soweit die Ehefrau nach den für den bisherigen Güterstand maßgebenden Gesetzen in Folge des Güterstandes oder der Ehe in der Geschäftsfähigkeit beschränkt ist, bleibt diese Beschränkung in Kraft, solange der bisherige Güterstand besteht. **200.**

i) Haben ausländische Ehegatten oder Ehegatten, die nach der Eingehung der Ehe die Reichsangehörigkeit erwerben, den Wohnsitz im Inlande, so finden die Vorschriften des § 1435 des BGB („Vertragsm. Güterr.") entsprechende Anwendung; der ausländische gesetzliche Güterstand steht einem vertragsmäßigen gleich. | Die Vorschriften der §§ 1357, 1362, 1405 des BGB („Wirk. d. Ehe u. gesetzl. Güterr.") finden Anwendung, soweit sie Dritten günstiger sind als die ausländischen Gesetze. **16.**

k) Für die Scheidung der Ehe sind die Gesetze des Staates maßgebend, dem der Ehemann zur Zeit der Erhebung der Klage angehört. | Eine Thatsache, die sich ereignet hat, während der Mann einem anderen Staate angehörte, kann als Scheidungsgrund nur geltend gemacht werden, wenn die Thatsache auch nach den Gesetzen dieses Staates ein Scheidungsgrund oder ein Trennungsgrund ist. | Ist zur Zeit der Erhebung der Klage die Reichsangehörigkeit des Mannes erloschen, die Frau aber Deutsche, so finden die deutschen Gesetze Anwendung. | Auf Scheidung sowie auf Aufhebung der ehelichen Gemeinschaft kann auf Grund eines ausländischen Gesetzes im Inlande nur erkannt werden, wenn sowohl nach dem ausländischen Gesetze als nach den deutschen Gesetzen die Scheidung zulässig sein würde. **17.**

l) Die Giltigkeit einer vor dem Inkrafttreten des BGB geschlossenen Ehe bestimmt sich nach den bisherigen Gesetzen. | Eine nach den bisherigen Gesetzen nichtige oder ungiltige Ehe ist als von Anfang an giltig anzusehen, wenn die Ehegatten zur Zeit des Inkrafttretens des BGB noch als Ehegatten mit einander leben und der Grund, auf dem die Nichtigkeit oder die Ungiltigkeit beruht, nach den Vorschriften des BGB. die Nichtigkeit oder die Anfechtbarkeit der Ehe nicht zur Folge haben oder diese Wirkung verloren haben würde. Die für die Anfechtung im BGB bestimmte Frist beginnt nicht vor dem Inkrafttreten des BGB. | Die nach den bisherigen Gesetzen erfolgte Ungiltigkeitserklärung einer Ehe steht der Nichtigkeitserklärung nach dem BGB gleich. **198.**

m) Die persönlichen Rechtsbeziehungen der Ehegatten zu einander, insbesondere die gegenseitige Unterhaltspflicht, bestimmen sich auch für die zur Zeit des Inkrafttretens des BGB bestehenden Ehen nach dessen Vorschriften. **199.**

n) Der Ehegatte einer vor dem Inkrafttreten des BGB für todt erklärten Person kann nach dem Inkrafttreten des BGB eine neue Ehe eingehen, auch wenn die Wiederverheirathung nach den bisherigen Gesetzen nicht zulässig sein würde. Die Vorschriften der §§ 1348 bis 1352 des BGB („Wiederverh.") finden entsprechende Anwendung. **159.**

o) Die Scheidung und die Aufhebung der ehelichen Gemeinschaft erfolgen von dem Inkrafttreten des BGB an nach dessen Vorschriften. | Hat sich ein Ehegatte vor dem Inkrafttreten des BGB einer Verfehlung der in den §§ 1565 bis 1568 des BGB bezeichneten Art schuldig gemacht, so kann auf Scheidung oder Aufhebung der ehelichen Gemeinschaft nur erkannt werden, wenn die Verfehlung auch nach den bisherigen Gesetzen ein Scheidungsgrund oder ein Trennungsgrund war. **201.**

p) Für die Wirkungen einer beständigen oder zeitweiligen Trennung von Tisch und Bett, auf welche vor dem Inkrafttreten des BGB erkannt worden ist, bleiben die bisherigen Gesetze maßgebend. Dies gilt insbesondere auch von den Vorschriften, nach denen eine bis zum Tode eines der Ehegatten fortbestehende Trennung in allen oder einzelnen Beziehungen der Auflösung der Ehe gleichsteht. **202.**

Eigenthum. a) Auf das zur Zeit des Inkrafttretens des BGB bestehende Eigenthum finden von dieser Zeit an die Vorschriften des BGB Anwendung. | Steht zur Zeit des Inkrafttretens des BGB das Eigenthum an einer Sache Mehreren nicht nach Bruchtheilen zu oder ist zu dieser Zeit ein Sondereigenthum an stehenden Erzeugnissen eines Grundstücks, insbesondere an Bäumen, begründet, so bleiben diese Rechte bestehen. **181.**

b) Unberührt bleiben die landesgesetzlichen Vorschriften, welche im öffentlichen Interesse das Eigenthum in Ansehung thatsächlicher Verfügungen beschränken. **111.**

c) Ist auf Grund eines Reichsgesetzes dem Eigenthümer einer Sache wegen der im öffentlichen Interesse erfolgenden Entziehung, Beschädigung oder Benutzung der Sache oder wegen Beschränkung des Eigenthums eine Entschädigung zu gewähren und steht einem Dritten ein Recht an der Sache zu, für welches nicht eine besondere Entschädigung gewährt wird, so hat der Dritte, soweit sein Recht beeinträchtigt wird, an dem Entschädigungsanspruche dieselben Rechte, die ihm im Falle des Erlöschens seines Rechtes durch Zwangsversteigerung an dem Erlöse zustehen. **52.**

d) Ist in einem Falle des Artikel 52 die Entschädigung dem Eigenthümer eines Grundstücks zu gewähren, so finden auf den Entschädigungsanspruch die Vorschriften des § 1128 („Hypoth.") des BGB entsprechende Anwendung. Erhebt ein Berechtigter innerhalb der im § 1128 BGB bestimmten Frist Widerspruch gegen die Zahlung der Entschädigung an den Eigenthümer, so kann der Eigenthümer und jeder Berechtigte die Eröffnung eines Vertheilungsverfahrens nach den für die Vertheilung des Erlöses im Falle der Zwangsversteigerung geltenden Vorschriften beantragen. Die Zahlung hat in diesem Falle an das für das Vertheilungsverfahren zuständige Gericht zu erfolgen. | Ist das Recht des Dritten eine Reallast, eine Hypothek, eine Grundschuld oder eine Rentenschuld, so erlischt die Haftung des Entschädigungsanspruchs, wenn der beschädigte Gegenstand wiederhergestellt oder für die entzogene bewegliche Sache Ersatz beschafft ist. Ist die Entschädigung wegen Benutzung des Grundstücks oder wegen Entziehung oder Beschädigung von Früchten oder von Zubehörstücken zu gewähren, so finden die Vorschriften des § 1123 Abs. 2 Satz 1 und des § 1124 Abs. 1, 3 („Hypoth.") des BGB entsprechende Anwendung. **53.**

e) Unberührt bleiben die landesgesetzlichen Vorschriften über die im öffentlichen Interesse erfolgende Entziehung, Beschädigung oder Benutzung einer Sache, Beschränkung des Eigenthums und Entziehung oder Beschränkung von Rechten. Auf die nach landesgesetzlicher Vorschrift wegen eines solchen Eingriffs zu gewährende Entschädigung finden die Vorschriften der Artikel 52, 53 Anwendung, soweit nicht die Landesgesetze ein anderes bestimmen. **109.**

f) Ist zur Zeit des Inkrafttretens des BGB die Ersitzung des Eigenthums oder Nießbrauchs an einer beweglichen Sache noch nicht vollendet, so finden auf die Ersitzung die Vorschriften des Artikel 169 (S. 27) entsprechende Anwendung. **185.**

Eigenthumsübertragung: Siehe Grundstücksverhältnisse.

Einigung der Parteien. Siehe Grundstücksverhältnisse.

Eintragung ihre Wirksamkeit. Hat ein Anspruch aus einem Schuldverhältnisse nach den bisherigen Gesetzen durch Eintragung in ein öffentliches Buch Wirksamkeit gegen Dritte erlangt, so behält er diese Wirksamkeit auch nach dem Inkrafttreten des BGB. **179.**

Eisenbahnunternehmen. Unberührt bleiben die landesgesetzlichen Vorschriften über die Behandlung der einem Eisenbahn- oder Kleinbahnunternehmen gewidmeten Grundstücke und sonstiger Vermögensgegenstände als Einheit (Bahneinheit), über die Veräußerung und Belastung einer solchen Bahneinheit oder ihrer Bestandtheile, insbesondere die Belastung im Falle der Ausstellung von Theilschuldverschreibungen auf den Inhaber, und die sich dabei ergebenden Rechtsverhältnisse sowie über die Liquidation zum Zwecke der Befriedigung der Gläubiger, denen ein Recht auf abgesonderte Befriedigung aus den Bestandtheilen der Bahneinheit zusteht. **112.** — Siehe auch Betrieb, Gewerbeordnung, Schadensersatz.

Elsaß-Lothringen. Siehe Bundesstaat.

Eltern und Kinder. a) Das Rechtsverhältniß zwischen den Eltern und einem vor dem Inkrafttreten des BGB geborenen ehelichen Kinde bestimmt sich von dem Inkrafttreten des BGB an nach dessen Vorschriften. Dies gilt insbesondere auch in Ansehung des Vermögens, welches das Kind vorher erworben hat. **203.**

b) Ist der Vater oder die Mutter zur Zeit des Inkrafttretens des BGB in der Sorge für die Person oder für das Vermögen des Kindes durch eine Anordnung der zuständigen

Behörde beschränkt, so bleibt die Beschränkung in Kraft. Das Vormundschaftsgericht kann die Anordnung nach § 1671 des BGB („Gewalt des Vaters") aufheben.

c) Ist dem Vater oder der Mutter die Nutznießung an dem Vermögen des Kindes durch Anordnung der zuständigen Behörde entzogen, so hat das Vormundschaftsgericht die Anordnung auf Antrag aufzuheben, es sei denn, daß die Entziehung nach § 1666 Abs. 2 des BGB („Gewalt des Vaters") gerechtfertigt ist. 204.

Emanzipirte. Siehe Volljährigkeit.

Entmündigung. a) Ein Ausländer kann im Inlande nach den deutschen Gesetzen entmündigt werden, wenn er seinen Wohnsitz oder, falls er keinen Wohnsitz hat, seinen Aufenthalt im Inlande hat. 8.

b) Wer zur Zeit des Inkrafttretens des BGB wegen Geisteskrankheit entmündigt ist, steht von dieser Zeit an einem nach den Vorschriften des BGB wegen Geisteskrankheit Entmündigten gleich. 155.

c) Wer zur Zeit des Inkrafttretens des BGB wegen Verschwendung entmündigt ist, steht von dieser Zeit an einem nach den Vorschriften des BGB wegen Verschwendung Entmündigten gleich. | Dasselbe gilt von demjenigen, für welchen nach den französischen oder den badischen Gesetzen wegen Verschwendung die Bestellung eines Beistandes angeordnet ist. 156.

Entschädigungen. Siehe Bergrecht, Eigenthum.

Entwässerung. Siehe Wasserrecht.

Erbbaurecht. Rechte, mit denen eine Sache oder ein Recht zur Zeit des Inkrafttretens des BGB belastet ist, bleiben mit dem sich aus den bisherigen Gesetzen ergebenden Inhalt und Range bestehen, soweit sich nicht aus den Artikeln 192 bis 195 ein anderes erg'ebt. Von dem Inkrafttreten des BGB an gelten jedoch für ein Erbbaurecht die Vorschriften des § 1017 für eine Grunddienstbarkeit die Vorschriften der §§ 1020 bis 1028 des BGB. 184.

Erbpachtrecht. Unberührt bleiben die landesgesetzlichen Vorschriften über das Erbpachtrecht, mit Einschluß des Büdnerrechts und des Häuslerrechts, in denjenigen Bundesstaaten, in welchen solche Rechte bestehen. Die Vorschriften des § 1017 des BGB finden auf diese Rechte entsprechende Anwendung. 63.

Erbrechtliche Bestimmungen. a) Unberührt bleiben die landesgesetzlichen Vorschriften, nach welchen im Falle des § 1936 des BGB an Stelle des Fiscus eine Körperschaft, Stiftung oder Anstalt des öffentlichen Rechtes gesetzlicher Erbe ist. 138. Unberührt bleiben die landesgesetzlichen Vorschriften, nach welchen dem Fiscus oder einer anderen juristischen Person in Ansehung des Nachlasses einer verpflegten oder unterstützten Person ein Erbrecht, ein Pflichttheilsanspruch oder ein Recht auf bestimmtr Sachen zusteht. 139.

b) Ein Deutscher wird, auch wenn er seinen Wohnsitz im Auslande hatte, nach den deutschen Gesetzen beerbt. Hat ein Deutscher zur Zeit seines Todes seinen Wohnsitz im Auslande gehabt, so können die Erben sich in Ansehung der Haftung für die Nachlaßverbindlichkeiten auch auf die an dem Wohnsitze des Erblassers geltenden Gesetze berufen.

c) Erwirbt ein Ausländer, der eine Verfügung von Todeswegen errichtet oder aufgehoben hat, die Reichsangehörigkeit, so wird die Giltigkeit der Errichtung oder der Aufhebung nach den Gesetzen des Staates beurtheilt dem er zur Zeit der Errichtung oder der Aufhebung angehörte; auch behält er die Fähigkeit zu Errichtung einer Verfügung von Todeswegen, selbst wenn er das nach den deutschen Gesetzen erforderliche Alter noch nicht erreicht hat. Die Vorschrift des Artikels 11 Abs. 1 (S. 10 Sp. 1) Satz 2 bleibt unberührt. 24.

d) Ein Ausländer, der zur Zeit seines Todes seinen Wohnsitz im Inlande hatte, wird nach den Gesetzen des Staates beerbt, dem er zur Zeit seines Todes angehörte. Ein Deutscher kann jedoch erbrechtliche Ansprüche auch dann geltend machen, wenn sie nur nach den deutschen Gesetzen begründet sind, es sei denn, daß nach dem Rechte des Staates, dem der Erblasser angehörte, für die Beerbung eines Deutschen, welcher seinen Wohnsitz in diesem Staate hatte, die deutschen Gesetze ausschließlich maßgebend sind. **25.**

e) Gelangt aus einem im Ausland eröffneten Nachlasse für die nach den dortigen Gesetzen berechtigten Erben oder Vermächtnißnehmer durch Vermittelung deutscher Behörden Vermögen ins Inland, so kann ein Anderer der Herausgabe nicht aus dem Grunde widersprechen, daß er als Erbe oder Vermächtnißnehmer einen Anspruch auf das Vermögen habe. **26.**

f) Für die erbrechtlichen Verhältnisse bleiben, wenn der Erblasser vor dem Inkrafttreten des BGB gestorben ist, die bisherigen Gesetze maßgebend. Dies gilt insbesondere auch von den Vorschriften über das erbschaftliche Liquidationsverfahren. **213.**

g) Die vor dem Inkrafttreten des BGB erfolgte Errichtung oder Aufhebung einer Verfügung von Todeswegen wird nach den bisherigen Gesetzen beurtheilt, auch wenn der Erblasser nach dem Inkrafttreten des BGB stirbt. | Das Gleiche gilt für die Bindung des Erblassers bei einem Erbvertrag oder einem gemeinschaftlichen Testamente, sofern der Erbvertrag oder das Testament vor dem Inkrafttreten des BGB errichtet worden ist. **214.**

h) Die landesgesetzlichen Vorschriften, nach welchen Mitglieder gewisser ritterschaftlicher Familien bei der Ordnung der Erbfolge in ihrem Nachlaß durch das Pflichttheilsrecht nicht beschränkt sind, bleiben in Ansehung derjenigen Familien in Kraft, welchen dieses Recht zur Zeit des Inkrafttretens des BGB zusteht. **216.**

i) Die vor dem Inkrafttreten des BGB erfolgte Errichtung eines Erbverzichtsvertrags sowie die Wirkungen eines solchen Vertrags bestimmen sich nach den bisherigen Gesetzen. | Das Gleiche gilt von einem vor dem Inkrafttreten des BGB geschlossenen Vertrage, durch den ein Erbverzichtsvertrag aufgehoben worden ist. **217.** Siehe auch Anerbenrecht.

Erbvertrag. Siehe Erbrecht.

Erbverzichtsvertrag. Siehe Erbrecht.

Ersitzung. Siehe Eigenthum, Grundstücksverhältnisse.

Ertragswerth. Siehe Landgut.

Erwerbs- und Wirthschaftsgenossenschaften. Siehe Vereinswesen.

Erziehungs- oder Verpflegungsanstalt. Unberührt bleiben die landesgesetzlichen Vorschriften, nach welchen 1) der Vorstand einer unter staatlicher Verwaltung oder Aufsicht stehenden Erziehungs- oder Verpflegungsanstalt oder ein Beamter alle oder einzelne Rechte und Pflichten eines Vormundes für diejenigen Minderjährigen hat, welche in der Anstalt oder unter der Aufsicht des Vorstandes oder des Beamten in einer von ihm ausgewählten Familie oder Anstalt erzogen oder verpflegt werden, und der Vorstand der Anstalt oder der Beamte auch nach der Beendigung der Erziehung oder der Verpflegung bis zur Volljährigkeit des Mündels diese Rechte und Pflichten behält, unbeschadet der Befugniß des Vormundschaftsgerichts, einen anderen Vormund zu bestellen; 2) die Vorschriften der Nr. 1 bei unehelichen Minderjährigen auch dann gelten, wenn diese unter der Aufsicht des Vorstandes oder des Beamten in der mütterlichen Familie erzogen oder verpflegt werden; 3) der Vorstand eine runter staatlicher Verwaltung oder Aufsicht stehenden Erziehungs- oder Verpflegungsanstalt oder ein von ihm bezeichneter Angestellter der Anstalt oder ein Beamter vor den nach § 1776 des BGB („Vormundschaft") als Vormünder berufenen Personen zum Vormunde der in Nr. 1, 2 bezeichneten Minderjährigen bestellt werden kann; 4) im Falle einer nach den Vorschriften der Nr. 1 bis 3 stattfindenden Bevormundung ein Gegenvormund nicht zu bestellen ist und dem Vormunde die nach § 1852 des BGB zulässigen Befreiungen zustehen. **136.**

F

Familienfideikommisse. Unberührt bleiben die landesgesetzlichen Vorschriften über Familienfideikom-

Gegenstande haben oder welche sich auf den Erwerb des Eigenthums, auf die Begründung, Aenderung und Aufhebung von anderen Rechten an Grundstücken und auf die Berichtigung des Grundbuchs beziehen. 113.

Gemeinschaftsverhältnisse. Siehe Grundstücksverhältnisse.

Die Geschäftsfähigkeit einer Person. Die Geschäftsfähigkeit einer Person wird nach den Gesetzen des Staates beurtheilt, dem die Person angehört. | Erwirbt ein Ausländer, der volljährig ist oder die rechtliche Stellung eines Volljährigen hat, die Reichsangehörigkeit, so behält er die rechtliche Stellung eines Volljährigen, auch wenn er nach den deutschen Gesetzen nicht volljährig ist. | Nimmt ein Ausländer im Inland ein Rechtsgeschäft vor, für das er geschäftsunfähig oder in der Geschäftsfähigkeit beschränkt ist, so gilt er für dieses Rechtsgeschäft insoweit als geschäftsfähig, als er nach den deutschen Gesetzen geschäftsfähig sein würde. Auf familienrechtliche und erbrechtliche Rechtsgeschäfte sowie auf Rechtsgeschäfte, durch die über ein ausländisches Grundstück verfügt wird, findet diese Vorschrift keine Anwendung. 7.

Gesinderecht. Unberührt bleiben die Vorschriften, welche dem Gesinderecht angehören. Dies gilt insbesondere auch von den Vorschriften über die Schadensersatzpflicht desjenigen, welcher Gesinde zum widerrechtlichen Verlassen des Dienstes verleitet oder in Kenntniß eines noch bestehenden Gesindeverhältnisses in Dienst nimmt oder ein unrichtiges Dienstzeugniß ertheilt. | Die Vorschriften der §§ 104 bis 115[1], 131[2], 278[3], 617 bis 619, 624[4], 831, des § 840 Abs. 2[5] und des § 1358[6] des BGB finden Anwendung, die Vorschriften des § 617[7] jedoch nur insoweit, als die Landesgesetze dem Gesinde nicht weitergehende Ansprüche gewähren. | Ein Züchtigungsrecht steht dem Dienstberechtigten dem Gesinde gegenüber nicht zu. 95.

Gewerbeordnung. Die Gewerbeordnung wird dahin geändert: I. Der § 11 Abs. 2 fällt weg; als § 11a werden folgende Vorschriften eingestellt: Betreibt eine Ehefrau, für deren güterrechtliche Verhältnisse ausländische Gesetze maßgebend sind, im Inlande selbständig ein Gewerbe, so ist es auf ihre Geschäftsfähigkeit in Angelegenheiten des Gewerbes ohne Einfluß, daß sie Ehefrau ist. | Soweit die Frau infolge des Güterstandes in der Verfügung über ihr Vermögen beschränkt ist, finden die Vorschriften des § 1405 des BGB Anwendung. Hat die Frau ihren Wohnsitz nicht im Inlande, so ist der Einspruch des Mannes gegen den Betrieb des Gewerbes und der Widerruf der ertheilten Einwilligung in das Güterrechtsregister des Bezirks einzutragen, in welchem das Gewerbe betrieben wird. | Betreibt die Frau das Gewerbe mit Einwilligung des Mannes oder gilt die Einwilligung nach § 1405 Abs. 2 des BGB als ertheilt, so haftet für die Verbindlichkeiten der Frau aus dem Gewerbebetriebe ihr Vermögen ohne Rücksicht auf die dem Manne kraft des Güterstandes zustehenden Rechte; im Falle des Bestehens einer ehelichen Gütergemeinschaft haftet auch das gemeinschaftliche Vermögen. II. Im § 107 Abs. 1 werden 1. im Satz 4 die Worte: „an den Vater oder Vormund, sofern diese es verlangen", ersetzt durch die Worte: „an den gesetzlichen Vertreter, sofern dieser es verlangt", 2. im Satz 5 die Worte: „an die Mutter" ersetzt durch die Worte: „an die zur gesetzlichen Vertretung nicht berechtigte Mutter". III. Im § 108 treten an Stelle des Satz 2 folgende Vorschriften: Die Ausstellung erfolgt auf Antrag oder mit Zustimmung des gesetzlichen Vertreters. Ist die Erklärung des gesetzlichen Vertreters nicht zu beschaffen oder verweigert dieser die Zustimmung ohne genügenden Grund und zum Nachtheile des Arbeiters, so kann die Gemeindebehörde die Zustimmung ergänzen. IV. Im § 110 Abs. 1 werden die Worte: „seines Vaters oder Vormundes" ersetzt durch die Worte: „seines gesetzlichen Vertreters". V. Im

[1] Geschäftsfähigkeit. [2] Willenserklärung. [3] Inhalt der Schuldverhältnisse. [4] Dienstvertrag. [5] Unerlaubte Handlungen. [6] Wirkungen der Ehe. [7] Dienstvertrag.

§ 113 tritt an die Stelle des Abs. 4 folgende Vorschrift: Ist der Arbeiter minderjährig, so kann das Zeugniß von dem gesetzlichen Vertreter gefordert werden. Dieser kann verlangen, daß das Zeugniß an ihn, nicht an den Minderjährigen ausgehändigt werde. Mit Genehmigung der Gemeindebehörde des im § 108 bezeichneten Ortes kann auch gegen den Willen des gesetzlichen Vertreters die Aushändigung unmittelbar an den Arbeiter erfolgen. VI. Im § 131 Abs. 1 Satz 1 werden die Worte: „von dem Vater oder Vormunde" ersetzt durch die Worte: „von dem gesetzlichen Vertreter". VII. Im § 133 Abs. 2 Satz 1 werden die Worte: „der Vater des Lehrlings" ersetzt durch die Worte: „der Vater des Lehrlings, sofern er die Sorge für die Person des Lehrlings hat". **36.**

Unberührt bleiben die landesgesetzlichen Vorschriften, welche die Vorschrift des § 26 der Gewerbeordnung auf Eisenbahn-, Dampfschifffahrts- und ähnliche Verkehrsunternehmungen erstrecken. **125.**

Gewinnantheilscheine. Siehe Inhaberpapiere.

Gottesdienstliche Gebäude. Siehe Platz.

Grundbücher. Das Verfahren, in welchem die Anlegung der Grundbücher erfolgt, sowie der Zeitpunkt, in welchem das Grundbuch für einen Bezirk als angelegt anzusehen ist, werden für jeden Bundesstaat durch landesherrliche Verordnung bestimmt. | Ist das Grundbuch für einen Bezirk als angelegt anzusehen, so ist die Anlegung auch für solche zu dem Bezirke gehörende Grundstücke, die noch kein Blatt im Grundbuche haben, als erfolgt anzusehen, soweit nicht bestimmte Grundstücke durch besondere Anordnung ausgenommen sind. **186.** — Siehe auch Grunddienstbarkeit, Grundstücksverhältnisse, Grundschuld, Miethsrecht.

Grunddienstbarkeiten. Eine Grunddienstbarkeit, die zu der Zeit besteht, zu welcher das Grundbuch als angelegt anzusehen ist, bedarf zur Erhaltung der Wirksamkeit gegenüber dem öffentlichen Glauben des Grundbuchs nicht der Eintragung. Die Eintragung hat jedoch zu erfolgen, wenn sie von dem Berechtigten oder von dem Eigentümer des belasteten Grundstücks verlangt wird; die Kosten sind von demjenigen zu tragen und vorzuschießen, welcher die Eintragung verlangt. | Durch Landesgesetz kann bestimmt werden, daß die bestehenden Grunddienstbarkeiten oder einzelne Arten zur Erhaltung der Wirksamkeit gegenüber dem öffentlichen Glauben des Grundbuchs bei der Anlegung des Grundbuchs oder später in das Grundbuch eingetragen werden müssen. Die Bestimmung kann auf einzelne Grundbuchbezirke beschränkt werden. **187.**

Unberührt bleiben die landesgesetzlichen Vorschriften über die Begründung und Aufhebung einer Dienstbarkeit an einem Grundstücke, das im Grundbuche nicht eingetragen ist und nach den Vorschriften der Grundbuchordnung nicht eingetragen zu werden braucht. **128.** — Siehe auch Erbbaurecht.

Grundschuld. Eine zu der Zeit, zu welcher das Grundbuch als angelegt anzusehen ist, bestehende Grnndschuld gilt von dieser Zeit an als Grundschuld im Sinne des BGB und eine über die Grundschuld ertheilte Urkunde als Grundschuldbrief. Die Vorschrift des Artikel 192 Abs. 2 (S. 20) findet entsprechende Anwendung. | Durch Landesgesetz kann bestimmt werden, daß eine zu der im Abs. 1 bezeichneten Zeit bestehende Grundschuld als eine Hypothek, für welche die Ertheilung des Hypothekenbriefes nicht ausgeschlossen ist, oder als Sicherungshypothek gelten soll, und daß eine über die Grundschuld ertheilte Urkunde als Hypothekenbrief gelten soll. **195.** — Siehe auch Grundstücksverhältnisse, Hypothek.

Grundstücksrechtsverhältnisse.

a) Durch Landesgesetz kann das dem Staate an einem Grundstücke zustehende Eigenthum auf einen Kommunalverband und das einem Kommunalverband an einem Grundstücke zustehende Eigenthum auf einen anderen Kommunalverband oder auf den Staat übertragen werden. **126.**

b) Unberührt bleiben die landesgesetzlichen Vorschriften, welche 1) die Veräußerung eines Grundstücks beschränken; 2) die Theilung eines Grundstücks oder die getrennte Veräußerung von Grundstücken, die bisher zusammen bewirthschaftet worden sind, untersagen oder beschränken; 3) die nach § 890 Abs. 1 des BGB („Rechte a. Grundstücken") zulässige Vereinigung mehrerer Grundstücke oder die nach § 890 Abs. 2 des BGB zulässige Zuschreibung eines Grundstücks zu einem anderen Grundstück untersagen oder beschränken. **119.**

c) Unberührt bleiben die landesgesetzlichen Vorschriften, nach welchen im Falle der Veräußerung eines Theiles eines Grundstücks dieser Theil von den Belastungen des Grundstücks befreit wird, wenn von der zuständigen Behörde festgestellt wird, daß die Rechtsänderung für die Berechtigten unschädlich ist. | Unberührt bleiben die landesgesetzlichen Vorschriften, nach welchen unter der gleichen Voraussetzung: 1) im Falle der Theilung eines mit einer Reallast belasteten Grundstücks die Reallast auf die einzelnen Theile des Grundstücks vertheilt wird; 2) im Falle der Aufhebung eines dem jeweiligen Eigenthümer eines Grundstücks an einem anderen Grundstücke zustehenden Rechtes die Zustimmung derjenigen nicht erforderlich ist, zu deren Gunsten das Grundstück des Berechtigten belastet ist; 3) in den Fällen des § 1128 des BGB („Hypoth.") und des Artikel 52 (S. 7 Sp. 1) dieses Gesetzes der dem Eigenthümer zustehende Entschädigungsanspruch von dem einem Dritten an dem Anspruche zustehenden Rechte befreit wird. **120.**

d) Unberührt bleiben die landesgesetzlichen Vorschriften, nach welchen im Falle der Theilung eines für den Staat oder eine öffentliche Anstalt mit einer Reallast belasteten Grundstücks nur ein Theil des Grundstücks mit der Reallast belastet bleibt und dafür zu Gunsten des jeweiligen Eigenthümers dieses Theiles die übrigen Theile mit gleichartigen Reallasten belastet werden. **121.**

e) Unberührt bleiben die landesgesetzlichen Vorschriften, welche die Rechte des Eigenthümers eines Grundstücks in Ansehung der auf der Grenze oder auf dem Nachbargrundstücke stehenden Obstbäume abweichend von den Vorschriften des § 910 und des § 923 Abs. 2 („Inh. d. Eigent.") des BGB bestimmen. **122.**

f) Unberührt bleiben die landesgesetzlichen Vorschriften, welche in Ansehung der in dem Gebiete des Bundesstaats liegenden Grundstücke bestimmen, daß die Einigung der Parteien in den Fällen der §§ 925, 1015 des BGB („Erbbaur.") außer vor dem Grundbuchamt auch vor Gericht, vor einem Notar, vor einer anderen Behörde oder vor einem anderen Beamten erklärt werden kann. | Unberührt bleiben die landesgesetzlichen Vorschriften, nach welchen es bei der Auflassung eines Grundstücks der gleichzeitigen Anwesenheit beider Theile nicht bedarf, wenn das Grundstück durch ein Gericht oder einen Notar versteigert worden ist und die Auflassung noch in dem Versteigerungstermine stattfindet. **143.**

g) Der Erwerb und Verlust des Eigenthums sowie die Begründung, Uebertragung, Belastung und Aufhebung eines anderen Rechtes an einem Grundstück oder eines Rechtes an einem solchen Rechte erfolgen auch nach dem Inkrafttreten des BGB nach den bisherigen Gesetzen, bis das Grundbuch als angelegt anzusehen ist. Das Gleiche gilt von der Aenderung des Inhalts und des Ranges der Rechte. Ein nach den Vorschriften des BGB unzulässiges Recht kann nach dem Inkrafttreten des BGB nicht mehr begründet werden. | Ist zu der Zeit, zu welcher das Grundbuch als angelegt anzusehen ist, der Besitzer als der Berechtigte im Grundbuch eingetragen, so finden auf eine zu dieser Zeit noch nicht vollendete, nach § 900 des BGB zulässige Ersitzung die Vorschriften des Artikel 169 (S. 27) entsprechende Anwendung. | Die Aufhebung eines Rechtes, mit dem ein Grundstück oder ein Recht an einem Grundstücke zu der Zeit belastet ist, zu welcher das Grundbuch als angelegt anzusehen ist, erfolgt auch nach dieser

Zeit nach den bisherigen Gesetzen, bis das Recht in das Grundbuch eingetragen wird. **189.**

h) Unberührt bleiben die landesgesetzlichen Vorschriften, welche die Belastung eines Grundstücks mit gewissen Grunddienstbarkeiten oder beschränkten persönlichen Dienstbarkeiten oder mit Reallasten untersagen oder beschränken, sowie die landesgesetzlichen Vorschriften, welche den Inhalt und das Maß solcher Rechte näher bestimmen. **115.**

i) Unberührt bleiben die landesgesetzlichen Vorschriften, welche die Belastung eines Grundstücks über eine bestimmte Werthgrenze hinaus untersagen. | Unberührt bleiben die landesgesetzlichen Vorschriften, welche die Belastung eines Grundstücks mit einer unkündbaren Hypothek oder Grundschuld untersagen oder die Ausschließung des Kündigungsrechts des Eigenthümers bei Hypothekenforderungen und Grundschulden zeitlich beschränken und bei Rentenschulden nur für eine kürzere als die im § 1202 Abs. 2 des BGB („Rentensch.") bestimmte Zeit zulassen. **117.**

k) Unberührt bleiben die landesgesetzlichen Vorschriften, welche das Eigenthum an Grundstücken zu Gunsten der Nachbarn noch anderen als den im BGB bestimmten Beschränkungen unterwerfen. Dies gilt insbesondere auch von den Vorschriften, nach welchen Anlagen sowie Bäume und Sträucher nur in einem bestimmten Abstande von der Grenze gehalten werden dürfen. **124.**

l) Unberührt bleiben die landesgesetzlichen Vorschriften, welche für den Fall, daß jedem der Miteigenthümer eines mit einem Gebäude versehenen Grundstücks die ausschließliche Benutzung eines Theiles des Gebäudes eingeräumt ist, das Gemeinschaftsverhältniß näher bestimmen, die Anwendung der §§ 749 bis 751 des BGB („Gemeinsch.") ausschließen und für den Fall des Konkurses über das Vermögen eines Miteigenthümers dem Konkursverwalter das Recht, die Aufhebung der Gemeinschaft zu verlangen, versagen. **131.**

m) Unberührt bleiben die landesgesetzlichen Vorschriften über die Uebertragung des Eigenthums an einem Grundstücke, das im Grundbuche nicht eingetragen ist und nach den Vorschriften der Grundbuchordnung auch nach der Uebertragung nicht eingetragen zu werden braucht. **127.**

n) Unberührt bleiben die landesgesetzlichen Vorschriften, nach welchen das Recht zur Aneignung eines nach § 928 des BGB („Eigent.") aufgegebenen Grundstücks an Stelle des Fiskus einer bestimmten anderen Person zusteht. **129.** — Siehe auch Ausländer, Beurkundung, Darlehen, Festungen.

Güterrechtsregister. Siehe Gewerbeordnung.

Gutsherrlich-bäuerliche Verhältnisse. Unberührt bleiben die landesgesetzlichen Vorschriften, nach welchen die dem Staate oder einer öffentlichen Anstalt in Folge der Ordnung der gutsherrlich-bäuerlichen Verhältnisse oder der Ablösung von Dienstbarkeiten, Reallasten oder der Oberlehnsherrlichkeit zustehenden Ablösungsrenten und sonstigen Reallasten zu ihrer Begründung und zur Wirksamkeit gegenüber dem öffentlichen Glauben des Grundbuchs nicht der Eintragung bedürfen. **114.** — Siehe auch Gemeinheitstheilung.

H

Haftung des Staates rc. Unberührt bleiben die landesgesetzlichen Vorschriften über die Haftung des Staates, der Gemeinden und anderer Kommunalverbände (Provinzial-, Kreis-, Amtsverbände) für den von ihren Beamten in Ausübung der diesen anvertrauten öffentlichen Gewalt zugefügten Schaden, sowie die landesgesetzlichen Vorschriften, welche das Recht des Beschädigten, von dem Beamten den Ersatz eines solchen Schadens zu verlangen, insoweit ausschließen, als der Staat oder der Kommunalverband haftet. **77.** — Siehe auch Sachverständige.

Hannoversches Königshaus. Siehe Landesherren.

Häuslerrecht. Siehe Erbpachtrecht.

Herrenlose Grundstücke. Siehe Aneignungsrecht.

Hinterbliebene. Siehe Beamte.

Hinterlegungsstellen. a) Unberührt bleiben die landesgesetzlichen Vorschriften über die sachliche und örtliche Zuständigkeit der Hinterlegungsstellen.

b) Die Landesgesetze können bestimmen, daß die Anlegung von Mündelgeld nach § 1808 des BGB („Vorm.") bei den Hinterlegungsstellen des Bundesstaats nicht stattfindet. **144.**

c) Die Landesgesetze können über die Hinterlegung nähere Bestimmungen treffen, insbesondere den Nachweis der Empfangsberechtigung regeln und vorschreiben, daß die hinterlegten Gelder und Werthpapiere gegen die Verpflichtung zur Rückerstattung in das Eigenthum des Fiskus oder der als Hinterlegungsstelle bestimmten Anstalt übergehen, daß der Verkauf der hinterlegten Sachen von Amtswegen angeordnet werden kann, sowie daß der Anspruch auf Rückerstattung mit dem Ablauf einer gewissen Zeit oder unter sonstigen Voraussetzungen zu Gunsten des Fiskus oder der Hinterlegungsanstalt erlischt. In den Fällen des § 382 („Hinterl."), des § 1171 Abs. 3 („Hypoth.") und des § 1269 Satz 3 des BGB („Pfandr.") muß dem Hinterleger die Rücknahme des hinterlegten Betrags mindestens während eines Jahres von dem Zeitpunkt an gestattet werden, mit welchem das Recht des Gläubigers auf den hinterlegten Betrag erlischt. | Von einer gerichtlichen Anordnung kann die Hinterlegung nicht abhängig gemacht werden. **145.**

d) Ist durch Landesgesetz bestimmt, daß die Hinterlegungsstellen auch andere Sachen als Geld, Werthpapiere und sonstige Urkunden, sowie Kostbarkeiten anzunehmen haben, so finden auf Schuldverhältnisse, die auf Leistung derartiger Sachen gerichtet sind, die Vorschriften der §§ 372 bis 382 des BGB („Hinterl.") Anwendung. **146.**

Hohenzollern. Siehe Landesherren.

Hypothek. a) Unberührt bleiben die landesgesetzlichen Vorschriften, welche die Bestellung einer Hypothek, Grundschuld oder Rentenschuld an einem Grundstücke, dessen Belastung nach den in den Artikeln 57 bis 59 (S. 18, 22 u. 10) bezeichneten Vorschriften nur beschränkt zulässig ist, dahingestatten, daß der Gläubiger Befriedigung aus dem Grundstücke lediglich im Wege der Zwangsverwaltung suchen kann. **60.**

b) Unberührt bleiben die landesgesetzlichen Vorschriften, nach welchen der Fiscus, eine Körperschaft, Stiftung oder Anstalt des öffentlichen Rechtes oder eine unter der Verwaltung einer öffentlichen Behörde stehende Stiftung berechtigt ist, zur Sicherung gewisser Forderungen die Eintragung einer Hypothek an Grundstücken des Schuldners zu verlangen, und nach welchen die Eintragung der Hypothek auf Ersuchen einer bestimmten Behörde zu erfolgen hat. Die Hypothek kann nur als Sicherungshypothek eingetragen werden; sie entsteht mit der Eintragung. **91.** — Siehe auch Grundstücksverhältnisse, Grundschuld, Pfandrechte.

J (i)

Inhaberpapiere. a) Für Zins-, Renten- und Gewinnantheilscheine, die nach dem Inkrafttreten des BGB für ein vor dieser Zeit ausgestelltes Inhaberpapier ausgegeben werden, sind die Gesetze maßgebend, welche für die vor dem Inkrafttreten des BGB ausgegebenen Scheine gleicher Art gelten. **175.**

b) Ein zur Zeit des Inkrafttretens des BGB anhängiges Verfahren, das die Kraftloserklärung einer Schuldverschreibung auf den Inhaber oder einer Urkunde der im § 808 des BGB („Schuldv. a. d. Inh.") bezeichneten Art oder die Zahlungssperre für ein solches Papier zum Gegenstande hat, ist nach den bisherigen Gesetzen zu erledigen. Nach diesen Gesetzen bestimmen sich auch die Wirkungen des Verfahrens und der Entscheidung.

c) Siehe auch „Außerkurssetzung".

Inkrafttreten von Gesetzen. Das BGB tritt am 1. Januar 1900 gleichzeitig a) mit einem Gesetze, betreffend Aenderungen des Gerichtsverfassungsgesetzes, b) der Civilprozeßordnung und c) der Konkursordnung, d) einem Gesetz über die Zwangsversteigerung und die Zwangsverwaltung, e) einer Grundbuchordnung[1] und f) einem Gesetz über die Angelegenheiten der freiwilligen Gerichtsbarkeit[2] in Kraft. **1.**

Inseln. Siehe Wasserrecht.

Inventaraufnahme. Siehe Nachlaßgericht.

J (j)

Jagd. Unberührt bleiben die landesgesetzlichen Vorschriften über Jagd und Fischerei, unbeschadet der Vorschrift des § 958 Abs. 2 des BGB („Aneign.") und der Vorschriften des BGB über den Ersatz des Wildschadens. **69.**

Juristische Personen. a) Auf die zur Zeit des Inkrafttretens des BGB bestehenden juristischen Personen finden von dieser Zeit an die Vorschriften der §§ 25 bis 53, 85 bis 89 des BGB („Vereine, Stift. rc.") Anwendung, soweit sich nicht aus den Artikeln 164 bis 166 (S. 21, 27 u. 16) ein anderes ergiebt. **163.**

b) In Kraft bleiben die Vorschriften des sächsischen Gesetzes vom 15. Juni 1868, betreffend die juristischen Personen, in Ansehung derjenigen Personenvereine, welche zur Zeit des Inkrafttretens des BGB die Rechtsfähigkeit durch Eintragnng in das Genossenschaftsregister erlangt haben. **166.**

c) Unberührt bleiben die landesgesetzlichen Vorschriften, welche den Erwerb von Rechten durch juristische Personen beschränken oder von staatlicher Genehmigung abhängig machen, soweit diese Vorschriften Gegenstände im Werthe von mehr als 5000 Mark betreffen. Wird die nach dem Landesgesetze zu einem Erwerbe von Todeswegen erforderliche Genehmigung ertheilt, so gilt sie als vor dem Erbfall ertheilt; wird sie verweigert, so gilt die juristische Person in Ansehung des Anfalls als nicht vorhanden; die Vorschrift des § 2043 des BGB („Mehrh. v. Erben".) findet entsprechende Anwendung. **86.**

K

Kassen. Unberührt bleiben die landesgesetzlichen Vorschriften, nach welchen Zahlungen aus öffentlichen Kassen an der Kasse in Empfang zu nehmen sind. **92.**

Kinder und Eltern. a) Die eheliche Abstammung eines Kindes wird nach den deutschen Gesetzen beurtheilt, wenn der Ehemann der Mutter zur Zeit der Geburt des Kindes Deutscher ist oder, falls er vor der Geburt des Kindes gestorben ist, zuletzt Deutscher war. **18.**

b) Das Rechtsverhältniß zwischen den Eltern und einem ehelichen Kinde wird nach den deutschen Gesetzen beurtheilt, wenn der Vater und, falls der Vater gestorben ist, die Mutter die Reichsangehörigkeit besitzt. Das Gleiche gilt, wenn die Reichsangehörigkeit des Vaters oder der Mutter erloschen, die Reichsangehörigkeit des Kindes aber bestehen geblieben ist. **19.**

c) Das Rechtsverhältniß zwischen einem unehelichen Kinde und dessen Mutter wird nach den deutschen Gesetzen beurtheilt, wenn die Mutter eine Deutsche ist. Das Gleiche gilt, wenn die Reichsangehörigkeit der Mutter erloschen, die Reichsangehörigkeit des Kindes aber bestehen geblieben ist. **20.**

d) Die Unterhaltspflicht des Vaters gegenüber dem unehelichen Kinde und seine Verpflichtung, der Mutter die Kosten der Schwangerschaft, der Entbindung und des Unterhalts zu ersetzen, wird nach den Gesetzen des Staates beurtheilt, dem die Mutter zur Zeit der Geburt des Kindes angehört; es können jedoch nicht weitergehende Ansprüche geltend gemacht werden, als nach den deutschen Gesetzen begründet sind. **21.**

e) Die Legitimation eines unehelichen Kindes sowie die Annahme an Kindesstatt bestimmt sich, wenn der Vater zur Zeit der Legitimation oder der Annehmende zur Zeit der Annahme die Reichsangehörigkeit besitzt, nach den deutschen Gesetzen. | Gehört der Vater oder der Annehmende einem fremden

[1] [2] Siehe in diesem Buche diese Gesetze hinter dem BGB.

Staate an, während das Kind die Reichsangehörigkeit besitzt, so ist die Legitimation oder die Annahme unwirksam, wenn die nach den deutschen Gesetzen erforderliche Einwilligung des Kindes oder eines Dritten, zu dem das Kind in einem familienrechtlichen Verhältnisse steht, nicht erfolgt ist. **22.**

f) Ist auf Grund der bisherigen Gesetze eine Ehe geschieden oder in Folge der Todeserklärung eines der Ehegatten aufgelöst oder ist auf Trennung der Ehegatten von Tisch und Bett erkannt worden, so bestimmen sich das Recht und die Pflicht der Eltern, für die Person der gemeinschaftlichen Kinder zu sorgen, nach den bisherigen Gesetzen; die Vorschriften des § 1635 Abs. 1 Satz 2, Abs. 2 und des § 1636 des BGB („Väterl. Gewalt") finden jedoch Anwendung. **206.**

g) Inwieweit die Kinder aus einer vor dem Inkrafttreten des BGB geschlossenen nichtigen oder ungiltigen Ehe als eheliche Kinder anzusehen sind und inwieweit der Vater und die Mutter die Pflichten und Rechte ehelicher Eltern haben, bestimmt sich nach den bisherigen Gesetzen. **207.**

h) Die rechtliche Stellung eines vor dem Inkrafttreten des BGB geborenen unehelichen Kindes bestimmt sich von dem Inkrafttreten des BGB an nach dessen Vorschriften; für die Erforschung der Vaterschaft, für das Recht des Kindes, den Familiennamen des Vaters zu führen, sowie für die Unterhaltspflicht des Vaters bleiben jedoch die bisherigen Gesetze maßgebend. | Inwieweit einem vor dem Inkrafttreten des BGB außerehelich erzeugten Kinde aus einem besonderen Grunde, insbesondere wegen Erzeugung im Brautstande, die rechtliche Stellung eines ehelichen Kindes zukommt und inwieweit der Vater und die Mutter eines solchen Kindes die Pflichten und Rechte ehelicher Eltern haben, bestimmt sich nach den bisherigen Gesetzen. Die Vorschriften des Abs. 1 gelten auch für ein nach den französischen oder den badischen Gesetzen anerkanntes Kind. **208.**

i) In wie weit ein vor dem Inkraftreten des BGB legitimirtes oder an Kindesstatt angenommenes Kind die rechtliche Stellung eines ehelichen Kindes hat und inwieweit der Vater und die Mutter die Pflichten und Rechte ehelicher Eltern haben, bestimmt sich nach den bisherigen Gesetzen. **209.** — Siehe auch Eltern.

Kindervermögen. Siehe Eltern.

Kirchenbaulast. Siehe Baulast.

Kleinbahnen. Siehe Eisenbahnen.

Kongregation. Siehe Religiöse O.

Körperschaften. Unberührt bleiben die landesgesetzlichen Vorschriften, welche den Bundesstaat oder ihm angehörende Körperschaften, Stiftungen und Anstalten des öffentlichen Rechtes abweichend von der Vorschrift des § 806 Satz 2 des BGB („Schuld. a. d. Inh.") verpflichten, die von ihnen ausgestellten, auf den Inhaber lautenden Schuldverschreibungen auf den Namen eines bestimmten Berechtigten umzuschreiben, sowie die landesgesetzlichen Vorschriften, welche die sich aus der Umschreibung einer solchen Schuldverschreibung ergebenden Rechtsverhältnisse, mit Einschluß der Kraftloserklärung, regeln. **101.** — Siehe auch Hypothek.

Kraftloserklärung. Unberührt bleiben die landesgesetzlichen Vorschriften über die Kraftloserklärung und die Zahlungssperre in Ansehung der im § 807 des BGB („Karten ꝛc") bezeichneten Urkunden. | Unberührt bleiben die landesgesetzlichen Vorschriften, welche für die Kraftloserklärung der im § 808 des BGB bezeichneten Urkunden (m. Benenn. des Gläub.) ein anderes Verfahren als das Aufgebotsverfahren bestimmen. **102.** — Siehe auch Inhaberpapiere.

Kreditanstalten. In Kraft bleiben die landesgesetzlichen Vorschriften, welche die zur Zeit des Inkrafttretens des BGB bestehenden landschaftlichen oder ritterschaftlichen Kreditanstalten betreffen. **167.**

Kriegsgefangene. Siehe Militärgesetz.

Kurhessisches Fürstenhaus. Siehe Landesherren.

L

Landesgesetze. Soweit in dem BGB oder in diesem Gesetze die Regelung den Landesgesetzen vorbehalten oder bestimmt ist, daß landesgesetzliche Vorschriften unberührt bleiben oder erlassen werden können, bleiben die bestehenden landesgesetzlichen Vorschriften in Kraft und können neue landesgesetzliche Vorschriften erlassen werden. 3. — Siehe auch „Aenderung".

Landesherren. Ihre Familien. In Ansehung der Landesherren und der Mitglieder der landesherrlichen Familien sowie der Mitglieder der Fürstlichen Familie Hohenzollern finden die Vorschriften des BGB nur insoweit Anwendung, als nicht besondere Vorschriften der Hausverfassungen oder der Landesgesetze abweichende Bestimmnngen enthalten. | Das Gleiche gilt in Ansehung der Mitglieder des vormaligen Hannoverschen Königshauses, des vormaligen Kurhessischen und des vormaligen Herzoglich Nassauischen Fürstenhauses. 57.

Landgut. Unberührt bleiben die landesgesetzlichen Vorschriften über die Grundsätze, nach denen in den Fällen des §1515 Abs. 2, 3 („Vertragsm. Güterr.") und der §§ 2049, 2312 des BGB („Mehrh. v. Erben u. Pflichttl.") der Ertragswerth eines Landguts festzustellen ist. 137.

Landschaften. Siehe Kreditanstalten.

Legitimation. Siehe Kinder.

Lehen. Siehe Familienfideikommiß.

Lehrer. Siehe Beamte.

Lehrling. Siehe Gewerbeordnung.

Leibgedingsvertrag. Siehe Altentheilsvertrag.

Leibzuchtsvertrag. Siehe Altentheilsvertrag.

Liquidationsverfahren. Siehe Hypothek.

M

Miethsrecht. a) Unberührt bleiben die landesgesetzlichen Vorschriften über die Fristen, bis zu deren Ablaufe gemiethete Räume bei Beendigung des Miethverhältnisses zu räumen sind. 93.

b) Ein zur Zeit des Inkrafttretens des BGB bestehendes Mieth-, Pacht- oder Dienstverhältniß bestimmt sich, wenn nicht die Kündigung nach dem Inkrafttreten des BGB für den ersten Termin erfolgt, für den sie nach den bisherigen Gesetzen zulässig ist, von diesem Termin an nach den Vorschriften des BGB. 171.

c) Wird eine Sache, die zur Zeit des Inkrafttretens des BGB vermiethet oder verpachtet war, nach dieser Zeit veräußert oder mit einem Rechte belastet, so hat der Miether oder Pächter dem Erwerber der Sache oder des Rechtes gegenüber die im BGB bestimmten Rechte. Weitergehende Rechte des Mieters oder Pächters, die sich aus den bisherigen Gesetzen ergeben, bleiben unberührt, unbeschadet der Vorschrift des Artikel 171. 172.

d) Durch landesherrliche Verordnung kann auch bestimmt werden, daß Miethrechte und Pachtrechte, welche zu der Zeit, zu welcher das Grundbuch als angelegt anzusehen ist (siehe die GBO hinter dem BGB), als Rechte an einem Grundstücke bestehen, zur Erhaltung der Wirksamkeit gegenüber dem öffentlichen Glauben des Grundbuchs nicht der Eintragung bedürfen. 188. Abs. 2.

Militärgesetz. Die Vorschriften des § 44[1] Anmerkung des Reichs-Militärgesetzes vom 2. Mai 1874 (Reichs-Gesetzbl. S. 45) finden entsprechende Anwendung auf Personen, die zur Besatzung eines in Dienst gestellten Schiffes der Kaiserlichen Marine gehören, solange das Schif sich außerhalb eines inländischen Hafens befindet oder die Personen als Kriegsgefangene oder Geißeln in der Gewalt des Feindes sind, ingleichen auf andere an Bord eines solchen Schiffes genommene Personen, solange das Schiff sich außerhalb eines inländischen Hafens befindet und die Personen an Bord sind. Die Frist, mit deren Ablaufe die letztwillige Verfügung ihre Giltigkeit verliert, beginnt mit dem Zeitpunkt, in welchem das Schiff in einen inländischen Hafen zurückkehrt oder der Verfügende auf-

[1] Betrifft die privilegirten militärischen letztwilligen Verfügungen.
[2] Betrifft die Zwangsvollstreckung gegen Militärpersonen.

wenn sie auch früher einem Staate nicht angehört hat, nach den Gesetzen des Staates, in welchem sie ihren Wohnsitz und in Ermangelung eines Wohnsitzes ihren Aufenthalt hat oder zu der maßgebenden Zeit gehabt hat. **29.** — Siehe auch Eherecht.

Personenstandsgesetz. Das Gesetz über die Beurkundung des Personenstandes und die Eheschließung vom 6. Februar 1875 (Reichs-Gesetzbl. S. 23) wird dahin geändert: I. Die §§ 28 bis 40, 42, 43, 51 bis 53 werden aufgehoben. II. An die Stelle der §§ 41, 44, 50, 55 treten folgende Vorschriften: § 41. Für die Eheschließung sind die Vorschriften des BGB maßgebend. § 44. Für die Anordnung des vor der Eheschließung zu erlassenden Aufgebots ist jeder Standesbeamte zuständig, vor dem nach § 1320 des BGB die Ehe geschlossen werden darf. § 50. Der Standesbeamte soll ohne Aufgebot die Eheschließung nur vornehmen, wenn ihm ärztlich bescheinigt wird, daß die lebensgefährliche Erkrankung eines der Verlobten den Aufschub der Eheschließung nicht gestattet. § 55. Ist eine Ehe für nichtig erklärt, ist in einem Rechtsstreite, der die Feststellung des Bestehens oder des Nichtbestehens einer Ehe zwischen den Parteien zum Gegenstande hat, das Nichtbestehen der Ehe festgestellt, ist eine Ehe vor dem Tode eines der Ehegatten aufgelöst oder ist nach § 1575 des BGB die eheliche Gemeinschaft aufgehoben, so ist dies am Rande der über die Eheschließung bewirkten Eintragung zu vermerken. | Wird die eheliche Gemeinschaft nach der Aufhebung wiederhergestellt, so ist dies auf Antrag am Rande zu vermerken. III. Der § 67 erhält folgenden Abs. 2: Eine strafbare Handlung ist nicht vorhanden, wenn der Geistliche oder der Religionsdiener im Falle einer lebensgefährlichen, einen Aufschub nicht gestattenden Erkrankung eines der Verlobten zu den religiösen Feierlichkeiten der Eheschließung schreitet. IV. Im § 69 werden die Worte: „in diesem Gesetze" ersetzt durch die Worte: „in diesem Gesetze und in dem Bürgerlichen Gesetzbuche". V. Im § 75 Abs. 1 werden die Worte: „nach den Vorschriften dieses Gesetzes" ersetzt durch die Worte: „nach den Vorschriften des Bürgerlichen Gesetzbuchs. **46.** — Siehe auch Eheschließung.

Pfandgeld oder Ersatzgeld. Siehe Pfändungen.

Pfändungen. Unberührt bleiben die landesgesetzlichen Vorschriften über die zum Schutze der Grundstücke und der Erzeugnisse von Grundstücken gestattete Pfändung von Sachen, mit Einschluß der Vorschriften über die Entrichtung von Pfandgeld oder Ersatzgeld. **89.**

Pfandleiher und -Anstalten. Unberührt bleiben die landesgesetzlichen Vorschriften, welche den Geschäftsbetrieb der gewerblichen Pfandleiher und der Pfandleihanstalten betreffen. | Unberührt bleiben die landesgesetzlichen Vorschriften, nach welchen öffentlichen Pfandleihanstalten das Recht zusteht, die ihnen verpfändeten Sachen dem Berechtigten nur gegen Bezahlung des auf die Sache gewährten Darlehens herauszugeben. **94.**

Pfandrechte. a) Durch landesherrliche Verordnung kann bestimmt werden, daß gesetzliche Pfandrechte, die zu der Zeit bestehen, zu welcher das Grundbuch als angelegt anzusehen ist (siehe die GBO hinter dem BGB), zur Erhaltung der Wirksamkeit gegenüber dem öffentlichen Glauben des Grundbuchs während einer 10 Jahre nicht übersteigenden, von dem Inkrafttreten des BGB an zu berechnenden Frist nicht der Eintragung bedürfen. **188 Abs. 1.**

b) Ein zu der Zeit, zu welcher das Grundbuch als angelegt anzusehen ist, (siehe oben a) an einem Grundstücke bestehendes Pfandrecht gilt von dieser Zeit an als eine Hypothek, für welche die Ertheilung des Hypothekenbriefs ausgeschlossen ist. Ist der Betrag der Forderung, für die das Pfandrecht besteht, nicht bestimmt, so gilt das Pfandrecht als Sicherungshypothek. | Ist das Pfandrecht dahin beschränkt, daß der Gläubiger Befriedigung aus dem Grundstücke nur im Wege der Zwangsverwaltung suchen kann, so bleibt diese Beschränkung bestehen. **192.**

c) Durch Landesgesetz kann bestimmt werden, daß ein Pfandrecht, welches nach Artikel 192 nicht als Sicherungshypothek gilt, als Sicherungshypothek oder als eine Hypothek gelten soll, für welche die Ertheilung des Hypothekenbriefs nicht ausgeschlossen ist, und daß eine über das Pfandrecht ertheilte Urkunde als Hypothekenbrief gelten soll. **193.**

d) Durch Landesgesetz kann bestimmt werden, daß ein Gläubiger, dessen Pfandrecht zu der im Artikel 192 bezeichneten Zeit besteht, die Löschung eines im Range vorgehenden oder gleichstehenden Pfandrechts, falls dieses sich mit dem Eigenthum in einer Person vereinigt, in gleicher Weise zu verlangen berechtigt ist, wie wenn zur Sicherung des Rechtes auf Löschung eine Vormerkung im Grundbuch eingetragen wäre. **194.**

Pflegschaft. Siehe Vormundschaft.

Pfründenrecht. Siehe Beamte.

Platz. Unberührt bleiben die landesgesetzlichen Vorschriften über das Recht zur Benutzung eines Platzes in einem dem öffentlichen Gottesdienste gewidmeten Gebäude oder auf einer öffentlichen Begräbnißstätte. **133.**

Privatrecht, landesgesetzliches. Die privatrechtlichen Vorschriften der Landesgesetze treten außer Kraft, soweit nicht in dem BGB oder in diesem Gesetz ein anderes bestimmt ist. **55.**

R

Räumungsfristen. Siehe Miethsrecht.

Realgemeinschaften. In Kraft bleiben die landesgesetzlichen Vorschriften über die zur Zeit des Inkrafttretens des BGB bestehenden Realgemeinden und ähnlichen Verbände, deren Mitglieder als solche zu Nutzungen an land- und forstwirthschaftlichen Grundstücken, an Mühlen, Brauhäusern und ähnlichen Anlagen berechtigt sind. Es macht keinen Unterschied, ob die Realgemeinden oder sonstigen Verbände juristische Personen sind oder nicht und ob die Berechtigung der Mitglieder an Grundbesitz geknüpft ist oder nicht. **164.**

Realgewerbeberechtigungen. Siehe Zwangsrechte.

Reallasten. Siehe Gemeinheitstheilungen, Grundstücksverhältnisse.

Rechtsgeschäft. Siehe Form, Geschäftsfähigkeit.

Rechtsstreitigkeiten. a) In bürgerlichen Rechtsstreitigkeiten, in welchen durch Klage oder Widerklage ein Anspruch auf Grund des BGB geltend gemacht ist, wird die Verhandlung und Entscheidung letzter Instanz im Sinne des § 8 des Einführungsgesetzes zum Gerichtsverfassungsgesetze dem Reichsgerichte zugewiesen. **6.**

b) Unberührt bleiben die landesgesetzlichen Vorschriften, welche für die nicht nach den Vorschriften der Civilprozeßordnung zu erledigenden Rechtsstreitigkeiten die Vorgänge bestimmen, mit denen die nach den Vorschriften des BGB an die Klageerhebung und an die Rechtshängigkeit geknüpften Wirkungen eintreten. Soweit solche Vorschriften fehlen, finden die Vorschriften der Civilprozeßordnung entsprechende Anwendung. **152.**

Regalien. Unberührt bleiben die landesgesetzlichen Vorschriften über Regalien. **73.**

Reichsadel. Siehe „Reichsständische Häuser".

Reichsgesetze. Die Vorschriften der Reichsgesetze bleiben in Kraft. Sie treten jedoch in soweit außer Kraft, als sich aus dem BGB oder aus diesem Gesetze die Aufhebung ergiebt. **32.**

Reichsschuldbuch. Der § 9 des Gesetzes, betreffend das Reichsschuldbuch, vom 31. Mai 1891 (Reichs-Gesetzbl. S. 321) wird dahin geändert: Eine Ehefrau wird zu Anträgen ohne Zustimmung des Ehemannes zugelassen. | Die Ehefrau bedarf der Zustimmung des Ehemannes, wenn ein Vermerk zu dessen Gunsten eingetragen ist. Ein solcher Vermerk ist einzutragen, wenn die Ehefrau, oder mit ihrer Zustimmung der Ehemann die Eintragung beantragt. Die Ehefrau ist dem Ehemanne gegenüber zur Ertheilung der Zustimmung verpflichtet, wenn sie nach dem unter ihnen bestehenden Güterstande über die Buchforderung nur mit Zustimmung des Ehemannes verfügen kann. **50.**

Reichsständische Häuser, vor-

malige. In Ansehung der Familienverhältnisse und der Güter derjenigen Häuser, welche vormals reichsständisch gewesen und seit 1806 mittelbar geworden sind oder welche diesen Häusern bezüglich der Familienverhältnisse und der Güter durch Beschluß der vormaligen deutschen Bundesversammlung oder vor dem Inkrafttreten des BGB durch Landesgesetz gleichgestellt worden sind, bleiben die Vorschriften der Landesgesetze und nach Maßgabe der Landesgesetze die Vorschriften der Hausverfassungen unberührt. | Das Gleiche gilt zu Gunsten des vormaligen Reichsadels und derjenigen Familien des landsässigen Adels, welche vor dem Inkrafttreten des BGB dem vormaligen Reichsadel durch Landesgesetz gleichgestellt worden sind. **58.**

Religionsgesellschaft. Unberührt bleiben die landesgesetzlichen Vorschriften, nach welchen eine Religionsgesellschaft oder eine geistliche Gesellschaft Rechtsfähigkeit nur im Wege der Gesetzgebung erlangen kann. **84.**

Religiöse Erziehung. Unberührt bleiben die landesgesetzlichen Vorschriften über die religiöse Erziehung der Kinder. **134.**

Religiöse Orden. Unberührt bleiben die landesgesetzlichen Vorschriften, welche die Wirksamkeit von Schenkungen an Mitglieder religiöser Orden oder ordensähnlicher Kongregationen von staatlicher Genehmigung abhängig machen. | Unberührt bleiben die landesgesetzlichen Vorschriften, nach welchen Mitglieder religiöser Orden oder ordensähnlicher Kongregationen nur mit staatlicher Genehmigung von Todeswegen erwerben können. Die Vorschriften des Artikel 86 Satz 2 (S.16) finden entsprechende Anwendung. | Mitglieder solcher religiöser Orden oder ordensähnlicher Kongregationen, bei denen Gelübde auf Lebenszeit oder auf unbestimmte Zeit nicht abgelegt werden, unterliegen nicht den in den Abs. 1, 2 bezeichneten Vorschriften. **87.**

Rentenscheine. Siehe Inhaberpapiere.

Rentenschuld. Siehe Hypothek, Grundstücksverhältnisse.

Rentengüter. Unberührt bleiben die landesgesetzlichen Vorschriften über Rentengüter. **62.**

Ritterschaften. Siehe Kreditanstalten.

S

Sachverständige, amtliche. Unberührt bleiben die landesgesetzlichen Vorschriften, nach welchen die zur amtlichen Feststellung des Werthes von Grundstücken bestellten Sachverständigen für den aus einer Verletzung ihrer Berufspflicht entstandenen Schaden in weiterem Umfange als nach dem BGB haften. **79.**

Schaden. Siehe Betrieb, Haftung, Sachverständige.

Schadensersatz. a) Das Gesetz, betreffend die Verbindlichkeit zum Schadensersatze für die bei dem Betriebe von Eisenbahnen, Bergwerken u. s. w. herbeigeführten Tödtungen und Körperverletzungen vom 7. Juni 1871 (Reichs-Gesetzbl. S. 207) wird dahin geändert: I. An die Stelle des § 3 treten folgende Vorschriften: § 3. Im Falle der Tödtung ist der Schadensersatz (§§ 1 und 2) durch Ersatz der Kosten einer versuchten Heilung sowie des Vermögensnachtheils zu leisten, den der Getödtete dadurch erlitten hat, daß während der Krankheit seine Erwerbsfähigkeit aufgehoben oder gemindert oder eine Vermehrung seiner Bedürfnisse eingetreten war. Der Ersatzpflichtige hat außerdem die Kosten der Beerdigung demjenigen zu ersetzen, dem die Verpflichtung obliegt, diese Kosten zu tragen. | Stand der Getödtete zur Zeit der Verletzung zu einem Dritten in einem Verhältnisse, vermöge dessen er diesem gegenüber kraft Gesetzes unterhaltspflichtig war oder unterhaltspflichtig werden konnte, und ist dem Dritten in Folge der Tödtung das Recht auf den Unterhalt entzogen, so hat der Ersatzpflichtige dem Dritten insoweit Schadensersatz zu leisten, als der Getödtete während der muthmaßlichen Dauer seines Lebens zur Gewährung des Unterhalts verpflichtet gewesen sein würde. Die Ersatzpflicht tritt auch dann ein, wenn der Dritte zur Zeit der Verletzung erzeugt, aber noch nicht geboren war. § 3a. Im Falle einer Körperverletzung ist der Schadenersatz (§ 1 und 2) durch Ersatz der Kosten der Heilung sowie des Vermögensnachtheils zu leisten, den der Verletzte dadurch erleidet, daß in Folge der Verletzung zeitweise oder dauernd seine Erwerbsfähigkeit aufgehoben oder gemindert oder eine Vermehrung seiner Bedürfnisse eingetreten ist. II. Im § 5 werden die Worte: „der in den §§ 1 bis 3 enthaltenen Bestimmungen" ersetzt durch die Worte: „der in den §§ 1 bis 3a enthaltenen Bestimmungen". III. An die Stelle der §§ 7, 8, 9 treten folgende Vorschriften: § 7. Der Schadensersatz wegen Aufhebung oder Minderung der Erwerbsfähigkeit und wegen Vermehrung der Bedürfnisse des Verletzten sowie der nach § 3 Abs. 2 einem Dritten zu gewährende Schadensersatz ist für die Zukunft durch Entrichtung einer Geldrente zu leisten. | Die Vorschriften des § 843 Abs. 2 bis 4 des BGB und des § 648 Nr. 6 der Civilprozeßordnung finden entsprechende Anwendung. Das Gleiche gilt für die dem Verletzten zu entrichtende Geldrente von der Vorschrift des § 749 Abs. 3 und für die dem Dritten zu entrichtende Geldrente von der Vorschrift des § 749 Abs. 1 Nr. 2 der Civilprozeßordnung. | Ist bei der Verurtheilung des Verpflichteten zur Entrichtung einer Geldrente nicht auf Sicherheitsleistung erkannt worden, so kann der Berechtigte gleichwohl Sicherheitsleistung verlangen, wenn die Vermögensverhältnisse des Verpflichteten sich erheblich verschlechtert haben; und unter der gleichen Voraussetzung kann er eine Erhöhung der in dem Urtheile bestimmten Sicherheit verlangen. § 8. Die Forderungen auf Schadenersatz (§§ 1 bis 3a) verjähren in 2 Jahren von dem Unfall an. Gegen denjenigen, welchem der Getödtete Unterhalt zu gewähren hatte (§ 3 Abs. 2), beginnt die Verjährung mit dem Tode. Im Uebrigen finden die Vorschriften des BGB über die Verjährung Anwendung. § 9. Die gesetzlichen Vorschriften, nach welchen außer den in diesem Gesetze vorgesehenen Fällen der Unternehmer einer in den §§ 1, 2 bezeichneten Anlage oder eine andere Person, insbesondere wegen eines eigenen Verschuldens', für den bei dem Betriebe der Anlage durch Tödtung oder Körperverletzung eines Menschen entstandenen Schaden haftet, bleiben unberührt. **42.**

b) Unberührt bleiben die landesgesetzlichen Vorschriften über die Verpflichtung zum Ersatze des Schadens, der durch das Zuwiderhandeln gegen ein zum Schutze von Grundstücken erlassenes Strafgesetz verursacht wird. **107.**

c) Unberührt bleiben die landesgesetzlichen Vorschriften über die Verpflichtung zum Ersatze des Schadens, der bei einer Zusammenrottung, einem Auflauf oder einem Aufruhr entsteht. **108.**

d) Unberührt bleiben die landesgesetzlichen Vorschriften, nach welchen, wenn ein dem öffentlichen Gebrauche dienendes Grundstück zu einer Anlage oder zu einem Betriebe benutzt werden darf, der Unternehmer der Anlage oder des Betriebs für den Schaden verantwortlich ist, der bei dem öffentlichen Gebrauche des Grundstücks durch die Anlage oder den Betrieb verursacht wird. **106.**

Scheidung. Siehe Eherecht.

Schiffe der kaiserl. Marine. Siehe Militärgesetz.

Schulbaulast. Siehe Baulast.

Schuldverhältnisse. Für ein Schuldverhältniß, das vor dem Inkrafttreten des BGB entstanden ist, bleiben die bisherigen Gesetze maßgebend. **170.** — Siehe auch Eintragungen.

Schuldverschreibungen. a) Unberührt bleiben die landesgesetzlichen Vorschriften, nach welchen bei Schuldverschreibungen auf den Inhaber, die der Bundesstaat oder eine ihm angehörende Körperschaft, Stiftung oder Anstalt des öffentlichen Rechtes ausstellt: 1. die Giltigkeit der Unterzeichnung von der Beobachtung einer besonderen Form abhängt, auch wenn eine solche Bestimmung in die Urkunde nicht aufgenommen ist; 2. der im § 804

Abs. 1 des BGB bezeichnete Anspruch ausgeschlossen ist, auch wenn die Ausschließung in dem Zins- oder Rentenscheine nicht bestimmt ist. **100.**

b) Von dem Inkrafttreten des BGB an gelten für die vorher ausgestellten Schuldverschreibungen auf den Inhaber die Vorschriften der §§ 798 bis 800, 802, 804 und des § 806 Satz 1 des BGB („Schuldv. a. d. Inh."). Bei den auf Sicht zahlbaren unverzinslichen Schuldverschreibungen, sowie bei Zins-, Renten- und Gewinnantheilscheinen bleiben jedoch für die Kraftloserklärung und die Zahlungssperre die bisherigen Gesetze maßgebend. | Die Verjährung der Ansprüche aus den vor dem Inkrafttreten des BGB ausgestellten Schuldverschreibungen auf den Inhaber bestimmt sich, unbeschadet der Vorschriften des § 802 des BGB, nach den bisherigen Gesetzen. **174.** — Siehe auch Körperschaften.

Schwägerschaft. Siehe Verwandtschaft.

Sicherheitsleistung. Unberührt bleiben die landesgesetzlichen Vorschriften über die Rechtsverhältnisse, welche sich aus einer auf Grund des öffentlichen Rechts wegen der Führung eines Amtes oder wegen eines Gewerbebetriebes erfolgten Sicherheitsleistung ergeben. **90.**

Sicherungshypothek. Siehe Hypothek, Grundschuld, Pfandrecht.

Sicherungsmaßregeln. Siehe Nachlaßbehandlung.

Siegelung. Siehe Nachlaßbehandlung.

Sielrecht. Unberührt bleiben die gesetzlichen Vorschriften, welche dem Deich- und Sielrecht angehören. **66.**

Sparkassen. Unberührt bleiben die landesgesetzlichen Vorschriften über die öffentlichen Sparkassen, unbeschadet der Vorschriften des § 808 des BGB (S. 17 Art. 102) und der Vorschriften des BGB über die Anlegung von Mündelgeld. **99.**

Staatsangehörigkeit. Siehe Bundesangehörigkeit.

Staatsschuldbuch. Unberührt bleiben die landesgesetzlichen Vorschriften, welche die Eintragung von Gläubigern des Bundesstaats in ein Staatsschuldbuch und die aus der Eintragung sich ergebenden Rechtsverhältnisse, insbesondere die Uebertragung und Belastung einer Buchforderung, regeln. | Soweit nach diesen Vorschriften eine Ehefrau berechtigt ist, selbstständig Anträge zu stellen, ist dieses Recht ausgeschlossen, wenn ein Vermerk zu Gunsten des Ehemanns im Schuldbuch eingetragen ist. Ein solcher Vermerk ist einzutragen, wenn die Ehefrau oder mit ihrer Zustimmung der Ehemann die Eintragung beantragt. Die Ehefrau ist dem Ehemanne gegenüber zur Ertheilung der Zustimmung verpflichtet, wenn sie nach dem unter ihnen bestehenden Güterstand über die Buchforderung nur mit Zustimmung des Ehemanns verfügen kann. **97.**

Staatsschulden, verzinsliche. Unberührt bleiben die landesgesetzlichen Vorschriften über die Rückzahlung oder Umwandlung verzinslicher Staatsschulden, für die Inhaberpapiere ausgegeben oder die im Staatsschuldbuch eingetragen sind. **98.**

Staatsverträge. Unberührt bleiben die Bestimmungen der Staatsverträge, die ein Bundesstaat mit einem ausländischen Staate vor dem Inkrafttreten des BGB geschlossen hat. **56.**

Stammgüter. Siehe Familienfideikommiß.

Stiftung. Siehe Hypothek, Körperschaften.

Stockwerkseigenthum. Das zur Zeit des Inkrafttretens des BGB bestehende Stockwerkseigenthum bleibt bestehen. Das Rechtsverhältniß der Betheiligten unter einander bestimmt sich nach den bisherigen Gesetzen. **182.**

Strafgesetzbuch. Das Strafgesetzbuch wird dahin geändert: I. Im § 34 Nr. 6 werden die Worte: „Vormund, Nebenvormund, Kurator, gerichtlicher Beistand oder Mitglied eines Familienraths" ersetzt durch die Worte: „Vormund, Gegenvormund, Pfleger, Beistand der Mutter, Mitglied eines Familienraths oder Kurator". II. An die Stelle des § 55 treten folgende Vorschriften: Wer bei Begehung der Handlung das 12. Lebensjahr nicht vollendet hat, kann wegen derselben nicht strafrechtlich verfolgt werden. Gegen denselben können jedoch nach Maßgabe der landesgesetzlichen Vorschriften die zur Besserung und Beaufsichtigung geeigneten Maßregeln getroffen werden. Die Unterbringung in eine Familie, Erziehungsanstalt oder Besserungsanstalt kann nur erfolgen, nachdem durch Beschluß des Vormundschaftsgerichtes die Begehung der Handlung festgestellt und die Unterbringung für zulässig erklärt ist. III. An die Stelle des § 65 treten folgende Vorschriften: Der Verletzte, welcher das 18. Lebensjahr vollendet hat, ist selbstständig zu dem Antrage auf Bestrafung berechtigt. Solange er minderjährig ist, hat unabhängig von seiner eigenen Befugniß auch sein gesetzlicher Vertreter das Recht, den Antrag zu stellen. | Ist der Verletzte geschäftsunfähig oder hat er das 18. Lebensjahr noch nicht vollendet, so ist sein gesetzlicher Vertreter der zur Stellung des Antrages Berechtigte. IV. Als § 145a wird folgende Vorschrift eingestellt: Wer im Inlande Schuldverschreibungen auf den Inhaber, in denen die Zahlung einer bestimmten Geldsumme versprochen wird, ohne die erforderliche staatliche Genehmigung ausstellt und in den Verkehr bringt, wird mit einer Geldstrafe bestraft, die dem 5. Theile des Nennwerths der ausgegebenen Schuldverschreibungen gleichkommen kann, mindestens aber 300 Mark beträgt. V. Im § 171 Abs. 1 und Abs. 3 werden die Worte: „aufgelöst, für ungiltig oder nichtig erklärt worden ist", ersetzt durch die Worte: „aufgelöst oder für nichtig erklärt worden ist". VI. An die Stelle des § 195 tritt folgende Vorschrift: Ist eine Ehefrau beleidigt worden, so hat sowohl sie als ihr Ehemann das Recht, auf Bestrafung anzutragen. VII. Im § 235 werden die Worte: „ihren Eltern oder ihrem Vormunde" ersetzt durch die Worte: „ihren Eltern, ihrem Vormunde oder ihrem Pfleger". VIII. Im § 237 werden die Worte: „ihrer Eltern oder ihres Vormundes" ersetzt durch die Worte: „ihrer Eltern, ihres Vormundes oder ihres Pflegers". IX. Im § 238 werden die Worte: „für ungiltig erklärt worden ist" ersetzt durch die Worte: „für nichtig erklärt worden ist". 34.

Strafprozeßordnung. Die StPO wird dahin geändert: I. Im § 11 Abs. 1 treten an die Stelle der Sätze 2, 3 folgende Vorschriften: In Ermangelung eines solchen Wohnsitzes gilt die Hauptstadt des Heimathstaats als ihr Wohnsitz; ist die Hauptstadt in mehrere Gerichtsbezirke getheilt, so wird der als Wohnsitz geltende Bezirk von der Landesjustizverwaltung durch allgemeine Anordnung bestimmt. Gehört ein Deutscher einem Bundesstaate nicht an, so gilt als sein Wohnsitz die Stadt Berlin; ist die Stadt Berlin in mehrere Gerichtsbezirke getheilt, so wird der als Wohnsitz geltende Bezirk von dem Reichskanzler durch allgemeine Anordnung bestimmt. II. An die Stelle des § 149 Abs. 2 tritt folgende Vorschrift: Dasselbe gilt von dem gesetzlichen Vertreter eines Angeklagten. 35.

Sträucher. Siehe Grundstücksverhältnisse.

T

Taubenfang. Unberührt bleiben die landesgesetzlichen Vorschriften über das Recht zur Aneignung der einem Anderen gehörenden, im Freien betroffenen Tauben. 130.

Testament. Siehe Verfügung von Todeswegen.

Theilung von Grundstücken. Siehe Grundstücksverhältnisse.

Todeserklärung. a) Die Wirkungen einer vor dem Inkrafttreten des BGB erfolgten Todeserklärung bestimmen sich nach den bisherigen Gesetzen, soweit sich nicht aus den Artikeln 159, 160 (S. 6 u. 25) ein anderes ergiebt. 158.

b) Soweit nach den Vorschriften des BGB in Folge einer Todeserklärung die elterliche Gewalt des Verschollenen, die Vormundschaft, die Pflegschaft sowie das Amt als Vormund, Gegenvormund, Pfleger, Beistand oder Mitglied eines Familienraths endigt, gelten diese Vorschriften von dem Inkrafttreten des BGB an auch für eine vorher erfolgte Todeserklärung. 160.

c) Ein zur Zeit des Inkrafttretens des BGB anhängiges Verfahren, das eine Todeserklärung, eine Verschollenheitserklärung oder die Einweisung des muthmaßlichen Erben in den Besitz oder Genuß des Vermögens eines Verschollenen zum Gegenstande hat, ist nach den bisherigen Gesetzen zu erledigen. | Ist vor dem Inkrafttreten des BGB eine Verschollenheitserklärung oder die vorläufige Einweisung des muthmaßlichen Erben in den Besitz oder Genuß des Vermögens eines Verschollenen erfolgt, so sind die bisherigen Gesetze auch für die Todeserklärung sowie für die endgiltige Einweisung maßgebend. | Nach den bisherigen Gesetzen bestimmen sich auch die Wirkungen der nach Abs. 1, 2 ergehenden Entscheidungen. Im Falle der Todeserklärung finden die Vorschriften der Artikel 159, 160 (S. 25) Anwendung. **161.**

d) Soweit eine nach den bisherigen Gesetzen erfolgte oder nach Artikel 161 Abs. 2 zulässige endgiltige Einweisung des muthmaßlichen Erben in den Besitz oder Genuß des Vermögens des Verschollenen ohne Einfluß auf Rechtsverhältnisse ist, auf die sich die Wirkungen der Todeserklärung nach dem BGB erstrecken, ist nach dem Inkrafttreten des BGB eine Todeserklärung nach dessen Vorschriften zulässig; die Wirkungen beschränken sich auf diese Rechtsverhältnisse. **162.**

Trennung von Tisch und Bett. Siehe Eherecht.

U

Uneheliche Kinder. Siehe Kinder.

Unerlaubte Handlungen im Auslande. Aus einer im Auslande begangenen unerlaubten Handlung können gegen einen Deutschen nicht weitergehende Ansprüche geltend gemacht werden, als nach den deutschen Gesetzen begründet sind. **12.**

Unschädlichkeitsattest. Siehe Grundstücksverhältnisse.

Unterhaltspflicht. Unberührt bleiben die landesgesetzlichen Vorschriften, nach welchen der Staat sowie Verbände und Anstalten, die auf Grund des öffentlichen Rechtes zur Gewährung von Unterhalt verpflichtet sind, Ersatz der für den Unterhalt gemachten Aufwendungen von der Person, welcher sie den Unterhalt gewährt haben, sowie von denjenigen verlangen können, welche nach den Vorschriften des BGB unterhaltspflichtig waren. **103.** — Siehe Geldrenten.

Urkunden. a) Durch die Vorschriften des §§ 2234 bis 2245, 2276 des BGB („Test. u. Erbvertr.") und des Artikel 149 (S. 27) dieses Gesetzes werden die allgemeinen Vorschriften der Landesgesetze über die Errichtung gerichtlicher oder notarieller Urkunden nicht berührt. Ein Verstoß gegen eine solche Vorschrift ist, unbeschadet der Vorschriften über die Folgen des Mangels der sachlichen Zuständigkeit, ohne Einfluß auf die Giltigkeit der Verfügung von Todeswegen. **151.**

b) Von dem Inkrafttreten des BGB an gelten für vorher ausgegebene Urkunden der im § 808 (m. Benenn. des Gläub.) des BGB bezeichneten Art, sofern der Schuldner nur gegen Aushändigung der Urkunde zur Leistung verpflichtet ist, die Vorschriften des § 808 Abs. 2 Satz 2, 3 des BGB und des Artikel 102 Abs. 2 (S. 17) dieses Gesetzes. **177.**

Urkundspersonen. Siehe Verfügung von Todeswegen.

V

Vaterschaft. Siehe Kinder.

Veräußerungsverbot und Beschränkung. Ist die Veräußerung oder Belastung eines Gegenstandes nach den in den Artikeln 57 bis 59 (S. 18, 22 u. 10) bezeichneten Vorschriften unzulässig oder nur beschränkt zulässig, so finden auf einen Erwerb, dem diese Vorschriften entgegenstehen, die Vorschriften des BGB zu Gunsten derjenigen, welche Rechte von einem Nichtberechtigten herleiten, entsprechende Anwendung. **61.**

Vereinigung. Siehe Grundstücksverhältnisse.

Vereinswesen. a) Unberührt bleiben die Vorschriften der Landesgesetze über die Verfassung solcher

Vereine, deren Rechtsfähigkeit auf staatlicher Verleihung beruht. 82.

b) Unberührt bleiben die landesgesetzlichen Vorschriften, nach welchen im Falle des § 45 Abs. 3 (S 36 ff.) des BGB das Vermögen des aufgelösten Vereins an Stelle des Fiskus einer Körperschaft, Stiftung oder Anstalt des öffentlichen Rechtes anfällt. 85.

c) Ein einem fremden Staate angehörender und nach dessen Gesetzen rechtsfähiger Verein, der die Rechtsfähigkeit im Inlande nur nach den Vorschriften der §§ 21, 22 des BGB (S. 36 ff.) erlangen könnte, gilt als rechtsfähig, wenn seine Rechtsfähigkeit durch Beschluß des Bundesraths anerkannt ist. Auf nicht anerkannte ausländische Vereine der bezeichneten Art finden die Vorschriften über die Gesellschaft sowie die Vorschrift des § 54 Satz 2 (S. 36 ff.) des BGB Anwendung. 10.

d) In Kraft bleiben die Vorschriften der bayerischen Gesetze, betreffend die privatrechtliche Stellung der Vereine sowie der Erwerbs- und Wirthschaftsgesellschaften, vom 29. April 1869 in Ansehung derjenigen Vereine und registrirten Gesellschaften, welche auf Grund dieser Gesetze zur Zeit des Inkrafttretens des BGB bestehen. 165.

Verfügungen von Todeswegen. a) Wer vor dem Inkrafttreten des BGB die Fähigkeit zur Errichtung einer Verfügung von Todeswegen erlangt und eine solche Verfügung errichtet hat, behält die Fähigkeit, auch wenn er das nach dem BGB erforderliche Alter noch nicht erreicht hat. | Die Vorschriften des § 2230 des BGB („Testam.") finden auf ein Testament Anwendung, das ein nach dem Inkrafttreten des BGB gestorbener Erblasser vor diesem Zeitpunkt errichtet hat. 215.

b) Unberührt bleiben die landesgesetzlichen Vorschriften, nach welchen bei der Errichtung einer Verfügung von Todeswegen der Richter an Stelle des Gerichtsschreibers oder der 2 Zeugen eine besonders dazu bestellte Urkundsperson zuziehen kann. | Auf die Urkundsperson finden die Vorschriften der §§ 2234 bis 2236 des BGB („Testam.") Anwendung. 149. — Siehe auch Urkunden, Bundeskonsuln.

Verfügungsbeschränkungen. Eine zur Zeit des Inkrafttretens des BGB bestehende Verfügungsbeschränkung bleibt wirksam, unbeschadet der Vorschriften des BGB zu Gunsten derjenigen, welche Rechte von einem Nichtberechtigten herleiten. 168.

Vergeltungsrecht. Unter Zustimmung des Bundesraths kann durch Anordnung des Reichskanzlers bestimmt werden, daß gegen einen ausländischen Staat sowie dessen Angehörige und ihre Rechtsnachfolger ein Vergeltungsrecht zur Anwendung gebracht wird. 31.

Verjährung. Die Vorschriften des BGB über die Verjährung finden auf die vor dem Inkrafttreten des BGB entstandenen, noch nicht verjährten Ansprüche Anwendung. Der Beginn sowie die Hemmung und Unterbrechung der Verjährung bestimmen sich jedoch für die Zeit vor dem Inkraftreten des BGB nach den bisherigen Gesetzen. | Ist die Verjährungsfrist nach dem BGB kürzer als nach den bisherigen Gesetzen, so wird die kürzere Frist von dem Inkrafttreten des BGB an berechnet. Läuft jedoch die in den bisherigen Gesetzen bestimmte längere Frist früher als die im BGB bestimmte kürzere Frist ab, so ist die Verjährung mit dem Ablaufe der längeren Frist vollendet. 169.

Verkehrsunternehmen. Siehe Gewerbeordnung.

Verlagsrecht. Unberührt bleiben die landesgesetzlichen Vorschriften, welche dem Verlagsrecht angehören. 76.

Vermögensabsonderungen. Siehe Eherecht.

Verpflegungs-Anstalt. Siehe Erziehungs-Anstalt.

Verschollene. Ein Verschollener kann im Inlande nach den deutschen Gesetzen für todt erklärt werden, wenn er bei dem Beginne der Verschollenheit ein Deutscher war. | Gehörte der Verschollene bei dem Beginne der Verschollenheit einem fremden Staate an, so kann er im Inlande nach den deutschen Gesetzen mit Wirkung für diejenigen Rechtsverhältnisse, welche sich nach den deutschen Gesetzen bestimmen, sowie mit Wirkung für das im Inlande befindliche Vermögen für todt erklärt werden; die Vorschriften des § 2369 Abs. 2 des BGB („Erbschein") finden entsprechende Anwendung. | Hatte ein verschollener ausländischer Ehemann seinen letzten Wohnsitz im Inland und ist die im Inlande zurückgebliebene oder dahin zurückgekehrte Ehefrau Deutsche oder bis zu ihrer Verheirathung mit dem Verschollenen Deutsche gewesen, so kann auf ihren Antrag der Verschollene im Inlande nach den deutschen Gesetzen ohne die im Abs. 2 bestimmte Beschränkung für todt erklärt werden. **9.** — Siehe auch Todeserklärung c und d.

Verschwendung. Siehe Entmündigung.

Versicherungsrecht. Unberührt bleiben die landesgesetzlichen Vorschriften, welche dem Versicherungsrecht angehören, soweit nicht in dem BGB besondere Bestimmungen getroffen sind. **75.**

Verwandtschaft. Soweit in dem Gerichtsverfassungsgesetze, der Civilprozeßordnung, der Strafprozeßordnung, der Konkursordnung und in dem Gesetze, betreffend die Anfechtung von Rechtshandlungen eines Schuldners außerhalb des Konkursverfahrens, vom 21. Juli 1879 (Reichs-Gesetzbl. S. 277) an die Verwandtschaft oder die Schwägerschaft rechtliche Folgen geknüpft sind, finden die Vorschriften des BGB über Verwandtschaft oder Schwägerschaft Anwendung. **33.**

Volljährigkeit. a) Wer zur Zeit des Inkrafttretens des BGB nicht das 21. Lebensjahr vollendet hat, aber für volljährig erklärt ist oder sonst die rechtliche Stellung eines Volljährigen erlangt hat, steht von dieser Zeit an einem Volljährigen gleich. **153.**

b) Wer nach den französischen oder den badischen Gesetzen emanzipirt oder aus der Gewalt entlassen ist, steht von dem Inkrafttreten des BGB an, wenn er zu dieser Zeit das 18. Lebensjahr vollendet hat, einem Volljährigen, anderen Falls einem Minderjährigen gleich. **154.** — Siehe auch Geschäftsfähigkeit.

Vormund. Siehe Strafgesetzbuch.

Vormundschaft und Pflegschaft. a) Auf eine zur Zeit des Inkrafttretens des BGB bestehende Vormundschaft oder Pflegschaft finden von dieser Zeit an die Vorschriften des BGB Anwendung. Ist die Vormundschaft wegen eines körperlichen Gebrechens angeordnet, so gilt sie als eine nach § 1910 Abs. 1 des BGB angeordnete Pflegschaft. Ist die Vormundschaft wegen Geistesschwäche angeordnet, ohne daß eine Entmündigung erfolgt ist, so gilt sie als eine nach § 1910 Abs. 2 des BGB für die Vermögensangelegenheiten des Geistesschwachen angeordnete Pflegschaft. | Die bisherigen Vormünder und Pfleger bleiben im Amte. Das Gleiche gilt im Geltungsbereiche der preußischen Vormundschaftsordnung vom 5. Juli 1875 für den Familienrath und dessen Mitglieder. Ein Gegenvormund ist zu entlassen, wenn nach den Vorschriften des BGB ein Gegenvormund nicht zu bestellen sein würde. **210.**

b) Hat der Vater vor dem Inkrafttreten des BGB auf Grund der bisherigen Gesetze die Mutter von der Vormundschaft über das Kind ausgeschlossen oder der Mutter einen Beistand zugeordnet, so gilt die Anordnung des Vaters von dem Inkrafttreten des BGB an als Anordnung der Bestellung eines Beistandes für die Mutter im Sinne des BGB. **205.**

c) Eine Vormundschaft oder eine Pflegschaft kann im Inland auch über einen Ausländer, sofern der Staat, dem er angehört, die Fürsorge nicht übernimmt, angeordnet werden, wenn der Ausländer nach den Gesetzen dieses Staates der Fürsorge bedarf oder im Inland entmündigt ist. | Das deutsche Vormundschaftsgericht kann vorläufige Maßregeln treffen, solange eine Vormundschaft oder Pflegschaft nicht angeordnet ist. **23.**

d) Unberührt bleiben die landesgesetzlichen Vorschriften, nach welchen im Falle des § 2249 des BGB („Testam.") an Stelle des Vorstehers oder neben dem Vorsteher eine andere amtlich bestellte Person zuständig ist. **150.** — Siehe Nachlaßgericht, Erziehungsanstalten.

Vorsteher. Siehe Vormundschaft.

W

Wahlkonsul. Siehe Bundeskonsulate.

Waldgenossenschaften. Unberührt bleiben die landesgesetzlichen Vorschriften über Waldgenossenschaften. **83.**

Waldgrundstück. Zu Gunsten eines Grundstücks, das zur Zeit des Inkrafttretens des BGB mit Wald bestanden ist, bleiben die landesgesetzlichen Vorschriften, welche die Rechte des Eigenthümers eines Nachbargrundstücks in Ansehung der auf der Grenze oder auf dem Waldgrundstücke stehenden Bäume und Sträucher abweichend von den Vorschriften des § 910 und des § 923 Abs. 2, 3 des BGB („Inh. des Eigent.") bestimmen, bis zur nächsten Verjüngung des Waldes in Kraft. **183.**

Wasserrecht. Unberührt bleiben die landesgesetzlichen Vorschriften, welche dem Wasserrecht angehören, mit Einschluß des Mühlenrechts, des Flötzrechts und des Flößereirechts sowie der Vorschriften zur Beförderung der Bewässerung und Entwässerung der Grundstücke und der Vorschriften über Anlandungen, entstehende Inseln und verlassene Flußbetten. **65.**

Wegeregulirung. Siehe Gemeinheitstheilung.

Wiederherstellung. Siehe Gebäude.

Wiederverheirathung. Siehe Eherecht.

Wildschaden. a) Unberührt bleiben die landesgesetzlichen Vorschriften über die Grundsätze, nach welchen der Wildschaden festzustellen ist, sowie die landesgesetzlichen Vorschriften, nach welchen der Anspruch auf Ersatz des Wildschadens innerhalb einer bestimmten Frist bei der zuständigen Behörde geltend gemacht werden muß. **70.**

b) Unberührt bleiben die landesgesetzlichen Vorschriften, nach welchen 1) die Verpflichtung zum Ersatze des Wildschadens auch dann eintritt, wenn der Schaden durch jagdbare Thiere anderer als der im § 835 des BGB („Unerl. Handl.") bezeichneten Gattungen angerichtet wird; 2) für den Wildschaden, der durch ein aus einem Gehege ausgetretenes jagdbares Thier angerichtet wird, der Eigenthümer oder der Besitzer des Geheges verantwortlich ist; 3) der Eigenthümer eines Grundstücks, wenn das Jagdrecht auf einem anderen Grundstücke nur gemeinschaftlich mit dem Jagdrecht auf seinem Grundstück ausgeübt werden darf, für den auf dem anderen Grundstück angerichteten Wildschaden auch dann haftet, wenn er die ihm angebotene Pachtung der Jagd abgelehnt hat; 4) der Wildschaden, der an Gärten, Obstgärten, Weinbergen, Baumschulen und einzelstehenden Bäumen angerichtet wird, dann nicht zu ersetzen ist, wenn die Herstellung von Schutzvorrichtungen unterblieben ist, die unter gewöhnlichen Umständen zur Abwendung des Schadens ausreichen; 5) die Verpflichtung zum Schadensersatz im Falle des § 835 Abs. 3 des BGB („Unerl. Handl.") abweichend bestimmt wird; 6) die Gemeinde an Stelle der Eigenthümer der zu einem Jagdbezirke vereinigten Grundstücke zum Ersatze des Wildschadens verpflichtet und zum Rückgriff auf die Eigenthümer berechtigt ist oder an Stelle der Eigenthümer oder des Verbandes der Eigenthümer oder der Gemeinde oder neben ihnen der Jagdpächter zum Ersatze des Schadens verpflichtet ist; 7) der zum Ersatze des Wildschadens Verpflichtete Erstattung des geleisteten Ersatzes von demjenigen verlangen kann, welcher in einem anderen Bezirke zur Ausübung der Jagd berechtigt ist. **71.** — Besteht in Ansehung eines Grundstücks ein zeitlich nicht begrenztes Nutzungsrecht, so finden die Vorschriften des § 835 des BGB über die Verpflichtung zum Ersatze des Wildschadens mit der Maßgabe Anwendung, daß an die Stelle des Eigenthümers der Nutzungsberechtigte tritt. **72.** — Siehe auch Jagd.

Wittwen und Waisen. a) Der § 16 Abs. 2 des Gesetzes, betreffend die Fürsorge für die Wittwen und Waisen der Reichsbeamten der Civilverwaltung vom 20. April 1881 (Reichs-Gesetzbl. S. 85) wird aufgehoben. **48.**

b) Der § 18 Abs. 2 des Gesetzes, betreffend die Fürsorge für die Wittwen und Waisen von Angehörigen des Reichsheeres und der Kaiserlichen Marine, vom 17. Juni 1887 (Reichs-Gesetzbl. S. 237) wird aufgehoben. **49.** — Der § 8 Abs. 2 des Gesetzes, betreffend die Fürsorge für die Wittwen und Waisen der Personen des Soldatenstandes des Reichsheeres und der Kaiserlichen Marine vom Feldwebel abwärts, vom 13. Juni 1895 (Reichs-Gesetzbl. S. 261) wird aufgehoben. **51.**

Wohnsitz. Die Vorschriften der französischen und der badischen Gesetze über den erwählten Wohnsitz bleiben für Rechtsverhältnisse, die sich nach diesen Gesetzen bestimmen, in Kraft, sofern der Wohnsitz vor dem Inkrafttreten des BGB erwählt worden ist. **157.**

Wucher. Der Artikel 3 des Gesetzes, betreffend den Wucher, vom 24. Mai 1880 (Reichs-Gesetzbl. S. 109) in der Fassung des Artikel II des Gesetzes, betreffend die Ergänzung der Bestimmungen über den Wucher, vom 19. Juni 1893 (Reichs-Gesetzbl. S. 197) wird aufgehoben. **47.**

Z

Zahlungssperre. Siehe Kraftloserklärung.

Zinsen. Das Gesetz, betreffend die vertragsmäßigen Zinsen, vom 14. November 1867 (Bundes-Gesetzbl. S. 159) wird aufgehoben. **39.**

Zinsscheine. Siehe Inhaberpapiere.

Züchtigungsrecht. Siehe Gesinde.

Zusammenrottung. Siehe Schadensersatz.

Zuschreibung. Siehe Grundstücksverhältnisse.

Zwangserziehung Minderjähriger. Unberührt bleiben die landesgesetzlichen Vorschriften über die Zwangserziehung Minderjähriger. Die Zwangserziehung ist jedoch, unbeschadet der Vorschriften der §§ 55, 56 des Strafgesetzbuchs, nur zulässig, wenn sie von dem Vormundschaftsgericht angeordnet wird. Die Anordnung kann außer den Fällen der §§ 1666, 1838 des BGB („Väterl. Gewalt. u. Vormundsch.") nur erfolgen, wenn die Zwangserziehung zur Verhütung des völligen sittlichen Verderbens nothwendig ist. | Die Landesgesetze können die Entscheidung darüber, ob der Minderjährige, dessen Zwangserziehung angeordnet ist, in einer Familie oder in einer Erziehungs- oder Besserungsanstalt unterzubringen sei, einer Verwaltungsbehörde übertragen, wenn die Unterbringung auf öffentliche Kosten zu erfolgen hat. **135.**

Zwangsrecht. Unberührt bleiben die landesgesetzlichen Vorschriften über Zwangsrechte, Bannrechte und Realgewerbeberechtigungen. **74.**

Zwangsverwaltung. Siehe Hypothek.

Artikel-Register.

(Die eingeklammerten Ziffern geben die Seitenzahlen an.)

131 (14)
132 (2)
133 (21)
134 (22)
135 (30)
136 (9)
137 (18)
138 und 139 (8)
140 (19
141 und 142 (3)
143 (13)
144, 145 und 146 (15)
147 und 148 (19)
149 (27)
150 (28)
151 (26)
152 (21)
153 und 154 (28)
155 und 156 (8)
157 (30)
158 (25)
159 (6)
160 (25)
161 und 162 (26)
163 (16)
164 (21)
165 (27)
166 (16)
167 (17)
168 und 169 (27)
170 (23)
171 und 172 (18)
173 (10)
174 (24)
175 (15)
176 (2)
177 (26)
178 (15)
179 (7)
180 (3)
181 (6)
182 (24)
183 (29)
184 (8)
185 (7)
186 und 187 (12)
188 (18 u. 22)
189 (13)
190 (1)
191 (4)
192 und 193 (20)
194 (21)
195 (12)
196 und 197 (18)
198 und 199 (6)
200 (5)
201 und 202 (6)
203 (7)
204 (8)
205 (28)
206, 207, 208 u. 209 (17)
210 (28)
211 (2)
212 (19)
213 und 214 (9)
215 (27)
216 und 217 (9)
218 (1)

Bürgerliches Gesetzbuch

vom 18. August 1896.

Erstes Buch.

Allgemeiner Theil.

I.

Personen.

I. Natürliche Personen. (Die einzelnen Menschen.)

a) **Die Rechtsfähigkeit** des Menschen beginnt mit der Vollendung der Geburt. **1.**

b) **Die Volljährigkeit tritt ein** mit der Vollendung des 21. Lebensjahres. **2.**

c) **Für volljährig erklärt werden kann:** Ein Minderjähriger, der das 18. Lebensjahr vollendet hat, durch Beschluß des **Vormundschaftsgerichts.** | Durch die Volljährigkeitserklärung erlangt der Minderjährige die rechtliche Stellung eines Volljährigen. **3.**

Die Volljährigkeitserklärung ist nur zulässig, wenn der Minderjährige seine Einwilligung ertheilt. | Steht der Minderjährige unter elterlicher Gewalt, so ist auch die Einwilligung des Gewalthabers erforderlich, es sei denn, daß diesem weder die Sorge für die Person noch die Sorge für das Vermögen des Kindes zusteht. Für eine minderjährige Wittwe ist die Einwilligung des Gewalthabers nicht erforderlich. **4.**

Die Volljährigkeitserklärung soll nur erfolgen, wenn sie das Beste des Minderjährigen befördert. **5.**

d) **Entmündigt kann werden:** 1) wer in Folge von Geisteskrankheit oder von Geistesschwäche seine Angelegenheiten nicht zu besorgen vermag; 2) wer durch Verschwendung sich oder seine Familie der Gefahr des Nothstandes aussetzt; 3. wer in Folge von Trunksucht seine Angelegenheiten nicht zu besorgen vermag oder sich oder seine Familie der Gefahr des Nothstandes aussetzt oder die Sicherheit Anderer gefährdet. | Die Entmündigung ist wieder aufzuheben, wenn der Grund der Entmündigung wegfällt. **6.**

e) **Der Wohnsitz.** Wer sich an einem Orte ständig niederläßt, begründet an diesem Orte den Wohnsitz. | Der Wohnsitz kann gleichzeitig an mehreren Orten bestehen. | Der Wohnsitz wird aufgehoben, wenn die Niederlassung mit dem Willen aufgehoben wird, sie aufzugeben. 7.

Wer geschäftsunfähig oder in der Geschäftsfähigkeit beschränkt ist, kann ohne den Willen seines gesetzlichen Vertreters einen Wohnsitz weder begründen noch aufheben. **8.**

Eine Militärperson hat ihren Wohnsitz am Garnisonorte. Als Wohnsitz einer Militärperson, deren Truppentheil im Inlande keinen Garnisonort hat, gilt der letzte inländische Garnisonort des Truppentheils. | Diese Vorschriften finden keine Anwendung auf Militärpersonen, die nur zur Erfüllung der Wehrpflicht dienen oder die nicht selbstständig einen Wohnsitz begründen können. **9.**

Die **Ehefrau** theilt den Wohnsitz des Ehemanns. Sie theilt den Wohnsitz nicht, wenn der Mann seinen Wohnsitz im Ausland an einem Orte begründet, an den die Frau ihm nicht folgt und zu folgen nicht verpflichtet ist. | Solange der Mann keinen Wohnsitz hat oder die Frau seinen Wohnsitz nicht theilt, kann die Frau selbständig einen Wohnsitz haben. **10.**

Kinder theilen und behalten bis zur eigenen rechtsgültigen Aufhebung:

eheliche den Wohnsitz des Vaters — Legitimation nach der Volljährigkeit beeinflußt den Wohnsitz nicht —,

uneheliche den der Mutter,

adoptirte (an Kindesstatt angenommene) den des Annehmenden. — Adoption nach Volljährigkeit ist auf den Wohnsitz des an Kindesstatt Angenommen einflußlos. **11.**

f) **Das Namensgebrauchsrecht.** Beseitigung der Beeinträchtigung desselben kann verlangt werden, wenn es dem Berechtigten streitig gemacht oder dessen Interesse dadurch verletzt wird, daß ein Anderer unbefugt den gleichen Namen gebraucht.

Auf Unterlassung klagen kann der Berechtigte, wenn weitere Beeinträchtigungen zu besorgen sind. **12.**

g) **Verschollene.** Wer verschollen ist, kann nach Maßgabe der §§ 14—17 im Wege des Aufgebotsverfahrens für todt erklärt werden. **13.**

Die Todeserklärung ist zulässig:

1. Wenn seit 10 Jahren keine Nachricht von dem Leben des Verschollenen eingegangen ist. Sie darf nicht vor dem Schlusse des Jahres erfolgen, in welchem der Verschollene das 31. Lebensjahr vollendet haben würde. | Ein Verschollener, der das 70. Lebensjahr vollendet haben würde, kann für todt erklärt werden, wenn seit 5 Jahren keine Nachricht von seinem Leben eingegangen ist. | Der Zeitraum von 10 oder 5 Jahren beginnt mit dem Schlusse des letzten Jahres, in welchem der Verschollene den vorhandenen Nachrichten zufolge noch gelebt hat. **14.**

2. Wer als Angehöriger einer bewaffneten Macht an einem Kriege theilgenommen hat, während des Krieges vermißt worden und seitdem verschollen ist, kann für todt erklärt werden, wenn seit dem Friedensschlusse 3 Jahre verstrichen sind. Hat ein Friedensschluß nicht stattgefunden, so beginnt der dreijährige Zeitraum mit dem Schlusse des Jahres, in welchem der Krieg beendigt worden ist. | Als Angehöriger einer bewaffneten Macht gilt auch derjenige, welcher sich in einem Amts- oder Dienstverhältniß oder zum Zwecke freiwilliger Hilfeleistung bei der bewaffneten Macht befindet. **15.**

3. Wer sich bei einer Seefahrt auf einem während der Fahrt untergegangenen Fahrzeuge befunden hat und seit dem Untergange des Fahrzeugs verschollen ist, kann für todt erklärt werden, wenn seit dem Untergang ein Jahr verstrichen ist. | Der Untergang des Fahrzeugs wird vermuthet, wenn es an dem Orte seiner Bestimmung nicht eingetroffen oder in Ermangelung eines festen Reiseziels nicht zurückgekehrt ist und wenn bei Fahrten innerhalb der Ostsee 1 Jahr, bei Fahrten innerhalb anderer europäischer Meere, mit Einschluß sämmtlicher Theile des Mittelländischen, Schwarzen und Azowschen Meeres, 2 Jahre, bei Fahrten, die über außereuropäische Meere führen, 3 Jahre seit dem Antritte der Reise verstrichen sind. Sind Nachrichten über das Fahrzeug eingegangen, so ist der Ablauf des Zeitraums erforderlich, der verstrichen sein müßte, wenn das Fahrzeug von dem Orte abgegangen wäre, an dem es sich den Nachrichten zu Folge zuletzt befunden hat. **16.**

4. Wer unter anderen als den in den §§ 15, 16 bezeichneten Umständen in eine Lebensgefahr gerathen und seitdem verschollen ist, kann für todt erklärt werden, wenn seit dem Ereignisse, durch welches die Lebensgefahr entstanden ist, 3 Jahre verstrichen sind. **17.**

Wirkung der Todeserklärung. Die Todeserklärung begründet die Vermuthung, daß der Verschollene in dem Zeitpunkte gestorben sei, welcher in dem die Todeserklärung aussprechenden Urtheile festgestellt ist. | Als Zeitpunkt des Todes ist, sofern nicht die Ermittelungen ein Anderes ergeben, anzunehmen: in den Fällen des § 14 der Zeitpunkt, in welchem die Todeserklärung zulässig geworden ist; in den Fällen des § 15 der Zeitpunkt des Friedensschlusses oder der Schluß des Jahres, in welchem der Krieg beendigt worden ist; in den Fällen des § 16 der Zeitpunkt, in welchem das Fahrzeug untergegangen ist oder von welchem an der Untergang vermuthet wird; in den Fällen des § 17 der Zeitpunkt, in welchem das Ereigniß stattgefunden hat. | Ist die Todeszeit nur dem Tage nach festgestellt, so gilt das Ende des Tages als Zeitpunkt des Todes. **18.**

Solange nicht die Todeserklärung erfolgt ist, wird das Fortleben des Verschollenen bis zu dem Zeitpunkte vermuthet, der nach § 18 Abs. 2 in Ermangelung eines anderen Ergebnisses der Ermittelungen als Zeitpunkt des Todes anzunehmen ist; die Vorschrift des § 18 Abs. 3 findet entsprechende Anwendung. **19.**

Sind Mehrere in einer gemeinsamen Gefahr umgekommen, so wird vermuthet, daß sie gleichzeitig gestorben seien. **20.**

II. Juristische

1. Rechts-

Vereine.

Rechtsfähigkeit erlangt ein dem Zwecke nach auf einen wirthschaftlichen Geschäftsbetrieb gerichteter Verein in Ermangelung besonderer reichsgesetzlicher Vorschriften durch Verleihung des Bundesstaats, in dessen Gebiet der Verein seinen Sitz hat (22), oder hat er seinen Sitz nicht in einem Bundesstaat, in Ermangelung besonderer reichsgesetzlicher Vorschriften durch Beschluß des Bundesraths. 23.

Als Sitz eines Vereins gilt, wenn nicht ein Anderes bestimmt ist, der Ort, an welchem die Verwaltung geführt wird. 24.

Rechtsfähigkeit erlangt ein Verein, dessen Zweck nicht auf einen wirthschaftlichen Geschäftsbetrieb gerichtet ist, — er muß mindestens sieben Mitglieder haben (56) — durch Eintragung in das öffentliche Vereinsregister,[1] das gleich den vom Verein beim Amtsgericht eingereichten Schriftstücken Jedem einzusehen gestattet ist, und von dessen Eintragungen auf Verlangen beglaubigte Abschrift gefordert werden kann (21. 79). Zuständig für die Führung dieses Registers ist das Amtsgericht, in dessen Bezirk der Verein seinen Sitz hat. 55.

Wird die Anmeldung des Vereins zugelassen, so hat sie das Amtsgericht der zuständigen Verwaltungsbehörde mitzutheilen. | Diese kann gegen die Eintragung Einspruch erheben, wenn der Verein nach dem öffentlichen Vereinsrecht unerlaubt ist oder verboten werden kann, oder wenn er einen politischen, socialpolitischen oder religiösen Zweck verfolgt. 61.

Erhebt sie Einspruch, so hat das Amtsgericht ihn dem Vorstande mitzutheilen. Der Einspruch kann im Wege des Verwaltungsstreitverfahrens oder, wo ein solches nicht besteht, im Wege des Rekurses nach Maßgabe der §§ 20, 21 der Gewerbeordnung angefochten werden. 62.

Die Eintragung darf, sofern nicht die Verwaltungsbehörde dem Amtsgerichte mittheilt, daß Einspruch nicht erhoben werde, erst erfolgen, wenn seit der Mittheilung der Anmeldung an die Verwaltungsbehörde 6 Wochen verstrichen sind und Einspruch nicht erhoben oder wenn der erhobene Einspruch endgiltig aufgehoben worden ist. 63.

Bei der Eintragung sind der Name und der Sitz des Vereins, der Tag der Errichtung der Satzung sowie die Mitglieder des Vorstandes im Vereinsregister anzugeben. Bestimmungen, die den Umfang der Vertretungsmacht des Vorstandes beschränken oder die Beschlußfassung des Vorstandes abweichend von der Vorschrift des § 28 Abs. 1 regeln, sind gleichfalls einzutragen. 64.

Mit der Eintragung erhält der Name des Vereins den Zusatz „eingetragener Verein". 65. — Das Amtsgericht hat die Eintragung durch

[1] Siehe das Wort im Gesetz über die Angel. d. freiwill. Gerichtsbarkeit hinter dem BGB.

Personen.

fähigkeit.

Stiftungen.

Zur Entstehung einer rechtsfähigen Stiftung ist außer dem Stiftungsgeschäfte die Genehmigung des Bundesstaats erforderlich, in dessen Gebiete die Stiftung ihren Sitz haben soll. Soll die Stiftung ihren Sitz nicht in einem Bundesstaate haben, so ist die Genehmigung des Bundesraths erforderlich. Als Sitz der Stiftung gilt, wenn nicht ein Anderes bestimmt ist, der Ort, an welchem die Verwaltung geführt wird. 80.

Das Stiftungsgeschäft unter Lebenden bedarf der schriftlichen Form. | Bis zur Ertheilung der Genehmigung ist der Stifter zum Widerrufe berechtigt. Ist die Genehmigung bei der zuständigen Behörde nachgesucht, so kann der Widerruf nur gegenüber dieser erklärt werden. Der Erbe des Stifters ist zum Widerrufe nicht berechtigt, wenn der Stifter das Gesuch bei der zuständigen Behörde eingereicht oder im Falle der gerichtlichen oder notariellen Beurkundung des Stiftungsgeschäfts das Gericht oder den Notar bei oder nach der Beurkundung mit der Einreichung betraut hat. 81.

Wird die Stiftung genehmigt, so ist der Stifter verpflichtet, das in dem Stiftungsgeschäfte zugesicherte Vermögen auf die Stiftung zu übertragen. Rechte, zu deren Uebertragung der Abtretungsvertrag genügt, gehen mit der Genehmigung auf die Stiftung über, sofern nicht aus dem Stiftungsgeschäfte sich ein anderer Wille des Stifters ergiebt. 82.

Besteht das Stiftungsgeschäft in einer Verfügung von Todeswegen, so hat das Nachlaßgericht die Genehmigung einzuholen, sofern sie nicht von dem Erben oder dem Testamentsvollstrecker nachgesucht wird. 83.

Wird die Stiftung erst nach dem Tode des Stifters genehmigt, so gilt sie für die Zuwendungen des Stifters als schon vor dessen Tode entstanden. 84.

das für seine Bekanntmachungen bestimmte Blatt zu veröffentlichen. | Die Urschrift der Satzung ist mit der Bescheinigung der Eintragung zu versehen und zurückzugeben. Die Abschrift wird von dem Amtsgerichte beglaubigt und mit den übrigen Schriftstücken aufbewahrt. **66.**

Auf Vereine, die nicht rechtsfähig sind, finden die Vorschriften über die Gesellschaft[1] Anwendung. Aus einem Rechtsgeschäfte, das im Namen eines solchen Vereins einem Dritten gegenüber vorgenommen wird, haftet der Handelnde persönlich; handeln Mehrere, so haften sie als Gesammtschuldner. **54.**

Die Rechtsfähigkeit verlieren Vereine durch Eröffnung des Konkurses. 42 Abs. 1.

Entzogen werden kann die Rechtsfähigkeit

a) **jedem Vereine,** wenn er durch einen gesetzwidrigen Beschluß der Mitgliederversammlung oder durch gesetzwidriges Verhalten des Vorstandes das Gemeinwohl gefährdet. | Einem Vereine, dessen Zweck nach der Satzung nicht auf einen wirthschaftlichen Geschäftsbetrieb gerichtet ist, sowie einem Vereine, der nach der Satzung einen politischen, socialpolitischen oder religiösen Zweck nicht hat, kann die Rechtsfähigkeit entzogen werden, wenn er einen solchen Zweck verfolgt. Einem Vereine dessen Rechtsfähigkeit auf Verleihung beruht, kann die Rechtsfähigkeit entzogen werden, wenn er einen anderen als den in der Satzung bestimmten Zweck verfolgt. **43.**

Die Zuständigkeit und das Verfahren bestimmen sich in den Fällen des § 43 nach den für streitige Verwaltungssachen geltenden Vorschriften der

---

2. Weitere

Allgemeine für Vereine.

A. Die Verfassung rechtsfähiger Vereine wird bestimmt,

a) soweit sie nicht auf folgenden Vorschriften beruht:

(Vereinsorgane und ihre Angelegenheiten:)

Der Verein muß einen Vorstand haben. Der Vorstand kann aus mehreren Personen bestehen. | Der **Vorstand** vertritt den Verein gerichtlich und außergerichtlich; er hat die Stellung eines gesetzlichen Vertreters. Der Umfang seiner Vertretungsmacht kann durch die Satzung mit Wirkung gegen Dritte beschränkt werden. **26.**

Die Bestellung des Vorstandes erfolgt durch Beschluß der Mitgliederversammlung. | Die Bestellung ist jederzeit widerruflich, unbeschadet des Anspruchs auf die vertragsmäßige Vergütung. Die Widerruflichkeit kann durch die Satzung auf den Fall beschränkt werden, daß ein wichtiger Grund für den Widerruf vorliegt; ein solcher Grund ist insbesondere grobe Pflichtverletzung oder Unfähigkeit zur ordnungsmäßigen Geschäftsführung. | Auf die

[1] Er kann aber verklagt werden; in dem Rechtsstreite hat er die Stellung eines rech fähigen Vereins. CPO 50 Abs. 2.

Landesgesetze. Wo ein Verwaltungsstreitverfahren nicht besteht, finden die Vorschriften der §§ 20, 21 der Gewerbeordnung Anwendung; die Entscheidung erfolgt in erster Instanz durch die höhere Verwaltungsbehörde, in deren Bezirke der Verein seinen Sitz hat. | Beruht die Rechtsfähigkeit auf Verleihung durch den Bundesrath, so erfolgt die Entziehung durch Beschluß des Bundesraths. **44.**

b) **den eingetragenen Vereinen:** Sinkt die Zahl der Vereinsmitglieder unter 3 herab, so hat das Amtsgericht auf Antrag des Vorstandes und, wenn der Antrag nicht binnen 3 Monaten gestellt wird, von Amtswegen nach Anhörung des Vorstandes dem Vereine die Rechtsfähigkeit zu entziehen. Der Beschluß ist dem Vereine zuzustellen. Gegen den Beschluß findet die sofortige Beschwerde nach den Vorschriften der Civilprozeßordnung statt. | Der Verein verliert die Rechtsfähigkeit mit der Rechtskraft des Beschlusses. **73.** Die Auflösung des Vereins sowie die Entziehung der Rechtsfähigkeit ist in das Vereinsregister einzutragen. Im Falle der Eröffnung des Konkurses unterbleibt die Eintragung. | Wird der Verein durch Beschluß der Mitgliederversammlung oder durch den Ablauf der für die Dauer des Vereins bestimmten Zeit aufgelöst, so hat der Vorstand die Auflösuug zur Eintragung anzumelden. Der Anmeldung ist im ersteren Falle eine Abschrift des Auflösungsbeschlusses beizufügen. | Wird dem Verein auf Grund des § 43 die Rechtsfähigkeit entzogen oder wird der Verein auf Grund des öffentlichen Vereinsrechts aufgelöst, so erfolgt die Eintragung auf Anzeige der zuständigen Behörde. **74.**

Vorschriften.

Besondere für eingetragene Vereine.

Der Vorstand hat den Verein zur Eintragung anzumelden. | Der Anmeldung sind beizufügen: 1. die Satzung in Urschrift und Abschrift; 2. eine Abschrift der Urkunden über die Bestellung des Vorstandes. | Die Satzung soll von mindestens 7 Mitgliedern unterzeichnet sein und die Angabe des Tages der Errichtung enthalten. 59.

Die Anmeldungen zum Vereinsregister sind von den Mitgliedern des Vorstandes sowie von den Liquidatoren mittelst öffentlich beglaubigter Erklärung zu bewirken. 77

Besondere für Stiftungen.

Die Verfassung einer Stiftung wird, soweit sie nicht auf Reichs- oder Landesgesetz beruht, durch das Stiftungsgeschäft bestimmt. 85.

Die Vorschriften des § 26, des § 27 Abs. 3 und der §§ 28 bis 31, 42 finden auf Stiftungen entsprechende Anwendung, die Vorschriften des § 27 Abs. 3 und des § 28 Abs. 1 jedoch nu insoweit, als sich nicht aus der Verfassung, insbesondere daraus, daß die Verwaltung der Stiftung von einer öffentlichen Behörde geführt wird, Anderes ergiebt. Die Vorschriften des

(Vereine im Allg.)

Geschäftsführung des Vorstandes finden die für den Auftrag geltenden Vorschriften der §§ 664 bis 670 entsprechende Anwendung. 27.

Besteht der Vorstand aus mehreren Personen, so erfolgt die Beschlußfassung nach den für die Beschlüsse der Mitglieder des Vereins geltenden Vorschriften der §§ 32, 34. | Ist eine Willenserklärung dem Vereine gegenüber abzugeben, so genügt die Abgabe gegenüber einem Mitgliede des Vorstandes. 28.

Soweit die erforderlichen Mitglieder des Vorstandes fehlen, sind sie in dringenden Fällen für die Zeit bis zur Hebung des Mangels auf Antrag eines Betheiligten von dem Amtsgerichte zu bestellen, in dessen Bezirke der Verein seinen Sitz hat. 29.

Der Verein verliert die Rechtsfähigkeit durch die Eröffnung des Konkurses. | Der Vorstand hat im Falle der Ueberschuldung die Eröffnung des Konkurses zu beantragen. Wird die Stellung des Antrags verzögert, so sind die Vorstandsmitglieder, denen ein Verschulden zur Last fällt, den Gläubigern für den daraus entstehenden Schaden verantwortlich; sie haften als Gesammtschuldner. 42.

Durch die Satzung kann bestimmt werden, daß neben dem Vorstande für gewisse Geschäfte **besondere Vertreter** zu bestellen sind. Die Vertretungsmacht eines solchen Vertreters erstreckt sich im Zweifel auf alle Rechtsgeschäfte, die der ihm zugewiesene Geschäftskreis gewöhnlich mit sich bringt. 30.

Der Verein ist für den Schaden verantwortlich, den der Vorstand, ein Mitglied des Vorstandes oder ein anderer verfassungsmäßig berufener Vertreter durch eine in Ausführung der ihm zustehenden Verrichtungen begangene, zum Schadenersatze verpflichtende Handlung einem Dritten zufügt. 31.

Die Angelegenheiten des Vereins werden, soweit sie nicht von dem Vorstand oder einem anderen Vereinsorgane zu besorgen sind, durch Beschlußfassung in einer **Versammlung der Mitglieder** geordnet. Zur Gültigkeit des Beschlusses ist erforderlich, daß der Gegenstand bei der Berufung bezeichnet wird. Bei der Beschlußfassung entscheidet die Mehrheit der erschienenen Mitglieder. | Auch ohne Versammlung der Mitglieder ist ein Beschluß gültig, wenn alle Mitglieder ihre Zustimmung zu dem Beschlusse schriftlich erklären. 32.

Zu einem Beschlusse, der eine Aenderung der Satzung enthält, ist eine Mehrheit von drei Viertheilen der erschienenen Mitglieder erforderlich. Zur Aenderung des Zweckes des Vereins ist die Zustimmung aller Mitglieder erforderlich; die Zustimmung der nicht erschienenen Mitglieder muß schriftlich erfolgen. | Beruht die Rechtsfähigkeit des Vereins auf Verleihung, so ist zu jeder Aenderung der Satzung staatliche Genehmigung oder, falls die Verleihung durch den Bundesrath erfolgt ist, die Genehmigung des Bundesraths erforderlich. 33.

Die Mitgliederversammlung ist in den durch die Satzung bestimmten Fällen, sowie dann zu berufen, wenn das Interesse des Vereins es erfordert. 36.

Die Mitgliederversammlung ist zu berufen, wenn der durch die Satzung bestimmte Theil, oder in Ermangelung einer Bestimmung der zehnte Theil der Mitglieder die Berufung schriftlich unter Angabe des Zweckes und der Gründe

(Eingetragene Vereine.)

Die Anmeldung ist, wenn den Erfordernissen der §§ 56 bis 59 nicht genügt ist, von dem Amtsgericht unter Angabe der Gründe zurückzuweisen. | Gegen einen zurückweisenden Beschluß findet die sofortige Beschwerde nach den Vorschriften der Civilproceßordnung statt. 60.

Der Nachweis, daß der Vorstand aus den im Register eingetragenen Personen besteht, wird Behörden gegenüber durch ein Zeugniß des Amtsgerichts über die Eintragung geführt. 69.

Jede Aenderung des Vorstandes sowie die erneute Bestellung eines Vorstandsmitgliedes ist von dem Vorstande zur Eintragung anzumelden. Der Anmeldung ist eine Abschrift der Urkunde über die Aenderung oder die erneute Bestellung beizufügen. | Die Eintragung gerichtlich bestellter Vorstandsmitglieder erfolgt von Amtswegen. 67.

Wird zwischen den bisherigen Mitgliedern des Vorstandes und einem Dritten ein Rechtsgeschäft vorgenommen, so kann die Aenderung des Vorstandes dem Dritten nur entgegengesetzt werden, wenn sie zur Zeit der Vornahme des Rechtsgeschäfts im Vereinsregister eingetragen oder dem Dritten bekannt ist. Ist die Aenderung eingetragen, so braucht der Dritte sie nicht gegen sich gelten zu lassen, wenn er sie nicht kennt, seine Unkenntniß auch nicht auf Fahrlässigkeit beruht. 68.

Die Vorschriften des § 68 gelten auch für Bestimmungen, die den Umfang der Vertretungsmacht des Vorstandes beschränken oder die Beschlußfassung des Vorstandes abweichend von der Vorschrift des § 28 Abs. 1 regeln. 70.

Der Vorstand hat dem Amtsgericht auf dessen Verlangen jederzeit ein Verzeichniß der Vereinsmitglieder einzureichen. 72.

Die Eröffnung des Konkurses ist von Amtswegen einzutragen. Das Gleiche gilt von der Aufhebung des Eröffnungsbeschlusses. 75.

(Stiftungen.)

§ 28 Abs. 2 und des § 29 finden auf Stiftungen, deren Verwaltung von einer öffentlichen Behörde geführt wird, keine Anwendung. 86.

Ist die Erfüllung des Stiftungszwecks unmöglich geworden oder gefährdet sie das Gemeinwohl, so kann die zuständige Behörde der Stiftung eine andere Zweckbestimmung geben oder sie aufheben. | Bei der Umwandlung des Zweckes ist die Absicht des Stifters thunlichst zu berücksichtigen, insbesondere dafür Sorge zu tragen, daß die Erträge des Stiftungsvermögens dem Personenkreise, dem sie zu Statten kommen sollten, im Sinne des Stifters thunlichst erhalten bleiben. Die Behörde kann die Verfassung der Stiftung ändern, soweit die Umwandlung des Zweckes es erfordert. | Vor der Umwandlung des Zweckes und der Aenderung der Verfassung soll der Vorstand der Stiftung gehört werden. 87.

Besondere für juristische Personen des öffentlichen Rechtes.

Die Vorschrift des § 31 findet auf den Fiskus sowie auf die Körperschaften, Stiftungen und Anstalten des öffentlichen Rechtes entsprechende Anwendung. | Das Gleiche gilt, soweit bei Körperschaften, Stiftungen und Anstalten des öffentlichen Rechtes der Konkurs zulässig ist, von der Vorschrift des § 42 Abs. 2. 89.

(Vereine im Allg.)

verlangt. | Wird dem Verlangen nicht entsprochen, so kann das Amtsgericht, in dessen Bezirke der Verein seinen Sitz hat, die Mitglieder, welche das Verlangen gestellt haben, zur Berufung der Versammlung ermächtigen und über die Führung des Vorsitzes in der Versammlung Bestimmung treffen. Auf die Ermächtigung muß bei der Berufung der Versammlung Bezug genommen werden. **37.**

(Die einzelnen Mitglieder, ihre Rechte und Pflichten:)

Ein Mitglied ist nicht stimmberechtigt, wenn die Beschlußfassung die Vornahme eines Rechtsgeschäfts mit ihm oder die Einleitung oder Erledigung eines Rechtsstreits zwischen ihm und dem Vereine betrifft. **34.**

Sonderrechte eines Mitglieds können nicht ohne dessen Zustimmung durch Beschluß der Mitgliederversammlung beeinträchtigt werden. **35.**

Die Mitgliedschaft ist nicht übertragbar und nicht vererblich. Die Ausübung der Mitgliedschaftsrechte kann nicht einem Anderen überlassen werden. **38.**

Die Mitglieder sind zum Austritt aus dem Vereine berechtigt. | Durch die Satzung kann bestimmt werden, daß der Austritt nur am Schlusse eines Geschäftsjahrs oder erst nach dem Ablauf einer Kündigungsfrist zulässig ist; die Kündigungsfrist kann höchstens 2 Jahre betragen. **39.**

b) durch die Vereinssatzung (25):

Vereine im Allgemeinen.

Die Vorschriften des § 27 Abs. 1, 3, es § 28 Abs. 1 und der §§ 32, 33, 38 (siehe oben a) finden insoweit keine Anwendung, als die Satzung ein Anderes bestimmt. **40.**

Siehe auch unten **B.**

Eingetragene Vereine.

Die Satzung muß den Zweck, den Namen und den Sitz des Vereins enthalten und ergeben, daß der Verein eingetragen werden soll. | Der Name soll sich von den Namen der an demselben Orte oder in derselben Gemeinde bestehenden eingetragenen Vereine deutlich unterscheiden. **57.**

Die Satzung soll Bestimmungen enthalten: 1. über den Eintritt und Austritt der Mitglieder; 2. darüber, ob und welche Beiträge von den Mitgliedern zu leisten sind; 3. über die Bildung des Vorstandes; 4. über die Voraussetzungen, unter denen die Mitgliederversammlung zu berufen ist, über die Form der Berufung und über die Beurkundung der Beschlüsse. **58.**

Die Urschrift der Satzung ist mit der Bescheinigung der Eintragung vom Amtsgericht zu versehen und dem Verein zurückzugeben. Die dem Gericht mit einzureichende Abschrift wird von demselben beglaubigt und mit den übrigen Schriftstücken aufbewahrt. **66.**

Aenderungen der Satzung bedürfen zu ihrer Wirksamkeit der Eintragung in das Vereinsregister. Die Aenderung ist von dem Vorstande zur Eintragung anzumelden. Der Anmeldung ist der die Aenderung enthaltende Beschluß in Urschrift und Abschrift beizufügen. | Die Vorschriften der §§ 60 bis 64 und des § 66 Abs. 2 (S. 36 u. 41) finden entsprechende Anwendung. **71.**

Das Amtsgericht kann die Mitglieder des Vorstandes zur Befolgung der Vorschriften des § 67 (S. 41) Abs. 1, des § 71 Abs. 1, des § 72 (S. 41), des § 74 Abs. 2 und des § 76 (S. 44) durch Ordnungsstrafen anhalten. Die einzelne Strafe darf den Betrag von 300 Mark nicht übersteigen. | In gleicher Weise können die Liquidatoren zur Befolgung der Vorschriften des § 76 angehalten werden. **78.**

B. Aufgelöst werden kann der Verein:

Vereine im Allgemeinen.

Durch Beschluß der Mitgliederversammlung. Zu dem Beschluß ist eine Mehrheit von drei Viertheilen der erschienenen Mitglieder erforderlich, wenn nicht die Satzung ein Anderes bestimmt. **41.**

Eingetragene Vereine.

Die Auflösung des Vereins ist in das Vereinsregister einzutragen. | Wird der Verein durch Beschluß der Mitgliederversammlung oder durch den Ablauf der für die Dauer des Vereins bestimmten Zeit aufgelöst, so hat der Vorstand die Auflösung zur Eintragung anzumelden. Der Anmeldung ist im ersteren Falle eine Abschrift des Auflösungsbeschlusses beizufügen. | Wird der Verein auf Grund des öffentlichen Vereinsrechts aufgelöst, so erfolgt die Eintragung auf Anzeige der zuständigen Behörde. **74.**

C. Bestimmungen über das Vermögen juristischer Personen, die aufgelöst oder rechtsunfähig geworden oder erloschen sind.

Vereine im Allgemeinen.

Mit der Auflösung des Vereins oder der Entziehung der Rechtsfähigkeit fällt das Vermögen an die in der Satzung bestimmten Personen. | Durch die Satzung kann vorgeschrieben werden, daß die Anfallberechtigten durch Beschluß der Mitgliederversammlung oder eines anderen Vereinsorgans bestimmt werden. Ist der Zweck des Vereins nicht auf einen wirthschaftlichen Geschäftsbetrieb gerichtet, so kann die Mitgliederversammlung auch ohne eine solche Vorschrift das Vermögen einer öffentlichen Stiftung oder Anstalt zuweisen. | Fehlt es an einer Bestimmung der Anfallberechtigten, so fällt das Vermögen, wenn der Verein nach der Satzung ausschließlich den Interessen seiner Mitglieder diente, an die zur Zeit der Auflösung oder der Entziehung der Rechtsfähigkeit vorhandenen Mitglieder zu gleichen Theilen, anderenfalls an den Fiskus des Bundesstaates, in dessen Gebiete der Verein seinen Sitz hatte. **45.**

Eingetragene Vereine.

Die Liquidatoren sind in das Vereinsregister einzutragen. Das Gleiche gilt von Bestimmungen, welche die Beschlußfassung der Liquidatoren [1] abweichend von der Vorschrift des § 48 Abs. 3 regeln. | Die Anmeldung hat durch den Vorstand, bei späteren Aenderungen durch die Liquidatoren zu erfolgen. Der Anmeldung der durch Beschluß der Mitgliederversammlung bestellten Liquidatoren ist eine Abschrift des Beschlusses, der Anmeldung einer Bestimmung über die Beschlußfassung der Liquidatoren eine Abschrift der die Bestimmung enthaltenden Urkunde beizufügen. | Die Eintragung gerichtlich bestellter Liquidatoren geschieht von Amtswegen. **76.**

Mit dem **Erlöschen der Stiftung** fällt das Vermögen an die in der Verfassung bestimmten Personen. Die Vorschriften der §§ 46 bis 53 (siehe unten) finden entsprechende Anwendung. **80.**

Fällt das Vereinsvermögen an den Fiskus, so finden die Vorschriften über eine dem Fiskus als gesetzlichem Erben anfallende Erbschaft entsprechende Anwendung. Der Fiskus hat das Vermögen thunlichst in einer den Zwecken des Vereins entsprechenden Weise zu verwenden. **46.**

Fällt das Vereinsvermögen nicht an den Fiskus, so muß eine **Liquidation** stattfinden. **47.**

Die Liquidation erfolgt durch den Vorstand. Zu Liquidatoren können auch andere Personen bestellt werden; für die Bestellung sind die für die Bestellung des Vorstandes geltenden Vorschriften maßgebend. | Die Liquidatoren haben die rechtliche Stellung des Vorstandes, soweit sich nicht aus dem Zwecke der Liquidation ein Anderes ergiebt. | Sind mehrere Liquidatoren vorhanden, so ist für ihre Beschlüsse Uebereinstimmung aller erforderlich, sofern nicht ein Anderes bestimmt ist. **48.**

[1] Mittelst öffentlich beglaubigter Erklärung. 77. — Siehe auch oben § 78 unter A.

Die Liquidatoren haben die laufenden Geschäfte zu beendigen, die Forderungen einzuziehen, das übrige Vermögen in Geld umzusetzen, die Gläubiger zu befriedigen und den Ueberschuß den Anfallberechtigten auszuantworten. Zur Beendigung schwebender Geschäfte können die Liquidatoren auch neue Geschäfte eingehen. Die Einziehung der Forderungen sowie die Umsetzung des übrigen Vermögens in Geld darf unterbleiben, soweit diese Maßregeln nicht zur Befriedigung der Gläubiger oder zur Vertheilung des Ueberschusses unter die Anfallberechtigten erforderlich sind. | Der Verein gilt bis zur Beendigung der Liquidation als fortbestehend, soweit der Zweck der Liquidation es erfordert. 49.

Die Auflösung des Vereins oder die Entziehung der Rechtsfähigkeit ist durch die Liquidatoren öffentlich bekannt zu machen. In der Bekanntmachung sind die Gläubiger zur Anmeldung ihrer Ansprüche aufzufordern. Die Bekanntmachung erfolgt durch das in der Satzung für Veröffentlichungen bestimmte Blatt, in Ermangelung eines solchen durch dasjenige Blatt, welches für Bekanntmachungen des Amtsgerichts bestimmt ist, in dessen Bezirke der Verein seinen Sitz hatte. Die Bekanntmachung gilt mit dem Ablaufe des 2. Tages nach der Einrückung oder der 1. Einrückung als bewirkt. | Bekannte Gläubiger sind durch besondere Mittheilung zur Anmeldung aufzufordern. 50.

Das Vermögen darf den Anfallberechtigten nicht vor dem Ablauf eines Jahres nach der Bekanntmachung der Auflösung des Vereins oder der Entziehung der Rechtsfähigkeit ausgeantwortet werden. 51.

Meldet sich ein bekannter Gläubiger nicht, so ist der geschuldete Betrag, wenn die Berechtigung zur Hinterlegung vorhanden ist, für den Gläubiger zu hinterlegen. | Ist die Berichtigung einer Verbindlichkeit zur Zeit nicht ausführbar oder ist eine Verbindlichkeit streitig, so darf das Vermögen den Anfallberechtigten nur ausgeantwort werden, wenn dem Gläubiger Sicherheit geleistet ist. 52.

Liquidatoren, welche die ihnen nach dem § 42 Abs. 2 und den §§ 50 bis 52 obliegenden Verpflichtungen verletzen oder vor der Befriedigung der Gläubiger Vermögen den Anfallberechtigten ausantworten, sind, wenn ihnen ein Verschulden zur Last fällt, den Gläubigern für den daraus entstehenden Schaden verantwortlich; sie haften als Gesammtschuldner. 53.

II.
Sachen.
§ 90—103.

1. **Sachen im Sinne des Gesetzes** sind nur körperliche Gegenstände. 90.
2. **Vertretbare Sachen im Sinne des Gesetzes** sind bewegliche Sachen, die im Verkehre nach Zahl, Maß oder Gewicht bestimmt zu werden pflegen. 91.
3. **Verbrauchbare Sachen im Sinne des Gesetzes** sind bewegliche Sachen, deren bestimmungsmäßiger Gebrauch in dem Verbrauch oder in der Veräußerung besteht. Als verbrauchbar gelten auch bewegliche Sachen, die zu einem Waarenlager oder zu einem sonstigen Sachinbegriffe gehören, dessen

bestimmungsmäßiger Gebrauch in der Veräußerung der einzelnen Sachen besteht. 92.

4. **Wesentliche Bestandtheile.** Bestandtheile einer Sache, die voneinander nicht getrennt werden können, ohne daß der eine oder der andere zerstört oder in seinem Wesen verändert wird (wesentliche Bestandtheile), können nicht Gegenstand besonderer Rechte sein. 93.

a) Zu den wesentlichen Bestandtheilen eines Grundstücks gehören die mit dem Grund und Boden fest verbundenen Sachen, insbesondere Gebäude, sowie die Erzeugnisse des Grundstücks, solange sie mit dem Boden zusammenhängen. Samen wird mit dem Aussäen, eine Pflanze wird mit dem Einpflanzen wesentlicher Bestandtheil des Grundstücks. | Zu den wesentlichen Bestandtheilen eines Gebäudes gehören die zur Herstellung des Gebäudes eingefügten Sachen. 94.

Zu den Bestandtheilen eines Grundstücks gehören solche Sachen nicht, die nur zu einem vorübergehenden Zwecke mit dem Grund und Boden verbunden sind. Das Gleiche gilt von einem Gebäude oder anderen Werke, das in Ausübung eines Rechtes an einem fremden Grundstücke von dem Berechtigten mit dem Grundstücke verbunden worden ist. | Sachen, die nur zu einem vorübergehenden Zwecke in ein Gebäude eingefügt sind, gehören nicht zu den Bestandtheilen des Gebäudes. 95.

b) Rechte, die mit dem Eigenthum an einem Grundstücke verbunden sind, gelten als Bestandtheile des Grundstücks. 96.

5. **Zubehör** sind bewegliche Sachen, die, ohne Bestandtheile der Hauptsache zu sein, dem wirthschaftlichen Zwecke der Hauptsache zu dienen bestimmt sind und zu ihr in einem dieser Bestimmung entsprechenden räumlichen Verhältnisse stehen. Eine Sache ist nicht Zubehör, wenn sie im Verkehre nicht als Zubehör angesehen wird. | Die vorübergehende Benutzung einer Sache für den wirthschaftlichen Zweck einer anderen begründet nicht die Zubehöreigenschaft. Die vorübergehende Trennung eines Zubehörstücks von der Hauptsache hebt die Zubehöreigenschaft nicht auf. 97.

Dem wirthschaftlichen Zwecke der Hauptsache sind zu dienen bestimmt: 1) bei einem Gebäude, das für einen gewerblichen Betrieb dauernd eingerichtet ist, insbesondere bei einer Mühle, einer Schmiede, einem Brauhaus, einer Fabrik, die zu dem Betriebe bestimmten Maschinen und sonstigen Geräthschaften; 2) bei einem Landgute das zum Wirthschaftsbetriebe bestimmte Geräth und Vieh, die landwirthschaftlichen Erzeugnisse, soweit sie zur Fortführung der Wirthschaft bis zu der Zeit erforderlich sind, zu welcher gleiche oder ähnliche Erzeugnisse voraussichtlich gewonnen werden, sowie der vorhandene auf dem Gute gewonnene Dünger. 98.

6. **Früchte einer Sache** sind die Erzeugnisse der Sache und die sonstige Ausbeute, welche aus der Sache ihrer Be-

Ist jemand berechtigt, die Früchte einer Sache oder eines Rechtes bis zu einer bestimmten Zeit oder von einer bestimmten Zeit an zu beziehen, so

Wer zur Herausgabe von Früchten verpflichtet ist, kann Ersatz der

stimmung gemäß gewonnen wird. | Früchte eines Rechtes sind die Erträge, welche das Recht seiner Bestimmung gemäß gewährt, insbesondere bei einem Rechte auf Gewinnung von Bodenbestandtheilen die gewonnenen Bestandtheile. | Früchte sind auch die Erträge, welche eine Sache oder ein Recht vermöge eines Rechtsverhältnisses gewährt. 99.

7. **Nutzungen** sind die Früchte einer Sache oder eines Rechtes sowie die Vortheile, welche der Gebrauch der Sache oder des Rechtes gewährt. 100.

gebühren ihm, sofern nicht ein Anderes bestimmt ist: 1) die im § 99 Abs. 1 bezeichneten Erzeugnisse und Bestandtheile, auch wenn er sie als Früchte eines Rechtes zu beziehen hat, insoweit, als sie während der Dauer der Berechtigung von der Sache getrennt werden; 2) andere Früchte insoweit, als sie während der Dauer der Berechtigung fällig werden; bestehen jedoch die Früchte in der Vergütung für die Ueberlassung des Gebrauchs oder des Fruchtgenusses, in Zinsen, Gewinnantheilen oder anderen regelmäßig wiederkehrenden Erträgen, so gebührt dem Berechtigten ein der Dauer seiner Berechtigung entsprechender Theil. 101.

auf die Gewinnung der Früchte verwendeten Kosten insoweit verlangen, als sie einer ordnungsmäßigen Wirthschaft entsprechen und den Werth der Früchte nicht übersteigen. 102.

8. **Wer verpflichtet ist, die Lasten einer Sache oder eines Rechtes** bis zu einer bestimmten Zeit oder von einer bestimmten Zeit an zu tragen, hat, sofern nicht ein Anderes bestimmt ist, die regelmäßig wiederkehrenden Lasten nach dem Verhältnisse der Dauer seiner Verpflichtung, andere Lasten insoweit zu tragen, als sie während der Dauer seiner Verpflichtung zu entrichten sind. 103.

III.

Rechtsgeschäfte.

Die Wirksamkeit der Rechtsgeschäfte.

A. **Nichtig** (unwirksam) sind:

a) Die Willenserklärungen von Geschäftsunfähigen:

1. der Personen bis zum Beginn des achten Lebensjahres;
2. derer, die sich in einem die freie Willensbestimmung ausschließenden

Zustande krankhafter Störung der Geistesthätigkeit befinden, sofern nicht der Zustand seiner Natur nach ein vorübergehender ist;

3. der wegen Geisteskrankheit Entmündigten. **104.**

b) Eine Willenserklärung, die im Zustande der Bewußtlosigkeit oder vorübergehender Störung der Geistesthätigkeit abgegeben wird. **105.**

c) Eine Willenserklärung ist nicht deshalb nichtig, weil sich der Erklärende insgeheim vorbehält, das Erklärte nicht zu wollen. Die Erklärung ist nichtig, wenn sie einem Anderen gegenüber abzugeben ist und dieser den Vorbehalt kennt. **116.**

d) Wird eine Willenserklärung, die einem Anderen gegenüber abzugeben ist, mit dessen Einverständnisse nur zum Schein abgegeben, so ist sie nichtig. | Wird durch ein Scheingeschäft ein anderes Rechtsgeschäft verdeckt, so finden die für das verdeckte Rechtsgeschäft geltenden Vorschriften Anwendung. **117.**

e) Eine nicht ernstlich gemeinte Willenserklärung, die in der Erwartung abgegeben wird, der Mangel der Ernstlichkeit werde nicht verkannt werden, ist nichtig. **118.** — Der Erklärende hat, wenn die Erklärung einem Anderen gegenüber abzugeben war, diesem, andernfalls jedem Dritten den Schaden zu ersetzen, den der Andere oder der Dritte dadurch erleidet, daß er auf die Giltigkeit der Erklärung vertraut, jedoch nicht über den Betrag des Interesses hinaus, welches der Andere oder der Dritte an der Erklärung hat. — Die Schadensersatzpflicht tritt nicht ein, wenn der Beschädigte den Grund der Nichtigkeit oder der Anfechtbarkeit kannte oder in Folge von Fahrlässigkeit nicht kannte (kennen mußte). **122.**

f Ein Rechtsgeschäft, das gegen ein gesetzliches Verbot verstößt, ist nichtig, wenn sich nicht aus dem Gesetz ein anderes ergiebt.[1] **134.**

g) Ein Rechtsgeschäft, das gegen die guten Sitten verstößt, insbesondere eins, wodurch jemand unter Ausbeutung der Nothlage, des Leichtsinns und der Unerfahrenheit eines Anderen sich oder einem Dritten für eine Leistung Vermögensvortheile versprechen oder gewähren läßt, die den Werth der Leistung dergestalt übersteigen, daß den Umständen nach die Vermögensvortheile in auffälligem Mißverhältnisse zu der Leistung stehen. **138.**

h) Als von Anfang an nichtig anzusehen ist ein anfechtbares Rechtsgeschäft, das angefochten wird. Wer die Anfechtbarkeit kannte oder kennen mußte, wird, wenn die Anfechtung erfolgt, so behandelt, wie wenn er die Nichtigkeit des Rechtsgeschäfts gekannt hätte oder hätte kennen müssen. **142.**

---

[1] Verstößt die Verfügung über einen Gegenstand gegen ein gesetzliches Veräußerungsverbot, das nur den Schutz bestimmter Personen bezweckt, so ist sie nur diesen Personen gegenüber unwirksam. Der rechtsgeschäftlichen Verfügung steht eine Verfügung gleich, die im Wege der Zwangsvollstreckung oder Arrestverfügung erfolgt. Die Vorschriften zu Gunsten derjenigen, welche Rechte von einem Nichtberechtigten herleiten, finden entsprechende Anwendung **135.** Ein Veräußerungsverbot, das von einem Gericht oder von einer anderen Behörde innerhalb ihrer Zuständigkeit erlassen wird, steht einem gesetzlichen Veräußerungsverbote der im § 135 bezeichneten Art gleich. **136.** — Die Befugniß zur Verfügung über ein veräußerliches Recht kann nicht durch Rechtsgeschäft ausgeschlossen oder beschränkt werden. Die Wirksamkeit einer Verpflichtung, über ein solches Recht nicht zu verfügen, wird durch diese Vorschrift nicht berührt. **137.**

Anfechtbare Rechtsgeschäfte:

1. Wer bei Abgabe einer Willenserklärung über deren Inhalt im Irrthum war oder eine Erklärung dieses Inhalts überhaupt nicht abgeben wollte, kann die Erklärung anfechten, wenn anzunehmen ist, daß er sie bei Kenntniß der Sachlage und bei verständiger Würdigung des Falles nicht abgegeben haben würde. — Als Irrthum über den Inhalt der Erklärung gilt auch der Irrthum über solche Eigenschaften der Person oder der Sache, die im Verkehr als wesentlich angesehen werden. **119.**

2. Eine Willenserklärung, welche durch die zur Vermittelung verwendete Person oder Anstalt unrichtig übermittelt worden ist, kann unter der gleichen Voraussetzung angefochten werden, wie nach § 119 eine irrthümlich abgegebene Willenserklärung. **120.**

zu 1 und 2. Die Anfechtung muß in diesen Fällen ohne schuldhaftes Zögern (unverzüglich) erfolgen, nachdem der Anfechtungsberechtigte von dem Anfechtungsgrunde Kenntniß erlangt hat. Die einem Abwesenden gegenüber erfolgte Anfechtung gilt als rechtzeitig erfolgt, wenn die Anfechtungserklärung unverzüglich abgesendet worden ist. — Die Anfechtung ist ausgeschlossen, wenn seit der Abgabe der Willenserklärung 30 Jahre verstrichen sind. **121.**

Ist in diesen Fällen eine Willenserklärung angefochten, so ist der Erklärende wie oben in dem Falle zu e (§ 118) schadensersatzpflichtig. **122.**

Wer zur Abgabe einer Willenserklärung durch arglistige Täuschung oder widerrechtlich durch Drohung bestimmt worden ist, kann die Erklärung anfechten. — Hat ein Dritter die Täuschung verübt, so ist eine Erklärung, die einem Andern gegenüber abzugeben war, nur dann anfechtbar, wenn dieser die Täuschung kannte oder kennen mußte. Soweit ein Anderer als derjenige, welchem gegenüber die Erklärung abzugeben war, aus der Erklärung unmittelbar ein Recht erworben hat, ist die Erklärung ihm gegenüber anfechtbar, wenn er die Täuschung kannte oder kennen mußte. **123.**

Die Anfechtung einer nach § 123 anfechtbaren

Die Anfechtung erfolgt durch Erklärung gegenüber dem Anfechtungsgegner. — Ein solcher ist bei einem Vertrage der andere Theil, im Falle des § 123 Abs. 2 Satz 2 derjenige, welcher aus dem Vertrage unmittelbar ein Recht erworben hat. — Bei einem einseitigen Rechtsgeschäfte, das einem anderen gegenüber vorzunehmen war, ist der Andere der Anfechtungsgegner. Das Gleiche gilt bei einem Rechtsgeschäfte, das einem Anderen oder einer Behörde gegenüber vorzunehmen war, auch dann, wenn das Rechtsgeschäft der Behörde gegenüber vorgenommen worden ist. Bei einem einseitigen Geschäft anderer Art ist Anfechtungsgegner jeder, der auf Grund des Rechtsgeschäfts unmittelbar einen rechtlichen Vortheil erlangt hat. Die Anfechtung kann jedoch, wenn die Willenserklärung einer Behörde gegenüber abzugeben war, durch Erklärung gegenüber der Behörde erfolgen. Die Behörde soll die Anfechtung demjenigen mittheilen, welcher durch das Rechtsgeschäft unmittelbar betroffen worden ist. **143.** Die

Willenserklärung kann nur binnen Jahresfrist erfolgen. — Die Frist beginnt im Falle der arglistigen Täuschung mit dem Zeitpunkt, in welchem der Anfechtungsberechtigte die Täuschung entdeckt, im Falle der Drohung mit dem Zeitpunkt, in welchem die Zwangslage aufhört. Auf den Lauf der Frist finden die für die Verjährung geltenden Vorschriften des § 203 Abs. 2 (siehe S. 63) und der §§ 206 und 207 (siehe S. 64) entsprechende Anwendung. — Die Anfechtung ist ausgeschlossen, wenn seit der Abgabe der Willenserklärung 30 Jahre verstrichen sind. **124.**

Anfechtung ist ausgeschlossen, wenn das anfechtbare Rechtsgeschäft von dem Anfechtungsberechtigten bestätigt wird. Die Bestätigung bedarf nicht der für das Rechtsgeschäft bestimmten Form **144.**

i) Ein Rechtsgeschäft, welches der durch Gesetz vorgeschriebenen Form ermangelt. **125.** Ist durch Gesetz schriftliche Form vorgeschrieben, so muß die Urkunde von dem Aussteller eigenhändig durch Namensunterschrift oder mittels gerichtlich oder notariell beglaubigten Handzeichens unterzeichnet werden. — Bei einem Vertrage muß die Unterzeichnung der Parteien auf derselben Urkunde erfolgen. Werden über den Vertrag mehrere gleichlautende Urkunden aufgenommen, so genügt es, wenn jede Partei die für die andere Partei bestimmte Urkunde unterzeichnet. — Die schriftliche Form wird durch die gerichtliche oder notarielle Beurkundung ersetzt. **126.**

Ist durch Gesetz gerichtliche oder notarielle Beurkundung[1] eines Vertrages vorgeschrieben, so genügt es, wenn zunächst der Antrag und sodann die Annahme des Antrags von einem Gericht oder Notar beurkundet wird. **128.**

Ist durch Gesetz für eine Erklärung öffentliche Beglaubigung[1] vorgeschrieben, so muß die Erklärung schriftlich abgefaßt und die Unterschrift des Erklärenden von der zuständigen Behörde oder einem zuständigen Beamten oder Notar beglaubigt werden. Wird die Erklärung von dem Aussteller mittels Handzeichens unterzeichnet, so ist die im § 126 Abs. 1 vorgeschriebene Beglaubigung des Handzeichens erforderlich und genügend. — Die öffentliche Beglaubigung wird durch die gerichtliche oder notarielle Beurkundung der Erklärung ersetzt. **129.**

k) Der Mangel der durch Rechtsgeschäft bestimmten Form hat im Zweifel gleichfalls Nichtigkeit zur Folge. **125.** Die Vorschriften des § 126 (siehe unter i) gelten im Zweifel auch für die durch Rechtsgeschäft bestimmte schriftliche Form. Zur Wahrung der Form genügt jedoch, soweit nicht ein anderer Wille anzunehmen ist, telegraphische Uebermittelung und bei einem Vertrage Briefwechsel; wird eine solche Form gewählt, so kann nachträglich eine dem § 126 entsprechende Beurkundung verlangt werden. **127.**

Zu a—k:

Bei theilweiser Nichtigkeit eines Rechtsgeschäfts, ist das Ganze

[1] Siehe Ges. ü. die Ang. d. freiw. Gerichtsb. am Schlusse dieses Buches.

nichtig, wenn nicht anzunehmen ist, daß es auch ohne den nichtigen Theil vorgenommen sein würde. **139.**

Entspricht ein nichtiges Geschäft den Erfordernissen eines anderen Rechtsgeschäfts, so gilt das letztere, wenn anzunehmen ist, daß dessen Geltung bei Kenntniß der Nichtigkeit gewollt sein würde. **140.**

Bestätigung eines nichtigen Geschäfts durch denjenigen, der es vorgenommen hat, ist als erneute Vornahme zu beurtheilen. Wird ein nichtiger Vertrag von den Parteien bestätigt, so sind diese im Zweifel verpflichtet, einander zu gewähren, was sie haben würden, wenn der Vertrag von Anfang an giltig gewesen wäre. **141.**

B. In der Geschäftsfähigkeit beschränkt sind nach Maßgabe der §§ 107 bis 113:

a) Minderjährige Personen vom Beginn des achten Lebensjahres an. **106.**[1] Sie bedürfen zu einer Willenserklärung, durch die sie nicht lediglich einen rechtlichen Vortheil erlangen, der Einwilligung ihres gesetzlichen Vertreters. **107.**

Schließt der Minderjährige einen Vertrag ohne die erforderliche Einwilligung des gesetzlichen Vertreters, so hängt die Wirksamkeit des Vertrages von der Genehmigung des Vertreters ab. — Fordert der andere Theil den Vertreter zur Erklärung über die Genehmigung auf, so kann die Erklärung nur ihm gegenüber erfolgen; eine vor der Aufforderung dem Minderjährigen gegenüber erklärte Genehmigung oder Verweigerung der Genehmigung wird unwirksam. Die Genehmigung kann nur bis zum Ablaufe von 2 Wochen nach dem Empfange der Aufforderung erklärt werden; wird sie nicht erklärt, so gilt sie als verweigert. — Ist der Minderjährige unbeschränkt geschäftsfähig geworden, so tritt seine Genehmigung an die Stelle der Genehmigung des Vertreters. **108.** Bis zur Genehmigung des Vertrags ist der andere Theil zum Widerrufe berechtigt. Derselbe kann auch dem Minderjährigen gegenüber erklärt werden. — Hat der andere Theil die Minderjährigkeit gekannt, so kann er nur widerrufen, wenn der Minderjährige der Wahrheit zuwider die Einwilligung des Vertreters behauptet hat; er kann auch in diesem Falle nicht widerrufen, wenn ihm das Fehlen der Einwilligung bei dem Abschluß des Vertrages bekannt war. **109.**

Ein von dem Minderjährigen ohne Zustimmung des gesetzlichen Vertreters geschlossener Vertrag gilt als von Anfang an wirksam, wenn der Minderjährige die vertragsmäßige Leistung mit Mitteln bewirkt, die ihm zu diesem Zwecke oder zu freier Verfügung von dem Vertreter oder mit dessen Zustimmung von einem Dritten überlassen worden sind. **110.**

Ein einseitiges Rechtsgeschäft, das der Minderjährige ohne die erforderliche Einwilligung des gesetzlichen Vertreters vornimmt, ist unwirksam. Nimmt der Minderjährige mit dieser Einwilligung ein solches Rechtsgeschäft einem Anderen gegenüber vor, so ist das Rechtsgeschäft unwirksam, wenn der Minderjährige die Einwilligung nicht in

[1] „Ein Minderjähriger, der das siebente Lebensjahr vollendet hat" 2c. **106.**

schriftlicher Form vorlegt und der Andere das Rechtsgeschäft aus diesem Grunde unverzüglich zurückweist. Die Zurückweisung ist ausgeschlossen, wenn der Vertreter den Anderen von der Einwilligung in Kenntniß gesetzt hatte. **111.**

Ermächtigt der gesetzliche Vertreter mit Genehmigung des Vormundschaftsgerichts den Minderjährigen zum selbstständigen Betrieb eines Erwerbsgeschäfts, so ist der Minderjährige für solche Rechtsgeschäfte unbeschränkt geschäftsfähig, welche der Geschäftsbetrieb mit sich bringt. Ausgenommen sind Rechtsgeschäfte, zu denen der Vertreter die Genehmigung des Vormundschaftsgerichts bedarf (siehe 4. Buch, Vormundschaft). Die Ermächtigung kann von dem Vertreter nur mit Genehmigung des Vormundschaftsgerichts zurückgenommen werden. **112.**

Ermächtigt der gesetzliche Vertreter den Minderjährigen, in Dienst oder in Arbeit zu treten, so ist der Minderjährige für solche Rechtsgeschäfte unbeschränkt geschäftsfähig, welche die Eingehung oder Aufhebung eines Dienst- oder Arbeitsverhältnisses der gestatteten Art oder die Erfüllung der sich aus einem solchen Verhältniß ergebenden Verpflichtungen betreffen. Ausgenommen sind Verträge, zu denen der Vertreter die Genehmigung des Vormundschaftsgerichts bedarf. | Die Ermächtigung kann von dem Vertreter zurückgenommen oder eingeschränkt werden. | Ist der gesetzliche Vertreter ein Vormund, so kann die Ermächtigung, wenn sie von ihm verweigert wird, auf Antrag des Minderjährigen durch das Vormundschaftsgericht ersetzt werden. Es hat sie zu ersetzen, wenn sie im Interesse des Mündels liegt. | Die für einen einzelnen Fall ertheilte Ermächtigung gilt im Zweifel als allgemeine Ermächtigung zur Eingehung von Verhältnissen derselben Art. **113.**

b) Wer wegen Geistesschwäche, wegen Verschwendung oder wegen Trunksucht entmündigt oder wer nach § 1906 (ein Volljähriger, dessen Entmündigung beantragt ist) unter vorläufige Vormundschaft gestellt ist, steht in Ansehung der Geschäftsfähigkeit einem Minderjährigen gleich, der das 7. Lebensjahr vollendet hat. **114.**

Wird ein die Entmündigung aussprechender Beschluß in Folge einer Anfechtungsklage aufgehoben, so kann die Wirksamkeit der von oder gegenüber dem Entmündigten vorgenommenen Rechtsgeschäfte nicht auf Grund des Beschlusses in Frage gestellt werden. Auf die Wirksamkeit der von oder gegenüber dem gesetzlichen Vertreter vorgenommenen Rechtsgeschäfte hat die Aufhebung keinen Einfluß. — Diese Vorschriften finden entsprechende Anwendung, wenn im Falle einer vorläufigen Vormundschaft der Antrag auf Entmündigung zurückgenommen oder rechtskräftig abgewiesen oder der die Entmündigung aussprechende Beschluß in Folge einer Anfechtungsklage aufgehoben wird. **115.**

C. Eine **empfangsbedürftige Willenserklärung** (solche, die einem Andern gegenüber abzugeben ist) wird, wenn sie in dessen Abwesenheit abgegeben wird, in dem Zeitpunkte wirksam, in welchem sie ihm zugeht. Sie wird nicht wirksam, wenn dem Andern vorher oder gleichzeitig ein Widerruf zugeht. — Auf die Wirksamkeit der Willenserklärung ist es ohne Einfluß, wenn der Erklärende nach der Abgabe stirbt oder geschäftsunfähig wird. — Diese Vorschriften finden auch dann Anwendung, wenn die Willenserklärung einer Behörde gegenüber abzugeben ist. **130.**

Wird die Willenserklärung einem Geschäftsunfähigen gegenüber abgegeben, so wird sie nicht wirksam, bevor sie dem gesetzlichen Vertreter zugeht. — Das Gleiche gilt, wenn sie einer in der Geschäftsfähigkeit beschränkten Person gegenüber abgegeben wird. Bringt die Erklärung jedoch solcher Person lediglich einen rechtlichen Vortheil oder hat der gesetzliche Vertreter seine Einwilligung ertheilt, so wird die Erklärung in dem Zeitpunkte wirksam, in welchem sie ihr zugeht. **131.**

Eine Willenserklärung gilt auch dann als zugegangen, wenn sie durch Vermittelung eines Gerichtsvollziehers zugestellt worden ist. Die Zustellung erfolgt nach den Vorschriften der Civilprozeßordnung. **132.**

Befindet sich der Erklärende über die Person desjenigen, welchem gegenüber die Erklärung abzugeben ist, in einer nicht auf Fahrlässigkeit beruhenden Unkenntniß oder ist der Aufenthalt dieser Person unbekannt, so kann die Zustellung nach den für die öffentliche Zustellung einer Ladung geltenden Vorschriften der CPO erfolgen. Zuständig für die Bewilligung ist im ersterem Falle das Amtsgericht, in dessen Bezirke der Erklärende seinen Wohnsitz oder in Ermangelung eines inländischen Wohnsitzes seinen Aufenthalt hat, im letzeren Falle das Amtsgericht, in dessen Bezirke die Person, welcher zuzustellen ist, den letzten Wohnsitz oder in Ermangelung eines inländischen Wohnsitzes den letzten Aufenthalt hatte. **132.**

D. Bei der **Auslegung einer Willenserklärung** ist der wirkliche Wille zu erforschen und nicht an dem buchstäblichen Sinne des Ausdrucks zu haften. **133.**

E. Vertrags (Zweiseitiges Rechtsgeschäft) **-Schluß (Antrag und Annahme).** Der Antrag auf Vertragsschließung einem Andern gegenüber bindet, es sei denn, daß man die Gebundenheit ausgeschlossen hat (**145**), und erlischt,

a) wenn er dem Antragenden gegenüber abgelehnt oder

b) wenn er nicht diesem gegenüber nach den §§ 147—149 rechtzeitig angenommen wird.

1. Der einem Anwesenden (dies gilt auch von einem mittelst Fernsprecher von Person zu Person gemachten Antrage) gemachte Antrag kann nur sofort angenommen werden. **147** Abs. 1.
2. Der einem Abwesenden gemachte Antrag kann nur bis zu dem Zeitpunkte angenommen werden, in welchem der Antragende den Eingang der Antwort unter regelmäßigen Umständen erwarten darf. **147** Abs. 2.
3. Hat der Antragende für die Annahme des Antrages eine Frist bestimmt, so kann die Annahme nur innerhalb der Frist erfolgen. **148.**
4. Ist eine dem Antragenden verspätet zugegangene Annahmeerklärung dergestaltet abgesendet worden, daß sie bei regelmäßiger Beförderung ihm rechtzeitig zugegangen sein würde, und mußte der An-

tragende dies erkennen, so hat er die Verspätung dem Annehmenden unverzüglich nach dem Empfange der Erklärung anzuzeigen, sofern es nicht schon vorher geschehen ist. Verzögert er die Absendung der Anzeige, so gilt die Annahme als nicht verspätet. **149.**

Als neuer Antrag gilt die verspätete Annahme eines Antrages.

Als Ablehnung verbunden mit einem neuen Antrage gilt eine Annahme unter Erweiterungen, Einschränkungen oder sonstigen Aenderungen. **150.**

Die Annahme braucht dem Antragenden gegenüber nicht erklärt zu werden und kommt der Vertrag durch dieselbe doch zu Stande, wenn eine solche Erklärung nach der Verkehrssitte nicht zu erwarten ist oder der Antragende auf sie verzichtet hat. Der Zeitpunkt, in welchem der Antrag erlischt, bestimmt sich nach dem aus dem Antrag oder den Umständen zu entnehmenden Willen des Antragenden. **151.**

Stirbt der Antragende vor der Annahme oder wird er vor derselben geschäftsunfähig, so wird dadurch das Zustandekommen des Vertrages nicht gehindert, es sei denn, daß ein anderer Wille des Antragenden anzunehmen ist. **153.**

Ist nicht ein Anderes bestimmt, so kommt der Vertrag mit der nach § **128** (siehe oben S. 50) erfolgten Beurkundung der Annahme zu Stande, wenn ein Vertrag gerichtlich oder notariell beurkundet wird, ohne daß beide Theile gleichzeitig anwesend sind. Die Vorschrift des § **151** Satz **2** findet Anwendung. **152.**

Folgen des Mangels einer Verständigung über einzelne Punkte;

a) Im Zweifel nicht geschlossen ist der Vertrag, solange nicht die Parteien sich über alle Punkte eines Vertrages geeinigt haben, über die nach der Erklärung auch nur einer Partei eine Vereinbarung getroffen werden soll. Die Verständigung über einzelne Punkte ist auch dann nicht bindend, wenn eine Aufzeichnung stattgefunden hat. | Ist eine Beurkundung des beabsichtigten Vertrages verabredet worden, so ist im Zweifel der Vertrag nicht geschlossen, bis die Beurkundung erfolgt ist. **154.**

b) Das Vereinbarte gilt, auch wenn sich die Parteien bei einem Vertrage, den sie als geschlossen ansehen, über einen Punkt, worüber eine Vereinbarung getroffen werden sollte, in Wirklichkeit nicht geeinigt haben, sofern anzunehmen ist, daß der Vertrag auch ohne eine Bestimmung über diesen Punkt geschlossen sein würde. **155.**

Bei einer Versteigerung kommt der Vertrag erst durch den Zuschlag zu Stande. Ein Gebot erlischt, wenn ein Uebergebot abgegeben oder die Versteigerung ohne Ertheilung des Zuschlags geschlossen wird. **156.**

Auszulegen sind Verträge so, wie Treu und Glauben mit Rücksicht auf die Verkehrssitte es erfordern. **157.**

F. Bedingungen und Zeitbestimmungen bei Rechtsgeschäften.

A. Die von Bedingungen abhängig gemachten Wirkungen von Rechtsgeschäften:

Rechtsgeschäfte können vorgenommen werden unter:

1. einer aufschiebenden Bedingung:

a) Dann tritt die von der Bedingung abhängig gemachte Wirkung mit dem Eintritte der Bedingung ein. **158** Abs. 1.

b) Wer unter einer solchen Bedingung berechtigt ist, kann im Falle des Eintritts der Bedingung Schadensersatz von dem anderen Theile verlangen, wenn dieser während der Schwebezeit das von der Bedingung abhängige Recht durch sein Verschulden vereitelt oder beeinträchtigt. **160** Abs. 1.

c) Hat Jemand unter solcher Bedingung über einen Gegenstand verfügt, so ist jede weitere Verfügung, die er während der Schwebezeit über den Gegenstand trifft, im Falle des Eintritts der Bedingung insoweit unwirksam, als sie die von der Bedingung abhängige Wirkung vereiteln oder beeinträchtigen würde. Einer solchen Verfügung steht eine Verfügung gleich, die während der Schwebezeit im Wege der Zwangsvollstreckung oder der Arrestvollziehung oder durch den Konkursverwalter erfolgt. **161** Abs. 1.

2. einer auflösenden Bedingung:

a) Dann endigt mit dem Eintritte der Bedingung die Wirkung des Rechtsgeschäfts; mit diesem Zeitpunkt tritt der frühere Rechtszustand wieder ein. **158** Abs. 2.

b) Den gleichen Anspruch wie daneben zu 1b hat unter denselben Voraussetzungen bei einem unter einer auflösenden Bedingung vorgenommenen Rechtsgeschäfte derjenige, zu dessen Gunsten der frühere Rechtszustand wieder eintritt. **160** Abs. 2.

c) Dasselbe wie im Falle 1c daneben gilt bei einer auflösenden Bedingung von den Verfügungen desjenigen, dessen Recht mit dem Eintritte der Bedingung endigt. **161** Abs. 2.

Die Vorschriften zu Gunsten derjenigen, welche Rechte von einem Nichtberechtigten herleiten, finden entsprechende Anwendung. **161** Abs. 3.

d) Wird der Eintritt der Bedingung von der Partei, zu deren Nachtheil er gereichen würde, wider Treu und Glauben verhindert, so gilt die Bedingung als eingetreten. — Wird der Eintritt der Bedingung von der Partei, zu deren Vortheil er gereicht, wider Treu und Glauben herbeigeführt, so gilt der Eintritt als nicht erfolgt. **162.**

B. Für die Wirkungen eines Rechtsgeschäfts kann bei dessen Vornahme bestimmt werden:

1. ein Anfangstermin; in diesem Falle finden die für die aufschiebende Bedingung

2. ein Endtermin; in diesem Falle finden die für die auflösende Bedingung

geltenden Vorschriften der §§ 158, 160, 161 entsprechende Anwendung. **163.**

G. Willenserklärungen im Namen eines Anderen:

a) ohne Vertretungsmacht.

1. Bei einem einseitigen Rechtsgeschäfte ist Vertretung ohne Vertretungsmacht unzulässig. Hat jedoch derjenige, welchem gegenüber ein solches Rechtsgeschäft vorzunehmen war, die von dem Vertreter behauptete Vertretungsmacht bei der Vornahme des Rechtsgeschäfts nicht beanstandet, oder ist er damit einverstanden gewesen, daß der Vertreter ohne Vertretungsmacht handele, so finden die Vorschriften über Verträge (siehe unter Nr. 2) entsprechende Anwendung. **180.**

2. Die Wirksamkeit des von Jemand im Namen eines Anderen geschlossenen Vertrages für und gegen den Vertretenen hängt von dessen Genehmigung ab. Fordert der andere Theil den Vertretenen zur Erklärung über die Genehmigung auf, so kann die Erklärung nur ihm gegenüber erfolgen; eine vor der Aufforderung dem Vertreter gegenüber erklärte Genehmigung oder Verweigerung der Genehmigung wird unwirksam. Die Genehmigung kann nur bis zum Ablaufe von 2 Wochen nach dem Empfang der Aufforderung erklärt werden, wird sie nicht erklärt, so gilt sie als verweigert. **177.**

Zum Widerruf ist der andere Theil bis zur Genehmigung des Vertrages berechtigt, es sei denn, daß er den Mangel der Vertretungsmacht bei dem Abschluß des Vertrages gekannt hat. Der Widerruf kann auch dem Vertreter gegenüber erklärt werden. **178.**

Zur Erfüllung oder zum Schadensersatze verpflichtet ist dem anderen Theil nach dessen Wahl, wer, sofern er nicht seine Vertretungsmacht nachweist, als Vertreter einen Vertrag geschlossen hat, wenn der Vertretene die Genehmigung des Vertrages verweigert. — Hat der Vertreter den Mangel der Vertretungsmacht nicht gekannt, so ist er nur zum Ersatze desjenigen Schadens verpflichtet, welchen der andere Theil dadurch erleidet, daß er auf die Vertretungsmacht vertraut, jedoch nicht über den Betrag des Interesses hinaus, welches der andere Theil an der Wirksamkeit des Vertrages hat. — Der Vertreter haftet nicht, wenn der andere Theil den Mangel der Vertretungsmacht kannte oder kennen mußte; auch dann nicht, wenn er in der Geschäftsfähigkeit beschränkt war, es sei denn, daß er mit Zustimmung seines gesetzlichen Vertreters gehandelt hat. **179.**

b) sich selbst gegenüber oder als Vertreter eines Dritten. Ein Vertreter kann, soweit nicht ein Anderes ihm gestattet ist, im Namen des Vertretenen mit sich im eigenen Namen oder als Vertreter eines Dritten ein Rechtsgeschäft nicht vornehmen, es sei denn, daß das Rechtsgeschäft ausschließlich in der Erfüllung einer Verbindlichkeit besteht **181.**

c) innerhalb einer dem Erklärenden zustehenden Vertretungsmacht.

1. Allgemeine Wirkungen.

Eine Willenserklärung, die Jemand innerhalb solcher Macht im Namen des Vertretenen abgiebt, wirkt unmittelbar für und gegen den Vertretenen. Es macht keinen Unterschied, ob die Erklärung ausdrücklich im Namen des Vertretenen erfolgt oder ob die Umstände ergeben, daß sie in dessen Namen erfolgen soll. — Tritt der Wille, im fremden Namen zu handeln, nicht erkennbar hervor, so kommt der Mangel des Willens, im eigenen Namen zu handeln, nicht in Betracht. — Die Vorschriften des Absatzes 1 finden entsprechende Anwendung, wenn eine gegenüber einem Andern abzugebende Willenserklärung dessen Vertreter gegenüber erfolgt. **164.** —

Die Wirksamkeit einer von oder gegenüber einem Vertreter abgegebenen Willenserklärung wird nicht dadurch beeinträchtigt, daß der Vertreter in der Geschäftsfähigkeit beschränkt ist. **165.**

Nur die Person des Vertreters kommt in Betracht, soweit die rechtlichen Folgen einer Willenserklärung durch Willensmängel oder durch Kenntniß oder das Kennenmüssen gewisser Umstände beeinflußt werden. **166** Abs. 1.

2. Besondere Verhältnisse im Falle einer Vollmacht, d. h. einer durch Rechtsgeschäft ertheilten Vertretungsmacht, deren Ertheilung erfolgen soll durch Erklärung gegenüber dem zu Bevollmächtigenden oder dem Dritten, dem gegenüber die Vertretung stattfinden soll. **167** Abs. 1. — Die Erklärung bedarf nicht der Form, welche für das Rechtsgeschäft bestimmt ist, auf das sich die Vollmacht bezieht. **167** Abs. 2.

In Ansehung solcher Umstände, die er selbst kannte, kann sich der Vollmachtgeber nicht auf die Unkenntniß des Vertreters berufen, wenn dieser nach bestimmten Weisungen des Anderen gehandelt hat. **166** Abs. 2 Satz 1[1].

Das Erlöschen der Vollmacht bestimmt sich nach dem ihrer Ertheilung zu Grunde liegenden Rechtsverhältnisse. Die Vollmacht ist auch bei dem Fortbestehen des Rechtsverhältnisses widerruflich, sofern nicht aus diesem sich ein Anderes ergiebt. Auf die Erklärung des Widerrufs findet die Vorschrift des § 167 Abs. 1 entsprechende Anwendung. **168.**

Soweit nach den §§ 674, 729 (S. 136, 143) die erloschene Vollmacht eines Beauftragten oder eines geschäftsführenden Gesellschafters als fortbestehend gilt, wirkt sie nicht zu Gunsten eines Dritten, der bei der Vornahme eines Rechtsgeschäfts das Erlöschen kennt oder kennen muß. **169.**

Wird die Vollmacht durch Erklärung gegenüber einem

1 Dasselbe gilt von Umständen, die der Vollmachtgeber kennen mußte, sofern das Kennenmüssen der Kenntniß gleichsteht. 166 Abs. 2 Satz 2.

Dritten ertheilt, so bleibt sie diesem gegenüber in Kraft, bis ihm das Erlöschen von dem Vollmachtgeber angezeigt wird. **170.**

Hat Jemand durch besondere Mittheilung an einen Dritten (einer solchen steht es gleich, wenn der Vollmachtgeber dem Vertreter eine Vollmachtsurkunde ausgehändigt hat und der Vertreter sie dem Dritten vorlegt [**172** Abs. 1]) oder durch öffentliche Bekanntmachung kundgegeben, daß er einen Andern bevollmächtigt habe, so ist dieser auf Grund der Kundgebung im ersteren Falle dem Dritten gegenüber, im letzteren Falle jedem Dritten gegenüber zur Vertretung befugt. — Die Vertretungsmacht bleibt bestehen, bis die Kundgebung in derselben Weise, wie sie erfolgt ist, widerrufen wird (**171**), resp. bis die Vollmachtsurkunde dem Vollmachtgeber zurückgegeben oder für kraftlos erklärt wird. **172** Abs. 2.

Wenn der Dritte das Erlöschen der Vertretungsmacht bei der Vornahme des Rechtsgeschäfts kennt oder kennen muß, so finden die Vorschriften des § 170, 171 Abs. 2 und 172 Abs. 2 keine Anwendung. **173.**

Ein einseitiges Rechtsgeschäft, das ein Bevollmächtigter einem Anderen gegenüber vornimmt, ist unwirksam, wenn der Bevollmächtigte eine Vollmachtsurkunde nicht vorlegt und der Andere das Rechtsgeschäft aus diesem Grunde unverzüglich zurückweist. Die Zurückweisung ist ausgeschlossen, wenn der Vollmachtgeber den Anderen von der Bevollmächtigung in Kenntniß gesetzt hatte. **174.**

Ein Zurückbehaltungsrecht an der Vollmachtsurkunde steht dem Bevollmächtigten nicht zu; er hat sie nach dem Erlöschen der Vollmacht dem Vollmachtgeber zurückzugeben. **175.** Dieser kann sie durch eine öffentliche Bekanntmachung für kraftlos erklären; dies muß veröffentlicht werden nach den für die öffentliche Zustellung einer Ladung geltenden Vorschriften der CPO. Die Kraftloserklärung wird wirksam mit dem Ablauf eines Monats nach der letzten Einrückung in die öffentlichen Blätter. | Zuständig für die Bewilligung der Veröffentlichung ist sowohl das Amtsgericht, in dessen Bezirke der Vollmachtgeber seinen allgemeinen Gerichtsstand hat, als das Amtsgericht, welches für die Klage auf Rückgabe der Urkunde, abgesehen von dem Werthe des Streitgegenstandes, zuständig sein würde. | Die Kraftloserklärung ist unwirksam, wenn der Vollmachtgeber die Vollmacht nicht widerrufen kann. **176.**

H. Arten der Zustimmung eines Dritten zu einem Rechtsgeschäft, dessen Wirksamkeit von einer solchen abhängig ist, sei es ein Vertrag oder ein einseitiges Rechtsgeschäft, das einem Anderen gegenüber vorzunehmen ist.

a) Erklärt werden kann die Ertheilung wie die Verweigerung der Zustimmung sowohl dem einen wie dem anderen Theile gegenüber. **182** Abs. 1.

b) Die Form der Zustimmung braucht nicht die für das Rechtsgeschäft bestimmte zu sein. **182** Abs. 2.

c) Einwilligung ist vorherige Zustimmung.

1. Auf ein einseitiges mit Einwilligung des Dritten vorgenommenes Rechtsgeschäft, dessen Wirksamkeit von dessen Zustimmung abhängt, finden die Vorschriften des § 111 Satz 2, 3 (siehe S. 51) entsprechende Anwendung. **182.**
2. Der Widerruf der Einwilligung, der sowohl dem einem als dem anderen Theile gegenüber erklärt werden kann, ist bis zur Vornahme des Rechtsgeschäfts zulässig, soweit nicht aus dem ihrer Ertheilung zu Grunde liegenden Rechtsverhältnisse sich ein Anderes ergiebt. **183.**
3. Eine Verfügung, die ein Nichtberechtigter über einen Gegenstand trifft, ist wirksam, wenn sie mit Einwilligung des Berechtigten erfolgt. **185** Abs. 1.

d) Genehmigung ist nachträgliche Zustimmung.

1. Sie wirkt zurück auf den Zeitpunkt der Vornahme des Rechtsgeschäfts, soweit nicht ein Anderes bestimmt ist.
2. Durch die Rückwirkung nicht unwirksam werden Verfügungen, die vor der Genehmigung über den Gegenstand des Rechtsgeschäfts von dem Genehmigenden getroffen worden oder im Wege der Zwangsvollstreckung oder der Arrestvollziehung oder durch den Konkursverwalter erfolgt sind. **184.**
3. Eine Verfügung, die ein Nichtberechtigter über einen Gegenstand trifft, wird wirksam, wenn der Berechtigte sie genehmigt oder wenn der Verfügende den Gegenstand erwirbt oder wenn er von dem Berechtigten beerbt wird, und dieser für die Nachlaßverbindlichkeiten unbeschränkt haftet. In den beiden letzteren Fällen wird, wenn über den Gegenstand mehrere miteinander nicht im Einklang stehende Verfügungen getroffen worden sind, nur die frühere Verfügung wirksam. **185.**

IV.

Fristen. Termine.

§ 186—193.

Auslegungsvorschriften

für die in Gesetzen, gerichtlichen Verfügungen und Rechtsgeschäften enthaltenen Frist- und Terminsbestimmungen.

1. Fristbestimmungen:

a) Nicht mitgerechnet wird bei der Berechnung einer Frist, wenn für den Anfang derselben ein Ereigniß oder ein in den Lauf eines Tages fallender Zeitpunkt maßgebend ist, der Tag, in welchen das Ereigniß oder der Zeitpunkt fällt. **187** Abs. 1.

b) Mitgerechnet wird bei Berechnung einer Frist der Tag, dessen Beginn der für den Anfang der Frist maßgebende Zeitpunkt ist, sowie der Tag der Geburt bei der Berechnung des Lebensalters. **187** Abs. 2.

c) Endigung von Fristen.

Es endigen:

eine nach Tagen bestimmte mit dem Ablaufe des letzten Tages der Frist;

eine nach Wochen, nach Monaten oder nach einem mehrere Monate umfassenden Zeitraum — Jahr, halbes Jahr, Vierteljahr — bestimmte im Falle des § 187 Abs. 1 mit dem Ablauf desjenigen Tages der letzten Woche oder des letzten Monats, welcher durch seine Benennung oder seine Zahl dem Tage entspricht, in den das Ereigniß oder der Zeitpunkt fällt; im Falle des § 187 Abs. 2 mit dem Ablauf desjenigen Tages der letzten Woche oder des letzten Monats, welcher dem Tage vorhergeht, der durch seine Benennung oder seine Zahl dem Anfangstage der Frist entspricht. Eine nach Monaten bestimmte Frist, in welcher der für ihren Ablauf maßgebende Tag in dem letzten Monat fehlt, endigt mit dem Ablauf des letzten Tages dieses Monats. **188.**

d) Verstanden wird:

unter einem halben Jahr eine Frist von 6 Monaten
" " viertel Jahr " " " 3 "
" " halben Monat " " " 15 Tagen.

Die 15 Tage sind zuletzt zu zählen, wenn eine Frist auf einen oder mehrere ganze Monate und einen halben Monat gestellt ist. **189.**

e) Die neue Frist im Falle der Verlängerung einer Frist wird von dem Ablaufe der vorigen Frist an berechnet. **190.**

f) Der Monat wird zu 30, das Jahr zu 365 Tagen gerechnet, wenn ein Zeitraum nach Monaten oder nach Jahren in dem Sinne bestimmt ist, daß er nicht zusammenhängend zu verlaufen braucht. **191.**

2. **Terminsbestimmungen:**

a) Unter Anfang, Mitte und Ende des Monats wird der 1., 15., und letzte Tag des Monats verstanden. **192.**

b) Der nächstfolgende Werktag tritt an die Stelle des Sonntags oder des am Erklärungs- oder Leistungsorte staatlich anerkannten allgemeinen Feiertags, wenn an einem bestimmten Tage oder innerhalb einer Frist eine Willenserklärung abzugeben oder eine Leistung zu bewirken ist und der bestimmte Tag oder der letzte Tag der Frist auf einen Sonntag oder einen solchen Feiertag fällt. **193.**

V.

Verjährung.

§ 194—225.

A. **Der Verjährung** unterliegt, ausgenommen der Anspruch aus einem familienrechtlichen Verhältniß, soweit er auf die Herstellung des dem Verhältniß entsprechenden Zustandes für die Zukunft gerichtet ist, das Recht, von einem Anderen ein Thun oder ein Unterlassen zu verlangen. **194.**

B. **Länge der Verjährungsfristen:**

a) 30 Jahre beträgt die regelmäßige Verjährungsfrist. **195.**

In 30 Jahren verjährt ein rechtskräftig festgestellter Anspruch, auch wenn er an sich einer kürzeren Verjährung (siehe unter b und c) unterliegt. Das Gleiche gilt von dem Anspruch aus einem vollstreckbaren Vergleich oder einer vollstreckbaren Urkunde sowie von einem Anspruche, welcher durch die im Konkurs erfolgte Feststellung vollstreckbar geworden ist. | Soweit sich die Feststellung auf regelmäßig wiederkehrende, erst künftig fällig werdende Leistungen bezieht, bewendet es bei der kürzeren Verjährungsfrist. **218.**

Als rechtskräftige Entscheidung im Sinne des § 218 Abs. 1 gilt auch ein unter Vorbehalt ergangenes rechtskräftiges Urtheil. **219.**

Ist der Anspruch vor einem Schiedsgericht oder einem besonderen Gerichte, vor einem Verwaltungsgericht oder einer Verwaltungsbehörde geltend zu machen, so finden die Vorschriften der §§ 209 bis 213, 215, 216 218, 219 entsprechende Anwendung. **220 Abs. 1.**

b) In 2 Jahren verjähren die Ansprüche:

1. der Kaufleute, Fabrikanten, Handwerker und derjenigen, welche ein Kunstgewerbe betreiben, für Lieferungen von Waaren, Ausführungen von Arbeiten und Besorgung fremder Geschäfte, mit Einschluß der Auslagen, es sei denn, daß die Leistung für den Gewerbebetrieb des Schuldners erfolgt;
2. derjenigen, welche Land- oder Forstwirthschaft betreiben, für Lieferung von land- oder forstwirthschaftlichen Erzeugnissen, sofern die Lieferung zur Verwendung im Haushalte des Schuldners erfolgt;
3. der Eisenbahnunternehmungen, Frachtfuhrleute, Schiffer, Lohnkutscher und Boten wegen des Fahrgeldes, der Fracht, des Fahr- und Botenlohnes, mit Einschluß der Auslagen;
4. der Gastwirthe und derjenigen, welche Speisen und Getränke gewerbsmäßig verabreichen, für Gewährung von Wohnung und Beköstigung, sowie für andere den Gästen zur Befriedigung ihrer Bedürfnisse gewährte Leistungen, mit Einschluß der Auslagen;

5. derjenigen, welche Lotterieloose vertreiben, aus dem Vertrieb der Loose, es sei denn, daß die Loose zum Weitervertriebe geliefert werden;
6. derjenigen, welche bewegliche Sachen gewerbsmäßig vermiethen, wegen des Miethzinses;
7. derjenigen, welche ohne zu den in Nr. 1 bezeichneten Personen zu gehören, die Besorgung fremder Geschäfte oder die Leistung von Diensten gewerbsmäßig betreiben, wegen der ihnen aus dem Gewerbebetriebe gebührenden Vergütungen mit Einschluß der Auslagen;
8. derjenigen, welche im Privatdienste stehen, wegen des Gehalts, Lohnes oder anderer Dienstbezüge, mit Einschluß der Auslagen, sowie der Dienstberechtigten wegen der auf solche Ansprüche gewährten Vorschüsse;
9. der gewerblichen Arbeiter — Gesellen, Gehülfen, Lehrlinge, Fabrikarbeiter — der Tagelöhner und Handarbeiter wegen des Lohnes und anderer an Stelle oder als Theil des Lohnes vereinbarter Leistungen, mit Einschluß der Auslagen, sowie der Arbeitgeber wegen der auf solche Ansprüche gewährten Vorschüsse;
10. der Lehrherren und Lehrmeister wegen des Lehrgeldes und anderer im Lehrvertrage vereinbarter Leistungen, sowie wegen der für die Lehrlinge bestrittenen Auslagen;
11. der öffentlichen Anstalten, welche dem Unterrichte, der Erziehung, Verpflegung oder Heilung dienen, sowie der Inhaber von Privatanstalten solcher Art für Gewährung von Unterricht, Verpflegung oder Heilung und für die damit zusammenhängenden Aufwendungen;
12. derjenigen, welche Personen zur Verpflegung oder Erziehung aufnehmen, für Leistungen und Aufwendungen der in Nr. 11 bezeichneten Art;
13. der öffentlichen Lehrer und der Privatlehrer wegen ihrer Honorare, die Ansprüche der öffentlichen Lehrer jedoch nicht, wenn sie auf Grund besonderer Einrichtungen gestundet sind;
14. der Aerzte, insbesondere auch der Wundärzte, Geburtshelfer, Zahnärzte und Thierärzte, sowie der Hebammen für ihre Dienstleistungen, mit Einschluß der Auslagen;
15. der Rechtsanwälte, Notare und Gerichtsvollzieher, sowie aller Personen die zur Besorgung gewisser Geschäfte öffentlich bestellt oder zugelassen sind, wegen ihrer Gebühren und Auslagen, soweit nicht diese zur Staatskasse fließen;
16. der Parteien wegen der ihren Rechtsanwälten geleisteten Vorschüsse;
17. der Zeugen und Sachverständigen wegen ihrer Gebühren und Auslagen. **196** Abs. 1.

c) In 4 Jahren verjähren:

1. die in § 196 Abs. 1 Nr. 1, 2, 5 bezeichneten Ansprüche, soweit sie nicht der Verjährung in 2 Jahren unterliegen; **196** Abs. 2.

2. die Ansprüche auf Rückstände von Zinsen, mit Einschluß der als Zuschlag zu den Zinsen zum Zwecke allmählicher Tilgung des Kapitals zu entrichtenden Beträge
3. die Ansprüche auf Rückstände von Mieth- und Pachtzinsen, soweit sie nicht unter die Vorschrift des § 196 Abs. 1 Nr. 6 fallen;
4. die Ansprüche auf Rückstände von Renten, Auszugsleistungen, Besoldungen, Wartegeldern, Ruhegehalten, Unterhaltsbeiträgen und allen anderen regelmäßig wiederkehrenden Leistungen. **197.**

C. Es beginnt die Verjährung:

1. mit der Entstehung des Anspruchs.
2. mit der Zuwiderhandlung, wenn der Anspruch auf ein Unterlassen geht. **198.**
3. mit dem Zeitpunkt, von welchem an die Kündigung zulässig ist, wenn der Berechtigte die Leistung vom Verpflichteten erst nach Kündigung verlangen kann. Hat der Verpflichtete die Leistung erst zu bewirken, wenn seit der Kündigung eine bestimmte Frist verstrichen ist, so wird der Beginn der Verjährung um die Dauer der Frist hinausgeschoben. **199.**
4. mit dem Zeitpunkte, von welchem ab die Anfechtung zulässig ist, wenn die Entstehung eines Anspruchs davon abhängt, daß der Berechtigte von einem ihm zustehenden Anfechtungsrechte Gebrauch macht. Dies gilt jedoch nicht, wenn die Anfechtung sich auf ein familienrechtliches Verhältniß bezieht. **200.**
5. für die in den §§ 196, 197 (siehe oben **B** b u. c) bezeichneten Ansprüche mit dem Schlusse des Jahres, in welchem der nach den §§ 198 bis 200 (siehe oben 1—4) maaßgebende Zeitpunkt eintritt. Kann die Leistung erst nach dem Ablauf einer über diesen Zeitpunkt hinausreichenden Frist verlangt werden, so beginnt die Verjährung mit dem Schlusse des Jahres, in welchem die Frist abläuft. **201.**

D. Gehemmt ist der Lauf der Verjährung, sodaß der Zeitraum, während dessen sie gehemmt ist, in die Verjährungsfrist nicht eingerechnet wird (**205**):

1. Solange die Leistung gestundet oder der Verpflichtete aus einem anderen Grunde vorübergehend zur Verweigerung der Leistung berechtigt ist. | Diese Vorschrift findet keine Anwendung auf die Einrede des Zurückbehaltungsrechts, des nicht erfüllten Vertrages, der mangelnden Sicherheitsleistung, der Vorausklage sowie auf die nach § 770 dem Bürgen und nach den §§ 2014, 2015 dem Erben zustehenden Einreden. **202.**
2. Solange der Berechtigte durch Stillstand der Rechtspflege innerhalb der letzten 6 Monate der Verjährungsfrist an der Rechtsverfolgung gehindert ist. **203** Abs. 1.
3. Das Gleiche gilt, wenn eine solche Verhinderung in anderer Weise durch höhere Gewalt herbeigeführt wird. **203** Abs. 2.

4. Für Ansprüche zwischen Ehegatten, solange die Ehe besteht;
5. „ „ „ Eltern und Kindern während der Minderjährigkeit der Kinder.
6. Für Ansprüche zwischen dem Vormund und dem Mündel während der Dauer des Vormundschaftsverhältnisses.

204.

E. **Hinausschiebung der Vollendung einer Verjährung** findet in folgenden Fällen statt:

1. Die gegen eine geschäftsunfähige oder in der Geschäftsfähigkeit beschränkte Person ohne gesetzlichen Vertreter laufende Verjährung wird nicht vor dem Ablaufe von 6 Monaten nach dem Zeitpunkt vollendet, in welchem die Person unbeschränkt geschäftsfähig wird oder der Mangel der Vertretung aufhört. Ist die Verjährungsfrist kürzer als 6 Monate, so tritt der für die Verjährung bestimmte Zeitraum an die Stelle der 6 Monate. | Diese Vorschriften finden keine Anwendung, soweit eine in der Geschäftsfähigkeit beschränkte Person prozeßfähig ist. **206.**
2. Die Verjährung eines Anspruchs, der zu einem Nachlasse gehört oder sich gegen einen Nachlaß richtet, wird nicht vor dem Ablaufe von 6 Monaten nach dem Zeitpunkte vollendet, in welchem die Erbschaft von dem Erben angenommen oder der Konkurs über den Nachlaß eröffnet wird oder von welchem an der Anspruch von einem Vertreter oder gegen einen Vertreter geltend gemacht werden kann. Ist die Verjährungsfrist kürzer als 6 Monate, so tritt der für die Verjährung bestimmte Zeitraum an die Stelle der 6 Monate. **207.**

F. **Unterbrochen wird die Verjährung**, sodaß die bis zur Unterbrechung verstrichene Zeit nicht in Betracht kommt und eine neue Verjährung erst nach Beendigung der Unterbrechung beginnen kann (**217**):

1. Wenn der Verpflichtete dem Berechtigten gegenüber den Anspruch durch Abschlagzahlung, Zinszahlung, Sicherheitsleistung oder in anderer Weise anerkennt. **208.**

Die Unterbrechung durch Klagerhebung dauert fort, bis der Prozeß rechtskräftig entschieden oder anderweitig erledigt ist. | Geräth der Prozeß in Folge einer Vereinbarung oder dadurch, daß er nicht betrieben wird, in Stillstand, so endigt die Unterbrechung mit der letzten Prozeßhandlung der Parteien oder des Gerichts. Die nach der Beendigung der Unterbrechung beginnende neue Verjährung

Die Unterbrechung durch Klagerhebung gilt als nicht erfolgt, wenn die Klage zurückgenommen oder durch ein nicht in der Sache selbst entscheidendes Urtheil rechtskräftig abgewiesen wird. | Erhebt der Berechtigte binnen 6 Monaten von Neuem Klage, so gilt die Verjährung als durch die Erhebung der ersten Klage unterbrochen. Auf diese Frist finden die Vorschriften der §§ 203, 206, 207 (siehe daneben!) entsprechende Anwendung. **212.**

Die Unterbrechung durch Zu-

wird dadurch, daß eine der Parteien den Prozeß weiter betreibt, in gleicher Weise wie durch Klagerhebung unterbrochen. **211.**

Als rechtskräftige Entscheidung im Sinne des § 211 Abs. 1 .... gilt auch ein unter Vorbehalt ergangenes rechtskräftiges Urtheil. **219.**

stellung eines Zahlungsbefehls im Mahnverfahren gilt als nicht erfolgt, wenn die Wirkungen der Rechtshängigkeit erlöschen. **213.**

Die Unterbrechung durch Anmeldung im Konkurse dauert fort, bis der Konkurs beendet ist. **214** Abs. 1. Diese Unterbrechung dauert auch nach der Beendigung des Konkurses fort, wenn bei derselben für eine Forderung, die in Folge eines bei der Prüfung erhobenen Widerspruchs im Prozeß begangen ist, ein Betrag zurückbehalten wird; das Ende der Unterbrechung bestimmt sich nach den Vorschriften des § 211. **214** Abs. 3.

Die Unterbrechung durch Anmeldung im Konkurse gilt als nicht erfolgt, wenn die Anmeldung zurückgenommen wird. **214** Abs. 2.

Die Unterbrechung durch Geltendmachung der Aufrechnung im Prozeß oder durch Streitverkündung dauert fort, bis der Prozeß rechtskräftig entschieden oder anderweit erledigt ist; die Vorschriften des § 211 Abs. 2 finden Anwendung. **215** Abs. 1.

Die Unterbrechung durch Geltendmachung der Aufrechnung im Prozeß oder durch Streitverkündung gilt als nicht erfolgt, wenn nicht binnen 6 Monaten nach der Beendigung des Prozesses Klage auf Befriedigung oder Feststellung des Anspruchs erhoben wird. Auf diese Frist finden die Vorschriften der §§ 203, 206, 207 (siehe daneben) entsprechende Anwendung. **215** Abs. 2.

Als nicht erfolgt gelten ferner die Unterbrechungen:

a) Durch Vornahme einer Vollstreckungshandlung, wenn die Vollstreckungsmaßregel auf Antrag des Berechtigten oder wegen Mangels der gesetzlichen Voraussetzungen aufgehoben wird. **216** Abs. 1.

b) Durch Stellung des Antrags auf Zwangsvollstreckung, wenn dem Antrage nicht stattgegeben, oder der Antrag vor der Vornahme der Vollstreckungshandlung zurückgenommen oder die erwirkte Vollstreckungsmaßregel nach Absatz 1 aufgehoben wird. **216** Abs. 2.

2. Wenn der Berechtigte auf Befriedigung oder auf Feststellung des Anspruchs, auf Ertheilung der Vollstreckungsklausel oder auf Erlassung des Vollstreckungsurtheils Klage erhebt. | Der Erhebung der Klage stehen gleich: 1) die Zustellung eines Zahlungsbefehls im Mahnverfahren; 2) die Anmeldung des Anspruchs im Konkurse; 3) die Geltendmachung der Aufrechnung des Anspruchs im Prozesse; 4) die Streitverkündung in dem Prozesse, von dessen Ausgange der Anspruch abhängt; 5) die Vornahme einer Vollstreckungshandlung und, soweit die Zwangsvollstreckung den Gerichten oder anderen Behörden zugewiesen ist, die Stellung des Antrags auf Zwangsvollstreckung. **209.**
3. Hängt die Zulässigkeit des Rechtsweges von der Vorentscheidung einer Behörde ab, oder hat die Bestimmung des zuständigen Gerichts durch ein höheres Gericht zu erfolgen, so wird die Verjährung durch die Einreichung des Gesuchs an die Behörde oder das höhere Gericht in gleicher Weise wie durch Klagerhebung unterbrochen, wenn die Klage binnen 3 Monaten nach der Erledigung des Gesuchs erhoben wird. Auf diese Frist finden die Vorschriften der §§ 203, 206, 207 (siehe oben S. 63, 64 D. 2, 3, E. 1, 2) entsprechende Anwendung. **210.**
4. Ist der Anspruch vor einem Schiedsgericht oder einem besonderen Gerichte[1] oder einer Verwaltungsbehörde geltend zu machen, so finden die Vorschriften der §§ 209 bis 213, 215, 216, 218, 219 (siehe S. 61, 64, 65, 66) entsprechende Anwendung. | Sind in dem Schiedsvertrage die Schiedsrichter nicht ernannt oder ist die Ernennung eines Schiedsrichters aus einem anderen Grunde erforderlich oder kann das Schiedsgericht erst nach der Erfüllung einer sonstigen Voraussetzung angerufen werden, so wird die Verjährung schon dadurch unterbrochen, daß der Berechtigte das zur Erledigung der Sache seinerseits Erforderliche vornimmt. **220.**

G. **Dem Rechtsnachfolger** kommt, wenn eine Sache, in Ansehung deren ein dinglicher Anspruch besteht, durch Rechtsnachfolge in den Besitz eines Dritten gelangt, die während des Besitzes des Rechtsvorgängers verstrichene Verjährungszeit zu Statten. **221.**

H. **Wirkung der Vollendung der Verjährung:**

1. Der Verpflichtete ist[2] berechtigt, die Leistung zu verweigern. | Das zur Befriedigung eines verjährten Anspruchs Geleistete kann nicht zurückgefordert werden, auch wenn die Leistung in Unkenntniß der Verjährung bewirkt worden ist. Das Gleiche gilt von einem vertragsmäßigen Anerkenntnisse, sowie einer Sicherheitsleistung des Verpflichteten. **222.**
2. Die Verjährung eines Anspruchs, für den eine Hypothek oder ein Pfandrecht besteht, hindert den Berechtigten nicht, seine Befriedigung aus dem verhafteten Gegenstande zu suchen. | Ist zur Sicherung eines Anspruchs ein Recht übertragen worden, so kann die Rückübertragung nicht auf Grund der Verjährung des Anspruchs gefordert

[1] oder vor einem Verwaltungsgericht. [2] nach der Vollendung der Verjährung.

werden. | Diese Vorschriften finden keine Anwendung bei der Verjährung von Ansprüchen auf Rückstände von Zinsen oder anderen wiederkehrenden Leistungen. 223.

3. Mit dem Hauptanspruch verjährt der Anspruch auf die von ihm abhängenden Nebenleistungen, auch wenn die für diesen Anspruch geltende besondere Verjährung noch nicht vollendet ist. 224.

I. **Durch Rechtsgeschäft kann die Verjährung** erleichtert werden, insbesondere ist die Abkürzung der Verjährungsfrist zulässig, nicht aber die Ausschließung oder Erschwerung der Verjährung. 225.

VI.

Ausübung der Rechte. Selbstvertheidigung. Selbsthülfe.

§ 226—231.

1. **Unzulässig ist die Ausübung eines Rechtes,** wenn sie nur den Zweck haben kann, einem Anderen Schaden zuzufügen. 226.
2. **Voraussetzungen für den Ausschluß der Widerrechtlichkeit von Handlungen.**
   a) Eine durch Nothwehr — diejenige Vertheidigung, welche erforderlich ist, um einen gegenwärtlichen rechtswidrigen Angriff von sich oder einem Anderen abzuwenden (227 Abs. 2) — gebotene Handlung ist nicht widerrechtlich. 227 Abs. 1.
   b) Nicht widerrechtlich handelt, wer eine fremde Sache beschädigt oder zerstört, um eine durch sie drohende Gefahr von sich oder einem Anderen abzuwenden, wenn die Beschädigung oder Zerstörung zur Abwendung der drohenden Gefahr erforderlich ist, und der Schaden nicht außer Verhältniß zu der Gefahr steht. Hat der Handelnde die Gefahr verschuldet, so ist er zum Schadensersatze verpflichtet. 228.
   c) Zum Zwecke der Selbsthülfe sind nicht widerrechtlich:

eine Sache wegnehmen, zerstören oder beschädigen; — einen der Flucht verdächtigen Verpflichteten festnehmen oder den Widerstand des Verpflichteten gegen eine Handlung, die	wenn	obrigkeitliche Hilfe nicht rechtzeitig zu erlangen ist und ohne sofortiges Eingreifen die Gefahr besteht, daß die Verwirklichung des Anspruchs vereitelt oder wesentlich erschwert werde. 229. Wer eine dieser Handlungen in der irrigen Annahme vornimmt, daß die für den Ausschluß der Widerrechtlichkeit erforderlichen Voraussetzungen vorhanden	Die Selbsthülfe darf nicht weiter gehen, als zur Abwendung der Gefahr erforderlich ist. Im Falle der Wegnahme von Sachen ist, sofern nicht Zwangsvollstreckung erwirkt wird, der dingliche Arrest zu beantragen. Im Falle der Festnahme des Verpflichteten ist, sofern er nicht wieder in Freiheit gesetzt

dieser zu dulden verpflichtet ist, beseitigen.

seien, ist dem anderen Theile zum Schadensersatz verpflichtet, auch wenn der Irrthum nicht auf Fahrlässigkeit beruht. **231.**

wird, der persönliche Sicherheitsarrest bei dem Amtsgerichte zu beantragen, in dessen Bezirke die Festnahme erfolgt ist; der Verpflichtete ist unverzüglich dem Gerichte vorzuführen.

Wird der Arrestantrag verzögert oder abgelehnt, so hat die Rückgabe der weggenommenen Sachen und die Freilassung des Festgenommenen unverzüglich zu erfolgen. **230.**

VII.

Sicherheitsleistung.

§ 232—240.

Die Sicherheit, die man zu leisten hat,

a) kann bewirkt werden:

1. Durch Hinterlegung von Geld oder Werthpapieren. **232** Abs. 1.

Werthpapiere sind zur Sicherheitsleistung nur geeignet, wenn sie auf den Inhaber lauten, einen Kurswerth haben und einer Gattung angehören, in der Mündelgeld angelegt werden darf (siehe 4. Buch). Den Inhaberpapieren stehen Ordrepapiere gleich, die mit Blankoindossament versehen sind. | Mit den Werthpapieren sind die Zins-, Renten-, Gewinnantheil- und Erneuerungsscheine zu hinterlegen. | Mit Werthpapieren kann Sicherheit nur in Höhe von drei Viertheilen des Kurswerthes geleistet werden. **234.**

Wer durch Hinterlegung von Geld oder von Werthpapieren Sicherheit geleistet hat, ist berechtigt, das hinterlegte Geld gegen geeignete Werthpapiere, die hinterlegten Werthpapiere gegen andere geeignete Werthpapiere oder gegen Geld umzutauschen. **235.**

Mit der Hinterlegung erwirbt der Berechtigte ein Pfandrecht an dem hinterlegten Gelde oder an den hinterlegten Werthpapieren und, wenn das Geld oder die Werthpapiere nach landesgesetzlicher Vorschrift in das Eigenthum des Fiskus oder der als Hinterlegungsstelle bestimmten

Anstalt übergehen, ein Pfandrecht an der Forderung auf Rückerstattung. **233.**

2. Durch Verpfändung von Forderungen, die in das Reichsschuldbuch oder in das Staatsschuldbuch eines Bundesstaats eingetragen sind. **232** Abs. 1.

Mit einer Buchforderung gegen das Reich oder gegen einen Bundesstaat kann Sicherheit nur in Höhe von drei Viertheilen des Kurswerthes der Werthpapiere geleistet werden, deren Aushändigung der Gläubiger gegen Löschung seiner Forderung verlangen kann. **236.**

3. Durch Verpfändung beweglicher Sachen. **232** Abs. 1.

Mit einer solchen Sache kann Sicherheit nur in Höhe von zwei Dritttheilen des Schätzungswerthes geleistet werden. Sachen, deren Verderb zu besorgen oder deren Aufbewahrung mit besonderen Schwierigkeiten verbunden ist, können zurückgewiesen werden. **237.**

4. Durch Bestellung von Hypotheken an inländischen Grundstücken, durch Verpfändung von Forderungen, für die eine Hypothek an einem inländischen Grundstücke besteht, oder durch Verpfändung von Grundschulden oder Rentenschulden an inländischen Grundstücken. **232** Abs. 1.

Eine Hypothekenforderung, eine Grundschuld oder eine Rentenschuld ist zur Sicherheitsleistung nur geeignet, wenn sie den Voraussetzungen entspricht, unter denen am Orte der Sicherheitsleistung Mündelgeld[1] in Hypothekenforderungen, Grundschulden oder Rentenschulden angelegt werden darf. | Eine Forderung, für die eine Sicherungshypothek besteht, ist zur Sicherheitsleistung nicht geeignet. **238.**

5. Die Stellung eines tauglichen Bürger ist zulässig, wenn die Sicherheit nicht in der zu 1—4 angegebenen Weise geleistet werden kann. **232** Abs. 2.

Ein Bürge ist tauglich, wenn er ein der Höhe der zu leistenden Sicherheit angemessenes Vermögen besitzt und seinen allgemeinen Gerichtsstand im Inlande hat. | Die Bürgschaftserklärung muß den Verzicht auf die Einrede der Vorausklage enthalten. **239.**

b) muß ergänzt oder anderweitig geleistet werden, wenn die geleistete Sicherheit ohne Verschulden des Berechtigten unzureichend wird. **240.**

1 Siehe 4. Buch, Vormundschaft.

Zweites Buch.

Recht der Schuldverhältnisse.

Erster Abschnitt. Inhalt der Schuldverhältnisse. § 241—304. — Zweiter Abschnitt. Schuldverhältnisse aus Verträgen. § 305—361. — Dritter Abschnitt. Erlöschen der Schuldverhältnisse. § 362—397. — Vierter Abschnitt. Uebertragung der Forderung. § 398—413. — Fünfter Abschnitt. Schuldübernahme. § 414—419. — Sechster Abschnitt. Mehrheit von Schuldnern und Gläubigern. § 420—432. — Siebenter Abschnitt. Einzelne Schuldverhältnisse (Kauf, Tausch 2c) § 433—853.

I.

Inhalt der Schuldverhältnisse.

Erster Titel: Verpflichtung zur Leistung. (§ 241—292.)
Zweiter Titel: Verzug des Gläubigers. (§ 293—304.)

a) **Recht des Gläubigers** kraft des Schuldverhältnisses ist, von dem Schuldner eine Leistung zu fordern, die auch in einem Unterlassen bestehen kann. **241.**

b) **Allgemeine Pflicht des Schuldners ist,** die Leistung so zu bewirken, wie Treue und Glauben mit Rücksicht auf die Verkehrssitte es erfordern. **242.**

c) **Besondere Pflichten, die sich auf die verschiedenen Leistungsgegenstände beziehen,** sind:

1. Eine geschuldete, nur der Gattung nach bestimmte Sache ist von mittlerer Art und Güte zu leisten. | Hat der Schuldner das zur Leistung einer solchen Sache seinerseits Erforderliche gethan, so beschränkt sich das Schuldverhältniß auf diese Sache. **243.**
2. Ist nicht Zahlung in ausländischer Währung im Inlande ausdrücklich bedungen, so kann eine in ausländischer Währung ausgedrückte, im Inlande zu zahlende Geldschuld in Reichswährung erfolgen. | Die Umrechnung erfolgt nach dem Kurswerthe, der zur Zeit der Zahlung für den Zahlungsort maßgebend ist. **244.**
3. Ist eine Geldschuld in einer zur Zeit der Zahlung nicht mehr im Umlaufe befindlichen Münzsorte zu zahlen, so ist die Zahlung so zu leisten, wie wenn die Münzsorte nicht bestimmt wäre. **245.**

4. Zinssatz: Ist eine Schuld nach Gesetz oder Rechtsgeschäft zu verzinsen, so sind vier vom Hundert für das Jahr zu entrichten, sofern nicht ein Anderes bestimmt ist. **246.** | Ist ein höherer Zinssatz als sechs vom Hundert für das Jahr vereinbart, so kann der Schuldner nach dem Ablaufe von sechs Monaten das Kapital unter Einhaltung einer Kündigungsfrist von sechs Monaten kündigen. Das Kündigungsrecht kann nicht durch Vertrag ausgeschlossen oder beschränkt werden. | Diese Vorschriften gelten nicht für Schuldverschreibungen auf den Inhaber. **247.**

5. Zinseszinsen: Eine im Voraus getroffene Vereinbarung, daß fällige Zinsen wieder Zinsen tragen sollen, ist nichtig. |

   Sparkassen, Kreditanstalten und Inhaber von Bankgeschäften können im voraus vereinbaren, daß nicht erhobene Zinsen von Einlagen als neue verzinsliche Einlagen gelten sollen. **248** Abs. 2 Satz 1.

   Kreditanstalten, die berechtigt sind, für den Betrag der von ihnen gewährten Dahrlehen verzinsliche Schuldverschreibungen auf den Inhaber auszugeben, können sich bei solchen Darlehen die Verzinsung rückständiger Zinsen im voraus versprechen lassen. **248** Abs. 2 Satz 2.

6. Der Schadensersatzpflichtige hat den Zustand herzustellen, der bestehen würde, wenn der zum Ersatze verpflichtende Umstand nicht eingetreten wäre. Statt der Herstellung den dazu erforderlichen Geldbetrag verlangen kann der Gläubiger, wenn wegen Verletzung einer Person oder wegen Beschädigung einer Sache Schadensersatz zu leisten ist. **249.** | Der Gläubiger kann dem Ersatzpflichtigen zur Herstellung eine angemessene Frist mit der Erklärung bestimmen, daß er die Herstellung nach dem Ablaufe der Frist ablehne. Nach dem Ablaufe der Frist kann der Gläubiger den Ersatz in Geld verlangen, wenn nicht die Herstellung rechtzeitig erfolgt; der Anspruch auf die Herstellung ist ausgeschlossen. **250.**

   Soweit die Herstellung nicht möglich oder zur Entschädigung des Gläubigers nicht genügend ist, hat der Ersatzpflichtige den Gläubiger in Geld zu entschädigen. **251** Abs. 1.

   Der Ersatzpflichtige kann den Gläubiger in Geld entschädigen, wenn die Herstellung nur mit unverhältnißmäßigen Aufwendungen möglich ist. **251** Abs. 2.

   Der zu ersetzende Schaden umfaßt auch den entgangenen Gewinn, d. h. solchen, der nach dem gewöhnlichen Lauf der Dinge oder nach den besonderen Umständen, insbesondere nach den getroffenen Anstalten und Vorkehrungen, mit Wahrscheinlichkeit erwartet werden konnte. **252.**

   Wegen eines Schadens, der nicht Vermögensschaden ist, kann Entschädigung in Geld nur in den durch das Gesetz bestimmten Fällen gefordert werden. **253.**

   Hat ein Verschulden des Beschädigten bei der Entstehung des Schadens mitgewirkt, so hängt die Schadensersatzpflicht sowie der

Umfang des zu leistenden Ersatzes von den Umständen, insbesondere davon ab, inwieweit der Schaden vorwiegend von dem einen oder dem anderen Theile verursacht worden ist. | Dies gilt auch dann, wenn sich das Verschulden des Beschädigten darauf beschränkt, daß er unterlassen hat, den Schuldner auf die Gefahr eines ungewöhnlich hohen Schadens aufmerksam zu machen, die der Schuldner weder kannte noch kennen mußte, oder daß er unterlassen hat, den Schaden abzuwenden oder zu mindern. Die Vorschrift des § 278 (siehe S. 76) findet entsprechende Anwendung. **254.**

Wer für den Verlust einer Sache oder eines Rechts Schadensersatz zu leisten hat, ist zum Ersatze nur gegen Abtretung der Ansprüche verpflichtet, die dem Ersatzberechtigten auf Grund des Eigenthums an der Sache oder auf Grund des Rechtes gegen Dritte zustehen. **255.**

7. Ersatz von und für Aufwendungen.

Der zum Ersatz von Aufwendungen Verpflichtete hat den aufgewendeten Betrag oder, wenn andere Gegenstände als Geld aufgewendet worden sind, den als Ersatz ihres Werthes zu zahlenden Betrag von der Zeit der Aufwendung an zu verzinsen. Sind Aufwendungen auf einen dem Ersatzpflichtigen herauszugebenden Gegenstand gemacht worden, so sind Zinsen für die Zeit nicht zu entrichten, für welche dem Ersatzberechtigten die Nutzungen oder die Früchte des Gegenstandes ohne Vergütung verbleiben. **256.**

Wer berechtigt ist, für Aufwendungen Ersatz zu verlangen, die er für einen bestimmten Zweck macht, kann, wenn er für diesen Zweck eine Verbindlichkeit eingeht, Befreiung von der Verbindlichkeit verlangen. Ist die Verbindlichkeit noch nicht fällig, so kann ihm der Ersatzpflichtige, statt ihn zu befreien, Sicherheit (S. 68) leisten. **257.**

8. Wer das Recht, eine Einrichtung von einer Sache wegzunehmen, die er einem Anderen herauszugeben hat, ausübt, muß die Sache auf seine Kosten in den vorigen Stand setzen. Erlangt der Andere den Besitz der Sache, so ist er verpflichtet, die Wegnahme der Einrichtung zu gestatten; er kann die Gestattung verweigern, bis ihm für den mit der Wegnahme verbundenen Schaden Sicherheit geleistet wird. **258.**

9. Inhalt der Pflicht der Rechenschaftsablegung über eine mit Einnahmen oder Ausgaben verbundene Verwaltung:

α) Mittheilung einer die geordnetete Zusammenstellung der Einnahmen oder der Ausgaben enthaltenden Rechnung an den Berechtigten nebst Vorlegung der Belege, soweit solche ertheilt zu werden pflegen.

Der Offenbarungseid ist, sofern er nicht vor dem Prozeßgericht zu leisten ist, vor dem Amts-

β) Leistung des Offenbarungseides (dahin: daß er nach bestem Wissen die Einnahme so vollständig angegeben habe, als er dazu im Stande sei) auf Verlangen, wenn Grund zu der Annahme besteht, daß die in der Rechnung enthaltenen Angaben über die Einnahme nicht mit der erforderlichen Sorgfalt gemacht worden sind. | In Angelegenheiten von geringer Bedeutung besteht eine Verpflichtung zur Leistung des Offenbarungseides nicht. **259.**

10. Inhalt der Pflicht zur Herausgabe eines Inbegriffs von Gegenständen oder zur Auskunftsertheilung über den Bestand eines solchen Inbegriffs:

α) Vorlegung eines Verzeichnisses des Bestandes an den Berechtigten.

β) Leistung des Offenbarungseides (dahin: daß er nach bestem Wissen den Bestand so vollständig angegeben habe, als er dazu im Stande sei) auf Verlangen, wenn Grund zu der Annahme besteht, daß das Verzeichniß nicht mit der erforderlichen Sorgfalt aufgestellt worden ist. | In Angelegenheiten von geringer Bedeutung besteht diese Verpflichtung nicht. **260.**

[zu 9 β und 10 β:] Der Eid ist vor dem Amtsgerichte des Ortes zu leisten, an welchem die Verpflichtung zur Rechnungslegung oder zur Vorlegung des Verzeichnisses zu erfüllen ist. Hat der Verpflichtete seinen Wohnsitz oder seinen Aufenthalt im Inlande, so kann er den Eid vor dem Amtsgerichte des Wohnsitzes (siehe S. 34) oder des Aufenthaltsortes leisten. —

Das Gericht kann eine den Umständen entsprechende Aenderung der Eidesnorm beschließen. Die Kosten der Abnahme des Eides hat derjenige zu tragen, welcher die Leistung des Eides verlangt. **261.**

11. Das Wahlrecht, wenn mehrere Leistungen in der Weise geschuldet werden, daß nur die eine oder nur die andere zu bewirken ist, steht im Zweifel dem Schuldner zu (**262**), und erfolgt seine Ausübung durch Erklärung gegenüber dem anderen Theile. | Die gewählte Leistung gilt als die von Anfang an allein geschuldete. **263.** Nimmt der wahlberechtigte Schuldner die Wahl nicht vor dem Beginn der Zwangsvollstreckung vor, so kann der Gläubiger die Zwangsvollstreckung nach seiner Wahl auf die eine oder die andere Leistung richten; der Schuldner kann sich jedoch, solange nicht der Gläubiger die gewählte Leistung ganz oder zum Theil empfangen hat, durch eine der übrigen Leistungen von seiner Verbindlichkeit befreien.

Ist der wahlberechtigte Gläubiger im Verzuge, so kann der Schuldner ihn unter Bestimmung einer angemessenen Frist zur Vornahme der Wahl auffordern. Mit dem Ablaufe der Frist geht das Wahlrecht auf den Schuldner über, wenn nicht der Gläubiger rechtzeitig die Wahl vornimmt. **264.**

Ist eine der Leistungen von Anfang an unmöglich oder wird sie später unmöglich, so beschränkt sich das Schuldverhältniß auf die übrigen Leistungen. Die Beschränkung tritt nicht ein, wenn die Leistung in Folge eines Umstandes unmöglich wird, den der nicht wahlberechtigte Theil zu vertreten hat. **265.**

12. Zu Theilleistungen ist der Schuldner nicht berechtigt. **266.**

13. Wer nicht in Person zu leisten braucht, darf durch einen Dritten leisten lassen, ohne daß die Einwilligung des Schuldners erforderlich ist. | Der Gläubiger kann die Leistung ablehnen, wenn der Schuldner widerspricht. **267.**

14. Befriedigung des Gläubigers — auch durch Hinterlegung und Aufrechnung (268 Abs. 2) — durch jeden Dritten, der Gefahr läuft, durch die Zwangsvollstreckung, die der Gläubiger in einen dem Schuldner gehörenden Gegenstand betreibt, ein Recht an dem Gegenstande zu verlieren, ist zulässig. (Abs. 1.)

Soweit der Dritte den Gläubiger befriedigt, geht die Forderung auf ihn über. Der Uebergang kann nicht zum Nachtheile des Gläubigers geltend gemacht werden. **268** Abs. 3.

15. Der Leistungsort.

α) Ist er weder bestimmt,

β) noch aus dem Umständen, insbesondere aus der Natur des Schuldverhältnisses zu entnehmen,

γ) so hat die Leistung an dem Orte, wo der Schuldner zur Zeit der Entstehung des Schuldverhältnisses seinen Wohnsitz hatte, zu erfolgen.

δ) Ist die Verbindlichkeit im Gewerbebetriebe des Schuldners entstanden, so tritt, wenn der Schuldner seine gewerbliche Niederlassung an einem anderen Orte hatte, der Ort der Niederlassung an die Stelle des Wohnsitzes.

ε) Aus dem Umstand allein, daß der Schuldner die Kosten der Versendung übernommen hat, ist nicht zu entnehmen, daß der Ort, nach welchem die Versendung zu erfolgen hat, der Leistungsort sein soll. **269.**

ζ) Geld zu übermitteln im Zweifel hat der Schuldner auf seine Gefahr und seine Kosten an den Wohnsitz des Gläubigers, an dessen Stelle der Ort seiner Niederlassung tritt, wenn die Forderung im Gewerbebetriebe des Gläubigers entstanden ist und dieser seine gewerbliche Niederlassung an einem anderen Orte hat.

Erhöhen sich die Kosten oder die Gefahr der Uebermittelung in Folge einer nach der Entstehung des Schuldverhältnisses eintretenden Aenderung des Wohnsitzes oder der gewerblichen Niederlassung des Gläubigers, so hat dieser im ersteren Falle die Mehrkosten, im letzteren Falle die Gefahr zu tragen.

Die Vorschriften über den Leistungsort bleiben unberührt. **270.**

16. Die richtige Zeit für die Leistung.

α) Ist eine Zeit für die Leistung bestimmt, so ist im Zweifel anzunehmen, daß der Gläubiger die Leistung nicht vor dieser Zeit verlangen, der Schuldner aber sie vorher bewirken kann. **271** Abs. 2. Bezahlt der Schuldner eine unverzinsliche Schuld vor der Fälligkeit, so ist er zu einem Abzuge wegen der Zwischenzinsen nicht berechtigt. **272.**

Zu α und β: Gegenüber der Klage des Gläubigers hat die Geltendmachung des Zurückbehaltungsrechts nur die Wirkung, daß der Schuldner zur Leistung gegen Empfang der ihm gebührenden Leistung (Erfüllung Zug um Zug) zu verurtheilen ist. | Auf Grund einer solchen Verurtheilung kann der Gläubiger seinen Anspruch ohne Bewirkung der ihm obliegenden Leistung im Wege der Zwangsvollstreckung verfolgen, wenn der Schuldner im Verzuge der Annahme ist. **274.**

β) Ist eine Zeit für die Leistung weder bestimmt noch aus den Umständen zu entnehmen,

γ) so kann der Gläubiger die Leistung sofort verlangen, der Schuldner sie sofort bewirken. **271** Abs. 1.

17. Zurückbehaltungsrechte, deren Ausübung der Gläubiger durch Sicherheitsleistung, nur nicht durch Stellung von Bürgen, abwenden kann (**273** Abs. 3), haben:

α) Der Schuldner, der aus demselben rechtlichen Verhältniß, auf dem seine Verpflichtung beruht, einen fälligen Anspruch gegen den Gläubiger hat, darf die geschuldete Leistung verweigern, bis die ihm gebührende Leistung bewirkt wird, sofern nicht aus dem Schuldverhältnisse sich ein Anderes ergiebt. **273** Abs. 1.

β) Der zur Herausgabe eines Gegenstandes Verpflichtete, wenn ihm ein fälliger Anspruch wegen Verwendung auf den Gegenstand oder wegen eines ihm durch diesen verursachten Schadens zusteht, es sei denn, daß er den Gegenstand durch eine vorsätzlich begangene unerlaubte Handlung erlangt hat. **273** Abs. 2.

18. Haftung des Schuldners wegen Verschuldens.

α) Fahrlässig handelt, wer die im Verkehr erforderliche Sorgfalt außer Acht läßt. Der Schuldner hat, sofern nicht ein Anderes bestimmt ist, Fahrlässigkeit zu vertreten. Die Vorschriften der §§ 827, 828 (Unerlaubte Handlungen) finden Anwendung. **276** Abs. 1.

β) Vorsatz hat der Schuldner, sofern nicht ein Anderes bestimmt ist, zu vertreten. Diese Haftung kann ihm nicht im voraus erlassen werden. Die Vorschriften der §§ 827, 828 finden Anwendung **276** Abs. 2.

γ) Von der Haftung wegen grober Fahrlässigkeit ist nicht befreit, wer nur für diejenige Sorgfalt einzustehen hat, welche er in eigenen Angelegenheiten anzuwenden pflegt. **277.**

Zu α—γ. Der Schuldner hat ein Verschulden seines gesetzlichen Vertreters und der Personen, deren er sich zur Erfüllung seiner Verbindlichkeit bedient, in gleichem Umfange zu vertreten wie eigenes Verschulden. Die Vorschrift des § 276 Abs. 2 findet keine Anwendung. **278.**

19. Gründe der Befreiung des Schuldners von der Verpflichtung zur Leistung.

α) Er wird frei, soweit die Leistung in Folge eines nach der Entstehung des Schuldverhältnisses eintretenden Umstandes, den er nicht zu vertreten hat, unmöglich wird. **275** Abs. 1.

β) Das nachträglich eintretende Unvermögen des Schuldners zur Leistung steht einer nach der Entstehung des Schuldverhältnisses eintretenden Unmöglichkeit gleich. **275** Abs. 2.

Ist der geschuldete Gegenstand nur der Gattung nach bestimmt, so hat der Schuldner, solange die Leistung aus der Gattung möglich ist, sein Unvermögen zur Leistung auch dann zu vertreten, wenn ihm ein Verschulden nicht zur Last fällt. **279.**

20. Ersatz des durch die Nichterfüllung entstehenden Schadens muß der Schuldner dem Gläubiger leisten, soweit die Leistung in Folge eines vom Schuldner zu vertretenden Umstandes unmöglich wird.

Im Falle theilweiser Unmöglichkeit kann der Gläubiger unter Ablehnung des noch möglichen Theiles der Leistung Schadensersatz wegen Nichterfüllung der ganzen Verbindlichkeit verlangen, wenn die theilweise Erfüllung für ihn kein Interesse hat. Die für das vertragsmäßige Rücktrittsrecht geltenden Vorschriften der §§ 346 bis 356 (siehe S. 86 flg.) finden entsprechende Anwendung. **280.**

Zu 19 und 20: Erlangt der Schuldner in Folge des Umstandes, welcher die Leistung unmöglich macht, für den geschuldeten Gegenstand einen Ersatz oder einen Ersatzanspruch, so kann der Gläubiger Herausgabe des als Ersatz Empfangenen oder Abtretung des Ersatzanspruchs verlangen.

Hat der Gläubiger Anspruch auf Schadensersatz wegen Nichterfüllung, so mindert sich, wenn er von dem im Abs. 1 bestimmten Rechte Gebrauch macht, die ihm zu leistende Entschädigung um den Werth des erlangten Ersatzes oder Ersatzanspruchs. **281.**

Ist streitig, ob die Unmöglichkeit der Leistung die Folge eines von dem Schuldner zu vertretenden Umstandes ist, so trifft die Beweislast den Schuldner. **282.**

21. Voraussetzungen für den Verzug des Schuldners und die rechtlichen Folgen.

α) Ist der Schuldner rechtskräftig verurtheilt, so kann der Gläubiger ihm zur Bewirkung der Leistung eine angemessene Frist mit der Erklärung bestimmen, daß er die Annahme der Leistung nach dem Ablaufe der Frist ablehne. Nach dem Ablaufe der Frist kann der Gläubiger

Schadensersatz wegen Nichterfüllung verlangen, soweit nicht die Leistung rechtzeitig bewirkt wird; der Anspruch auf Erfüllung ist ausgeschlossen. Die Verpflichtung zum Schadensersatze tritt nicht ein, wenn die Leistung in Folge eines Umstandes unmöglich wird, den der Schuldner nicht zu vertreten hat.

Wird die Leistung bis zum Ablaufe der Frist nur theilweise nicht bewirkt, so steht dem Gläubiger auch das im § 280 Abs. 2 (siehe oben) bestimmte Recht zu. **283.**

β) Leistet Schuldner auf eine Mahnung des Gläubigers nicht, die nach dem Eintritt der Fälligkeit erfolgt, so kommt er durch die Mahnung in Verzug. Der Mahnung steht gleich die Erhebung der Klage auf die Leistung, sowie die Zustellung eines Zahlungsbefehls im Mahnverfahren. **284** Abs. 1.

γ) Ohne Mahnung kommt in Verzug der Schuldner, dem für die Leistung eine Zeit nach dem Kalender bestimmt ist, wenn er nicht zu der bestimmten Zeit leistet. Das Gleiche gilt, wenn der Leistung eine Kündigung vorauszugehen hat und die Zeit für die Leistung in der Weise bestimmt ist, daß sie sich von der Kündigung ab nach dem Kalender berechnen läßt. **284** Abs. 2.

Der Schuldner kommt nicht in Verzug, so lange die Leistung in Folge eines Umstandes unterbleibt, den er nicht zu vertreten hat. **285.**

δ) Den durch den Verzug entstehenden Schaden hat der Schuldner dem Gläubiger zu ersetzen.

Hat die Leistung in Folge des Verzugs für den Gläubiger kein Interesse, so kann dieser unter Ablehnung der Leistung Schadensersatz wegen Nichterfüllung verlangen. Die für das vertragsmäßige Rücktrittsrecht geltenden Vorschriften der §§ 346 bis 356 (siehe unten S. 86 flg.) finden entsprechende Anwendung. **286.**

ε) Für jede Fahrlässigkeit haftet während des Verzugs der Schuldner. Auch für die dann durch Zufall eintretende Unmöglichkeit der Leistung ist er verantwortlich, es sei denn, daß der Schaden auch bei rechtzeitiger Leistung eingetreten sein würde. **287.**

ζ) Eine Geldschuld ist zu verzinsen während des Verzugs mit vier vom Hundert für das Jahr. Kann der Gläubiger aus einem anderen Rechtsgrunde höhere Zinsen verlangen, so sind diese fortzuentrichten. | Nicht ausgeschlossen ist die Geltendmachung eines weiteren Schadens. **288.** Von Zinsen sind Verzugszinsen nicht zu entrichten. **289** Satz 1.

Das Recht des Gläubigers auf Ersatz des durch den Verzug entstehenden Schadens bleibt unberührt. **289** Satz 2.

η) Ist der Schuldner zum Ersatze des Werthes eines Gegenstandes verpflichtet, der während des Verzugs untergegangen ist oder aus einem während des Verzugs eingetretenen Grunde nicht herausgegeben werden kann, so kann der Gläubiger Zinsen des zu ersetzenden Betrags von dem Zeitpunkte an verlangen, welcher der Bestimmung des Werthes zu Grunde gelegt wird. Das Gleiche gilt, wenn der Schuldner zum Ersatze der Minderung des Werthes eines während des Verzugs verschlechterten Gegenstandes verpflichtet ist. **290.**

ϑ) Vom Eintritt der Rechtshängigkeit an zu verzinsen ist eine Geldschuld, auch wenn der Schuldner nicht im Verzuge ist; wird die Schuld erst später fällig, so ist sie von der Fälligkeit an zu verzinsen. Die Vorschriften des § 288 Abs. 1 und des § 289 Satz 1 finden entsprechende Anwendung. **291.**

Von dem Eintritte der Rechtshängigkeit an bestimmt sich auch der Anspruch des Gläubigers auf Schadensersatz wegen Verschlechterung, Unterganges oder einer aus einem anderen Grunde eintretenden Unmöglichkeit der Herausgabe eines bestimmten Gegenstandes nach den Vorschriften, die für das Verhältniß zwischen dem Eigenthümer und dem Besitzer von dem Eintritte der Rechtshängigkeit des Eigenthumsanspruchs (siehe 3. Buch, Eigenthum) an gelten, soweit nicht aus dem Schuldverhältniß oder aus dem Verzuge des Schuldners sich zu Gunsten des Gläubigers ein Anderes ergiebt.

Das Gleiche gilt von dem Anspruche des Gläubigers auf Herausgabe oder Vergütung von Nutzungen und von dem Anspruche des Schuldners auf Ersatz von Verwendungen. **292.**

22. Voraussetzungen für den Verzug des Gläubigers und die rechtlichen Folgen.

α) Thatsächlich angeboten werden muß die Leistung dem Gläubiger so, wie sie zu bewirken ist. **294.** Ein wörtliches Angebot des Schuldners genügt, wenn der Gläubiger ihm erklärt hat, daß er die Leistung nicht annehmen werde, oder wenn zur Bewirkung der Leistung eine Handlung des Gläubigers erforderlich ist, insbesondere, wenn der Gläubiger die geschuldete Sache abzuholen hat. Dem Angebote der Leistung steht die Aufforderung an den Gläubiger gleich, die erforderliche Handlung vorzunehmen. **295.**

Ist für die von dem Gläubiger vorzunehmende Handlung eine Zeit nach dem Kalender bestimmt, so bedarf es des Angebots nur, wenn der Gläubiger die Handlung rechtzeitig vornimmt. Das Gleiche gilt, wenn der Handlung eine Kündigung vorauszugehen hat, und die Zeit für die Handlung in der Weise bestimmt ist, daß sie sich von der Kündigung ab nach dem Kalender berechnen läßt. **296.**

β) Wenn der Gläubiger die ihm angebotene Leistung nicht annimmt, kommt er in Verzug (**293**); es sei denn, daß der Schuldner zur Zeit des Angebots oder im Falle des § 296 zu der für die Handlung des Gläubigers bestimmten Zeit außer Stande ist, die Leistung zu bewirken. **297.**

Ist der Schuldner nur gegen eine Leistung des Gläubigers zu leisten verpflichtet, so kommt der Gläubiger in Verzug, wenn er zwar die angebotene Leistung anzunehmen bereit ist, die verlangte Gegenleistung aber nicht anbietet. **298.** Ist die Leistungszeit nicht bestimmt oder ist der Schuldner berechtigt, vor der bestimmten Zeit zu leisten, so kommt der Gläubiger nicht dadurch in Verzug, daß er vorübergehend an der Annahme der angebotenen Leistung verhindert ist, es sei denn, daß der Schuldner ihm die Leistung eine angemessene Zeit vorher angekündigt hat. **299.**

γ) Der Schuldner hat während des Verzugs des Gläubigers nur Vorsatz und grobe Fahrlässigkeit zu vertreten.

δ) Wird eine nur der Gattung nach bestimmte Sache geschuldet, so geht die Gefahr mit dem Zeitpunkt auf den Gläubiger über, in welchem er dadurch in Verzug kommt, daß er die angebotene Sache nicht annimmt. **300.**

ε) Von einer verzinslichen Geldschuld hat der Schuldner während des Verzugs des Gläubigers Zinsen nicht zu entrichten. **301.**

ζ) Hat der Schuldner die Nutzungen eines Gegenstandes herauszugeben oder zu ersetzen, so beschränkt sich seine Verpflichtung während des Verzugs des Gläubigers auf die Nutzungen, welche er zieht. **302.**

η) Ist der Schuldner zur Herausgabe eines Grundstücks verpflichtet, so kann er nach dem Eintritte des Verzugs des Gläubigers den Besitz aufgeben. Das Aufgeben muß dem Gläubiger vorher angedroht werden, es sei denn, daß die Androhung unthunlich ist. **303.**

ϑ) Der Schuldner kann im Falle des Verzugs des Gläubigers Ersatz der Mehraufwendungen verlangen, die er für das erfolglose Angebot sowie für die Aufbewahrung und Erhaltung des geschuldeten Gegenstandes machen mußte. **304.**

II.

Schuldverhältnisse aus Verträgen.

Erster Titel: Begründung. Inhalt des Vertrags. (§ 305—319.)
Zweiter Titel: Gegenseitiger Vertrag. (§ 320—327.)
Dritter Titel: Versprechen der Leistung an einen Dritten. (§ 328—335.)
Vierter Titel: Draufgabe. Vertragsstrafe. (§ 336—345.)
Fünfter Titel: Rücktritt. (§ 346—361.)

Zur Begründung eines Schuldverhältnisses durch Rechtsgeschäft sowie zur Aenderung des Inhalts eines Schuldverhältnisses ist ein Vertrag zwischen den Betheiligten erforderlich, soweit nicht das Gesetz ein Anderes vorschreibt. **305.**

1. Nichtig versprochene Vertragsleistungen:

a) Die Unmöglichkeit der Leistung steht der Gültigkeit des Vertrags nicht entgegen, wenn die Unmöglichkeit gehoben werden kann und der Vertrag für den Fall geschlossen ist, daß die Leistung möglich wird. | Wird eine unmögliche Leistung unter einer anderen aufschiebenden Bedingung oder unter Bestimmung eines Anfangstermins versprochen, so ist der Vertrag gültig, wenn die Unmöglichkeit vor dem Eintritte der Bedingung oder des Termins gehoben wird. **308.**

Ein auf eine unmögliche Leistung gerichteter Vertrag ist nichtig. **306.**

Wer bei der Schließung eines Vertrags, der auf eine solche Leistung gerichtet ist, die Unmöglichkeit der Leistung kennt oder kennen muß, ist zum Ersatze des Schadens verpflichtet, den der andere Theil dadurch erleidet, daß er auf die Gültigkeit des Vertrags vertraut, jedoch nicht über den Betrag des Interesses hinaus, welches der andere Theil an der Gültigkeit des Vertrags hat. Die Ersatzpflicht tritt nicht ein, wenn der andere Theil die Unmöglichkeit kennt oder kennen muß.

Diese Vorschriften finden entsprechende Anwendung, wenn die Leistung nur theilweise unmöglich und der Vertrag in Ansehung des möglichen Theiles gültig ist, oder wenn eine von mehreren wahlweise versprochenen Leistungen unmöglich ist. **307.**

b) Verstößt ein Vertrag gegen ein gesetzliches Verbot, so finden die Vorschriften der §§ 307, 308 entsprechende Anwendung. **309.**

c) Ein Vertrag, durch den sich der eine Theil verpflichtet, sein künftiges Vermögen oder einen Bruchtheil seines künftigen Vermögens zu übertragen oder mit einem Nießbrauche zu belasten, ist nichtig. **310.**

d) Ein Vertrag über den Nachlaß eines noch lebenden Dritten ist nichtig. **312** Abs. 1.

e) Das Gleiche gilt von einem Vertrage über den Pflichttheil oder ein Vermächtniß aus dem Nachlaß eines noch lebenden Dritten. **312** Abs. 1.

f) Folgende Verträge, ohne gerichtlich oder notariell beurkundet zu sein:

Ein Vertrag, durch den sich der eine Theil verpflichtet, sein gegenwärtiges Vermögen oder einen Bruchtheil davon zu übertragen oder mit einem Nießbrauche zu belasten. **311.** — Ein Vertrag unter künftigen gesetzlichen Erben über den gesetzlichen Erbtheil oder den Pflichttheil eines von ihnen. **312** Abs. 2. — Ein Vertrag, durch den sich der eine Theil verpflichtet, das Eigenthum an einem Grundstücke zu übertragen. Ein ohne Beobachtung dieser Form geschlossener Vertrag wird seinem ganzen Inhalt nach gültig, wenn die Auflassung und die Eintragung in das Grundbuch erfolgen. **313.**

2. **Auch auf das Zubehör einer Sache** erstreckt sich im Zweifel die auf Veräußerung oder Belastung der Sache gerichtete Verpflichtung. **314.**

3. **Arten der Bestimmung einer Vertragsleistung:**

a) Soll die Leistung durch einen der Vertragschließenden bestimmt werden, so ist im Zweifel anzunehmen, daß die Bestimmung nach billigem Ermessen zu treffen ist. | Die Bestimmung erfolgt durch Erklärung gegenüber dem anderen Theile. | Soll die Bestimmung nach billigem Ermessen erfolgen, so ist die getroffene Bestimmung für den anderen Theil nur verbindlich, wenn sie der Billigkeit entspricht. Entspricht sie nicht der Billigkeit, so wird die Bestimmung durch Urtheil getroffen; das Gleiche gilt, wenn die Bestimmuug verzögert wird. **315.**

b) Ist der Umfang der für eine Leistung versprochenen Gegenleistung nicht bestimmt, so steht die Bestimmung im Zweifel demjenigen Theile zu, welcher die Gegenleistung zu fordern hat. **316.**

c) Ist die Bestimmung der Leistung einem Dritten überlassen, so ist im Zweifel anzunehmen, daß sie nach billigem Ermessen zu treffen ist. **317** Abs. 1.

d) Soll die Bestimmung durch mehrere Dritte erfolgen, so ist im Zweifel Uebereinstimmung aller erforderlich; soll eine Summe bestimmt werden, so ist, wenn verschiedene Summen bestimmt werden, im Zweifel die Durchschnittssumme maßgebend. **317** Abs. 2.

Die einem Dritten überlassene Bestimmung der Leistung erfolgt durch Erklärung gegenüber einem der Vertragschließenden. | Die Anfechtung der getroffenen Bestimmung wegen Irrthums, Drohung oder arglistiger Täuschung steht nur den Vertragschließenden zu; Anfechtungsgegner ist der andere Theil. Die Anfechtung muß unverzüglich erfolgen, nachdem der Anfechtungsberechtigte von dem Anfechtungsgrunde Kenntniß erlangt hat. Sie ist ausgeschlossen, wenn 30 Jahre verstrichen sind, nachdem die Bestimmung getroffen worden ist. **318.**

Soll der Dritte die Leistung nach billigem Ermessen bestimmen, so ist die getroffene Bestimmung für die Vertragschließenden nicht verbindlich, wenn sie offenbar unbillig ist. Die Bestimmung erfolgt in diesem Falle durch Urtheil; das Gleiche gilt, wenn der Dritte die Bestimmung nicht treffen kann oder will oder wenn er sie verzögert. | Soll der Dritte die Bestimmung nach freiem Belieben treffen, so ist der Vertrag unwirksam, wenn der Dritte die Bestimmung nicht treffen kann oder will oder wenn er sie verzögert. **319.**

4. Gegenseitiger Vertrag und seine Besonderheiten.

a) Wenn man nicht vorzuleisten verpflichtet ist, so kann die Leistung bis zur Bewirkung der Gegenleistung verweigert werden. Hat die Leistung an Mehrere zu erfolgen, so kann dem Einzelnen der ihm gebührende Theil bis zur Bewirkung der ganzen Gegenleistung verweigert werden. Die Vorschrift des § 273 Abs. 3 (siehe S. 75) findet keine Anwendung. | Ist von der einen Seite theilweise geleistet worden, so kann die Gegenleistung insoweit nicht verweigert werden, als die Verweigerung nach den Umständen, insbesondere wegen verhältnißmäßiger Geringfügigkeit des rückständigen Theiles, gegen Treu und Glauben verstoßen würde. **320.**

Erhebt aus einem gegenseitigen Vertrage der eine Theil Klage auf die ihm geschuldete Leistung, so hat die Geltendmachung des dem anderen Theile zustehenden Rechtes, die Leistung bis zur Bewirkung der Gegenleistung zu verweigern, nur die Wirkung, daß der andere Theil zur Erfüllung Zug um Zug zu verurtheilen ist. **322** Abs. 1.

b) Wer vorzuleisten verpflichtet ist, kann, wenn nach dem Abschlusse des Vertrages in den Vermögensverhältnissen des anderen Theils eine wesentliche Verschlechterung eintritt, durch die der Anspruch auf die Gegenleistung gefährdet wird, die ihm obliegende Leistung verweigern, bis die Gegenleistung bewirkt oder Sicherheit für sie geleistet wird. **321.**

Hat der klagende Theil vorzuleisten, so kann er, wenn der andere Theil im Verzuge der Annahme ist, auf Leistung nach Empfang der Gegenleistung klagen. | Auf die Zwangsvollstreckung findet die Vorschrift des § 274 Abs. 2 Anwendung (siehe S. 75). **322** Abs. 2 u. 3.

c) Wird die dem einen Theile obliegende Leistung in Folge eines Umstandes, den kein Theil zu vertreten hat, unmöglich, so verliert der Verpflichtete den Anspruch auf die Gegenleistung; bei theilweiser Unmöglichkeit mindert sich die Gegenleistung nach Maßgabe der §§ 472, 473 (siehe „Kauf"). Verlangt der andere Theil nach 281 (siehe S. 76) Herausgabe des für den geschuldeten Gegenstand erlangten Ersatzes oder Abtretung des Ersatzanspruchs, so bleibt er zur Gegenleistung verpflichtet; diese mindert sich jedoch nach Maßgabe der §§ 472, 473 insoweit, als der Werth des Ersatzes oder des Ersatzanspruchs hinter dem Werthe der geschuldeten Leistung zurückbleibt. | Soweit die nach diesen Vorschriften nicht geschuldete Gegenleistung bewirkt ist, kann das Geleistete nach den Vorschriften über die Herausgabe einer ungerechtfertigten Bereicherung zurückgefordert werden. **323.**

d) Wird die eine Leistung in Folge eines Umstandes, den der andere Theil zu vertreten hat, unmöglich, so behält der erstere Theil den Anspruch auf die Gegenleistung. Er muß sich jedoch dasjenige anrechnen lassen, was er in Folge der Befreiung von der Leistung erspart oder durch anderweitige Verwendung seiner Arbeitskraft erwirbt oder zu erwerben böswillig unterläßt. | Das Gleiche gilt, wenn die dem einen Theile obliegende Leistung in Folge eines von ihm nicht zu vertretenden Umstandes zu einer Zeit unmöglich wird, zu welcher der andere Theil im Verzuge der Annahme ist. **324.**

e) Wird die aus einem gegenseitigen Vertrage dem einen Theile obliegende Leistung in Folge eines Umstandes, den er zu vertreten hat, unmöglich, so kann der andere Theil Schadensersatz wegen Nichterfüllung verlangen oder von dem Vertrage zurücktreten. Bei theilweiser Unmöglichkeit ist er, wenn die theilweise Erfüllung des Vertrages für ihn kein Interesse hat, berechtigt, Schadensersatz wegen Nichterfüllung der ganzen Verbindlichkeit nach Maßgabe des § 280 Abs. 2 zu verlangen oder von dem ganzen Vertrage zurückzutreten. Statt des Anspruchs auf Schadensersatz und des Rücktrittsrechts kann er auch die für den Fall des § 323 (siehe oben) bestimmten Rechte geltend machen. | Das Gleiche gilt in dem Falle des § 283 (siehe oben S. 77), wenn nicht die Leistung bis zum Ablaufe der Frist bewirkt wird oder wenn sie zu dieser Zeit theilweise nicht bewirkt ist. **325.**

f) Ist der eine Theil im Verzuge mit der ihm obliegenden Leistung, so kann ihn der andere Theil zur Bewirkung der Leistung eine angemessene Frist mit der Erklärung bestimmen, daß er die Annahme der Leistung nach dem Ablaufe der Frist ablehne. Nach dem Ablaufe der Frist ist er berechtigt, Schadensersatz wegen Nichterfüllung zu verlangen oder von dem Vertrage zurückzutreten, wenn nicht die Leistung rechtzeitig erfolgt ist; der Anspruch auf Erfüllung ist ausgeschlossen. Wird die Leistung bis zum Ablaufe der Frist theilweise nicht bewirkt, so findet die Vorschrift des § 325 Abs. 1 Satz 2 entsprechende Anwendung. | Hat die Erfüllung des Vertrages in Folge des Verzugs für den anderen Theil kein Interesse, so stehen ihm die im Abs. 1 bezeichneten Rechte zu, ohne daß es der Bestimmung einer Frist bedarf. **326.**

Auf das in den §§ 325, 326 bestimmte Rücktrittsrecht finden die für das vertragsmäßige Rücktrittsrecht geltenden Vorschriften der §§ 346 bis 356 (S. 86) entsprechende Anwendung. | Erfolgt der Rücktritt wegen eines Umstandes, den der andere Theil nicht zu vertreten hat, so haftet dieser nur nach den Vorschriften über die Herausgabe einer ungerechtfertigten Bereicherung. **327.**

5. **Eine Leistung an einen Dritten** kann durch Vertrag bedungen werden:

a) mit der Wirkung, daß der Dritte unmittelbar das Recht erwirbt, die Leistung zu fordern. **328 Abs. 1.**

b) Aus den Umständen, insbesondere aus dem Zwecke des Vertrags, ist in Ermangelung einer besonderen Bestimmung zu entnehmen, ob der Dritte das Recht erwerben, ob das Recht des Dritten sofort oder nur unter gewissen Voraussetzungen entstehen und ob den Vertragschließenden die Befugniß vorbehalten sein soll, das Recht des Dritten ohne dessen Zustimmung aufzuheben oder zu ändern. **328 Abs. 2.**

c) Wenn der eine Theil sich zur Befriedigung eines Gläubigers des anderen Theils verpflichtet, ohne die Schuld zu übernehmen, so ist im Zweifel nicht anzunehmen, daß der Gläubiger unmittelbar das Recht erwerben soll, die Befriedigung von ihm zu fordern. **329.**

d) Im Zweifel soll der Dritte unmittelbar das Recht erwerben, die Leistung zu fordern, α) wenn in einem Lebensversicherungs- oder einem Leibrentenvertrage die Zahlung der Versicherungssumme oder der Leibrente an einen Dritten bedungen ist;

β) wenn bei einer unentgeltlichen Zuwendung dem Bedachten eine Leistung an einen Dritten auferlegt oder

γ) bei einer Vermögens- oder Gutsübernahme von dem Uebernehmer eine Leistung an einen Dritten zum Zwecke der Abfindung versprochen wird. **330.**

e) Wenn nach dem Tode desjenigen, welchem die Leistung an den Dritten versprochen wird, dieselbe erfolgen soll, so erwirbt der Dritte das Recht auf die Leistung im Zweifel mit dem Tode des Versprechensempfängers. | Stirbt letzterer vor der Geburt des Dritten, so kann das Versprechen, an den Dritten zu leisten, nur dann noch aufgehoben oder geändert werden, wenn die Befugniß dazu vorbehalten worden ist. **331.**

f) An die Stelle des im Vertrage bezeichneten Dritten einen Anderen zu setzen ohne die Zustimmung des Versprechenden, dazu kann sich der Versprechensempfänger die Befugniß vorbehalten. Dann kann im Zweifel die Ernennung eines anderen Dritten auch in einer Verfügung von Todeswegen geschehen. **332.**

g) Das Recht des Dritten gilt als nicht erworben, wenn er das aus dem Vertrage erworbene Recht dem Versprechenden gegenüber zurückweist. **333.**

h) Einwendungen aus dem Vertrage stehen dem Versprechenden auch gegenüber dem Dritten zu. **334.**

i) Fordern kann die Leistung an den Dritten der Versprechensempfänger, sofern nicht ein anderer Wille der Vertragsschließenden anzunehmen ist, auch dann, wenn dem Dritten das Recht auf die Leistung zusteht. **335.**

6. Die Bedeutungen der Draufgabe.

a) Als Zeichen des Abschlusses des Vertrages gilt es, wenn bei der Eingehung eines solchen etwas als Draufgabe gegeben wird.

b) Im Zweifel gilt sie nicht als Reugeld (**336**), sondern ist auf die vom Geber geschuldete Leistung anzurechnen, oder wenn dies nicht geschehen kann, bei der Erfüllung des Vertrages zurückzugeben. Sie ist auch zurückzugeben, wenn der Vertrag wieder aufgehoben wird. **337.**

c) Die Draufgabe zu behalten, ist der Empfänger berechtigt, wenn die von dem Geber geschuldete Leistung in Folge eines Umstandes, den er zu vertreten hat, unmöglich wird, oder der Geber die Wiederaufhebung des Vertrages verschuldet. **338** Satz 1.

d) Verlangt in den Fällen zu c der Empfänger Schadensersatz wegen Nichterfüllung, so ist die Draufgabe im Zweifel anzurechnen oder, wenn dies nicht geschehen kann, bei der Leistung des Schadensersatzes zurückzugeben. **338** Satz 2.

7. **Vertragsstrafe.**

Die Zahlung einer Geldsumme oder eine andere Leistung (**342**) als Strafe kann der Schuldner dem Gläubiger

a) für die Fälle versprechen, daß er seine Verbindlichkeit nicht oder nicht in gehöriger Weise erfüllt. **339** Satz 1.

b) Die Vertragsstrafe ist verwirkt, wenn der Schuldner in Verzug kommt. Besteht die geschuldete Leistung in einem Unterlassen, so tritt die Verwirkung mit der Zuwiderhandlung ein. **339** Satz 2, 3.

c) Die verwirkte Strafe statt der Erfüllung verlangen kann der Gläubiger, wenn der Schuldner die Strafe für den Fall versprochen hat, daß er seine Verbindlichkeit nicht erfüllt. Erklärt der Gläubiger dem Schuldner, daß er die Strafe verlange, so ist der Anspruch auf Erfüllung ausgeschlossen. | Steht dem Gläubiger ein Anspruch auf Schadensersatz wegen Nichterfüllung zu, so kann er die verwirkte Strafe als Mindestbetrag des Schadens verlangen. Die Geltendmachung eines weiteren Schadens ist nicht ausgeschlossen. **340.**

d) Die verwirkte Strafe neben der Erfüllung verlangen kann der Gläubiger, wenn der Schuldner die Strafe für den Fall versprochen hat, daß er seine Verbindlichkeit nicht in gehöriger Weise, insbesondere nicht zu der bestimmten Zeit erfüllt. | Steht dem Gläubiger ein Anspruch auf Schadensersatz wegen der nicht gehörigen Erfüllung zu, so finden die Vorschriften des § 340 Abs. 2 Anwendung. | Nimmt der Gläubiger die Erfüllung an, so kann er die Strafe nur verlangen, wenn er sich das Recht dazu bei der Annahme vorbehält. **341.**

zu c und d. Der Anspruch auf Schadensersatz ist ausgeschlossen, wenn der Gläubiger als Strafe des Schuldners eine andere Leistung als die Zahlung einer Geldsumme verlangt. **342.**

e) Ist eine verwirkte Strafe unverhältnißmäßig hoch, so kann sie auf Antrag des Schuldners durch Urtheil auf den angemessenen Betrag herabgesetzt werden. Bei der Beurtheilung der Angemessenheit ist jedes berechtigte Interesse des Gläubigers, nicht blos das Vermögensinteresse, in Betracht zu ziehen. Nach der Entrichtung der Strafe ist die Herabsetzung ausgeschlossen. | Das Gleiche gilt auch außer den Fällen der §§ 339, 342 (342: wenn eine andere Leistung als die Zahlung einer Geldsumme als Strafe versprochen war), wenn jemand für den Fall eine Strafe verspricht, daß er eine Handlung vornimmt oder unterläßt. **343.**

f) Unwirksam ist auch die für den Fall der Nichterfüllung des vom Gesetz für unwirksam erklärten Versprechens getroffene Vereinbarung einer Strafe, selbst wenn die Parteien die Unwirksamkeit des Versprechens gekannt haben. **344.**

g) Die Erfüllung zu beweisen hat der Schuldner, der derentwegen die Verwirkung der Strafe bestreitet, sofern nicht die geschuldete Leistung in einer Unterlassung besteht. **345.**

8. **Rücktritt vom Vertrage** (siehe auch §§ 325, 326 S. 82, 83).

a) Gründe zum Rücktritt: Es kann sich in einem Vertrage ein Theil den Rücktritt vorbehalten. **346.**

Ist ein Vertrag mit dem Vorbehalte geschlossen, daß der Schuldner seiner Rechte aus dem Vertrage verlustig sein soll, wenn er seine Verbindlichkeit nicht erfüllt, so ist der Gläubiger bei dem Eintritt dieses Falles zum Rücktritt vom Vertrage berechtigt. **360.**

Ist in einem gegenseitigen Vertrage vereinbart, daß die Leistung des einen Theils genau zu einer festbestimmten Zeit oder innerhalb einer festbestimmten Frist bewirkt werden soll, so ist im Zweifel anzunehmen, daß der andere Theil zum Rücktritt berechtigt sein soll, wenn die Leistung nicht zu der bestimmten Zeit oder innerhalb der bestimmten Frist erfolgt. **361.** Der Rücktritt wird dadurch nicht ausgeschlossen, daß der Gegenstand, welchen der Berechtigte empfangen hat, durch Zufall untergegangen ist. **350.**

b) Die sich aus dem Rücktritt, der durch Erklärung gegenüber dem anderen Theil erfolgt (349), ergebenden Verpflichtungen der Parteien:

α) sie sind verpflichtet, einander die empfangenen Leistungen zurückzugewähren. Für geleistete Dienste sowie für die Ueberlassung der Benutzung einer Sache ist der Werth zu vergüten, oder falls in dem Vertrage eine Gegenleistung in Geld bestimmt ist, diese zu entrichten. **346.**

β) Vom Empfange der Leistung an bestimmt sich im Falle des Rücktritts nach den Vorschriften, die für das Verhältniß zwischen dem Eigenthümer und dem Besitzer von dem Eintritt der Rechtshängigkeit des Eigenthumsanspruchs an gelten:

der Anspruch auf Schadensersatz wegen Verschlechterung, Unterganges oder einer aus einem anderen Grunde eintretenden Unmöglichkeit der Herausgabe, und der Anspruch auf Herausgabe oder Vergütung von Nutzungen und der Anspruch auf Ersatz von Verwendungen. **347.**

γ) Von der Zeit des Empfanges an zu verzinsen ist eine Geldsumme. **347.**

δ) Zug um Zug sind die Verpflichtungen zu erfüllen. Die Vorschriften der §§ 320, 322 (siehe oben S. 81, 82) finden entsprechende Anwendung. **348.**

c) Ausgeschlossen ist der Rücktritt:

α) wenn der Berechtigte eine wesentliche Verschlechterung, den Untergang oder die anderweitige Unmöglichkeit der Herausgabe des empfangenen Gegenstandes verschuldet hat. Der Untergang eines erheblichen Theils steht einer wesentlichen Verschlechterung des Gegenstandes, das von dem Berechtigten nach § 278 (siehe oben S. 76) zu vertretende Verschulden eines Anderen steht dem eigenen Verschulden des Berechtigten gleich. **351.**

β) wenn der Berechtigte die empfangene Sache durch Verarbeitung oder Umbildung in eine Sache anderer Art umgestaltet hat. 352.

γ) wenn bei demjenigen, der den vom Berechtigten empfangenen, von ihm aber veräußerten oder mit dem Rechte eines Dritten belasteten Gegenstand oder einen erheblichen Theil davon in Folge solcher Verfügung erlangt hat, die Voraussetzungen des § 351 oder des § 352 eingetreten sind. — Einer Verfügung des Berechtigten steht eine Verfügung gleich, die im Wege der Zwangsvollstreckung oder der Arrestvollziehung oder durch den Konkursverwalter erfolgt. 353.

d) Unwirksam wird der Rücktritt:

α) wenn nicht die Rückgewähr des empfangenen Gegenstandes oder eines erheblichen Theils desselben, mit welcher der Berechtigte in Verzug gekommen ist, noch vor dem Ablaufe der von dem anderen Theile mit der Erklärung, daß er die Annahme nach dem Ablaufe der Frist ablehne, dem Berechtigten bestimmten Frist erfolgt. 354.

β) wenn sich der eine Theil den Rücktritt für den Fall vorbehalten hat, daß der andere Theil seine Verbindlichkeit nicht erfüllt, dieser sich von derselben durch Aufrechnung befreien konnte und unverzüglich nach dem Rücktritte die Aufrechnung erklärt. 357.

γ) wenn das Reugeld, gegen dessen Zahlung der Rücktritt vorbehalten ist, nicht vor oder bei der Erklärung entrichtet wird und der andere Theil aus diesem Grunde die Erklärung unverzüglich zurückweist. Die Erklärung ist jedoch wirksam, wenn das Reugeld unverzüglich nach der Zurückweisung entrichtet wird. 359.

e) Das Rücktrittsrecht erlischt, wenn der Rücktritt nicht vor dem Ablaufe der Frist erklärt wird, die mangels Vereinbarung einer solchen dem Berechtigten von dem anderen Theile für die Ausübung angemessen bestimmt wird. 355.

f) Ausgeübt kann das Rücktrittsrecht nur von allen und gegen alle werden, wenn bei einem Vertrage auf der einen oder der anderen Seite Mehrere betheiligt sind. 356.

g) Beweis der Erfüllung im Streite über die Zulässigkeit des Rücktritts: Hat sich der eine Theil den Rücktritt für den Fall vorbehalten, daß der andere Theil seine Verbindlichkeit nicht erfüllt, und bestreitet dieser die Zulässigkeit des erklärten Rücktritts, weil er erfüllt habe, so hat er die Erfüllung zu beweisen, sofern nicht die geschuldete Leistung in einem Unterlassen besteht. 358.

III.

Erlöschen der Schuldverhältnisse.

Erster Titel: Erfüllung. (§ 362—371.)
Zweiter Titel: Hinterlegung. (§ 372—386.)
Dritter Titel: Aufrechnung. (§ 387—396.)
Vierter Titel: Erlaß. (§ 397.)

1. **Durch Erfüllung**, d. h. wenn die geschuldete Leistung an den Gläubiger bewirkt wird **(362 Abs. 1)**, **oder durch Annahme** einer anderen als der geschuldeten Leistung **an Erfüllungsstatt** erlischt das Schuldverhältniß. **364** Abs. 1.

a) Wird an einen Dritten zum Zwecke der Erfüllung geleistet, so finden die Vorschriften des § 185 (S. 59) Anwendung. **362** Abs. 2.

b) Den Gläubiger trifft die Beweislast, der eine ihm als Erfüllung angebotene Leistung als Erfüllung angenommen, wenn er die Leistung deshalb nicht als Erfüllung gelten lassen will, weil sie eine andere als die geschuldete Leistung oder weil sie unvollständig gewesen sei. **363.**

c) Uebernahme einer neuen Verbindlichkeit dem Gläubiger gegenüber zu dessen Befriedigung erlaubt im Zweifel nicht die Annahme, daß er die Verbindlichkeit an Erfüllungsstatt übernimmt. **364.**

d) Hingabe an Erfüllungsstatt verpflichtet den Schuldner zur Gewährleistung wie einen Verkäufer wegen eines Mangels im Rechte oder wegen eines Mangels der Sache, wenn der Schuldner eine Sache, eine Forderung gegen einen Dritten oder ein anderes Recht dem Gläubiger an Erfüllungsstatt gegeben hat. **365.**

e) Anrechnung der unzureichenden Leistung, wenn der Schuldner dem Gläubiger aus mehreren Schuldverhältnissen zu gleichartigen Leistungen verpflichtet ist:

α) Hat der Schuldner außer der Hauptleistung Zinsen und Kosten zu entrichten, so wird eine zur Tilgung der ganzen Schuld nicht ausreichende Leistung zunächst auf die Kosten, dann auf die Zinsen und zuletzt auf die Hauptleistung angerechnet. — Bestimmt der Schuldner eine andere Anrechnung, so kann der Gläubiger die Annahme der Leistung ablehnen. **367.**

β) Diejenige Schuld, welche der Schuldner bestimmt bei der Leistung, wird getilgt. **366** Abs. 1.

γ) Trifft der Schuldner keine Bestimmung, so wird zunächst die fällige Schuld, unter mehreren fälligen Schulden diejenige,

δ) welche dem Gläubiger geringere Sicherheit bietet, unter mehreren gleich sicheren,

ε) die dem Schuldner lästigere, unter mehreren gleich lästigen,
ζ) die ältere Schuld und bei gleichem Alter
η) jede Schuld verhältnißmäßig getilgt. **366** Abs. 2.

f) Quittung auf Verlangen zu ertheilen hat der Gläubiger gegen Empfang der Leistung. Die Ertheilung des schriftlichen Empfangsbekenntnisses in anderer Form kann der Schuldner verlangen, wenn er ein rechtliches Interesse daran hat. **368.** Die Kosten der Quittung hat der Schuldner zu tragen und vorzuschießen, sofern nicht aus dem zwischen ihm und dem Gläubiger bestehenden Rechtsverhältnisse sich ein Anderes ergiebt. — Treten in Folge einer Uebertragung der Forderung oder im Wege der Erbfolge an die Stelle des ursprünglichen Gläubigers mehrere Gläubiger, so fallen die Mehrkosten den Gläubigern zur Last. **369.**

Der Ueberbringer einer Quittung gilt als ermächtigt, die Leistung zu empfangen, sofern nicht die dem Leistenden bekannten Umstände der Annahme einer solchen Ermächtigung entgegenstehen. **370.**

g) Rückgabe des Schuldscheins neben der Quittung kann der Schuldner verlangen, wenn über die Forderung ein solcher Schein ausgestellt worden ist; oder das öffentlich beglaubigte Anerkenntniß, daß die Schuld erloschen sei, wenn der Gläubiger behauptet, zur Rückgabe des Schuldscheins außer Stande zu sein. **371.**

Für den Gläubiger hinterlegen kann der Schuldner Geld, Werthpapiere und sonstige Urkunden, sowie Kostbarkeiten bei einer dazu bestimmten öffentlichen Stelle.

a) Bedingungen: wenn der Gläubiger im Verzuge der Annahme ist, oder
wenn der Schuldner aus einem anderen in der Person des Gläubigers liegenden Grunde oder in Folge einer nicht auf Fahrlässigkeit beruhenden Ungewißheit über die Person des Gläubigers seine Verbindlichkeit nicht oder nicht mit Sicherheit erfüllen kann. **372.**

b) Das Recht des Gläubigers zum Empfange der hinterlegten Sache kann der Schuldner von der Bewirkung der Gegenleistung abhängig machen, wenn er nur gegen eine Leistung des Gläubigers zu leisten verpflichtet ist. **373.**

c) Bei der Hinterlegungsstelle des Leistungsorts hat die Hinterlegung zu erfolgen; hinterlegt der Schuldner bei einer anderen Stelle, so hat er dem Gläubiger den daraus entstehenden Schaden zu ersetzen. **374** Abs. 1.

d) Unverzüglich anzuzeigen hat der Schuldner dem Gläubiger die Hinterlegung; im Falle der Unterlassung ist er zum Schadensersatz verpflichtet. Die Anzeige darf unterbleiben, wenn sie unthunlich ist. **374** Abs. 2.

e) Zurück auf die Zeit der Aufgabe der Sache zur Post wirkt die Hinterlegung, wenn die hinterlegte Sache der Hinterlegungsstelle durch die Post übersendet worden ist. **375.**

f) Das Recht der Rücknahme der hinterlegten Sache durch den Schuldner ist ausgeschlossen:
1. wenn er der Hinterlegungsstelle erklärt, daß er auf das Recht zur Zurücknahme verzichte;
2. wenn der Gläubiger der Hinterlegungsstelle die Annahme erklärt;
3. wenn der Hinterlegungsstelle ein zwischen dem Gläubiger und dem Schuldner ergangenes rechtskräftiges Urtheil vorgelegt wird, das die Hinterlegung für rechtmäßig erklärt, **376**;

ist ferner der Pfändung nicht unterworfen und kann vom Schuldner nach Eröffnung des Konkurses über sein Vermögen auch nicht ausgeübt werden. **377.**

g) Wirkungen der Hinterlegung.
α) Ist die Rücknahme der hinterlegten Sache ausgeschlossen, so wird der Schuldner durch die Hinterlegung von seiner Verbindlichkeit in gleicher Weise befreit, wie wenn er zur Zeit der Hinterlegung an den Gläubiger geleistet hätte. **378.**
β) Ist die Rücknahme der hinterlegten Sache nicht ausgeschlossen, so kann der Schuldner den Gläubiger auf die hinterlegte Sache verweisen. **379** Abs. 1.
γ) Solange die Sache hinterlegt ist, trägt der Gläubiger die Gefahr und ist der Schuldner nicht verpflichtet, Zinsen zu zahlen oder Ersatz für nicht gezogene Nutzungen zu leisten. **379** Abs. 2.

h) Wirkung der Zurücknahme der hinterlegten Sache: die Hinterlegung gilt als nicht erfolgt. **379** Abs. 3.

i) Erklärung des Schuldners zum Nachweise der Empfangsberechtigung des Gläubigers. Dieser kann von dem Anderen die Abgabe einer diese Berechtigung anerkennenden Erklärung unter denselben Voraussetzungen verlangen, unter denen er die Leistung zu fordern berechtigt sein würde, wenn die Hinterlegung nicht erfolgt wäre, soweit nach den für die Hinterlegungsstelle geltenden Bestimmungen zum Nachweise der Empfangsberechtigung des Gläubigers eine solche Erklärung erforderlich oder genügend ist. **380.**

k) Die Kosten der Hinterlegung fallen dem Gläubiger zur Last, sofern nicht der Schuldner die hinterlegte Sache zurücknimmt. **381.**

l) Es erlischt das Recht des Gläubigers auf den hinterlegten Betrag mit dem Ablauf von 30 Jahren nach dem Empfange der Anzeige von der Hinterlegung, wenn nicht der Gläubiger sich vorher bei der Hinterlegungsstelle meldet; der Schuldner ist zur Rücknahme berechtigt, auch wenn er auf das Recht zur Rücknahme verzichtet hat. **382.**

m) Hinterlegung des Erlöses aus der dem Gläubiger erst anzudrohenden (**384**) Versteigerung einer geschuldeten beweglichen Sache am Leistungsorte, die sich zur Hinterlegung nicht eignet, ist im Falle des Verzuges des Gläubigers zulässig; das Gleiche gilt in den Fällen des § 372 Satz 2 (siehe oben S. 89), wenn der Verderb der

Sache zu besorgen oder die Aufbewahrung mit unverhältnißmäßigen Kosten verbunden ist. — Ist von der Versteigerung am Leistungsort ein angemessener Erfolg nicht zu erwarten, so ist die Sache an einem geeigneten anderen Orte zu versteigern. — Die Versteigerung hat durch einen für den Versteigerungsort bestellten Gerichtsvollzieher oder zu Versteigerungen befugten anderen Beamten oder öffentlich angestellten Versteigerer öffentlich zu erfolgen (öffentliche Versteigerung). Zeit und Ort der Versteigerung sind unter allgemeiner Bezeichnung der Sache öffentlich bekannt zu machen. **383.**

Die Androhung der Versteigerung darf unterbleiben, wenn die Sache dem Verderben ausgesetzt und mit dem Aufschube der Versteigerung Gefahr verbunden ist. — Der Schuldner hat den Gläubiger von der Versteigerung unverzüglich zu benachrichtigen; im Falle der Unterlassung ist er zum Schadensersatze verpflichtet. Die Androhung und die Benachrichtigung dürfen unterbleiben, wenn sie unthunlich sind. **384.**

Den Verkauf aus freier Hand zum laufenden Preise kann der Schuldner durch einen zu solchen Verkäufen öffentlich ermächtigten Handelsmäkler oder durch eine zur öffentlichen Versteigerung befugte Person bewirken, wenn die Sache einen Börsen- oder Marktpreis hat. **385.**

Die Kosten der Versteigerung oder des nach § 385 erfolgten Verkaufs fallen dem Gläubiger zur Last, sofern nicht der Schuldner den hinterlegten Erlös zurücknimmt. **386.**

3. **Aufrechnung von Forderungen.**

a) Sie erfolgt durch Erklärung gegenüber dem anderen Theile und ist unwirksam, wenn sie unter einer Bedingung oder einer Zeitbestimmung abgegeben wird. **388.**

b) Sie bewirkt, daß die Forderungen, soweit sie sich decken, als in dem Zeitpunkt erloschen gelten, in welchem sie zur Aufrechnung geeignet einander gegenüber getreten sind. **389.**

c) Zur Aufrechnung geeignete Forderungen:

α) Schulden zwei Personen einander Leistungen, die ihrem Gegenstande nach gleichartig sind, so kann jeder Theil seine Forderung gegen die Forderung des anderen Theils aufrechnen,

β) sobald er die ihm gebührende Leistung fordern und die ihm obliegende Leistung bewirken kann (Fälligkeit **387**).

γ) Eine Forderung, der eine Einrede entgegensteht, kann nicht aufgerechnet werden. **390** Satz 1.

δ) Die Verjährung schließt die Aufrechnung nicht aus, wenn die verjährte Forderung zu der Zeit, zu welcher sie gegen die andere Forderung aufgerechnet werden konnte, noch nicht verjährt war. **390** Satz 2.

ε) Die Aufrechnung wird nicht dadurch ausgeschlossen, daß für die Forderungen verschiedene Leistungs- oder Ablieferungsorte bestehen. Der aufrechnende Theil hat jedoch den Schaden zu ersetzen, den der andere Theil dadurch erleidet, daß er in Folge der Aufrechnung die Leistung nicht an dem bestimmten Orte erhält oder bewirken kann. — Ist vereinbart, daß die Leistung zu einer bestimmten Zeit an einem bestimmten Orte erfolgen soll, so ist im Zweifel anzunehmen, daß die Aufrechnung einer Forderung, für die ein anderer Leistungsort besteht, ausgeschlossen sein soll. **391.**

ζ) Durch die Beschlagnahme einer Forderung wird die Aufrechnung einer dem Schuldner gegen den Gläubiger zustehenden Forderung nur dann ausgeschlossen, wenn der Schuldner seine Forderung nach der Beschlagnahme erworben hat oder wenn seine Forderung erst nach der Beschlagnahme und später als die in Beschlag genommene Forderung fällig geworden ist. **392.**

η) Gegen eine Forderung aus einer vorsätzlich begangenen unerlaubten Handlung ist die Aufrechnung nicht zulässig. **393.**

ϑ) Soweit eine Forderung der Pfändung nicht unterworfen ist, findet die Aufrechnung gegen die Forderung nicht statt. Gegen die aus Kranken-, Hülfs- oder Sterbekassen, insbesondere aus Knappschaftskassen und Kassen der Knappschaftsvereine zu beziehenden Hebungen können jedoch geschuldete Beträge aufgerechnet werden. **394.**

ι) Gegen eine Forderung des Reichs oder eines Bundesstaats, sowie gegen eine Forderung einer Gemeinde oder eines anderen Kommunalverbandes ist die Aufrechnung nur zulässig, wenn die Leistung an dieselbe Kasse zu erfolgen hat, aus der die Forderung des Aufrechnenden zu berichtigen ist. **395.**

d) Bei mehreren zur Aufrechnung geeigneten Forderungen kann der aufrechnende Theil die Forderungen bestimmen, die gegen einander aufgerechnet werden sollen. Wird die Aufrechnung ohne eine solche Bestimmung erklärt oder widerspricht der andere Theil unverzüglich, so findet die Vorschrift des § 366 Abs. 2 entsprechende Anwendung (siehe oben S. 88). — Schuldet der aufrechnende Theil dem andern Theile außer der Hauptleistung Zinsen und Kosten, so finden die Vorschriften des § 367 (siehe oben S. 88) entsprechende Anwendung. **396.**

4. **Erläßt** der Gläubiger dem Schuldner durch Vertrag die Schuld, so erlischt das Schuldverhältniß. **397** Abs. 1.

5. **Anerkennt** der Gläubiger durch Vertrag mit dem Schuldner, daß das Schuldverhältniß nicht bestehe, so erlischt dasselbe. **397** Abs. 2.

IV.

Uebertragung der Forderung (Abtretung).

Die folgenden Vorschriften finden entsprechende Anwendung auf die Uebertragung anderer Rechte als Forderungen, soweit nicht das Gesetz ein Anderes vorschreibt. **413.**

a) **Kraft Gesetzes** kann eine Forderung übertragen werden. Auf solche Uebertragung finden die Vorschriften der §§ 399 bis 404 (siehe unten), 406 bis 410 (siehe S. 94, 95) entsprechende Anwendung. **412.**

b) **Durch Vertrag** mit einem Anderen kann eine Forderung von dem Gläubiger auf ihn übertragen werden (Abtretung). **398** Satz 1.

c) **Zur Abtretung nicht geeignete Forderungen:**
(Unwirksame Abtretungen.)
1. Eine Forderung kann nicht abgetreten werden, wenn die Leistung an einen Anderen als den ursprünglichen Gläubiger nicht ohne Veränderung ihres Inhalts erfolgen kann oder
2. wenn die Abtretung durch Vereinbarung mit dem Schuldner ausgeschlossen ist. **399.**
3. Eine Forderung kann nicht abgetreten werden, soweit sie der Pfändung nicht unterworfen ist. **400.**

d) **Wirkungen der Abtretung:**
1. Mit dem Abschlusse des Vertrages tritt der neue Gläubiger an die Stelle des bisherigen Gläubigers. **398** Satz 2.
2. Mit der abgetretenen Forderung gehen über auf den neuen Gläubiger die Hypotheken oder Pfandrechte, die für sie bestehen, sowie die Rechte aus einer für sie bestellten Bürgschaft. **401** Abs. 1.
3. Ein Vorzugsrecht, das mit der Forderung für den Fall der Zwangsvollstreckung oder des Konkurses verbunden ist, kann auch der neue Gläubiger geltend machen. **401** Abs. 2.

e) **Verpflichtungen des bisherigen Gläubigers** der abgetretenen Forderung:
1. Dem neuen Gläubiger die zur Geltendmachung der Forderung nöthige Auskunft zu ertheilen und ihm
2. die zum Beweise der Forderung dienenden Urkunden, soweit sie sich in seinem Besitze befinden, auszuliefern. **402.**
3. Dem neuen Gläubiger auf Verlangen eine öffentlich beglaubigte Urkunde über die Abtretung auszustellen. Die Kosten hat der neue Gläubiger zu tragen und auszustellen. **403.**
4. Zeigt der Gläubiger dem Schuldner an, daß er die Forderung abgetreten habe, so muß er dem Schuldner gegenüber die angezeigte Abtretung gegen sich gelten lassen, auch wenn sie nicht erfolgt oder

nicht wirksam ist. Der Anzeige steht es gleich, wenn der Gläubiger eine Urkunde über die Abtretung dem in der Urkunde bezeichneten neuen Gläubiger ausgestellt hat, und dieser sie dem Schuldner vorlegt. — Die Anzeige kann nur mit Zustimmung desjenigen zurückgenommen werden, welcher als der neue Gläubiger bezeichnet worden ist. **409.**

f) Rechte des Schuldners gegenüber dem neuen Gläubiger:

1. Er kann ihm die Einwendungen entgegensetzen, die zur Zeit der Abtretung der Forderung gegen den bisherigen Gläubiger begründet waren. **404.**

2. Hat der Schuldner eine Urkunde über die Schuld ausgestellt, so kann er sich, wenn die Forderung unter Vorlegung der Urkunde abgetreten wird, dem neuen Gläubiger gegenüber nicht darauf berufen, daß die Eingehung oder Anerkennung des Schuldverhältnisses nur zum Schein erfolgt oder daß die Abtretung durch Vereinbarung mit dem ursprünglichen Gläubiger ausgeschlossen sei, es sei denn, daß der neue Gläubiger bei der Abtretung den Sachverhalt kannte oder kennen mußte. **405.**

3. Der Schuldner kann eine ihm gegen den bisherigen Gläubiger zustehende Forderung auch dem neuen Gläubiger gegenüber aufrechnen, es sei denn, daß er bei dem Erwerbe der Forderung von der Abtretung Kenntniß hatte oder daß die Forderung erst nach der Erlangung der Kenntniß und später als die abgetretene Forderung fällig geworden ist. **406.**

4. Der neue Gläubiger muß eine Leistung, die der Schuldner nach der Abtretung an den bisherigen Gläubiger bewirkt, sowie jedes Rechtsgeschäft, das nach der Abtretung zwischen dem Schuldner und dem bisherigen Gläubiger in Ansehung der Forderung vorgenommen wird, gegen sich gelten lassen, es sei denn, daß der Schuldner bei der Leistung oder der Vornahme des Rechtsgeschäfts die Abtretung kennt. **407** Abs. 1.

5. Ist in einem nach der Abtretung zwischen dem Schuldner und dem bisherigen Gläubiger anhängig gewordenen Rechtsstreit ein rechtskräftiges Urtheil über die Forderung ergangen, so muß der neue Gläubiger es gegen sich gelten lassen, es sei denn, daß der Schuldner die Abtretung bei dem Eintritte der Rechtshängigkeit gekannt hat. **407** Abs. 2.

6. Zu Gunsten des Schuldners finden die Vorschriften des § 407, wenn eine abgetretene Forderung von dem bisherigen Gläubiger nochmals an einen Dritten abgetreten wird und der Schuldner an den Dritten leistet oder wenn zwischen dem Schuldner und dem Dritten ein Rechtsgeschäft vorgenommen oder ein Rechtsstreit anhängig wird, dem früheren Erwerber gegenüber entsprechende Anwendung. **408** Abs. 1.

7. Das Gleiche gilt (wie zu 6), wenn die bereits abgetretene Forderung durch gerichtlichen Beschluß einem Dritten überwiesen wird oder wenn der bisherige Gläubiger dem Dritten gegenüber anerkennt, daß die bereits abgetretene Forderung kraft Gesetzes auf den Dritten übergegangen sei. **408** Abs. 2.

8. Der Schuldner ist dem neuen Gläubiger gegenüber zur Leistung nur gegen Aushändigung einer vom bisherigen Gläubiger über die Abtretung ausgestellten Urkunde verpflichtet. Eine Kündigung oder eine Mahnung des neuen Gläubigers ist unwirksam, wenn sie ohne Vorlegung einer solchen Urkunde erfolgt und der Schuldner sie aus diesem Grunde unverzüglich zurückweist. — Diese Vorschriften finden keine Anwendung, wenn der bisherige Gläubiger dem Schuldner die Abtretung schriftlich angezeigt hat. **410.**
9. Tritt eine Militärperson, ein Beamter, ein Geistlicher oder ein Lehrer an einer öffentlichen Unterrichtsanstalt den übertragbaren Theil des Diensteinkommens, des Wartegeldes oder des Ruhegehaltes ab, so ist die auszahlende Kasse durch Aushändigung einer von dem bisherigen Gläubiger ausgestellten, öffentlich beglaubigten Urkunde von der Abtretung zu benachrichtigen. Bis zur Benachrichtigung gilt die Abtretung als der Kasse nicht bekannt. **411.**

V.

Schuldübernahme.

1. **Begründung.**
   a) Von einem Dritten kann durch Vertrag mit dem Gläubiger eine Schuld übernommen werden. **414.**
   b) Auch mit dem Schuldner kann von dem Dritten die Schuldübernahme vereinbart werden. Ihre Wirksamkeit hängt aber von der Genehmigung des Gläubigers ab, die erst erfolgen kann, wenn der Schuldner oder der Dritte dem Gläubiger die Schuldübernahme mitgetheilt hat, bis zu welcher ferner die Parteien den Vertrag ändern oder aufheben können, und welche verweigert werden kann. In diesem Falle gilt die Schuldübernahme als nicht erfolgt. Fordert der Schuldner oder der Dritte den Gläubiger unter Bestimmung einer Frist zur Erklärung über die Genehmigung auf, so kann die Genehmigung nur bis zum Ablaufe der Frist erklärt werden; wird sie nicht erklärt, so gilt sie als verweigert. **415.** Uebernimmt der Erwerber eines Grundstücks durch Vertrag mit dem Veräußerer eine Schuld des letzteren, für die eine Hypothek an dem Grundstücke besteht, so kann der Gläubiger die Schuldübernahme nur genehmigen, wenn der Veräußerer sie ihm mittheilt. Sind seit dem Empfang der Mittheilung 6 Monate verstrichen, so gilt die Genehmigung als ertheilt, wenn nicht der Gläubiger sie dem Veräußerer gegenüber verweigert hat. Die Vorschrift des § 415 Abs. 2 Satz 2 findet keine Anwendung. | Die Mittheilung des Veräußerers kann erst erfolgen, wenn der Erwerber als Eigenthümer im Grundbuche eingetragen ist. Sie muß schriftlich geschehen und den Hinweis enthalten, daß der Uebernehmer

an die Stelle des bisherigen Schuldners tritt, wenn nicht der Gläubiger die Verweigerung innerhalb der 6 Monate erklärt. | Der Veräußerer hat auf Verlangen des Erwerbers dem Gläubiger die Schuldübernahme mitzutheilen. Sobald die Ertheilung oder Verweigerung der Genehmigung feststeht, hat der Veräußerer den Erwerber zu benachrichtigen. **416.**

2. **Wirkungen der Schuldübernahme.**
   a) Der Dritte tritt an die Stelle des bisherigen Schuldners. **414.**
   b) Solange (im Fall 1b) nicht der (zur Erklärung aufgeforderte) Gläubiger die Genehmigung ertheilt hat, ist im Zweifel der Uebernehmer dem Schuldner gegenüber verpflichtet, den Gläubiger rechtzeitig zu befriedigen. Das Gleiche gilt, wenn der Gläubiger die Genehmigung verweigert. **415** Abs. 3.
   c) In Folge der Schuldübernahme erlösch'en die für die Forderung bestellten Bürgschaften und Pfandrechte. Besteht für die Forderung eine Hypothek, so tritt das Gleiche ein, wie wenn der Gläubiger auf die Hypothek verzichtet. Diese Vorschriften finden keine Anwendung, wenn der Bürge oder derjenige, welchem der verhaftete Gegenstand zur Zeit der Schuldübernahme gehört, in diese einwilligt. **418** Abs. 1.
   d) Ein mit der Forderung für den Fall des Konkurses verbundenes Vorzugsrecht kann nicht im Konkurse über das Vermögen des Uebernehmers geltend gemacht werden. **418** Abs. 2.
   e) Uebernimmt Jemand durch Vertrag das Vermögen eines Anderen, so können dessen Gläubiger, unbeschadet der Fortdauer der Haftung des bisherigen Schuldners, von dem Abschlusse des Vertrages an ihre zu dieser Zeit bestehenden Ansprüche auch gegen den Uebernehmer geltend machen. | Die Haftung des Uebernehmers beschränkt sich auf den Bestand des übernommenen Vermögens und die ihm aus dem Vertrage zustehenden Ansprüche. Beruft sich der Uebernehmer auf die Beschränkung seiner Haftung, so finden die für die Haftung des Erben geltenden Vorschriften der §§ 1990, 1991 entsprechende Anwendung. | Die Haftung des Uebernehmers kann nicht durch Vereinbarung zwischen ihm und dem bisherigen Schuldner ausgeschlossen oder beschränkt werden. **419.**

3. **Verhältniß des Unternehmers zum Gläubiger.**
   a) Die Einwendungen, welche sich aus dem Rechtsverhältnisse zwischen dem Gläubiger und dem bisherigen Schuldner ergeben, kann der Uebernehmer dem Gläubiger entgegensetzen. **417** Satz 1.
   b) Aufrechnen kann er nicht eine dem bisherigen Schuldner zustehende Forderung. **417** Satz 2.
   c) Aus dem der Schuldübernahme zu Grunde liegenden Rechtsverhältnisse zwischen dem Uebernehmer und dem bisherigen Schuldner kann der Uebernehmer dem Gläubiger gegenüber Einwendungen nicht herleiten. **417** Abs. 2.

VI.

Mehrheit von Schuldnern und Gläubigern.

Theilbare Leistung.

1. **Grundsatz der Getheiltheit** von Forderung und Schuld. Schulden Mehrere eine theilbare Leistung oder haben Mehrere eine theilbare Leistung zu fordern, so ist im Zweifel jeder Schuldner nur zu einem gleichen Antheil verpflichtet, jeder Gläubiger nur zu einem gleichen Antheil berechtigt. **420.**

2. **Ausnahme:** Verpflichten sich Mehrere durch Vertrag gemeinschaftlich zu einer theilbaren Leistung, so haften sie im Zweifel als Gesammtschuldner. **427.**

3. **Gesammtschuldverhältniß.**

a) Gesammtschuldner sind die Mehreren, die eine Leistung in der Weise schulden, daß jeder die ganze Leistung zu bewirken verpflichtet, der Gläubiger aber die Leistung nur einmal zu fordern berechtigt ist. Verpflichtet bleiben sämmtliche Schuldner bis zur Bewirkung der ganzen Leistung. **421.**

Der Gläubiger kann die Leistung nach seinem Belieben von jedem der Schuldner ganz oder zu einem Theile fordern. **421.**

b) Thatsachen, die für und gegen jeden Gesammtschuldner wirken:

Erfüllung durch einen Gesammtschuldner wirkt auch für die übrigen Schuldner. **422** Satz 1. Das Gleiche gilt von der Leistung an Erfüllungsstatt, der Hinterlegung und der Aufrechnung. **422** Satz 2. Eine Forderung, die einem Gesammtschuldner zusteht, kann nicht von den übrigen Schuld-

a) Gesammtgläubiger sind die Mehreren, die eine Leistung in der Weise zu fordern berechtigt sind, daß jeder die ganze Leistung fordern kann, der Schuldner aber die Leistung nur einmal zu bewirken verpflichtet ist.

An jeden der Gläubiger kann der Schuldner nach seinem Belieben leisten. Dies gilt auch dann, wenn einer der Gläubiger bereits Klage auf die Leistung erhoben hat. **428.**

b) Thatsachen, die für und gegen jeden Gesammtgläubiger wirken.

Der Verzug eines Gesammtgläubigers wirkt auch gegen die übrigen Gläubiger. **429** Abs. 1.

Vereinigen sich Forderung und Schuld in der Person eines Gesammtgläubigers, so erlöschen die Rechte der übrigen Gläubiger gegen den Schuldner. **429** Abs. 2.

nern aufgerechnet werden. **422** Abs. 2. Ein zwischen dem Gläubiger und einem Gesammtschuldner vereinbarter Erlaß wirkt auch für die übrigen Schuldner, wenn die Vertragschließenden das ganze Schuldverhältniß aufheben wollten. **423.** Der Verzug des Gläubigers gegenüber einem Gesammtschuldner wirkt auch für die übrigen Schuldner. **424.**

c) Andere Thatsachen als die in den §§ 422 bis 424 bezeichneten wirken, soweit sich nicht aus dem Schuldverhältniß ein Anderes ergiebt, nur für und gegen den Gesammtschuldner, in dessen Person sie eintreten. Dies gilt insbesondere von der Kündigung, dem Verzuge, dem Verschulden, von der Unmöglichkeit der Leistung in der Person eines Gesammtschuldners, von der Verjährung, deren Unterbrechung und Hemmung, von der Vereinigung der Forderung mit der Schuld und von dem rechtskräftigen Urtheile. **425.**

Im Uebrigen finden die Vorschriften der §§ 422, 423, 425 entsprechende Anwendung. Insbesondere bleiben, wenn ein Gesammtgläubiger seine Forderungen auf einen Anderen überträgt, die Rechte der übrigen Gläubiger unberührt. **429** Abs. 3.

d) Im Verhältnisse zu einander sind die Gesammtschuldner zu gleichen Antheilen verpflichtet, soweit nicht ein Anderes bestimmt ist. Kann von einem Gesammtschuldner der auf ihn fallende Betrag nicht erlangt werden, so ist der Ausfall von den übrigen zur Ausgleichung verpflichteten Schuldnern zu tragen. —

Soweit ein Gesammtschuldner den Gläubiger befriedigt und von den übrigen Schuldnern

d) Im Verhältnisse zu einander sind die Gesammtgläubiger zu gleichen Theilen berechtigt, soweit nicht ein Anderes bestimmt ist. **430.**

Ausgleichung verlangen kann, geht die Forderung des Gläubigers gegen die übrigen Schuldner auf ihn über. Der Uebergang kann nicht zum Nachtheile des Gläubigers geltend gemacht werden. **426.**

Untheilbare Leistung.

Schulden Mehrere eine solche Leistung, so haften sie als Gesammtschuldner. **431.**

Haben Mehrere eine untheilbare Leistung zu fordern, so kann, sofern sie nicht Gesammtgläubiger sind, der Schuldner nur an alle gemeinschaftlich leisten und jeder Gläubiger nur die Leistung an alle fordern. Jeder Gläubiger kann verlangen, daß der Schuldner die geschuldete Sache für alle Gläubiger hinterlegt oder, wenn sie sich nicht zur Hinterlegung eignet, an einen gerichtlich zu bestellenden Verwahrer abliefert.

Im Uebrigen wirkt eine Thatsache, die nur in der Person eines der Gläubiger eintritt, nicht für und gegen die übrigen Gläubiger. **432.**

VII.

Einzelne Schuldverhältnisse.

25 Titel.

§ 433—853.

1) Kauf. Tausch.

Auf den Tausch finden die Vorschriften über den Kauf entsprechend Anwendung. **515.**

A. Rechte und Pflichten der Vertragschließenden.

1. Der Verkäufer einer Sache wird durch den Kaufvertrag verpflichtet, dem Käufer die Sache zu übergeben und das Eigenthum an der Sache zu verschaffen.

Der Verkäufer eines Rechts: dem Käufer das Recht zu verschaffen und, wenn das Recht zum Besitz einer Sache berechtigt, die Sache zu übergeben. **433** Abs. 1.

Der Verkäufer ist verpflichtet, den verkauften Gegenstand frei von Rechten zu verschaffen, die von Dritten gegen den Käufer geltend gemacht werden können. **434.**

Der Verkäufer eines Grundstücks oder eines Rechtes an einem Grundstücke: im Grundbuche eingetragene Rechte, die nicht bestehen, auf seine Kosten zur Löschung zu bringen, wenn sie im Falle ihres Bestehens das dem Käufer zu beschaffende Recht beeinträchtigen würden. | Das Gleiche gilt bei dem Verkaufe eines Schiffes oder eines Rechtes an einem Schiffe für die im Schiffsregister eingetragenen Rechte. **435.** Er haftet nicht für die Freiheit des Grundstücks von öffentlichen Abgaben und von anderen öffentlichen Lasten, die zur Eintragung in das Grundbuch nicht geeignet sind. **436.**

Der Verkäufer einer Forderung oder eines sonstigen Rechts haftet für den rechtlichen Bestand der Forderung oder des Rechts. | Der Verkäufer eines Werthpapiers haftet auch dafür, daß es nicht zum Zwecke der Kraftloserklärung aufgeboten ist. **437.**

Der Verkäufer einer Forderung haftet, wenn er die Haftung für die Zahlungsfähigkeit des Schuldners übernimmt, im Zweifel nur für die Zahlungsfähigkeit zur Zeit der Abtretung. **438.**

Nicht zu vertreten hat er einen Mangel im Recht, wenn der Käufer den Mangel beim Abschlusse des Kaufes kennt. **439** Abs. 1.

Der Verkäufer hat eine Hypothek, eine Grundschuld, eine Rentenschuld oder ein Pfandrecht zu beseitigen, auch wenn der Käufer die Belastung kennt. Das Gleiche gilt von einer Vormerkung zur Sicherung des Anspruches auf Bestellung eines dieser Rechte. **439** Abs. 2.

Der Verkäufer ist verpflichtet, dem Käufer über die den verkauften Gegenstand betreffenden rechtlichen Verhältnisse, insbesondere im Falle des Verkaufs eines Grundstücks über die Grenzen, Gerechtsame und Lasten, die nöthige Auskunft zu ertheilen und ihm die zum Beweise des Rechts dienenden Urkunden, soweit sie sich in seinem Besitze befinden, auszuliefern. Erstreckt sich der Inhalt einer solchen Urkunde auch auf andere Angelegenheiten, so ist der Verkäufer nur zur Ertheilung eines öffentlich beglaubigten Auszuges verpflichtet. **444.**

Die Vorschriften der §§ 433 bis 444 finden auf andere Verträge, die auf Veräußerung oder Belastung eines Gegenstandes gegen Entgelt gerichtet sind, entsprechende Anwendung. **445.**

Der Verkäufer hat die Kosten der Uebergabe der verkauften Sache, insbesondere die Kosten des Messens und Wägens; ferner die Kosten der Begründung oder Uebertragung eines verkauften Rechts zu tragen. **448.**

Ist ein Recht an einer Sache verkauft, das zum Besitz der Sache berechtigt, so finden die Vorschriften der §§ 446 bis 450 (S. 104) entsprechende Anwendung. **451.**

Der Verkäufer, der den Vertrag erfüllt und den Kaufpreis gestundet hat, verliert das im § 325 Abs. 2 und im § 326 (siehe oben S. 83) bestimmte Rücktrittsrecht. **454.**

Hat sich der Verkäufer das Eigenthum einer von ihm verkauften beweglichen Sache bis zur Zahlung des Kaufpreises vorbehalten, so ist im Zweifel anzunehmen, daß die Uebertragung des Eigenthums unter der aufschiebenden Bedingung vollständiger Zahlung des Kaufpreises erfolgt und daß der Verkäufer zum Rücktritt von dem Vertrage berechtigt ist, wenn der Käufer mit der Zahlung in Verzug kommt. **455.**

Die Vorschriften über die Verpflichtungen des Verkäufers zur Gewährleistung wegen Mangel der Sache finden auf andere Verträge, die auf Veräußerung

Der Verkäufer einer Sache haftet dem Käufer dafür, daß sie zu der Zeit, zu welcher die Gefahr auf den Käufer übergeht (siehe unten S. 104) nicht mit Fehlern behaftet ist, die den Werth oder die Tauglichkeit zu dem gewöhnlichen oder dem nach dem Vertrage vorausgesetzten Gebrauch aufheben oder nicht unerheblich mindern. **459** Abs. 1.

Der Verkäufer haftet auch dafür, daß die Sache zur Zeit des Ueberganges der Gefahr die zugesicherten Eigenschaften hat. **459** Abs. 2. Nicht haftet er für einen Mangel der verkauften Sache, wenn der Käufer den Mangel bei dem Abschluß des Kaufes kennt. Ist dem Käufer ein Mangel der im § 459 Abs. 1 bezeichneten Art in Folge grober Fahrlässigkeit unbekannt geblieben, so haftet der Verkäufer, sofern er nicht die Abwesenheit des Fehlers zugesichert hat, nur, wenn er denselben arglistig verschwiegen hat. **460.** Nicht haftet der Verkäufer für einen Mangel der verkauften Sache, wenn sie auf Grund eines Pfandrechts in öffentlicher Versteigerung unter der Bezeichnung als Pfand verkauft wird. **461.**

Der Verkäufer kann, wenn der Käufer ihm gegenüber einen Mangel der Sache behauptet, den Käufer unter dem Erbieten zur Wandelung und unter Bestimmung einer angemessenen Frist zur Erklärung darüber auffordern, ob er Wandelung verlange. Die Wandelung kann in diesem Falle nur bis zum

Ablaufe der Frist verlangt werden. **466.** Auf die Wandelung finden die für das vertragsmäßige Rücktrittsrecht geltenden Vorschriften der §§ 346 bis 348, 350 bis 354, 356 (siehe S. 86, 87) entsprechende Anwendung; im Falle des § 352 ist jedoch die Wandelung nicht ausgeschlossen, wenn der Mangel sich erst bei der Umgestaltung der Sache gezeigt hat. Der Verkäufer hat dem Käufer auch die Vertragskosten zu ersetzen. **467.**

Der Verkäufer haftet, wenn er dem Käufer seines Grundstücks eine bestimmte Größe desselben zusichert, für die Größe wie für eine zugesicherte Eigenschaft. Der Käufer kann jedoch wegen Mangels der zugesicherten Größe Wandelung nur verlangen, wenn der Mangel so erheblich ist, daß die Erfüllung des Vertrags für den Käufer kein Interesse hat. **468.**

Wenn der Verkäufer den Mangel arglistig verschwiegen hat, so ist eine Vereinbarung, durch welche die Verpflichtung des Verkäufers zur Gewährleistung wegen Mangel der Sache erlassen oder beschränkt wird, nichtig.[1] **476.**

oder Belastung einer Sache gegen Entgelt gerichtet sind, entsprechende Anwendung. **493.**

Für den Verkauf von Pferden, Eseln, Mauleseln und Maulthieren, von Rindvieh, Schafen und Schweinen gelten die Vorschriften der § 459 bis 467, 469 bis 480 nur insoweit, als sich nicht aus den § 482 bis 492 (siehe unten) ein Anderes ergiebt. **481.**

Der Verkäufer hat nur bestimmte Fehler (Hauptmängel) — sie werden durch eine mit Zustimmung des Bundesraths zu erlassende Kaiserliche Verordnung bestimmt, und kann die Bestimmung auf demselben Wege ergänzt und abgeändert werden — und diese Mängel nur dann zu vertreten, wenn sie sich innerhalb bestimmter Fristen (Gewährfristen) — sie werden ebenso bestimmt, ergänzt und abgeändert wie die Hauptmängel — zeigen. **482.**

Die Gewährfrist beginnt mit dem Ablaufe des Tages, an welchem die Gefahr auf den Käufer (siehe unten) übergeht. **483.**

Zeigt sich ein Hauptmangel innerhalb der Gewährfrist, so wird vermuthet, daß der Mangel schon zu der Zeit vorhanden gewesen sei, zu welcher die Gefahr auf den Käufer übergegangen ist. **484.**

Der Käufer verliert die ihm wegen des Mangels zustehenden Rechte, wenn er nicht spätestens 2 Tage nach dem Ablaufe der Gewährfrist oder, falls das Thier vor dem Ablaufe der Frist getötet

[1] Eine Vereinbarung, durch welche die nach den §§ 433 bis 437, 439 bis 442 wegen eines Mangels im Rechte dem Käufer obliegende Verpflichtung zur Gewährleistung erlassen oder beschränkt wird, ist nichtig, wenn der Verkäufer den Mangel arglistig verschweigt. **443.**

worden oder sonst verendet ist, nach dem Tode des Thieres den Mangel dem Verkäufer anzeigt oder die Anzeige an ihn absendet oder wegen des Mangels Klage gegen den Verkäufer erhebt oder diesem den Streit verkündet oder gerichtliche Beweisaufnahme zur Sicherung des Beweises beantragt. Der Rechtsverlust tritt nicht ein, wenn der Verkäufer den Mangel arglistig verschwiegen hat. **485.**

Die Gewährfrist kann durch Vertrag verlängert oder abgekürzt werden. Die vereinbarte Frist tritt an die Stelle der gesetzlichen Frist. **486.**

Die Kosten der Fütterung und Pflege, die der thierärztlichen Untersuchung und Behandlung, sowie die der nothwendig gewordenen Tödtung und Wegschaffung des Thieres hat der Verkäufer dem Käufer im Falle der Wandelung zu ersetzen. **488.**

Die öffentliche Versteigerung des Thieres und die Hinterlegung des Erlöses ist, sobald die Besichtigung des Thieres nicht mehr erforderlich ist, durch einstweilige Verfügung anzuordnen, wenn über den Anspruch auf Wandelung ein Rechtsstreit anhängig ist, auf den Antrag der einen oder der anderen Partei. **489.**

Uebernimmt der Verkäufer die Gewährleistung wegen eines nicht zu den Hauptmängeln gehörenden Fehlers oder sichert er eine Eigenschaft des Thieres zu, so finden die Vorschriften der §§ 487 bis 491 und, wenn eine Gewährfrist vereinbart wird, auch die Vorschriften der §§ 483 bis 485 entsprechende Anwendung. Die im § 490 bestimmte Verjährung (siehe unten S. 108) beginnt, wenn eine Gewährfrist nicht vereinbart wird, mit der Ablieferung des Thieres. **492.**

Der Verkäufer ist dem Käufer für den Schaden verantwortlich, der daraus entsteht, daß der Verkäufer ohne dringenden Grund von der besonderen Anweisung abweicht, die der Käufer über die Art der Versendung ertheilt hat. **447** Abs. 2.

2. Der Käufer ist verpflichtet:

dem Verkäufer den vereinbarten Kaufpreis zu zahlen und die gekaufte Sache abzunehmen. **433** Abs. 2.

Seine Rechte für den Fall, daß der Verkäufer nicht die ihm nach den §§ 433 bis 437, 439 (siehe oben S. 99, 100) obliegenden Verpflichtungen erfüllt, bestimmen sich nach den Vorschriften der §§ 320 bis 327 (siehe S. 81 bis 83). | Ist eine bewegliche Sache verkauft und dem Käufer zum Zwecke der Eigenthumsübertragung übergeben worden, so kann der Käufer wegen des Rechtes eines Dritten, das zum Besitz der Sache berechtigt, Schadensersatz wegen Nichterfüllung nur verlangen, wenn er die Sache

Die Vorschriften der §§ 433 bis 444 finden auf andere Verträge, die auf Veräuße-

dem Dritten mit Rücksicht auf dessen Recht herausgegeben hat, oder sie dem Verkäufer zurückgewährt oder wenn die Sache untergegangen ist. | Der Herausgabe der Sache an den Dritten steht es gleich, wenn der Dritte den Käufer oder dieser den Dritten beerbt oder wenn der Käufer das Recht des Dritten anderweit erwirbt oder den Dritten abfindet.

Steht dem Käufer ein Anspruch auf Herausgabe gegen einen Andern zu, so genügt an Stelle der Rückgewähr die Abtretung des Anspruchs. **440.**

Die Vorschriften des § 440 Abs. 2 bis 4 gelten auch dann, wenn ein Recht an einer beweglichen Sache verkauft ist, das zum Besitz der Sache berechtigt. **441.**

Der Käufer hat, wenn der Verkäufer den vom Käufer geltend gemachten Mangel im Rechte bestreitet, denselben zu beweisen. **442.**

rung oder Belastung eines Gegenstandes gegen Entgelt gerichtet sind, entsprechende Anwendung. **445.**

Auf den Käufer geht mit der Uebergabe der verkauften Sache die Gefahr des zufälligen Untergangs und einer zufälligen Verschlechterung über. **446** Satz 3.

Dem Käufer gebühren von der Uebergabe an die Nutzungen und trägt er die Lasten der Sache. | Wird der Käufer eines Grundstücks vor der Uebergabe als Eigenthümer in das Grundbuch eingetragen, so treten diese Wirkungen mit der Eintragung ein. **446.**

Auf den Käufer geht, wenn auf dessen Verlangen der Verkäufer die verkaufte Sache nach einem anderen Orte als dem Erfüllungsorte versendet, die Gefahr über, sobald der Verkäufer die Sache dem Spediteur, dem Frachtführer oder der sonst zur Ausführung der Versendung bestimmten Person oder Anstalt ausgeliefert hat. **447** Abs. 1.

Dem Käufer fallen die Kosten der Abnahme und der Versendung der Sache nach einem anderen Orte als dem Erfüllungsorte zur Last. **448** Abs. 1.

Der Käufer eines Grundstücks hat die Kosten der Auflassung und der Eintragung; der Käufer eines Rechtes an einem Grundstücke hat die Kosten der zur Begründung oder Uebertragung des Rechtes nöthigen Eintragung in das Grundbuch, mit Einschluß der Kosten der zu der Eintragung erforderlichen Erklärungen zu tragen. Dem Käufer fallen in beiden Fällen auch die Kosten der Beurkundung des Kaufs zur Last. **449.**

Der Käufer ist zum Ersatz der Verwendungen, wie wenn er den Verkäufer mit der Verwaltung der verkauften Sache beauftragt hätte, verpflichtet, wenn vor der Uebergabe derselben die Gefahr auf den Käufer übergegangen ist und der Verkäufer vor der Uebergabe auf die Sache

Verwendungen gemacht hat, die nach dem Uebergange der Gefahr nothwendig geworden sind. — Die Verpflichtung des Käufers zum Ersatze sonstiger Verwendungen bestimmt sich nach den Vorschriften über die Geschäftsführung ohne Auftrag. **450.**

Ist ein Recht an einer Sache verkauft, das zum Besitz der Sache berechtigt, so finden die Vorschriften der §§ 446 bis 450 entsprechende Anwendung. **451.**

Der Käufer ist verpflichtet, den Kaufpreis von dem Zeitpunkt an, von welchem die Nutzungen des gekauften Gegenstandes ihm gebühren, zu verzinsen, sofern nicht der Kaufpreis gestundet ist. **452.**

Ist als Kaufpreis der Marktpreis bestimmt, so gilt im Zweifel der für den Erfüllungsort zur Erfüllungszeit maßgebende Marktpreis als vereinbart. **453.**

Käufer eines zum Verkauf im Wege der Zwangsvollstreckung gestellten Gegenstandes dürfen nicht sein: der mit der Vornahme oder Leitung des Verkaufs Beauftragte und die von ihm zugezogenen Gehilfen, mit Einschluß des Protokollführers, weder für sich persönlich oder durch einen Anderen noch als Vertreter eines Anderen. **456.**

Diese Vorschrift gilt auch bei einem Verkauf außerhalb der Zwangsvollstreckung, wenn der Auftrag zu dem Verkauf auf Grund einer gesetzlichen Vorschrift ertheilt worden ist, die den Auftraggeber ermächtigt, den Gegenstand für Rechnung eines Anderen verkaufen zu lassen, insbesondere in den Fällen des Pfandverkaufs und des in den §§ 383, 385 (S. 91) zugelassenen Verkaufs sowie bei einem Verkaufe durch den Konkursverwalter. **457.**

Die Wirksamkeit eines den Vorschriften der §§ 456, 458 zuwider erfolgten Kaufes und der Uebertragung des gekauften Gegenstandes hängt von der Zustimmung der bei dem Verkauf als Schuldner, Eigenthümer oder Gläubiger Betheiligten ab. Fordert der Käufer einen Betheiligten zur Erklärung über die Genehmigung auf, so finden die Vorschriften des § 177 Abs. 2 (S. 56) entsprechende Anwendung. — Wird in Folge der Verweigerung der Genehmigung ein neuer Verkauf vorgenommen, so hat der frühere Käufer für die Kosten des neuen Kaufs sowie für einen Mindererlös aufzukommen. **458.**

Der Käufer kann wegen eines Mangels, den der Verkäufer nach den Vorschriften der §§ 459, 460 (S. 101) zu vertreten hat, Rückgängigmachung des Kaufes (Wandelung) oder Herabsetzung des Kaufpreises (Minderung) verlangen. **462.**

Der Käufer kann, fehlt der verkauften Sache zur Zeit des Kaufes eine zugesicherte Eigenschaft, statt der Wandelung oder Minderung Schadensersatz wegen Nichterfüllung verlangen. Das Gleiche gilt, wenn der Verkäufer einen Fehler arglistig verschwiegen hat. **463.**

Dem Käufer, der eine mangelhafte Sache annimmt, obschon er den Mangel kennt, stehen die in vorstehenden §§ bestimmten Ansprüche nur zu, wenn er sich seine Rechte wegen des Mangels bei der Annahme vorbehält. 464.

Die Wandelung oder die Minderung ist vollzogen, wenn sich der Verkäufer auf Verlangen des Käufers mit ihr einverstanden erklärt. 465.

Sind von mehreren verkauften Sachen nur einzelne mangelhaft, so kann nur in Ansehung dieser Wandelung verlangt werden, auch wenn ein Gesammtpreis für alle Sachen festgesetzt ist. Sind jedoch die Sachen als zusammengehörend verkauft, so kann jeder Theil verlangen, daß die Wandelung auf alle Sachen erstreckt wird, wenn die mangelhaften Sachen nicht ohne Nachtheil für ihn von den übrigen getrennt werden können. 469.

Die Wandelung wegen eines Mangels der Hauptsache erstreckt sich auch auf die Nebensache. Ist die Nebensache mangelhaft, so kann nur in Ansehung dieser Wandelung verlangt werden. 470.

Findet im Falle des Verkaufs mehrerer Sachen für einen Gesammtpreis die Wandelung nur in Ansehung einzelner Sachen statt, so ist der Gesammtpreis in dem Verhältnisse herabzusetzen, in welchem zur Zeit des Verkaufs der Gesammtwerth der Sachen im mangelfreien Zustande zu dem Werthe der von der Wandlung nicht betroffenen Sachen gestanden haben würde. 471.

Bei der Minderung ist der Kaufpreis in dem Verhältnisse herabzusetzen, in welchem zur Zeit des Verkaufs der Werth der Sache in mangelfreiem Zustande zu dem wirklichen Werthe gestanden haben würde. | Findet im Falle des Verkaufes mehrerer Sachen für einen Gesammtpreis die Minderung nur wegen einzelner Sachen statt, so ist bei der Herabsetzung des Preises der Gesammtwerth aller Sachen zu Grunde zu legen. 472.

Sind neben dem in Geld festgesetzten Kaufpreise Leistungen bedungen, die nicht vertretbare Sachen zum Gegenstande haben, so sind diese Leistungen in den (obigen) Fällen der §§ 471, 472 nach dem Werthe zur Zeit des Verkaufs in Geld zu veranschlagen. Die Herabsetzung der Gegenleistung des Käufers erfolgt an dem in Geld festgesetzten Preise; ist dieser geringer als der abzusetzende Betrag, so hat der Verkäufer den überschießenden Betrag dem Käufer zu vergüten. 473.

Sind auf der einen oder der anderen Seite Mehrere betheiligt, so kann von jedem und gegen jeden Minderung verlangt werden. | Mit der Vollziehung der von einem der Käufer verlangten Minderung ist die Wandelung ausgeschlossen. 474.

Durch die wegen eines Mangels erfolgte Minderung wird das Recht des Käufers, wegen eines anderen Mangels Wandelung oder von neuem Minderung zu verlangen, nicht ausgeschlossen. 475.

Des Käufers Anspruch auf Wandelung oder auf Minderung sowie der Anspruch auf Schadensersatz wegen Mangels einer zugesicherten

Eigenschaft verjährt, sofern nicht der Verkäufer den Mangel arglistig verschwiegen hat, bei beweglichen Sachen in 6 Monaten von der Ablieferung, bei Grundstücken in einem Jahre von der Uebergabe an. Die Verjährungsfrist kann durch Vertrag verlängert werden. | Beantragt der Käufer gerichtliche Beweisaufnahme zur Sicherung des Beweises, so wird die Verjährung unterbrochen. Die Unterbrechung dauert bis zur Beendigung des Verfahrens fort. Die Vorschriften des § 211 Abs. 2 (siehe S. 64, 65) und des § 212 finden entsprechende Anwendung. | Die Hemmung oder Unterbrechung der Verjährung eines der in Abs. 1 bezeichneten Ansprüche bewirkt auch die Hemmung oder Unterbrechung der Verjährung der anderen Ansprüche. **477.**

Hat der Käufer den Mangel dem Verkäufer angezeigt oder die Anzeige an ihn abgesendet, bevor der Anspruch auf Wandelung oder auf Minderung verjährt war, so kann er auch nach der Vollendung der Verjährung die Zahlung des Kaufpreises insoweit verweigern, als er auf Grund der Wandelung oder der Minderung dazu berechtigt sein würde. Das Gleiche gilt, wenn der Käufer vor der Vollendung der Verjährung gerichtliche Beweisaufnahme zur Sicherung des Beweises beantragt oder in einem zwischen ihm und einem späteren Erwerber der Sache wegen des Mangels anhängigen Rechtsstreite dem Verkäufer den Streit verkündet hat. | Hat der Verkäufer den Mangel arglistig verschwiegen, so bedarf es der Anzeige oder einer ihr nach Abs. 1 gleichstehenden Handlung nicht. **478.**

Des Käufers Anspruch auf Schadensersatz kann nach der Vollendung der Verjährung nur aufgerechnet werden, wenn er vorher eine der im § 478 bezeichneten Handlungen vorgenommen hat. Diese Beschränkung tritt nicht ein, wenn der Verkäufer den Mangel arglistig verschwiegen hat. **479.**

Der Käufer einer nur der Gattung nach bestimmten Sache kann statt der Wandelung oder der Minderung verlangen, daß ihm an Stelle der mangelhaften Sache eine mangelfreie geliefert wird. Auf diesen Anspruch finden die für die Wandelung geltenden Vorschriften der §§ 464 bis 466, des § 467 Satz 1 und der §§ 469, 470, 474 bis 479 (S. 102, 105, 106) entsprechende Anwendung. | Fehlt der Sache zu der Zeit, zu welcher die Gefahr auf den Käufer übergeht, eine zugesicherte Eigenschaft oder hat der Verkäufer einen Fehler arglistig verschwiegen, so kann

der Käufer statt der Wandelung, der Minderung oder der Lieferung einer mangelfreien Sache Schadensersatz wegen Nichterfüllung verlangen. **480.**

Für

den Käufer von Pferden, Eseln, Mauleseln und Maulthieren, von Rindvieh, Schafen und Schweinen gelten die Vorschriften der §§ 459 bis 467, 469 bis 480 nur insoweit, als sich nicht aus den §§ 482 bis 492 (siehe umstehend) ein anderes ergiebt. **481.**

Der Käufer kann nur Wandelung nicht Minderung verlangen. | Die Wandelung kann auch in den Fällen der §§ 351 bis 353 (siehe oben S. 86, 87), insbesondere wenn das Thier geschlachtet ist, verlangt werden; an Stelle der Rückgewähr hat der Käufer den Werth des Thieres zu vergüten. Das Gleiche gilt in anderen Fällen, in denen der Käufer in Folge eines Umstandes, den er zu vertreten hat, insbesondere einer Verfügung über das Thier, außer Stande ist, das Thier zurückzugewähren. | Ist vor der Vollziehung der Wandelung eine unwesentliche Verschlechterung des Thieres in Folge eines von dem Käufer zu vertretenden Umstandes eingetreten, so hat der Käufer die Werthminderung zu vergüten. | Nutzungen hat der Käufer nur insoweit zu ersetzen, als er sie gezogen hat. **487.** Der Anspruch auf Wandelung, sowie der auf Schadensersatz wegen eines Hauptmangels, dessen Nichtvorhandensein der Verkäufer zugesichert hat, verjährt in 6 Wochen von dem Ende der Gewährfrist an. Im Uebrigen bleiben die Vorschriften des § 477 (siehe S. 107) unberührt. | An Stelle der in den §§ 210, 212, 215 (siehe S. 64 bis 66) bestimmten Fristen tritt eine Frist von 6 Wochen. | Der Käufer kann auch nach der Verjährung des Anspruchs auf Wandelung die Zahlung des Kaufpreises verweigern. Die Aufrechnung des Anspruchs auf Schadensersatz unterliegt nicht der im § 479 bestimmten Beschränkung. **490.** Der Käufer eines nur der Gattung nach bestimmten Thieres kann statt der Wandelung verlangen, daß ihm an Stelle des mangelhaften Thieres ein mangelfreies geliefert wird. Auf diesen Anspruch finden die Vorschriften der §§ 488 bis 490 (S. 103) entsprechende Anwendung. **491.**

B. Besondere Arten des Kaufs (nach Probe, auf Probe, Wiederkauf, Vorkauf).

1. **Das besondere Wesen des Kaufs nach Probe oder nach Muster** besteht darin, daß die Eigenschaften des Musters oder der Probe als zugesichert anzusehen sind. **494.**

2. **Das des Kaufs auf Probe oder auf Besicht** darin, daß die Billigung des gekauften Gegenstandes im Belieben des Käufers steht, der Kauf im Zweifel unter der aufschiebenden Bedingung der Billigung geschlossen ist.

   Der Verkäufer ist verpflichtet, dem Käufer die Untersuchung des Gegenstandes zu gestatten. **495.**

   Die Billigung eines so gekauften Gegenstandes (d. h. die ausdrückliche) kann nur innerhalb der vereinbarten Frist und in Ermangelung einer solchen nur bis zum Ablauf einer dem Käufer von dem Verkäufer bestimmten angemessenen Frist erklärt werden.

   (stillschweigend) War die Sache dem Käufer zum Zwecke der Probe oder der Besichtigung übergeben, so gilt sein Schweigen als Billigung. **496.**

3. **Der Wiederkauf**, den sich der Verkäufer in dem Kaufvertrage als Recht vorbehalten hat, kommt zu Stande mit der, nicht an die Form des

Kaufvertrages gebundenen Erklärung, daß er das Wiederkaufsrecht ausübe. — Der Preis, zu welchem verkauft worden ist, gilt im Zweifel auch für den Wiederkauf. **497.**

Der Wiederverkäufer ist verpflichtet, dem Wiederkäufer den gekauften Gegenstand nebst Zubehör herauszugeben, und ist für den Schaden verantwortlich, der daraus entsteht, daß er vor der Ausübung des Wiederkaufsrechts eine Verschlechterung, den Untergang oder eine aus einem anderen Grunde eingetretene Unmöglichkeit der Herausgabe des gekauften Gegenstandes verschuldet oder denselben wesentlich verändert hat. Ist dieser ohne Verschulden des Wiederverkäufers verschlechtert oder ist er nur unwesentlich verändert, so kann der Wiederkäufer Minderung des Kaufpreises nicht verlangen. **498.** Nicht verantwortlich ist er für eine Verschlechterung, den Untergang oder die aus einem anderen Grunde eingetretene Unmöglichkeit der Herausgabe des Gegenstandes, wenn als Wiederkaufspreis der Schätzungswerth vereinbart ist, den der gekaufte Gegenstand zur Zeit des Wiederkaufs hat. **501.** Der Wiederverkäufer, der vor Ausübung des Wiederkaufsrechts über den verkauften Gegenstand verfügt hat, ist verpflichtet, die dadurch begründeten Rechte Dritter zu beseitigen. Einer Verfügung des Wiederverkäufers steht eine Verfügung gleich, die im Wege der Zwangsvollstreckung oder der Arrestvollziehung oder durch den Concursverwalter erfolgt. **499.**

Der Wiederverkäufer ist berechtigt, für Verwendungen, die er auf den gekauften Gegenstand vor dem Wiederkaufe gemacht hat, insoweit Ersatz zu verlangen, als der Werth des Gegenstandes durch die Verwendungen erhöht ist, und eine Einrichtung, mit der er die herauszugebende Sache versehen hat, wegzunehmen. **500.** Der Wiederkäufer ist zum Ersatze von Verwendungen nicht verpflichtet, wenn als Wiederkaufspreis der Schätzungswerth vereinbart ist, den der gekaufte Gegenstand zur Zeit des Wiederkaufs hat. **501.**

Das Mehreren gemeinschaftlich zustehende Wiederkaufsrecht kann nur im Ganzen ausgeübt werden. Ist es für einen der Berechtigten erloschen oder übt einer von ihnen sein Recht nicht aus, so sind die Uebrigen berechtigt, es im Ganzen auszuüben. **502.**

Die für die Ausübung bestimmte Frist tritt an die Stelle der gesetzlichen, welche bei Grundstücken 30 Jahre, bei anderen Gegenständen 3 Jahre beträgt. Sie beginnt von der Vereinbarung des Vorbehalts ab. **503.**

4. **Das Vorkaufsrecht** in Ansehung eines Gegenstandes darf ausgeübt werden, sobald der Verpflichtete mit einem Dritten einen Kaufvertrag über den Gegenstand geschlossen hat **(504)**, und zwar durch Erklärung gegenüber dem Verpflichteten, die nicht der für den Kaufvertrag bestimmten Form bedarf, und wodurch der Kauf zwischen dem Berechtigten und dem Verpflichteten unter den Bestimmungen zu Stande kommt, die der Verpflichtete mit dem Dritten vereinbart hat.

505. Der Verpflichtete hat dem Vorkaufsberechtigten den Inhalt des mit dem Dritten geschlossenen Vertrages unverzüglich mitzutheilen. Die Mittheilung des Verpflichteten wird durch die Mittheilung des Dritten ersetzt. — Die für die Ausübung des Vorkaufsrechts bestimmte Frist tritt an die Stelle der gesetzlichen Frist, die bei Grundstücken 2 Monate, bei anderen Gegenständen eine Woche beträgt, sie beginnt mit dem Empfange der Mittheilung. **510.**

Das Vorkaufsrecht erstreckt sich im Zweifel nicht auf einen Verkauf, der mit Rücksicht auf ein künftiges Erbrecht an einen gesetzlichen Erben erfolgt. **511.**

Es ist ausgeschlossen, wenn der Kauf im Wege der Zwangsvollstreckung oder durch den Konkursverwalter erfolgt. **512.**

Das Mehreren gemeinschaftlich zustehende Vorkaufsrecht kann nur im Ganzen ausgeübt werden. Ist es für einen der Berechtigten erloschen oder übt einer von ihnen sein Recht nicht aus, so sind die übrigen berechtigt, es im Ganzen auszuüben. **513.**

Das Vorkaufsrecht ist nicht übertragbar und nicht vererblich (geht nicht auf die Erben des Berechtigten über), sofern nicht ein Anderes bestimmt ist. Ist das Recht auf eine bestimmte Zeit beschränkt, so ist es im Zweifel vererblich. **514.**

Das Verhältniß der Betheiligten zum Dritten: Eine Vereinbarung des Verpflichteten mit dem Dritten, durch welche der Kauf von der Nichtausübung des Vorkaufsrechts abhängig gemacht oder dem Verpflichteten für den Fall der Ausübung des Vorkaufsrechts der Rücktritt vorbehalten wird, ist dem Vorkaufsberechtigten gegenüber unwirksam. **506.**

Hat sich der Dritte in dem Vertrage zu einer Nebenleistung verpflichtet, die der Vorkaufsberechtigte zu bewirken außer Stande ist, so hat der Vorkaufsberechtigte statt der Nebenleistung ihren Werth zu entrichten. Läßt sich die Nebenleistung nicht in Geld schätzen, so ist die Ausübung des Vorkaufsrechts ausgeschlossen, die Vereinbarung der Nebenleistung kommt jedoch nicht in Betracht, wenn der Vertrag mit dem Dritten auch ohne sie geschlossen sein würde. **507.**

Der Vorkaufsberechtigte hat einen verhältnißmäßigen Theil des Gesammtpreises zu entrichten, wenn der Dritte den Gegenstand, auf den sich das Vorkaufsrecht bezieht, mit anderen Gegenständen zu einem solchen Preise gekauft hat. Der Verpflichtete kann verlangen, daß der Vorkauf auf alle Sachen erstreckt wird, die nicht ohne Nachtheil für ihn getrennt werden können. **508.**

Ist dem Dritten in dem Vertrage der Kaufpreis gestundet worden, so kann der Vorkaufsberechtigte die Stundung nur in Anspruch nehmen, wenn er für den gestundeten Betrag Sicherheit leistet. | Ist ein Grundstück Gegenstand des Vorkaufs, so bedarf es der Sicherheitsleistung insoweit nicht, als für den gestundeten Kaufpreis die Bestellung einer

Hypothek an dem Grundstücke vereinbart oder in Anrechnung auf den Kaufpreis eine Schuld, für die eine Hypothek an dem Grundstücke besteht, übernommen worden ist. **509.**

2) Schenkung.

1. **Begriff:** Eine von Jemand aus seinem Vermögen an einen Anderen zu dessen Bereicherung und vereinbartermaßen unentgeltlich erfolgte Zuwendung. **516** Abs. 1.
2. **Merkmal der Einigung:** Ist die Zuwendung ohne den Willen des Anderen erfolgt, so kann ihn der Zuwender unter Bestimmung einer angemessenen Frist zur Erklärung über die Annahme auffordern. Nach dem Ablaufe der Frist gilt die Schenkung als angenommen, wenn nicht der Andere sie vorher abgelehnt hat. **516** Abs. 2 Satz 1.
3. **Folge der Ablehnung:** Im Falle der Ablehnung kann die Herausgabe des Zugewendeten nach den Vorschriften über die Herausgabe einer ungerechtfertigten Bereicherung gefordert werden. **516** Abs. 2 Satz 3.
4. **Begrenzung des Begriffs:** Eine Schenkung liegt nicht vor, wenn Jemand zum Vortheil eines Anderen einen Vermögenserwerb unterläßt oder auf ein angefallenes noch nicht endgiltig erworbenes Recht verzichtet oder eine Erbschaft oder ein Vermächtniß ausschlägt. **517.**
5. **Form des Vertrages.** Zur Giltigkeit eines solchen, durch welchen eine Leistung schenkweise versprochen wird, ist die gerichtliche oder notarielle Beurkundung des Versprechens erforderlich. Das Gleiche gilt, wenn ein Schuldversprechen oder ein Schuldanerkenntniß der in den §§ 780, 781 bezeichneten Art schenkweise ertheilt wird, von dem Versprechen oder der Anerkennungserklärung. | Der Mangel der Form wird durch die Bewirkung der versprochenen Leistung geheilt. **518.**
6. **Verweigern darf die Erfüllung** eines schenkweise ertheilten Versprechens der Schenker, soweit er bei Berücksichtigung seiner sonstigen Verpflichtungen außer Stande ist, das Versprechen zu erfüllen, ohne daß sein standesmäßiger Unterhalt oder die Erfüllung der ihm kraft Gesetzes obliegenden Unterhaltspflichten gefährdet wird. | Treffen die Ansprüche mehrerer Beschenkten zusammen, so geht der früher entstandene Anspruch vor. **519.**
7. **Es erlischt die Verbindlichkeit** mit dem Tode des Schenkers, der eine in wiederkehrenden Leistungen bestehende Unterstützung versprochen hat, sofern nicht aus dem Versprechen sich ein Anderes ergibt. **520.**
8. **Zu vertreten** hat der Schenker nur Vorsatz und grobe Fahrlässigkeit. **521.**

Verschweigt der Schenker arglistig einen Mangel im Rechte, so ist er verpflichtet, dem Beschenkten den daraus entstehenden Schaden zu ersetzen.

Hatte der Schenker die Leistung eines Gegenstandes versprochen, den er erst erwerben sollte, so kann der Beschenkte wegen eines Mangels im

Rechte Schadensersatz wegen Nichterfüllung verlangen, wenn der Mangel dem Schenker bei dem Erwerbe der Sache bekannt gewesen oder in Folge grober Fahrlässigkeit unbekannt geblieben ist. Die für die Gewährleistungspflicht des Verkäufers geltenden Vorschriften des § 433 Abs. 1, der §§ 434 bis 437, des § 440 Abs. 2 bis 4 und der §§ 441 bis 444 (siehe S. 100, 102, 104) finden entsprechende Anwendung. **523.**

Verschweigt der Schenker arglistig einen Fehler der verschenkten Sache, so ist er verpflichtet, dem Beschenkten den daraus entstehenden Schaden zu ersetzen.

Hatte der Schenker die Leistung einer nur der Gattung nach bestimmten Sache versprochen, die er erst erwerben sollte, so kann der Beschenkte, wenn die geleistete Sache fehlerhaft und der Mangel dem Schenker bei dem Erwerbe bekannt gewesen oder in Folge grober Fahrlässigkeit unbekannt geblieben ist, verlangen, daß ihm an Stelle der fehlerhaften Sache eine fehlerfreie geliefert wird. Hat der Schenker den Fehler arglistig verschwiegen, so kann der Beschenkte statt der Lieferung einer fehlerfreien Sache Schadensersatz wegen Nichterfüllung verlangen. Auf diese Ansprüche finden die für die Gewährleistung wegen Fehler einer verkauften Sache geltenden Vorschriften (siehe S. 101) entsprechende Anwendung. **524.**

9. **Schenkung unter einer Auflage:** Wer eine solche macht, kann die Vollziehung der Auflage verlangen, wenn er seinerseits geleistet hat. | Liegt die Vollziehung im öffentlichen Interesse, so kann sie nach dem Tode des Schenkers auch die zuständige Behörde verlangen. **525.**

Verweigern darf die Vollziehung der Auflage, soweit in Folge eines Mangels im Rechte oder eines Mangels der verschenkten Sache der Werth der Zuwendung die Höhe der zur Vollziehung der Auflage erforderlichen Aufwendungen nicht erreicht, der Beschenkte, bis der durch den Mangel entstandene Fehlbetrag ausgeglichen wird. Vollzieht der Beschenkte die Auflage ohne Kenntniß des Mangels, so kann er von dem Schenker Ersatz der durch die Vollziehung verursachten Aufwendungen insoweit verlangen, als sie in Folge des Mangels den Werth der Zuwendung übersteigen. **526.**

Unterbleibt die Vollziehung der Auflage, so kann der Schenker die Herausgabe des Geschenks unter den für das Rücktrittsrecht bei gegenseitigen Verträgen bestimmten Voraussetzungen (S. 83, 86) nach den Vorschriften über die Herausgabe einer ungerechtfertigten Bereicherung insoweit fordern, als das Geschenk zur Vollziehung der Auflage hätte verwendet werden müssen. | Der Anspruch ist ausgeschlossen, wenn ein Dritter berechtigt ist, die Vollziehung der Auflage zu verlangen. **527.**

10. **Die Herausgabe des Geschenkes fordern** von dem Beschenkten nach den Vorschriften über die Herausgabe einer ungerechtfertigten Bereicherung darf der Schenker, soweit er nach der Vollziehung der Schenkung außer Stande ist, seinen standesmäßigen Unterhalt zu bestreiten und die ihm seinen Verwandten, seinem Ehegatten oder seinem früheren Ehegatten gegenüber gesetzlich obliegende Unterhaltspflicht zu erfüllen.

Die Herausgabe abwenden kann der Beschenkte durch Zahlung des für den Unterhalt erforderlichen Betrags. Auf die Verpflichtung des Beschenkten finden die Vorschriften des § 760 (Leibrente) sowie die für die Unterhaltspflicht der Verwandten geltende Vorschrift des § 1613 (3. Buch, Verwandtschaft) und im Falle des Todes des Schenkers auch die Vorschriften des § 1615 entsprechende Anwendung. | Unter mehreren Beschenkten haftet der früher Beschenkte nur insoweit, als der später Beschenkte nicht verpflichtet ist. 528.

Ausgeschlossen ist der Anspruch auf Herausgabe des Geschenkes, wenn der Schenker seine Bedürftigkeit vorsätzlich oder durch grobe Fahrlässigkeit herbeigeführt hat oder wenn zur Zeit des Eintritts seiner Bedürftigkeit seit der Leistung des geschenkten Gegenstandes 10 Jahre verstrichen sind. | Das Gleiche gilt, soweit der Beschenkte bei Berücksichtigung seiner sonstigen Verpflichtungen außer Stande ist, das Geschenk herauszugeben, ohne daß sein standesmäßiger Unterhalt oder die Erfüllung der ihm kraft Gesetzes obliegenden Unterhaltspflichten gefährdet wird. 529.

Der Rückforderung unterliegen nicht Schenkungen, durch die einer sittlichen Pflicht oder einer auf den Anstand zu nehmenden Rücksicht entsprochen wird. 534.

11. **Widerrufen werden kann eine Schenkung, wenn** sich der Beschenkte durch eine schwere Verfehlung gegen den Schenker oder einen nahen Angehörigen desselben groben Undankes schuldig macht.

Dem Erben des Schenkers steht das Recht des Widerrufs nur zu, wenn der Beschenkte vorsätzlich und widerrechtlich den Schenker getödtet oder am Widerrufe gehindert hat. 530.

Der Widerruf erfolgt durch Erklärung gegenüber dem Beschenkten. | Ist die Schenkung widerrufen, so kann die Herausgabe des Geschenkes nach den Vorschriften über die Herausgabe einer ungerechtfertigten Bereicherung[1] gefordert werden. 531.

Ausgeschlossen ist der Widerruf, wenn der Schenker dem Beschenkten verziehen hat oder wenn seit dem Zeitpunkte, in welchem der Widerrufsberechtigte von dem Eintritte der Voraussetzungen seines Rechtes Kenntniß erlangt hat, ein Jahr verstrichen ist. Nach dem Tode des Beschenkten ist der Widerruf nicht mehr zulässig. 532.

Verzichtet kann auf das Widerrufsrecht erst werden, wenn der Undank dem Widerrufsberechtigten bekannt geworden ist. 533.

Dem Widerrufe unterliegen nicht Schenkungen, durch die einer sittlichen Pflicht oder einer auf den Anstand zu nehmenden Rücksicht entsprochen wird. 534.

3) Miethe. Pacht.

Die Vorschriften über die Miethe von Grundstücken gelten auch für die

Auf die Pacht finden, soweit sich nicht aus den §§ 582 bis 597 (siehe diese Rubrik)

[1] Siehe dieses Schuldverhältniß weiter unten.

Miethe von Wohnräumen und anderen Räumen. **580.**

1. Rechte und Pflichten der Vertragschließenden:

a) Der Vermiether wird verpflichtet durch den Miethvertrag, dem Miether den Gebrauch der vermietheten Sache während der Miethzeit zu gewähren. **535** Satz 1.

Er hat die vermiethete Sache dem Miether in einem zu dem vertragsmäßigen Gebrauche geeigneten Zustande zu überlassen und sie während der Miethzeit in diesem Zustande zu erhalten. **536.**

Die Verpflichtung des Vermiethers zur Vertretung von Mängeln der vermietheten Sache durch eine Vereinbarung zu erlassen oder zu beschränken, ist unzulässig (nichtig), wenn der Vermiether den Mangel arglistig verschweigt. **540.**

Den Vermiether trifft die Beweislast, wenn er die Zulässigkeit der erfolgten Kündigung, weil er den Gebrauch der Sache rechtzeitig gewährt oder vor dem Ablaufe der Frist die Abhilfe bewirkt habe, bestreitet. **542** Abs. 3.

Er hat die auf der vermietheten Sache ruhenden Lasten zu tragen. **546.**

Er ist verpflichtet, dem Miether die auf die Sache gemachten nothwendigen Verwendungen zu ersetzen. **547** Satz 1.

ein Anderes ergiebt, die Vorschriften über die Miethe entsprechende Anwendung. **581** Abs. 2.

1. Rechte und Pflichten der Vertragschließenden:

a) Der Verpächter wird durch den Pachtvertrag verpflichtet, dem Pächter den Gebrauch des verpachteten Gegenstandes und den Genuß der Früchte, soweit sie nach den Regeln einer ordnungsmäßigen Wirthschaft als Ertrag anzusehen sind, während der Pachtzeit zu gewähren. **581** Satz 1.

Er ist verpflichtet, bei Verpachtungen eines Grundstücks sammt Inventar, die Inventarstücke, die in Folge eines von dem Pächter nicht zu vertretenden Umstandes in Abzug kommen, zu ergänzen. **586** Abs. 2 Satz 1.

Er hat die Kosten, die der Pächter auf die noch nicht getrennten, jedoch nach den Regeln einer ordnungsmäßigen Wirthschaft vor dem Ende des Pachtjahres zu trennenden Früchte verwendet hat, insoweit zu ersetzen, als sie einer ordnungsmäßigen Wirthschaft entsprechen und den Werth dieser Früchte nicht übersteigen, wenn die Pacht eines landwirthschaftlichen Grundstückes im Laufe eines Pachtjahres endet. **592.**

Seine Verpflichtung zum Ersatze sonstiger Verwendungen bestimmt sich nach den Vorschriften über die Geschäftsführung ohne Auftrag (S. 136). **547** Abs. 2, Satz 1.

Er kann auf Unterlassung klagen, wenn der Miether von der gemietheten Sache einen vertragswidrigen Gebrauch macht und denselben ungeachtet einer Abmahnung des Vermiethers fortsetzt. **550.**

Er kann kündigen das Miethverhältniß ohne Einhaltung einer Kündigungsfrist, wenn der Miether oder derjenige, welchem der Miether den Gebrauch der gemietheten Sache überlassen hat, ungeachtet einer Abmahnung des Vermiethers einen vertragswidrigen Gebrauch der Sache fortsetzt, der die Rechte des Vermiethers in erheblichem Maße verletzt, insbesondere einem Dritten den ihm unbefugt überlassenen Gebrauch beläßt, oder die Sache durch Vernachlässigung der dem Miether obliegenden Sorgfalt erheblich gefährdet (**553**); ferner, wenn der Miether für zwei aufeinander folgende Termine mit der Entrichtung des Miethzinses oder eines Theiles des Miethzinses im Verzug ist. Die Kündigung ist ausgeschlossen, wenn der Miether den Vermiether befriedigt, bevor sie erfolgt. | Die Kündigung ist unwirksam, wenn sich der Miether von seiner Schuld durch Aufrechnung befreien konnte und unverzüglich nach der Kündigung die Aufrechnung erklärt. **554.**

Er hat dann, d. h. wenn er von dem ihm nach den §§ 553, 554 zustehenden Kündigungsrechte Gebrauch macht, den für eine spätere Zeit im voraus entrichteten Miethzins nach Maßgabe des § 347 (S. 86) zurückzuerstatten. **555.**

Er kann zurückfordern die Sache nach der Beendigung des Miethverhältnisses auch von dem Dritten, dem der Miether den Gebrauch der Sache überlassen hat. **556** Abs. 3.

Er kann für die Dauer der Vorenthaltung, giebt der Miether die gemiethete Sache nach der Beendigung des Miethverhältnisses nicht zurück, als Entschädigung den vereinbarten Miethzins verlangen. Die Geltendmachung eines weiteren Schadens ist nicht ausgeschlossen. **557.**	Giebt der **Pächter** den gepachteten Gegenstand nach der Beendigung der Pacht nicht zurück, so kann der Verpächter für die Dauer der Vorenthaltung als Entschädigung den vereinbarten Pachtzins nach dem Verhältnisse verlangen, in welchem die Nutzungen, die der Pächter während dieser Zeit gezogen hat oder hätte ziehen können, zu den Nutzungen des ganzen Pachtjahres stehen. Die Geltendmachung eines weiteren Schadens ist nicht ausgeschlossen. **597.**

Es verjähren des Vermiethers Ersatzansprüche wegen Veränderungen oder Verschlechterungen der vermietheten Sache in 6 Monaten. | Die Verjährung beginnt mit dem Zeitpunkt, in welchem er die Sache zurückerhält. | Mit der Verjährung des Anspruchs des Vermiethers auf Rückgabe der Sache verjähren auch die Ersatzansprüche des Vermiethers. **558.**

Der Vermiether eines Grundstücks hat für seine Forderungen aus dem Miethverhältniß ein

Pfandrecht an den eingebrachten Sachen des Miethers. Nicht geltend gemacht werden kann das Pfand-	Das Pfandrecht des Ver-

recht für künftige Entschädigungsforderungen und für den Miethzins für eine spätere Zeit als das laufende und das folgende Miethjahr. Es erstreckt sich nicht auf die der Pfändung nicht unterworfenen Sachen. **559.** Es erlischt mit der Entfernung der Sachen von dem Grundstück, es sei denn, daß die Entfernung ohne Wissen oder unter Widerspruch des Vermiethers erfolgt. Der Vermiether kann der Entfernung nicht widersprechen, wenn sie im regelmäßigen Betriebe des Geschäfts des Miethers oder den gewöhnlichen Lebensverhältnissen entsprechend erfolgt oder wenn die zurückbleibenden Sachen zur Sicherung des Vermieters offenbar ausreichen. **560.** Der Vermiether darf die Entfernung der seinem Pfandrecht unterliegenden Sachen, soweit er ihr zu widersprechen berechtigt ist, auch ohne Anrufen des Gerichts verhindern und, wenn der Miether auszieht, die Sachen in seinen Besitz nehmen. | Sind die Sachen ohne Wissen oder unter Widerspruch des Vermiethers entfernt worden, so kann er die Herausgabe zum Zwecke der Zurückschaffung in das Grundstück und, wenn der Miether ausgezogen ist, die Ueberlassung des Besitzes verlangen. Das Pfandrecht erlischt mit dem Ablauf eines Monats, nachdem der Vermiether von der Entfernung der Sachen Kenntniß erlangt hat, wenn nicht der Vermiether diesen Anspruch vorher gerichtlich geltend gemacht hat. **561.**

pächters eines landwirthschaftlichen Grundstücks kann für den gesammten Pachtzins geltend gemacht werden und unterliegt nicht der im § 563 bestimmten Beschränkung. Es erstreckt sich auf die Früchte des Grundstücks sowie auf die nach § 715 Nr. 5 der CPO der Pfändung nicht unterworfenen Sachen. **585.**

Wird eine dem Pfandrechte des Vermiethers unterliegende Sache für einen anderen Gläubiger gepfändet, so kann diesem gegenüber das Pfandrecht nicht wegen des Miethzinses für eine frühere Zeit als das letzte Jahr vor der Pfändung geltend gemacht werden. **563.**

b) Der M i e t h e r ist v e r p f l i c h t e t, dem Vermiether den vereinbarten M i e t h z i n s zu entrichten. **535** Satz 2.

Der Miethzins ist am Ende der M i e t h z e i t zu entrichten. Ist er nach Zeitabschnitten bemessen, so ist er nach dem Ablaufe der einzelnen Z e i t a b s c h n i t t e zu entrichten. | Der Miethzins für ein G r u n d s t ü c k ist, sofern er nicht nach kürzeren Zeitabschnitten bemessen ist, nach dem Ablaufe je eines Kalendervierteljahres am ersten

b) Der **Pächter** ist v e r p f l i c h t e t, dem Verpächter den vereinbarten Pachtzins zu entrichten. **581** Satz 2.

Ist bei der Pacht eines l a n d w i r t h s c h a f t l i c h e n G r u n d s t ü c k e s der Pachtzins nach Jahren bemessen, so ist er nach dem Ablaufe je eines Pachtjahres am ersten Werktage des folgenden Jahres zu entrichten. **584.**

Werktage des folgenden Monats zu entrichten. **551.**

Der Miether wird von der Entrichtung des Miethzinses nicht dadurch befreit, daß er durch einen in seiner Person liegenden Grund an der Ausübung des ihm zustehenden Gebrauchsrechts verhindert wird. Der Vermiether muß sich jedoch den Werth der ersparten Aufwendungen sowie derjenigen Vortheile anrechnen lassen, welche er aus einer anderweitigen Verwerthung des Gebrauchs erlangt. Solange der Vermiether in Folge der Ueberlassung des Gebrauchs an einen Dritten außer Stande ist, dem Miether den Gebrauch zu gewähren, ist der Miether zur Entrichtung des Miethzinses nicht verpflichtet. **552.**

Ist die vermiethete Sache zur Zeit der Ueberlassung an den Miether mit einem Fehler behaftet, der ihre Tauglichkeit zu dem vertragsmäßigen Gebrauch aufhebt oder mindert, oder entsteht im Laufe der Miethe ein solcher Fehler, so ist der Miether für die Zeit, während deren die Tauglichkeit aufgehoben ist, von der Entrichtung des Miethzinses befreit, für die Zeit, während deren die Tauglichkeit gemindert ist, nur zur Entrichtung eines nach den §§ 472, 473 (S. 106) zu bemessenden Theiles des Miethzinses verpflichtet. | Das Gleiche gilt, wenn eine zugesicherte Eigenschaft fehlt oder später wegfällt. Bei der Vermiethung eines Grundstücks steht die Zusicherung einer bestimmten Größe der Zusicherung einer Eigenschaft gleich. **537.**

Statt die im § 537 bestimmten Rechte geltend zu machen, kann der Miether Schadensersatz wegen Nichterfüllung verlangen, wenn ein Mangel der im § 537 bezeichneten Art bei dem Abschlusse des Vertrags vorhanden ist oder ein solcher Mangel später in Folge eines Umstandes,

Der **Pächter** eines landwirthschaftlichen Grundstücks hat die gewöhnlichen Ausbesserungen, insbesondere die der Wohn- und Wirthschaftsgebäude, der Wege, Gräben und Einfriedigungen auf seine Kosten zu bewirken (**582**) und darf nicht ohne die Erlaubniß des Verpächters Aenderungen in der wirthschaftlichen Bestimmung des Grundstücks vornehmen, die auf die Art der Bewirthschaftung über die Pachtzeit hinaus von Einfluß sind. **583.**

Dem Pächter, dem ein Grundstück sammt Inventar verpachtet wird, liegt die Erhaltung der einzelnen Inventarstücke ob. **586** Abs. 1. — Er hat den gewöhnlichen Abgang der zu dem Inventar gehörenden Thiere aus den Jungen insoweit zu ersetzen, als dies einer ordnungsmäßigen Wirthschaft entspricht. **586** Abs. 2 Satz 2.

den der Vermiether zu vertreten hat, entsteht, oder der Vermiether mit der Beseitigung eines Mangels in Verzug kommt. | Im letzten Falle kann der Miether den Mangel selbst beseitigen und Ersatz der erforderlichen Aufwendungen verlangen. **538.**

Kennt der Miether bei dem Abschlusse des Vertrags den Mangel der gemietheten Sache, so stehen ihm die in den §§ 537, 538 bestimmten Rechte nicht zu. Ist dem Miether ein Mangel der in § 537 Abs. 1 bezeichneten Art in Folge grober Fahrlässigkeit unbekannt geblieben oder nimmt er eine mangelhafte Sache an, obschon er den Mangel kennt, so kann er diese Rechte nur unter den Voraussetzungen geltend machen, unter welchen dem Käufer einer mangelhaften Sache nach den §§ 460, 464 (S. 101, 105) Gewähr zu leisten ist. **539.**

Wird durch das Recht eines Dritten dem Miether der vertragsmäßige Gebrauch der gemietheten Sache ganz oder zum Theil entzogen, so finden die Vorschriften der §§ 537, 538, des § 539 Satz 1 und des § 540 (siehe S. 114) entsprechende Anwendung. **541.**

Ohne Einhaltung einer Kündigungsfrist kündigen kann der Miether, wenn ihm der vertragsmäßige Gebrauch der gemietheten Sache ganz oder zum Theil nicht rechtzeitig gewährt oder wieder entzogen wird. Die Kündigung ist erst zulässig, wenn der Vermiether eine ihm von dem Miether bestimmte angemessene Frist hat verstreichen lassen, ohne Abhilfe zu schaffen. Der Bestimmung einer Frist bedarf es nicht, wenn die Erfüllung des Vertrags in Folge des die Kündigung rechtfertigenden Umstandes für den Miether kein Interesse hat. | Wegen einer unerheblichen Hinderung oder Vorenthaltung des Gebrauchs ist die Kündigung nur zulässig, wenn sie durch ein besonderes Interesse des Miethers gerechtfertigt wird. **542** Abs. 1, 2. Wegen der Beweislast über die Zulässigkeit der erfolgten Kündigung siehe S. 114 § 542 Abs. 3. Auf das dem Miether nach § 542 zustehende Kündigungsrecht finden die Vorschriften der §§ 539 bis 541 sowie die für die Wandelung bei dem Kaufe geltenden Vorschriften der §§ 469 bis 471 (S. 106) entsprechende Anwendung. | Ist der Miethzins für eine spätere Zeit im voraus entrichtet, so hat ihn der Vermiether nach Maßgabe des § 347 oder, wenn die Kündigung wegen eines Umstandes erfolgt, den er nicht zu vertreten hat, nach den Vorschriften über die Herausgabe einer ungerechtfertigten Bereicherung[1] zurückzuerstatten **543.**

Ohne Einhaltung einer Kündigungsfrist kündigen kann der Miether ferner, wenn eine Wohnung oder ein anderer zum Aufenthalte von Menschen bestimmter Raum so beschaffen ist, daß die Benutzung mit einer erheblichen Gefährdung der Gesundheit verbunden ist, auch wenn der Miether die gefahrbringende Beschaffenheit bei dem Abschlusse des Ver-

[1] Siehe dieses Schuldverhältniß weiter unten!

trags gekannt oder auf die Geltendmachung der ihm wegen dieser Beschaffenheit zustehenden Rechte verzichtet hat. **544.**

Der Miether hat dem Vermiether unverzüglich Anzeige zu machen, wenn sich im Laufe der Miethe ein Mangel der gemietheten Sache zeigt, oder wenn eine Vorkehrung zum Schutze der Sache gegen eine nicht vorhergesehene Gefahr erforderlich wird. Das Gleiche gilt, wenn sich ein Dritter ein Recht an der Sache anmaßt. | Unterläßt der Miether die Anzeige, so ist er zum Ersatze des daraus entstehenden Schadens verpflichtet; er ist, soweit der Vermiether in Folge der Unterlassung der Anzeige Abhilfe zu schaffen außer Stande war, nicht berechtigt, die im § 537 bestimmten Rechte geltend zu machen oder nach § 542 Abs. 1 Satz 3 ohne Bestimmung einer Frist zu kündigen oder Schadensersatz wegen Nichterfüllung zu verlangen. **545.**

Der Miether eines Thieres hat die Fütterungskosten zu tragen. **547** Satz 2.

Der Miether ist berechtigt, eine Einrichtung, mit der er die Sache versehen hat, wegzunehmen. **547** Abs. 2 Satz 2.

Nicht zu vertreten hat der Miether Veränderungen oder Verschlechterungen der gemietheten Sache, die durch den vertragsmäßigen Gebrauch herbeigeführt werden. **548.**

Einem Dritten überlassen den Gebrauch der gemietheten Sache, insbesondere die Sache weiter vermiethen darf der Miether nicht ohne die Erlaubniß des Vermiethers. Verweigert dieser die Erlaubniß, so kann der Miether das Miethverhältniß unter Einhaltung der gesetzlichen Frist kündigen, sofern nicht in der Person des Dritten ein wichtiger Grund vorliegt. | Ueberläßt der Miether den Gebrauch einem Dritten, so hat er ein dem Dritten bei dem Gebrauche zur Last fallendes Verschulden zu vertreten, auch wenn der Vermiether die Erlaubniß zur Ueberlassung ertheilt hat. **549.**

Dem **Pächter** steht das im § 549 Abs. 1 bestimmte Kündigungsrecht nicht zu. **596** Abs. 1.

Zurückgeben muß der Miether die gemiethete Sache nach Beendigung des Miethverhältnisses. | Dem Miether eines

Der Pächter eines landwirthschaftlichen Grundstücks ist verpflichtet, das Grundstück nach der Beendigung der Pacht in dem Zustande zurückzugewähren, der sich bei einer während der Pachtzeit bis zur Rückgewähr fortgesetzten ordnungsmäßigen Bewirthschaftung ergiebt. Dies gilt insbesondere auch für die Bestellung. **591.**

Der Pächter eines Landguts hat von den bei der Beendigung der Pacht vorhandenen landwirthschaftlichen Erzeugnissen ohne Rücksicht darauf, ob er bei dem Antritte der Pacht solche Erzeugnisse übernommen hat, soviel zurückzulassen, als zur Fort-

Grundstücks steht wegen seiner Ansprüche gegen den Vermiether ein Zurückbehaltungsrecht nicht zu. | Hat der Miether den Gebrauch der Sache einem Dritten überlassen, so kann der Vermiether die Sache nach der Beendigung des Miethverhältnisses auch von dem Dritten zurückfordern. 556.

Es verjähren die Ansprüche des Miethers auf Ersatz von Verwendungen oder auf Gestattung der Wegnahme einer Einrichtung in 6 Monaten. | Die Verjährung beginnt mit der Beendigung des Miethverhältnisses. 558.

Die Geltendmachung des Pfandrechts des Vermiethers abwenden kann der Miether durch Sicherheitsleistung; er kann jede einzelne Sache dadurch

führung der Wirthschaft bis zu der Zeit erforderlich ist, zu welcher gleiche und ähnliche Erzeugnisse voraussichtlich gewonnen werden. | Soweit der Pächter landwirthschaftliche Erzeugnisse in größerer Menge oder besserer Beschaffenheit zurückzulassen verpflichtet ist, als er bei dem Antritte der Pacht übernommen hat, kann er von dem Verpächter Ersatz des Werthes verlangen. | Den vorhandenen, auf dem Gute gewonnenen Dünger hat er zurückzulassen, ohne daß er Ersatz des Werthes verlangen kann. 593.

Uebernimmt der Pächter eines Grundstücks das Inventar zum Schätzungswerthe mit der Verpflichtung, es bei der Beendigung der Pacht zum Schätzungswerthe zurückzugewähren, so gelten die Vorschriften der §§ 588, 589. 587. Der Pächter trägt die Gefahr des zufälligen Unterganges und einer zufälligen Verschlechterung des Inventars. Er kann über die einzelnen Stücke innerhalb der Grenzen einer ordnungsmäßigen Wirthschaft verfügen. | Der Pächter hat das Inventar nach den Regeln einer ordnungsmäßigen Wirthschaft in dem Zustande zu erhalten, in welchem es ihm übergeben wird. Die von ihm angeschafften Stücke werden mit der Einverleibung in das Inventar Eigenthum des Verpächters. 588. — Der Pächter hat das bei der Beendigung der Pacht vorhandene Inventar dem Verpächter zurückzugewähren. | Der Verpächter kann die Uebernahme derjenigen von dem Pächter angeschafften Inventarstücke ablehnen, welche nach den Regeln einer ordnungsmäßigen Wirthschaft für das Grundstück überflüssig oder zu werthvoll sind; mit der Ablehnung geht das Eigenthum an den abgelehnten Stücken auf den Pächter über. | Ist der Gesammtschätzungswerth der übernommenen Stücke höher oder niedriger als der Gesammtschätzungswerth der zurückzugewährenden Stücke, so hat im ersteren Falle der Pächter dem Verpächter, im letzteren Falle der Verpächter dem Pächter den Mehrbetrag zu ersetzen. 589.

Uebernimmt der Pächter eines Landguts dasselbe auf Grund einer Schätzung des wirthschaftlichen Zustandes mit der Bestimmung, daß nach der Beendigung der Pacht die Rückgewähr gleichfalls auf Grund einer solchen Schätzung zu erfolgen hat, so finden auf die Rückgewähr des Gutes die Vor-

von dem Pfandrechte befreien, daß er in Höhe ihres Werthes Sicherheit leistet. 562.

schriften des § 589 Abs. 2, 3 entsprechende Anwendung. | Das Gleiche gilt, wenn der Pächter Vorräthe auf Grund einer Schätzung mit einer solchen Bestimmung übernimmt, für die Rückgewähr der Vorräthe, die er zurückzulassen verpflichtet ist. 594.

Dem Pächter eines Grundstücks steht für die Forderungen gegen den Verpächter, die sich auf das mitgepachtete Inventar beziehen, ein Pfandrecht an den in seinem Besitz gelangten Inventarstücken zu. Auf das Pfandrecht findet die Vorschrift des § 562 Anwendung. 590.

2. **Form des Miethvertrags.** Ein Miethvertrag über ein Grundstück, der für längere Zeit als ein Jahr geschlossen wird, bedarf der schriftlichen Form. Wird die Form nicht beobachtet, so gilt der Vertrag als für unbestimmte Zeit geschlossen. 566.

3. **Beendigung des Miethverhältnisses.** Es endigt mit dem Ablaufe der Zeit, für die es eingegangen ist.

Ist die Miethzeit nicht bestimmt, so kann jeder Theil nach den Vorschriften des § 565 kündigen. 564.

a) Bei Grundstücken ist die Kündigung nur für den Schluß eines Kalendervierteljahrs zulässig; sie hat spätestens am dritten Werktage des Vierteljahrs zu erfolgen.

Ist der Miethzins nach Monaten bemessen, so ist die Kündigung nur für den Schluß eines Kalendermonats zulässig; sie hat spätestens am fünfzehnten des Monats zu erfolgen.

Ist der Miethzins nach Wochen bemessen, so ist die Kündigung nur für den Schluß einer Kalenderwoche zulässig; sie hat spätestens am ersten Werktage der Woche zu erfolgen. 565 Abs. 1.

Ist bei der **Pacht** eines Grundstücks oder eines Rechtes die Pachtzeit nicht bestimmt, so ist die Kündigung nur für den Schluß eines Pachtjahres zulässig; sie hat spätestens am ersten Werktage des halben Jahres zu erfolgen, mit dessen Ablaufe die Pacht endigen soll.

Diese Vorschriften gelten bei der Pacht eines Grundstückes oder eines Rechtes auch für die Fälle, in denen das Pachtverhältniß unter Einhaltung der gesetzlichen Frist vorzeitig gekündigt werden kann. 595.

Die Kündigung ist jedoch im Falle des § 566 Satz 2 (oben 2) nicht für eine frühere Zeit als für den Schluß des 1. Jahres zulässig.

b) Bei beweglichen Sachen hat die Kündigung spätestens am dritten Tage vor dem Tage zu erfolgen, an welchem das Miethverhältniß endigen soll. 565 Abs. 2.

Zu a) und b):

Ist nach Tagen der Miethzins für ein Grundstück oder für eine bewegliche Sache bemessen, so ist die Kündigung an jedem Tage für den folgenden Tag zulässig. 565 Abs. 3.

Nach 30 Jahren unter Einhaltung der gesetzlichen Frist (siehe oben a, b), kann jeder Theil das Miethverhältniß kündigen, wenn ein Miethvertrag für längere Zeit als 30 Jahre geschlossen ist. 567 Satz 1.

Unzulässig ist die Kündigung, wenn der Vertrag für die Lebenszeit des Vermiethers oder des Miethers geschlossen ist. 567 Satz 2.

4. **Verlängerung des Miethverhältnisses** nach dem Ablaufe der Miethzeit. Wird nach demselben der Gebrauch der Sache von dem Miether fortgesetzt, so gilt es als auf unbestimmte Zeit verlängert, sofern nicht der Vermiether oder der Miether seinen entgegenstehenden Willen binnen einer Frist von zwei Wochen dem anderen Theile gegenüber erklärt. Die Frist beginnt für den Miether mit der Fortsetzung des Gebrauchs, für den Vermiether mit dem Zeitpunkt, in welchem er von der Fortsetzung Kenntniß erlangt. 568.

5. **Tod des Miethers** berechtigt sowohl den Erben als den Vermiether, das Verhältniß unter Einhaltung der gesetzlichen Frist (siehe oben 3 a, b) zu kündigen. Die Kündigung kann nur für den ersten Termin erfolgen, für den sie zulässig ist. 569.[1]

6. **Im Falle der Versetzung nach einem anderen Ort** können Militärpersonen, Beamte, Geistliche und Lehrer an öffentlichen Unterrichtsanstalten das Miethverhältniß in Ansehung der Räume, welche sie für sich oder ihre Familie an dem bisherigen Garnison- oder Wohnorte gemiethet haben, unter Einhaltung der gesetzlichen Frist (siehe oben 3 a, b) kündigen. Die Kündigung kann nur für den ersten Termin erfolgen, für den sie zulässig ist. 570[2]

Zu 5 und 6: Die Vorschriften des Abs. 1 Satz 1, Abs. 2 gelten auch für die Fälle, in denen das Miethverhältniß unter Einhaltung der gesetzlichen Frist vorzeitig gekündigt werden kann. 565 Abs. 4. (Siehe oben 3.)

7. **Veräußert der Vermiether das vermiethete Grundstück an einen Dritten** nach der Ueberlassung an den Miether, so tritt der Erwerber an Stelle des Vermiethers in die sich während der Dauer seines Eigenthums aus dem Miethverhältniß ergebenden Rechte und Verpflichtungen ein.

Erfüllt der Erwerber die Verpflichtungen nicht, so haftet der Vermiether für den von dem Erwerber zu ersetzenden Schaden wie ein Bürge, der auf die Einrede der Vorausklage verzichtet hat. Erlangt der Miether von dem Uebergange des Eigenthums durch Mittheilung des Vermiethers Kenntniß, so wird dieser von der Verhaftung befreit, wenn nicht der Miether das Verhältniß für den ersten Termin kündigt, für den die Kündigung zulässig ist. 571.

Hat der Miether des veräußerten Grundstücks dem Vermiether für die Erfüllung seiner Verpflichtungen Sicherheit geleistet, so tritt der Erwerber in die dadurch begründeten Rechte ein. Zur Rückgewähr der Sicherheit ist er nur verpflichtet, wenn sie ihm ausgehändigt wird oder wenn er dem Vermiether gegenüber die Verpflichtung zur Rückgewähr übernimmt. 572.

Verfügungen über den Miethzins. Eine Verfügung, die der Vermiether vor dem Uebergange des Eigenthums über den auf die Zeit der

[1] **Der Verpächter** ist nicht berechtigt, das Pachtverhältniß nach § 569 zu kündigen. 596 Abs. 2.

[2] Eine Kündigung des Pachtverhältnisses nach § 570 findet nicht statt. 596 Abs. 3.

Berechtigung des Erwerbes entfallenden Miethzins getroffen hat, ist insoweit wirksam, als sie sich auf den Miethzins für das zur Zeit des Ueberganges des Eigenthums laufende und das folgende Kalendervierteljahr bezieht. Eine Verfügung über den Miethzins für eine spätere Zeit muß der Erwerber gegen sich gelten lassen, wenn er sie zur Zeit des Ueberganges des Eigenthums kennt. **573.**

Ein Rechtsgeschäft, das zwischen dem Miether und dem Vermiether in Ansehung der Miethzinsforderung vorgenommen wird, insbesondere die Entrichtung des Miethzinses, ist dem Erwerber gegenüber wirksam, soweit es sich nicht auf den Miethzins für eine spätere Zeit als das Kalendervierteljahr, in welchem der Miether von dem Uebergange des Eigenthums Kenntniß erlangt, und das folgende Vierteljahr bezieht. Ein Rechtsgeschäft, das nach dem Uebergange des Eigenthums vorgenommen wird, ist jedoch unwirksam, wenn der Miether bei der Vornahme des Rechtsgeschäfts von dem Uebergange des Eigenthums Kenntniß hat. **574.**

Soweit die Entrichtung des Miethzinses an den Vermiether nach § 574 dem Erwerber gegenüber wirksam ist, kann der Miether gegen die Miethzinsforderung des Erwerbers eine ihm gegen den Vermiether zustehende Forderung aufrechnen. Die Aufrechnung ist ausgeschlossen, wenn der Miether die Gegenforderung erworben hat, nachdem er von dem Uebergange des Eigenthums Kenntniß erlangt hat, oder wenn die Gegenforderung erst nach der Erlangung der Kenntniß und später als der Miethzins fällig geworden ist. **575.**

Zeigt der Vermiether dem Miether an, daß er das Eigenthum an dem vermietheten Grundstück auf einen Dritten übertragen habe, so muß er in Ansehung der Miethzinsforderung die angezeigte Uebertragung dem Miether gegenüber gegen sich gelten lassen, auch wenn sie nicht erfolgt oder nicht wirksam ist. | Die Anzeige kann nur mit Zustimmung desjenigen zurückgenommen werden, welcher als der neue Eigenthümer bezeichnet worden ist. **576.**

8. **Belastet der Vermiether** das vermiethete Grundstück nach der Ueberlassung an den Miether mit dem Rechte eines Dritten, so finden die Vorschriften der §§ 571 bis 576 entsprechende Anwendung, wenn durch die Ausübung des Rechtes dem Miether der vertragsmäßige Gebrauch entzogen wird. Hat die Ausübung des Rechtes nur eine Beschränkung des Miethers in dem vertragsmäßigen Gebrauche zur Folge, so ist der Dritte dem Miether gegenüber verpflichtet, die Ausübung zu unterlassen, soweit sie den vertragsmäßigen Gebrauch beeinträchtigen würde. **577.**

9. **Hat vor der Ueberlassung** des vermietheten Grundstücks an den Miether der Vermiether das Grundstück an einen Dritten veräußert oder mit einem Rechte belastet, durch dessen Ausübung der vertragsmäßige Gebrauch dem Miether entzogen oder beschränkt wird, so gilt das Gleiche wie in den Fällen des § 571 Abs. 1 und des § 577, wenn der Erwerber dem Vermiether gegenüber die Erfüllung der sich aus dem Miethverhältniß ergebenden Verpflichtungen übernommen hat. **578.**

10. **Wird das vermiethete Grundstück von dem Erwerber weiter veräußert oder belastet,** so finden die Vorschriften des § 571 Abs. 1 und der §§ 572 bis 578 entsprechende Anwendung. Erfüllt der neue Erwerber die sich aus dem Miethverhältniß ergebenden Verpflichtungen nicht, so haftet der Vermiether dem Miether nach § 571 Abs. 2. **579.**

4) Leihvertrag.

1. **Begriff:** Der Vertrag, wodurch der Verleiher einer Sache verpflichtet wird, dem Entleiher den Gebrauch derselben unentgeltlich zu gestatten. **598.**
2. **Rechte und Pflichten des Entleihers:**
   a) Er hat die gewöhnlichen Kosten der Erhaltung der geliehenen Sache, bei der Leihe eines Thieres insbesondere die Fütterungskosten zu tragen. **601** Abs. 1
   b) Er ist berechtigt, eine Einrichtung, mit der er die Sache versehen hat, wegzunehmen. **601** Abs. 2 Satz 2.
   c) Nicht zu vertreten hat er Veränderungen oder Verschlechterungen der geliehenen Sache, die durch den vertragsmäßigen Gebrauch herbeigeführt werden. **602.** Er darf von der Sache keinen anderen als den vertragsmäßigen Gebrauch machen. Er ist ohne Erlaubniß des Verleihers nicht berechtigt, den Gebrauch der Sache einem Dritten zu überlassen. **603.**
   d) Zurückgeben muß er die Sache nach dem Ablaufe der für die Leihe bestimmten Zeit. | Ist eine Zeit nicht bestimmt, so ist die Sache zurückzugeben, nachdem der Entleiher den sich aus dem Zwecke der Leihe ergebenden Gebrauch gemacht hat. **604** Abs. 1, 2 Satz 1
   e) Es verjähren die Ansprüche des Entleihers auf Ersatz von Verwendungen oder auf Gestattung der Wegnahme einer Einrichtung in 6 Monaten. Die Vorschriften des § 558 Abs. 2, 3 (S. 115, 120) finden entsprechende Anwendung. **606.**
3. **Pflichten des Verleihers:**
   a) Siehe Begriff.
   b) Zu vertreten hat er nur Vorsatz und grobe Fahrlässigkeit. **599.**
   c) Den Schaden hat er zu ersetzen, der daraus entsteht, daß der Verleiher arglistig einen Mangel im Rechte oder einen Fehler der verliehenen Sache verschweigt. **600.**
   d) Andere Verwendungen als die gewöhnlichen Kosten der Erhaltung der geliehenen Sache hat er zu ersetzen nach den Vorschriften über die Geschäftsführung ohne Auftrag (S. 136). **601** Abs. 2 S. 1.
4. **Rechte des Verleihers:**
   a) Zurückfordern kann er die Sache, wenn eine Zeit für die Leihe nicht bestimmt ist, schon vor dem aus dem Zwecke der Leihe sich ergebenden Gebrauch, wenn soviel Zeit verstrichen ist, daß der Entleiher den Gebrauch hätte machen können. **604** Abs. 2 Satz 2.
   b) Jederzeit zurückfordern kann er die Sache, wenn die Dauer der Leihe weder bestimmt ist, noch aus dem Zwecke zu entnehmen ist. **604** Abs. 3.

c) Auch von dem Dritten zurückfordern kann er die Sache nach der Beendigung der Leihe, wenn der Entleiher den Gebrauch der Sache einem Dritten überlassen hat. **604** Abs. 4.

d) Kündigen kann er die Leihe:

1. wenn er in Folge eines nicht vorhergesehenen Umstandes der verliehenen Sache bedarf;
2. wenn der Entleiher einen vertragswidrigen Gebrauch von der Sache macht, insbesondere unbefugt den Gebrauch einem Dritten überläßt oder die Sache durch Vernachlässigung der ihm obliegenden Sorgfalt erheblich gefährdet;
3. wenn der Entleiher stirbt. **605.**

e) Es verjähren seine Ersatzansprüche wegen Veränderungen oder Verschlechterungen der verliehenen Sache in 6 Monaten. Die Vorschriften des § 558 Abs. 2, 3 (S. 115, 120) finden entsprechende Anwendung. **606.**

5) Darlehen.

1. **Begriff:** Empfang von Geld oder anderen vertretbaren Sachen unter der Vereinbarung, daß der Empfänger dem Darleiher das Empfangene in Sachen gleicher Art, Güte und Menge zurückzuerstatten hat. | Wer solche Sachen aus einem anderen Grunde schuldet, kann mit dem Gläubiger vereinbaren, daß sie als Darlehen geschuldet werden sollen. **607.**
2. **Widerrufen kann man das Darlehensversprechen** (Versprechen der Hingabe eines Darlehens) — im Zweifel —, wenn in den Vermögensverhältnissen des anderen Theils eine wesentliche Verschlechterung eintritt, durch die der Anspruch auf die Rückerstattung gefährdet wird. **610.**
3. **Bedingt man Zinsen für ein Darlehen,** so sind sie, sofern nicht ein Anderes bestimmt ist, nach dem Ablaufe je eines Jahres und, wenn das Darlehen vor dem Ablauf eines Jahres zurückzuerstatten ist, bei der Rückerstattung zu entrichten. **608.**
4. **Für die Rückerstattung eines Darlehens**

   a) kann eine Zeit bestimmt sein,

   b) ist eine solche nicht bestimmt, so hängt die Fälligkeit davon ab, daß der Gläubiger oder der Schuldner kündigt.

   Die Kündigungsfrist beträgt bei Darlehen von mehr als 300 Mark drei Monate, bei Darlehen von geringerem Betrag einen Monat.

   c) Sind Zinsen nicht bedungen, so ist der Schuldner auch ohne Kündigung zur Rückerstattung berechtigt. **609.**

6) Dienstvertrag.

1. **Begriff:** Ein Vertrag, wodurch der eine Theil Dienste irgend einer Art zusagt und der andere eine Vergütung dafür verspricht. **611.**
2. **Obliegenheiten des zur Dienstleistung Verpflichteten:**

   a) Der Dienste zusagende Theil ist zur Leistung der versprochenen Dienste verpflichtet, im Zweifel in Person. **611** Abs. 1, **613** Satz 1.

b) Kündigt er ohne wichtigen Grund zur Unzeit (siehe unter Ziffer 4b am Schluß), so hat er dem Dienstberechtigten den daraus entstehenden Schaden zu ersetzen. 627 Abs. 2 Satz 2.

3. **Pflichten des Dienstberechtigten:**

a) Er ist zur Gewährung der vereinbarten Vergütung verpflichtet. 611 Abs. 1. Eine solche gilt als stillschweigend vereinbart, wenn die Dienstleistung den Umständen nach nur gegen eine Vergütung zu erwarten ist. | Ist die Höhe derselben nicht bestimmt, so ist bei dem Bestehen einer Taxe die taxmäßige Vergütung, in Ermangelung einer Taxe die übliche Vergütung als vereinbart anzusehen. 612. — Die Vergütung ist nach der Leistung der Dienste zu entrichten. | Ist die Vergütung nach Zeitabschnitten bemessen, so ist sie nach dem Ablaufe der einzelnen Zeitabschnitte zu entrichten. 614.

Kommt der Dienstberechtigte mit der Annahme der Dienste in Verzug, so kann der Verpflichtete für die in Folge des Verzugs nicht geleisteten Dienste die vereinbarte Vergütung verlangen, ohne zur Nachleistung verpflichtet zu sein. Er muß sich jedoch den Werth desjenigen anrechnen lassen, was er in Folge des Unterbleibens der Dienstleistung erspart oder durch anderweitige Verwendung seiner Dienste erwirbt oder zu erwerben böswillig unterläßt. 615.

Der Verpflichtete wird des Anspruchs auf die Vergütung nicht dadurch verlustig, daß er für eine verhältnißmäßig nicht erhebliche Zeit durch einen in seiner Person liegenden Grund ohne sein Verschulden an der Dienstleistung verhindert wird. Er muß sich jedoch den Betrag anrechnen lassen, welcher ihm für die Zeit der Verhinderung aus einer auf Grund gesetzlicher Verpflichtung bestehenden Kranken- oder Unfallversicherung zukommt. 616. — Einen seinen bisherigen Leistungen entsprechenden Theil der Vergütung kann der Verpflichtete verlangen, wenn das Dienstverhältniß nach dem Beginn der Dienstleistung auf Grund des § 626 oder des § 627 (siehe unter 4b am Schluß) gekündigt wird. Kündigt er, ohne durch vertragswidriges Verhalten des anderen Theiles dazu veranlaßt zu sein, oder veranlaßt er durch sein vertragswidriges Verhalten die Kündigung des andern Theiles, so steht ihm ein Anspruch auf die Vergütung insoweit nicht zu, als seine bisherigen Leistungen in Folge der Kündigung für den anderen Theil kein Interesse haben. Ist die Vergütung für eine spätere Zeit im voraus entrichtet, so hat der Verpflichtete sie nach Maßgabe des § 347 (siehe S. 86) oder, wenn die Kündigung wegen eines Umstandes erfolgt, den er nicht zu vertreten hat, nach den Vorschriften über die Herausgabe einer ungerechtfertigten Bereicherung[1] zurückzuerstatten. | Wird die Kündigung durch vertragswidriges Verhalten des anderen Theils veranlaßt, so ist dieser zum Ersatze des durch die Aufhebung des Dienstverhältnisses entstehenden Schadens verpflichtet. 628.

[1] Siehe dieses Schuldverhältniß weiter unten!

b) Nicht übertragbar ist im Zweifel der Anspruch auf die Dienste. **613** Satz 2.

c) Die erforderliche Verpflegung und ärztliche Behandlung bis zur Dauer von 6 Wochen, jedoch nicht über die Beendigung des Dienstverhältnisses hinaus ist im Falle der Erkrankung des in die häusliche Gemeinschaft aufgenommenen Verpflichteten demselben zu gewähren bei einem dauernden Dienstverhältnisse, das seine Erwerbsthätigkeit vollständig oder hauptsächlich in Anspruch nimmt, sofern nicht die Erkrankung von ihm vorsätzlich oder durch grobe Fahrlässigkeit herbeigeführt worden ist. Die Verpflegung und ärztliche Behandlung kann durch Aufnahme des Verpflichteten in eine Krankenanstalt gewährt werden. Die Kosten können auf die für die Zeit der Erkrankung geschuldete Vergütung angerechnet werden. Wird das Dienstverhältniß wegen der Erkrankung von dem Dienstberechtigten nach § 626 gekündigt, so bleibt die dadurch herbeigeführte Beendigung des Dienstverhältnisses außer Betracht. | Die Verpflichtung tritt nicht ein, wenn für die Verpflegung und ärztliche Behandlung durch eine Versicherung oder durch eine Einrichtung der öffentlichen Krankenpflege Vorsorge getroffen ist. **617.** Diese Verpflichtung kann nicht im voraus durch Vertrag aufgehoben oder beschränkt werden. **619.**

d) Gegen Gefahr für Leben und Gesundheit ist der Verpflichtete soweit zu schützen, als die Natur der Dienstleistung es gestattet, und zwar dadurch, daß der Dienstberechtigte Räume, Vorrichtungen oder Geräthschaften, die er zur Verrichtung der Dienste zu beschaffen hat, danach einrichtet und unterhält, und Dienstleistungen, die unter seiner Anordnung oder seiner Leitung vorzunehmen sind, danach regelt. **618** Abs. 1. — Erfüllt der Dienstberechtigte die ihm in Ansehung des Lebens und der Gesundheit des Verpflichteten obliegenden Verpflichtungen nicht, so finden auf seine Verpflichtung zum Schadensersatze die für unerlaubte Handlungen geltenden Vorschriften der §§ 842 bis 846 (siehe weiter unten!) entsprechende Anwendung. **618** Abs. 3. — Diese Verpflichtung kann nicht im voraus durch Vertrag aufgehoben oder beschränkt werden. **619.**

e) In Ansehung des Wohn- und Schlafraums, der Verpflegung sowie der Arbeits- und Erholungszeit hat er bei Aufnahme des Verpflichteten in die häusliche Gemeinschaft diejenigen Einrichtungen und Anordnungen zu treffen, welche mit Rücksicht auf die Gesundheit, die Sittlichkeit und die Religion des Verpflichteten erforderlich sind. **618** Abs. 2. — Diese Verpflichtung kann nicht im voraus durch Vertrag aufgehoben oder beschränkt werden. **619.**

f) Angemessene Zeit zum Aufsuchen eines anderen Dienstverhältnisses muß der Dienstberechtigte dem Verpflichteten auf Verlangen nach der Kündigung eines dauernden Dienstverhältnisses gewähren. **629.**

g) Ein schriftliches Zeugniß über das Dienstverhältniß und dessen Dauer, auch über die Leistungen und die Führung im Dienste muß der Dienstberechtigte dem anderen Theile auf Verlangen ertheilen bei Beendigung eines dauernden Dienstverhältnisses. **630.**

4. **Endigung des Dienstverhältnisses:**

a) Mit dem Ablaufe der Zeit, für die es eingegangen ist, endigt es. **620** Abs. 1.

b) Kündigen kann jeder Theil nach Maßgabe der §§ 621 bis 623, wenn die Dauer des Dienstverhältnisses weder bestimmt noch aus der Beschaffenheit oder dem Zwecke der Dienste zu entnehmen ist. **620** Abs. 2.

An jedem Tage für den folgenden ist die Kündigung zulässig, wenn die Vergütung nach Tagen bemessen ist. **621** Abs. 1.

Spätestens am ersten Werktage der Woche hat die Kündigung zu erfolgen und ist nur für den Schluß einer Kalenderwoche zulässig, wenn die Vergütung nach Wochen bemessen ist. **621** Abs. 2.

Spätestens am 15. des Monats hat sie zu erfolgen und ist nur für den Schluß eines Kalendermonats zulässig, wenn die Vergütung nach Monaten bemessen ist. **621** Abs. 3.

Nur für den Schluß eines Kalendervierteljahrs und nur unter Einhaltung einer Frist von 6 Wochen zulässig ist die Kündigung, wenn die Vergütung nach Vierteljahren oder längeren Zeitabschnitten bemessen ist. **621** Abs. 4. Das Gleiche gilt, auch wenn die Vergütung nach kürzeren Zeitabschnitten als Vierteljahren bemessen ist, für das Dienstverhältniß der mit festen Bezügen zur Leistung von Diensten höherer Art Angestellten, deren Erwerbsthätigkeit durch das Dienstverhältniß vollständig oder hauptsächlich in Anspruch genommen wird, insbesondere der Lehrer, Erzieher, Privatbeamten, Gesellschafterinnen. **622.**

Jederzeit kann das Dienstverhältniß gekündigt werden, wenn die Vergütung nicht nach Zeitabschnitten bemessen ist; jedoch 2 Wochen Kündigungsfrist ist einzuhalten bei einem die Erwerbsthätigkeit des Verpflichteten vollständig oder hauptsächlich in Anspruch nehmenden Dienstverhältniß. **623.**

Nach dem Ablauf von 5 Jahren kann es vom Verpflichteten gekündigt werden, wenn es für die Lebenszeit einer Person oder für längere Zeit als 5 Jahre eingegangen ist. Die Kündigungsfrist beträgt 6 Monate. **624.**

Ohne Einhaltung einer Kündigungsfrist kann das Dienstverhältniß von jedem Theile gekündigt werden, wenn ein wichtiger Grund vorliegt. **626.**

Die Kündigung ist auch ohne die im § 626 bezeichnete Voraussetzung zulässig, wenn der Verpflichtete, ohne in einem dauernden Dienstverhältnisse mit festen Bezügen zu stehen, Dienste höherer Art zu leisten hat, die auf Grund besonderen Vertrauens übertragen zu werden pflegen. | Der Verpflichtete darf nur in der Art kündigen, daß sich der Berechtigte die Dienste anderweit beschaffen kann, es sei denn, daß ein wichtiger Grund für die unzeitige Kündigung vorliegt. **627.** (Abs. 2 Satz 2 siehe oben 2b.)

7) Werkvertrag.

1. **Begriff.** Versprechen der Herstellung eines Werkes (— Gegenstand des Vertrages kann die Herstellung oder Veränderung einer Sache oder ein anderer durch Arbeit oder Dienstleistung herbeizuführender Erfolg sein (**631** Abs. 2) —) auf Seiten des Unternehmers gegen das vom Besteller gegebene Versprechen einer Vergütung. **631.**

2. **Pflichten des Unternehmers** aus dem Werkvertrag:

   a) Herstellung des versprochenen Werks (**631** Abs. 1) und zwar derartig, daß es die zugesicherten Eigenschaften hat und nicht mit Fehlern behaftet ist, die den Werth oder die Tauglichkeit zu dem gewöhnlichen oder dem nach dem Vertrage vorausgesetzten Gebrauch aufheben oder mindern. **633** Abs. 1. Eine Vereinbarung, durch welche die Verpflichtung des Unternehmers, einen Mangel des Werkes zu vertreten, erlassen oder beschränkt wird, ist nichtig, wenn der Unternehmer den Mangel arglistig verschweigt. **637.** Ist das Werk nicht von dieser Beschaffenheit, so kann der Besteller

   b) die Beseitigung des Mangels verlangen. Der Unternehmer ist berechtigt, die Beseitigung zu verweigern, wenn sie einen unverhältnißmäßigen Aufwand erfordert. | Ist der Unternehmer mit der Beseitigung des Mangels im Verzuge, so kann der Besteller den Mangel selbst beseitigen und Ersatz der erforderlichen Aufwendungen verlangen. **633.** Zur Beseitigung eines Mangels der im § 633 bezeichneten Art kann der Besteller dem Unternehmer eine angemessene Frist mit der Erklärung bestimmen, daß er die Beseitigung des Mangels nach dem Ablaufe der Frist ablehne. Zeigt sich schon vor der Ablieferung des Werkes ein Mangel, so kann der Besteller die Frist sofort bestimmen; sie muß so bemessen werden, daß sie nicht vor der für die Ablieferung bestimmten Frist abläuft. Nach dem Ablauf der Frist kann der Besteller

   c) Rückgängigmachung des Vertrags (Wandelung) oder Herabsetzung der Vergütung (Minderung) verlangen, wenn nicht der Mangel rechtzeitig beseitigt worden ist; der Anspruch auf Beseitigung des Mangels ist ausgeschlossen. | Der Bestimmung einer Frist bedarf es nicht, wenn die Beseitigung des Mangels unmöglich ist oder von dem Unternehmer verweigert wird oder wenn die sofortige Geltendmachung des Anspruchs auf Wandelung oder auf Minderung durch ein besonderes Interesse des Bestellers gerechtfertigt wird. | Die Wandelung ist ausgeschlossen, wenn der Mangel den Werth oder die Tauglichkeit des Werkes nur unerheblich mindert. | Auf die Wandelung und die Minderung finden die für den Kauf geltenden Vorschriften der §§ 465 bis 467, 469 bis 475 (S. 102, 106) entsprechende Anwendung. **634.** Wird das Werk ganz oder zum Theil nicht rechtzeitig hergestellt, so finden die für die Wandelung geltenden Vorschriften des § 634 Abs. 1 bis 3 entsprechende Anwendung; an die Stelle des Anspruchs auf Wandelung tritt das Recht des Bestellers, nach § 327 (S. 83) von dem Vertrage zurückzutreten. Die im Falle des Verzugs des Unternehmers dem Besteller zustehenden Rechte bleiben unberührt. | Bestreitet der Unternehmer die Zulässigkeit des erklärten Rücktritts, weil er das Werk rechtzeitig hergestellt habe, so trifft ihn die Beweislast. **636.**

d) Schadensersatz wegen Nichterfüllung statt der Wandelung oder der Minderung hat der Unternehmer auf Verlangen zu leisten, wenn der Mangel des Werkes auf einem Umstande beruht, den der Unternehmer zu vertreten hat. **635.**

e) Es verjähren der Anspruch des Bestellers auf Beseitigung eines Mangels des Werkes sowie die wegen des Mangels dem Besteller zustehenden Ansprüche auf Wandelung, Minderung oder Schadensersatz, sofern nicht der Unternehmer den Mangel arglistig verschwiegen hat, in 6 Monaten, bei Arbeiten an einem Grundstück in einem Jahre, bei Bauwerken in 5 Jahren. Die Verjährung beginnt mit der Abnahme des Werkes. | Die Verjährungsfrist kann durch Vertrag verlängert werden. **638.** Ist nach der Beschaffenheit des Werkes die Abnahme ausgeschlossen, so tritt in dem Falle des § 638 an die Stelle der Abnahme die Vollendung des Werkes. **646.** Auf die Verjährung der im § 638 bezeichneten Ansprüche des Bestellers finden die für die Verjährung der Ansprüche des Käufers geltenden Vorschriften des § 477 Abs. 2, 3 und der §§ 478, 479 (S. 107) entsprechende Anwendung. | Unterzieht sich der Unternehmer im Einverständnisse mit dem Besteller der Prüfung des Vorhandenseins des Mangels oder der Beseitigung des Mangels, so ist die Verjährung so lange gehemmt, bis der Unternehmer das Ergebniß der Prüfung dem Besteller mittheilt oder ihm gegenüber den Mangel für beseitigt erklärt oder die Fortsetzung der Beseitigung verweigert. **639.**

f) Verpflichtet sich der Unternehmer, das Werk aus einem von ihm zu beschaffenden Stoffe herzustellen, so hat er dem Besteller die hergestellte Sache zu übergeben und das Eigenthum an der Sache zu verschaffen. Auf einen solchen Vertrag finden die Vorschriften über den Kauf Anwendung; ist eine nicht vertretbare Sache herzustellen, so treten an die Stelle des § 433, des § 446 Abs. 1, Satz 1 und der §§ 447, 459, 460, 462 bis 464, 477 bis 479 (siehe S. 103, 104, 101, 105,, 107) die Vorschriften über den Werkvertrag mit Ausnahme der §§ 647, 648 (S. 132). | Verpflichtet sich der Unternehmer nur zur Beschaffung von Zuthaten oder sonstigen Nebensachen, so finden ausschließlich die Vorschriften über den Werkvertrag Anwendung. **651.**

3. **Pflichten des Bestellers.**

a) Abzunehmen das vertragsmäßig hergestellte Werk ist er verpflichtet, sofern nicht nach der Beschaffenheit des Werkes die Abnahme ausgeschlossen ist. | Nimmt der Besteller ein mangelhaftes Werk ab, obschon er den Mangel kennt, so stehen ihm die in den §§ 633, 634 bestimmten

Ansprüche (siehe oben 2) nur zu, wenn er sich seine Rechte wegen des Mangels bei der Abnahme vorbehält. **640.**

b) Die Vergütung ist bei der Abnahme des Werkes zu entrichten. **641** Satz 1.

Eine Vergütung gilt als stillschweigend vereinbart, wenn die Herstellung des Werkes den Umständen nach nur gegen eine Vergütung zu erwarten ist. | Ist die Höhe der Vergütung nicht bestimmt, so ist bei dem Bestehen einer Taxe die taxmäßige, in Ermangelung einer Taxe die übliche Vergütung als vereinbart anzusehen. **632.** Ist das Werk in Theilen abzunehmen und die Vergütung für die einzelnen Theile bestimmt, so ist die Vergütung für jeden Theil bei dessen Abnahme zu entrichten. | Eine in Geld festgesetzte Vergütung hat der Besteller von der Abnahme des Werkes an zu verzinsen, sofern nicht die Vergütung gestundet ist. **641.** — Ist nach der Beschaffenheit des Werkes die Abnahme ausgeschlossen, so tritt in den Fällen des § 641 an die Stelle der Abnahme die Vollendung des Werkes. **646.**

c) Eine angemessene Entschädigung kann der Unternehmer verlangen, wenn der Besteller durch sein Unterlassen einer Handlung, die bei der Herstellung erforderlich ist, in Verzug der Annahme kommt. **642** Abs. 1. — Der Unternehmer ist in diesem Falle berechtigt, dem Besteller zur Nachholung der Handlung eine angemessene Frist mit der Erklärung zu bestimmen, daß er den Vertrag kündige, wenn die Handlung nicht bis zum Ablaufe der Frist vorgenommen werde. Der Vertrag gilt als aufgehoben, wenn nicht die Nachholung bis zum Ablaufe der Frist erfolgt. **643.**

Die Höhe der Entschädigung bestimmt sich einerseits nach der Dauer des Verzugs und der Höhe der vereinbarten Vergütung, andererseits nach demjenigen, was der Unternehmer in Folge des Verzugs an Aufwendungen erspart oder durch anderweitige Verwendung seiner Arbeitskraft verwenden kann. **642** Abs. 2.

4. Das Tragen der Gefahr.

a) Der Unternehmer trägt sie bis zur Abnahme des Werkes.

b) Für den zufälligen Untergang und eine zufällige Verschlechterung des von dem Besteller gelieferten Stoffes ist der Unternehmer nicht verantwortlich. **644** Abs. 1 Satz 1 und Satz 3.

Ist das Werk vor der Abnahme in Folge eines Mangels des vom Besteller gelieferten Stoffes oder in Folge einer von dem Besteller für die Ausführung ertheilten Anweisung untergegangen, verschlechtert oder unausführbar geworden, ohne daß ein Umstand mitgewirkt hat, den der Unternehmer zu vertreten hat, so kann dieser einen der geleisteten Arbeit entsprechenden Theil der Vergütung und Ersatz der in der Vergütung nicht inbegriffenen Auslagen verlangen. **645** Abs. 1 Satz 1.

Das Gleiche gilt, wenn der Vertrag in Gemäßheit des § 643 (siehe oben 3) aufgehoben wird. | Eine weitergehende **Haftung des Bestellers** wegen Verschuldens bleibt unberührt. **645.**

Kommt der Besteller in Verzug der Annahme, so geht die Gefahr auf ihn über. **644** Abs. 1 Satz 2.

Versendet der Unternehmer das Werk auf Verlangen des Bestellers nach einem anderen Orte als dem Erfüllungsorte, so finden die für den Kauf geltenden Vorschriften des § 447 (siehe S. 104) entsprechende Anwendung. **644** Abs. 2.

zu a und b: Ist nach der Beschaffenheit des Werkes die Abnahme ausgeschlossen, so tritt in den Fällen der ... §§ 644, 645 an die Stelle der Abnahme die Vollendung des Werkes. **646.**

5. **Ein Pfandrecht hat der Unternehmer**
   a) für seine Forderungen aus dem Vertrag an den von ihm hergestellten oder ausgebesserten beweglichen Sachen des Bestellers, wenn sie bei der Herstellung oder zum Zwecke der Ausbesserung in seinem **Besitz** gelangt sind. **647.**
   b) Der Unternehmer eines **Bauwerkes** oder eines einzelnen Theiles eines Bauwerkes kann für seine Forderungen aus dem Vertrage die Einräumung einer Sicherungshypothek an dem Baugrundstücke des Bestellers verlangen. Ist das Werk noch nicht vollendet, so kann er die Einräumung der Sicherungshypothek für einen der geleisteten Arbeit entsprechenden Theil der Vergütung und für die in der Vergütung nicht inbegriffenen Auslagen verlangen. **648.**

6. **Jederzeit den Vertrag kündigen** kann der Besteller bis zur Vollendung des Werks. Dann[1] ist der Unternehmer berechtigt, die vereinbarte **Vergütung** zu verlangen, worauf er sich jedoch dasjenige anrechnen lassen muß, was er in Folge der Aufhebung des Vertrags an Aufwendungen erspart oder durch anderweitige Verwendung seiner Arbeitskraft erwirbt oder zu erwerben böswillig unterläßt. **649.**

Ist dem Vertrag ein **Kostenanschlag** zu Grunde gelegt worden, ohne daß der Unternehmer die Gewähr für die Richtigkeit des Anschlags übernommen hat, und ergiebt sich, daß das Werk nicht ohne eine wesentliche Ueberschreitung des Anschlags ausführbar ist, so steht dem Unternehmer, wenn der Besteller den Vertrag aus diesem Grunde kündigt, nur der im § 645 Abs. 1 (siehe S. 131) bestimmte Anspruch zu. | Ist eine solche Ueberschreitung des Anschlags zu erwarten, so hat der Unternehmer dem Besteller unverzüglich Anzeige zu machen. **650.**

8) Mäklervertrag.

1. **Verbindlichkeiten desjenigen**, der für den Nachweis der Gelegenheit zum Abschluß eines Vertrags oder für die Vermittelung eines Vertrags einen Mäklerlohn verspricht:

[1] Wenn der Besteller kündigt.

a) Er ist zur Entrichtung des Lohnes nur verpflichtet, wenn der Vertrag in Folge des Nachweises oder in Folge der Vermittelung des Mäklers zustande kommt. Wird der Vertrag unter einer aufschiebenden Bedingung geschlossen, so kann der Mäklerlohn erst verlangt werden, wenn die Bedingung eintritt.

b) Aufwendungen des Mäklers sind nur zu ersetzen, wenn es vereinbart ist. Dies gilt auch dann, wenn ein Vertrag nicht zu Stande kommt. 652.

2. **Ein Mäklerlohn**

a) gilt als stillschweigend vereinbart, wenn die dem Mäkler übertragene Leistung den Umständen nach nur gegen eine Vergütung zu erwarten ist.

b) Ist die Höhe der Vergütung nicht bestimmt, so ist bei dem Bestehen einer Taxe der taxmäßige Lohn, in Ermangelung einer Taxe der übliche Lohn als vereinbart anzusehen. 653.

c) Ausgeschlossen ist der Anspruch auf den Mäklerlohn und den Ersatz von Aufwendungen, wenn der Mäkler dem Inhalte des Vertrags zuwider auch für den anderen Theil thätig gewesen ist. 654.

d) Die Herabsetzung eines unverhältnißmäßig hoch vereinbarten Lohnes für den Nachweis der Gelegenheit zum Abschluß eines Dienstvertrags oder für die Vermittelung eines solchen Vertrags kann auf Antrag des Schuldners durch Urtheil auf den angemessenen Betrag erfolgen, wenn der Lohn nicht schon entrichtet ist. Nachher ist die Herabsetzung ausgeschlossen. 655.

3. **Ungiltig**[1] **ist das Versprechen eines Lohnes** für den Nachweis der Gelegenheit zur Eingehung einer Ehe oder für die Vermittelung des Zustandekommens einer Ehe. Das auf Grund des Versprechens Geleistete kann nicht deshalb zurückgefordert werden, weil eine Verbindlichkeit nicht bestanden hat. |

Diese Vorschriften gelten auch für eine Vereinbarung, durch die der andere Theil zum Zwecke der Erfüllung des Versprechens dem Mäkler gegenüber eine Verbindlichkeit eingeht, insbesondere für ein Schuldanerkenntniß. 656.

9) Auslobung.

1. **Begriff**: Aussetzung einer Belohnung für die Vornahme einer Handlung, insbesondere für die Herbeiführung eines Erfolges, durch öffentliche Bekanntmachung. 657.

2. **Widerrufen werden** kann die Auslobung bis zur Vornahme der Handlung. Der Widerruf ist nur wirksam, wenn er in derselben Weise wie die Auslobung bekannt gemacht wird, oder wenn er durch besondere Mittheilung erfolgt. 658 Abs. 1. Auf die Widerruflichkeit kann in der Auslobung verzichtet werden; ein Verzicht liegt im Zweifel in der Bestimmung einer Frist für die Vornahme der Handlung (658 Abs. 2).

[1] „Durch das Versprechen .... wird eine Verbindlichkeit nicht begründet". 656.

3. **Der Auslobende ist verpflichtet,** die Belohnung demjenigen zu entrichten, welcher die Handlung vorgenommen hat, auch wenn dieser nicht mit Rücksicht auf die Auslobung gehandelt hat. **657.**

4. **Die Belohnung gebührt, wenn mehrmals** die Handlung, für welche sie ausgesetzt ist, vorgenommen worden ist,
   a) demjenigen, der die Handlung zuerst vorgenommen hat. |
   b) Ist sie von Mehreren gleichzeitig vorgenommen worden, so gebührt jedem ein gleicher Theil der Belohnung.
   c) Läßt sich die Belohnung wegen ihrer Beschaffenheit nicht theilen oder soll nach dem Inhalte der Auslobung nur Einer die Belohnung erhalten, so entscheidet das Loos. **659.**
   d) Haben Mehrere zu dem Erfolge mitgewirkt, für den die Belohnung ausgesetzt ist, so hat der Auslobende die Belohnung unter der Berücksichtigung des Antheils eines jeden an dem Erfolge nach billigem Ermessen unter sie zu vertheilen. Die Vertheilung ist nicht verbindlich, wenn sie offenbar unbillig ist; sie erfolgt in einem solchen Falle durch Urtheil.

   Wird die Vertheilung des Auslobenden von einem der Betheiligten nicht als verbindlich anerkannt, so ist der Auslobende berechtigt, die Erfüllung zu verweigern, bis die Betheiligten den Streit über ihre Berechtigung unter sich ausgetragen haben; jeder von ihnen kann verlangen, daß die Belohnung für alle hinterlegt wird. | Die Vorschrift des § 659 Abs. 2 Satz 2 findet Anwendung. **660.**

5. **Eine Auslobung, die eine Preisbewerbung zum Gegenstande hat,** ist
   a) nur giltig, wenn in der Bekanntmachung eine Frist für die Bewerbung bestimmt wird.
   b) Die Entscheidung darüber, ob eine innerhalb der Frist erfolgte Bewerbung der Auslobung entspricht oder welche von mehreren Bewerbungen den Vorzug verdient, ist durch die in der Auslobung bezeichnete Person, in Ermangelung einer solchen durch den Auslobenden zu treffen. Die Entscheidung ist für die Betheiligten verbindlich.
   c) Bei Bewerbungen von gleicher Würdigkeit finden auf die Zuertheilung des Preises die Vorschriften des § 659 Abs. 2 Anwendung.
   d) Die Uebertragung des Eigenthums an dem Werke kann der Auslobende nur verlangen, wenn er in der Auslobung bestimmt hat, daß die Uebertragung erfolgen soll. **661.**

10) Auftrag.

Ertheilung eines Rathes oder einer Empfehlung an einen Anderen verpflichtet, unbeschadet der sich aus einem Vertragsverhältniß oder einer unerlaubten Handlung ergebenden Verantwortlichkeit, nicht zum Ersatze des aus der Befolgung des Rathes oder der Empfehlung entstehenden Schadens. **676.**

1. Verpflichtungen des den Auftrag Annehmenden bezw. des Beauftragten:

a) Unentgeltliche Besorgung eines ihm vom Auftraggeber übertragenen Geschäfts für diesen. **662.**

b) Unverzügliche Anzeige der Ablehnung an den Auftraggeber, wenn der Beauftragte zur Besorgung gewisser Geschäfte öffentlich bestellt ist oder sich öffentlich erboten hat, oder wenn er sich dem Auftraggeber gegenüber zur Besorgung gewisser Geschäfte erboten hat. **663.**

c) Im Zweifel darf er die Ausführung des Auftrags nicht einem Dritten übertragen. Ist die Uebertragung gestattet, so hat er nur ein ihm bei der Uebertragung zur Last fallendes Verschulden zu vertreten. Für das Verschulden eines Gehilfen ist er nach § 278 (S. 76) verantwortlich. | Der Anspruch auf Ausführung des Auftrags ist im Zweifel nicht übertragbar. **664.**

d) Abzuweichen von den Weisungen des Auftraggebers ist der Beauftragte berechtigt, wenn er den Umständen nach annehmen darf, daß der Auftraggeber bei Kenntniß der Sachlage die Abweichung billigen würde; er hat vor der Abweichung dem Auftraggeber Anzeige zu machen und dessen Entschließung abzuwarten, wenn nicht mit dem Aufschube Gefahr verbunden ist. **665.**

e) Rechenschaft nach der Ausführung des Auftrags abzulegen, auf Verlangen über den Stand des Geschäfts Auskunft zu ertheilen und dem Auftraggeber die erforderlichen Nachrichten zu geben. **666.** — Er muß dem Auftraggeber alles, was er zur Ausführung des Auftrags erhält und was er aus der Geschäftsbesorgung erlangt, herausgeben. **667.**

Verwendet der Beauftragte Geld für sich, das er dem Auftraggeber herauszugeben oder für ihn zu verwenden hat, so ist er verpflichtet, es von der Zeit der Verwendung an zu verzinsen. **668.**

2. Verpflichtungen des Auftraggebers:

a) Er hat dem Beauftragten für die zur Ausführung des Auftrags erforderlichen Aufwendungen auf Verlangen Vorschuß zu leisten. **669.**

b) Zum Ersatze der Aufwendungen, die der Beauftragte zur Ausführung des Auftrags macht und die er den Umständen nach für erforderlich halten darf, ist er[2] verpflichtet. **670.**

Entsprechende Anwendung finden[1] auf einen Dienstvertrag oder einen Werkvertrag, der eine Geschäftsbesorgung zum Gegenstande hat, die Vorschriften

[1] Auch auf die Geschäftsführung von Vereinsvorständen. Siehe S. 40.

[2] Der Auftraggeber.

3. **Das Erlöschen des Auftrags.**

a) Widerrufen werden kann der Auftrag jederzeit von dem Auftraggeber. **671** Abs. 1.

b) Gekündigt werden kann jederzeit der Auftrag von dem Beauftragten (**671** Abs. 1), jedoch nur in der Art, daß der Auftraggeber für die Besorgung des Geschäfts anderweit Fürsorge treffen kann, es sei denn, daß ein wichtiger Grund für die unzeitige Kündigung vorliegt. Kündigt er ohne solchen Grund zur Unzeit, so hat er dem Auftraggeber den daraus entstehenden Schaden zu ersetzen. | Liegt ein wichtiger Grund vor, so ist der Beauftragte zur Kündigung auch dann berechtigt, wenn er auf das Kündigungsrecht verzichtet hat. **671.**

c) Durch den Tod oder den Eintritt der Geschäftsunfähigkeit des Auftraggebers erlischt im Zweifel der Auftrag nicht. Erlischt der Auftrag, so hat der Beauftragte, wenn mit dem Aufschube Gefahr verbunden ist, die Besorgung des übertragenen Geschäfts fortzusetzen, bis der Erbe oder der gesetzliche Vertreter des Auftraggebers anderweit Fürsorge treffen kann; der Auftrag gilt insoweit als fortbestehend. **672.**

d) Durch den Tod des Beauftragten erlischt im Zweifel der Auftrag. Erlischt der Auftrag, so hat der Erbe des Beauftragten den Tod dem Auftraggeber unverzüglich anzuzeigen und, wenn mit dem Aufschube Gefahr verbunden ist, die Besorgung des übertragenen Geschäfts fortzusetzen, bis der Auftraggeber anderweit Fürsorge treffen kann; der Auftrag gilt insoweit als fortbestehend. **673.**

zu b, c, d: Erlischt der Auftrag in anderer Weise als durch Widerruf, so gilt er zu Gunsten des Beauftragten gleichwohl als fortbestehend, bis der Beauftragte von dem Erlöschen Kenntniß erlangt oder das Erlöschen kennen muß. **674.**

der §§ 663, 665 bis 670, 672 bis 674 und wenn dem Verpflichteten das Recht zusteht, ohne Einhaltung einer Kündigungsfrist zu kündigen, auch die Vorschriften des § 671 Abs. 2. **675.**

11) Geschäftsführung ohne Auftrag[1] d. h.

Besorgung eines Geschäfts für einen Anderen, ohne von ihm beauftragt oder ihm gegenüber sonst dazu berechtigt zu sein. **677.** Die nachstehenden Vorschriften der §§ 677 bis 686 finden keine Anwendung, wenn Jemand ein fremdes Geschäft in der Meinung besorgt, daß es sein eigenes sei. **687** Abs. 1.

1. **Verpflichtungen und Rechte des Geschäftsführers:**

a) Er hat das Geschäft so zu führen, wie das Interesse des Geschäfts=

[1] Entsprechende Anwendung S. 105 § 450.

herrn mit Rücksicht auf dessen wirklichen oder muthmaßlichen Willen es erfordert. **677.**

b) Er ist dem Geschäftsherrn zum Ersatze des aus der Geschäftsführung entstehenden Schadens — steht die Uebernahme der Geschäftsführung mit dem wirklichen oder muthmaßlichen Willen des Geschäftsherrn in Widerspruch und mußte der Geschäftsführer dies erkennen — auch dann verpflichtet, wenn ihm ein sonstiges Verschulden nicht zur Last fällt. **678.**

Ein der Geschäftsführung entgegenstehender Wille des Geschäftsherrn kommt nicht in Betracht, wenn ohne die Geschäftsführung eine Pflicht des Geschäftsherrn, deren Erfüllung im öffentlichen Interesse liegt oder eine gesetzliche Unterhaltspflicht desselben nicht rechtzeitig erfüllt werden würde. **679.**

c) Er hat nur Vorsatz und grobe Fahrlässigkeit zu vertreten, wenn die Geschäftsführung die Abwendung einer dem Geschäftsherrn drohenden dringlichen Gefahr bezweckt. **680.**

d) Er hat die Uebernahme der Geschäftsführung, sobald es thunlich ist, dem Geschäftsherrn anzuzeigen und, wenn nicht mit dem Aufschube Gefahr verbunden ist, dessen Entschließung abzuwarten. **681** Satz 1.

e) Im Uebrigen finden auf die Verpflichtungen des Geschäftsführers die für einen Beauftragten (siehe S. 135) geltenden Vorschriften der §§ 666 bis 668 entsprechende Anwendung. **681** Satz 2.

f) Verantwortlich nur nach den Vorschriften über den Schadensersatz wegen unerlaubter Handlungen und über die Herausgabe einer ungerechtfertigten Bereicherung [1] ist er, wenn er geschäftsunfähig oder in der Geschäftsfähigkeit beschränkt ist. **682.**

g) Wie ein Beauftragter Ersatz seiner Aufwendungen kann er verlangen, wenn die Uebernahme der Geschäftsführung dem Interesse und dem wirklichen oder dem muthmaßlichen Willen des Geschäftsherrn entspricht. In den Fällen des § 679 steht dieser Anspruch dem Geschäftsführer zu, auch wenn die Uebernahme der Geschäftsführung mit dem Willen des Geschäftsherrn in Widerspruch steht. **683.**

Genehmigt der Geschäftsherr die Geschäftsführung, so steht dem Geschäftsführer der im § 683 bestimmte Anspruch zu. **684** Satz 2.

h) Dem Geschäftsführer steht ein Anspruch nicht zu, wenn er nicht die Absicht hatte, Ersatz von dem Geschäftsherrn zu verlangen. | Gewähren Eltern oder Voreltern ihren Abkömmlingen oder diese jenen Unterhalt, so ist im Zweifel anzunehmen, daß die Absicht fehlt, von dem Empfänger Ersatz zu verlangen. **685.**

2. Rechte und Pflichten des Geschäftsherrn:

a) Liegen die Voraussetzungen des § 683 nicht vor, so ist der Geschäftsherr verpflichtet, dem Geschäftsführer alles, was er durch die Geschäftsführung

---

[1] Siehe diese Schuldverhältnisse weiter unten!

erlangt, nach den Vorschriften über die Herausgabe einer ungerechtfertigten Bereicherung[1] herauszugeben. **684** Satz 1.

b) Der wirkliche Geschäftsherr wird aus der Geschäftsführung berechtigt und verpflichtet, wenn der Geschäftsführer über die Person des Geschäftsherrn im Irrthum ist. **686.**

c) Der Geschäftsherr kann die sich aus den §§ 677, 678, 681, 682 ergebenden Ansprüche geltend machen, wenn Jemand ein fremdes Geschäft als sein eigenes behandelt, obwohl er weiß, daß er nicht dazu berechtigt ist. Macht er sie geltend, so ist er dem Geschäftsführer nach § 684 Satz 1 verpflichtet. **687** Abs. 2.

12) Verwahrungsvertrag.

1. Gegenstände:

a) Durch den Vertrag wird der Verwahrer verpflichtet, eine ihm von dem Hinterleger übergebene bewegliche Sache aufzubewahren. **688.**

b) Werden vertretbare Sachen in der Art hinterlegt, daß das Eigenthum auf den Verwahrer übergehen, und dieser verpflichtet sein soll, Sachen von gleicher Art, Güte und Menge zurückzugewähren, so finden die Vorschriften über das Darlehn Anwendung. Gestattet der Hinterleger dem Verwahrer, hinterlegte vertretbare Sachen zu verbrauchen, so finden die Vorschriften über das Darlehn von dem Zeitpunkt an Anwendung, in welchem der Verwahrer sich die Sachen aneignet. In beiden Fällen bestimmen sich jedoch Zeit und Ort der Rückgabe im Zweifel nach den Vorschriften über den Verwahrungsvertrag. **700** Abs. 1.

c) Bei der Hinterlegung von Werthpapieren ist eine Vereinbarung der in Abs. 1 bezeichneten Art nur giltig, wenn sie ausdrücklich getroffen wird. **700** Abs. 2.

2. Rechte und Pflichten des Verwahrers:

a) Eine Vergütung für die Aufbewahrung gilt als stillschweigend vereinbart, wenn die Aufbewahrung den Umständen nach nur gegen eine Vergütung zu erwarten ist. **689.**

b) Haftung. Er hat, wenn die Aufbewahrung unentgeltlich übernommen wird, nur für diejenige Sorgfalt einzustehen, welche er in eigenen Angelegenheiten anzuwenden pflegt. **690.** Der Verwahrer ist im Zweifel nicht berechtigt, die hinterlegte Sache bei einem Dritten zu hinterlegen. Ist dies gestattet, so hat der Verwahrer nur ein ihm bei dieser Hinterlegung zur Last fallendes Verschulden zu vertreten. Für das Verschulden eines Gehilfen ist er nach § 278 (S. 76) verantwortlich. **691.**

c) Ersatz der[2] Aufwendungen kann er verlangen, die er den Umständen nach für erforderlich halten darf und gemacht hat. **693.**

---

[1] Siehe vorletztes Schuldverhältniß. [2] zum Zwecke der Aufbewahrung gemachten.

d) Der Verwahrer kann, wenn eine Zeit für die Aufbewahrung nicht bestimmt ist, jederzeit die Rücknahme der hinterlegten Sache verlangen. Ist eine Zeit bestimmt, so kann er die vorzeitige Rücknahme nur verlangen, wenn ein wichtiger Grund vorliegt. **696.**

Die Rückgabe hat an dem Orte zu erfolgen, an welchem die Sache aufzubewahren war, der Verwahrer ist nicht verpflichtet, die Sache dem Hinterleger zu bringen. **697.**

e) Verwendet er hinterlegtes Geld für sich, so ist er verpflichtet, es von der Zeit der Verwendung an zu verzinsen. **698.**

f) Die vereinbarte Art der Aufbewahrung ändern kann er, wenn er den Umständen nach annehmen darf, daß der Hinterleger bei Kenntniß der Sachlage die Aenderung billigen würde. Der Verwahrer hat vor der Aenderung dem Hinterleger Anzeige zu machen und dessen Entschließung abzuwarten, wenn nicht mit dem Aufschube Gefahr verbunden ist. **692.**

3. **Rechte und Pflichten des Hinterlegers:**

a) Aufwendungen („Derselbe ist zum Ersatze verpflichtet" 2c. **693.** Siehe oben 2 c).

b) Zurückfordern kann er jederzeit die hinterlegte Sache, auch wenn für die Aufbewahrung eine Zeit bestimmt ist. **695.**

c) Er hat die vereinbarte Vergütung bei der Beendigung der Aufbewahrung zu entrichten. Ist die Vergütung nach Zeitabschnitten bemessen, so ist sie nach dem Ablaufe der einzelnen Abschnitte zu entrichten. | Endigt die Aufbewahrung vor dem Ablaufe der für sie bestimmten Zeit, so kann der Verwahrer einen seinen bisherigen Leistungen entsprechenden Theil der Vergütung verlangen, sofern nicht aus der Vereinbarung über die Vergütung sich ein Anderes ergiebt. **699.**

13) Einbringung von Sachen bei Gastwirten,

die gewerbsmäßig Fremde zur Beherbergung aufnehmen. **701** Satz 1.

1. **Als eingebracht gelten die Sachen,** die der Gast dem Gastwirth oder Leuten derselben, die zur Entgegennahme der Sachen bestellt oder nach den Umständen als dazu bestimmt anzusehen waren, übergeben oder an einen ihm von diesen angewiesenen Ort oder in Ermangelung einer Anweisung an den hierzu bestimmten Ort gebracht hat. **701** Abs. 2.

2. **Die Ersatzpflicht des Gastwirths.**

a) Ein Anschlag, die Haftung ablehnend, ist ohne Wirkung. **701** Abs. 2 Satz 2.

b) Den Schaden zu ersetzen, den durch den Verlust oder die Beschädigung eingebrachter Sachen ein im Betriebe des Gastwirthsgewerbes aufgenommener Gast erleidet, obliegt dem Gastwirth. **701** Abs. 1 Satz 1.

c) Die Ersatzpflicht tritt nicht ein, wenn der Schaden von dem Gaste, einem Begleiter des Gastes oder einer Person, die er bei sich aufgenommen hat, verursacht wird oder durch die Beschaffenheit der Sachen oder durch höhere Gewalt entsteht. **701** Abs. 1 Satz 2.

d) Nur bis zum Betrage von 1000 Mark haftet nach § 701 der Gastwirth für Geld, Werthpapiere und Kostbarkeiten, es sei denn, daß er diese Gegenstände in Kenntniß ihrer Eigenschaft als Werthsachen zur Aufbewahrung übernimmt oder die Aufbewahrung ablehnt oder daß der Schaden von ihm oder von seinen Leuten verschuldet wird. **702.**

e) Es erlischt der Schadensersatzanspruch (auf Grund der §§ 701, 702), wenn nicht der Gast unverzüglich, nachdem er von dem Verlust oder der Beschädigung Kenntniß erlangt hat, dem Gastwirth Anzeige macht. **703** Satz 1.

Der Anspruch erlischt nicht, wenn die Sachen dem Gastwirthe zur Aufbewahrung übergeben waren. **703** Satz 2.

f) Ein Pfandrecht an den eingebrachten Sachen des Gastes hat der Gastwirth für seine Forderungen für Wohnung und andere dem Gaste zur Befriedigung seiner Bedürfnisse gewährte Leistungen, mit Einschluß der Auslagen. Die für das Pfandrecht des Vermiethers geltenden Vorschriften des § 559 Satz 3 und der §§ 560 bis 563 (S. 116, 121) finden entsprechende Anwendung. **704.**

14) Gesellschaftsvertrag.

1. **Begriff:** Der Gesellschaftsvertrag ist der Vertrag, durch welchen sich die Gesellschafter gegenseitig binden, die Erreichung eines gemeinsamen Zweckes in der durch den Vertrag bestimmten Weise zu fördern, insbesondere die vereinbarten Beiträge zu leisten. **705.**

2. **Rechtsverhältniß der Gesellschafter untereinander:**

a) In Ermangelung einer anderen Vereinbarung haben sie gleiche Beiträge zu leisten. **706** Abs. 1.

Der Beitrag eines Gesellschafters kann auch in der Leistung von Diensten bestehen. **706** Abs. 3.

Sind vertretbare oder verbrauchbare Sachen beizutragen, so ist im Zweifel anzunehmen, daß sie gemeinschaftliches Eigenthum der Gesellschafter werden sollen. Das Gleiche gilt von nicht vertretbaren und nicht verbrauchbaren Sachen, wenn sie nach einer Schätzung beizutragen sind, die nicht blos für die Gewinnvertheilung bestimmt ist. **706** Abs. 2.

Zur Erhöhung des vereinbarten Beitrags oder zur Ergänzung der durch Verlust verminderten Einlage ist ein Gesellschafter nicht verpflichtet. **707.**

b) Nur für diejenige Sorgfalt einzustehen, welche er in eigenen Angelegenheiten anzuwenden pflegt, hat der Gesellschafter bei der Erfüllung der ihm obliegenden Verpflichtungen. **708.**

c) Die Führung der Geschäfte der Gesellschaft steht den Gesellschaftern gemeinschaftlich zu; für jedes Geschäft ist die Zustimmung aller Gesellschafter erforderlich. | Hat nach dem Gesellschaftsvertrage die Mehrheit der Stimmen zu entscheiden, so ist die Mehrheit im Zweifel nach der Zahl der Gesellschafter zu berechnen. **709.**

Ist die Geschäftsführung im Vertrage einem oder mehreren Gesellschaftern übertragen, so sind die übrigen davon ausgeschlossen. Ist sie mehreren übertragen, so finden die Vorschriften des § 709 entsprechende Anwendung. **710.**

Steht vertragsmäßig die Führung allen oder mehreren in der Art zu, daß jeder allein zu handeln berechtigt ist, so kann jeder der Vornahme eines Geschäfts durch den Andern widersprechen. Im Falle des Widerspruchs muß das Geschäft unterbleiben. **711.**

Die einem Gesellschafter vertragsmäßig übertragene Befugniß zur Geschäftsführung kann ihm durch einstimmigen Beschluß oder falls vertragsmäßig die Mehrheit der Stimmen entscheidet, durch Mehrheitsbeschluß der übrigen Gesellschafter entzogen werden, wenn ein wichtiger Grund vorliegt; ein solcher Grund ist insbesondere grobe Pflichtverletzung oder Unfähigkeit zur ordnungsmäßigen Geschäftsführung. | Der Gesellschafter kann auch seinerseits die Geschäftsführung kündigen, wenn ein wichtiger Grund vorliegt; die für den Auftrag geltenden Vorschriften des § 671 Abs. 2, 3 (S. 135 flg.) finden entsprechende Anwendung. **712.**

Die Rechte und Verpflichtungen der geschäftsführenden Gesellschafter bestimmen sich nach den für den Auftrag geltenden Vorschriften der §§ 664 bis 670 (S. 135), soweit sich nicht aus dem Gesellschaftverhältniß ein Anderes ergiebt. **713.**

Soweit einem Gesellschafter vertragsmäßig die Befugniß zur Geschäftsführung zusteht, ist er im Zweifel auch ermächtigt, die anderen Gesellschafter Dritten gegenüber zu vertreten. **714.**

Ist vertragsmäßig ein Gesellschafter ermächtigt, die anderen Gesellschafter Dritten gegenüber zu vertreten, so kann die Vertretungsmacht nur nach Maßgabe des § 712 Abs. 1 und, wenn sie in Verbindung mit der Befugniß zur Geschäftsführung ertheilt worden ist, nur mit dieser entzogen werden. **715.**

d) Ein Gesellschafter kann sich persönlich unterrichten von den Angelegenheiten der Gesellschaft, die Geschäftsbücher und die Papiere der Gesellschaft einsehen und sich aus ihnen eine Uebersicht über den Stand des Gesellschaftsvermögens anfertigen, auch wenn er von der Geschäftsführung ausgeschlossen ist. | Eine dieses Recht ausschließende oder beschränkende Vereinbarung steht der Geltendmachung des Rechtes nicht entgegen, wenn Grund zu der Annahme unredlicher Geschäftsführung besteht. **716.**

e) Nicht übertragbar sind die Ansprüche, die den Gesellschaftern aus dem Gesellschaftsverhältnisse gegeneinander zustehen. Ausgenommen sind die einem Gesellschafter aus seiner Geschäftsführung zustehenden Ansprüche, soweit deren Befriedigung vor der Auseinandersetzung verlangt werden kann, sowie die Ansprüche auf einen Gewinnantheil oder auf dasjenige, was dem Gesellschafter bei der Auseinandersetzung zukommt. **717.**

f) Gesellschaftsvermögen, d. h. gemeinschaftliches Vermögen der Gesellschafter, werden die Beiträge der Gesellschafter und die durch die Geschäftsführung für die Gesellschaft erworbenen Gegenstände. | Dazu gehört auch, was auf Grund eines zu dem Gesellschaftsvermögen gehörenden Rechtes oder als Ersatz für die Zerstörung, Beschädigung oder Entziehung eines zu dem Gesellschaftsvermögen gehörenden Gegenstandes erworben wird. **718.**

g) Verfügen kann ein Gesellschafter nicht über seinen Antheil an dem Gesellschaftsvermögen und an den einzelnen dazu gehörenden Gegenständen; er ist nicht berechtigt, Theilung zu verlangen.

h) Gegen eine Forderung, die zum Gesellschaftsvermögen gehört, kann der Schuldner nicht eine ihm gegen einen einzelnen Gesellschafter zustehende Forderung aufrechnen. **719.**

Die Zugehörigkeit einer nach § 718 Abs. 1 erworbenen Forderung zum Gesellschaftsvermögen hat der Schuldner erst dann gegen sich gelten zu lassen, wenn er von der Zugehörigkeit Kenntniß erlangt; die Vorschriften der §§ 406 bis 408 (S. 94) finden entsprechende Anwendung. **720.**

i) Den Rechnungsabschluß und die Vertheilung des Gewinns und des Verlustes kann ein Gesellschafter erst nach der Auflösung der Gesellschaft verlangen. | Ist die Gesellschaft von längerer Dauer, so hat der Rechnungsabschluß und die Gewinnvertheilung im Zweifel am Schlusse jedes Geschäftsjahres zu erfolgen. **721.**

Sind die Antheile am Gewinn und Verluste nicht bestimmt, so hat jeder Gesellschafter ohne Rücksicht auf die Art und Größe seines Beitrags einen gleichen Antheil am Gewinn und Verluste. | Ist nur der Antheil am Gewinn oder am Verluste bestimmt, so gilt die Bestimmung im Zweifel für Gewinn und Verlust. **722.**

3. **Die Endigung der Gesellschaft:**

a) Kündigen kann sie jederzeit jeder Gesellschafter, wenn sie nicht für eine bestimmte Zeit eingegangen ist.

Vor dem Ablauf der bestimmten Zeitdauer ist die Kündigung zulässig, wenn ein wichtiger Grund vorliegt; ein solcher Grund ist insbesondere vorhanden, wenn ein anderer Gesellschafter eine ihm nach dem Gesellschaftsvertrag obliegende wesentliche Verpflichtung vorsätzlich oder aus grober Fahrlässigkeit verletzt oder wenn die Erfüllung einer solchen Verpflichtung unmöglich wird. Unter der gleichen Voraussetzung ist, wenn eine Kündigungsfrist bestimmt ist, ohne Einhaltung derselben die Kündigung zulässig. |

Zur Unzeit darf die Kündigung nicht geschehen, es sei denn, daß ein wichtiger Grund dafür vorliegt. Kündigt ein Gesellschafter ohne solchen Grund zur Unzeit, so hat er den übrigen den daraus entstehenden Schaden zu ersetzen.

Durch Vereinbarung ausgeschlossen oder diesen Vorschriften zuwider beschränkt darf das Kündigungsrecht nicht werden. Eine solche Vereinbarung ist nichtig. **723.**

Ist eine Gesellschaft für die Lebenszeit eines Gesellschafters eingegangen, so kann sie in gleicher Weise gekündigt werden, wie eine für unbestimmte Zeit eingegangene. Dasselbe gilt, wenn eine Gesellschaft nach dem Ablaufe der bestimmten Zeit stillschweigend fortgesetzt wird. **724.**

b) Ein Gläubiger eines Gesellschafters, der die Pfändung des Antheils desselben an dem Gesellschaftsvermögen erwirkt hat, kann die Gesellschaft ohne Einhaltung einer Kündigungsfrist kündigen, sofern der Schuldtitel nicht blos vorläufig vollstreckbar ist. | Solange die Gesellschaft besteht, kann der Gläubiger die sich aus dem Gesellschaftsverhältniß ergebenden Rechte des Gesellschafters, mit Ausnahme des Anspruchs auf einen Gewinnantheil, nicht geltend machen. **725.**

c) Ist der vereinbarte Zweck erreicht oder dessen Erreichung unmöglich geworden, so endigt die Gesellschaft. **726.**

d) Durch den Tod eines der Gesellschafter wird sie aufgelöst, sofern nicht aus dem Gesellschaftsvertrage sich ein Anderes ergiebt. | Im Falle der Auflösung hat der Erbe des verstorbenen Gesellschafters den übrigen den Tod unverzüglich anzuzeigen, und wenn mit dem Aufschube Gefahr verbunden ist, die seinem Erblasser durch den Gesellschaftsvertrag übertragenen Geschäfte fortzuführen, bis die übrigen in Gemeinschaft mit ihm anderweit Fürsorge treffen können. Die übrigen Gesellschafter sind in gleicher Weise zur einstweiligen Fortführung der ihnen übertragenen Geschäfte verpflichtet. Die Gesellschaft gilt insoweit als fortbestehend. **727.**

e) Durch die Eröffnung des Konkurses über das Vermögen eines Gesellschafters wird die Gesellschaft aufgelöst. Die Vorschriften des § 727 Abs. 2 Satz 2, 3 finden Anwendung. **728.**

zu c bis e. Wird die Gesellschaft in anderer Weise als durch Kündigung aufgelöst, so gilt die einem Gesellschafter durch den Gesellschaftsvertrag übertragene Befugniß zur Geschäftsführung zu seinen Gunsten gleichwohl als fortbestehend, bis er von der Auflösung Kenntniß erlangt oder die Auflösung kennen muß. **729.**

4. **Ausscheiden und Ausschluß einzelner Gesellschafter aus der Gesellschaft:**

a) Ist für die Fälle der Kündigung, des Todes oder der Konkurseröffnung über das Vermögen eines Gesellschafters im Gesellschaftsvertrage bestimmt, daß die Gesellschaft unter den übrigen Gesellschaftern fortbestehen soll, so scheidet bei dem Eintritt eines solchen Ereignisses der Gesellschafter, in dessen Person es eintritt, aus der Gesellschaft aus. **736.**

b) Ausgeschlossen kann werden im Falle der Kündigung zu a ein Gesellschafter, in dessen Person ein die übrigen Gesellschafter nach § 723 Abs. 1 Satz 2 zur Kündigung berechtigender Umstand eintritt. Das

Ausschließungsrecht steht den übrigen Gesellschaftern gemeinschaftlich zu. Die Ausschließung erfolgt durch Erklärung gegenüber dem auszuschließenden Gesellschafter. **737.**

c) Scheidet ein Gesellschafter aus, so wächst sein Antheil am Gesellschaftsvermögen den übrigen Gesellschaftern zu, welche verpflichtet sind, dem Ausscheidenden die Gegenstände, die er der Gesellschaft zur Benutzung überlassen hat, nach Maßgabe des § 732 (siehe unten 5) zurückzugeben, ihn von den gemeinschaftlichen Schulden zu befreien und ihm dasjenige zu zahlen, was er bei der Auseinandersetzung erhalten würde, wenn die Gesellschaft zur Zeit seines Ausscheidens aufgelöst worden wäre. Sind gemeinschaftliche Schulden noch nicht fällig, so können die übrigen Gesellschafter dem Ausscheidenden, statt ihn zu befreien, Sicherheit leisten. | Der Werth des Gesellschaftsvermögens ist, soweit erforderlich, im Wege der Schätzung zu ermitteln. **738.**

Reicht der Werth des Gesellschaftsvermögens zur Deckung der gemeinschaftlichen Schulden und der Einlagen nicht aus, so hat der Ausscheidende den übrigen Gesellschaftern für den Fehlbetrag nach dem Verhältnisse seines Antheils am Verlust aufzukommen. **739.**

Der Ausgeschiedene nimmt an dem Gewinn und dem Verluste Theil, welcher sich aus den zur Zeit seines Ausscheidens schwebenden Geschäften ergiebt. Die übrigen Gesellschafter sind berechtigt, diese Geschäfte so zu beendigen, wie es ihnen am vortheilhaftesten erscheint. | Der Ausgeschiedene kann am Schlusse jedes Geschäftsjahres Rechenschaft über die inzwischen beendigten Geschäfte, Auszahlung des ihm gebührenden Betrags und Auskunft über den Stand der noch schwebenden Geschäfte verlangen. **740.**

5. **Die Auseinandersetzung** unter den Gesellschaftern findet in Ansehung des Gesellschaftsvermögens nach der Auflösung der Gesellschaft statt.

a) Als fortbestehend gilt die Gesellschaft, soweit der Zweck der Auseinandersetzung es erfordert, für die Beendigung der schwebenden Geschäfte, für die dazu erforderliche Eingehung neuer Geschäfte, sowie für die Erhaltung und Verwaltung des Gesellschaftsvermögens.

b) Die Befugniß zur Geschäftsführung erlischt jedoch für einen Gesellschafter, dem sie nach dem Vertrage zusteht, mit der Auflösung der Gesellschaft, wenn nicht aus dem Vertrage sich ein Anderes ergiebt.

c) Gemeinschaftlich allen Gesellschaftern steht die Geschäftsführung von der Auflösung an zu. **730.**

d) Theilung und Auseinandersetzung. Diese erfolgt in Ermangelung einer anderen Vereinbarung in Gemäßheit der §§ 732 bis 735 (siehe unten). Im übrigen gelten für die Theilung die Vorschriften über die Gemeinschaft (S. 145). **731.**

Gegenstände, die ein Gesellschafter der Gesellschaft zur Benutzung überlassen hat, sind ihm zurückzugeben. Für einen durch Zufall in

Abgang gekommenen oder verschlechterten Gegenstand kann er nicht Ersatz verlangen. **732.**

Aus dem Gesellschaftsvermögen sind zunächst die gemeinschaftlichen Schulden mit Einschluß derjenigen zu berichtigen, welche den Gläubigern gegenüber unter den Gesellschaftern getheilt sind oder für welche einem Gesellschafter die übrigen Gesellschafter als Schuldner haften. Ist eine Schuld noch nicht fällig oder ist sie streitig, so ist das zur Berichtigung Erforderliche zurückzubehalten.

Aus dem nach der Berichtigung der Schulden übrig bleibenden Gesellschaftsvermögen sind die Einlagen zurückzuerstatten. Für Einlagen, die nicht in Geld bestanden haben, ist der Werth zu ersetzen, den sie zur Zeit der Einbringung gehabt haben. Für Einlagen, die in der Leistung von Diensten oder in der Ueberlassung der Benutzung eines Gegenstandes bestanden haben, kann nicht Ersatz verlangt werden.

Zur Berichtigung der Schulden und zur Rückerstattung der Einlagen ist das Gesellschaftsvermögen, soweit erforderlich, in Geld umzusetzen. **733.**

Verbleibt danach ein Ueberschuß, so gebührt er den Gesellschaftern nach dem Verhältniß ihrer Antheile am Gewinne. **734.**

Reicht das Gesellschaftsvermögen zu den obigen Verpflichtungen nicht aus, so haben die Gesellschafter für den Fehlbetrag nach dem Verhältniß aufzukommen, nach welchem sie den Verlust zu tragen haben. Kann von einem Gesellschafter der auf ihn entfallende Beitrag nicht erlangt werden, so haben die übrigen Gesellschafter den Ausfall nach dem gleichen Verhältnisse zu tragen. **735.**

15) Gemeinschaft.

1. **Begriff.** (Gemeinschaft nach Bruchtheilen.) Steht ein Recht Mehreren gemeinschaftlich zu, so finden die Vorschriften der §§ 742 bis 758, sofern sich nicht aus dem Gesetz ein Anderes ergiebt, Anwendung. **741.**

2. **Theilhaberrechte und -Pflichten:**

   a) Gleiche Antheile stehen ihnen zu, so ist im Zweifel anzunehmen. **742.** Jeder Theilhaber[1] kann über seinen Antheil verfügen. **747** Satz 1.

   Zum Gebrauche des gemeinschaftlichen Gegenstandes ist jeder insoweit befugt, als nicht der Mitgebrauch der übrigen Theilhaber beeinträchtigt wird. **743** Abs. 2.

   Auf einen seinem Antheil entsprechenden Bruchtheil der Nutzungen hat der einzelne Theilhaber ein Recht, das ohne seine Zustimmung nicht beeinträchtigt werden kann. **745** Abs. 3 Satz 2.

   b) Die Verwaltung des gemeinschaftlichen Gegenstandes steht ihnen gemeinschaftlich zu. | Jeder ist berechtigt, die zur Erhaltung des Gegenstandes nothwendigen Maßregeln ohne Zustimmung der anderen Theilhaber zu

[1] dem auch ein seinem Antheil entsprechender Bruchtheil der Früchte gebührt (743 Abs. 1).

treffen; er kann verlangen, daß diese ihre Einwilligung zu einer solchen Maßregel im voraus ertheilen. **744.**

Verlangen kann jeder Theilhaber, sofern nicht die Verwaltung und Benutzung durch Vereinbarung oder Mehrheitsbeschluß geregelt ist, eine dem Interesse aller Theilhaber nach billigem Ermessen entsprechende Verwaltung und Benutzung. 745 Abs. 2.

Beschlossen werden kann durch Stimmenmehrheit eine der Beschaffenheit des gemeinschaftlichen Gegenstandes entsprechende ordnungsmäßige Verwaltung und Benutzung. Die Stimmenmehrheit ist nach der Größe der Antheile zu berechnen. 745 Abs. 1.

Eine wesentliche Veränderung des Gegenstandes kann nicht beschlossen oder verlangt werden. 745 Abs. 3 Satz 1. Haben die Theilhaber die Verwaltung und Benutzung des gemeinschaftlichen Gegenstandes geregelt, so wirkt die getroffene Bestimmung auch für und gegen die Sondernachfolger. **746.**

Ueber den gemeinschaftlichen Gegenstand im Ganzen können die Theilhaber nur gemeinschaftlich verfügen. 747 Satz 2.

c) Die Lasten des gemeinschaftlichen Gegenstandes sowie die Kosten der Erhaltung, der Verwaltung und einer gemeinschaftlichen Benutzung ist jeder Theilhaber den anderen gegenüber nach dem Verhältnisse seines Antheils zu tragen verpflichtet. **748.**

3. **Aufhebung der Gemeinschaft:**

a) Gründe:

Verlangen kann jederzeit jeder Theilhaber die Aufhebung. 749 Abs. 1. Dieser Anspruch unterliegt nicht der Verjährung. **758.** Wenn ein wichtiger Grund vorliegt, kann die Aufhebung verlangt werden, auch wenn das Recht, die Aufhebung zu verlangen, durch Vereinbarung für immer oder auf Zeit ausgeschlossen wird, und ohne Einhaltung der Kündigungsfrist, wenn eine solche bestimmt wird.

Eine Vereinbarung, durch welche das Recht, die Aufhebung zu verlangen, diesen Vorschriften zuwider ausgeschlossen oder beschränkt wird, ist nichtig. **749.**

Mit dem Tode eines Theilhabers tritt die Vereinbarung, daß das Recht, die Aufhebung zu verlangen, auf Zeit ausgeschlossen sein soll, im Zweifel außer Kraft. **750.**

Auch für und gegen die Sondernachfolger wirkt die Vereinbarung, daß das Recht, die Aufhebung zu verlangen, für immer oder auf Zeit ausgeschlossen sein, oder daß eine Kündigungsfrist gelten soll. Ein Gläubiger, der die Pfändung des Antheils eines Theilhabers erwirkt hat, kann ohne Rücksicht auf die Vereinbarung die Aufhebung verlangen, sofern der Schuldtitel nicht blos vorläufig vollstreckbar ist. **751.**

b) Art der Theilung:

α) Durch Theilung in Natur erfolgt die Aufhebung der Gemeinschaft, wenn der gemeinschaftliche Gegenstand oder, falls mehrere Gegenstände gemeinschaftlich sind, diese sich ohne Verminderung des Werthes in gleichartige, den Antheilen der Theilhaber entsprechende Theile zerlegen lassen. Die Vertheilung gleicher Theile unter die Theilhaber geschieht durch das Loos. 752.

β) Durch Verkauf des gemeinschaftlichen Gegenstandes nach den Vorschriften über den Pfandverkauf (s. 3. Buch, Pfandrecht), bei Grundstücken durch Zwangsversteigerung, und durch Theilung des Erlöses erfolgt die Aufhebung, wenn die Theilung in Natur ausgeschlossen ist. Ist die Veräußerung an einen Dritten unstatthaft, so ist der Gegenstand unter den Theilhabern zu versteigern. | Hat der Versuch, den Gegenstand zu verkaufen, keinen Erfolg, so kann jeder Theilhaber die Wiederholung verlangen; er hat jedoch die Kosten zu tragen, wenn der wiederholte Versuch mißlingt. 753.

Der Verkauf einer gemeinschaftlichen Forderung ist nur zulässig, wenn sie noch nicht eingezogen werden kann. Ist die Einziehung möglich, so kann jeder Theilhaber gemeinschaftliche Einziehung verlangen. 754.

4. **Berichtigung einer gemeinschaftlichen Schuld.** Haften die Theilhaber als Gesammtschuldner für eine Verbindlichkeit, die sie in Gemäßheit des § 748 nach dem Verhältniß ihrer Antheile zu erfüllen haben oder die sie zum Zwecke der Erfüllung einer solchen Verbindlichkeit eingegangen sind, so kann jeder Theilhaber bei der Aufhebung der Gemeinschaft verlangen, daß die Schuld aus dem gemeinschaftlichen Gegenstande berichtigt wird. | Der Anspruch kann auch gegen die Sondernachfolger geltend gemacht werden. | Soweit zur Berichtigung der Schuld der Verkauf des gemeinschaftlichen Gegenstandes erforderlich ist, hat der Verkauf nach § 753 zu erfolgen. 755.

5. **Ansprüche der Theilhaber gegeneinander:**

a) Hat ein Theilhaber gegen einen anderen Theilhaber eine Forderung, die sich auf die Gemeinschaft gründet, so kann er bei der Aufhebung der Gemeinschaft die Berichtigung seiner Forderung aus dem auf den Schuldner entfallenden Theile des gemeinschaftlichen Gegenstandes verlangen. Die Vorschriften des § 755 Abs. 2, 3 finden Anwendung. 756.

b) Wird bei der Aufhebung der Gemeinschaft ein gemeinschaftlicher Gegenstand einem der Theilhaber zugetheilt, so hat wegen eines Mangels im Rechte oder der Sache jeder der übrigen Theilhaber zu seinem Antheil in gleicher Weise wie ein Verkäufer Gewähr zu leisten. 757.

16) Leibrente.

1. **Form des Vertrages:**

Zur Gültigkeit eines Vertrages, durch den eine Leibrente versprochen wird, ist, soweit nicht eine andere Form vorgeschrieben ist, schriftliche Ertheilung des Versprechens erforderlich. 761.

2. **Bestimmungen über die Entrichtung der Rente.**

a) Im Zweifel für die Lebensdauer des Gläubigers zu entrichten hat die Rente, wer zur Gewährung einer solchen verpflichtet ist.

b) Im Zweifel ist der für sie bestimmte Betrag der Jahresbetrag der Rente. **759.**

c) Im voraus ist dieselbe zu entrichten. | Eine Geldrente ist für drei Monate vorauszuzahlen; bei einer anderen Rente bestimmt sich der Zeitabschnitt, für den sie im voraus zu entrichten ist, nach der Beschaffenheit und dem Zwecke der Rente.

d) Der volle auf den Zeitabschnitt entfallende Betrag gebührt dem Gläubiger, wenn er den Beginn des Zeitabschnitts erlebt hat, für den die Rente im voraus zu entrichten ist. **760.**

17) Spiel. Wette.

1. **Eine Verbindlichkeit wird nicht begründet** durch Spiel oder durch Wette. **762 Satz 1.**

2. **Es kann nicht zurückgefordert werden** deshalb, weil eine Verbindlichkeit nicht bestanden hat, das, was auf Grund des Spiels oder der Wette geleistet ist. **762 Satz 2.**

Zu 1 und 2: Für eine Vereinbarung, durch die der verlierende Theil zum Zwecke der Erfüllung einer Spiel- oder einer Wettschuld dem gewinnenden Theile gegenüber eine Verbindlichkeit eingeht, insbesondere für ein Schuldanerkenntniß, gelten die Vorschriften zu 1 und 2 auch. **762 Abs. 2.**

3. **Wenn die Lotterie oder die Ausspielung staatlich genehmigt** ist, ist ein Lotterievertrag oder ein Ausspielvertrag verbindlich. Anderenfalls finden die Vorschriften des § 762 Anwendung. **763.**

4. **Differenzgeschäft.** Wird ein auf Lieferung von Waaren oder Werthpapieren lautender Vertrag in der Absicht geschlossen, daß der Unterschied zwischen dem vereinbarten Preise und dem Börsen- oder Marktpreise der Lieferungszeit von dem verlierenden Theile an den gewinnenden gezahlt werden soll, so ist der Vertrag als Spiel anzusehen. Dies gilt auch dann, wenn nur die Absicht des einen Theils auf die Zahlung des Unterschiedes gerichtet ist, der andere Theil aber diese Absicht kennt oder kennen muß. **764.**

18) Bürgschaft.

1. **Begriff und Form:** Der Bürgschaftsvertrag, durch den sich der Bürge gegenüber dem Gläubiger eines Dritten verpflichtet, für die Erfüllung der Verbindlichkeit des Dritten einzustehen, sei dieselbe auch eine künftige oder bedingte, ist nur gültig bei schriftlicher Ertheilung der Bürgschaftserklärung. Der Mangel der Form wird geheilt, soweit der Bürge die Hauptverbindlichkeit (für die er die Bürgschaft übernommen hat) erfüllt. **765. 766.**

Kreditauftrag. Wer einen Anderen beauftragt, im eigenen Namen und auf eigene Rechnung einem Dritten Kredit zu geben, haftet dem Beauftragten für die aus der Kreditgewährung entstehende Verbindlichkeit des Dritten als Bürge. **778.**

2. **Haftung des Bürgen.**

a) Der jeweilige Bestand der Hauptverbindlichkeit ist für die Verpflichtung des Bürgen maßgebend. Dies gilt insbesondere auch, wenn die Hauptverbindlichkeit durch Verschulden oder Verzug des Hauptschuldners geändert wird. Durch ein Rechtsgeschäft, das der Hauptschuldner nach der Uebernahme der Bürgschaft vornimmt, wird die Verpflichtung des Bürgen nicht erweitert. | Der Bürge haftet für die dem Gläubiger von dem Hauptschuldner zu ersetzenden Kosten der Kündigung und der Rechtsverfolgung. **767.**

b) Verbürgen sich Mehrere für dieselbe Verbindlichkeit, so haften sie als Gesammtschuldner, auch wenn sie die Bürgschaft nicht gemeinschaftlich übernehmen. **769.**

3. **Einreden des Bürgen.**

a) Die dem Hauptschuldner zustehenden Einreden kann der Bürge geltend machen. Stirbt der Hauptschuldner, so kann sich der Bürge nicht darauf berufen, daß der Erbe für die Verbindlichkeit nur beschränkt haftet. | Der Bürge verliert eine Einrede nicht dadurch, daß der Hauptschuldner auf sie verzichtet. **768.**

b) Verweigern kann die Befriedigung des Gläubigers der Bürge, solange dem Hauptschuldner das Recht zusteht, das seiner Verbindlichkeit zu Grunde liegende Rechtsgeschäft anzufechten. | Die gleiche Befugniß hat der Bürge, solange sich der Gläubiger durch Aufrechnung gegen eine fällige Forderung des Hauptschuldners befriedigen kann. **770.**

c) Einrede der Vorausklage. Der Bürge kann die Befriedigung des Gläubigers verweigern, solange nicht der Gläubiger eine Zwangsvollstreckung gegen den Hauptschuldner ohne Erfolg versucht hat. **771.**

Besteht die Bürgschaft für eine Geldforderung, so muß die Zwangsvollstreckung in die beweglichen Sachen des Hauptschuldners an seinem Wohnsitz und, wenn der Hauptschuldner an einem anderen Orte eine gewerbliche Niederlassung hat, auch an diesem Orte, in Ermangelung eines Wohnsitzes und einer gewerblichen Niederlassung an seinem Aufenthaltsorte versucht werden.

Steht dem Gläubiger ein Pfandrecht oder ein Zurückbehaltungsrecht an einer beweglichen Sache des Hauptschuldners zu, so muß er auch aus dieser Sache Befriedigung suchen. Steht dem Gläubiger ein solches Recht an der Sache auch für eine andere Forderung zu, so gilt dies nur, wenn beide Forderungen durch den Werth der Sache gedeckt werden. **772.**

Ausgeschlossen ist diese Einrede: 1. wenn der Bürge auf die Einrede verzichtet, insbesondere, wenn er sich als Selbstschuldner verbürgt hat; 2. wenn die Rechtsverfolgung gegen den Hauptschuldner in Folge einer nach der Uebernahme der Bürgschaft eingetretenen Aenderung des Wohnsitzes, der gewerblichen Niederlassung oder des Aufenthaltsorts des Hauptschuldners wesentlich erschwert ist; 3. wenn über das Vermögen des Hauptschuldners der Konkurs eröffnet ist; 4. wenn anzunehmen ist, daß die Zwangsvollstreckung in das Vermögen des Hauptschuldners nicht zur Befriedigung des Gläubigers führen wird. | In den Fällen der Nr. 3, 4 ist die Einrede insoweit zulässig, als sich der Gläubiger aus einer beweglichen Sache des Hauptschuldners befriedigen kann, an der er ein Pfandrecht oder ein Zurückbehaltungsrecht hat; die Vorschrift des § 772 Abs. 2 Satz 2 findet Anwendung. **773.**

4. Verhältniß zwischen Bürgen und Hauptschuldner.

a) Auf den Bürgen geht die Forderung des Gläubigers gegen den Hauptschuldner über, soweit er den Gläubiger befriedigt. Der Uebergang kann nicht zum Nachtheile des Gläubigers geltend gemacht werden. Einwendungen des Hauptschuldners aus einem zwischen ihm und dem Bürgen bestehenden Rechtsverhältnisse bleiben unberührt. | Mitbürgen haften einander nur nach § 426 (S. 99). **774.**

b) Befreiung von der Bürgschaft kann der Bürge, der sich im Auftrage des Hauptschuldners verbürgt hat, oder dem nach den Vorschriften über die Geschäftsführung ohne Auftrag (S. 136) wegen der Uebernahme der Bürgschaft die Rechte eines Beauftragten gegen den Hauptschuldner zustehen, von diesem verlangen: 1. wenn sich die Vermögensverhältnisse des Hauptschuldners wesentlich verschlechtert haben; 2. wenn die Rechtsverfolgung gegen den Hauptschuldner in Folge einer nach der Uebernahme der Bürgschaft eingetretenen Aenderung des Wohnsitzes, der gewerblichen Niederlassung oder des Aufenthalts des Hauptschuldners wesentlich erschwert ist; 3. wenn der Hauptschuldner mit der Erfüllung seiner Verbindlichkeit im Verzug ist; 4. wenn der Gläubiger gegen den Bürgen ein vollstreckbares Urtheil auf Erfüllung erwirkt hat. | Ist die Hauptverbindlichkeit noch nicht fällig, so kann der Hauptschuldner dem Bürgen, statt ihn zu befreien, Sicherheit leisten. **775.**

5. Ende der Bürgschaft.

a) Giebt der Gläubiger ein mit der Forderung verbundenes Vorzugsrecht, eine für sie bestehende Hypothek, ein für sie bestehendes Pfandrecht oder das Recht gegen einen Mitbürgen auf, so wird der Bürge insoweit frei, als er aus dem aufgegebenen Rechte nach § 774 hätte Ersatz erlangen können. Dies gilt auch dann, wenn das aufgegebene Recht erst nach der Uebernahme der Bürgschaft entstanden ist. **776.**

b) Nach dem Ablaufe der bestimmten Zeit, auf welche sich der Bürge für eine bestehende Verbindlichkeit verbürgt hat, wird er frei, wenn nicht der Gläubiger die Einziehung der Forderung unverzüglich nach Maßgabe des § 772 betreibt, das Verfahren ohne wesentliche Verzögerung fortsetz unverzüglich nach der Beendigung des Verfahrens dem Bürgen anzeigt, daß er ihn in Anspruch nehme. Steht dem Bürgen die Einrede der Vorausklage nicht zu, so wird er nach dem Ablaufe der bestimmten Zeit frei, wenn nicht der Gläubiger ihm unverzüglich diese Anzeige macht. | Erfolgt die Anzeige rechtzeitig, so beschränkt sich die Haftung des Bürgen im Falle des Abs. 1 Satz 1 auf den Umfang, den die Hauptverbindlichkeit zur Zeit der Beendigung des Verfahrens hat, im Falle des Abs. 1 Satz 2 auf den Umfang, den die Hauptverbindlichkeit bei dem Ablaufe der bestimmten Zeit hat. **777.**

19) Vergleich.

1. **Begriff.** Ein Vertrag, durch den der Streit oder die Ungewißheit der Parteien über ein Rechtsverhältniß — ihr steht die Unsicherheit der Verwirklichung eines Anspruchs gleich (779 Abs. 2) — im Wege gegenseitigen Nachgebens beseitigt wird. 779 Abs. 1.
2. **Unwirksam ist solcher Vertrag,** wenn der nach dem Inhalte des Vertrags als feststehend zu Grunde gelegte Sachverhalt der Wirklichkeit nicht entspricht und der Streit oder die Ungewißheit bei Kenntniß der Sachlage nicht entstanden sein würde. **779** Abs. 1.

20) Schuldversprechen. Schuldanerkenntniß.

Schuldversprechen

1. **Begriff.** Ein Vertrag, durch den eine Leistung in der Weise versprochen wird, daß das Versprechen die Verpflichtung selbständig begründen soll.
2. **Form.** Zur Gültigkeit eines solchen Vertrags ist, soweit nicht eine andere Form vorgeschrieben ist, schriftliche Ertheilung des Versprechens erforderlich. **780.**

Schuldanerkenntniß

1. **Begriff.** Ein Vertrag, durch den das Bestehen eines Schuldverhältnisses anerkannt wird.
2. **Form.** Zur Gültigkeit eines solchen Vertrages ist schriftliche Ertheilung der Anerkennungserklärung erforderlich. Ist für die Begründung des Schuldverhältnisses, dessen Bestehen anerkannt wird, eine andere Form vorgeschrieben, so bedarf der Anerkennungsvertrag dieser Form. **781.**

Die Beobachtung der in den §§ 780, 781 vorgeschriebenen schriftlichen Form ist nicht erforderlich, wenn ein Schuldversprechen oder ein Schuldanerkenntniß auf Grund einer Abrechnung oder im Wege des Vergleichs ertheilt wird. **782.**

21) [Schriftliche] Anweisung.

1. **Begriff und Gegenstand.** Händigt jemand eine Urkunde, in der er einen Anderen anweist, Geld, Werthpapiere oder andere vertretbare Sachen an einen Dritten zu leisten, dem Dritten aus, so ist dieser ermächtigt, die Leistung bei dem Angewiesenen im eigenen Namen zu erheben; der Angewiesene ist er-

mächtigt, für Rechnung des Anweisenden an den Anweisungsempfänger zu leisten. 783. Der Angewiesene ist nur gegen Aushändigung der Anweisung zur Leistung verpflichtet. 785.

Die Anweisung erlischt nicht durch den Tod oder den Eintritt der Geschäftsunfähigkeit eines der Betheiligten. 791.

2. Verhältniß zwischen dem Anweisungsempfänger und dem Angewiesenen.

a) Verpflichtet zur Leistung ist der Angewiesene dem Anweisungsempfänger gegenüber, wenn er die Anweisung annimmt, was durch einen schriftlichen Vermerk auf der Anweisung erfolgt. Ist der Vermerk auf die Anweisung vor der Aushändigung an den Anweisungsempfänger gesetzt worden, so wird die Annahme diesem gegenüber erst mit der Aushändigung wirksam. 784 Abs. 1 Satz 1 und Abs. 2.

b) Nur solche Einwendungen kann er dem Anweisungsempfänger entgegensetzen, welche die Gültigkeit der Annahme betreffen oder sich aus dem Inhalte der Anweisung oder dem Inhalte der Annahme ergeben oder dem Angewiesenen unmittelbar gegen den Anweisungsempfänger zustehen. 784 Abs. 1 Satz 2.

c) Es verjährt der Anspruch des Anweisungsempfängers gegen den Angewiesenen aus der Annahme in 3 Jahren. 786.

3. Verhältniß zwischen dem Anweisenden und dem Angewiesenen.

Zur Annahme der Anweisung oder zur Leistung an den Anweisungsempfänger ist der Angewiesene dem Anweisenden gegenüber nicht schon deshalb verpflichtet, weil er Schuldner des Anweisenden ist. 787 Abs. 2.

Befreit wird der Angewiesene im Falle einer Anweisung auf Schuld durch die Leistung in deren Höhe. 787 Abs. 1.

4. Verhältniß zwischen dem Anweisenden und dem Anweisungsempfänger.

a) „Anweisung ist keine Zahlung“. Ertheilt der Anweisende die Anweisung zu dem Zwecke, um seinerseits eine Leistung an den Anweisungsempfänger zu bewirken, so wird die Leistung, auch wenn der Angewiesene die Anweisung annimmt, erst mit der Leistung des Angewiesenen an den Anweisungsempfänger bewirkt. 788.

22) Schuldverschreibung

1. Begriff. Aus einer Urkunde, in der vom Aussteller ihrem Inhaber eine Leistung versprochen wird (Schuldverschreibung auf den Inhaber), kann der Inhaber die Leistung von ihm nach Maßgabe des Versprechens verlangen, es sei denn, daß er zur Verfügung über die Urkunde nicht berechtigt ist; der Aussteller wird jedoch auch durch die Leistung an einen nicht zur Verfügung berechtigten Inhaber befreit. 793 Abs. 1. Der Aussteller wird aus einer solchen Urkunde auch dann verpflichtet, wenn sie ihm gestohlen worden oder verloren gegangen oder wenn sie sonst ohne seinen Willen in den Verkehr gelangt

(Forts. S. 154.)

b) Unverzüglich Anzeige zu machen hat der Anweisungsempfänger dem Anweisenden, verweigert der Angewiesene vor dem Eintritte der Leistungszeit die Annahme der Anweisung oder verweigert er die Leistung. Das Gleiche gilt, wenn der Anweisungsempfänger die Anweisung nicht geltend machen kann oder will. 789.

5. **Widerruf der Anweisung.**

Solange nicht der Angewiesene dieselbe dem Anweisungsempfänger gegenüber angenommen oder die Leistung bewirkt hat, kann der Anweisende die Anweisung dem Angewiesenen gegenüber widerrufen. Dies gilt auch dann, wenn der Anweisende durch den Widerruf einer ihm gegen den Anweisungsempfänger obliegenden Verpflichtung zuwiderhandelt. 790.

6. **Uebertragbarkeit der Anweisung.**

a) Durch Vertrag mit einem Dritten kann der Anweisungsempfänger die Anweisung auf diesen übertragen, auch wenn sie noch nicht angenommen worden ist.

b) Der schriftlichen Form bedarf die Uebertragungserklärung.

c) Die Aushändigung der Anweisung an den Dritten ist zur Uebertragung erforderlich. 792 Abs. 1.

d) Ausschließen kann der Anweisende die Uebertragung. Die Ausschließung ist dem Angewiesenen gegenüber nur wirksam, wenn sie aus der Anweisung zn entnehmen ist, oder wenn sie von dem Anweisenden dem Angewiesenen mitgetheilt wird, bevor dieser die Anweisung annimmt oder die Leistung bewirkt.

e) Folgen der Annahme gegenüber dem Cessionar. Nimmt der Angewiesene die Anweisung dem Erwerber gegenüber an, so kann er aus einem zwischen ihm und dem Anweisungsempfänger bestehenden Rechtsverhältniß Einwendungen nicht herleiten.

Die für die Abtretung einer Forderung geltenden Vorschriften finden im Uebrigen auf die Uebertragung der Anweisung entsprechende Anwendung. 792 Abs. 2. (S. 93.)

auf den Inhaber.

Zinsscheine können für eine Schuldverschreibung auf den Inhaber ausgegeben werden. **803** Satz 1. Werden solche Zinsscheine bei der Einlösung der Hauptschuldverschreibung nicht zurückgegeben, so ist

Urkunden, in denen ein Gläubiger nicht bezeichnet ist (Karten, **Marken** oder ähnliche), können von dem Aussteller unter Umständen ausgegeben werden, aus welchen sich ergiebt, daß

Eine Urkunde, in welcher der Gläubiger benannt ist, können mit der Bestimmung ausgegeben werden, daß die in der Urkunde versprochene Leistung an jeden Inhaber bewirkt werden kann. Der

(Fortf. auf S. 155 zu allen 3 Rubriken.)

ist. | Auf ihre Wirksamkeit ist es ohne Einfluß, wenn die Urkunde ausgegeben wird, nachdem der Aussteller gestorben oder geschäftsunfähig geworden ist. 794.

2. **Form.** Die Gültigkeit der Unterzeichnung kann durch eine in die Urkunde aufgenommene Bestimmung von der Beobachtung einer besonderen Form abhängig gemacht werden. Zur Unterzeichnung genügt eine im Wege der mechanischen Vervielfältigung hergestellte Namensunterschrift. 793 Abs. 2.

3. **Beschränkung der Ausstellung.** Im Inland ausgestellte Schuldverschreibungen auf den Inhaber, in denen die Zahlung einer bestimmten Geldsumme versprochen wird, dürfen nur mit staatlicher Genehmigung in den Verkehr gebracht werden. | Die Genehmigung wird durch die Zentralbehörde des Bundesstaats ertheilt, in dessen Gebiete der Aussteller seinen Wohnsitz oder seine gewerbliche Niederlassung hat. Die Ertheilung der Genehmigung und die Bestimmungen, unter denen sie erfolgt, sollen durch den Deutschen Reichsanzeiger bekannt gemacht werden. | Eine ohne staatliche Genehmigung in den Verkehr gelangte Schuldverschreibung ist nichtig; der Aussteller hat dem Inhaber den durch die Ausgabe verursachten Schaden zu ersetzen. | Diese Vorschriften finden keine Anwendung auf Schuldverschreibungen, die von dem Reiche oder einem Bundesstaat ausgegeben werden. 795.

4. **Nur solche Einwendungen** kann der Aussteller dem Inhaber der Schuldverschreibung entgegensetzen, welche die Gültigkeit der Ausstellung betreffen oder sich aus der Urkunde ergeben oder dem Aussteller unmittelbar gegen den Inhaber zustehen. 796.

5. **Voraussetzung der Leistungspflicht.** Der Aussteller ist nur gegen Aushändigung der Schuldverschreibung zur Leistung verpflichtet. Mit der Aushändigung erwirbt er das Eigenthum an der Urkunde, auch wenn der Inhaber zur Verfügung über sie nicht berechtigt ist. 797.

6. **Ausstellung einer neuen Schuldverschreibung.**

a) Gegen Aushändigung der in Folge einer Beschädigung oder einer Verunstaltung zum Umlauf nicht mehr geeigneten Schuldverschreibung kann der Inhaber, sofern ihr wesentlicher Inhalt und ihre Unterscheidungsmerkmale noch mit Sicherheit erkennbar sind, von dem Aussteller die Ertheilung einer neuen verlangen. Die Kosten hat er zu tragen und vorzuschießen. 798.

b) Im Wege des Aufgebotsverfahrens kann für kraftlos erklärt werden eine abhanden gekommene oder vernichtete Schuldverschreibung auf den Inhaber, wenn nicht in der Urkunde das Gegentheil bestimmt ist. Ausgenommen sind Zins-, Renten- und Gewinnantheilscheine, sowie die auf Sicht zahlbaren unverzinslichen Schuldverschreibungen. 799 Abs. 1. | Der Aussteller ist verpflichtet, dem bisherigen Inhaber auf Verlangen die zur Erwirkung des Aufgebots oder der Zahlungssperre erforderliche Auskunft zu ertheilen und die erforderlichen Zeugnisse auszustellen. Die Kosten der Zeugnisse hat der bisherige Inhaber zu tragen und vorzuschießen. 799 Abs. 2.

der Aussteller berechtigt, den Betrag zurückzubehalten, den er nach Abs. 1 für die Scheine zu zahlen verpflichtet ist. **803** Abs. 2.

Neue Zins- oder Rentenscheine für eine solche Schuldverschreibun g dürfen an den Inhaber der zum Empfange der Scheine ermächtigenden Urkunde (Erneuerungsschein) nicht ausgegeben werden, wenn der Inhaber der Schuldverschreibung der Ausgabe widersprochen hat. Die Scheine sind in diesem Falle dem Inhaber der Schuldverschreibung auszuhändigeu, wenn er die Schuldverschreibung vorlegt. **805.**

er dem Inhaber zu einer Leistung verpflichtet sein will.

Auf solche Urkunden finden die Vorschriften des § 793 Abs. 1 und der §§ 794, 796, 797 entsprechende Anwendung. **807.**

Schuldner wird durch die Leistung an den Inhaber solcher Urkunde befreit. Der Inhaber ist nicht berechtigt, die Leistung zu verlangen.

Der Schuldner ist nur gegen Aushändigung der Urkunde zur Leistung verpflichtet. Ist die Urkunde abhanden gekommen oder vernichtet, so kann sie, wenn nicht ein Anderes bestimmt ist, im Wege des Aufgebotsverfahrens für kraftlos erklärt werden. Die in § 802 (S. 156) für die Verjährung gegebenen Vorschriften finden Anwendung. **808.**

Ist eine Schuldverschreibung auf den Inhaber für kraftlos erklärt, so kann derjenige, welcher das Ausschlußurtheil erwirkt hat, von dem Aussteller, unbeschadet der Befugniß, den Anspruch aus der Urkunde geltend zu machen, die Ertheilung einer neuen Schuldverschreibung auf den Inhaber an Stelle der für kraftlos erklärten verlangen. Die Kosten hat er zu tragen und vorzuschießen. **800.**

Zinsscheine, Rentenscheine, Gewinnantheilscheine.

Ist einer von solchen Scheinen abhanden gekommen oder vernichtet und hat der bisherige Inhaber den Verlust dem Aussteller vor dem Ablaufe der Vorlegungsfrist angezeigt, so kann der bisherige Inhaber nach dem Ablaufe der Frist die Leistung von dem Aussteller verlangen. Der Anspruch ist ausgeschlossen, wenn der abhanden gekommene Schein dem Aussteller zur Einlösung vorgelegt oder der Anspruch aus dem Scheine gerichtlich geltend gemacht worden ist, es sei denn, daß die Vorlegung oder die gerichtliche Geltendmachung nach dem Ablaufe der Frist erfolgt ist. Der Anspruch verjährt in 4 Jahren. | In dem Zins-, Renten- oder Gewinnantheilscheine kann der im Abs. 1 bestimmte Anspruch ausgeschlossen werden. **804.**

7. **Es erlischt der Anspruch aus einer Schuldverschreibung** a. d. J. mit dem Ablaufe von 30 Jahren nach dem Eintritte der für die Leistung bestimmten Zeit, wenn nicht die Urkunde vor dem Ablaufe der 30 Jahre dem Aussteller zur Einlösung vorgelegt wird. Erfolgt die Vorlegung, so verjährt der Anspruch in 2 Jahren von dem Ende der Vorlegungsfrist an. Der Vorlegung steht die gerichtliche Geltendmachung des Anspruchs aus der Urkunde gleich. | Bei Zins-, Renten- und Gewinnantheilscheinen beträgt die Vorlegungsfrist 4 Jahre. Die Frist beginnt mit dem Schlusse des Jahres, in welchem die für die Leistung bestimmte Zeit eintritt. | Die Dauer und der Beginn der Vorlegungsfrist können von dem Aussteller in der Urkunde anders bestimmt werden. **801.**

Die für eine Schuldverschreibung a. d. J. ausgegebenen Zinsscheine, sofern sie nicht eine gegentheilige Bestimmung enthalten, bleiben in Kraft, auch wenn die Hauptforderung erlischt oder die Verpflichtung zur Verzinsung aufgehoben oder geändert wird. **803** Abs. 1.

Der Beginn und der Lauf der Vorlegungsfrist sowie der Verjährung werden durch die Zahlungssperre zu Gunsten des Antragstellers gehemmt. Die Hemmung beginnt mit der Stellung dieses Antrags; sie endigt mit der Erledigung des Aufgebotsverfahrens und, falls die Zahlungssperre vor der Einleitung des Verfahrens verfügt worden ist, auch dann, wenn seit der Beseitigung des der Einleitung entgegenstehenden Hindernisses 6 Monate verstrichen sind und nicht vorher die Einleitung beantragt worden ist. Auf diese Frist finden die Vorschriften der §§ 203, 206, 207 (S. 63, 64) entsprechende Anwendung. **802.**

8. **Die Umschreibung** einer auf den Inhaber lautenden Schuldverschreibung auf den Namen eines bestimmten Berechtigten kann nur durch den Aussteller erfolgen. Der Aussteller ist zur Umschreibung nicht verpflichtet. **806.**

23) Vorlegung von Sachen.

a) Sachen. Wer gegen den Besitzer einer Sache einen Anspruch in Ansehung der Sache hat oder sich Gewißheit verschaffen will, ob ihm ein socher Anspruch zusteht, kann, wenn die Besichtigung der Sache aus diesem Grunde für ihn von Interesse ist, verlangen, daß der Besitzer ihm die Sache zur Besichtigung vorlegt oder die Besichtigung gestattet. **809.**

b) Urkunden. Wer ein rechtliches Interesse daran hat, eine im fremden Besitze befindliche Urkunde einzusehen, kann von dem Besitzer die Gestattung der Einsicht verlangen,

Ort der Vorlegung. Die Vorlegung hat in den Fällen der §§ 809, 810 an dem Orte zu erfolgen, an welchem sich die vorzulegende Sache befindet. Jeder Theil kann die Vorlegung an einem anderen Orte verlangen, wenn ein wichtiger Grund vorliegt.

Die Gefahr und die Kosten hat derjenige zu tragen, welcher die Vorlegung verlangt. Der Besitzer kann die Vorlegung

wenn die Urkunde in seinem Interesse errichtet oder in der Urkunde ein zwischen ihm und einem Anderen bestehendes Rechtsverhältniß beurkundet ist oder wenn die Urkunde Verhandlungen über ein Rechtsgeschäft enthält, die zwischen ihm und einem Anderen oder zwischen einen von beiden und einem gemeinschaftlichen Vermittler gepflogen worden sind. **810.**

verweigern, bis ihm der andere Theil die Kosten vorschießt und wegen der Gefahr Sicherheit leistet. **811.**

24) Ungerechtfertigte Bereicherung.

(Rückforderungsansprüche daraus.)

1. **Grundsatz.** Wer durch die Leistung eines Anderen oder in sonstiger Weise auf dessen Kosten etwas ohne rechtlichen Grund erlangt, ist ihm zur Herausgabe verpflichtet. **812** Abs. 1 Satz 1. Als Leistung gilt auch die durch Vertrag erfolgte Anerkennung des Bestehens oder des Nichtbestehens eines Schuldverhältnisses. **812** Abs. 2.

Folgesätze: a) Diese Verpflichtung (zur Herausgabe) besteht auch dann, wenn der rechtliche Grund später wegfällt,

b) oder wenn der mit einer Leistung nach dem Inhalte des Rechtsgeschäfts bezweckte Erfolg nicht eintritt. **812** Abs. 1 Satz 2. — Die Rückforderung wegen Nichteintritts des mit einer Leistung bezweckten Erfolges ist ausgeschlossen, wenn der Eintritt des Erfolges von Anfang an unmöglich war und der Leistende dies gewußt hat oder wenn der Leistende den Eintritt des Erfolges wider Treu und Glauben verhindert hat. **815.**

c) Auch dann, wenn dem Anspruch eine Einrede entgegenstand, durch welche die Geltendmachung desselben dauernd ausgeschlossen wurde, kann das zum Zwecke der Erfüllung einer Verbindlichkeit Geleistete zurückgefordert werden. Die Vorschrift des § 222 Abs. 2 bleibt unberührt (S. 66). | Wird eine betagte Verbindlichkeit vorzeitig erfüllt, so ist die Rückforderung ausgeschlossen; die Erstattung von Zwischenzinsen kann nicht verlangt werden. **813.** — Das zum Zwecke der Erfüllung einer Verbindlichkeit Geleistete kann nicht zurückgefordert werden, wenn der Leistende gewußt hat, daß er zur Leistung nicht verpflichtet war, oder wenn die Leistung einer sittlichen Pflicht oder einer auf den Anstand zu nehmenden Rücksicht entsprach. **814.**

d) Trifft ein Nichtberechtigter über einen Gegenstand eine Verfügung, die dem Berechtigten gegenüber wirksam ist, so ist er dem Berechtigten zur Herausgabe des durch die Verfügung Erlangten verpflichtet. Erfolgt die Verfügung unentgeltlich, so trifft die gleiche Verpflichtung denjenigen, der auf Grund der Verfügung unmittelbar einen rechtlichen Vortheil erlangt. | Wird an einen Nichtberechtigten eine Leistung bewirkt, die dem Berechtigten gegenüber wirksam ist, so ist der Nichtberechtigte dem Berechtigten zur Herausgabe des Geleisteten verpflichtet. **816.**

e) War der Zweck einer Leistung in der Art bestimmt, daß der Empfänger durch die Annahme gegen ein gesetzliches Verbot oder gegen die guten Sitten verstoßen hat, so ist der Empfänger zur Herausgabe verpflichtet. Die Rückforderung ist ausgeschlossen, wenn dem Leistenden gleichfalls ein solcher Verstoß zur Last fällt, es sei denn, daß die Leistung in der Eingehung einer Verbindlichkeit bestand; das zur Erfüllung einer solchen Verbindlichkeit Geleistete kann nicht zurückgefordert werden. **817.**

2. **Umfang der Pflicht zur Herausgabe.**

a) Die Verpflichtung zur Herausgabe erstreckt sich auf die gezogenen Nutzungen sowie auf dasjenige, was der Empfänger auf Grund eines erlangten Rechtes oder als Ersatz für die Zerstörung, Beschädigung oder Entziehung des erlangten Gegenstandes erwirbt. | Ist die Herausgabe wegen der Beschaffenheit des Erlangten nicht möglich oder ist der Empfänger aus einem anderen Grunde zur Herausgabe außer Stande, so hat er den Werth zu ersetzen. | Die Verpflichtung zur Herausgabe oder zum Ersatze des Werthes ist ausgeschlossen, soweit der Empfänger nicht mehr bereichert ist. | Von dem Eintritte der Rechtshängigkeit an haftet der Empfänger nach den allgemeinen Vorschriften. **818.**

b) Kennt der Empfänger den Mangel des rechtlichen Grundes, bei dem Empfang oder erfährt er ihn später, so ist er von dem Empfang oder der Erlangung der Kenntniß an zur Herausgabe verpflichtet, wie wenn der Anspruch auf Herausgabe zu dieser Zeit rechtshängig geworden wäre.

Verstößt der Empfänger durch die Annahme der Leistung gegen ein gesetzliches Verbot oder gegen die guten Sitten, so ist er von dem Empfange der Leistung an in der gleichen Weise verpflichtet. **819.**

c) War mit der Leistung ein Erfolg bezweckt, dessen Eintritt nach dem Inhalte des Rechtsgeschäfts als ungewiß angesehen wurde, so ist der Empfänger, falls der Erfolg nicht eintritt, zur Herausgabe so verpflichtet, wie wenn der Anspruch auf Herausgabe zur Zeit des Empfanges rechtshängig geworden wäre. Das Gleiche gilt, wenn die Leistung aus einem Rechtsgrunde, dessen Wegfall nach dem Inhalte des Rechtsgeschäfts als möglich angesehen wurde, erfolgt ist und der Rechtsgrund wegfällt. **820** Abs. 1.

Zinsen hat der Empfänger erst von dem Zeitpunkt an zu entrichten, in welchem er erfährt, daß der Erfolg nicht eingetreten, oder daß der Rechtsgrund weggefallen ist; zur Herausgabe von Nutzungen ist er insoweit nicht verpflichtet, als er zu dieser Zeit nicht mehr bereichert ist. **820** Abs. 2.

3. **Erfüllungsverweigerung.** Wer ohne rechtlichen Grund eine Verbindlichkeit eingeht, kann die Erfüllung auch dann verweigern, wenn der Anspruch auf Befreiung von der Verbindlichkeit verjährt ist. **821.**

4. **Pflicht eines Dritten zur Herausgabe.** Wendet der Empfänger das Erlangte unentgeltlich einem Dritten zu, so ist, soweit in Folge dessen die Verpflichtung des Empfängers zur Herausgabe der Bereicherung ausgeschlossen ist, der Dritte zur Herausgabe verpflichtet, wie wenn er die Zuwendung von dem Gläubiger ohne rechtlichen Grund erhalten hätte. 822.

25) Unerlaubte Handlungen.[1]

1. **Die einzelnen zum Schadensersatz verpflichtenden Fälle** und ihre Voraussetzungen (Verschuldungsprinzip):
   a) Verletzung eines Rechtes. Wer vorsätzlich oder fahrlässig (S. 75, § 276) das Leben, den Körper, die Gesundheit, die Freiheit, das Eigenthum oder ein sonstiges Recht eines Anderen widerrechtlich verletzt, ist dem Anderen zum Ersatze des daraus entstehenden Schadens verpflichtet. 823 Abs. 1.
   b) Verstoß gegen ein Schutzgesetz. Die gleiche Verpflichtung trifft denjenigen, welcher gegen ein den Schutz eines Anderen bezweckendes Gesetz verstößt. Ist nach dem Inhalte des Gesetzes ein Verstoß gegen dieses auch ohne Verschulden möglich, so tritt die Ersatzpflicht nur im Falle des Verschuldens ein. 823 Abs. 2.
   c) Verstoß gegen Sitten. Wer in einer gegen die guten Sitten verstoßenden Weise einem Anderen vorsätzlich Schaden zufügt, ist dem Anderen zum Ersatze des Schadens verpflichtet. 826.
   Siehe auch S. 67 § 226.
   d) Kreditgefährdung. Wer der Wahrheit zuwider eine Thatsache behauptet oder verbreitet, die geeignet ist, den Kredit eines Anderen zu gefährden oder sonstige Nachtheile für dessen Erwerb oder Fortkommen herbeizuführen, hat dem Anderen den daraus entstehenden Schaden auch dann zu ersetzen, wenn er die Unwahrheit zwar nicht kennt, aber kennen muß. | Durch eine Mittheilung, deren Unwahrheit dem Mittheilenden unbekannt ist, wird dieser nicht zum Schadensersatze verpflichtet, wenn er oder der Empfänger der Mittheilung an ihr ein berechtigtes Interesse hat. 824.
   (Siehe auch Strafgesetzbuch § 187 und S. 49 § 122.)
   e) Verführung. Wer eine Frauensperson durch Hinterlist, durch Drohung oder unter Mißbrauch eines Abhängigkeitsverhältnisses zur Gestattung der außerehelichen Beiwohnung bestimmt, ist ihr zum Ersatze des daraus entstehenden Schadens verpflichtet. 825. (Siehe auch Strafgesetzbuch § 173 bis 182, 235 bis 237 und 4. Buch des BGB. §§ 1755, 1300.)

2. **Ersatzpflicht.**

a) Mehrerer. Haben Mehrere durch eine gemeinschaftlich be-	Sind für den aus einer unerlaubten Handlung entstehenden Schaden Mehrere nebeneinander

[1] Siehe S. 26 (Einführungsgesetz): Unerlaubte Handlungen im Auslande.

gangene unerlaubte Handlung einen Schaden verursacht, so ist jeder für den Schaden verantwortlich. Das Gleiche gilt, wenn sich nicht ermitteln läßt, wer von mehreren Betheiligten den Schaden durch seine Handlung verursacht hat. | Anstifter und Gehülfen stehen Mitthätern gleich. **830.**

Vergleiche auch §§ 840, 841 unten und Strafgesetzbuch § 227.

verantwortlich, so haften sie, vorbehaltlich der Vorschrift des § 835 Abs. 3 (siehe unten e) als Gesammtschuldner. | Ist neben demjenigen, welcher nach den §§ 831, 832 (siehe unten c, d) zum Ersatze des von einem Anderen verursachten Schadens verpflichtet ist, auch der Andere für den Schaden verantwortlich, so ist in ihrem Verhältnisse zueinander der Andere allein, im Falle des § 829 (siehe unten b, zweite Rubrik) der Aufsichtspflichtige allein verpflichtet. | Ist neben demjenigen, welcher nach den §§ 833 bis 838 (siehe unten e, f) zum Ersatze des Schadens verpflichtet ist, ein Dritter für den Schaden verantwortlich, so ist in ihrem Verhältnisse zueinander der Dritte allein verpflichtet. **840.**

b) Ausschluß der Verpflichtung und subsidiäre Haftung.

Wer im Zustande der Bewußtlosigkeit oder in einem die freie Willensbestimmung ausschließenden Zustande krankhafter Störung der Geistesthätigkeit einem Anderen Schaden zufügt, ist für den Schaden nicht verantwortlich. Hat er sich durch geistige Getränke oder ähnliche Mittel in einen vorübergehenden Zustand dieser Art versetzt, so ist er für einen Schaden, den er in diesem Zustande widerrechtlich verursacht, in gleicher Weise verantwortlich, wie wenn ihm Fahrlässigkeit zur Last fiele; die Verantwortlichkeit tritt nicht ein, wenn er ohne Verschulden in den Zustand gerathen ist. **827.**

Vergl. auch Strafgesetzbuch § 51 und S. 47 § 104 Nr. 2 und § 105 Abs. 2.

Wer nicht das 7. Lebensjahr vollendet hat, ist für einen Schaden, den er einem Anderen zufügt, nicht verantwortlich. | Wer das 7., aber nicht das 18. Lebensjahr vollendet hat, ist für einen Schaden, den er einem Anderen zufügt, nicht verantwortlich, wenn er bei der Begehung der schädigenden Handlung nicht die zur Erkenntniß der Verantwortlichkeit

Wer in einem der in den §§ 823 bis 826 (siehe oben 1a—e) bezeichneten Fälle für einen von ihm verursachten Schaden auf Grund der §§ 827 828 nicht verantwortlich ist, hat gleichwohl, sofern der Ersatz des Schadens nicht von einem aufsichtspflichtigen Dritten (siehe unten) erlangt werden kann, den Schaden insoweit zu ersetzen, als die Billigkeit nach den Umständen, insbesondere nach den Verhältnissen der Betheiligten, eine Schadloshaltung erfordert und ihm nicht die Mittel entzogen werden, deren er zum standesmäßigen Unterhalte sowie zur Erfüllung seiner gesetzlichen Unterhaltspflichten (siehe 4. Buch § 1360, 1579, 1601, 1703, 1708) bedarf. **829.**

erforderliche Einsicht hat. Das Gleiche gilt von einem Taubstummen. **828.**

Siehe auch unten § 833, 835 und Strafgesetzbuch § 56, 58.

c) Haftung für Angestellte und Gehülfen. Wer einen Anderen zu einer Verrichtung bestellt, ist zum Ersatze des Schadens verpflichtet, den der Andere in Ausführung der Verrichtung einem Dritten widerrechtlich zufügt. Die Ersatzpflicht tritt nicht ein, wenn der Geschäftsherr bei der Auswahl der bestellten Person und, sofern er Vorrichtungen oder Geräthschaften zu beschaffen oder die Ausführung der Verrichtung zu leiten hat, bei der Beschaffung oder der Leitung die im Verkehr erforderliche Sorgfalt beobachtet oder wenn der Schaden auch bei Anwendung dieser Sorgfalt entstanden sein würde. | Die gleiche Verantwortlichkeit trifft denjenigen, welcher für den Geschäftsherrn die Besorgung eines der im Abs. 1 Satz 2 bezeichneten Geschäfte durch Vertrag übernimmt. **831.**

d) Haftung aus der Verletzung einer Aufsichtspflicht über Personen. Wer kraft Gesetzes zur Führung der Aufsicht über eine Person verpflichtet ist, die wegen Minderjährigkeit oder wegen ihres geistigen oder körperlichen Zustandes der Beaufsichtigung bedarf, ist zum Ersatze des Schadens verpflichtet, den diese Person einem Dritten widerrechtlich zufügt. Die Ersatzpflicht tritt nicht ein, wenn er seiner Aufsichtspflicht genügt oder wenn der Schaden auch bei gehöriger Aufsichtsführung entstanden sein würde. | Die gleiche Verantwortlichkeit trifft denjenigen, welcher die Führung der Aufsicht durch Vertrag übernimmt. **832.**

Siehe auch S. 11 Gesinde.

e) Haftung für Thiere (Wildschaden). Wird durch ein Thier ein Mensch getödtet oder der Körper oder die Gesundheit eines Menschen verletzt oder eine Sache beschädigt, so ist derjenige, welcher das Thier hält, verpflichtet, dem Verletzten den daraus entstehenden Schaden zu ersetzen. **833.**

Wer für denjenigen, welcher ein Thier hält, die Führung der Aufsicht über das Thier durch Vertrag übernimmt, ist für den Schaden verantwortlich, den das Thier einem Dritten in der im § 833 bezeichneten Weise zufügt. Die Verantwortlichkeit tritt nicht ein, wenn er bei der Führung der Aufsicht die im Verkehr erforderliche Sorgfalt beobachtet oder wenn der Schaden auch bei Anwendung dieser Sorgfalt entstanden sein würde. **834.**

Wird durch Schwarz-, Roth-, Elch-, Dam- oder Rehwild oder durch Fasanen ein Grundstück beschädigt, an welchem dem Eigenthümer das Jagdrecht nicht zusteht, so ist der Jagdberechtigte verpflichtet, dem Verletzten den Schaden zu ersetzen. Die Ersatzpflicht erstreckt sich auf den Schaden, den die Thiere an den getrennten, aber noch nicht eingeernteten Erzeugnissen des Grundstücks anrichten. | Ist dem Eigenthümer die Ausübung des ihm zustehenden Jagdrechts durch das Gesetz entzogen, so hat derjenige den Schaden zu ersetzen, welcher zur Ausübung des Jagdrechts nach dem Gesetze berechtigt ist. Hat der Eigenthümer eines Grundstücks, auf dem das Jagdrecht wegen der Lage des Grundstücks nur gemeinschaftlich mit dem Jagdrecht auf einem anderen Grundstück ausgeübt werden darf, das Jagdrecht dem Eigenthümer dieses Grundstücks verpachtet, so ist der letztere für den Schaden verantwortlich. | Sind die Eigenthümer der Grundstücke eines Bezirkes zum Zwecke der gemeinschaftlichen Ausübung des Jagdrechts durch das Gesetz zu einem Verbande vereinigt, der nicht als solcher haftet, so sind sie nach dem Verhältnisse der Größe ihrer Grundstücke ersatzpflichtig. **835.**

f) Haftung für Einsturz eines Gebäudes und dergl. Wird durch den Einsturz eines Gebäudes oder eines anderen mit einem Grundstücke verbundenen Werkes oder durch die Ablösung von Theilen des Gebäudes oder des Werkes ein Mensch getödtet, der Körper oder die Gesundheit eines Menschen verletzt oder eine Sache beschädigt, so ist der Besitzer des Grundstücks, sofern der Einsturz oder die Ablösung die Folge fehlerhafter Errichtung oder mangelhafter Unterhaltung ist, verpflichtet, dem Verletzten den daraus entstehenden Schaden zu ersetzen. Die Ersatzpflicht tritt nicht ein, wenn der Besitzer zum Zwecke der Abwendung der Gefahr die im Verkehr erforderliche Sorgfalt beobachtet hat. | Ein früherer Besitzer des Grundstücks ist für den Schaden verantwortlich, wenn der Einsturz oder die Ablösung innerhalb eines Jahres nach der Beendigung seines Besitzes eintritt, es sei denn, daß er während seines Besitzes die im Verkehr erforderliche Sorgfalt beobachtet hat oder ein späterer Besitzer durch Beobachtung dieser Sorgfalt die Gefahr hätte abwenden können. | Besitzer im Sinne dieser Vorschriften ist der Eigenbesitzer. **836.**

Besitzt jemand auf einem fremden Grundstück in Ausübung eines Rechtes ein Gebäude oder ein anderes Werk, so trifft ihn an Stelle des Besitzers des Grundstücks die im § 836 bestimmte Verantwortlichkeit. **837.**

Wer die Unterhaltung eines Gebäudes oder eines mit einem Grundstücke verbundenen Werkes für den Besitzer übernimmt oder das Gebäude oder das Werk vermöge eines ihm zustehenden Nutzungsrechts zu unterhalten hat, ist für den durch den Einsturz oder die Ablösung von Theilen verursachten Schaden in gleicher Weise verantwortlich wie der Besitzer. **838.**

g) Haftung wegen Verletzung einer Amtspflicht. Verletzt ein Beamter vorsätzlich oder fahrlässig die ihm einem Dritten gegenüber obliegende Amtspflicht, so hat er dem Dritten den daraus entstehenden Schaden zu ersetzen. Fällt dem Beamten nur Fahrlässigkeit zur Last, so kann er nur dann in Anspruch genommen werden, wenn der Verletzte nicht auf andere Weise Ersatz zu erlangen vermag. | Verletzt ein Beamter bei dem Urtheil in einer Rechtssache seine Amtspflicht, so ist er für den daraus entstehenden Schaden nur dann verantwortlich, wenn die Pflichtverletzung mit einer im Wege des gerichtlichen Strafverfahrens zu verhängenden öffentlichen Strafe bedroht ist. Auf eine pflichtwidrige Verweigerung oder Verzögerung der Ausübung des Amtes findet diese Vorschrift keine Anwendung. | Die Ersatzpflicht tritt nicht ein, wenn der Verletzte vorsätzlich oder fahrlässig unterlassen hat, den Schaden durch Gebrauch eines Rechtsmittels abzuwenden. **839.**

Ist ein Beamter, der vermöge seiner Amtspflicht einen Anderen zur Geschäftsführung für einen Dritten zu bestellen oder eine solche Geschäftsführung zu beaufsichtigen oder durch Genehmigung von Rechtsgeschäften bei ihr mitzuwirken hat, wegen Verletzung dieser Pflichten neben (S. 159, 2a) dem Anderen für den von diesem verursachten Schaden verantwortlich, so ist in ihrem Verhältnisse zu einander der Andere allein verpflichtet. **841.**

h) Siehe auch die CPO: Haftung wegen ungerechtfertigten Arrestes, ungerechtfertigter Zwangsvollstreckung und anderer Fälle (S. 3 und 23: Betrieb, Zusammenrottung, Auflauf, Aufruhr.)

6. Besonderer Inhalt der Schadensersatzpflicht.

a) Allgemeine Grundsätze. Der Schadensersatzpflichtige hat den Zustand herzustellen, der bestehen würde, wenn der zum Ersatze verpflichtende Umstand nicht eingetreten wäre. Statt der Herstellung den dazu erforderlichen Geldbetrag verlangen kann der Gläubiger, wenn wegen Verletzung einer Person oder wegen Beschädigung einer Sache Schadensersatz zu leisten ist. **249.**

Wegen eines Schadens, der nicht Vermögensschaden ist, kann Entschädigung in Geld nur in den durch das Gesetz bestimmten Fällen gefordert werden. **253.**

b) Besondere Gestaltungen der Schadensersatzpflicht.

Die Verpflichtung zum Schadensersatze wegen einer gegen die Person gerichteten unerlaubten Handlung erstreckt sich auf die Nachtheile, welche die Handlung für den Erwerb oder das Fortkommen des Verletzten herbeiführt. **842.** Siehe auch oben 3 § 823.

Wird in Folge einer Verletzung des Körpers oder der Gesundheit die Erwerbsfähigkeit des Verletzten aufgehoben oder gemindert oder tritt eine Vermehrung

Im Falle der Tödtung, der Verletzung des Körpers oder der Gesundheit sowie im Falle der Freiheitsentziehung hat der Ersatzpflichtige, wenn der Verletzte kraft Gesetzes einem Dritten zur

Im Falle der Verletzung des Körpers oder der Gesundheit, sowie im Falle der Freiheitsentziehung kann der Verletzte auch wegen des Schadens, der nicht Vermögensschaden ist, eine billige Entschädigung in Geld verlangen. Der Anspruch ist nicht über-

seiner Bedürfnisse ein, so ist dem Verletzten durch Entrichtung einer Geldrente Schadensersatz zu leisten. | Auf die Rente finden die Vorschriften des § 760 Anwendung. Ob, in welcher Art und für welchen Betrag der Ersatzpflichtige Sicherheit zu leisten hat, bestimmt sich nach den Umständen. | Statt der Rente kann der Verletzte eine Abfindung in Kapital verlangen, wenn ein wichtiger Grund vorliegt. | Der Anspruch wird nicht dadurch ausgeschlossen, daß ein Anderer dem Verletzten Unterhalt zu gewähren hat. **843.** Siehe oben 16tes Schuldverhältniß § 760 u. §§ 323, 324, 708 Nr. 6 und 850 Abs. 3 CPO. Siehe auch S. 92 § 394 und S. 93 § 400.

Leistung von Diensten in dessen Hauswesen oder Gewerbe verpflichtet war, dem Dritten für die entgehenden Dienste durch Entrichtung einer Geldrente Ersatz zu leisten. Die Vorschriften des § 843 Abs. 2 bis 4 finden entsprechende Anwendung. **845.**

tragbar und geht nicht auf die Erben über, es sei denn, daß er durch Vertrag anerkannt oder daß er rechtshängig geworden ist. | Ein gleicher Anspruch steht einer Frauensperson zu, gegen die ein Verbrechen oder Vergehen wider die Sittlichkeit begangen, oder die durch Hinterlist, durch Drohung oder unter Mißbrauch eines Abhängigkeitsverhältnisses zur Gestattung der außerehelichen Beiwohnung bestimmt wird. **847.** Siehe auch Strafgesetzbuch § 231, S. 21 Artikel 32, 4. Buch, Verlöbniß § 1300 und § 851 Abs. 1 CPO.

Im Falle der Tödtung hat der Ersatzpflichtige die Kosten der Beerdigung demjenigen zu ersetzen, welchem die Verpflichtung obliegt, diese Kosten zu tragen. | Stand der Getödtete zur Zeit der Verletzung zu einem Dritten in einem Verhältnisse, vermöge dessen er diesem gegenüber kraft Gesetzes unterhaltspflichtig war oder unterhaltspflichtig werden konnte, und ist dem Dritten in Folge der Tödtung das Recht auf den Unterhalt entzogen, so hat der Ersatzpflichtige dem Dritten durch Entrichtung einer Geldrente insoweit Schadensersatz zu leisten, als der Getödtete während der muthmaßlichen Dauer seines Lebens zur Gewährung des Unterhalts verpflichtet gewesen sein würde; die Vorschriften des § 843 Abs. 2 bis 4 finden entsprechende Anwendung. Die Ersatzpflicht tritt auch dann ein, wenn der Dritte zur Zeit der Verletzung erzeugt, aber noch nicht geboren war. **844.**

Hat in den Fällen der §§ 844, 845 bei der Entstehung des Schadens, den der Dritte erleidet, ein Verschulden des Verletzten mitgewirkt, so finden auf den Anspruch des Dritten die Vorschriften des § 254 (S. 72) Anwendung. **846.**

c) Umfang der Haftung bei Entziehung oder Beschädigung einer

Sache. Wer zur Rückgabe einer Sache verpflichtet ist, die er einem Anderen durch eine unerlaubte Handlung entzogen hat, ist auch für den zufälligen Untergang, eine aus einem anderen Grunde eintretende zufällige Unmöglichkeit der Herausgabe oder eine zufällige Verschlechterung der Sache verantwortlich, es sei denn, daß der Untergang, die anderweitige Unmöglichkeit der Herausgabe oder die Verschlechterung auch ohne die Entziehung eingetreten sein würde. **848.**

Macht der zur Herausgabe einer entzogenen Sache Verpflichtete Verwendungen auf die Sache, so stehen ihm dem Verletzten gegenüber die Rechte zu, die der Besitzer dem Eigenthümer gegenüber wegen Verwendungen hat. **850.**

Ist wegen der Entziehung einer Sache der Werth oder wegen der Beschädigung einer Sache die Werthminderung zu ersetzen, so kann der Verletzte Zinsen des zu ersetzenden Betrags von dem Zeitpunkte an verlangen, welcher der Bestimmung des Werthes zu Grunde gelegt wird. **849.**

Leistet der wegen der Entziehung oder Beschädigung einer beweglichen Sache zum Schadensersatze Verpflichtete den Ersatz an denjenigen, in dessen Besitze sich die Sache zur Zeit der Entziehung oder der Beschädigung befunden hat, so wird er durch die Leistung auch dann befreit, wenn ein Dritter Eigenthümer der Sache war oder ein sonstiges Recht an der Sache hatte, es sei denn, daß ihm das Recht des Dritten bekannt oder in Folge grober Fahrlässigkeit unbekannt ist. **851.**

7. **Verjährung des Ersatzanspruchs.** Der Anspruch auf Ersatz des aus einer unerlaubten Handlung entstandenen Schadens verjährt in 3 Jahren von dem Zeitpunkt an, in welchem der Verletzte von dem Schaden und der Person des Ersatzpflichtigen Kenntniß erlangt, ohne Rücksicht auf diese Kenntniß in 30 Jahren von der Begehung der Handlung an. | Hat der Ersatzpflichtige durch die unerlaubte Handlung auf Kosten des Verletzten etwas erlangt, so ist er auch nach der Vollendung der Verjährung zur Herausgabe nach den Vorschriften über die Herausgabe einer ungerechtfertigten Bereicherung (S. 157) verpflichtet. **852.**

Erlangt Jemand durch eine von ihm begangene unerlaubte Handlung eine Forderung gegen den Verletzten, so kann der Verletzte die Erfüllung auch dann verweigern, wenn der Anspruch auf Aufhebung der Forderung verjährt ist. **853.**

Drittes Buch.

Sachenrecht.

Erster Abschnitt. Besitz. § 854—872. — Zweiter Abschnitt. Allgemeine Vorschriften über Rechte an Grundstücken. § 873—902. — Dritter Abschnitt. Eigenthum. § 903—1011. — Vierter Abschnitt. Erbbaurecht. § 1012—1017. — Fünfter Abschnitt. Dienstbarkeiten. § 1018—1093. — Sechster Abschnitt. Vorkaufsrecht. § 1094—1104. — Siebenter Abschnitt. Reallasten. § 1105—1112. — Achter Abschnitt. Hypothek. Grundschuld. Rentenschuld. § 1113—1203. — Neunter Abschnitt. Pfandrecht an beweglichen Sachen und Rechten. § 1204—1296.

I.

Besitz [von Sachen].

(§ 854—872.

(Siehe auch S. 3, Einführungsgesetz.)

1. **Arten des Besitzes:**
   a) Der unmittelbare und der mittelbare. Besitzt Jemand eine Sache als Nießbraucher, Pfandgläubiger, Pächter, Miether, Verwahrer oder in einem ähnlichen Verhältnisse, vermöge dessen er einem Anderen gegenüber auf Zeit zum Besitze berechtigt oder verpflichtet ist, so ist auch der Andere Besitzer (mittelbarer Besitz). **868.**

   Steht der mittelbare Besitzer zu einem Dritten in einem Verhältnisse der im § 868 bezeichneten Art, so ist auch der Dritte mittelbarer Besitzer. **871.**

   b) Eigenbesitzer ist, wer eine Sache als ihm gehörend besitzt. **872.**
2. **Besitzerwerbsarten:**
   a) Durch die Erlangung der thatsächlichen Gewalt über die Sache wird der Besitz derselben erworben. **854** Abs. 1.

   b) Die Einigung des bisherigen Besitzers und des Erwerbers genügt zum Erwerbe, wenn der Erwerber in der Lage ist, die Gewalt über die Sache auszuüben. **854** Abs. 2.

   c) Der mittelbare Besitz kann dadurch auf einen Anderen übertragen werden, daß diesem der Anspruch auf Herausgabe der Sache abgetreten wird. **870.**

3. **Besitz ein Rechtsverhältniß** (siehe auch S. 3, Einführungsgesetz):

a) Derjenige, für welchen ein Anderer in dessen Haushalt oder Erwerbsgeschäft oder in einem ähnlichen Verhältniß, vermöge dessen er den sich auf eine Sache beziehenden Weisungen desselben Folge zu leisten hat, die thatsächliche Gewalt über die Sache ausübt, ist allein der Besitzer. 855.

b) Der Besitz geht auf den Erben über. 857.

4. **Beendigt** wird der Besitz dadurch,

a) daß der Besitzer die thatsächliche Gewalt über die Sache aufgiebt,

b) oder in anderer Weise verliert.

Nicht beendigt wird der Besitz durch eine ihrer Natur nach vorübergehende Verhinderung in der Ausübung der Gewalt. 856.

5. **Fehlerhaftigkeit des Besitzes.** Die unter dieser Ziffer stehenden Vorschriften gelten auch zu Gunsten desjenigen, welcher nur einen Theil einer Sache, insbesondere abgesonderte Wohnräume oder andere Räume besitzt. 865.

a) Fehlerhaft ist der Besitz, der durch verbotene Eigenmacht erlangt ist d. h. dadurch, daß man dem Besitzer ohne dessen Willen den Besitz entzieht oder ihn im Besitze stört, ohne daß das Gesetz die Entziehung oder die Störung gestattet, also widerrechtlich handelnd. 858. Abs. 1.

b) Der Nachfolger in solchem Besitz muß die Fehlerhaftigkeit gegen sich gelten lassen, wenn er Erbe des Besitzers ist oder die Fehlerhaftigkeit des Besitzes seines Vorgängers bei dem Erwerbe kennt. 858. Abs. 2.

c) Mit Gewalt erwehren darf sich der Besitzer verbotener Eigenmacht. | Wird eine bewegliche Sache dem Besitzer mittels verbotener Eigenmacht weggenommen, so darf er sie dem auf frischer That betroffenen oder verfolgten Thäter mit Gewalt wieder abnehmen. | Wird dem Besitzer eines Grundstücks der Besitz durch verbotene Eigenmacht entzogen, so darf er sofort nach der Entziehung sich des Besitzes durch Entsetzung des Thäters wieder bemächtigen. 859 Abs. 1 bis 3.

Die gleichen Rechte stehen dem Besitzer gegen denjenigen zu, welcher nach § 858 Abs. 2 die Fehlerhaftigkeit des Besitzes gegen sich gelten lassen muß. 859 Abs. 4.

Zur Ausübung der dem Besitzer nach § 859 zustehenden Rechte ist auch derjenige befugt, welcher die thatsächliche Gewalt nach § 855 für den Besitzer ausübt. 860.

d) Weitere Ansprüche des Besitzers.

Wird der Besitz durch verbotene Eigenmacht dem Besitzer entzogen, so kann dieser die Wiedereinräumung des Besitzes von dem=jenigen verlangen, welcher

Gegenüber den in den §§ 861, 862 be=

Wird gegen den Besitzer verbotene Eigenmacht verübt, so stehen die in

ihm gegenüber fehlerhaft besitzt. | Der Anspruch ist ausgeschlossen, wenn der entzogene Besitz dem gegenwärtigen Besitzer oder dessen Rechtsvorgänger gegenüber fehlerhaft war und in dem letzten Jahre vor der Entziehung erlangt worden ist. **861.**

Wird der Besitzer durch verbotene Eigenmacht im Besitze gestört, so kann er von dem Störer die Beseitigung der Störung verlangen. Sind weitere Störungen zu besorgen, so kann der Besitzer auf Unterlassung klagen. | Der Anspruch ist ausgeschlossen, wenn der Besitzer dem Störer oder dessen Rechtsvorgänger gegenüber fehlerhaft besitzt und der Besitz im letzten Jahre vor der Störung erlangt worden ist. **862.**

} Gegenüber den in den §§ 861, 862 bestimmten Ansprüchen kann ein Recht zum Besitz oder zur Vornahme der störenden Handlung nur zur Begründung der Behauptung geltend gemacht werden, daß die Entziehung oder die Störung des Besitzes nicht verbotene Eigenmacht sei. **863.**

} den §§ 861, 862 bestimmten Ansprüche auch dem mittelbaren Besitzer zu. Im Falle der Entziehung des Besitzes ist der mittelbare Besitzer berechtigt, die Wiedereinräumung des Besitzes an den bisherigen Besitzer zu verlangen; kann oder will dieser den Besitz nicht wieder übernehmen, so kann der mittelbare Besitzer verlangen, daß ihm selbst der Besitz eingeräumt wird. **869** Satz 1, 2.

Ein nach den §§ 861, 862 begründeter Anspruch erlischt mit dem Ablauf eines Jahres nach der Verübung der verbotenen Eigenmacht, wenn nicht vorher der Anspruch im Wege der Klage geltend gemacht wird. | Das Erlöschen tritt auch dann ein, wenn nach der Verübung der verbotenen Eigenmacht durch rechtskräftiges Urtheil festgestellt wird, daß dem Thäter ein Recht an der Sache zusteht, vermöge dessen er die Herstellung eines seiner Handlungsweise entsprechenden Besitzstandes verlangen kann. **864.**

e) Grenzen des Besitzschutzes. Besitzen Mehrere eine Sache gemeinschaftlich, so findet in ihrem Verhältnisse zu einander ein Besitzschutz insoweit nicht statt, als es sich um die Grenzen des den Einzelnen zustehenden Gebrauchs handelt. **866.**

6. **Recht des Besitzers auf Aufsuchung und Wegschaffung** seiner Sache. Ist eine Sache aus der Gewalt des Besitzers auf ein im Besitz eines Anderen befindliches Grundstück gelangt, so hat ihm der Besitzer des Grundstücks die Aufsuchung und die Wegschaffung zu gestatten, sofern nicht die Sache inzwischen in Besitz genommen worden ist. Der Besitzer des Grundstücks kann Ersatz des durch die Aufsuchung und die Wegschaffung entstehenden

Schadens verlangen. Er kann, wenn die Entstehung eines Schadens zu besorgen ist, die Gestattung verweigern, bis ihm Sicherheit (S. 68) geleistet wird; die Verweigerung ist unzulässig, wenn mit dem Aufschube Gefahr verbunden ist. **867.**

Unter der gleichen Voraussetzung wie zu 5d (§ 869 Satz 1, 2) kann er (der mittelbare Besitzer) im Falle des § 867 verlangen, daß ihm die Aufsuchung und Wegschaffung der Sache gestattet wird. **869** Satz 3.

II.

Allgemeine Vorschriften über Rechte an Grundstücken.

(§ 873—942.)

(Siehe auch das Einführungsgesetz und Grundbuchordnung.)

1. **Aenderungen von Rechten an Grundstücken** sind:
   a) Uebertragung des Eigenthums an einem Grundstück,
   b) Belastung eines Grundstücks mit einem Rechte,
   c) Uebertragung oder
   d) Belastung } eines solchen Rechtes. **873** Abs. 1.

   Die Vorschriften der §§ 873, 874, 876 finden auch auf Aenderungen des Inhaltes eines Rechtes an einem Grundstück Anwendung. **877.**

2. **Erforderlich zu den Rechtsänderungen** sind:
   a) Die Einigung des Berechtigten und des anderen Theiles über den Eintritt der Rechtsänderung, soweit das Gesetz (S. 10, Einführungsgesetz) nicht ein Anderes vorschreibt. **873** Abs. 1. Vor der Eintragung (siehe b) sind die Betheiligten an die Einigung nur gebunden, wenn die Erklärungen gerichtlich oder notariell beurkundet oder vor dem Grundbuchamt abgegeben oder bei diesem eingereicht sind oder wenn der Berechtigte dem anderen Theile eine den Vorschriften der Grundbuchordnung entsprechende Eintragungsbewilligung ausgehändigt hat. **873** Abs. 2.

      Eine von dem Berechtigten in Gemäßheit der §§ 873, 875, 877 abgegebene Erklärung wird nicht dadurch unwirksam, daß der Berechtigte in der Verfügung beschränkt wird, nachdem die Erklärung für ihn bindend geworden und der Antrag auf Eintragung (siehe b) bei dem Grundbuchamte gestellt worden ist. **878.**

   b) Ferner die Eintragung der Rechtsänderung in das Grundbuch, soweit nicht das Gesetz ein Anderes vorschreibt. **837** Abs. 1. Bei der Eintragung eines Rechts, mit dem ein Grundstück belastet wird, kann zur näheren Bezeichnung des Inhalts des Rechtes auf die Eintragungsbewilligung Bezug genommen werden, soweit nicht das Gesetz ein Anderes vorschreibt. **874.**

3. **Erforderlich zur Aufhebung des Rechtes** an einem Grundstück sind, soweit nicht das Gesetz ein Anderes vorschreibt:

a) Die Erklärung des Berechtigten, daß er das Recht aufgebe, welche dem Grundbuchamt oder demjenigen gegenüber abzugeben ist, zu dessen Gunsten sie erfolgt. | Vor der Löschung (siehe b) ist der Berechtigte an seine Erklärung nur gebunden, wenn er sie dem Grundbuchamt gegenüber abgegeben oder demjenigen, zu dessen Gunsten sie erfolgt, eine den Vorschriften der Grundbuchordnung entsprechende Löschungsbewilligung ausgehändigt hat. **875.**

Ist ein Recht an einem Grundstück mit dem Rechte eines Dritten belastet, so ist zur Aufhebung des belasteten Rechts die Zustimmung des Dritten erforderlich. Steht das aufzuhebende Recht dem jeweiligen Eigenthümer eines anderen Grundstücks zu, so ist, wenn dieses Grundstück mit dem Rechte eines Dritten belastet ist, die Zustimmung des Dritten erforderlich, es sei denn, daß dessen Recht durch die Aufhebung nicht berührt wird. Die Zustimmung ist dem Grundbuchamt oder demjenigen gegenüber zu erklären, zu dessen Gunsten sie erfolgt; sie ist unwiderruflich. **876.**

Eine von dem Berechtigten in Gemäßheit der §§ 875, 877 (siehe oben 1) abgegebene Erklärung wird nicht dadurch unwirksam, daß der Berechtigte in der Verfügung beschränkt wird, nachdem die Erklärung für ihn bindend geworden und der Antrag auf Eintragung bei dem Grundbuchamt gestellt worden ist. **878.**

b) Die Löschung des Rechtes im Grundbuch. **875** Abs. 1.

4. **Rangverhältniß unter mehreren Rechten** an einem Grundstück.

a) Rangordnung. Wenn die Rechte, mit denen ein Grundstück belastet ist, in derselben Abtheilung des Grundbuchs eingetragen sind, bestimmt sich das Rangverhältniß unter mehreren Rechten nach der Reihenfolge der Eintragungen. Sind die Rechte in verschiedenen Abtheilungen eingetragen, so hat das unter Angabe eines früheren Tages eingetragene Recht den Vorrang; Rechte, die unter Angabe desselben Tages eingetragen sind, haben gleichen Rang. |

Die Eintragung ist für das Rangverhältniß auch dann maßgebend, wenn die nach § 873 zum Erwerbe des Rechtes erforderliche Einigung erst nach der Eintragung zu Stande gekommen ist. | Eine abweichende Bestimmung des Rangverhältnisses bedarf der Eintragung in das Grundbuch. **879.**

b) Nachträglich geändert kann das Rangverhältniß werden. **880** Abs. 1. Erforderlich sind dazu:

Die Einigung des zurücktretenden und des vortretenden Berechtigten und

die Eintragung der Aenderung in das Grundbuch.

Die Vorschriften des § 873 Abs. 2 (siehe oben 2 a) und des § 878 (siehe oben 2 a) finden Anwendung. Die Zustimmung des Eigenthümers ist außerdem erforderlich, soll eine Hypothek, eine Grundschuld oder eine Rentenschuld zurücktreten. Die Zustimmung ist dem Grundbuchamt oder einem der Betheiligten gegenüber zu erklären; sie ist unwiderruflich. | Ist das zurücktretende Recht mit dem Rechte eines Dritten belastet, so finden die Vorschriften des § 876 (siehe oben 3a) entsprechende Anwendung. |

Der dem vortretenden Rechte eingeräumte Rang geht nicht dadurch verloren, daß das zurücktretende Recht durch Rechtsgeschäft aufgehoben wird. | Rechte, die den Rang zwischen dem zurücktretenden und dem vortretenden Rechte haben, werden durch die Rangänderung nicht berührt. 880.

c) Rangvorbehalt.

Der Eigenthümer kann sich bei der Belastung des Grundstücks mit einem Rechte die Befugniß vorbehalten, ein anderes dem Umfange nach bestimmtes Recht mit dem Range vor jenem Rechte eintragen zu lassen. | Der Vorbehalt bedarf der Eintragung in das Grundbuch; sie muß bei dem Rechte erfolgen, das zurücktreten soll. |

Wird das Grundstück veräußert, so geht die vorbehaltene Befugniß auf den Erwerber über. |

Ist das Grundstück vor der Eintragung des Rechtes, dem der Vorrang beigelegt ist, mit einem Rechte ohne einen entsprechenden Vorbehalt belastet worden, so hat der Vorrang insoweit keine Wirkung, als das mit dem Vorbehalte eingetragene Recht in Folge der inzwischen eingetretenen Belastung eine über den Vorbehalt hinausgehende Beeinträchtigung erleiden würde. 881 Abs. 4.

5. **Der Eintragung in das Grundbuch bedarf** folgende Bestimmung: Wird ein Grundstück mit einem Rechte belastet, für welches nach den für die Zwangsversteigerung geltenden Vorschriften dem Berechtigten im Falle des Erlöschens durch den Zuschlag der Werth aus dem Erlöse zu ersetzen ist, so kann der Höchstbetrag des Ersatzes bestimmt werden. 882.

6. **Vormerkungen** können in das Grundbuch eingetragen werden:

a) Zwecke. Zur Sicherung des Anspruchs auf Einräumung oder Aufhebung eines Rechts an einem Grundstücke oder an einem das Grundstück belastenden Rechte oder auf Aenderung des Inhalts oder des Ranges eines solchen Rechtes kann eine Vormerkung in das Grundbuch eingetragen werden.

Die Eintragung einer Vormerkung ist auch zur Sicherung eines künftigen oder eines bedingten Anspruchs zulässig. |

b) Wirkung. Eine Verfügung, die nach der Eintragung der Vormerkung über das Grundstück oder das Recht getroffen wird, ist insoweit unwirksam, als sie den Anspruch vereiteln oder beeinträchtigen würde. Dies gilt auch, wenn die Verfügung im Wege der Zwangsvollstreckung oder der Arrestvollziehung oder durch den Konkursverwalter erfolgt. 883 Abs. 1 und 2.

Soweit der Erwerb eines eingetragenen Rechtes oder eines Rechtes an einem solchen Rechte gegenüber demjenigen, zu dessen Gunsten die Vormerkung besteht, unwirksam ist, kann dieser von dem Erwerber die Zustimmung zu der Eintragung oder der Löschung verlangen, die zur Verwirklichung des durch die Vormerkung gesicherten Anspruchs erforderlich ist. | Das Gleiche gilt, wenn der Anspruch durch ein Veräußerungsverbot gesichert ist. **888.**

c) Der Rang des Rechtes, auf dessen Einräumung der Anspruch gerichtet ist, bestimmt sich nach der Eintragung der Vormerkung. **883** Abs. 3.

d) Soweit der Anspruch durch die Vormerkung gesichert ist, kann sich der Erbe des Verpflichteten nicht auf die Beschränkung seiner Haftung berufen. **884.**

e) Grundlagen der Eintragung. Die Eintragung einer Vormerkung erfolgt auf Grund einer einstweiligen Verfügung oder auf Grund der Bewilligung desjenigen, dessen Grundstück oder dessen Recht von der Vormerkung betroffen wird. Zur Erlassung einer einstweiligen Verfügung ist nicht erforderlich, daß eine Gefährdung des zu sichernden Anspruchs glaubhaft gemacht wird. (Vgl. CPO § 920 Abs. 2.)

f) Art der Eintragung. Bei der Eintragung kann zur näheren Bezeichnung des zu sichernden Anspruchs auf die einstweilige Verfügung oder die Eintragungsbewilligung Bezug genommen werden. **885.**

g) Die Beseitigung der Vormerkung. Steht demjenigen, dessen Grundstück oder dessen Recht von der Vormerkung betroffen wird, eine Einrede zu, durch welche die Geltendmachung des durch die Vormerkung gesicherten Anspruchs dauernd ausgeschlossen wird, so kann er von dem Gläubiger die Beseitigung der Vormerkung verlangen. **886.**

h) Im Wege des Aufgebotsverfahrens kann der unbekannte Gläubiger, dessen Anspruch durch die Vormerkung gesichert ist, mit seinem Rechte ausgeschlossen werden, wenn die im § 1170 (siehe unten „Hypothek") für die Ausschließung eines Hypothekengläubigers bestimmten Voraussetzungen vorliegen. Mit der Erlassung des Ausschlußurtheils erlischt die Wirkung der Vormerkung. **887.**

7. **Keine Konfusion von Rechten.** Ein Recht an einem fremden Grundstück erlischt nicht dadurch, daß der Eigenthümer des Grundstücks das Recht oder der Berechtigte das Eigenthum an dem Grundstück erwirbt. **889.**

8. **Ausflüsse des Grundbuchsystems.**

a) Mehrere Grundstücke können dadurch zu einem Grundstücke vereinigt werden, daß der Eigenthümer sie als ein Grundstück in das Grundbuch eintragen läßt.

b) Ein Grundstück kann dadurch zu dem Bestandtheil (S 46.) eines anderen gemacht werden, daß der Eigenthümer es diesem im Grundbuche zu schreiben läßt. **890.**

9. Vermuthungen in Folge des Eintragungsprinzips.

a) Ist im Grundbuche für Jemand ein Recht eingetragen, so wird vermuthet, daß ihm das Recht zustehe.

b) Ist im Grundbuche ein eingetragenes Recht gelöscht, so wird vermuthet, daß das Recht nicht bestehe. **891.**

10. Oeffentlicher Glaube des Grundbuchs.

a) Zu Gunsten desjenigen, welcher ein Recht an einem Grundstück oder ein Recht an einem solchen Rechte durch Rechtsgeschäft erwirbt, gilt der Inhalt des Grundbuchs als richtig, es sei denn, daß ein Widerspruch gegen die Richtigkeit (siehe unten c) eingetragen oder die Unrichtigkeit dem Erwerber bekannt ist.

b) Ist der Berechtigte in der Verfügung über ein im Grundbuch eingetragenes Recht zu Gunsten einer bestimmten Person beschränkt, so ist diese Beschränkung dem Erwerber gegenüber nur wirksam, wenn sie aus dem Grundbuch ersichtlich oder dem Erwerber bekannt ist. | Ist zu dem Erwerbe des Rechts die Eintragung erforderlich, so ist für die Kenntniß des Erwerbers die Zeit der Stellung des Antrags auf Eintragung oder wenn die nach § 873 erforderliche Einigung erst später zu Stande kommt, die Zeit der Einigung maßgebend. **892.**

Die Vorschriften des § 892 finden entsprechende Anwendung, wenn an denjenigen, für welchen ein Recht im Grundbuche eingetragen ist, auf Grund dieses Rechts eine Leistung bewirkt oder wenn zwischen ihm und einem Anderen in Ansehung dieses Rechtes ein nicht unter die Vorschriften des § 892 fallendes Rechtsgeschäft vorgenommen wird, das eine Verfügung über das Recht enthält. **893.**

c) Steht der Inhalt des Grundbuchs in Ansehung eines Rechts an dem Grundstück, eines Rechts an einem solchen Rechte oder einer Verfügungsbeschränkung der in § 892 Abs. 1 (siehe oben unter b) bezeichneten Art mit der wirklichen Rechtslage nicht im Einklange, so kann derjenige, dessen Recht nicht oder nicht richtig eingetragen oder durch die Eintragung einer nicht bestehenden Belastung oder Beschränkung beeinträchtigt ist, die Zustimmung zu der Berichtigung des Grundbuchs von denjenigen verlangen, dessen Recht durch die Berichtigung betroffen wird. **894.**

In den Fällen des § 894 kann ein Widerspruch gegen die Richtigkeit des Grundbuchs eingetragen werden. | Die Eintragung erfolgt auf Grund einer einstweiligen Verfügung oder auf Grund einer Bewilligung desjenigen, dessen Recht durch die Berichtigung des Grundbuchs betroffen wird. Zur Erlassung der einstweiligen Verfügung ist nicht erforderlich, daß eine Gefährdung des Rechtes des Widersprechenden glaubhaft gemacht (CPO § 920 Abs. 2) wird. **899.**

Kann die Berichtigung des Grundbuchs erst erfolgen, nachdem das Recht des nach § 894 Verpflichteten eingetragen worden ist, so hat dieser auf Verlangen sein Recht eintragen zu lassen. **895.**

Ist zur Berichtigung des Grundbuchs die Vorlegung eines Hypotheken-, Grundschuld- oder Rentenschuldbriefs erforderlich, so kann derjenige, zu dessen Gunsten die Berichtigung erfolgen soll, von dem Besitzer des Briefes verlangen, daß der Brief dem Grundbuchamte vorgelegt wird. **896.**

Die Kosten der Berichtigung des Grundbuchs und der dazu erforderlichen Erklärungen hat derjenige zu tragen, welcher die Berichtigung verlangt, sofern nicht aus einem zwischen ihm und dem Verpflichteten bestehenden Rechtsverhältnisse sich ein Anderes ergiebt. **897.**

Die in den §§ 894 bis 896 bestimmten Ansprüche unterliegen nicht der Verjährung. **898.**

11. Eigenthumsersitzung. Wer als Eigenthümer eines Grundstücks im Grundbuche eingetragen ist, ohne daß er das Eigenthum erlangt hat, erwirbt das Eigenthum, wenn die Eintragung 30 Jahre bestanden und er während dieser Zeit das Grundstück im Eigenbesitze[1] gehabt hat. Die 30jährige Frist wird in derselben Weise berechnet wie die Frist für die Ersitzung einer beweglichen Sache (siehe Abschnitt III). Der Lauf der Frist ist gehemmt, solange ein Widerspruch gegen die Richtigkeit der Eintragung im Grundbuch eingetragen ist. | Diese Vorschriften finden entsprechende Anwendung, wenn für Jemand ein ihm nicht zustehendes anderes Recht im Grundbuch eingetragen ist, das zum Besitze des Grundstücks berechtigt oder dessen Ausübung nach den für den Besitz[2] geltenden Vorschriften geschützt ist. Für den Rang des Rechtes ist die Eintragung maßgebend. **900.**

12. Verlust durch Löschung und Verjährung sowie durch Nichteintragung. Ist ein Recht an einem fremden Grundstück im Grundbuch mit Unrecht gelöscht, so erlischt es, wenn der Anspruch des Berechtigten gegen den Eigenthümer verjährt ist. Das Gleiche gilt, wenn ein kraft Gesetzes entstandenes Recht an einem fremden Grundstücke nicht in das Grundbuch eingetragen worden ist. **901.**

13. Unverjährbarkeit eingetragener Rechte. Die Ansprüche aus eingetragenen Rechten unterliegen nicht der Verjährung. Dies gilt nicht für Ansprüche, die auf Rückstände wiederkehrender Leistungen oder auf Schadensersatz gerichtet sind. | Ein Recht, wegen dessen ein Widerspruch gegen die Richtigkeit des Grundbuchs eingetragen ist, steht einem eingetragenen Rechte gleich. **902.**

[1] [2] Siehe S. 166.

III.

Eigenthum.

(Siehe auch Grundbuchordnung.)

1) Inhalt des Eigenthums.

Die Ansprüche, die sich aus den §§ 907 bis 909 (siehe unten 3, a—d), 915 (unten 3g), dem § 917 Abs. 1, dem § 918 Abs. 2 (3 h), den §§ 919, 920 und dem § 923 Abs. 2 (3 i, k, l) ergeben, unterliegen nicht der Verjährung. **924.**

1. **Die im Eigenthum liegenden Befugnisse und ihre Grenzen.** Soweit nicht das Gesetz oder Rechte Dritter entgegenstehen, kann der Eigenthümer einer Sache mit ihr nach Belieben verfahren und Andere von jeder Einwirkung ausschließen — **903** —, aber die Einwirkung eines Anderen darauf nicht verbieten, wenn sie zur Abwendung einer gegenwärtigen Gefahr nothwendig und der drohende Schaden gegenüber dem aus der Einwirkung dem Eigenthümer entstehenden Schaden unverhältnißmäßig groß ist. Der Eigenthümer kann Ersatz des ihm entstehenden Schadens verlangen. **904.**

2. **Umfang der Befugnisse im Grundeigenthum.** Das Recht des Eigenthümers eines Grundstücks erstreckt sich auf den Raum über der Oberfläche und auf den Erdkörper unter der Oberfläche. Der Eigenthümer kann jedoch Einwirkungen nicht verbieten, die in solcher Höhe oder Tiefe vorgenommen werden, daß er an der Ausschließung kein Interesse hat. **905.**

3. **Gesetzliche Beschränkungen des Grundeigenthums.** (Sog. Nachbarrechte.)
   a) Sog. Immissionen. Der Eigenthümer eines Grundstücks kann die Zuführung von Gasen, Dämpfen, Gerüchen, Rauch, Ruß, Wärme, Geräusch, Erschütterungen und ähnliche von einem anderen Grundstück ausgehende Einwirkungen insoweit nicht verbieten, als die Einwirkung die Benutzung seines Grundstücks nicht oder nur unwesentlich beeinträchtigt oder durch eine Benutzung des anderen Grundstücks herbeigeführt wird, die nach den örtlichen Verhältnissen bei Grundstücken dieser Lage gewöhnlich ist. Die Zuführung durch eine besondere Leitung ist unzulässig. **906.**
   b) Gefährdende Anlagen. Der Eigenthümer eines Grundstücks kann verlangen, daß auf den Nachbargrundstücken nicht Anlagen hergestellt

oder gehalten werden, von denen mit Sicherheit vorauszusehen ist, daß ihr Bestand oder ihre Benutzung eine unzulässige Einwirkung auf sein Grundstück zur Folge hat. Genügt eine Anlage den landesgesetzlichen Vorschriften, die einen bestimmten Abstand von der Grenze oder sonstige Schutzmaßregeln vorschreiben, so kann die Beseitigung der Anlage erst verlangt werden, wenn die unzulässige Einwirkung thatsächlich hervortritt. | Bäume und Sträucher gehören nicht zu den Anlagen im Sinne dieser Vorschriften. **907.**

c) Droht einem Grundstücke die Gefahr, daß es durch den Einsturz eines Gebäudes oder eines anderen Werkes, das mit einem Nachbargrundstücke verbunden ist, oder durch die Ablösung von Theilen des Grundstückes oder des Werkes beschädigt wird, so kann der Eigenthümer von demjenigen, welcher nach dem § 836 Abs. 1 oder den §§ 837, 838 (162) für den eintretenden Schaden verantwortlich sein würde, verlangen, daß er die zur Abwendung der Gefahr erforderliche Vorkehrung trifft. **908.**

d) Vertieft darf ein Grundstück nicht in der Weise werden, daß der Boden des Nachbargrundstücks die erforderliche Stütze verliert, es sei denn, daß für eine genügende anderweitige Befestigung gesorgt ist. **909.**

e) Ueberhangsrecht und dergl. Der Eigenthümer eines Grundstücks kann Wurzeln eines Baumes oder eines Strauches, die von einem Nachbargrundstück eingedrungen sind, abschneiden und behalten. Das Gleiche gilt von herüberragenden Zweigen, wenn der Eigenthümer dem Besitzer des Nachbargrundstücks eine angemessene Frist zur Beseitigung bestimmt hat und die Beseitigung nicht innerhalb der Frist erfolgt. | Dem Eigenthümer steht dies Recht nicht zu, wenn die Wurzeln oder die Zweige die Benutzung des Grundstücks nicht beeinträchtigen. **910.**

f) Ueberfallsrecht. Früchte, die von einem Baume oder einem Strauche auf ein Nachbargrundstück hinüberfallen, gelten als Früchte dieses Grundstücks. Diese Vorschrift findet keine Anwendung, wenn das Nachbargrundstück dem öffentlichen Gebrauche dient. **911.**

g) Grenzüberbau. Hat der Eigenthümer eines Grundstücks bei der Errichtung eines Gebäudes über die Grenze gebaut, ohne daß ihm Vorsatz oder grobe Fahrlässigkeit zur Last fällt, so hat der Nachbar den Ueberbau zu dulden, es sei denn, daß er vor oder sofort nach der Grenzüberschreitung Widerspruch erhoben hat. | Der Nachbar ist durch eine Geldrente zu entschädigen. Für die Höhe derselben ist die Zeit der Grenzüberschreitung maßgebend. **912.**

Die Rente für den Ueberbau ist dem jeweiligen Eigenthümer des Nachbargrundstücks von dem jeweiligen Eigenthümer des anderen Grundstücks zu entrichten. | Die Rente ist jährlich im voraus zu entrichten. **913.**

Das Recht auf die Rente geht allen Rechten an dem belasteten Grundstück, auch den älteren, vor. | Das Recht wird nicht in das Grundbuch eingetragen. Zum Verzicht auf das Recht sowie zur Feststellung der

Höhe der Rente durch Vertrag ist die Eintragung erforderlich. | Im Uebrigen finden die Vorschriften Anwendung, die für eine zu Gunsten des jeweiligen Eigenthümers eines Grundstücks bestehende Reallast (siehe 7. Abschn. dieses Buches) gelten. **914.**[1]

Der Rentenberechtigte kann jederzeit verlangen, daß der Rentenpflichtige ihm gegen Uebertragung des Eigenthums an dem überbauten Theile des Grundstücks den Werth ersetzt, den dieser Theil zur Zeit der Grenzüberschreitung gehabt hat. Macht er von dieser Befugniß Gebrauch, so bestimmen sich die Rechte und Verpflichtungen beider Theile nach den Vorschriften über den Kauf (S. 99). | Für die Zeit bis zur Uebertragung des Eigenthums ist die Rente fortzuentrichten. **915.**

Wird durch den Ueberbau ein Erbbaurecht oder eine Dienstbarkeit an dem Nachbargrundstück beeinträchtigt, so finden zu Gunsten des Berechtigten die Vorschriften der §§ 912 bis 914 entsprechende Anwendung. **916.**

h) Nothweg. Fehlt einem Grundstücke die zur ordnungsmäßigen Benutzung nothwendige Verbindung mit einem öffentlichen Wege, so kann der Eigenthümer von den Nachbarn verlangen, daß sie bis zur Hebung des Mangels die Benutzung ihrer Grundstücke zur Herstellung der erforderlichen Verbindung dulden. Die Richtung des Nothwegs und der Umfang des Benutzungsrechts werden erforderlichenfalls durch Urtheil bestimmt. | Die Nachbarn, über deren Grundstücke der Nothweg führt, sind durch eine Geldrente zu entschädigen. Die Vorschriften des § 912 Abs. 2 Satz 2 und der §§ 913, 914, 916 finden entsprechende Anwendung. **917.**

Die Verpflichtung zur Duldung des Nothwegs tritt nicht ein, wenn die bisherige Verbindung des Grundstücks mit dem öffentlichen Wege durch eine willkürliche Handlung des Eigenthümers aufgehoben wird. | Wird in Folge der Veräußerung eines Theiles des Grundstücks der veräußerte oder der zurückbehaltene Theil von der Verbindung mit dem öffentlichen Wege abgeschnitten, so hat der Eigenthümer desjenigen Theiles, über welchen die Verbindung bisher stattgefunden hat, den Nothweg zu dulden. Der Veräußerung eines Theiles steht die Veräußerung eines von mehreren demselben Eigenthümer gehörenden Grundstücken gleich. **918.**

i) Grenzabmarkung und -Ermittelung. Der Eigenthümer eines Grundstücks kann von dem Eigenthümer eines Nachbargrundstücks verlangen, daß dieser zur Errichtung fester Grenzzeichen und, wenn ein Grenzzeichen verrückt oder unkenntlich geworden ist, zur Wiederherstellung mitwirkt. | Die Art der Abmarkung und das Verfahren bestimmen sich nach den Landesgesetzen; enthalten diese keine Vorschriften, so entscheidet die Ortsüblichkeit. | Die Kosten der Abmarkung sind von den Betheiligten zu gleichen Theilen zu tragen, sofern nicht aus einem zwischen ihnen bestehenden Rechtsverhältnisse sich ein Anderes ergiebt. **919.**

Läßt sich im Falle einer Grenzverwirrung die richtige Grenze

[1] Das Recht auf die Rente erlischt mit der Beseitigung des Ueberbaues. **914** Abs. 1 Satz 2.

nicht ermitteln, so ist für die Abgrenzung der Besitzstand maßgebend. Kann der Besitzstand nicht festgestellt werden, so ist jedem der Grundstücke ein gleich großes Stück der streitigen Fläche zuzutheilen. | Soweit eine diesen Vorschriften entsprechende Bestimmung der Grenze zu einem Ergebnisse führt, das mit den ermittelten Umständen, insbesondere mit der feststehenden Größe der Grundstücke nicht übereinstimmt, ist die Grenze so zu ziehen, wie es unter Berücksichtigung dieser Umstände der Billigkeit entspricht. **920.**

k) Zwischenraum. Werden zwei Grundstücke durch einen solchen, einen Rain, Winkel, einen Graben, eine Mauer, Hecke, Planke oder eine andere Einrichtung, die zum Vortheile beider Grundstücke dient, von einander geschieden, so wird vermuthet, daß die Eigenthümer der Grundstücke zur Benutzung der Einrichtung gemeinschaftlich berechtigt seien, sofern nicht äußere Merkmale darauf hinweisen, daß die Einrichtung einem der Nachbarn allein gehört. **921.**

Sind die Nachbarn zur Benutzung einer der im § 921 bezeichneten Einrichtungen gemeinschaftlich berechtigt, so kann jeder sie zu dem Zwecke, der sich aus ihrer Beschaffenheit ergiebt, insoweit benutzen, als nicht die Mitbenutzung des anderen beeinträchtigt wird. Die Unterhaltungskosten sind von den Nachbarn zu gleichen Theilen zu tragen. Solange einer der Nachbarn an dem Fortbestande der Einrichtung ein Interesse hat, darf sie nicht ohne seine Zustimmung beseitigt oder geändert werden. Im Uebrigen bestimmt sich das Rechtsverhältniß zwischen den Nachbarn nach den Vorschriften über die Gemeinschaft (S. 145). **922.**

l) Grenzbaum. Steht auf der Grenze ein Baum, so gebühren die Früchte und, wenn der Baum gefällt wird, auch der Baum den Nachbarn zu gleichen Theilen. | Jeder der Nachbarn kann die Beseitigung des Baumes verlangen. Die Kosten der Beseitigung fallen den Nachbarn zu gleichen Theilen zur Last. Der Nachbar, der die Beseitigung verlangt, hat jedoch die Kosten allein zu tragen, wenn der andere auf sein Recht an dem Baume verzichtet; er erwirbt in diesem Falle mit der Trennung das Alleineigenthum. Der Anspruch auf die Beseitigung ist ausgeschlossen, wenn der Baum als Grenzzeichen dient und den Umständen nach nicht durch ein anderes zweckmäßiges Grenzzeichen ersetzt werden kann. | Diese Vorschriften gelten auch für

m) einen auf der Grenze stehenden Strauch. **923.**

2) Erwerb und Verlust des Eigenthums an Grundstücken.

a) **Erwerb** des Eigenthums an Grundstücken.

1. **Die Form der Einigung (Auflassung).** Die zur Uebertragung des Eigenthums an einem Grundstücke nach § 873 (S. 169) erforderliche Einigung des Veräußerers und des Erwerbers muß bei gleichzeitiger Anwesenheit beider Theile

vor dem Grundbuchamte erklärt werden. | Eine Auflassung, die unter einer Bedingung oder einer Zeitbestimmung erfolgt, ist unwirksam. 925.

2. **Einigung über das Zubehör.** Sind der Veräußerer und der Erwerber darüber einig, daß sich die Veräußerung auf das Zubehör des Grundstücks erstrecken soll, so erlangt der Erwerber mit dem Eigenthum an dem Grundstück auch das Eigenthum an den zur Zeit des Erwerbes vorhandenen Zubehörstücken, soweit sie dem Veräußerer gehören. Im Zweifel ist anzunehmen, daß sich die Veräußerung auf das Zubehör erstrecken soll. | Erlangt der Erwerber auf Grund der Veräußerung den Besitz von Zubehörstücken, die dem Veräußerer nicht gehören oder mit Rechten Dritter belastet sind, so finden die Vorschriften der §§ 932 bis 936 (S. 180) Anwendung; für den guten Glauben des Erwerbers ist die Zeit der Erlangung des Besitzes maßgebend. 926.
3. **Aneignung des Fiskus.** (Siehe unten „Verlust 2".)
4. **Ersitzung** siehe unten Verlust 1.

b) **Verlust** des Eigenthums an Grundstücken.

1. **Ausgeschlossen** werden kann mit seinem Rechte der Eigenthümer eines Grundstücks, wenn dieses seit 30 Jahren im Eigenbesitz eines Anderen ist, im Wege des Aufgebotsverfahrens. Die Besitzzeit wird in gleicher Weise berechnet wie die Frist für die Ersitzung einer beweglichen Sache (S. 181). Ist der Eigenthümer im Grundbuch eingetragen, so ist das Aufgebotsverfahren nur zulässig, wenn er gestorben oder verschollen ist, und eine Eintragung in das Grundbuch, die der Zustimmung des Eigenthümers bedurfte, seit 30 Jahren nicht erfolgt ist. | Derjenige, welcher das Ausschlußurtheil erwirkt hat, erlangt das Eigenthum dadurch, daß er sich als Eigenthümer in das Grundbuch eintragen läßt. | Ist vor der Erlassung des Ausschlußurtheils ein Dritter als Eigenthümer oder wegen des Eigenthums eines Dritten ein Widerspruch gegen die Richtigkeit des Grundbuchs eingetragen worden, so wirkt das Urtheil nicht gegen den Dritten. 927.
2. **Aufgegeben werden kann** das Eigenthum an einem Grundstücke dadurch, daß der Eigenthümer den Verzicht dem Grundbuchamte gegenüber erklärt und der Verzicht in das Grundbuch eingetragen wird. | Das Recht zur Aneignung des aufgegebenen Grundstücks steht dem Fiskus des Bundesstaates zu, in dessen Gebiete das Grundstück liegt. Der Fiskus erwirbt das Eigenthum dadurch, daß er sich als Eigenthümer in das Grundbuch eintragen läßt. 928.

3) Erwerb und Verlust des Eigenthums an beweglichen Sachen.

1. **Durch Uebertragung:**
   a) Erforderlich ist zur Uebertragung des Eigenthums an einer beweglichen Sache, daß der Eigenthümer die Sache dem Erwerber übergiebt und beide darüber einig sind, daß das Eigenthum übergehen soll. Ist der Erwerber im Besitz der Sache, so genügt die Einigung über den Ueber-

gang des Eigenthums. **929.** Ist der Eigenthümer im Besitz der Sache, so kann die Uebergabe dadurch ersetzt werden, daß zwischen ihm und dem Erwerber ein Rechtsverhältniß vereinbart wird, vermöge dessen der Erwerber den mittelbaren Besitz erlangt. **930.** — Ist ein Dritter im Besitze der Sache, so kann die Uebergabe dadurch ersetzt werden, daß der Eigenthümer dem Erwerber den Anspruch auf Herausgabe der Sache abtritt. **931.**

b) Auch dann, wenn die Sache nicht dem Veräußerer gehört, wird durch eine nach § 929 erfolgte Veräußerung der Erwerber Eigenthümer, es sei denn, daß er zu der Zeit, zu der er nach diesen Vorschriften das Eigenthum erwerben würde, nicht in gutem Glauben ist. In dem Falle des § 929 Satz 2 gilt dies jedoch nur dann, wenn der Erwerber den Besitz von dem Veräußerer erlangt hatte. | Der Erwerber ist nicht in gutem Glauben, wenn ihm bekannt oder in Folge grober Fahrlässigkeit unbekannt ist, daß die Sache nicht dem Veräußerer gehört. **932.** (§ 929 siehe oben!)

Gehört eine nach § 930 veräußerte Sache nicht dem Veräußerer, so wird der Erwerber Eigenthümer, wenn ihm die Sache von dem Veräußerer übergeben wird, es sei denn, daß er zu dieser Zeit nicht in gutem Glauben ist. **933.** (§ 930 siehe oben!)

Gehört eine nach § 931 veräußerte Sache nicht dem Veräußerer, so wird der Erwerber, wenn der Veräußerer mittelbarer Besitzer der Sache ist, mit der Abtretung des Anspruchs, anderenfalls dann Eigenthümer, wenn er den Besitz der Sache von dem Dritten erlangt, es sei denn, daß er zur Zeit der Abtretung oder des Besitzerwerbes nicht in gutem Glauben ist. **934.** (§ 931 siehe oben!)

Der Erwerb des Eigenthums auf Grund der §§ 932 bis 934 tritt nicht ein, wenn die Sache dem Eigenthümer gestohlen worden, verloren gegangen oder sonst abhanden gekommen war. Das Gleiche gilt, falls der Eigenthümer nur mittelbarer Besitzer war, dann, wenn die Sache dem Besitzer abhanden gekommen war. | Diese Vorschriften finden keine Anwendung auf Geld oder Inhaberpapiere, sowie auf Sachen, die im Wege öffentlicher Versteigerung veräußert werden. **935.**

c) Das Recht eines Dritten, womit eine veräußerte Sache belastet ist, erlischt mit dem Erwerbe des Eigenthums. In dem Falle des § 929 Satz 2 gilt dies jedoch nur dann, wenn der Erwerber den Besitz von dem Veräußerer erlangt hatte. Erfolgt die Veräußerung nach § 930 oder war die nach § 931 veräußerte Sache nicht im mittelbaren Besitze des Veräußerers, so erlischt das Recht des Dritten erst dann, wenn der Erwerber auf Grund der Veräußerung den Besitz der Sache erlangt. | Das Recht des Dritten erlischt nicht, wenn der Erwerber zu der nach Abs. 1 maßgebenden Zeit in Ansehung des Rechtes nicht in gutem Glauben ist. | Steht im Falle des § 931 das Recht dem dritten Besitzer zu, so erlischt es auch dem gutgläubigen Erwerber gegenüber nicht. **936.** (§§ 929 bis 931 siehe oben!)

2. **Durch Ersitzung beweglicher Sachen.**

a) Erfordernisse. Wer eine bewegliche Sache 10 Jahre im Eigenbesitze hat, erwirbt das Eigenthum (Ersitzung). Die Ersitzung ist ausgeschlossen, wenn der Erwerber bei dem Erwerbe des Eigenbesitzes nicht in gutem Glauben ist oder wenn er später erfährt, daß ihm das Eigenthum nicht zusteht. **937.**

Hat Jemand eine Sache am Anfang und am Ende eines Zeitraums im Eigenbesitze gehabt, so wird vermuthet, daß sein Eigenbesitz auch in der Zwischenzeit bestanden habe. **938.**

b) Hemmung und Unterbrechung der Ersitzung. Die Ersitzung kann nicht beginnen und, falls sie begonnen hat, nicht fortgesetzt werden, solange die Verjährung des Eigenthumsanspruchs gehemmt ist oder ihrer Vollendung die Vorschriften der §§ 206, 207 entgegenstehen. **939.** (§§ 206, 207 siehe S. 64.)

Die Ersitzung wird durch den Verlust des Eigenbesitzes unterbrochen. | Die Unterbrechung gilt als nicht erfolgt, wenn der Eigenbesitzer den Eigenbesitz ohne seinen Willen verloren und ihn binnen Jahresfrist oder mittelst einer innerhalb dieser Frist erhobenen Klage wiedererlangt hat. **940.**

Die Ersitzung wird unterbrochen, wenn der Eigenthumsanspruch gegen den Eigenbesitzer oder im Falle eines mittelbaren Eigenbesitzes gegen den Besitzer gerichtlich geltend gemacht wird, der sein Recht zum Besitze von dem Eigenbesitzer ableitet; die Unterbrechung tritt jedoch nur zu Gunsten desjenigen ein, welcher sie herbeiführt. Die für die Verjährung geltenden Vorschriften der §§ 209 bis 212, 216, 219, 220 finden entsprechende Anwendung. **941.** (Die angezogenen §§ siehe S. 64 bis 66.)

Wird die Ersitzung unterbrochen, so kommt die bis zur Unterbrechung verstrichene Zeit nicht in Betracht; eine neue Ersitzung kann erst nach der Beendigung der Unterbrechung beginnen. **942.**

c) Anrechnung früherer Besitzzeit. Gelangt die Sache durch Rechtsnachfolge in den Eigenbesitz eines Dritten, so kommt die während des Besitzes des Rechtsvorgängers verstrichene Ersitzungszeit dem Dritten zustatten. **943.**

Die Ersitzungszeit, die zu Gunsten eines Erbschaftsbesitzers verstrichen ist, kommt dem Erben zustatten. **944.**

d) Die an der Sache vor dem Erwerbe des Eigenbesitzes begründeten Rechte Dritter erlöschen mit dem Erwerbe des Eigenthums durch

Ersitzung, es sei denn, daß der Eigenbesitzer bei dem Erwerbe des Eigenbesitzes in Ansehung dieser Rechte nicht in gutem Glauben ist oder ihr Bestehen später erfährt. Die Ersitzungsfrist muß auch in Ansehung des Rechtes des Dritten verstrichen sein; die Vorschriften der §§ 939 bis 944 finden entsprechende Anwendung. **945.**

3. Durch Verbindung von Sachen.

a) Wird eine bewegliche Sache mit einem Grundstück dergestalt verbunden, daß sie wesentlicher Bestandtheil (S. 46) des Grundstücks wird, so erstreckt sich das Eigenthum an dem Grundstück auf diese Sache. **946.**

b) Werden bewegliche Sachen miteinander dergestalt verbunden, daß sie wesentliche Bestandtheile einer einheitlichen Sache werden, so werden die bisherigen Eigenthümer Miteigenthümer dieser Sache; die Antheile bestimmen sich nach dem Verhältnisse des Werthes, den die Sachen zur Zeit der Verbindung haben. | Ist eine der Sachen als die Hauptsache anzusehen, so erwirbt ihr Eigenthümer das Alleineigenthum. **947.**

4. Durch Vermischung oder Vermengung.

Werden bewegliche Sachen miteinander untrennbar vermischt oder vermengt, so finden die Vorschriften des § 947 entsprechende Anwendung. | Der Untrennbarkeit steht es gleich, wenn die Trennung der vermischten oder vermengten Sachen mit unverhältnißmäßigen Kosten verbunden sein würde. **948.**

zu No. 3 u. 4:

Erlischt nach den §§ 946 bis 948 das Eigenthum an einer Sache, so erlöschen auch die sonstigen an der Sache bestehenden Rechte. Erwirbt der Eigenthümer der belasteten Sache Miteigenthum, so bestehen die Rechte an dem Antheile fort, der an die Stelle der Sache tritt. Wird der Eigenthümer der belasteten Sache Alleineigenthümer, so erstrecken sich die Rechte auf die hinzutretende Sache. **949.**

Wer infolge der Vorschriften der §§ 946 bis 950 einen Rechtsverlust erleidet, kann von demjenigen, zu dessen Gunsten die Rechtsänderung eintritt, Vergütung in Geld nach den Vorschriften über die Herausgabe einer ungerechtfertigten Bereicherung (S. 157) fordern. Die Wiederherstellung des früheren Zustandes kann nicht verlangt werden. | Die Vorschriften über die Verpflichtung zum Schadensersatze wegen unerlaubter Handlungen (S. 159) sowie die Vorschriften über den Ersatz von Verwendungen und über das Recht zur Wegnahme einer Einrichtung (S. 72) bleiben unberührt. In den Fällen der §§ 946, 947 ist die Wegnahme nach den für das Wegnahmerecht des Besitzers gegen-

5. **Wer durch Verarbeitung oder Umbildung** eines oder

a) mehrerer Stoffe eine neue bewegliche Sache herstellt, erwirbt das Eigenthum an der neuen Sache, sofern nicht der Werth der Verarbeitung oder der Umbildung erheblich geringer ist als der Werth des Stoffes. Als Verarbeitung gilt auch das Schreiben, Zeichnen, Malen, Drucken, Graviren oder eine ähnliche Bearbeitung der Oberfläche. | Mit dem Erwerbe des Eigenthums an der neuen Sache erlöschen die an dem Stoffe bestehenden Rechte. **950.**

über dem Eigenthümer geltenden Vorschriften auch dann zulässig, wenn die Verbindung nicht von dem Besitzer der Hauptsache bewirkt worden ist. **951.**

b) Eigenthum an Urkunden. Das Eigenthum an dem über eine Forderung ausgestellten Schuldscheine steht dem Gläubiger zu. Das Recht eines Dritten an der Forderung erstreckt sich auf den Schuldschein. | Das Gleiche gilt für Urkunden über andere Rechte, kraft deren eine Leistung gefordert werden kann, insbesondere für Hypotheken-, Grundschuld- und Rentenschuldbriefe. **952.**

6. **Erwerb von Erzeugnissen und sonstigen Bestandtheilen einer Sache.**

a) Als Ausfluß des Eigenthums. Erzeugnisse und sonstige Bestandtheile einer Sache gehören auch nach der Trennung dem Eigenthümer der Sache, soweit sich nicht aus den §§ 954 bis 957 ein Anderes ergiebt. **953.**

b) Wer vermöge eines Rechtes an einer fremden Sache befugt ist, sich Erzeugnisse oder sonstige Bestandtheile der Sache anzueignen, erwirbt das Eigenthum an ihnen, unbeschadet der Vorschriften der §§ 955 bis 957, mit der Trennung. **954.**

c) Als Ausfluß des Besitzes im guten Glauben. Wer eine Sache im Eigenbesitze hat, erwirbt das Eigenthum an den Erzeugnissen und sonstigen zu den Früchten der Sache gehörenden Bestandtheilen, unbeschadet der Vorschriften der §§ 956, 957, mit der Trennung. Der Erwerb ist ausgeschlossen, wenn der Eigenbesitzer nicht zum Eigenbesitz oder ein Anderer vermöge eines Rechtes an der Sache zum Fruchtbezuge berechtigt ist und der Eigenbesitzer bei dem Erwerbe des Eigenbesitzes nicht in gutem Glauben ist oder vor der Trennung den Rechtsmangel erfährt. | Dem Eigenbesitzer steht derjenige gleich, welcher die Sache zum Zwecke der Ausübung eines Nutzungsrechts an ihr besitzt. | Auf den Eigenbesitz und den ihm gleichgestellten Besitz findet die Vorschrift des § 940 Abs. 2 (siehe oben S. 181) entsprechende Anwendung. **955.**

d) Aus obligatorischem Recht. Gestattet der Eigenthümer einem Anderen, sich Erzeugnisse oder sonstige Bestandtheile der Sache anzueignen, so erwirbt dieser das Eigenthum an ihnen, wenn der Besitz der Sache ihm überlassen ist, mit der Trennung, anderenfalls mit der Besitzergreifung. Ist der Eigenthümer zu der Gestattung verpflichtet, so kann er sie nicht widerrufen, solange sich der Andere in dem ihm überlassenen Besitze der Sache befindet. | Das Gleiche gilt, wenn die Gestattung nicht von dem Eigenthümer, sondern von einem Anderen ausgeht, dem Erzeugnisse oder sonstige Bestandtheile einer Sache nach der Trennung gehören. **956.** Die Vorschriften des § 956 finden auch dann Anwendung, wenn derjenige, welcher die Aneignung einem Anderen gestattet, hierzu nicht berechtigt ist, es sei denn, daß der Andere, falls ihm der Besitz der Sache überlassen wird, bei der Ueberlassung, anderenfalls bei der Ergreifung des Besitzes der Erzeugnisse oder der sonstigen Bestandtheile nicht in gutem Glauben ist oder vor der Trennung den Rechtsmangel erfährt. **957.**

7. **Aneignung beweglicher Sachen.**

a) Wer eine herrenlose — eine bewegliche Sache wird herrenlos, wenn der Eigenthümer in der Absicht, auf das Eigenthum zu verzichten, den Besitz der Sache aufgiebt; **959** — bewegliche Sache in Eigenbesitz nimmt, erwirbt das Eigenthum an der Sache. | Das Eigenthum wird nicht erworben, wenn die Aneignung gesetzlich verboten ist oder wenn durch die Besitzergreifung das Aneignungsrecht eines Anderen verletzt wird. **958.**

b) Wilde Thiere sind herrenlos, solange sie sich in der Freiheit befinden. Wilde Thiere in Thiergärten und Fische in Teichen oder anderen geschlossenen Privatgewässern sind nicht herrenlos. | Erlangt ein gefangenes wildes Thier die Freiheit wieder, so wird es herrenlos, wenn nicht der Eigenthümer das Thier unverzüglich verfolgt oder wenn er die Verfolgung aufgiebt. | Ein gezähmtes Thier wird herrenlos, wenn es die Gewohnheit ablegt, an den ihm bestimmten Ort zurückzukehren. **960.**

c) Zieht ein Bienenschwarm aus, so wird er herrenlos, wenn nicht der Eigenthümer ihn unverzüglich verfolgt oder wenn der Eigenthümer die Verfolgung aufgiebt. **961.** — Der Eigenthümer des Bienenschwarmes darf bei der Verfolgung fremde Grundstücke betreten. Ist der Schwarm in eine fremde nicht besetzte Bienenwohnung eingezogen, so darf der Eigenthümer des Schwarmes zum Zwecke des Einfangens die Wohnung öffnen und die Waben herausnehmen oder herausbrechen. Er hat den entstehenden Schaden zu ersetzen. **962.** — Vereinigen sich ausgezogene Bienenschwärme mehrerer Eigenthümer, so werden die Eigenthümer, welche ihre Schwärme verfolgt haben, Miteigenthümer des eingefangenen Gesammtschwarmes; die Antheile bestimmen sich nach der Zahl der verfolgten Schwärme. **963.** — Ist ein Bienenschwarm in eine fremde besetzte Bienenwohnung eingezogen, so erstrecken sich das Eigenthum und die sonstigen Rechte an den Bienen, mit denen die Wohnung besetzt war, auf den eingezogenen Schwarm. Das Eigenthum und die sonstigen Rechte an dem eingezogenen Schwarme erlöschen. **964.**

8. Fund verlorener Sachen. — Schatz.[1]

a) Pflichten des Finders d. h. desjenigen, welcher eine verlorene Sache findet und an sich nimmt:

I. Er hat dem Verlierer oder dem Eigenthümer oder einem sonstigen Empfangsberechtigten unverzüglich Anzeige zu machen. | Kennt der Finder die Empfangsberechtigten nicht oder ist ihm ihr Aufenthalt unbekannt, so hat er den Fund und die Umstände, welche für die Ermittelung der Empfangsberechtigten erheblich sein können, unverzüglich der Polizeibehörde anzuzeigen. Ist die Sache nicht mehr als 3 Mark werth, so bedarf es der Anzeige nicht. **965.**

II. Der Finder ist zur Verwahrung der Sache verpflichtet. | Ist der Verderb der Sache zu besorgen oder ist die Aufbewahrung mit unverhältnißmäßigen Kosten verbunden, so hat der Finder die Sache öffentlich versteigern zu lassen. Vor der Versteigerung ist der Polizeibehörde Anzeige zu machen. Der Erlös tritt an die Stelle der Sache. **966.**

Der Finder ist berechtigt und auf Anordnung der Polizeibehörde verpflichtet, die Sache oder den Versteigerungserlös an die Polizeibehörde abzuliefern. **967.**

III. Wer eine Sache in den Geschäftsräumen oder den Beförderungsmitteln einer öffentlichen Behörde oder einer dem öffentlichen Verkehre dienenden Verkehrsanstalt findet und an sich nimmt, hat die Sache unverzüglich an die Behörde oder die Verkehrsanstalt oder an einen ihrer Angestellten abzuliefern. Die Vorschriften der §§ 965 bis 977 finden keine Anwendung. **978.**

IV. Der Finder hat nur Vorsatz und grobe Fahrlässigkeit zu vertreten. **968.**

Der Finder wird durch die Herausgabe der Sache an den Verlierer auch den sonstigen Empfangsberechtigten gegenüber befreit. **969.**

b) Ansprüche des Finders. Durch die Ablieferung der Sache oder des Versteigerungserlöses an die Polizeibehörde werden die Rechte des Finders nicht berührt. Läßt die Polizeibehörde die Sache versteigern, so tritt der Erlös an die Stelle der Sache. Die Polizeibehörde darf die Sache oder den Erlös nur mit Zustimmung des Finders einem Empfangsberechtigten herausgeben. **975.**

[1] Wird eine Sache, die so lange verborgen gelegen hat, daß der Eigenthümer nicht mehr zu ermitteln ist (Schatz), entdeckt und in Folge der Entdeckung in Besitz genommen, so wird das Eigenthum zur Hälfte von dem Entdecker, zur Hälfte von dem Eigenthümer der Sache erworben, in welcher der Schatz verborgen war. **984.**

I. Macht der Finder zum Zwecke der Verwahrung oder Erhaltung der Sache oder zum Zwecke der Ermittelung eines Empfangsberechtigten Aufwendungen, die er den Umständen nach für erforderlich halten darf, so kann er von dem Empfangsberechtigten Ersatz verlangen. **970.**

II. Der Finder kann von dem Empfangsberechtigten einen Finderlohn verlangen. Der Finderlohn beträgt von dem Werthe der Sache bis zu 300 Mark 5 vom Hundert, von dem Mehrwerth 1 vom Hundert, bei Thieren 1 vom Hundert. Hat die Sache nur für den Empfangsberechtigten einen Werth, so ist der Finderlohn nach billigem Ermessen zu bestimmen. | Der Anspruch ist ausgeschlossen, wenn der Finder die Anzeigepflicht verletzt oder den Fund auf Nachfrage verheimlicht. **971.**

Auf die in den §§ 970, 971 bestimmten Ansprüche finden die für die Ansprüche des Besitzers gegen den Eigenthümer wegen Verwendungen geltenden Vorschriften der §§ 1000 bis 1002 entsprechende Anwendung. **972** (siehe S. 190 flg.).

III. Mit dem Ablauf eines Jahres nach der Anzeige des Fundes bei der Polizeibehörde erwirbt der Finder das Eigenthum an der Sache, es sei denn, daß vorher ein Empfangsberechtigter dem Finder bekannt geworden ist oder sein Recht bei der Polizeibehörde angemeldet hat. Mit dem Erwerbe des Eigenthums erlöschen die sonstigen Rechte an der Sache. | Ist die Sache nicht mehr als 3 Mark werth, so beginnt die einjährige Frist mit dem Funde. Der Finder erwirbt das Eigenthum nicht, wenn er den Fund auf Nachfrage verheimlicht. Die Anmeldung eines Rechtes bei der Polizeibehörde steht dem Erwerbe des Eigenthums nicht entgegen. **973.** — Sind vor dem Ablaufe der einjährigen Frist Empfangsberechtigte dem Finder bekannt geworden oder haben sie bei einer Sache, die mehr als 3 Mark werth ist, ihre Rechte bei der Polizeibehörde rechtzeitig angemeldet, so kann der Finder die Empfangsberechtigten nach den Vorschriften des § 1003 (S. 131) zur Erklärung über die ihm nach den §§ 970 bis 972 zustehenden Ansprüche auffordern. Mit dem Ablaufe der für die Erklärung bestimmten Frist

Verzichtet der Finder der Polizeibehörde gegenüber auf das Recht zum Erwerbe des Eigenthums an der Sache, so geht sein Recht auf die Gemeinde des Fundorts über. | Hat der Finder nach der Ablieferung der Sache oder des Versteigerungserlöses an die Polizeibehörde auf Grund der Vorschriften der §§ 973, 974 das Eigenthum erworben, so geht es auf die Gemeinde des Fundorts über, wenn nicht der Finder vor dem Ablauf einer ihm von der Polizeibehörde bestimmten Frist die Herausgabe verlangt. **976.**

erwirbt der Finder das Eigenthum und erlöschen die sonstigen Rechte an der Sache, wenn nicht die Empfangsberechtigten sich rechtzeitig zu der Befriedigung der Ansprüche bereit erklären. **974.**

c) Anspruch gegen den Erwerber des Fundes wegen Rechtsverlustes. Wer in Folge der Vorschriften der §§ 973, 974, 976 einen Rechtsverlust erleidet, kann in den Fällen der §§ 973, 974 von dem Finder, in den Fällen des § 976 von der Gemeinde des Fundorts die Herausgabe des durch die Rechtsänderung Erlangten nach den Vorschriften über die Herausgabe einer ungerechtfertigten Bereicherung (S. 157) fordern. Der Anspruch erlischt mit dem Ablaufe von drei Jahren nach dem Uebergange des Eigenthums auf den Finder oder die Gemeinde, wenn nicht die gerichtliche Geltendmachung vorher erfolgt. **977.**

d) Behandlung der bei Behörden u. s. w. abgelieferten Funde und vorhandenen Sachen (siehe S. 185 § 978).

Die Behörde oder die Verkehrsanstalt kann die an sie abgelieferte Sache öffentlich versteigern lassen. Die öffentlichen Behörden und die Verkehrsanstalten des Reichs, der Bundesstaaten und der Gemeinden können die Versteigerung durch einen ihrer Beamten vornehmen lassen. | Der Erlös tritt an die Stelle der Sache. **979.**

Die Versteigerung ist erst zulässig, nachdem die Empfangsberechtigten in einer öffentlichen Bekanntmachung des Fundes zur Anmeldung ihrer Rechte unter Bestimmung einer Frist aufgefordert worden sind und die Frist verstrichen ist; sie ist unzulässig, wenn eine Anmeldung rechtzeitig erfolgt ist. | Die Bekanntmachung ist nicht erforderlich, wenn der Verderb der Sache zu besorgen oder die Aufbewahrung mit unverhältnißmäßigen Kosten verbunden ist. **980.**

Sind seit dem Ablaufe der in der öffentlichen Bekanntmachung bestimmten Frist 3 Jahre verstrichen, so fällt der Versteigerungserlös, wenn nicht ein Empfangsberechtigter sein Recht angemeldet hat, bei Reichsbehörden und Reichsanstalten an den Reichsfiskus, bei Landesbehörden und Landesanstalten an den Fiskus des Bundesstaats,

Die in den §§ 980, 981 vorgeschriebene Bekanntmachung erfolgt bei Reichsbehörden und Reichsanstalten nach den von dem Bundesrath, in den

Ist eine öffentliche Behörde im Besitz einer Sache, zu deren Herausgabe sie verpflichtet ist, ohne daß die Verpflichtung auf Vertrag beruht, so finden, wenn der Behörde der Em-

bei Gemeindebehörden und Gemeindeanstalten an die Gemeinde, bei Verkehrsanstalten, die von einer Privatperson betrieben werden, an diese. | Ist die Versteigerung ohne die öffentliche Bekanntmachung erfolgt, so beginnt die dreijährige Frist erst, nachdem die Empfangsberechtigten in einer öffentlichen Bekanntmachung des Fundes zur Anmeldung ihrer Rechte aufgefordert worden sind. Das Gleiche gilt, wenn gefundenes Geld abgeliefert worden ist. | Die Kosten werden von dem herauszugebenden Betrag abgezogen. **981.**

übrigen Fällen nach den von der Zentralbehörde des Bundesstaates erlassenen Vorschriften. **982.**

pfangsberechtigte oder dessen Aufenthaltsort unbekannt ist, die Vorschriften der §§ 979 bis 982 entsprechende Anwendung. **983.**

4) Ansprüche aus dem Eigenthume.

1. **Die Herausgabe der Sachen verlangen** kann der Eigenthümer von dem Besitzer — **985** —; es sei denn, daß (d. h. der Besitzer kann die Herausgabe verweigern, wenn) er oder der mittelbare Besitzer, von dem er sein Recht zum Besitze ableitet, dem Eigenthümer gegenüber zum Besitze berechtigt ist. Ist der mittelbare Besitzer dem Eigenthümer gegenüber zur Ueberlassung des Besitzes an den Besitzer nicht befugt, so kann der Eigenthümer von dem Besitzer die Herausgabe der Sache an den mittelbaren Besitzer oder, wenn dieser den Besitz nicht wieder übernehmen kann oder will, an sich selbst verlangen.

   Der Besitzer einer Sache, die nach § 931 (S. 180) durch Abtretung des Anspruchs auf Herausgabe veräußert worden ist, kann dem neuen Eigenthümer die Einwendungen entgegensetzen, welche ihm gegen den abgetretenen Anspruch zustehen. **986.**
2. Wird das Eigenthum in anderer Weise als durch Entziehung oder Vorenthaltung des Besitzes beeinträchtigt, so kann der Eigenthümer von dem Störer die **Beseitigung der Beeinträchtigung** verlangen. Sind weitere Beeinträchtigungen zu besorgen, so kann der Eigenthümer auf Unterlassung klagen. | Der Anspruch ist ausgeschlossen, wenn der Eigenthümer zur Duldung verpflichtet ist. **1004.**
3. Befindet sich eine **Sache auf einem Grundstücke**, das ein Anderer als der Eigenthümer der Sache besitzt, so steht diesem gegen den Besitzer des Grundstücks der im § 867 bestimmte Anspruch zu. **1005.** (§ 867 siehe S. 169.)
4. **Nebenansprüche des die Sache herausverlangenden Eigenthümers.**

   a) Der Besitzer hat dem Eigenthümer die Nutzungen herauszugeben, die er nach dem Eintritte der Rechtshängigkeit zieht. | Zieht der Besitzer nach dem Eintritte der Rechtshängigkeit Nutzungen nicht, die er nach den Regeln einer ordnungsmäßigen Wirthschaft ziehen könnte, so ist er dem Eigenthümer zum Ersatze verpflichtet,

   Liegen die in den §§ 987 bis 992 bezeich-

soweit ihm ein Verschulden zur Last fällt. 987. Hat ein Besitzer, der die Sache als ihm gehörig oder zum Zwecke der Ausübung eines ihm in Wirklichkeit nicht zustehenden Nutzungsrechts an der Sache besitzt, den Besitz unentgeltlich erlangt, so ist er dem Eigenthümer gegenüber zur Herausgabe der Nutzungen, die er vor dem Eintritte der Rechtshängigkeit zieht, nach den Vorschriften über die Herausgabe einer ungerechtfertigten Bereicherung verpflichtet. 988.

b) Der Besitzer ist von dem Eintritte der Rechtshängigkeit an dem Eigenthümer für den Schaden verantwortlich, der dadurch entsteht, daß in Folge seines Verschuldens die Sache verschlechtert wird, untergeht oder aus einem anderen Grunde von ihm nicht herausgegeben werden kann. 989. War der Besitzer bei dem Erwerbe des Besitzes nicht in gutem Glauben, so haftet er dem Eigenthümer von der Zeit des Erwerbes an nach den §§ 987, 989. Erfährt der Besitzer später, daß er zum Besitze nicht berechtigt ist, so haftet er in gleicher Weise von der Erlangung der Kenntniß an. | Eine weitergehende Haftung des Besitzers wegen Verzugs bleibt unberührt. 990. (S. 76 flg.)

Leitet der Besitzer das Recht zum Besitze von einem mittelbaren Besitzer ab, so finden die Vorschriften des § 990 in Ansehung der Nutzungen nur Anwendung, wenn die Voraussetzungen des § 990 auch bei dem mittelbaren Besitzer vorliegen oder diesem gegenüber die Rechtshängigkeit eingetreten ist. | War der Besitzer bei dem Erwerbe des Besitzes in gutem Glauben, so hat er gleichwohl von dem Erwerb an den im § 989 bezeichneten Schaden dem Eigenthümer gegenüber insoweit zu vertreten, als er dem mittelbaren Besitzer verantwortlich ist. 991.

c) Hat sich der Besitzer durch verbotene Eigenmacht oder durch eine strafbare Handlung den Besitz verschafft, so haftet er dem Eigenthümer nach den Vorschriften über den Schadensersatz wegen unerlaubter Handlungen. 992. (S. 159 flg.)

neten Voraussetzungen nicht vor, so hat der Besitzer die gezogenen Früchte, soweit sie nach den Regeln einer ordnungsmäßigen Wirthschaft nicht als Ertrag der Sache anzusehen sind, nach den Vorschriften über die Herausgabe einer ungerechtfertigten Bereicherung (S. 157) herauszugeben; im übrigen ist er weder zur Herausgabe von Nutzungen noch zum Schadensersatze verpflichtet. | Für die Zeit, für welche dem Besitzer die Nutzungen verbleiben, finden auf ihn die Vorschriften des § 101 (S. 47) Anwendung. 993.

5. **Pflichten des Eigenthümers gegen den Herausgeber der Sache** bezw. **Rechte des Herausgebers.**

a) Der Besitzer kann für die auf die Sache gemachten nothwendigen Verwendungen von dem Eigenthümer Ersatz verlangen. Die gewöhnlichen Erhaltungskosten sind ihm jedoch für die Zeit, für welche ihm die Nutzungen verbleiben, nicht zu ersetzen. | Macht der Besitzer nach dem Eintritte der Rechtshängigkeit oder nach dem Beginne der im § 990 bestimmten Haftung nothwendige Verwendungen, so bestimmt sich die Ersatzpflicht des Eigenthümers nach den Vorschriften über die Geschäftsführung ohne Auftrag. **994.** (S. 136 flg.)

Zu den nothwendigen Verwendungen im Sinne des § 994 gehören auch die Aufwendungen, die der Besitzer zur Bestreitung von Lasten der Sache macht. Für die Zeit, für welche dem Besitzer die Nutzungen verbleiben, sind ihm nur die Aufwendungen für solche außerordentliche Lasten zu ersetzen, die als auf den Stammwerth der Sache gelegt anzusehen sind. **995.**

b) Für andere als nothwendige Verwendungen kann der Besitzer Ersatz nur insoweit verlangen, als sie vor dem Eintritte der Rechtshängigkeit und vor dem Beginne der im § 990 bestimmten Haftung gemacht werden und der Werth der Sache durch sie noch zu der Zeit erhöht ist, zu welcher der Eigenthümer die Sache wiedererlangt. **996.**

c) Hat der Besitzer mit der Sache eine andere Sache als wesentlichen Bestandtheil (S. 46) verbunden, so kann er sie abtrennen und sich aneignen. Die Vorschriften des § 258 finden Anwendung. (S. 72). | Das

Der Besitzer kann den Anspruch auf den Ersatz der Verwendungen nur geltend machen, wenn der Eigenthümer die Sache wiedererlangt oder die Verwendungen genehmigt. Bis zur Genehmigung der Verwendungen kann sich der Eigenthümer von dem Anspruche dadurch befreien, daß er die wiedererlangte Sache zurückgiebt. Die Genehmigung gilt als ertheilt, wenn der Eigenthümer die ihm von dem Besitzer unter Vorbehalt des Anspruchs angebotene Sache annimmt. **1001.** Giebt der Besitzer die Sache dem Eigenthümer heraus, so erlischt der Anspruch auf den Ersatz der Verwendungen mit dem Ablauf eines Monats, bei einem Grundstücke mit dem Ablaufe von 6 Monaten nach der Herausgabe, wenn nicht vorher die gerichtliche Geltendmachung erfolgt oder der Eigenthümer die Verwendungen genehmigt. | Auf diese Fristen finden die für die Verjährung geltenden Vorschriften der §§ 203, 206, 207 (S. 63, 64) entsprechende Anwendung. **1002.** Der Besitzer kann den Eigenthümer unter Angabe des als Ersatz verlangten Betrags auffordern, sich innerhalb einer von ihm bestimmten

Recht zur Abtrennung ist ausgeschlossen, wenn der Besitzer nach § 994 Abs. 1 Satz 2 für die Verwendung Ersatz nicht verlangen kann oder die Abtrennung für ihn keinen Nutzen hat oder ihm mindestens der Werth ersetzt wird, den der Bestandtheil nach der Abtrennung für ihn haben würde. **997.**

d) Ist ein landwirthschaftliches Grundstück herauszugeben, so hat der Eigenthümer die Kosten, die der Besitzer auf die noch nicht getrennten, jedoch nach den Regeln einer ordnungsmäßigen Wirthschaft vor dem Ende des Wirthschaftsjahrs zu trennenden Früchte verwendet hat, insoweit zu ersetzen, als sie einer ordnungsmäßigen Wirthschaft entsprechen und den Werth dieser Früchte nicht übersteigen. **998.**

e) Der Besitzer kann für die Verwendungen eines Vorbesitzers, dessen Rechtsnachfolger er geworden ist, in demselben Umfang Ersatz verlangen, in welchem ihn der Vorbesitzer fordern könnte, wenn er die Sache herauszugeben hätte. | Die Verpflichtung des Eigenthümers zum Ersatze von Verwendungen erstreckt sich auch auf die Verwendungen, die gemacht worden sind, bevor er das Eigenthum erworben hat. **999.**

f) Der Besitzer kann die Herausgabe der Sache verweigern, bis er wegen der ihm zu ersetzenden Verwendungen befriedigt wird. Das Zurückbehaltungsrecht steht ihm nicht zu, wenn er die Sache durch eine vorsätzlich begangene unerlaubte Handlung erlangt hat. **1000.**

angemessenen Frist darüber zu erklären, ob er die Verwendungen genehmige. Nach dem Ablaufe der Frist ist der Besitzer berechtigt, Befriedigung aus der Sache nach den Vorschriften über den Pfandverkauf, bei einem Grundstücke nach den Vorschriften über die Zwangsvollstreckung in das unbewegliche Vermögen zu suchen, wenn nicht die Genehmigung rechtzeitig erfolgt. | Bestreitet der Eigenthümer den Anspruch vor dem Ablaufe der Frist, so kann sich der Besitzer aus der Sache erst dann befriedigen, wenn er nach rechtskräftiger Feststellung des Betrags der Verwendungen den Eigenthümer unter Bestimmung einer angemessenen Frist zur Erklärung aufgefordert hat und die Frist verstrichen ist; das Recht auf Befriedigung aus der Sache ist ausgeschlossen, wenn die Genehmigung rechtzeitig erfolgt. **1003.**

6. Vermuthungen für das Eigenthum an beweglichen Sachen.

a) Zu Gunsten des Besitzers einer beweglichen Sache wird vermuthet, daß er Eigenthümer der Sache sei. Dies gilt jedoch nicht einem früheren Besitzer gegenüber, dem die Sache gestohlen worden, verloren gegangen oder sonst abhanden gekommen ist, es sei denn, daß es sich um Geld oder Inhaberpapiere handelt. |

b) Zu Gunsten eines früheren Besitzers wird vermuthet, daß er während der Dauer seines Besitzes Eigenthümer der Sache gewesen sei. |

c) Im Falle eines mittelbaren Besitzes gilt die Vermuthung für den mittelbaren Besitzer. **1006.**

7. **Klage aus dem früheren Besitze einer beweglichen Sache.**

a) Gründe. Wer eine bewegliche Sache im Besitze gehabt hat, kann von dem Besitzer die Herausgabe der Sache verlangen, wenn dieser bei dem Erwerbe des Besitzes nicht in gutem Glauben war. | Ist die Sache dem früheren Besitzer gestohlen worden, verloren gegangen oder sonst abhanden gekommen, so kann er die Herausgabe auch von einem gutgläubigen Besitzer verlangen, es sei denn, daß dieser Eigenthümer der Sache ist oder die Sache ihm vor der Besitzzeit des früheren Besitzers abhanden gekommen war. Auf Geld und Inhaberpapiere findet diese Vorschrift keine Anwendung. **1007** Abs. 1, 2.

b) Einreden. Der Anspruch ist ausgeschlossen, wenn der frühere Besitzer bei dem Erwerbe des Besitzes nicht in gutem Glauben war oder wenn er den Besitz aufgegeben hat. Im Uebrigen finden die Vorschriften der §§ 986 bis 1003 entsprechende Anwendung. **1007** Abs. 3.

5) Miteigenthum.

Vorschriften über das Miteigenthum an einer Sache nach Bruchtheilen.

Steht das Eigenthum an einer Sache Mehreren nach Bruchtheilen zu, so gelten die Vorschriften der §§ 1009 bis 1011. **1008.**

1. **Belastungen.**

a) Die gemeinschaftliche Sache kann auch zu Gunsten eines Miteigenthümers belastet werden.

b) Die Belastung eines gemeinschaftlichen Grundstücks zu Gunsten des jeweiligen Eigenthümers eines anderen Grundstücks sowie die Belastung eines anderen Grundstücks zu Gunsten der jeweiligen Eigenthümer des gemeinschaftlichen Grundstücks wird nicht dadurch ausgeschlossen, daß das andere Grundstück einem Miteigenthümer des gemeinschaftlichen Grundstücks gehört. **1009.**

2. **Vereinbarungen der Theilhaber.** Haben die Miteigenthümer eines Grundstücks die Verwaltung und Benutzung geregelt oder das Recht, die Aufhebung der Gemeinschaft zu verlangen, für immer oder auf Zeit ausgeschlossen oder eine Kündigungsfrist bestimmt, so wirkt die getroffene Bestimmung gegen den Sondernachfolger eines Miteigenthümers nur, wenn sie als Belastung des Antheils im Grundbuch eingetragen ist. | Die in den

§§ 755, 756 (S. 147) bestimmten Ansprüche können gegen den Sondernachfolger eines Miteigenthümers nur geltend gemacht werden, wenn sie im Grundbuche eingetragen sind. **1010.**

3. **Die Ansprüche aus dem Eigenthume** Dritten gegenüber kann jeder Miteigenthümer in Ansehung der ganzen Sache geltend machen, den Anspruch auf Herausgabe jedoch nur in Gemäßheit des § 432 (S. 99). **1011.**

IV.

Das Erbbaurecht.[1]

(§ 1008—1011.)

1. **Begriff.** Ein Grundstück kann in der Weise belastet werden, daß demjenigen, zu dessen Gunsten die Belastung erfolgt, das veräußerliche und vererbliche Recht zusteht, auf oder unter der Oberfläche des Grundstücks ein Bauwerk zu haben (Erbbaurecht). **1012.**

Das Erbbaurecht kann auf die Benutzung eines für das Bauwerk nicht erforderlichen Theiles des Grundstücks erstreckt werden, wenn sie für die Benutzung des Bauwerks Vortheil bietet. **1013.**

Die Beschränkung des Erbbaurechts auf einen Theil eines Gebäudes, insbesondere ein Stockwerk, ist unzulässig. **1014.**

2. **Bestellung.** Die zur Bestellung des Erbbaurechts nach § 873 (S. 169) erforderliche Einigung des Eigenthümers und des Erwerbers muß bei gleichzeitiger Anwesenheit beider Theile vor dem Grundbuchamt erklärt werden. **1015.**

3. **Untergang des Bauwerks.** Das Erbbaurecht erlischt nicht dadurch, daß das Bauwerk untergeht. **1016.**

4. **Anwendung von früher gegebenen Vorschriften.** Für das Erbbaurecht gelten die sich auf Grundstücke beziehenden Vorschriften. | Die für den Erwerb des Eigenthums und die Ansprüche aus dem Eigenthume geltenden Vorschriften finden auf das Erbbaurecht entsprechende Anwendung. **1017.** (S. 178, 188.)

V.

Dienstbarkeiten.[2]

Erster Titel: Grunddienstbarkeiten. (§ 1018—1029.)
Zweiter Titel: Nießbrauch. (§ 1030—1089.)
Dritter Titel: Beschränkte persönliche Dienstbarkeiten. (§ 1090—1093.)

1) Grunddienstbarkeiten.

1. **Begriff.** Ein Grundstück kann zu Gunsten des jeweiligen Eigenthümers eines anderen Grundstücks in der Weise belastet werden, daß dieser das Grundstück in einzelnen Beziehungen benutzen darf, oder daß auf dem Grundstücke gewisse

---

[1] Siehe auch Grundbuchordnung und S. 8, Einführungsgesetz.
[2] Siehe Grundbuchordnung und S. 4, Einführungsgesetz.

Handlungen nicht vorgenommen werden dürfen oder daß die Ausübung eines Rechtes ausgeschlossen ist, das sich aus dem Eigenthum an dem belasteten Grundstücke dem anderen Grundstücke gegenüber ergiebt (Grunddienstbarkeit). **1018.** Eine Grunddienstbarkeit kann nur in einer Belastung bestehen, die für die Benutzung des Grundstücks des Berechtigten Vortheil bietet. Ueber das sich hieraus ergebende Maß hinaus kann der Inhalt der Dienstbarkeit nicht erstreckt werden. **1019.**

2. **Art der Ausübung und Behandlung der Anlagen dazu.** Bei der Ausübung einer Grunddienstbarkeit hat der Berechtigte das Interesse des Eigenthümers des belasteten Grundstücks thunlichst zu schonen. Hält er zur Ausübung der Dienstbarkeit auf dem belasteten Grundstück eine Anlage, so hat er sie in ordnungsmäßigem Zustande zu erhalten, soweit das Interesse des Eigenthümers es erfordert. **1020.** Gehört zur Ausübung einer Grunddienstbarkeit eine Anlage auf dem belasteten Grundstücke, so kann bestimmt werden, daß der Eigenthümer dieses Grundstücks die Anlage zu unterhalten hat, soweit das Interesse des Berechtigten es erfordert. Steht dem Eigenthümer das Recht zur Mitbenutzung der Anlage zu, so kann bestimmt werden, daß der Berechtigte die Anlage zu unterhalten hat, soweit es für das Benutzungsrecht des Eigenthümers erforderlich ist. | Auf eine solche Unterhaltungspflicht finden die Vorschriften über die Reallasten[1] entsprechende Anwendung. **1021.** Besteht die Grunddienstbarkeit in dem Rechte, auf einer baulichen Anlage des belasteten Grundstücks eine bauliche Anlage zu halten, so hat, wenn nicht ein Anderes bestimmt ist, der Eigenthümer des belasteten Grundstücks seine Anlage zu unterhalten, soweit das Interesse des Berechtigten es erfordert. Die Vorschrift des § 1021 Abs. 2 gilt auch für diese Unterhaltungspflicht. **1022.**

3. **Recht auf Verlegung der Ausübung.** Beschränkt sich die jeweilige Ausübung einer Grunddienstbarkeit auf einen Theil des belasteten Grundstücks, so kann der Eigenthümer die Verlegung der Ausübung auf eine andere, für den Berechtigten ebenso geeignete Stelle verlangen, wenn die Ausübung an der bisherigen Stelle für ihn besonders beschwerlich ist; die Kosten der Verlegung hat er zu tragen und vorzuschießen. Dies gilt auch dann, wenn der Theil des Grundstücks, auf den sich die Ausübung beschränkt, durch Rechtsgeschäft bestimmt ist. | Das Recht auf die Verlegung kann nicht durch Rechtsgeschäft ausgeschlossen oder beschränkt werden. **1023.**

4. **Regelung der Ausübung mehrerer Dienstbarkeiten.** Trifft eine Grunddienstbarkeit mit einer anderen Grunddienstbarkeit oder einem sonstigen Nutzungsrecht an dem Grundstücke dergestalt zusammen, daß die Rechte nebeneinander nicht oder nicht vollständig ausgeübt werden können, und haben die Rechte gleichen Rang, so kann jeder Berechtigte eine den Interessen aller Berechtigten nach billigem Ermessen entsprechende Regelung der Ausübung verlangen. **1024.**

5. **Regelung der Ausübung bei Theilung der betreffenden Grundstücke.**

[1] S. 207.

a) **Wird das Grundstück des Berechtigten getheilt**, so besteht die Grunddienstbarkeit für die einzelnen Theile fort; die Ausübung ist jedoch im Zweifel nur in der Weise zulässig, daß sie für den Eigenthümer des belasteten Grundstücks nicht beschwerlicher wird. Gereicht die Dienstbarkeit nur einem der Theile zum Vortheile, so erlischt sie für die übrigen Theile. **1025.**

b) **Wird das belastete Grundstück getheilt**, so werden, wenn die Ausübung der Grunddienstbarkeit auf einen bestimmten Theil des belasteten Grundstücks beschränkt ist, die Theile, welche außerhalb des Bereichs der Ausübung liegen, von der Dienstbarkeit frei. **1026.**

6. Rechtsschutz.

a) Klage auf Unterlassung der Beeinträchtigung. Wird eine Grunddienstbarkeit beeinträchtigt, so stehen dem Berechtigten die im § 1004 (S. 188) bestimmten Rechte zu. **1027.**

b) Ist auf dem belasteten Grundstück eine Anlage, durch welche die Grunddienstbarkeit beeinträchtigt wird, errichtet worden, so unterliegt der Anspruch des Berechtigten auf Beseitigung der Beeinträchtigung der Verjährung, auch wenn die Dienstbarkeit im Grundbuch eingetragen ist. Mit der Verjährung des Anspruchs erlischt die Dienstbarkeit, soweit der Bestand der Anlage mit ihr in Widerspruch steht. | Die Vorschriften des § 892 finden keine Anwendung (S. 173). **1028.**

c) Wird der Besitzer eines Grundstücks in der Ausübung einer für den Eigenthümer im Grundbuch eingetragenen Grunddienstbarkeit gestört finden die für den Besitzschutz[2] geltenden Vorschriften entsprechende Anwendung, soweit die Dienstbarkeit innerhalb eines Jahres vor der Störung, sei es auch nur einmal, ausgeübt worden ist. **1029.**

2) Nießbrauch[1]

an Sachen.

1. Begriff. Eine Sache kann in der Weise belastet werden, daß derjenige, zu dessen Gunsten die Belastung erfolgt, berechtigt ist, die Nutzungen der Sache zu ziehen (Nießbrauch). | Der Nießbrauch kann durch den Ausschluß einzelner Nutzungen beschränkt werden. **1030.** — Im Verhältnisse zwischen dem Nießbraucher und dem Eigenthümer gilt zu Gunsten des Nieß-

an Rechten.

Gegenstand des Nießbrauchs kann auch ein Recht sein. | Auf den Nießbrauch an Rechten finden die Vorschriften über den Nießbrauch an Sachen entsprechende Anwendung, soweit sich nicht aus den §§ 1069 bis 1084 ein Anderes ergiebt. **1068.**

an einem Vermögen.

Die Vorschriften der §§ 1085 bis 1088 finden auf den Nießbrauch an einer Erbschaft entsprechende Anwendung. **1089.** (Siehe diese §§ unter dieser Rubrik!)

[1] Siehe auch S. 19, Einführungsgesetz. [2] S. 167 flg.

an Sachen.

brauchers der Besteller als Eigenthümer, es sei denn, daß der Nießbraucher weiß, daß der Besteller nicht Eigenthümer ist. **1058.**

2. **Umfang des Nießbrauchs an einem Grundstück.** Mit dem Nießbrauch an einem Grundstück erlangt der Nießbraucher den Nießbrauch an dem Zubehöre nach den für den Erwerb des Eigenthums geltenden Vorschriften des § 926 (S. 179). **1031.**

3. **Zur Bestellung des Nießbrauchs an einer beweglichen Sache ist erforderlich**
   a) daß der Eigenthümer die Sache dem Erwerber übergiebt
   b) und beide darüber einig sind, daß diesem der Nießbrauch zustehen soll. Die Vorschriften des § 929 Satz 2 und der §§ 930 bis 936 finden entsprechende Anwendung; in den Fällen des § 936 (S. 179 flg.) tritt nur die Wirkung ein, daß der Nießbrauch dem Rechte des Dritten vorgeht. **1032.**

an Rechten.

Die Bestellung des Nießbrauchs an einem Rechte erfolgt nach den für die Uebertragung des Rechtes geltenden Vorschriften. | An einem Rechte, das nicht übertragbar ist, kann ein Nießbrauch nicht bestellt werden **1069.**

an einem Vermögen.

Der Nießbrauch an dem Vermögen einer Person kann nur in der Weise bestellt werden, daß der Nießbraucher den Nießbrauch an den einzelnen zu dem Vermögen gehörenden Gegenständen erlangt. Soweit der Nießbrauch bestellt ist, gelten die Vorschriften der §§ 1086 bis 1088. **1085.**

4. **Durch Ersitzung kann an einer beweglichen Sache** der Nießbrauch erworben werden. Die für den Erwerb des Eigenthums durch Ersitzung geltenden Vorschriften finden entsprechende Anwendung. **1033.** (S. 181.)

5. **Gegenseitige Feststellungsbefugnisse.**

   a) Der Nießbraucher kann den Zustand der Sache auf seine Kosten durch

Sachverständige *feststellen* lassen. Das gleiche Recht steht dem Eigenthümer zu. **1034.**

b) Bei dem Nießbrauch an einem Inbegriffe von Sachen sind der Nießbraucher und der Eigenthümer einander verpflichtet, *zur Aufnahme eines Verzeichnisses* der Sachen *mitzuwirken.* Das Verzeichniß ist mit der Angabe des Tages der Aufnahme zu versehen und von beiden Theilen zu unterzeichnen; jeder Theil kann verlangen, daß die Unterzeichnung öffentlich beglaubigt wird. Jeder Theil kann auch verlangen, daß das Verzeichniß durch die zuständige Behörde oder durch einen zuständigen Beamten oder Notar aufgenommen wird. Die Kosten hat derjenige zu tragen und vorzuschießen, welcher die Aufnahme oder die Beglaubigung verlangt. **1035.**

6. **Grenze des Nießbrauchs. Unübertragbarkeit. Ausübung. Kollision mit anderen Rechten.** Das Recht des Nießbrauchers erstreckt sich nicht auf den Anteil des Eigenthümers an einem *Schatze,* der in der Sache gefunden wird. **1040.** — Der Nießbrauch ist *nicht übertragbar.* Die Ausübung des Nießbrauchs kann einem Anderen überlassen werden. **1059.** — Trifft ein Nießbrauch mit einem anderen Nießbrauch oder mit einem sonstigen Nutzungsrecht an der Sache dergestalt zusammen, daß die Rechte nebeneinander nicht oder nicht vollständig ausgeübt werden können, und haben die Rechte gleichen Rang, so findet die Vorschrift des § 1024 Anwendung. **1060.** (S. 194.)

7. **Rechte des Nießbrauchers.**

an Sachen.

a) Er ist zum *Besitze* der Sache berechtigt. **1036** Abs. 1.

b) Der Nießbraucher eines Grundstücks darf *neue Anlagen zur Gewinnung* von Steinen, Kies, Sand, Lehm, Thon, Mergel, Torf und sonstigen Bodenbestandtheilen *errichten,* sofern *nicht* die wirthschaftliche Bestimmung des Grundstücks dadurch wesentlich verändert wird. **1037** Abs. 2.

c) Ist ein *Wald* Gegenstand des Nießbrauchs, so kann sowohl der Eigenthümer als der

an Rechten.

Ist ein *Recht, kraft dessen eine Leistung gefordert werden kann,* Gegenstand des Nießbrauchs, so finden auf das *Rechtsverhältniß zwischen dem Nießbraucher und dem Verpflichteten* die Vorschriften entsprechende Anwendung, welche im Falle der Uebertragung des Rechtes für das Rechtsverhältniß zwischen dem Erwerber und dem Verpflichteten gelten. | Wird die Ausübung des Nießbrauchs nach § 1052 einem Verwalter übertragen, so ist die Ueber-

an einem Vermögen.

an Sachen.

Nießbraucher verlangen, daß das Maß der Nutzung und die Art der wirthschaftlichen Behandlung durch einen *Wirthschaftsplan festgestellt* werden. Tritt eine erhebliche Aenderung der Umstände ein, so kann jeder Theil eine entsprechende Aenderung des Wirthschafts*plans verlangen*. Die Kosten hat jeder Theil zur Hälfte zu tragen.| Das Gleiche gilt, wenn ein Bergwerk oder eine andere auf Gewinnung von Bodenbestandtheilen gerichtete Anlage Gegenstand des Nießbrauchs ist. **1038.**

d) Nimmt der Nießbraucher eines Grundstücks eine erforderlich gewordene außergewöhnliche *Ausbesserung oder Erneuerung* selbst vor, so darf er zu diesem Zwecke innerhalb der Grenzen einer ordnungsmäßigen Wirthschaft auch *Bestandtheile des Grundstücks verwenden*, die nicht zu den ihm gebührenden Früchten gehören. **1043.**

e) Der Nießbraucher erwirbt das Eigenthum auch an solchen *Früchten*, die er den Regeln einer ordnungsmäßigen Wirthschaft zuwider oder

an Rechten.

tragung dem Verpflichteten gegenüber erst wirksam, wenn er von der getroffenen Anordnung Kenntniß erlangt oder wenn ihm eine Mittheilung von der Anordnung zugestellt wird. Das Gleiche gilt von der Aufhebung der Verwaltung. **1070.**

Dem Nießbraucher einer *Leibrente*, eines *Auszugs* oder eines *ähnlichen Rechtes* gebühren die einzelnen Leistungen, die auf Grund des Rechtes gefordert werden können. **1073.**

Der Nießbraucher einer Forderung ist zur Einziehung der Forderung und, wenn die Fälligkeit von einer Kündigung des Gläubigers abhängt, zur Kündigung berechtigt. Er hat für die ordnungsmäßige Einziehung zu sorgen. Zu anderen Verfügungen über die Forderung ist er nicht berechtigt. **1074.**

Ist eine auf Zinsen ausstehende Forderung Gegenstand des Nießbrauchs, so gelten die Vorschriften der §§ 1077 bis 1079. **1076.** Der Schuldner kann das Kapital nur an den Nießbraucher und den Gläubiger gemeinschaftlich zahlen. Jeder von bei-

an einem Vermögen.

Die Gläubiger des Bestellers können, soweit ihre Forderungen vor der Bestellung entstanden sind, ohne Rücksicht auf den Nießbrauch Befriedigung aus den dem Nießbrauch unterliegenden Gegenständen verlangen. Hat der *Nießbraucher das Eigenthum an verbrauchbaren Sachen erlangt*, so tritt an die Stelle der Sachen der Anspruch des Bestellers auf Ersatz des Werthes; der Nießbraucher ist den Gläubigern gegenüber zum sofortigen Ersatze verpflichtet. **1086.**

Der Besteller kann, *wenn eine vor der*

an Sachen.	an Rechten.	an einem Vermögen.
die er deshalb im Uebermaße zieht, weil dies in Folge eines besonderen Ereignisses nothwendig geworden ist. 1039 Satz 1. f) An der Forderung gegen den Versicherer (siehe unter 9) steht dem Nießbraucher der Nießbrauch nach den Vorschriften zu, die für den Nießbrauch an einer auf Zinsen ausstehenden Forderung gelten. | Tritt ein unter die Versicherung fallender Schaden ein, so kann sowohl der Eigenthümer als der Nießbraucher verlangen, daß die Versicherungssumme zur Wiederherstellung der Sache oder zur Beschaffung eines Ersatzes insoweit verwendet wird, als es einer ordnungsmäßigen Wirthschaft entspricht. Der Eigenthümer kann die Verwendung selbst besorgen oder dem Nießbraucher überlassen. 1046. g) Ist ein Grundstück sammt Inventar Gegenstand des Nießbrauchs, so kann der Nießbraucher über die einzelnen Stücke des Inventars innerhalb der Grenzen einer ordnungsmäßigen	den kann verlangen, daß an sie gemeinschaftlich gezahlt wird; jeder kann statt der Zahlung die Hinterlegung für beide fordern. | Der Nießbraucher und der Gläubiger können nur gemeinschaftlich kündigen. Die Kündigung des Schuldners ist nur wirksam, wenn sie dem Nießbraucher und dem Gläubiger erklärt wird. 1077. Ist die Forderung fällig, so sind der Nießbraucher und der Gläubiger einander verpflichtet, zur Einziehung mitzuwirken. Hängt die Fälligkeit von einer Kündigung ab, so kann jeder Theil die Mitwirkung des anderen zur Kündigung verlangen, wenn die Einziehung der Forderung wegen Gefährdung ihrer Sicherheit nach den Regeln einer ordnungsmäßigen Vermögensverwaltung geboten ist. 1078. Der Nießbraucher und der Gläubiger sind einander verpflichtet, dazu mitzuwirken, daß das eingezogene Kapital nach den für die Anlegung von Mündelgeld[1] geltenden Vorschriften verzinslich angelegt und gleichzeitig dem	Bestellung entstandene Forderung fällig ist, von dem Nießbraucher Rückgabe der zur Befriedigung des Gläubigers erforderlichen Gegenstände verlangen. Die Auswahl steht ihm zu; er kann jedoch nur die vorzugsweise geeigneten Gegenstände auswählen. Soweit die zurückgegebenen Gegenstände ausreichen, ist der Besteller dem Nießbraucher gegenüber zur Befriedigung des Gläubigers verpflichtet. | Der Nießbraucher kann die Verbindlichkeit durch Leistung des geschuldeten Gegenstandes erfüllen. Gehört der geschuldete Gegenstand nicht zu dem Vermögen, das dem Nießbrauch unterliegt, so ist der Nießbraucher berechtigt, zum Zwecke der Befriedigung des Gläubigers einen zu dem Vermögen gehörenden Gegenstand zu veräußern, wenn die Befriedigung durch den Besteller nicht ohne Gefahr abgewartet werden kann. Er hat einen vorzugsweise geeigneten Gegenstand auszuwählen. Soweit er zum

[1] Siehe 4. Buch. Vormundschaft.

an Sachen.

Wirthschaft verfügen. **1048** Satz 1.

h) Der Nießbraucher ist berechtigt, eine Einrichtung, mit der er die Sache versehen hat, wegzunehmen. **1049** Abs. 2. (S. 204 § 1057.)

i) Veränderungen oder Verschlechterungen der Sache, welche durch die ordnungsmäßige Ausübung des Nießbrauchs herbeigeführt werden, hat der Nießbraucher nicht zu vertreten. **1050.** (S. 204 § 1057.)

j) Wird das Recht des Nießbrauchers beeinträchtigt, so finden auf die Ansprüche des Nießbrauchers die für die Ansprüche aus dem Eigenthume geltenden Vorschriften entsprechende Anwendung. **1065.**

k) Besteht ein Nießbrauch an dem Antheil eines Miteigenthümers, so übt der Nießbraucher die Rechte aus, die sich aus der Gemeinschaft der Miteigenthümer in Ansehung der Verwaltung der Sache und der Art ihrer Benutzung ergeben. | Die Aufhebung der Gemeinschaft kann nur von dem Miteigenthümer und dem Nießbraucher gemeinschaftlich verlangt

an Rechten.

Nießbraucher der Nießbrauch bestellt wird. Die Art der Anlegung bestimmt der Nießbraucher. **1079.**

Die Vorschriften über den Nießbrauch an einer Forderung gelten auch für den Nießbrauch an einer Grundschuld und an einer Rentenschuld. **1080.**

Ist ein Inhaberpapier oder ein Orderpapier, das mit Blankoindossament versehen ist, Gegenstand des Nießbrauchs, so steht der Besitz des Papiers und des zu dem Papiere gehörenden Erneuerungsscheines dem Nießbraucher und dem Eigenthümer gemeinschaftlich zu. Der Besitz der zu dem Papiere gehörenden Zins-, Renten- oder Gewinnantheilscheine steht dem Nießbraucher zu. | Zur Bestellung des Nießbrauchs genügt an Stelle der Uebergabe des Papiers die Einräumung des Mitbesitzes. **1081.**

Das Papier ist nebst dem Erneuerungsschein auf Verlangen des Nießbrauchers oder des Eigenthümers bei einer Hinterlegungsstelle mit der Bestimmung zu hinterlegen, daß die

an einem Vermögen.

Ersatze des Werthes verbrauchbarer Sachen verpflichtet ist, darf er eine Veräußerung nicht vornehmen. **1087.**

Die Gläubiger des Bestellers, deren Forderungen schon zur Zeit der Bestellung verzinslich waren, können die Zinsen für die Dauer des Nießbrauchs auch von dem Nießbraucher verlangen. Das Gleiche gilt von anderen wiederkehrenden Leistungen, die bei ordnungsmäßiger Verwaltung aus den Einkünften des Vermögens bestritten werden, wenn die Forderung vor der Bestellung des Nießbrauchs entstanden ist. | Die Haftung des Nießbrauchers kann nicht durch Vereinbarung zwischen ihm und dem Besteller ausgeschlossen oder beschränkt werden. | Der Nießbraucher ist dem Besteller gegenüber zur Befriedigung der Gläubiger wegen der im Abs. 1 bezeichneten Ansprüche verpflichtet. Die Rückgabe von Gegenständen zum Zwecke der Befriedigung kann der Besteller nur verlangen, wenn der Nießbraucher mit der Erfüllung dieser Ver-

an Sachen.

werden. | Wird die Gemeinschaft aufgehoben, so gebührt dem Nießbraucher der Nießbrauch an den Gegenständen, welche an die Stelle des Antheils treten. **1066.**

l) Sind verbrauchbare Sachen Gegenstand des Nießbrauchs, so wird der Nießbraucher Eigenthümer der Sachen; nach der Beendigung des Nießbrauchs hat er dem Besteller den Werth zu ersetzen, den die Sachen zur Zeit der Bestellung hatten. Sowohl der Besteller als der Nießbraucher kann den Werth auf seine Kosten durch Sachverständige feststellen lassen. | Der Besteller kann Sicherheitsleistung verlangen, wenn der Anspruch auf Ersatz des Werthes gefährdet ist. **1067.**

m) Macht der Nießbraucher Verwendungen auf die Sache, zu denen er nicht verpflichtet ist, so bestimmt sich die Ersatzpflicht des Eigenthümers nach den Vorschriften über die Geschäftsführung ohne Auftrag. (S. 136.) **1049** Satz 1. (Verjährung S. 204 § 1057.)

an Rechten.

Herausgabe nur von dem Nießbraucher und dem Eigenthümer gemeinschaftlich verlangt werden kann. Der Nießbraucher kann auch Hinterlegung bei der Reichsbank verlangen. **1082.**

Der Nießbraucher und der Eigenthümer des Papiers sind einander verpflichtet, zur Einziehung des fälligen Kapitals, zur Beschaffung neuer Zins-, Renten- oder Gewinnantheilscheine, sowie zu sonstigen Maßnahmen mitzuwirken, die zur ordnungsmäßigen Vermögensverwaltung erforderlich sind. | Im Falle der Einlösung des Papiers finden die Vorschriften des § 1079 Anwendung. Eine bei der Einlösung gezahlte Prämie gilt als Theil des Kapitals. **1083.**

Mit der Leistung des Schuldners an den Nießbraucher erwirbt der Gläubiger den geleisteten Gegenstand und der Nießbraucher den Nießbrauch an dem Gegenstande. Werden verbrauchbare[1] Sachen geleistet, so erwirbt der Nießbraucher das Eigenthum; die

an einem Vermögen.

bindlichkeit in Verzug kommt. **1088.**

an Rechten.

Vorschriften des § 1067 finden entsprechende Anwendung. **1075.**

Gehört ein Inhaberpapier oder ein Orderpapier, das mit Blankoindossament versehen ist, nach § 92 (S. 46) zu den verbrauchbaren Sachen, so bewendet es bei den Vorschriften des § 1067. **1084.**

[1] S. 45.

8. **Pflichten des Nießbrauchers.**

a) Er hat bei der Ausübung des Nutzungsrechts die bisherige wirthschaftliche Bestimmung der Sache aufrechtzuerhalten und nach den Regeln einer ordnungsmäßigen Wirthschaft zu verfahren. **1036** Abs. 2.

b) Der Nießbraucher ist nicht berechtigt, die Sache umzugestalten oder wesentlich zu verändern. **1037** Abs. 1.

c) Er ist jedoch, unbeschadet seiner Verantwortlichkeit für ein Verschulden, verpflichtet, den Werth der Früchte (die er im Uebermaße zieht siehe oben Ziffer 7e), dem Eigenthümer bei der Beendigung des Nießbrauchs zu ersetzen und für die Erfüllung dieser Verpflichtung Sicherheit zu leisten. Sowohl der Eigenthümer als der Nießbraucher kann verlangen, daß der zu ersetzende Betrag zur Wiederherstellung der Sache insoweit verwendet wird, als es einer ordnungsmäßigen Wirthschaft entspricht. | Wird die Verwendung zur Wiederherstellung der Sache nicht verlangt, so fällt die Ersatzpflicht weg, soweit durch den ordnungswidrigen oder den übermäßigen Fruchtbezug die dem Nießbraucher gebührenden Nutzungen beeinträchtigt werden. **1039** Abs. 1, Satz 2, 3; Abs. 2

d) Der Nießbraucher hat für die Erhaltung der Sache in ihrem wirthschaftlichen Bestande zu sorgen. Ausbesserungen und Erneuerungen liegen ihm nur insoweit ob, als sie zu der gewöhnlichen Unterhaltung der Sache gehören. **1041.**

e) Wird die Sache zerstört oder beschädigt oder wird eine außergewöhnliche Ausbesserung oder Erneuerung der Sache oder eine Vorkehrung zum Schutze der Sache gegen eine nicht vorhergesehene Gefahr erforderlich, so hat der Nießbraucher dem Eigenthümer unverzüglich Anzeige zu machen. Das Gleiche gilt, wenn sich ein Dritter ein Recht an der Sache anmaßt. **1042.** — Nimmt der Nießbraucher eine erforderlich gewordene Ausbesserung oder Erneuerung der Sache nicht selbst vor, so hat er dem Eigenthümer die Vornahme und, wenn ein Grundstück Gegenstand des Nießbrauchs ist, die Verwendung der im § 1043 bezeichneten Bestandtheile des Grundstücks zu gestatten. **1044.** (S. 198.)

f) Der Nießbraucher hat die Sache für die Dauer des Nießbrauches gegen Brandschaden und sonstige Unfälle auf seine Kosten unter Versicherung zu bringen, wenn die Versicherung einer ordnungsmäßigen Wirthschaft entspricht. Die Versicherung ist so zu nehmen, daß die Forderung gegen den Versicherer dem Eigenthümer zusteht. | Ist die Sache bereits versichert, so fallen die für die Versicherung zu leistenden Zahlungen dem Nießbraucher für die Dauer des Nießbrauchs zur Last, soweit er zur Versicherung verpflichtet sein würde. **1045.**

g) Der Nießbraucher ist dem Eigenthümer gegenüber verpflichtet, für die Dauer des Nießbrauchs die auf der Sache ruhenden öffentlichen Lasten mit Ausschluß der außerordentlichen Lasten, die als auf den Stammwerth der Sache gelegt anzusehen sind, sowie diejenigen privatrechtlichen Lasten zu tragen, welche schon zur Zeit der Bestellung des Nießbrauchs auf der Sache ruhten, insbesondere die Zinsen der Hypothekenforderungen und Grundschulden sowie die auf Grund einer Rentenschuld zu entrichtenden Leistungen. **1047.**

h) Er hat für den gewöhnlichen Abgang des Inventars sowie für die nach den Regeln einer ordnungsmäßigen Wirthschaft ausscheidenden Stücke Ersatz zu beschaffen; die von ihm angeschafften Stücke werden mit der Einverleibung in das Inventar Eigenthum desjenigen, welchem das Inventar gehört. | Uebernimmt der Nießbraucher das Inventar zum Schätzungswerthe mit der Verpflichtung, es bei der Beendigung des Nießbrauchs zum Schätzungswerthe zurückzugewähren, so finden die Vorschriften der §§ 588, 589 (S. 120) entsprechende Anwendung. **1048** Abs. 1 Satz 2, Abs. 2.

i) Wird durch das Verhalten des Nießbrauchers die Besorgnis einer erheblichen Verletzung der Rechte des Eigenthümers begründet, so kann der Eigenthümer Sicherheitsleistung verlangen. **1051.** Ist der Nießbraucher zur Sicherheitsleistung rechtskräftig verurtheilt, so kann der Eigenthümer statt der Sicherheitsleistung verlangen, daß die Ausübung des Nießbrauchs für Rechnung des Nießbrauchers einem von dem Gerichte zu bestellenden Verwalter übertragen wird. Die Anordnung der Verwaltung ist nur zulässig, wenn dem Nießbraucher auf Antrag des Eigenthümers von dem Gerichte eine Frist zur Sicherheitsleistung bestimmt worden und die Frist verstrichen ist; sie ist unzulässig, wenn die Sicherheit vor dem Ablaufe der Frist geleistet wird. | Der Verwalter steht unter der Aufsicht des Gerichts wie ein für die Zwangsverwaltung eines Grundstücks bestellter Verwalter. Verwalter kann auch der Eigenthümer sein. | Die Verwaltung ist aufzuheben, wenn die Sicherheit nachträglich geleistet wird. **1052.**

k) Macht der Nießbraucher einen Gebrauch von der Sache, zu dem er nicht befugt ist und setzt er den Gebrauch ungeachtet einer Abmahnung des Eigenthümers fort, so kann der Eigenthümer auf Unterlassung klagen. **1053.** — Verletzt der Nießbraucher die Rechte des Eigenthümers in erheblichem Maße und setzt er das verletzende Verhalten ungeachtet einer Abmahnung des Eigenthümers fort, so kann der Eigenthümer die Anordnung einer Verwaltung nach § 1052 verlangen. **1054.**

9. **Beendigung des Nießbrauchs.**

a) Der Nießbraucher ist verpflichtet, die Sache nach der Beendigung des Nießbrauchs dem Eigenthümer zurückzugeben. | Bei dem Nießbrauch an einem landwirthschaftlichen Grundstücke finden die Vorschriften der §§ 591, 592 (S. 119), bei dem Nießbrauch an einem Landgute finden die Vorschriften der §§ 591 bis 593 entsprechende Anwendung. **1055.**

b) Hat der Nießbraucher ein Grundstück über die Dauer des Nießbrauchs hinaus vermiethet oder verpachtet, so finden nach der Beendigung des Nießbrauchs die für den Fall der Veräußerung geltenden Vorschriften der §§ 571, 572, des § 573 Satz 1 und der §§ 574 bis 576,

579 (S. 122 flg.) entsprechende Anwendung. | Der Eigenthümer ist berechtigt, das Mieth- oder Pachtverhältniß unter Einhaltung der gesetzlichen Kündigungsfrist zu kündigen. Verzichtet der Nießbraucher auf den Nießbrauch, so ist die Kündigung erst von der Zeit an zulässig, zu welcher der Nießbrauch ohne den Verzicht erlöschen würde. | Der Miether oder der Pächter ist berechtigt, den Eigenthümer unter Bestimmung einer angemessenen Frist zur Erklärung darüber aufzufordern, ob er von dem Kündigungsrechte Gebrauch mache. Die Kündigung kann nur bis zum Ablaufe der Frist erfolgen. **1056.**

c) Die Ersatzansprüche des Eigenthümers wegen Veränderungen oder Verschlechterungen der Sache, sowie die Ansprüche des Nießbrauchers auf Ersatz von Verwendungen oder auf Gestattung der Wegnahme einer Einrichtung verjähren in 6 Monaten. Die Vorschriften des § 558 Abs. 2, 3 (S. 120) finden entsprechende Anwendung. **1057.**

10. Aufhebung des Nießbrauchs durch Rechtsgeschäft.

an Sachen.

a) Wird der Nießbrauch an einem Grundstücke durch Rechtsgeschäft aufgehoben, so erstreckt sich die Aufhebung im Zweifel auf den Nießbrauch an dem Zubehöre. **1062.** (S. 46.)

b) Zur Aufhebung des Nießbrauchs an einer beweglichen Sache durch Rechtsgeschäft genügt die Erklärung des Nießbrauchers gegenüber dem Eigenthümer oder dem Besteller, daß er den Nießbrauch aufgebe. **1064.**

an Rechten.

Ein dem Nießbrauch unterliegendes Recht kann durch Rechtsgeschäft nur mit Zustimmung des Nießbrauchers aufgehoben werden. Die Zustimmung ist demjenigen gegenüber zu erklären, zu dessen Gunsten sie erfolgt; sie ist unwiderruflich. Die Vorschrift des § 876 Satz 3 (S. 170) bleibt unberührt. | Das Gleiche gilt im Falle einer Aenderung des Rechtes, sofern sie den Nießbrauch beeinträchtigt. **1071.**

11. Erlöschen des Nießbrauchs.

a) Der Nießbrauch an einer beweglichen Sache erlischt, wenn er mit dem Eigenthum in derselben Person zusammentrifft. | Der Nießbrauch gilt als nicht erloschen, soweit der Eigenthümer ein rechtliches Interesse an dem Fortbestehen des Nießbrauchs hat. **1063.**

Die Beendigung des Nießbrauchs tritt nach den Vorschriften der §§ 1063, 1064 auch dann ein, wenn das dem Nießbrauch unterliegende Recht nicht ein Recht an einer beweglichen Sache ist. **1072.**

b) Der Nießbrauch erlischt mit dem Tode des Nießbrauchers. Steht der Nießbrauch einer juristischen Person zu, so erlischt er mit dieser. **1061.**

3) Beschränkte persönliche Dienstbarkeiten.

(§ 1090—1093.)

1. **Begriff.** Ein Grundstück kann in der Weise belastet werden, daß derjenige, zu dessen Gunsten die Belastung erfolgt, berechtigt ist, das Grundstück in einzelnen Beziehungen zu benutzen, oder daß ihm eine sonstige Befugniß zusteht, die den Inhalt einer Grunddienstbarkeit bilden kann (beschränkte persönliche Dienstbarkeit). | Die Vorschriften der §§ 1020 bis 1024, 1026 bis 1029 (S. 194 flg.) 1061 finden entsprechende Anwendung. **1090.**

2. **Der Umfang** einer beschränkten persönlichen Dienstbarkeit bestimmt sich im Zweifel nach dem persönlichen Bedürfnisse des Berechtigten. **1091.**

3. **Unübertragbarkeit. Ausübung.** Eine beschränkte persönliche Dienstbarkeit ist nicht übertragbar. Die Ausübung der Dienstbarkeit kann einem Anderen nur überlassen werden, wenn die Ueberlassung gestattet ist. **1092.**

4. **Wohnungsrecht.** Als beschränkte persönliche Dienstbarkeit kann auch das Recht bestellt werden, ein Gebäude oder einen Theil eines Gebäudes unter Ausschluß des Eigenthümers als Wohnung zu benutzen. Auf dieses Recht finden die für den Nießbrauch geltenden Vorschriften der §§ 1031, 1034, 1036, des § 1037 Abs. 1 und der §§ 1041, 1042, 1044, 1049, 1050, 1057, 1062 entsprechende Anwendung (S. 200, 202 flg.). | Der Berechtigte ist befugt, seine Familie sowie die zur standesmäßigen Bedienung und zur Pflege erforderlichen Personen in die Wohnung aufzunehmen. | Ist das Recht auf einen Theil des Gebäudes beschränkt, so kann der Berechtigte die zum gemeinschaftlichen Gebrauche der Bewohner bestimmten Anlagen und Einrichtungen mitbenutzen. **1093.**

VI.

Vorkaufsrecht.

(§ 1094—1104.)

1. **Wesen.** Ein zu Gunsten des jeweiligen Eigenthümers eines Grundstücks bestehendes Vorkaufsrecht kann nicht von dem Eigenthum an diesem Grundstücke getrennt werden. | Ein zu Gunsten einer bestimmten Person bestehendes Vorkaufsrecht kann nicht mit dem Eigenthum an einem Grundstücke verbunden werden. **1103.**

Ein Grundstück kann in der Weise belastet werden, daß derjenige, zu dessen Gunsten die Belastung erfolgt, dem Eigenthümer gegenüber zum Vor=

kaufe berechtigt ist. | Das Vorkaufsrecht kann auch zu Gunsten des jeweiligen Eigenthümers eines anderen Grundstücks bestellt werden. 1094.

2. **Gegenstand.** Ein Bruchtheil eines Grundstücks kann mit dem Vorkaufsrechte nur belastet werden, wenn er in dem Antheil eines Miteigenthümers besteht. 1095.

Das Vorkaufsrecht kann auf das Zubehör erstreckt werden, das mit dem Grundstück verkauft wird. Im Zweifel ist anzunehmen, daß sich das Vorkaufsrecht auf dieses Zubehör erstrecken soll. 1096.

3. **Ausübung.**

a) Das Vorkaufsrecht beschränkt sich auf den Fall des Verkaufs durch den Eigenthümer, welchem das Grundstück zur Zeit der Bestellung gehört, oder durch dessen Erben; es kann jedoch auch für mehrere oder für alle Verkaufsfälle bestellt werden. 1097.

b) Das Rechtsverhältniß zwischen dem Berechtigten und dem Verpflichteten bestimmt sich nach den Vorschriften der §§ 504 bis 514 (S. 109 flg.).

c) Das Vorkaufsrecht kann auch dann ausgeübt werden, wenn das Grundstück von dem Konkursverwalter aus freier Hand verkauft wird. |

d) Dritten gegenüber hat das Vorkaufsrecht die Wirkung einer Vormerkung zur Sicherung des durch die Ausübung des Rechtes entstehenden Anspruchs auf Uebertragung des Eigenthums. 1098.

e) Gelangt das Grundstück in das Eigenthum eines Dritten, so kann dieser in gleicher Weise wie der Verpflichtete dem Berechtigten den Inhalt des Kaufvertrags mit der im § 510 Abs. 2 (S. 110) bestimmten Wirkung mittheilen. | Der Verpflichtete hat den neuen Eigenthümer zu benachrichtigen, sobald die Ausübung des Vorkaufsrechts erfolgt oder ausgeschlossen ist. 1099.

4. **Zurückbehaltungsrecht des dritten Erwerbers.** Der neue Eigenthümer kann, wenn er der Käufer oder ein Rechtsnachfolger des Käufers ist, die Zustimmung zur Eintragung des Berechtigten als Eigenthümer und die Herausgabe des Grundstücks verweigern bis ihm der zwischen dem Verpflichteten und dem Käufer vereinbarte Kaufpreis, soweit er berichtigt ist, erstattet wird. | Erlangt der Berechtigte die Eintragung als Eigenthümer, so kann der bisherige Eigenthümer von ihm die Erstattung des berichtigten Kaufpreises gegen Herausgabe des Grundstücks fordern. 1100. — Soweit der Berechtigte nach § 1100 dem Käufer oder dessen Rechtsnachfolger den Kaufpreis zu erstatten hat, wird er von der Verpflichtung zur Zahlung des aus dem Vorkaufe geschuldeten Kaufpreises frei. 1101. — Verliert der Käufer oder sein Rechtsnachfolger in Folge der Geltendmachung des Vorkaufsrechts das Eigenthum, so wird der Käufer, soweit der von ihm geschuldete Kaufpreis noch nicht berichtigt ist, von seiner Verpflichtung frei; den berichtigten Kaufpreis kann er nicht zurückfordern. 1102.

5. **Ausschließung des unbekannten Berechtigten.** Ist der Berechtigte unbekannt, so kann er im Wege des Aufgebotsverfahrens mit seinem Rechte ausgeschlossen werden, wenn die im § 1170 (siehe unter VIII) für die Ausschließung eines Hypothekengläubigers bestimmten Voraussetzungen vorliegen. Mit der Erlassung des Ausschlußurtheils erlischt das Vorkaufsrecht. | Auf ein Vorkaufsrecht, das zu Gunsten des jeweiligen Eigenthümers eines Grundstücks besteht, finden diese Vorschriften keine Anwendung. **1104.**

VII.

Reallasten.[1]

(§ 1105—1112.)

1. **Begriff.** Ein Grundstück kann in der Weise belastet werden, daß an denjenigen, zu dessen Gunsten die Belastung erfolgt, wiederkehrende Leistungen aus dem Grundstücke zu entrichten sind (Reallast). | Die Reallast kann auch zu Gunsten des jeweiligen Eigenthümers eines anderen Grundstücks bestellt werden. **1105.**

Ein Bruchtheil eines Grundstücks kann mit einer Reallast nur belastet werden, wenn er in dem Antheil eines Miteigenthümers besteht. **1106.**

Eine zu Gunsten des jeweiligen Eigenthümers eines Grundstücks bestehende Reallast kann nicht von dem Eigenthum an diesem Grundstücke getrennt werden. **1110.**

Eine zu Gunsten einer bestimmten Person bestehende Reallast kann nicht mit dem Eigenthum an einem Grundstücke verbunden werden. | Ist der Anspruch auf die einzelne Leistung nicht übertragbar, so kann das Recht nicht veräußert oder belastet werden. **1111.**

2. **Haftung des Eigenthümers des belasteten Grundstücks.** Auf die einzelnen Leistungen finden die für die Zinsen einer Hypothekenforderung geltenden Vorschriften (siehe unter VIII) entsprechende Anwendung. **1107.**

Der Eigenthümer haftet für die während der Dauer seines Eigenthums fällig werdenden Leistungen auch persönlich, soweit nicht ein Anderes bestimmt ist. **1108 Abs. 1.**

3. **Folgen der Theilung der Grundstücke:**

a) des Grundstücks des Berechtigten. Wird das Grundstück des Berechtigten getheilt, so besteht die Reallast für die einzelnen Theile fort. Ist die Leistung theilbar, so bestimmen sich die Antheile der Eigenthümer nach dem Verhältnisse der Größe der Theile; ist sie nicht theilbar, so finden die Vorschriften des § 432 (S. 99) Anwendung. Die Ausübung des

---

[1] Siehe auch S. 21 und die Grundbuchordnung.

Rechtes ist im Zweifel nur in der Weise zulässig, daß sie für den Eigenthümer des belasteten Grundstücks nicht beschwerlicher wird. | Der Berechtigte kann bestimmen, daß das Recht nur mit einem der Theile verbunden sein soll. Die Bestimmung hat dem Grundbuchamte gegenüber zu erfolgen und bedarf der Eintragung in das Grundbuch; die Vorschriften der §§ 876, 878 (S. 170) finden entsprechende Anwendung. Veräußert der Berechtigte einen Theil des Grundstücks, ohne eine solche Bestimmung zu treffen, so bleibt das Recht mit dem Theile verbunden, den er behält. | Gereicht die Reallast nur einem der Theile zum Vortheile, so bleibt sie mit diesem Theile allein verbunden. **1109.**

b) des belasteten Grundstücks. Wird das Grundstück getheilt, so haften die Eigenthümer der einzelnen Theile als Gesammtschuldner. **1108** Abs. 2.

4. **Ausschließung der Berechtigten.** Ist der Berechtigte unbekannt, so finden auf die Ausschließung seines Rechtes die Vorschriften des § 1104 entsprechende Anwendung. **1112.**

VIII.

Hypothek. Grundschuld. Rentenschuld[1].

Erster Titel: Hypothek. (1113—1190.)
Zweiter Titel: I. Grundschuld, II. Rentenschuld. (§ 1191—1198, 1199—1203.)

1. **Allgemeines.** Auf die Grundschuld finden die Vorschriften über die Hypothek entsprechende Anwendung, soweit sich nicht daraus ein Anderes ergiebt [die Abweichungen[2] werden unter einer besonderen Rubrik gebracht], daß die Grundschuld nicht eine Forderung voraussetzt. Für Zinsen der Grundschuld gelten die Vorschriften über die Zinsen einer Hypothekenforderung. **1192.**

Eine Hypothek kann in eine Grundschuld, eine Grundschuld kann in eine Hypothek umgewandelt werden. Die Zustimmung der im Range gleich- oder nachstehenden Berechtigten ist nicht erforderlich. **1198.**

Eine Rentenschuld kann in eine gewöhnliche Grundschuld, eine gewöhnliche Grundschuld kann in eine Rentenschuld umgewandelt werden. Die Zustimmung der im Range gleich- oder nachstehenden Berechtigten ist nicht erforderlich. **1203.**

Auf die einzelnen Leistungen (d. h. des Rentenschuldners) finden die für Hypothekenzinsen, auf die Ablösungssumme finden die für ein Grundschuldkapital geltenden Vorschriften entsprechende Anwendung. | Die Zahlung der

---

[1] Siehe auch Grundbuchordnung. [2] die besonders bestimmten.

Ablösungssumme an den Gläubiger hat die gleiche Wirkung wie die Zahlung des Kapitals einer Grundschuld. **1200.**

2. **Begriff der verschiedenen Pfandrechte.**

a) Hypothek. Ein Grundstück kann in der Weise belastet werden, daß an denjenigen, zu dessen Gunsten die Belastung erfolgt, eine bestimmte Geldsumme zur Befriedigung wegen einer ihm zustehenden Forderung aus dem Grundstücke zu zahlen ist. | Die Hypothek kann auch für eine künftige oder eine bedingte Forderung bestellt werden. **1113.** Ein Bruchtheil eines Grundstücks kann mit einer Hypothek nur belastet werden, wenn er in dem Antheil eines Miteigenthümers besteht. **1114.**

b) Grundschuld. Ein Grundstück kann in der Weise belastet werden, daß an denjenigen, zu dessen Gunsten die Belastung erfolgt, eine bestimmte Geldsumme aus dem Grundstücke zu zahlen ist. | Die Belastung kann auch in der Weise erfolgen, daß Zinsen von der Geldsumme, sowie andere Nebenleistungen aus dem Grundstücke zu entrichten sind. **1191.**

c) Rentenschuld. Eine Grundschuld kann in der Weise bestellt werden, daß in regelmäßig wiederkehrenden Terminen eine bestimmte Geldsumme aus dem Grundstücke zu zahlen ist. | Bei der Bestellung der Rentenschuld muß der Betrag bestimmt werden, durch dessen Zahlung die Rentenschuld abgelöst werden kann. Die Ablösungssumme muß im Grundbuch angegeben werden. **1199.** Das Recht zur Ablösung steht dem Eigenthümer zu. | Dem Gläubiger kann das Recht, die Ablösung zu verlangen, nicht eingeräumt werden. Im Falle des § 1133 Satz 2 (S. 217) ist der Gläubiger berechtigt, die Zahlung der Ablösungssumme aus dem Grundstücke zu verlangen. **1201.** Der Eigenthümer kann das Ablösungsrecht erst nach vorgängiger Kündigung ausüben. Die Kündigungsfrist beträgt 6 Monate, wenn nicht ein Anderes bestimmt ist. | Eine Beschränkung des Kündigungsrechts ist nur soweit zulässig, daß der Eigenthümer nach 30 Jahren unter Einhaltung der sechsmonatigen Frist kündigen kann. | Hat der Eigenthümer gekündigt, so kann der Gläubiger nach dem Ablaufe der Kündigungsfrist die Zahlung der Ablösungssumme aus dem Grundstücke verlangen. **1202.**

3. **Vorschriften über die Hypothek und die Grundschuld.** (Siehe zunächst oben 1. Die besonderen Vorschriften über die Rentenschuld sind schon vollständig unter 2c gebracht worden, so daß nur noch eine besondere Rubrik für die Grundschuld nöthig ist.)

a) Wesen der Hypothek. Siehe zunächst oben Ziffer 2a.

Die Forderung kann nicht ohne die Hypothek, die Hypothek kann nicht ohne die Forderung übertragen werden. **1153** Abs. 2.

Ist die Forderung, für welche die Hypothek bestellt ist, nicht zur Entstehung gelangt, so steht die Hypothek dem Eigenthümer zu. Erlischt die Forderung, so erwirbt der Eigenthümer die Hypothek. **1163** Abs. 1.

Eine Hypothek, für welche die Ertheilung des Hypothekenbriefs nicht ausgeschlossen ist (Briefhypothek), steht bis zur Uebergabe des Briefes an den Gläubiger dem Eigenthümer zu. **1163.**

An die Stelle der Forderung, für welche die Hypothek besteht, kann eine andere Forderung gesetzt werden. Zu der Aenderung ist die Einigung des Gläubigers und des Eigenthümers, sowie die Eintragung in das Grundbuch erforderlich; die Vorschriften des § 873 Abs. 2 und der §§ 876, 878 finden entsprechende Anwendung. | Steht die Forderung, die an die Stelle der bisherigen Forderung treten soll, nicht dem bisherigen Hypothekengläubiger zu, so ist dessen Zustimmung erforderlich; die Zustimmung ist dem Grundbuchamt oder demjenigen gegenüber zu erklären, zu dessen Gunsten sie erfolgt. Die Vorschriften des § 875 Abs. 2 und des § 876 finden entsprechende Anwendung. **1180.** (S. 169, 170.)

b) Beurkundungen der Hypothek.

I. Eintragung. Bei der Eintragung der Hypothek müssen der Gläubiger, der Geldbetrag der Forderung und, wenn die Forderung verzinslich ist, der Zinssatz, wenn andere Nebenleistungen zu entrichten sind, ihr Geldbetrag im Grundbuch angegeben werden; im übrigen kann zur Bezeichnung der Forderung auf die Eintragungsbewilligung Bezug genommen werden. | Bei der Eintragung der Hypothek für ein Darlehen einer Kreditanstalt, deren Satzung von der zuständigen Behörde öffentlich bekannt gemacht worden ist, genügt zur Bezeichnung der außer den Zinsen satzungsgemäß zu entrichtenden Nebenleistungen die Bezugnahme auf die Satzung. **1115.**

II. Hypothekenbrief. Ueber die (sog. Brief-)Hypothek wird ein Hypothekenbrief ertheilt. | Die Ertheilung des Briefes kann ausgeschlossen werden (sog. Buchhypothek). Die Ausschließung kann auch nachträglich erfolgen. Zu der Ausschließung ist die Einigung des Gläubigers und des Eigenthümers, sowie die Eintragung in das Grundbuch erforderlich; die Vorschriften des § 873 Abs. 2 und der §§ 876, 878 (S. 169 flg.) finden entsprechende Anwendung. | Die Ausschließung der Ertheilung des Briefes kann aufgehoben werden; die Aufhebung erfolgt in gleicher Weise wie die Ausschließung. **1116.**

Siehe „Sicherungshypothek" S. 214.

III. Theilhypothek.

Wird die Forderung getheilt, so ist zur Aenderung des Rangverhältnisses der Theilhypotheken unter einander die Zustimmung des Eigenthümers nicht erforderlich. **1151.** Im Falle einer Theilung der Forderung kann, sofern nicht die Ertheilung

Grundschuld.

Eine Grundschuld kann in der Weise bestellt werden, daß der Grundschuldbrief auf den Inhaber ausgestellt wird. Auf einen solchen Brief finden die Vorschriften über Schuldverschreibungen auf den Inhaber entsprechende Anwendung. **1195.** (S. 152.)

des Hypothekenbriefs ausgeschlossen ist, für jeden Theil ein Theilhypothekenbrief hergestellt werden; die Zustimmung des Eigenthümers des Grundstücks ist nicht erforderlich. Der Theilhypothekenbrief tritt für den Theil, auf den er sich bezieht, an die Stelle des bisherigen Briefes. **1152.**

IV. Widerspruch zwischen Brief und Grundbuch. Soweit die Unrichtigkeit des Grundbuchs aus dem Hypothekenbrief oder einem Vermerk auf dem Briefe hervorgeht, ist die Berufung auf die Vorschriften der §§ 892, 893 (S. 173) ausgeschlossen. Ein Widerspruch gegen die Richtigkeit des Grundbuchs, der aus dem Briefe oder einem Vermerk auf dem Briefe hervorgeht, steht einem im Grundbuch eingetragenen Widerspruche gleich. **1140.**

V. Aufgebot des Briefes. Ist der Hypothekenbrief abhanden gekommen oder vernichtet, so kann er im Wege des Aufgebotsverfahrens für kraftlos erklärt werden. **1162.**

c) Widerspruch gegen die Bestellung. Ist bei der Bestellung einer Hypothek für ein Darlehen die Ertheilung des Hypothekenbriefs ausgeschlossen worden, so genügt zur Eintragung eines Widerspruchs, der sich darauf gründet, daß die Hingabe des Darlehens unterblieben sei, der von dem Eigenthümer an das Grundbuchamt gerichtete Antrag, sofern er vor dem Ablauf eines Monats nach der Eintragung der Hypothek gestellt wird. Wird der Widerspruch innerhalb des Monats eingetragen, so hat die Eintragung die gleiche Wirkung, wie wenn der Widerspruch zugleich mit der Hypothek eingetragen worden wäre. **1139.**

d) Erwerb der (Brief-)Hypothek. Der Gläubiger erwirbt, sofern nicht die Ertheilung des Hypothekenbriefs ausgeschlossen ist, die Hypothek erst, wenn ihm der Brief von dem Eigenthümer des Grundstücks übergeben wird. Auf die Uebergabe finden die Vorschriften des § 929 Satz 2 und der §§ 930, 931 (S. 180) Anwendung. | Die Uebergabe des Briefes kann durch die Vereinbarung ersetzt werden, daß der Gläubiger berechtigt sein soll, sich den Brief von dem Grundbuchamt aushändigen zu lassen. Ist der Gläubiger im Besitze des Briefes, so wird vermuthet, daß die Uebergabe erfolgt sei. **1117.**

e) Sonstige Arten der Hypothek.

I. Gesammthypothek. Eine Gesammthypothek steht in den Fällen des § 1163 (siehe oben **a**) den Eigenthümern der belasteten Grundstücke gemeinschaftlich zu. | Jeder Eigenthümer kann, sofern nicht ein Anderes vereinbart ist, verlangen, daß die Hypothek an seinem Grundstück auf den Theilbetrag, der dem Verhältnisse des Werthes seines Grundstücks zu dem Werthe der sämmtlichen Grundstücke entspricht, nach § 1132 Abs. 2 (S. 212) beschränkt und in dieser Beschränkung ihm zugetheilt wird. Der Werth wird unter Abzug der Belastungen berechnet, die der Gesammthypothek im Range vorgehen. **1172.**

Befriedigt der Eigenthümer eines der mit einer Gesammthypothek belasteten Grundstücke den Gläubiger, so erwirbt er die Hypothek an seinem Grundstücke; die Hypothek an den übrigen Grundstücken erlischt. Der Befriedigung des Gläubigers durch den Eigenthümer steht es gleich, wenn das Gläubigerrecht auf den Eigenthümer übertragen wird oder wenn sich Forderung und Schuld in der Person des Eigenthümers vereinigen. | Kann der Eigenthümer, der den Gläubiger befriedigt, von dem Eigenthümer eines der anderen Grundstücke oder einem Rechtsvorgänger dieses Eigenthümers Ersatz verlangen, so geht in Höhe des Ersatzanspruchs auch die Hypothek an dem Grundstücke dieses Eigenthümers auf ihn über; sie bleibt mit der Hypothek an seinem eigenen Grundstücke Gesammthypothek. **1173.** Befriedigt der persönliche Schuldner den Gläubiger, dem eine Gesammthypothek zusteht, oder vereinigen sich bei einer Gesammthypothek Forderung und Schuld in einer Person, so geht, wenn der Schuldner nur von dem Eigenthümer eines der Grundstücke oder von einem Rechtsvorgänger des Eigenthümers Ersatz verlangen kann, die Hypothek an diesem Grundstück auf ihn über; die Hypothek an den übrigen Grundstücken erlischt. | Ist dem Schuldner nur theilweise Ersatz zu leisten und geht deshalb die Hypothek nur zu einem Theilbetrag auf ihn über, so hat sich der Eigenthümer diesen Betrag auf den ihm nach § 1172 gebührenden Theil des übrigbleibenden Betrags der Gesammthypothek anrechnen zu lassen. **1174.** Verzichtet der Gläubiger auf die Gesammthypothek, so fällt sie den Eigenthümern der belasteten Grundstücke gemeinschaftlich zu; die Vorschriften des § 1172 Abs. 2 finden Anwendung. Verzichtet der Gläubiger auf die Hypothek an einem der Grundstücke, so erlischt die Hypothek an diesem. | Das Gleiche gilt, wenn der Gläubiger nach § 1170 mit seinem Rechte ausgeschlossen wird. **1175.** Liegen die Voraussetzungen der §§ 1163, 1164, 1168, 1172 bis 1175 nur in Ansehung eines Theilbetrags der Hypothek vor, so kann die auf Grund dieser Vorschriften dem Eigenthümer oder einem der Eigenthümer oder dem persönlichen Schuldner zufallende Hypothek nicht zum Nachtheile der dem Gläubiger verbleibenden Hypothek geltend gemacht werden. **1176.** (S. 210, 222, 213.)

Besteht für die Forderung eine Hypothek an mehreren Grundstücken, so haftet jedes Grundstück für die ganze Forderung. Der Gläubiger kann die Befriedigung nach seinem Belieben aus jedem der Grundstücke ganz oder zu einem Theile suchen. | Der Gläubiger ist berechtigt, den Betrag der Forderung auf die einzelnen Grundstücke in der Weise zu vertheilen, daß jedes Grundstück nur für den zugetheilten Betrag haftet. Auf die Vertheilung finden die Vorschriften der §§ 875, 876, 878 (S. 170) entsprechende Anwendung. **1132.**

II. Eigenthümerhypothek.

(Siehe oben 3a § 1163 und 3eI § 1173.)

Verzichtet der Gläubiger auf die Hypothek, so erwirbt sie der Eigenthümer. | Der Verzicht ist dem Grundbuchamt oder dem Eigenthümer gegenüber zu erklären und bedarf der Eintragung in das Grundbuch. Die Vorschriften des § 875 Abs. 2 und der §§ 876, 878 (S. 170) finden entsprechende Anwendung. | Verzichtet der Gläubiger für einen Theil der Forderung auf die Hypothek, so stehen dem Eigenthümer die im § 1145 (S. 219) bestimmten Rechte zu. **1168.** Steht dem Eigenthümer eine Einrede zu, durch welche die Geltendmachung der Hypothek dauernd ausgeschlossen wird, so kann er verlangen, daß der Gläubiger auf die Hypothek verzichtet. **1169.**

Grundschuld.

Eine Grundschuld kann auch für den Eigenthümer bestellt werden. | Zu der Bestellung ist die Erklärung des Eigenthümers gegenüber dem Grundbuchamte, daß die Grundschuld für ihn in das Grundbuch eingetragen werden soll, und die Eintragung erforderlich; die Vorschrift des § 878 (170) findet Anwendung. **1196.**

(Siehe auch oben 3eI § 1175.)

Ist der Gläubiger unbekannt, so kann er im Wege des Aufgebotsverfahrens mit seinem Rechte ausgeschlossen werden, wenn seit der letzten sich auf die Hypothek beziehenden Eintragung in das Grundbuch 10 Jahre verstrichen sind und das Recht des Gläubigers nicht innerhalb dieser Frist von dem Eigenthümer in einer nach § 208 (S. 64) zur Unterbrechung der Verjährung geeigneten Weise anerkannt worden ist. Besteht für die Forderung eine nach dem Kalender bestimmte Zahlungszeit, so beginnt die Frist nicht vor dem Ablaufe des Zahlungstags. | Mit der Erlassung des Ausschlußurtheils erwirbt der Eigenthümer die Hypothek. Der dem Gläubiger ertheilte Hypothekenbrief wird kraftlos. **1170.**

Der unbekannte Gläubiger kann im Wege des Aufgebotsverfahrens mit seinem Rechte auch dann ausgeschlossen werden, wenn der Eigenthümer zur Befriedigung des Gläubigers oder zur Kündigung berechtigt ist und den Betrag der Forderung für den Gläubiger unter Verzicht auf das Recht zur Rücknahme hinterlegt. Die Hinterlegung von Zinsen ist nur erforderlich, wenn der Zinssatz im Grundbuch eingetragen ist; Zinsen für eine frühere Zeit als das 4. Kalenderjahr vor der Erlassung des Ausschlußurtheils sind nicht zu hinterlegen. | Mit der Erlassung des Ausschlußurtheils gilt der Gläubiger als befriedigt, sofern nicht nach den Vorschriften über die Hinterlegung die Befriedigung schon vorher eingetreten ist. Der dem Gläubiger ertheilte Hypothekenbrief wird kraftlos. | Das Recht des Gläubigers auf den hinterlegten Betrag erlischt mit dem Ablaufe von 30 Jahren nach der Erlassung des Ausschlußurtheils, wenn nicht der Gläubiger sich vorher bei der Hinterlegungsstelle meldet; der Hinterleger ist zur Rücknahme berechtigt, auch wenn er auf das Recht zur Rücknahme verzichtet hat. **1171.**

Soweit im Falle einer Gesammthypothek der Eigenthümer des Grundstücks, aus dem der Gläubiger befriedigt wird, von dem Eigenthümer eines der anderen Grundstücke oder einem Rechtsvorgänger dieses Eigenthümers Ersatz verlangen kann, geht die Hypothek an dem Grundstücke dieses Eigenthümers auf ihn über. Die Hypothek kann jedoch, wenn der Gläubiger nur theilweise befriedigt wird, nicht zum Nachtheile der dem Gläubiger verbleibenden Hypothek und, wenn das Grundstück mit einem im Range gleich- oder nachstehenden Rechte belastet ist, nicht zum Nachtheile dieses Rechtes geltend gemacht werden. **1182.**

III. Sicherungshypothek. Eine Hypothek kann in der Weise bestellt werden, daß das Recht des Gläubigers aus der Hypothek sich nur nach der Forderung bestimmt und der Gläubiger sich zum Beweise der Forderung nicht auf die Eintragung berufen kann. | Die Hypothek muß im Grundbuch als Sicherungshypothek bezeichnet werden. **1184.** Bei der Sicherungshypothek ist die Ertheilung des Hypothekenbriefs ausgeschlossen. Die Vorschriften der §§ 1138, 1139, 1141, 1156 (S. 211, 218, 220) finden keine Anwendung. **1185.** Eine Sicherungshypothek kann in eine gewöhnliche Hypothek, eine gewöhnliche Hypothek kann in eine Sicherungshypothek umgewandelt werden. Die Zustimmung der im Range gleich- oder nachstehenden Berechtigten ist nicht erforderlich. **1186.** Für die Forderung aus einer Schuldverschreibung auf den Inhaber, aus einem Wechsel oder aus einem anderen Papiere, das durch Indossament übertragen werden kann, kann nur eine Sicherungshypothek bestellt werden. Die Hypothek gilt als Sicherungshypothek, auch wenn sie im Grundbuche nicht als solche bezeichnet ist. Die Vorschrift des § 1154 Abs. 3 (S. 220) findet keine Anwendung. **1187.** Zur Bestellung einer Hypothek für die Forderung aus einer Schuldverschreibung auf den Inhaber genügt die Erklärung des Eigenthümers gegenüber dem Grundbuchamte, daß er die Hypothek bestelle, und die Eintragung in das Grundbuch; die Vorschrift des § 878 (S. 170) findet Anwendung. | Die Ausschließung des Gläubigers mit seinem Rechte nach § 1170 (S. 213) ist nur zulässig, wenn die im § 801 (S. 156) bezeichnete Vorlegungsfrist verstrichen ist. Ist innerhalb der Frist die Schuldverschreibung vorgelegt oder der Anspruch aus der Urkunde gerichtlich geltend gemacht worden, so kann die Ausschließung erst erfolgen, wenn die Verjährung eingetreten ist. **1188.** Bei einer Hypothek der im § 1187 bezeichneten Art kann für den jeweiligen Gläubiger ein Vertreter mit der Befugniß bestellt werden, mit Wirkung für und gegen jeden späteren Gläubiger bestimmte

Verfügungen über die Hypothek zu treffen und den Gläubiger bei der Geltendmachung der Hypothek zu vertreten. Zur Bestellung des Vertreters ist die Eintragung in das Grundbuch erforderlich. | Ist der Eigenthümer berechtigt, von dem Gläubiger eine Verfügung zu verlangen, zu welcher der Vertreter befugt ist, so kann er die Vornahme der Verfügung von dem Vertreter verlangen. **1189.** Eine Hypothek kann in der Weise bestellt werden, daß nur der Höchstbetrag, bis zu dem das Grundstück haften soll, bestimmt, im übrigen die Feststellung der Forderung vorbehalten wird. Der Höchstbetrag muß in das Grundbuch eingetragen werden. | Ist die Forderung verzinslich, so werden die Zinsen in den Höchstbetrag eingerechnet. | Die Hypothek gilt als Sicherungshypothek, auch wenn sie im Grundbuche nicht als solche bezeichnet ist. | Die Forderung kann nach den für die Uebertragung von Forderungen geltenden allgemeinen Vorschriften übertragen werden. Wird sie nach diesen Vorschriften übertragen, so ist der Uebergang der Hypothek ausgeschlossen. **1190.** S. 93.

f) Gegenstände der Haftung. Wird ein Grundstück nach § 890 Abs. 2 (S. 172) einem anderen Grundstück im Grundbuch zugeschrieben, so erstrecken sich die an diesem Grundstücke bestehenden Hypotheken auf das zugeschriebene Grundstück. Rechte, mit denen das zugeschriebene Grundstück belastet ist, gehen diesen Hypotheken im Range vor. **1131.**

(Ein Bruchtheil eines Grundstücks 2c siehe oben unter 2a. **1114.**)

g) Umfang der Haftung. Kraft der Hypothek haftet das Grundstück auch für die gesetzlichen Zinsen der Forderung sowie für die Kosten der Kündigung und der die Befriedigung aus dem Grundstücke bezweckenden Rechtsverfolgung. **1118.** | Ist die Forderung unverzinslich oder ist der Zinssatz niedriger als 5 vom Hundert, so kann die Hypothek ohne Zustimmung der im Range gleich- oder nachstehenden Berechtigten dahin erweitert werden, daß das Grundstück für Zinsen bis zu 5 vom Hundert haftet. | Zu einer Aenderung der Zahlungszeit und des Zahlungsorts ist die Zustimmung dieser Berechtigten gleichfalls nicht erforderlich. **1119.** Die Hypothek erstreckt sich auf die von dem Grundstücke getrennten Erzeugnisse und sonstigen Bestandtheile, soweit sie nicht mit der Trennung nach den §§ 954 bis 957 (S. 183 flg.) in das Eigenthum eines Anderen als des Eigenthümers oder des Eigenbesitzers des Grundstücks gelangt sind, sowie auf das Zubehör des Grundstücks mit Ausnahme der Zubehörstücke, welche nicht in das Eigenthum des Eigenthümers des Grundstücks gelangt sind. **1120** (siehe auch oben f). Erzeugnisse und sonstige Bestandtheile des Grundstücks sowie Zubehörstücke werden von der Haftung frei, wenn sie veräußert und von dem Grundstück entfernt werden, bevor sie zu Gunsten des Gläubigers in Beschlag genommen worden sind. | Erfolgt die Veräußerung vor der Entfernung, so kann sich der Erwerber dem Gläubiger gegenüber nicht darauf berufen, daß er in Ansehung der Hypothek in gutem Glauben gewesen sei. Entfernt der Erwerber die Sache von dem Grundstücke, so ist eine vor der Entfernung erfolgte Beschlagnahme ihm gegenüber nur wirksam, wenn er bei der Entfernung in Ansehung der Beschlagnahme nicht in gutem Glauben ist. **1121.**

Sind die Erzeugnisse oder Bestandtheile innerhalb der Grenzen einer ordnungsmäßigen Wirthschaft von dem Grundstücke getrennt worden, so erlischt ihre Haftung auch ohne Veräußerung, wenn sie vor der Beschlagnahme von dem Grundstück entfernt werden, es sei denn, daß die Entfernung zu einem vorübergehenden Zwecke erfolgt.

Zubehörstücke werden ohne Veräußerung von der Haftung frei, wenn die Zubehöreigenschaft innerhalb der Grenzen einer ordnungsmäßigen Wirthschaft vor der Beschlagnahme aufgehoben wird. **1122.**

Ist das Grundstück vermiethet oder verpachtet, so erstreckt sich die Hypothek auf die Mieth- oder Pachtzinsforderung. | Soweit die Forderung fällig ist, wird sie mit dem Ablauf eines Jahres nach dem Eintritte der Fälligkeit von der Haftung frei, wenn nicht vorher die Beschlagnahme zu Gunsten des Hypothekengläubigers erfolgt. Ist der Mieth- oder Pachtzins im Voraus zu entrichten, so erstreckt sich die Befreiung nicht auf den Mieth- oder Pachtzins für eine spätere Zeit als das zur Zeit der Beschlagnahme laufende und das folgende Kalendervierteljahr. **1123.**

Wird der Mieth- oder Pachtzins eingezogen, bevor er zu Gunsten des Hypothekengläubigers in Beschlag genommen worden ist, oder wird vor der Beschlagnahme in anderer Weise über ihn verfügt, so ist die Verfügung dem Hypothekengläubiger gegenüber wirksam. Besteht die Verfügung in der Uebertragung der Forderung auf einen Dritten, so erlischt die Haftung der Forderung; erlangt ein Dritter ein Recht an der Forderung, so geht es der Hypothek im Range vor. | Die Verfügung ist dem Hypothekengläubiger gegenüber unwirksam, soweit sie sich auf den Mieth- oder Pachtzins für eine spätere Zeit als das zur Zeit der Beschlagnahme laufende und das folgende Kalendervierteljahr bezieht. | Der Uebertragung der Forderung auf einen Dritten steht es gleich, wenn das Grundstück ohne die Forderung veräußert wird. **1124.**

Soweit die Einziehung des Mieth- oder Pachtzinses dem Hypothekengläubiger gegenüber unwirksam ist, kann der Miether oder der Pächter nicht eine ihm gegen den Vermiether oder den Verpächter zustehende Forderung gegen den Hypothekengläubiger aufrechnen. **1125.**

Ist mit dem Eigenthum an dem Grundstück ein Recht auf wiederkehrende Leistungen verbunden, so erstreckt sich die Hypothek auf die Ansprüche auf diese Leistungen. Die Vorschriften des § 1123 Abs. 2 Satz 1, des § 1124 Abs. 1, 3 und des § 1125 finden entsprechende Anwendung. Eine vor der Beschlagnahme erfolgte Verfügung über den Anspruch auf eine Leistung, die erst 3 Monate nach der Beschlagnahme fällig wird, ist dem Hypothekengläubiger gegenüber unwirksam. **1126.** — Sind Gegenstände, die der Hypothek unterliegen, für den Eigenthümer oder den Eigenbesitzer des Grundstücks unter Versicherung gebracht, so erstreckt sich die Hypothek auf die Forderung gegen den Versicherer. | Die Haftung der Forderung gegen den Versicherer erlischt, wenn der versicherte Gegenstand wiederhergestellt oder Ersatz für ihn beschafft ist. **1127.**

Ist ein Gebäude versichert, so kann der Versicherer die Versicherungssumme mit Wirkung gegen den Hypothekengläubiger an den Versicherten erst zahlen, wenn er oder der Versicherte den Eintritt des Schadens dem Hypothekengläubiger angezeigt hat und seit dem Empfange der Anzeige 1 Monat verstrichen ist. Der Hypothekengläubiger kann bis zum Ablaufe der Frist dem Versicherer gegenüber der Zahlung widersprechen. Die Anzeige darf unterbleiben, wenn sie unthunlich ist; in diesem Falle wird der Monat von dem Zeitpunkt an berechnet, in welchem die Versicherungssumme fällig wird. | Im Uebrigen finden die für eine verpfändete Forderung geltenden Vorschriften (S. 223) Anwendung; der Versicherer kann sich jedoch nicht darauf berufen, daß er eine aus dem Grundbuch ersichtliche Hypothek nicht gekannt habe. **1128.** — Ist ein anderer Gegenstand als ein Gebäude versichert, so bestimmt sich die Haftung der Forderung gegen den Versicherer nach den Vorschriften des § 1123 Abs. 2 Satz 1 und des § 1124 Abs. 1, 3. **1129.** — Ist der Versicherer nach den Versicherungsbestimmungen nur verpflichtet, die Versicherungssumme zur Wiederherstellung des versicherten Gegenstandes zu zahlen, so ist eine diesen Bestimmungen entsprechende Zahlung an den Versicherten dem Hypothekengläubiger gegenüber wirksam. **1130.**

h) Schutz des Hypothekengläubigers gegen Gefährdung seiner Sicherheit. Ist in Folge einer Verschlechterung des Grundstücks die Sicherheit der Hypothek gefährdet, so kann der Gläubiger dem Eigenthümer eine angemessene Frist zur Beseitigung der Gefährdung bestimmen. Nach dem Ablaufe der Frist ist der Gläubiger berechtigt, sofort Befriedigung aus dem Grundstücke zu suchen, wenn nicht die Gefährdung durch Verbesserung des Grundstücks oder durch anderweitige Hypothekenbestellung beseitigt worden ist. Ist die Forderung unverzinslich und noch nicht fällig, so gebührt dem Gläubiger nur die Summe, welche mit Hinzurechnung der gesetzlichen Zinsen für die Zeit von der Zahlung bis zur Fälligkeit dem Betrage der Forderung gleichkommt. **1133.**

Wirkt der Eigenthümer oder ein Dritter auf das Grundstück in solcher Weise ein, daß eine die Sicherheit der Hypothek gefährdende Verschlechterung des Grundstücks zu besorgen ist, so kann der Gläubiger auf Unterlassung klagen. | Geht die Einwirkung von dem Eigenthümer aus, so hat das Gericht auf Antrag des Gläubigers die zur Abwendung der Gefährdung erforderlichen Maßregeln anzuordnen. Das Gleiche gilt, wenn die Verschlechterung deshalb zu besorgen ist, weil der Eigenthümer die erforderlichen Vorkehrungen gegen Einwirkungen Dritter oder gegen andere Beschädigungen unterläßt. **1134.**

Einer Verschlechterung des Grundstücks im Sinne der §§ 1133, 1134 steht es gleich, wenn Zubehörstücke, auf die sich die Hypothek erstreckt, verschlechtert oder den Regeln einer ordnungsmäßigen Wirthschaft zuwider von dem Grundstück entfernt werden. **1135.**

Eine Vereinbarung, durch die sich der Eigenthümer dem Gläubiger gegenüber verpflichtet, das Grundstück nicht zu veräußern oder nicht weiter zu belasten, ist nichtig. **1136.**

i) Einziehung der Hypothek.

I. Der Eigenthümer kann gegen die Hypothek die dem persönlichen Schuldner gegen die Forderung sowie die nach § 770 (S. 149) einem Bürgen zustehenden Einreden geltend machen. Stirbt der persönliche Schuldner, so kann sich der Eigenthümer nicht darauf berufen, daß der Erbe für die Schuld nur beschränkt haftet. | Ist der Eigenthümer nicht der persönliche Schuldner, so verliert er eine Einrede nicht dadurch, daß dieser auf sie verzichtet. **1137.**

Die Vorschriften der §§ 891 bis 899 (S. 173) gelten für die Hypothek auch in Ansehung der Forderung und der dem Eigenthümer nach § 1137 zustehenden Einreden. **1138.**

II. Hängt die Fälligkeit der Forderung von einer Kündigung ab, so ist die Kündigung für die Hypothek nur wirksam, wenn sie von dem Gläubiger dem Eigenthümer oder von dem Eigenthümer dem Gläubiger erklärt wird. Zu Gunsten des Gläubigers gilt derjenige, welcher im Grundbuch als Eigenthümer eingetragen ist, als der Eigenthümer. | Hat der Eigenthümer keinen Wohnsitz im Inland oder liegen die Voraussetzungen des § 132 Abs. 2 (S. 53) vor, so hat auf Antrag des Gläubigers das Amtsgericht, in dessen Bezirke das Grundstück liegt, dem Eigenthümer einen Vertreter zu bestellen, dem gegenüber die Kündigung des Gläubigers erfolgen kann. **1141.**

Grundschuld.

Das Kapital der Grundschuld wird erst nach vorgängiger Kündigung fällig. Die Kündigung steht sowohl dem Eigenthümer als dem Gläubiger zu. Die Kündigungsfrist beträgt 6 Monate. | Abweichende Bestimmungen sind zulässig. **1193.**

Die Zahlung des Kapitals sowie der Zinsen und anderen Nebenleistungen hat, soweit nicht ein Anderes bestimmt ist, an dem Orte zu erfolgen, an dem das Grundbuchamt seinen Sitz hat. **1194.**

III. Der Eigenthümer ist berechtigt, den Gläubiger zu befriedigen, wenn die Forderung ihm gegenüber fällig geworden oder wenn der persönliche Schuldner zur Leistung berechtigt ist. | Die Befriedigung kann auch durch Hinterlegung oder durch Aufrechnung erfolgen. **1142.**

Ist der Eigenthümer nicht der persönliche Schuldner, so geht, soweit er den Gläubiger befriedigt, die Forderung auf ihn über

Die für einen Bürgen geltenden Vorschriften des § 774 Abs. 1 (S. 150) finden entsprechende Anwendung. | Besteht für die Forderung eine Gesammthypothek, so gelten für diese die Vorschriften des § 1173 (S 212). **1143.**

IV. Der Eigenthümer kann gegen Befriedigung des Gläubigers die Aushändigung des Hypothekenbriefs und der sonstigen Urkunden verlangen, die zur Berichtigung des Grundbuchs oder zur Löschung der Hypothek erforderlich sind. **1144.**

Der Geltendmachung der Hypothek kann, sofern nicht die Ertheilung des Hypothekenbriefs ausgeschlossen ist, widersprochen werden, wenn der Gläubiger nicht den Brief vorlegt; ist der Gläubiger nicht im Grundbuch eingetragen, so sind auch die im § 1155 (S. 220) bezeichneten Urkunden vorzulegen. | Eine dem Eigenthümer gegenüber erfolgte Kündigung oder Mahnung ist unwirksam, wenn der Gläubiger die nach Abs. 1 erforderlichen Urkunden nicht vorlegt und der Eigenthümer die Kündigung oder die Mahnung aus diesem Grunde unverzüglich zurückweist. | Diese Vorschriften gelten nicht für die im § 1159 bezeichneten Ansprüche. **1160.** (S. 221.)

Ist der Eigenthümer der persönliche Schuldner, so finden die Vorschriften des § 1160 auch auf die Geltendmachung der Forderung Anwendung. **1161.**

Befriedigt der Eigenthümer den Gläubiger nur theilweise, so kann er die Aushändigung des Hypothekenbriefs nicht verlangen. Der Gläubiger ist verpflichtet, die theilweise Befriedigung auf dem Briefe zu vermerken und den Brief zum Zwecke der Berichtigung des Grundbuchs oder der Löschung dem Grundbuchamt oder zum Zwecke der Herstellung eines Theilhypothekenbriefs für den Eigenthümer der zuständigen Behörde oder einem zuständigen Notare vorzulegen. | Die Vorschrift des Abs. 1 Satz 2 gilt für Zinsen und andere Nebenleistungen nur, wenn sie später als in dem Kalendervierteljahr, in welchem der Gläubiger befriedigt wird, oder dem folgenden Vierteljahre fällig werden. Auf Kosten, für die das Grundstück nach § 1118 haftet, findet die Vorschrift keine Anwendung. **1145.** (S. 215.)

V. Liegen dem Eigenthümer gegenüber die Voraussetzungen vor, unter denen ein Schuldner in Verzug kommt, so gebühren dem Gläubiger Verzugszinsen aus dem Grundstücke. **1146.** S. 76.

k) Geltendmachung der Forderung im Wege der Zwangsvollstreckung.

Die Befriedigung des Gläubigers aus dem Grundstück und den Gegenständen, auf die sich die Hypothek erstreckt, erfolgt im Wege der Zwangsvollstreckung. **1147.** Bei der Verfolgung des Rechtes aus der Hypothek gilt

Grundschuld.

Ist der Eigenthümer der Gläubiger, so kann er nicht die Zwangsvollstreckung zum Zwecke seiner Befriedigung betreiben. | Zinsen gebühren dem Eigenthümer nur, wenn das Grundstück auf Antrag eines

zu Gunsten des Gläubigers derjenige, welcher im Grundbuch als Eigenthümer eingetragen ist, als der Eigenthümer. Das Recht des nicht eingetragenen Eigenthümers, die ihm gegen die Hypothek zustehenden Einwendungen geltend zu machen, bleibt unberührt. **1148.** Der Eigenthümer kann, solange nicht die Forderung ihm gegenüber fällig geworden ist, dem Gläubiger nicht das Recht einräumen, zum Zwecke der Befriedigung die Uebertragung des Eigenthums an dem Grundstücke zu verlangen oder die Veräußerung des Grundstücks auf andere Weise als im Wege der Zwangsvollstreckung zu bewirken. **1149.** Verlangt der Gläubiger Befriedigung aus dem Grundstücke, so finden die Vorschriften der §§ 268 (S. 74) 1144, 1145 entsprechende Anwendung. **1150.**

Grundschuld.

Anderen zum Zwecke der Zwangsverwaltung in Beschlag genommen ist, und nur für die Dauer der Zwangsverwaltung. **1197.**

1) Mit der Uebertragung der Forderung geht die Hypothek auf den neuen Gläubiger über. | Die Forderung kann nicht ohne die Hypothek, die Hypothek kann nicht ohne die Forderung übertragen werden. **1153.** — Zur Abtretung der Forderung ist Ertheilung der Abtretungserklärung in schriftlicher Form und Uebergabe des Hypothekenbriefs erforderl die Vorschriften des § 1117 (S. 211) finden Anwendung. Der bisherige Gläubiger hat auf Verlangen des neuen Gläubigers die Abtretungserklärung auf seine Kosten öffentlich beglaubigen zu lassen. Die schriftliche Form der Abtretungserklärung kann dadurch ersetzt werden, daß die Abtretung in das Grundbuch eingetragen wird. | Ist die Ertheilung des Hypothekenbriefs ausgeschlossen, so finden auf die Abtretung der Forderung die Vorschriften der §§ 873, 878 (S. 169 flg.) entsprechende Anwendung. **1154.** — Ergiebt sich das Gläubigerrecht des Besitzers des Hypothekenbriefs aus einer zusammenhängenden, auf einen eingetragenen Gläubiger zurückführenden Reihe von öffentlich beglaubigten Abtretungserklärungen, so finden die Vorschriften der § 891 bis 899 (S. 173) in gleicher Weise Anwendung, wie wenn der Besitzer des Briefes als Gläubiger im Grundbuch eingetragen wäre. Einer öffentlich beglaubigten Abtretungserklärung steht gleich ein gerichtlicher Ueberweisungsbeschluß und das öffentlich beglaubigte Anerkenntniß einer kraft Gesetzes erfolgten Uebertragung der Forderung. **1155.** — Die für die Uebertragung der Forderung geltenden Vorschriften der §§ 406 bis 408 (S. 94) finden auf das Rechtsverhältniß zwischen dem Eigenthümer un neuen Gläubiger in Ansehung der Hypothek keine Anwendung. Der neue Gläubiger muß jedoch eine dem bisherigen Gläubiger gegenüber erfolgte Kündigung des Eigenthümers gegen sich gelten lassen, es sei denn, daß die Uebertragung zur Zeit der Kündigung dem Eigenthümer bekannt oder im Grundbuch eingetragen ist. **1156.** — Eine Einrede, die dem Eigenthümer auf Grund eines zwischen ihm und dem bisherigen Gläubiger bestehenden Rechtsverhältnisses gegen die Hypothek zusteht, kann auch dem

neuen Gläubiger entgegengesetzt werden. Die Vorschriften der §§ 892, 894 bis 899 (S. 173), 1140 (S. 211) gelten auch für diese Einrede. **1157.** — Soweit die Forderung auf Zinsen oder andere Nebenleistungen gerichtet ist, die nicht später als in dem Kalendervierteljahr, in welchem der Eigenthümer von der Uebertragung Kenntniß erlangt, oder dem folgenden Vierteljahre fällig werden, finden auf das Rechtsverhältniß zwischen dem Eigenthümer und dem neuen Gläubiger die Vorschriften der §§ 406 bis 408 (S. 94) Anwendung; der Gläubiger kann sich gegenüber den Einwendungen, welche dem Eigenthümer nach den §§ 404, 406 bis 408, 1157 zustehen, nicht auf die Vorschriften des § 892 berufen. **1158.** — Soweit die Forderung auf Rückstände von Zinsen oder anderen Nebenleistungen gerichtet ist, bestimmt sich die Uebertragung sowie das Rechtsverhältniß zwischen dem Eigenthümer und dem neuen Gläubiger nach den für die Uebertragung von Forderungen geltenden allgemeinen Vorschriften (S. 93). Das Gleiche gilt für den Anspruch auf Erstattung von Kosten, für die das Grundstück nach § 1118 (S. 215) haftet. | Die Vorschriften des § 892 finden auf die im Abs. 1 bezeichneten Ansprüche keine Anwendung. **1159.**

m) Vereinigung von Hypothek und Eigenthum in einer Person. Vereinigt sich die Hypothek mit dem Eigenthum in einer Person, ohne daß dem Eigenthümer auch die Forderung zusteht, so verwandelt sich die Hypothek in eine Grundschuld. In Ansehung der Verzinslichkeit, des Zinssatzes, der Zahlungszeit, der Kündigung und des Zahlungsorts bleiben die für die Forderung getroffenen Bestimmungen maßgebend. | Steht dem Eigenthümer auch die Forderung zu, so bestimmen sich seine Rechte aus der Hypothek, solange die Vereinigung besteht, nach den für eine Grundschuld des Eigenthümers geltenden Vorschriften (S. 213). **1177.**

Die Hypothek für Rückstände von Zinsen und anderen Nebenleistungen sowie für Kosten, die dem Gläubiger zu erstatten sind, erlischt, wenn sie sich mit dem Eigenthum in einer Person vereinigt. Das Erlöschen tritt nicht ein, solange einem Dritten ein Recht an dem Anspruch auf eine solche Leistung zusteht. | Zum Verzicht auf die Hypothek für die im Abs. 1 bezeichneten Leistungen genügt die Erklärung des Gläubigers gegenüber dem Eigenthümer. Solange einem Dritten ein Recht an dem Anspruch auf eine solche Leistung zusteht, ist die Zustimmung des Dritten erforderlich. Die Zustimmung ist demjenigen gegenüber zu erklären, zu dessen Gunsten sie erfolgt; sie ist unwiderruflich. **1178.**

Verpflichtet sich der Eigenthümer einem Anderen gegenüber, die Hypothek löschen zu lassen, wenn sie sich mit dem Eigenthum in einer Person vereinigt, so kann zur Sicherung des Anspruchs auf Löschung eine Vormerkung (S. 171) in das Grundbuch eingetragen werden. **1179.** (Siehe auch unten o)

n) Aufhebung der Hypothek. Zur Aufhebung der Hypothek durch Rechtsgeschäft ist die Zustimmung des Eigenthümers erforderlich. Die Zustimmung ist dem Grundbuchamt oder dem Gläubiger gegenüber zu erklären: sie ist unwiderruflich **1183.**

o) Erlöschen der Hypothek. Wird der Gläubiger aus dem Grundstücke befriedigt, so erlischt die Hypothek. | Erfolgt die Befriedigung des Gläubigers aus einem der mit einer Gesammthypothek belasteten Grundstücke, so werden auch die übrigen Grundstücke frei. | Der Befriedigung aus dem Grundstücke steht die Befriedigung aus den Gegenständen gleich, auf die sich die Hypothek erstreckt. **1181.**

Befriedigt der persönliche Schuldner den Gläubiger, so geht die Hypothek insoweit auf ihn über, als er von dem Eigenthümer oder einem Rechtsvorgänger des Eigenthümers Ersatz verlangen kann. Ist dem Schuldner nur theilweise Ersatz zu leisten, so kann der Eigenthümer die Hypothek, soweit sie auf ihn übergegangen ist, nicht zum Nachtheile der Hypothek des Schuldners geltend machen. | Der Befriedigung des Gläubigers steht es gleich, wenn sich Forderung und Schuld in einer Person vereinigen. **1164.**

Siehe auch 3 e I § 1174, 1175.

p) Rechte des persönlichen Schuldners. Verzichtet der Gläubiger auf die Hypothek oder hebt er sie nach § 1183 (S. 221) auf oder räumt er einem anderen Rechte den Vorrang ein, so wird der persönliche Schuldner insoweit frei, als er ohne diese Verfügung nach § 1164 aus der Hypothek hätte Ersatz erlangen können. **1165.**

Ist der persönliche Schuldner berechtigt, von dem Eigenthümer Ersatz zu verlangen, falls er den Gläubiger befriedigt, so kann er, wenn der Gläubiger die Zwangsversteigerung des Grundstücks betreibt, ohne ihn unverzüglich zu benachrichtigen, die Befriedigung des Gläubigers wegen eines Ausfalls bei der Zwangsversteigerung insoweit verweigern, als er in Folge der Unterlassung der Benachrichtigung einen Schaden erleidet. Die Benachrichtigung darf unterbleiben, wenn sie unthunlich ist. **1166.**

Erwirbt der persönliche Schuldner, falls er den Gläubiger befriedigt, die Hypothek oder hat er im Falle der Befriedigung ein sonstiges rechtliches Interesse an der Berichtigung des Grundbuchs, so stehen ihm die in den §§ 1144, 1145 (S. 219) bestimmten Rechte zu. **1167.**

IX.

Pfandrecht[1] an beweglichen Sachen

(Erster Titel, § 1203—1272)

und an Rechten.

(Zweiter Titel, § 1275—1296.)

Gegenstand des Pfandrechts kann auch ein Recht sein. | Auf das Pfandrecht an Rechten finden die Vorschriften über das Pfandrecht an beweglichen Sachen entsprechende Anwendung, soweit sich nicht aus den §§ 1274 bis 1296

[1] Durch Rechtsgeschäft bestellt oder kraft Gesetzes entstanden, siehe S. 223 § 1257.

ein Anderes (für diese Abweichungen besteht eine besondere Rubrik) ergiebt. Die Anwendung der Vorschriften des § 1208 und des § 1213 Abs. 2 (siehe unten) ist ausgeschlossen. **1273.**

Die Vorschriften über das durch Rechtsgeschäft bestellte Pfandrecht finden auf ein kraft Gesetzes entstandenes Pfandrecht entsprechende Anwendung. **1257.**

An beweglichen Sachen.

(Für das Pfandrecht an einem Inhaberpapiere gelten die Vorschriften über das Pfandrecht an beweglichen Sachen. **1293.**)

1. Begriff und Inhalt. Entstehung. Aufhebung.

a) Eine bewegliche Sache kann zur Sicherung einer Forderung in der Weise belastet werden, daß der Gläubiger berechtigt ist, Befriedigung aus der Sache zu suchen (Pfandrecht). | Das Pfandrecht kann auch für eine künftige oder eine bedingte Forderung bestellt werden. **1204.** Wird bei der Uebertragung der Forderung der Uebergang des Pfandrechts ausgeschlossen, so erlischt das Pfandrecht. **1250** Abs. 2. — Das Pfandrecht erlischt mit der Forderung, für die es besteht. **1252.**

Besteht der geschuldete Gegenstand nicht in Geld, so ist der Verkauf (des Pfandes) erst zulässig, wenn die Forderung in eine Geldforderung übergegangen ist. **1228** Abs. 2 Satz 2.

b) Zur Bestellung des Pfandrechts ist erforderlich, daß der Eigenthümer die Sache dem Gläubiger übergiebt und beide darüber einig sind, daß dem Gläubiger das Pfandrecht zustehen soll. Ist der Gläubiger im Besitze der Sache, so genügt

An Rechten.

Für das Pfandrecht an einer Forderung gelten die besonderen Vorschriften der §§ 1280 bis 1290. **1279.** (Siehe diese §§ unter dieser Rubrik.)

Die Vorschriften über das Pfandrecht an einer Forderung gelten auch für das Pfandrecht an einer Grundschuld und an einer Rentenschuld. **1291.**

Die Bestellung des Pfandrechts an einem Rechte erfolgt nach den für die Uebertragung des Rechtes geltenden Vorschriften. Ist zur Uebertragung des Rechtes die Uebergabe einer Sache erforderlich, so finden die Vorschriften der §§ 1205, 1206 Anwendung. | Soweit ein Recht nicht

An beweglichen Sachen.

die Einigung über die Entstehung des Pfandrechts. | Die Uebergabe einer im mittelbaren Besitze des Eigenthümers befindlichen Sache kann dadurch ersetzt werden, daß der Eigenthümer den mittelbaren Besitz auf den Pfandgläubiger überträgt und die Verpfändung dem Besitzer anzeigt. **1205.** — An Stelle der Uebergabe der Sache genügt die Einräumung des Mitbesitzes, wenn sich die Sache unter dem Mitverschlusse des Gläubigers befindet oder, falls sie im Besitz eines Dritten ist, die Herausgabe nur an den Eigenthümer und den Gläubiger gemeinschaftlich erfolgen kann. **1206.**

c) Richtige Vereinbarung zwischen den Betheiligten. Eine vor dem Eintritte der Verkaufsberechtigung getroffene Vereinbarung, nach welcher dem Pfandgläubiger, falls er nicht oder nicht rechtzeitig befriedigt wird, das Eigenthum an der Sache zufallen oder übertragen werden soll, ist nichtig. **1229.**

d) Zur Aufhebung des Pfandrechts durch Rechtsgeschäft genügt die Erklärung des Pfandgläubigers gegenüber dem Verpfänder oder dem Eigenthümer, daß er das Pfandrecht aufgebe. | Ist das Pfandrecht mit dem Rechte eines Dritten belastet, so ist die Zustimmung des Dritten erforderlich. Die Zustimmung ist demjenigen gegenüber zu erklären, zu dessen Gunsten sie erfolgt; sie ist unwiderruflich. **1255.**

An Rechten.

übertragbar ist, kann ein Pfandrecht an dem Rechte nicht bestellt werden. **1274.**

Die Verpfändung einer Forderung, zu deren Uebertragung der Abtretungsvertrag genügt, ist nur wirksam, wenn der Gläubiger sie dem Schuldner anzeigt. **1280.**

Zur Verpfändung eines Wechsels oder eines anderen Papiers, das durch Indossament übertragen werden kann, genügt die Einigung des Gläubigers und des Pfandgläubigers und die Uebergabe des indossierten Papiers. **1292.** — (Werthpapiere siehe unter 4, Rubr. 2.)

2. **Verpfändung durch einen Nichtberechtigten.** Gehört die Sache nicht dem Verpfänder, so finden auf die Verpfändung die für den Erwerb des Eigenthums geltenden Vorschriften der §§ 932, 934, 935 (S. 180) entsprechende Anwendung. **1207.**

3. **Rang der Pfandrechte.** Ist die Sache mit dem Rechte eines Dritten belastet, so geht das Pfandrecht dem Rechte vor, es sei denn, daß der Pfandgläuber zur Zeit des Erwerbes des Pfandrechts in Ansehung des Rechtes nicht in gutem Glauben ist. Die Vorschriften des § 932 Abs. 1 Satz 2, des § 935 und des § 936 Abs. 3 (S. 180 flg.) finden entsprechende Anwendung. **1208.** Für den Rang des Pfandrechts ist die Zeit der Bestellung auch dann maßgebend, wenn es für eine künftige oder eine bedingte Forderung bestellt ist. **1209.**

4. **Gegenstand und Umfang der Haftung des Pfandes.** Besteht ein Pfandrecht an dem Antheil eines Miteigenthümers, so übt der Pfandgläubiger die Rechte aus, die sich aus der Gemeinschaft der Miteigenthümer in Ansehung der Verwaltung der Sache und der Art ihrer Benutzung ergeben. **1258.** Abs. 1. Das Pfand haftet für die Forderung in deren jeweiligem Bestand, insbesondere auch für Zinsen und Vertragsstrafen. Ist der persönliche Schuldner nicht der Eigenthümer des Pfandes, so wird durch ein Rechtsgeschäft, das der Schuldner nach der Verpfändung vornimmt, die Haftung nicht erweitert. | Das Pfand haftet für die Ansprüche des Pfandgläubigers auf Ersatz von Verwendungen, für die dem Pfandgläubiger zu ersetzenden Kosten der Kündigung und der Rechtsverfolgung sowie für die Kosten des Pfandverkaufs. **1210.** Das Pfandrecht erstreckt sich auf die Erzeugnisse, die von dem Pfande getrennt werden. **1212.** Besteht das Pfandrecht an mehreren Sachen, so haftet jede für die ganze Forderung. **1222.**

An Rechten.

Das Pfandrecht an einer Forderung erstreckt sich auf die Zinsen der Forderung. Die Vorschriften des § 1123 Abs. 2 und der §§ 1124, 1125 (S. 194 flg.) finden entsprechende Anwendung; an die Stelle der Beschlagnahme tritt die Anzeige des Pfandgläubigers an den Schuldner, daß er von dem Einziehungsrechte Gebrauch mache. **1289.** Das Pfandrecht an einem Werthpapier erstreckt sich auf die zu dem Papiere gehörenden Zins-, Renten- oder Gewinnantheilscheine nur dann, wenn sie dem Pfandgläubiger übergeben sind. Der Verpfänder kann, sofern nicht ein Anderes bestimmt ist, die Herausgabe der Scheine verlangen, soweit sie vor dem Eintritte der Voraussetzungen des § 1228 Abs. 2 (S. 229) fällig werden. **1296.**

5. **Pflichten des Pfandgläubigers.**

a) Der Pfandgläubiger ist zur Verwahrung des Pfandes verpflichtet. **1215.**

b) Der Pfandgläubiger hat dem Verpfänder von dem drohenden Verderb unverzüglich Anzeige zu machen, sofern nicht die Anzeige unthunlich ist. **1218** Abs. 2.

c) Steht dem Pfandgläubiger das Recht zu, die Nutzungen zu ziehen, so ist er verpflichtet, für die Gewinnung der Nutzungen zu sorgen und Rechenschaft abzulegen. | Der Reinertrag der Nutzungen wird auf die geschuldete Leistung und, wenn Kosten und Zinsen zu entrichten sind, zunächst auf diese angerechnet. | Abweichende Bestimmungen sind zulässig. **1214.**

d) Der Pfandgläubiger ist verpflichtet, das Pfand nach dem Erlöschen des Pfandrechts dem Verpfänder zurückzugeben. **1223** Abs. 1.

6. **Rechte und Pflichten des Verpfänders.**

a) Der Verpfänder kann die Rückgabe des Pfandes gegen Befriedigung des Pfandgläubigers verlangen, sobald der Schuldner zur Leistung berechtigt ist. **1223** Abs. 2.

Die Befriedigung des Pfandgläubigers durch den Verpfänder kann auch durch Hinterlegung oder durch Aufrechnung erfolgen. **1224.**

Ist der Verpfänder nicht der persönliche Schuldner, so geht, soweit er den Pfandgläubiger befriedigt, die Forderung auf ihn über. Die für einen Bürgen geltenden Vorschriften des § 774 finden entsprechende Anwendung. **1225.** (S. 150.)

b) Die Ersatzansprüche des Verpfänders wegen Veränderungen oder Verschlechterungen des Pfandes sowie die Ansprüche des Pfandgläubigers auf Ersatz von Verwendungen oder auf Gestattung der Wegnahme einer Einrichtung verjähren in 6 Monaten. Die Vorschriften des § 558 Abs. 2, 3 finden entsprechende Anwendung. **1226.** (S. 120.)

c) Verletzt der Pfandgläubiger die Rechte des Verpfänders in erheblichem Maße und setzt er das verletzende Verhalten ungeachtet einer Abmahnung des Verpfänders fort, so kann der Verpfänder verlangen, daß das Pfand auf Kosten des Pfandgläubigers hinterlegt oder, wenn es sich nicht zur Hinterlegung eignet, an einen gerichtlich zu bestellenden Verwahrer abgeliefert wird. | Statt der Hinterlegung oder der Ablieferung der Sache an einen Verwahrer kann der Verpfänder die Rückgabe des Pfandes gegen Befriedigung des Gläubigers verlangen. Ist die Forderung unverzinslich und noch nicht fällig, so gebührt dem Pfandgläubiger nur die Summe, welche mit Hinzurechnung der gesetzlichen Zinsen für die Zeit von der Zahlung bis zur Fälligkeit dem Betrage der Forderung gleichkommt. **1217.**

d) Ist der Verderb des Pfandes oder eine wesentliche Minderung des Werthes zu besorgen, so kann der Verpfänder die Rückgabe des Pfandes gegen anderweitige Sicherheitsleistung verlangen; die Sicherheitsleistung durch Bürgen ist ausgeschlossen. **1218** (S. 68).

e) Das Verlangen, den Erlös zu hinterlegen, siehe unten Ziffer 7c § **1219.**
f) Ersatz der Verwendungen siehe unten Ziffer 7b § **1216.**
g) Einreden. Der Verpfänder kann dem Pfandgläubiger gegenüber die dem persönlichen Schuldner gegen die Forderung sowie die nach § 770 (S. 149) einem Bürgen zustehenden Einreden geltend machen. Stirbt der persönliche Schuldner, so kann sich der Verpfänder nicht darauf berufen, daß der Erbe für die Schuld nur beschränkt haftet. | Ist der Verpfänder nicht der persönliche Schuldner, so verliert er eine Einrede nicht dadurch, daß dieser auf sie verzichtet. **1211.**

Steht dem Pfandrecht eine Einrede entgegen, durch welche die Geltendmachung des Pfandrechts dauernd ausgeschlossen wird, so kann der Verpfänder die Rückgabe des Pfandes verlangen. Das gleiche Recht hat der Eigenthümer. **1254.**

7. **Rechte der Pfandgläubiger.** (Siehe auch § 1258 unter 8.)

a) Das Pfandrecht kann in der Weise bestellt werden, daß der Pfandgläubiger berechtigt ist, die Nutzungen des Pfandes zu ziehen. | Ist eine von Natur fruchttragende Sache dem Pfandgläubiger zum Alleinbesitz übergeben, so ist im Zweifel anzunehmen, daß der Pfandgläubiger zum Fruchtbezuge berechtigt sein soll. **1213.**

b) Macht der Pfandgläubiger Verwendungen auf das Pfand, so bestimmt sich die Ersatzpflicht des Verpfänders nach den Vorschriften über die Geschäftsführung ohne Auftrag (S. 36). Der Pfandgläubiger ist berechtigt, eine Einrichtung, mit der er das Pfand versehen hat, wegzunehmen. **1216.**

c) Wird durch den drohenden Verderb des Pfandes oder durch eine zu besorgende wesentliche Minderung des Werthes die Sicherheit des Pfandgläubigers gefährdet, so kann dieser das Pfand öffentlich versteigern lassen. | Der Erlös tritt an die Stelle des Pfandes. Auf Verlangen des Verpfänders ist der Erlös zu hinterlegen. **1219.** — Die Versteigerung des Pfandes ist erst zulässig, nachdem

An Rechten.

Ist ein Recht, kraft dessen eine Leistung gefordert werden kann, Gegenstand des Pfandrechts, so finden auf das Rechtsverhältniß zwischen dem Pfandgläubiger und dem Verpflichteten die Vorschriften, welche im Falle der Uebertragung des Rechtes für das Rechtsverhältniß zwischen dem Erwerber und dem Verpflichteten gelten, und im Falle einer nach § 1217 Abs. 1 (S. 226) getroffenen gerichtlichen Anordnung die Vorschrift des § 1070 Abs. 2 (S. 198) entsprechende Anwendung. **1275.**

Ein verpfändetes Recht kann durch Rechtsgeschäft nur mit Zustimmung des Pfandgläubigers aufgehoben werden. Die Zustimmung ist demjenigen gegenüber zu erklären, zu dessen Gunsten sie erfolgt; sie ist unwiderruflich. Die Vorschrift des § 876 Satz 3 (S. 170) bleibt unberührt. | Das Gleiche gilt im Falle einer Aenderung des Rechtes, sofern sie das Pfandrecht beeinträchtigt. **1276.**

sie dem Verpfänder angedroht worden ist; die Androhung darf unterbleiben, wenn das Pfand dem Verderb ausgesetzt und mit dem Aufschube der Versteigerung Gefahr verbunden ist. Im Falle der Werthminderung ist außer der Androhung erforderlich, daß der Pfandgläubiger dem Verpfänder zur Leistung anderweitiger Sicherheit eine angemessene Frist bestimmt hat und diese verstrichen ist. | Der Pfandgläubiger hat den Verpfänder von der Versteigerung unverzüglich zu benachrichtigen; im Falle der Unterlassung ist er zum Schadensersatze verpflichtet. | Die Androhung, die Fristbestimmung und Benachrichtigung dürfen unterbleiben, wenn sie unthunlich sind. **1220.**

Hat das Pfand einen Börsen- oder Marktpreis, so kann der Pfandgläubiger den Verkauf aus freier Hand durch einen zu solchen Verkäufen öffentlich ermächtigten Handelsmäkler oder durch eine zur öffentlichen Versteigerung befugte Person zum laufenden Preise bewirken. **1221.**

d) Die Schutzrechte desselben. Wird das Recht des Pfandgläubigers beeinträchtigt, so finden auf die Ansprüche des Pfandgläubigers die für die Ansprüche aus dem Eigenthume geltenden Vorschriften entsprechende Anwendung. **1227** (S. 188).

e) Das Recht der Uebertragung. Mit der Uebertragung der Forderung geht das Pfandrecht auf den neuen Gläubiger über. Das Pfandrecht kann nicht ohne die Forderung übertragen werden. | Wird bei der Uebertragung der Forderung der Uebergang des Pfandrechts ausgeschlossen, so erlischt das Pfandrecht. **1250.**

Der neue Pfandgläubiger kann von dem bisherigen Pfandgläubiger die Herausgabe des Pfandes verlangen. | Mit der Erlangung des Besitzes tritt der neue Pfandgläubiger an Stelle des bisherigen Pfandgläubigers in die mit dem Pfandrechte verbundenen Verpflichtungen gegen den Verpfänder ein. Erfüllt er die Verpflichtungen nicht, so haftet für den von ihm zu ersetzenden Schaden der bisherige Pfandgläubiger wie ein Bürge, der auf die Einrede der Vorausklage verzichtet hat. Die Haftung des bisherigen Pfandgläubigers tritt nicht ein, wenn die Forderung kraft Gesetzes auf den neuen Pfandgläubiger übergeht oder ihm auf Grund einer gesetzlichen Verpflichtung abgetreten wird. **1251.**

f) Das Verkaufsrecht und rechtmäßige Verkaufs-Verfahren.

Die Befriedigung des Pfandgläubigers aus dem Pfande erfolgt durch Verkauf. | Der Pfandgläubiger ist zum Verkaufe berechtigt, sobald die Forderung ganz oder zum Theil fällig ist. Besteht der geschuldete Gegenstand nicht in Geld, so ist der Verkauf erst zulässig, wenn die Forderung in eine

An Rechten.

Der Pfandgläubiger kann seine Befriedigung aus dem Rechte nur auf Grund eines vollstreckbaren Titels nach den für die Zwangsvollstreckung geltenden Vorschriften suchen, sofern nicht ein Anderes bestimmt ist. Die Vorschriften des § 1229 (S. 224) und des § 1245 Abs. 2 (S. 232) bleiben unberührt. **1277.**

An beweglichen Sachen.

Geldforderung übergegangen ist. **1228.**

Unter mehreren Pfändern kann der Pfandgläubiger, soweit nicht ein Anderes bestimmt ist, diejenigen auswählen, welche verkauft werden sollen. Er kann nur so viele Pfänder zum Verkaufe bringen, als zu seiner Befriedigung erforderlich sind. **1230.**

Ist der Pfandgläubiger nicht im Alleinbesitze des Pfandes, so kann er nach dem Eintritte der Verkaufsberechtigung die Herausgabe des Pfandes zum Zwecke des Verkaufs fordern. Auf Verlangen des Verpfänders hat an Stelle der Herausgabe die Ablieferung an einen gemeinschaftlichen Verwahrer zu erfolgen; der Verwahrer hat sich bei der Ablieferung zu verpflichten, das Pfand zum Verkaufe bereitzustellen. **1231.**

Der Pfandgläubiger ist nicht verpflichtet, einen ihm im Range nachstehenden Pfandgläubiger das Pfand zum Zwecke des Verkaufs herauszugeben. Ist er nicht im Besitze des Pfandes, so kann er, sofern er nicht selbst den Verkauf betreibt, dem Verkaufe durch einen nachstehenden Pfandgläubiger nicht widersprechen. **1232.**

Der Verkauf des Pfandes ist nach den Vorschriften der §§ 1234 bis 1240 zu bewirken. | Hat der Pfandgläubiger für sein Recht zum Verkauf einen vollstreckbaren Titel gegen den Eigenthümer erlangt, so

An Rechten.

Ist ein Wechsel, ein anderes Papier, das durch Indossament übertragen werden kann, oder ein Inhaberpapier Gegenstand des Pfandrechts, so ist, auch wenn die Voraussetzungen des § 1228 Abs. 2 noch nicht eingetreten sind, der Pfandgläubiger zur Einziehung und, falls Kündigung erforderlich ist, zur Kündigung berechtigt und kann der Schuldner nur an ihn leisten. **1294.**

Hat ein verpfändetes Papier, das durch Indossament übertragen werden kann, einen Börsen- oder Marktpreis, so ist der Gläubiger nach dem Eintritte der Voraussetzungen des § 1228 Abs. 2 berechtigt, das Papier nach § 1221 verkaufen zu lassen. **1295.** (S. 228.)

An einer Forderung.

Die Vorschriften der §§ 1281 bis 1283 finden keine Anwendung, soweit der Pfandgläubiger und der Gläubiger ein Anderes vereinbaren. **1284.**

Der Schuldner kann nur an den Pfandgläubiger und den Gläubiger gemeinschaftlich leisten. Jeder von beiden kann verlangen, daß an sie gemeinschaftlich geleistet wird; jeder kann statt der Leistung verlangen, daß die geschuldete Sache für beide hinterlegt oder, wenn sie sich nicht zur Hinterlegung eignet, an einen gerichtlich zu bestellenden Verwahrer abgeliefert wird. **1281.**

An beweglichen Sachen.

kann er den Verkauf auch nach den für den Verkauf einer gepfändeten Sache geltenden Vorschriften bewirken lassen. **1233.**

Der Pfandgläubiger hat dem Eigenthümer den Verkauf vorher anzudrohen und dabei den Geldbetrag zu bezeichnen, wegen dessen der Verkauf stattfinden soll. Die Androhung kann erst nach dem Eintritte der Verkaufsberechtigung erfolgen; sie darf unterbleiben, wenn sie unthunlich ist. | Der Verkauf darf nicht vor dem Ablauf eines Monats nach der Androhung erfolgen. Ist die Androhung unthunlich, so wird der Monat von dem Eintritte der Verkaufsberechtigung an berechnet. **1234.**

Der Verkauf des Pfandes ist im Wege öffentlicher Versteigerung zu bewirken. | Hat das Pfand einen Börsen- oder Marktpreis, so findet die Vorschrift des § 1221 (S. 228) Anwendung. **1235.**

Bei dem Verkaufe des Pfandes gilt zu Gunsten des Pfandgläubigers der Verpfänder als der Eigenthümer, es sei denn, daß der Pfandgläubiger weiß, daß der Verpfänder nicht der Eigenthümer ist. **1248.**

Die Versteigerung hat an dem Orte zu erfolgen, an dem das Pfand aufbewahrt wird. Ist von einer Versteigerung an dem Aufbewahrungsort ein angemessener Erfolg nicht zu erwarten, so ist das Pfand an einem geeigneten anderen Orte zu versteigern. **1236.** Zeit und Ort

An einer Forderung.

Sind die Voraussetzungen des § 1228 Abs. 2 eingetreten, so ist der Pfandgläubiger zur Einziehung der Forderung berechtigt und kann der Schuldner nur an ihn leisten. Die Einziehung einer Geldforderung steht dem Pfandgläubiger nur insoweit zu, als sie zu seiner Befriedigung erforderlich ist. Soweit er zur Einziehung berechtigt ist, kann er auch verlangen, daß ihm die Geldforderung an Zahlungsstatt abgetreten wird. | Zu anderen Verfügungen über die Forderung ist der Pfandgläubiger nicht berechtigt; das Recht, die Befriedigung aus der Forderung nach § 1277 (S. 228) zu suchen, bleibt unberührt. **1282.**

Hängt die Fälligkeit der verpfändeten Forderung von einer Kündigung ab, so bedarf der Gläubiger zur Kündigung der Zustimmung des Pfandgläubigers nur, wenn dieser berechtigt ist, die Nutzungen zu ziehen. | Die Kündigung des Schuldners ist nur wirksam, wenn sie dem Pfandgläubiger und dem Gläubiger erklärt wird. | Sind die Voraussetzungen des § 1228 Abs. 2 eingetreten, so ist auch der Pfandgläubiger zur Kündigung berechtigt; für die Kündigung des Schuldners genügt die Erklärung gegenüber dem Pfandgläubiger. **1283** (S. 229).

An beweglichen Sachen.

der Versteigerung sind unter allgemeiner Bezeichnung des Pfandes öffentlich bekannt zu machen. Der Eigenthümer und Dritte, denen Rechte an dem Pfande zustehen, sind besonders zu benachrichtigen; die Benachrichtigung darf unterbleiben, wenn sie unthunlich ist. 1237.

Das Pfand darf nur mit der Bestimmung verkauft werden, daß der Käufer den Kaufpreis sofort baar zu entrichten hat und seiner Rechte verlustig sein soll, wenn dies nicht geschieht. | Erfolgt der Verkauf ohne diese Bestimmung, so ist der Kaufpreis als von dem Pfandgläubiger empfangen anzusehen; die Rechte des Pfandgläubigers gegen den Ersteher bleiben unberührt. Unterbleibt die sofortige Entrichtung des Kaufpreises, so gilt das Gleiche, wenn nicht vor dem Schlusse des Versteigerungstermins von dem Vorbehalte der Rechtsverwirkung Gebrauch gemacht wird. 1238.

Der Pfandgläubiger und der Eigenthümer können bei der Versteigerung mitbieten. Erhält der Pfandgläubiger den Zuschlag, so ist der Kaufpreis als von ihm empfangen anzusehen. | Das Gebot des Eigenthümers darf zurückgewiesen werden, wenn nicht der Betrag baar erlegt wird. Das Gleiche gilt von dem Gebote des Schuldners, wenn das Pfand für eine fremde Schuld haftet. 1239.

An einer Forderung.

Hat die Leistung an den Pfandgläubiger und den Gläubiger gemeinschaftlich zu erfolgen, so sind beide einander verpflichtet, zur Einziehung mitzuwirken, wenn die Forderung fällig ist. | Soweit der Pfandgläubiger berechtigt ist, die Forderung ohne Mitwirkung des Gläubigers einzuziehen, hat er für die ordnungsmäßige Einziehung zu sorgen. Von der Einziehung hat er den Gläubiger unverzüglich zu benachrichtigen, sofern nicht die Benachrichtigung unthunlich ist. 1285.

Hängt die Fälligkeit der verpfändeten Forderung von einer Kündigung ab, so kann der Pfandgläubiger, sofern nicht das Kündigungsrecht ihm zusteht, von dem Gläubiger die Kündigung verlangen, wenn die Einziehung der Forderung wegen Gefährdung ihrer Sicherheit nach den Regeln einer ordnungsmäßigen Vermögensverwaltung geboten ist. Unter der gleichen Voraussetzung kann der Gläubiger von dem Pfandgläubiger die Zustimmung zur Kündigung verlangen, sofern die Zustimmung erforderlich ist. 1286.

An beweglichen Sachen.	**An einer Forderung.**
Gold- und Silbersachen dürfen nicht unter dem Gold- oder Silberwerthe zugeschlagen werden. | Wird ein genügendes Gebot nicht abgegeben, so kann der Verkauf durch eine zur öffentlichen Versteigerung befugte Person aus freier Hand zu einem den Gold- oder Silberwerth erreichenden Preise erfolgen. **1240.**	Bestehen mehrere Pfandrechte an einer Forderung, so ist zur Einziehung nur derjenige Pfandgläubiger berechtigt, dessen Pfandrecht den übrigen Pfandrechten vorgeht. **1290.**

Der Pfandgläubiger hat den Eigenthümer von dem Verkaufe des Pfandes und dem Ergebniß unverzüglich zu benachrichtigen, sofern nicht die Benachrichtigung unthunlich ist. **1241.**

8. **Bestimmung einer** (von 7 f) **abweichenden Art des Pfandverkaufs.**

a) Der Eigenthümer und der Pfandgläubiger können eine von den Vorschriften der §§ 1234 bis 1240 abweichende Art des Pfandverkaufs vereinbaren. Steht einem Dritten an dem Pfande ein Recht zu, das durch die Veräußerung erlischt, so ist die Zustimmung des Dritten erforderlich. Die Zustimmung ist demjenigen gegenüber zu erklären, zu dessen Gunsten sie erfolgt; sie ist unwiderruflich. | Auf die Beobachtung der Vorschriften des § 1235, des § 1237 Satz 1 (S. 230 flg.) und des § 1240 kann nicht vor dem Eintritte der Verkaufsberechtigung verzichtet werden. **1245.**

b) Entspricht eine von den Vorschriften der §§ 1235 bis 1240 abweichende Art des Pfandverkaufs nach billigem Ermessen den Interessen der Betheiligten, so kann jeder von ihnen verlangen, daß der Verkauf in dieser Art erfolgt. | Kommt eine Einigung nicht zu Stande, so entscheidet das Gericht. **1246.**

Besteht ein Pfandrecht an dem Antheil eines Miteigenthümers, so übt der Pfandgläubiger die Rechte aus, die sich aus der Gemeinschaft der Miteigenthümer in Ansehung der Verwaltung der Sache und der Art ihrer Benutzung (S. 145 flg.) ergeben. | Die Aufhebung der Gemeinschaft kann vor dem Eintritte der Verkaufsberechtigung des Pfandgläubigers nur von dem Miteigenthümer und dem Pfandgläubiger gemeinschaftlich verlangt werden. Nach dem Eintritte der Verkaufsberechtigung kann der Pfandgläubiger die Aufhebung der Gemeinschaft verlangen, ohne daß es der Zustimmung des Miteigenthümers bedarf; er ist nicht an eine Vereinbarung gebunden, durch welche die Miteigenthümer das Recht, die Aufhebung der Gemeinschaft zu verlangen, für immer oder auf Zeit ausgeschlossen oder eine Kündigungsfrist bestimmt haben. | Wird die Gemeinschaft aufgehoben, so gebührt dem Pfandgläubiger das Pfandrecht an den Gegenständen, welche an die Stelle des Antheils treten. | Das Recht des Pfandgläubigers zum Verkaufe des Antheils bleibt unberührt. **1258.**

Die Veräußerung des Pfandes ist nicht rechtmäßig, wenn gegen die Vorschriften (S. 229 flg.) des § 1228 Abs. 2, des § 1230 Satz 2, des § 1235, des § 1237 Satz 1 oder des § 1240 verstoßen wird. | Verletzt der Pfandgläubiger eine andere für den Verkauf geltende Vorschrift, so ist er zum Schadensersatze verpflichtet, wenn ihm ein Verschulden zur Last fällt. **1243.**

Wird eine Sache als Pfand veräußert, ohne daß dem Veräußerer ein Pfandrecht zusteht oder den Erfordernissen genügt wird, von denen die Rechtmäßigkeit der Veräußerung abhängt, so finden die Vorschriften (S. 180 flg.) der §§ 932 bis 934, 936 entsprechende Anwendung, wenn die Veräußerung nach § 1233 Abs. 2 erfolgt ist oder die Vorschriften (S. 230 flg.) des § 1235 oder des § 1240 Abs. 2 beobachtet worden sind. **1244.**

9. Wirkung

des rechtmäßigen Pfandverkaufs.

a) Durch die rechtmäßige Veräußerung des Pfandes erlangt der Erwerber die gleichen Rechte, wie wenn er die Sache von dem Eigenthümer erworben hätte. Dies gilt auch dann, wenn dem Pfandgläubiger der Zuschlag ertheilt wird. | Pfandrechte an der Sache erlöschen, auch wenn sie dem Erwerber bekannt waren. Das Gleiche gilt von einem Nießbrauch, es sei denn, daß er allen Pfandrechten im Range vorgeht. **1242.**

b) Soweit der Erlös aus dem Pfande dem Pfandgläubiger zu seiner Befriedigung gebührt, gilt die Forderung als von dem Eigenthümer berichtigt. Im Uebrigen tritt der Erlös an die Stelle des Pfandes. **1247.**

der Forderungseinziehung.

Leistet der Schuldner in Gemäßheit der §§ 1281, 1282 (S. 229 flg.), so erwirbt mit der Leistung der Gläubiger den geleisteten Gegenstand und der Pfandgläubiger ein Pfandrecht an dem Gegenstande. Besteht die Leistung in der Uebertragung des Eigenthums an einem Grundstücke, so erwirbt der Pfandgläubiger eine Sicherungshypothek. **1287.**

Wird eine Geldforderung in Gemäßheit des § 1281 eingezogen, so sind der Pfandgläubiger und der Gläubiger einander verpflichtet, dazu mitzuwirken, daß der eingezogene Betrag, soweit es ohne Beeinträchtigung des Interesses des Pfandgläubigers thunlich ist, nach den für die Anlegung von Mündelgeld geltenden Vorschriften verzinslich angelegt und gleichzeitig dem Pfandgläubiger das Pfandrecht bestellt wird. Die Art der Anlegung bestimmt der Gläubiger. | Erfolgt die Einziehung in Gemäßheit des § 1282 (S. 230), so gilt die Forderung des Pfandgläubigers, soweit ihm der eingezogene Betrag zu seiner Befriedigung gebührt, als von dem Gläubiger berichtigt. **1288.**

10. **Abwendung des Pfandverkaufs durch einen dritten Berechtigten.** Wer durch die Veräußerung des Pfandes ein Recht an dem Pfande verlieren würde, kann den Pfandgläubiger befriedigen, sobald der Schuldner zur

Leistung berechtigt ist. Die Vorschriften des § 268 Abs. 2, 3 (S. 74) finden entsprechende Anwendung. **1249.**

11. **Erlöschen des Pfandrechts.**

a) Das Pfandrecht erlischt mit der Forderung, für die es besteht. **1252.**

b) Das Pfandrecht erlischt, wenn der Pfandgläubiger das Pfand dem Verpfänder oder dem Eigenthümer zurückgiebt. Der Vorbehalt der Fortdauer des Pfandrechts ist unwirksam. | Ist das Pfand im Besitze des Verpfänders oder des Eigenthümers, so wird vermuthet, daß das Pfand ihm von dem Pfandgläubiger zurückgegeben worden sei. Diese Vermuthung gilt auch dann, wenn sich das Pfand im Besitz eines Dritten befindet, der den Besitz nach der Entstehung des Pfandrechts von dem Verpfänder oder dem Eigenthümer erlangt hat. **1253.**

An Rechten.

Ist ein Recht, zu dessen Verpfändung die Uebergabe einer Sache erforderlich ist, Gegenstand des Pfandrechts, so finden auf das Erlöschen des Pfandrechts durch die Rückgabe der Sache die Vorschriften § 1253 entsprechende Anwendung. **1278.**

c) Das Pfandrecht erlischt, wenn es mit dem Eigenthum in derselben Person zusammentrifft. Das Erlöschen tritt nicht ein, solange die Forderung, für welche das Pfandrecht besteht, mit dem Rechte eines Dritten belastet ist. | Das Pfandrecht gilt als nicht erloschen, soweit der Eigenthümer ein rechtliches Interesse an dem Fortbestehen des Pfandrechts hat. **1256.**

12. **Schiffspfandrecht.**[1]

Für das Pfandrecht an einem im Schiffsregister eingetragenen Schiffe gelten die besonderen Vorschriften der §§ 1260 bis 1271. **1259.** Die Vorschriften der §§ 1260 bis 1271 gelten auch für das Pfandrecht an einer Schiffspart. **1272.**

1. Erforderlich zur Bestellung des Pfandrechts ist

a) die Einigung des Eigenthümers des Schiffes und des Gläubigers darüber, daß dem Gläubiger das Pfandrecht zustehen soll, und

b) die Eintragung des Pfandrechts in das Schiffsregister. Die Vorschriften des § 873 Abs. 2 und des § 878[2] finden entsprechende Anwendung. | In der Eintragung müssen der Gläubiger, der Geldbetrag der Forderung und, wenn die Forderung verzinslich ist, der Zinssatz angegeben werden. | Zur näheren Bezeichnung der Forderung kann auf die Eintragungsbewilligung Bezug genommen werden. **1260.**

c) Besondere Art der Bestellung. Das Pfandrecht kann in der Weise bestellt werden, daß nur der Höchstbetrag, bis zu dem das Schiff haften soll, bestimmt, im übrigen die Feststellung der Forderung vorbehalten wird. Der Höchstbetrag muß in das Schiffsregister eingetragen werden. | Ist die Forderung verzinslich, so werden die Zinsen in den Höchstbetrag eingerechnet. **1271.**

---

[1] Siehe Ges. über die Angel. der freiwill. Gerichtsbarkeit. [2] S. 169 flg.

2. Das Rangverhältniß der an dem Schiffe bestellten Pfandrechte bestimmt sich nach den Vorschriften der §§ 879 bis 881 (S. 170 flg.) und des § 1151 (S. 210). **1261.**

3) Wirkung des Schiffspfandrechts. Solange das Pfandrecht im Schiffsregister eingetragen ist, behält es im Falle der Veräußerung oder Belastung des Schiffes seine Kraft, auch wenn der Erwerber in gutem Glauben ist. | Ist das Pfandrecht mit Unrecht gelöscht, so gelten im Falle der Veräußerung des Schiffes die Vorschriften des § 936 Abs. 1 Satz 1, Abs. 2 (S. 180) auch dann, wenn der Erwerber das Eigenthum ohne Uebergabe erlangt; die Vorschrift des § 936 Abs. 3 findet keine Anwendung. Wird ein Pfandrecht, welches dem mit Unrecht gelöschten Pfandrecht im Range nachsteht, auf einen Dritten übertragen, so findet die Vorschrift des § 1208 Satz 1 (S. 225) Anwendung. **1262.**

4. Berichtigung der Eintragung im Register. Steht der Inhalt des Schiffsregisters in Ansehung eines Pfandrechts mit der wirklichen Rechtslage nicht im Einklange, so kann die Berichtigung des Registers nach den für die Berichtigung des Grundbuchs geltenden Vorschriften der §§ 894, 895, 897, 898 (S 173 flg.) verlangt werden. | Ist ein Pfandrecht mit Unrecht gelöscht worden, so kann ein Widerspruch gegen die Richtigkeit des Schiffsregisters nach § 899 Abs. 2 eingetragen werden. Solange der Widerspruch eingetragen ist, gilt im Falle der Veräußerung oder Belastung des Schiffes dem Erwerber gegenüber das Gleiche, wie wenn das Pfandrecht eingetragen wäre. **1263.**

5. Umfang der Haftung des Schiffes. Die Haftung des Schiffes beschränkt sich auf den eingetragenen Betrag der Forderung und die Zinsen nach dem eingetragenen Zinssatze. Die Haftung für gesetzliche Zinsen und für Kosten bestimmt sich nach der für die Hypothek geltenden Vorschrift des § 1118 (S. 215). | Ist die Forderung unverzinslich oder ist der Zinssatz niedriger als 5 vom Hundert, so kann das Pfandrecht ohne Zustimmung der im Range gleich- oder nachstehenden Berechtigten dahin erweitert werden, daß das Schiff für Zinsen bis zu 5 vom Hundert haftet. **1264.**

6. Gegenstand der Haftung. Das Pfandrecht erstreckt sich auf das Zubehör des Schiffes mit Ausnahme der Zubehörstücke, die nicht in das Eigenthum des Eigenthümers des Schiffes gelangt sind. | Auf die Haftung der Zubehörstücke finden die für die Hypothek geltenden Vorschriften der §§ 1121, 1122 (S. 216) entsprechende Anwendung. **1265.**

7. Anwendung der Vorschriften über das Faustpfandrecht. Die Vorschriften der §§ 1205 bis 1257 (S. 223 flg.) finden insoweit keine Anwendung, als sich daraus, daß der Pfandgläubiger nicht den Besitz des Schiffes erlangt, Abweichungen ergeben. In dem Falle des § 1254 (S. 227) tritt an die Stelle des Anspruchs auf Rückgabe des Pfandes das Recht, die Aufhebung des Pfandrechts zu verlangen. **1266.**

8. Befriedigung des Pfandgläubigers. Der Verpfänder kann gegen Befriedigung des Pfandgläubigers die Aushändigung der zur Löschung des Pfandrechts erforderlichen Urkunden verlangen. Das gleiche Recht steht dem persönlichen Schuldner zu, wenn er eine rechtliches Interesse an der Berichtigung des Schiffsregisters hat. **1267.**

9. Voraussetzung der Befriedigung aus dem Schiffe. Der Pfandgläubiger kann seine Befriedigung aus dem Schiffe und dem Zubehöre nur auf Grund eines vollstreckbaren Titels nach den für die Zwangsvollstreckung geltenden Vorschriften suchen. **1268.**

10. Aufgebot und Ausschließung des Gläubigers. Ist der Gläubiger unbekannt, so kann er im Wege des Aufgebotsverfahrens mit seinem Pfandrecht ausgeschlossen werden, wenn die im § 1170 oder die im § 1171 (S. 213) für die Ausschließung eines Hypothekengläubigers bestimmten Voraussetzungen vorliegen. Mit der Erlassung des Ausschlußurtheils erlischt das Pfandrecht. Die Vorschrift des § 1171 Abs. 3 (S. 214) findet Anwendung. **1269.**

11. Inhaber= und Orderpapiere. Auf das Pfandrecht für die Forderung aus einer Schuldverschreibung au den Inhaber, aus einem Wechsel oder aus einem anderen Papiere, das durch Indossament übertragen werden kann, finden die Vorschriften des § 1189 (S. 215), auf das Pfandrecht für die Forderung aus einer Schuldverschreibung auf den Inhaber finden auch die Vorschriften des § 1188 (S. 214) entsprechende Anwendung. **1270.**

Viertes Buch.[1]

Familienrecht.

Erster Abschnitt. Bürgerliche Ehe. § 1297—1588. — Zweiter Abschnitt. Verwandtschaft. § 1589—1772. — Dritter Abschnitt. Vormundschaft. § 1773—1921.

I.

Bürgerliche Ehe.

Erster Titel: Verlöbniß. (§ 1297—1302.)
Zweiter Titel: Eingehung der Ehe. (§ 1303—1322.)
Dritter Titel: Nichtigkeit und Anfechtbarkeit der Ehe. (§ 1323—1347.)
Vierter Titel: Wiederverheirathung im Falle der Todeserklärung. (§ 1348—1352.)
Fünfter Titel: Wirkungen der Ehe im Allgemeinen. (§ 1353—1362.)
Sechster Titel: Eheliches Güterrecht. (§ 1363—1563.)
Siebenter Titel: Scheidung der Ehe. (§ 1564—1587.)
Achter Titel: Kirchliche Verpflichtungen. (§ 1588: **Die kirchlichen Verpflichtungen in Ansehung der Ehe werden durch die Vorschriften dieses Abschnitts nicht berührt.**)

1) Das Verlöbniß.

a) Rechtswirkung. Aus einem Verlöbnisse kann nicht auf Eingehung der Ehe geklagt werden. | Das Versprechen einer Strafe für den Fall, daß die Eingehung der Ehe unterbleibt, ist nichtig. **1297.**

b) Voraussetzungen der Ersatzpflicht des einen oder des anderen Theiles beim einseitigen Rücktritt eines Verlobten und ihr Umfang.

Tritt ein Verlobter von dem Verlöbnisse zurück, so hat er dem anderen Verlobten und dessen Eltern sowie dritten Personen, welche an Stelle der Eltern gehandelt haben, den Schaden zu ersetzen, der daraus entstanden ist, daß sie in Erwartung der Ehe Aufwendungen gemacht haben oder Verbindlichkeiten eingegangen sind. Dem anderen Ver-

---

[1] Siehe auch Einführungsgesetz S. 5 Eherecht, S. 7 Eltern und Kinder, S. 9 Art. 136, S. 28 Art. 33, 210, 205, 23. S. 20 Art. 29, 46. S. 19 Art. 212. S. 16 Kinder und Eltern.

lobten hat er auch den Schaden zu ersetzen, den dieser dadurch erleidet, daß er in Erwartung der Ehe sonstige sein Vermögen oder seine Erwerbsstellung berührende Maßnahmen getroffen hat. | Der Schaden ist nur insoweit zu ersetzen, als die Aufwendungen, die Eingehung der Verbindlichkeiten und die sonstigen Maßnahmen den Umständen nach angemessen waren. | Die Ersatzpflicht tritt nicht ein, wenn ein wichtiger Grund für den Rücktritt vorliegt. **1298.**

Veranlaßt ein Verlobter den Rücktritt des Anderen durch ein Verschulden, das einen wichtigen Grund für den Rücktritt bildet, so ist er nach Maßgabe des § 1298 Abs. 1, 2 zum Schadensersatze verpflichtet. **1299.**

Hat eine unbescholtene Verlobte ihrem Verlobten die Beiwohnung gestattet, so kann sie, wenn die Voraussetzungen des § 1298 oder des § 1299 vorliegen, auch wegen des Schadens, der nicht Vermögensschaden ist, eine billige Entschädigung in Geld verlangen. | Der Anspruch ist nicht übertragbar und geht nicht auf die Erben über, es sei denn, daß er durch Vertrag anerkannt oder daß er rechtshängig geworden ist. **1300.** (S. 151.)

c) Folge der Auflösung des Verlöbnisses auf beiden Seiten.

Unterbleibt die Eheschließung, so kann jeder Verlobte von dem Anderen die Herausgabe desjenigen, was er ihm geschenkt oder zum Zeichen des Verlöbnisses gegeben hat, nach den Vorschriften über die Herausgabe einer ungerechtfertigten Bereicherung (S. 157) fordern. Im Zweifel ist anzunehmen, daß die Rückforderung ausgeschlossen sein soll, wenn das Verlöbniß durch den Tod eines der Verlobten aufgelöst wird. **1301.**

Verjährung der Ansprüche.

Die in den §§ 1298 bis 1301 bestimmten Ansprüche verjähren in zwei Jahren von der Auflösung des Verlöbnisses an. **1302.**

2) Eingehung der Ehe.

a) Erfordernisse: Alter, Einwilligung, Zeugnisse, Erlaubniß, Aufgebot. Ein Mann darf nicht vor dem Eintritte der Volljährigkeit, eine Frau darf nicht vor der Vollendung des 16. Lebensjahrs eine Ehe eingehen. | Einer Frau kann Befreiung (siehe unten d) von dieser Vorschrift bewilligt werden. **1303.** Wer in der Geschäftsfähigkeit beschränkt ist (S. 51 flg.), bedarf zur Eingehung einer Ehe der Einwilligung seines gesetzlichen Vertreters. | Ist der gesetzliche Vertreter ein Vormund, so kann die Einwilligung, wenn sie von ihm verweigert wird, auf Antrag des

Mündels durch das Vormundschaftsgericht ersetzt werden. Das Vormundschaftsgericht hat die Einwilligung zu ersetzen, wenn die Eingehung der Ehe im Interesse des Mündels liegt. **1304.**

Ein eheliches Kind bedarf bis zur Vollendung des 21. Lebensjahrs zur Eingehung einer Ehe der Einwilligung des Vaters, ein uneheliches Kind bedarf bis zum gleichen Lebensalter der Einwilligung der Mutter. An die Stelle des Vaters tritt die Mutter, wenn der Vater gestorben ist oder wenn ihm die sich aus der Vaterschaft ergebenden Rechte nach § 1701 (2. Abschn.) nicht zustehen. Ein für ehelich erklärtes Kind bedarf der Einwilligung der Mutter auch dann nicht, wenn der Vater gestorben ist. | Dem Tode des Vaters oder der Mutter steht es gleich, wenn sie zur Abgabe einer Erklärung dauernd außer Stande sind oder wenn ihr Aufenthalt dauernd unbekannt ist. **1305.**

Einem an Kindesstatt angenommenen Kinde gegenüber steht die Einwilligung zur Eingehung einer Ehe an Stelle der leiblichen Eltern demjenigen zu, welcher das Kind angenommen hat. Hat ein Ehepaar das Kind gemeinschaftlich oder hat ein Ehegatte das Kind des anderen Ehegatten angenommen, so finden die Vorschriften des § 1305 Abs. 1 Satz 1, 2, Abs. 2 Anwendung. | Die leiblichen Eltern erlangen das Recht zur Einwilligung auch dann nicht wieder, wenn das durch die Annahme an Kindesstatt begründete Rechtsverhältniß aufgehoben wird. **1306.**

Keine Vertretung von Eltern.

Die elterliche Einwilligung kann nicht durch einen Vertreter ertheilt werden. Ist der Vater oder die Mutter in der Geschäftsfähigkeit (S. 51 flg.) beschränkt, so ist die Zustimmung des gesetzlichen Vertreters nicht erforderlich. **1307.**

Ersetzung der Einwilligung von Eltern.

Wird die elterliche Einwilligung einem volljährigen (S. 33 c.) Kinde verweigert, so kann sie auf dessen Antrag durch das Vormundschaftsgericht ersetzt werden. Das Vormundschaftsgericht hat die Einwilligung zu ersetzen, wenn sie ohne wichtigen Grund verweigert wird. | Entscheidung soll das Vormundschaftsgericht Verwandte oder Verschwägerte des Kindes hören, wenn es ohne erhebliche Verzögerung und ohne unverhältnißmäßige Kosten geschehen kann. Für den Ersatz der Auslagen gilt die Vorschrift des § 1847 Abs. 2 (3. Abschn.). **1308.**

Eine Frau darf erst 10 Monate nach der Auflösung oder Nichtigkeitserklärung ihrer früheren Ehe eine neue Ehe eingehen, es sei denn, daß sie inzwischen geboren hat. Von dieser Vorschrift kann Befreiung (siehe unten d) bewilligt werden. **1313.**

Wer ein eheliches Kind hat, das minderjährig ist oder unter seiner Vormundschaft steht, darf eine Ehe erst eingehen, nachdem ihm das Vormundschaftsgericht ein Zeugniß darüber ertheilt hat, daß er die im § 1669 bezeichneten Verpflichtungen erfüllt hat oder daß sie ihm nicht obliegen. | Ist im Falle der fortgesetzten Gütergemeinschaft ein antheilsberechtigter Abkömmling minderjährig oder bevormundet, so darf der überlebende Ehegatte eine Ehe erst eingehen, nachdem ihm das Vormundschaftsgericht ein Zeugniß darüber ertheilt hat, daß er die im § 1493 Abs. 2 (S. 278) bezeichneten Verpflichtungen erfüllt hat oder daß sie ihm nicht obliegen. **1314.**

Militärpersonen und solche Landesbeamte, für die nach den Landesgesetzen zur Eingehung einer Ehe eine besondere Erlaubniß erforderlich ist, dürfen nicht ohne die vorgeschriebene Erlaubniß eine Ehe eingehen. | Ausländer, für die nach den Landesgesetzen zur Eingehung einer Ehe eine Erlaubniß oder ein Zeugniß erforderlich ist, dürfen nicht ohne diese Erlaubniß oder ohne dieses Zeugniß eine Ehe eingehen. **1315.**

Der Eheschließung soll ein Aufgebot vorhergehen. Das Aufgebot verliert seine Kraft, wenn die Ehe nicht binnen 6 Monaten nach der Vollziehung des Aufgebots geschlossen wird. | Das Aufgebot darf unterbleiben, wenn die lebensgefährliche Erkrankung eines der Verlobten den Aufschub der Eheschließung nicht gestattet. | Von dem Aufgebote kann Befreiung (siehe unten d) bewilligt werden. **1316.**

b) Hindernisse. Bestehende Ehe, nahe Verwandtschaftsgrade, Ehebruch. Niemand darf eine Ehe eingehen, bevor seine frühere Ehe aufgelöst oder für nichtig erklärt worden ist. Wollen Ehegatten die Eheschließung wiederholen, so ist die vorgängige Nichtigkeitserklärung nicht erforderlich. | Wird gegen ein Urtheil, durch das die frühere Ehe aufgelöst oder für nichtig erklärt worden ist, die Nichtigkeitsklage oder die Restitutionsklage erhoben, so dürfen die Ehegatten nicht vor der Erledigung des Rechtsstreits eine neue Ehe eingehen, es sei denn, daß die Klage erst nach dem Ablaufe der vorgeschriebenen fünfjährigen Frist erhoben worden ist. **1309.**

Eine Ehe darf nicht geschlossen werden zwischen Verwandten in gerader Linie, zwischen vollbürtigen oder halbbürtigen Geschwistern sowie zwischen Verschwägerten in gerader Linie. | Eine Ehe darf nicht geschlossen werden zwischen Personen, von denen die eine mit Eltern, Voreltern oder Abkömmlingen der anderen Geschlechtsgemeinschaft gepflogen hat. Verwandtschaft im Sinne dieser Vorschriften besteht auch zwischen einem unehelichen Kinde und dessen Abkömmlingen einerseits und dem Vater und dessen Verwandten andererseits. **1310.** (S. 288.)

Wer einen Anderen an Kindesstatt angenommen hat, darf mit ihm oder dessen Abkömmlingen eine Ehe nicht eingehen, solange das durch die Annahme begründete Rechtsverhältniß besteht. **1311.** (2. Abschn., 8. Tit.)

Eine Ehe darf nicht geschlossen werden zwischen einem wegen Ehebruchs geschiedenen Ehegatten und demjenigen, mit welchem der geschiedene Ehegatte den Ehebruch begangen hat, wenn dieser Ehebruch in dem Scheidungsurtheil als Grund der Scheidung festgestellt ist. Von dieser Vorschrift kann Befreiung (siehe unten d) bewilligt werden. **1312.**

c) Form der Eheschließung. Die Ehe wird dadurch geschlossen, daß die Verlobten vor einem Standesbeamten persönlich und bei gleichzeitiger Anwesenheit erklären, die Ehe mit einander eingehen zu wollen. Der Standesbeamte muß zur Entgegennahme der Erklärungen bereit sein. | Die Erklärungen können nicht unter einer Bedingung oder einer Zeitbestimmung abgegeben werden. **1317.**

Der Standesbeamte soll bei der Eheschließung in Gegenwart von zwei Zeugen an die Verlobten einzeln und nach einander die Frage richten, ob sie die Ehe mit einander eingehen wollen, und, nachdem die Verlobten die Frage bejaht haben, aussprechen, daß sie kraft dieses Gesetzes nunmehr rechtmäßig verbundene Eheleute seien. | Als Zeugen sollen Personen, die der bürgerlichen Ehrenrechte für verlustig erklärt sind, während der Zeit, für welche die Aberkennung der Ehrenrechte erfolgt ist, sowie Minderjährige (S. 33) nicht zugezogen werden. Personen, die mit einem der Verlobten, mit dem Standesbeamten oder mit einander verwandt oder verschwägert (S. 288) sind, dürfen als Zeugen zugezogen werden. | Der Standesbeamte soll die Eheschließung in das Heirathsregister eintragen. **1318.**

Als Standesbeamter im Sinne des § 1317 gilt auch derjenige, welcher, ohne Standesbeamter zu sein, das Amt eines Standesbeamten öffentlich ausübt, es sei denn, daß die Verlobten den Mangel der amtlichen Befugniß bei der Eheschließung kennen. **1319.**

Die Ehe soll vor dem zuständigen Standesbeamten geschlossen werden. | Zuständig ist der Standesbeamte, in dessen Bezirk einer der Verlobten seinen Wohnsitz (S. 34) oder seinen gewöhnlichen Aufenthalt hat. | Hat keiner der Verlobten seinen Wohnsitz oder seinen gewöhnlichen Aufenthalt im Inland und ist auch nur einer von ihnen ein Deutscher, so wird der zuständige Standesbeamte von der obersten Aufsichtsbehörde des Bundesstaats, dem der Deutsche angehört, und, wenn dieser keinem Bundesstaat angehört, von dem Reichskanzler bestimmt. | Unter mehreren zuständigen Standesbeamten haben die Verlobten die Wahl. **1320.**

Auf Grund einer schriftlichen Ermächtigung des zuständigen Standesbeamten darf die Ehe auch vor dem Standesbeamten eines anderen Bezirkes geschlossen werden. **1321.**

d) Zuständigkeit für die Bewilligung von Befreiungen.

Die Bewilligung einer nach den §§ 1303, 1313 (siehe oben a) zulässigen Befreiung steht dem Bundesstaate zu, dem die Frau, die Bewilligung einer nach § 1312 (s. oben b) zulässigen Befreiung steht dem Bundesstaate zu, dem der geschiedene Ehegatte angehört. Für Deutsche, die keinem Bundesstaat angehören, steht die Bewilligung dem Reichskanzler zu. | Die Bewilligung einer nach § 1316 (siehe oben a) zulässigen Befreiung steht dem Bundesstaate zu, in dessen Gebiete die Ehe geschlossen werden soll. | Ueber die Ertheilung der einem Bundesstaate zustehenden Bewilligung hat die Landesregierung zu bestimmen. **1322.**

3) Nichtigkeit und Anfechtbarkeit der Ehe.

a) Fälle. Eine Ehe ist nur in den Fällen der §§ 1324 bis 1328 nichtig: **1323**

α) wenn bei der Eheschließung die im § 1317[1] vorgeschriebene Form nicht beobachtet worden ist. | Ist die Ehe in das Heirathsregister eingetragen worden und haben die Ehegatten nach der Eheschließung 10 Jahre oder, falls einer von ihnen vorher gestorben ist, bis zu dessen Tode, jedoch mindestens 3 Jahre, als Ehegatten mit einander gelebt, so ist die Ehe als von Anfang an gültig anzusehen. Diese Vorschrift findet keine Anwendung, wenn bei dem Ablaufe der 10 Jahre oder

a) Fälle. Eine Ehe kann nur in den Fällen der §§ 1331 bis 1335 und des § 1350 angefochten werden, **1330**, nämlich:

α) von dem Ehegatten, der zur Zeit der Eheschließung oder im Falle des § 1325 zur Zeit der Bestätigung in der Geschäftsfähigkeit (S. 51) beschränkt war, wenn die Eheschließung oder die Bestätigung ohne Einwilligung seines gesetzlichen Vertreters erfolgt ist, **1331**,

β) von dem Ehegatten, der bei der Eheschließung nicht gewußt hat, daß es sich um eine Eheschließung handle, oder dies zwar gewußt hat, aber eine Erklärung, die Ehe eingehen zu wollen, nicht hat abgeben wollen, **1332**,

γ) von dem Ehegatten, der sich bei der Ehe-

Ausgeschlossen ist die Anfechtung der Ehe

a) in den Fällen des § 1331, wenn der gesetzliche Vertreter die Ehe genehmigt oder der anfechtungsberechtigte Ehegatte, nachdem er unbeschränkt geschäftsfähig geworden ist, die Ehe bestätigt. Ist der gesetzliche Vertreter ein Vormund, so kann die Genehmigung, wenn sie von ihm verweigert wird, auf Antrag des Ehegatten durch das Vormundschaftsgericht ersetzt werden; das Vormundschaftsgericht hat die Genehmigung zu ersetzen, wenn die Aufrechterhaltung der Ehe im Interesse des Ehegatten liegt. **1337** Abs. 1.

b) In den Fällen der §§ 1332 bis 1335, wenn der anfechtungsberechtigte Ehe-

[1] S. 241.

Nichtigkeit und Anfechtbarkeit der Ehe.

zur Zeit des Todes des einen Ehegatten die Nichtigkeitsklage erhoben ist; **1324**

β) wenn einer der Ehegatten zur Zeit der Eheschließung geschäftsunfähig (S. 47) war oder sich im Zustande der Bewußtlosigkeit oder vorübergehender Störung der Geistesthätigkeit befand. | Die Ehe ist als von Anfang an gültig anzusehen, wenn der Ehegatte sie nach dem Wegfalle der Geschäftsunfähigkeit, der Bewußtlosigkeit oder der Störung der Geistesthätigkeit bestätigt, bevor sie für nichtig erklärt oder aufgelöst worden ist. Die Bestätigung bedarf nicht der für die Eheschließung vorgeschriebenen Form; **1325**

γ) wenn einer der Ehegatten zur Zeit der Eheschließung mit einem Dritten

schließung in der Person des anderen Ehegatten oder über solche persönliche Eigenschaften des anderen Ehegatten geirrt hat, die ihn bei Kenntniß der Sachlage und bei verständiger Würdigung des Wesens der Ehe von der Eingehung der Ehe abgehalten haben würden, **1333**,

δ) von dem Ehegatten, der zur Eingehung der Ehe durch arglistige Täuschung über solche Umstände bestimmt worden ist, die ihn bei Kenntniß der Sachlage und bei verständiger Würdigung des Wesens der Ehe von der Eingehung der Ehe abgehalten haben würden. Ist die Täuschung nicht von dem anderen Ehegatten verübt worden, so ist die Ehe nur dann anfechtbar, wenn dieser die Täuschung bei der Eheschließung gekannt hat. | Auf Grund einer Täuschung über Vermögensverhältnisse findet die An-

(**Ausgeschlossen** ist die Anfechtung der Ehe)

gatte nach der Entdeckung der Irrthums oder der Täuschung oder nach dem Aufhören der Zwangslage die Ehe bestätigt. | Die Vorschriften des § 1336 Abs. 1 gelten auch für die Bestätigung. **1337** Absatz 2. (S. 244.)

c) nach der Auflösung der Ehe, es sei denn, daß die Auflösung durch den Tod des zur Anfechtung nicht berechtigten Ehegatten herbeigeführt worden ist. **1338**.

Nichtigkeit und Anfechtbarkeit der Ehe.

in einer gültigen Ehe lebte; **1326**

δ) wenn sie zwischen Verwandten oder Verschwägerten dem Verbote des § 1310 Abs. 1 [1] zuwider geschlossen worden ist, **1327**

ε) wenn sie wegen Ehebruchs nach § 1312 [2] verboten war. | Wird nachträglich Befreiung von der Vorschrift des § 1312 bewilligt, so ist die Ehe als von Anfang an gültig anzusehen, **1328**

fechtung nicht statt, **1334**

ε) von dem Ehegatten, der zur Eingehung der Ehe widerrechtlich durch Drohung bestimmt worden ist, **1335**

ζ) Siehe § 1350 unter Ziffer **4** c.

b) Mittel der Geltendmachung: Die Nichtigkeit einer nach den §§ 1325 bis 1328 nichtigen Ehe kann, solange nicht die Ehe für nichtig erklärt oder aufgelöst ist, nur im Wege der Nichtigkeitsklage geltend gemacht werden. Das Gleiche gilt von einer nach § 1324 nichtigen Ehe, wenn sie in das Heirathsregister eingetragen worden ist. **1329.**

α) Die Anfechtung erfolgt, solange nicht die Ehe aufgelöst ist, durch Erhebung der Anfechtungsklage. | Wird die Klage zurückgenommen, so ist die Anfechtung als nicht erfolgt anzusehen. Das Gleiche gilt, wenn die angefochtene Ehe, bevor sie für nichtig erklärt oder aufgelöst worden ist, nach Maßgabe des § 1337 genehmigt oder bestätigt wird. **1341.** (S. 242.)

β) Ist die Ehe durch den Tod des zur Anfechtung nicht berechtigten Ehegatten aufgelöst

Anfechtungsberechtigte.

α) Die Anfechtung der Ehe kann nicht durch einen Vertreter erfolgen. Ist der anfechtungsberechtigte Ehegatte in der Geschäftsfähigkeit beschränkt (S. 51), so bedarf er nicht der Zustimmung seines gesetzlichen Vertreters. |

β) Für einen geschäftsunfähigen Ehegatten kann sein gesetzlicher Vertreter mit Genehmigung des Vormundschaftsgerichts die Ehe anfechten. (S. 47.)

γ) In den Fällen des § 1331 [3] kann, solange der anfechtungsberechtigte Ehegatte in der Geschäftsfähigkeit [4]

[1] S. 240. [2] S. 241. [3] S. 242. [4] S. 51.

worden, so erfolgt die Anfechtung durch Erklärung gegenüber dem Nachlaßgerichte; die Erklärung ist in öffentlich beglaubigter Form abzugeben. | Das Nachlaßgericht soll die Erklärung sowohl demjenigen mittheilen, welcher im Falle der Gültigkeit der Ehe als auch in demjenigen, welcher im Falle der Nichtigkeit der Ehe Erbe des verstorbenen Ehegatten ist. Es hat die Einsicht der Erklärung jedem zu gestatten, der ein rechtliches Interesse glaubhaft macht. **1342.**

Wird eine anfechtbare Ehe angefochten, so ist sie als von Anfang an nichtig anzusehen. Die Vorschrift des § 142 Abs. 2 (S. 48) findet Anwendung. | Die Nichtigkeit einer anfechtbaren Ehe, die im Wege der Klage angefochten worden ist, kann, solange nicht die Ehe für nichtig erklärt oder aufgelöst ist, nicht anderweit geltend gemacht werden. **1343.**

Anfechtungsberechtigte.

beschränkt ist, nur sein gesetzlicher Vertreter die Ehe anfechten. **1336.**

δ) Hat der gesetzliche Vertreter eines geschäftsunfähigen Ehegatten die Ehe nicht rechtzeitig angefochten, so kann nach dem Wegfalle der Geschäftsunfähigkeit der Ehegatte selbst die Ehe in gleicher Weise anfechten, wie wenn er ohne gesetzlichen Vertreter gewesen wäre. **1340.**

Anfechtungsfrist.

Die Anfechtung kann nur binnen 6 Monaten erfolgen. | Die Frist beginnt in den Fällen des § 1331 mit dem Zeitpunkt, in welchem die Eingehung oder die Bestätigung der Ehe dem gesetzlichen Vertreter bekannt wird oder der Ehegatte die unbeschränkte Geschäftsfähigkeit erlangt, in den Fällen der §§ 1332 bis 1334 mit dem Zeitpunkt, in welchem der Ehegatte den Irrthum oder die Täuschung entdeckt, in dem Falle des § 1335 mit dem Zeitpunkt, in welchem die Zwangslage aufhört. | Auf die Frist finden die für die Verjährung geltenden Vorschriften der §§ 203, 206 entsprechende Anwendung. **1339.**

c) Rechte aus der Nichtigkeitserklärung.

α) Einem Dritten gegenüber können aus der Nichtigkeit der Ehe Einwendungen gegen ein zwischen ihm und einem der Ehegatten vorgenommenes Rechtsgeschäft oder gegen ein zwischen ihnen ergangenes rechtskräftiges Urtheil nur hergeleitet werden, wenn zur Zeit der Vornahme des Rechtsgeschäfts oder zur Zeit des Eintritts der Rechtshängigkeit (CPO § 263) die Ehe für nichtig erklärt oder die Nichtigkeit dem Dritten bekannt war. | Die Nichtigkeit kann ohne diese Beschränkung geltend gemacht werden, wenn sie auf einem Formmangel beruht und die Ehe nicht in das Heirathsregister eingetragen worden ist. **1344.**

β) War dem einen Ehegatten die Nichtigkeit der Ehe bei der Eheschließung bekannt, so kann der andere Ehegatte, sofern nicht auch ihm die Nichtigkeit bekannt war, nach der Nichtigkeitserklärung oder der Auflösung der Ehe verlangen, daß ihr Verhältniß in vermögensrechtlicher Beziehung, insbesondere auch in Ansehung der Unterhaltspflicht (S. 286), so behandelt wird, wie wenn die Ehe zur Zeit der Nichtigkeitserklärung oder der Auflösung geschieden und der Ehegatte, dem die Nichtigkeit bekannt war, für allein schuldig erklärt worden wäre. | Diese Vorschrift findet keine Anwendung, wenn die Nichtigkeit auf einem Formmangel beruht und die Ehe nicht in das Heirathsregister eingetragen worden ist. **1345.**

Wird eine wegen Drohung anfechtbare Ehe für nichtig erklärt, so steht das im § 1345 Abs. 1 bestimmte Recht dem anfechtungsberechtigten Ehegatten zu. Wird eine wegen Irrthums anfechtbare Ehe für nichtig erklärt, so steht dieses Recht dem zur Anfechtung nicht berechtigten Ehegatten zu, es sei denn, daß dieser den Irrthum bei der Eingehung der Ehe kannte oder kennen mußte. **1346.**

Erklärt der Ehegatte, dem das im § 1345 Abs. 1 bestimmte Recht zusteht, dem anderen Ehegatten, daß er von dem Rechte Gebrauch mache, so kann er die Folgen der Nichtigkeit der Ehe nicht mehr geltend machen; erklärt er dem anderen Ehegatten, daß es bei diesen Folgen bewenden solle, so erlischt das im § 1345 Abs. 1 bestimmte Recht. | Der andere Ehegatte kann den berechtigten Ehegatten unter Bestimmung einer angemessenen Frist zur Erklärung darüber auffordern, ob er von dem Rechte Gebrauch mache. Das Recht kann in diesem Falle nur bis zum Ablaufe der Frist ausgeübt werden. **1347.**

4) Wiederverheirathung im Falle der Todeserklärung.

a) Wirkungen der neuen Ehe. Geht ein Ehegatte, nachdem der andere Ehegatte für todt erklärt worden ist (S. 35), eine neue Ehe ein, so ist die neue Ehe nicht deshalb nichtig, weil der für todt erklärte Ehegatte noch lebt, es sei denn, daß beide Ehegatten bei der Eheschließung wissen, daß er die Todeserklärung überlebt hat. | Mit der Schließung der neuen Ehe wird die frühere Ehe aufgelöst. Sie bleibt auch dann aufgelöst, wenn die Todeserklärung infolge einer Anfechtungsklage aufgehoben wird. **1348.**

Wird die frühere Ehe nach § 1348 Abs. 2 aufgelöst, so bestimmt sich die Verpflichtung der Frau, dem Manne zur Bestreitung des Unterhalts eines gemeinschaftlichen Kindes einen Beitrag zu leisten, nach den für die Scheidung geltenden Vorschriften des § 1585 (S. 287). **1352.**

b) Hinderniß für eine neue Ehe. Ist das Urtheil, durch das einer der Ehegatten für todt erklärt worden ist, im Wege der Klage angefochten, so darf der andere Ehegatte nicht vor der Erledigung des Rechtsstreits eine neue Ehe eingehen, es sei denn, daß die Anfechtung erst 10 Jahre nach der Verkündung des Urtheils erfolgt ist. **1349.**

c) Anfechtbarkeit der neuen Ehe. Jeder Ehegatte der neuen Ehe kann, wenn der für todt erklärte (S. 35) Ehegatte noch lebt, die neue Ehe anfechten, es sei denn, daß er bei der Eheschließung von dessen Leben Kenntniß hatte. Die Anfechtung kann nur binnen 6 Monaten von dem Zeitpunkt an erfolgen, in welchem der anfechtende Ehegatte erfährt, daß der für todt erklärte Ehegatte noch lebt. | Die Anfechtung ist ausgeschlossen, wenn der anfechtungsberechtigte Ehegatte die Ehe bestätigt, nachdem er von dem Leben des für todt erklärten Ehegatten Kenntniß erlangt hat, oder wenn die neue Ehe durch den Tod eines der Ehegatten aufgelöst worden ist. **1350.**

d) Folgen der Anfechtung der zweiten Ehe. Wird die Ehe nach § 1350 von dem Ehegatten der früheren Ehe angefochten, so hat dieser dem anderen Ehegatten nach den für die Scheidung geltenden Vorschriften der §§ 1578 bis 1582 (S. 286) Unterhalt zu gewähren, wenn nicht der andere Ehegatte bei der Eheschließung wußte, daß der für todt erklärte Ehegatte die Todeserklärung überlebt hat. **1351.**

5) Wirkungen der Ehe im Allgemeinen.

a) Herstellung der ehelichen Lebensgemeinschaft. Die Ehegatten sind einander zur ehelichen Lebensgemeinschaft verpflichtet. | Stellt sich das Verlangen eines Ehegatten nach Herstellung der Gemeinschaft als Mißbrauch seines Rechtes dar, so ist der andere Ehegatte nicht verpflichtet, dem Verlangen Folge zu leisten. Das Gleiche gilt, wenn der andere Ehegatte berechtigt ist, auf Scheidung zu klagen. **1353.** (S. 282.)

b) Sorgfalt der Ehegatten bei Erfüllung der ihnen obliegenden Verpflichtungen. Die Ehegatten haben bei der Erfüllung der sich aus dem ehelichen Verhältniß ergebenden Verpflichtungen einander nur für diejenige Sorgfalt einzustehen, welche sie in eigenen Angelegenheiten anzuwenden pflegen **1359.**

c) Rechte und Pflichten der Frau in ehelicher Lebensgemeinschaft. Die Frau erhält den Familiennamen des Mannes. **1355.** — Die Frau ist, unbeschadet der Vorschriften des § 1354[1], berechtigt und verpflichtet, das gemeinschaftliche Hauswesen (sog. Schlüsselgewalt) zu leiten. | Zu Arbeiten im Hauswesen und im Geschäfte des Mannes ist die Frau verpflichtet, soweit eine solche Thätigkeit nach den Verhältnissen, in denen die Ehegatten leben, üblich ist. **1356.** Die Frau ist berechtigt, innerhalb ihres häuslichen Wirkungskreises die Geschäfte des Mannes für ihn zu besorgen und ihn zu vertreten. Rechtsgeschäfte, die sie innerhalb dieses Wirkungskreises vornimmt, gelten als im Namen des Mannes vorgenommen, wenn nicht aus den Umständen sich ein Anderes ergiebt. | Der Mann kann das Recht der Frau beschränken oder ausschließen. Stellt sich die Beschränkung oder die Ausschließung als Mißbrauch des Rechtes des Mannes dar, so kann sie auf Antrag der Frau durch das Vormundschaftsgericht aufgehoben werden. Dritten gegenüber ist die Beschränkung oder die Ausschließung nur nach Maßgabe des § 1435[2] wirksam. **1357.**

Siehe auch d.

[1] Nächste Seite. [2] Siehe vertragsmäßiges Güterrecht weiter unten.

d) **Rechte und Pflichten des Mannes in ehelicher Lebensgemeinschaft.** Dem Manne steht die Entscheidung in allen das gemeinschaftliche eheliche Leben betreffenden Angelegenheiten zu; er bestimmt insbesondere Wohnort und Wohnung. | Die Frau ist nicht verpflichtet, der Entscheidung des Mannes Folge zu leisten, wenn sich die Entscheidung als Mißbrauch seines Rechtes darstellt. **1354.**

Der Mann hat der Frau nach Maßgabe seiner Lebensstellung, seines Vermögens und seiner Erwerbsfähigkeit Unterhalt zu gewähren. Die Frau hat dem Manne, wenn er außer Stande ist, sich selbst zu unterhalten, den seiner Lebensstellung entsprechenden Unterhalt nach Maßgabe ihres Vermögens und ihrer Erwerbsfähigkeit zu gewähren. | Der Unterhalt ist in der durch die eheliche Lebensgemeinschaft gebotenen Weise zu gewähren. Die für die Unterhaltspflicht der Verwandten geltenden Vorschriften der §§ 1605, 1613 bis 1615 (S. 290 flg.) finden entsprechende Anwendung. **1360.**

Hat sich die Frau einem Dritten gegenüber zu einer von ihr in Person zu bewirkenden Leistung verpflichtet, so kann der Mann das Rechtsverhältniß ohne Einhaltung einer Kündigungsfrist kündigen, wenn er auf seinen Antrag von dem Vormundschaftsgerichte dazu ermächtigt worden ist. Das Vormundschaftsgericht hat die Ermächtigung zu ertheilen, wenn sich ergiebt, daß die Thätigkeit der Frau die ehelichen Interessen beeinträchtigt. | Das Kündigungsrecht ist ausgeschlossen, wenn der Mann der Verpflichtung zugestimmt hat oder seine Zustimmung auf Antrag der Frau durch das Vormundschaftsgericht ersetzt worden ist. Das Vormundschaftsgericht kann die Zustimmung ersetzen, wenn der Mann durch Krankheit oder durch Abwesenheit an der Abgabe einer Erklärung verhindert und mit dem Aufschube Gefahr verbunden ist oder wenn sich die Verweigerung der Zustimmung als Mißbrauch seines Rechtes darstellt. Solange die häusliche Gemeinschaft aufgehoben ist, steht das Kündigungsrecht dem Manne nicht zu. | Die Zustimmung sowie die Kündigung kann nicht durch einen Vertreter des Mannes erfolgen; ist der Mann in der Geschäftsfähigkeit beschränkt, so bedarf er nicht der Zustimmung seines gesetzlichen Vertreters. **1358.** (Siehe auch oben zu b und S. 51.)

e) **Vermuthungen über das Eigenthum der Ehegatten.** Zu Gunsten der Gläubiger des Mannes wird vermuthet, daß die im Besitz eines der Ehegatten oder beider Ehegatten befindlichen beweglichen Sachen dem Manne gehören. Dies gilt insbesondere auch für Inhaberpapiere und für Orderpapiere, die mit Blankoindossament versehen sind. | Für die ausschließlich zum persönlichen Gebrauche der Frau bestimmten Sachen, insbesondere für Kleider, Schmucksachen und Arbeitsgeräthe, gilt im Verhältnisse der Ehegatten zu einander und zu den Gläubigern die Vermuthung, daß die Sachen der Frau gehören. **1362.**

f) **Unterhalt und Haushaltssachen bei getrenntem Leben der**

Ehegatten. Leben die Ehegatten getrennt, so ist, solange einer von ihnen die Herstellung des ehelichen Lebens verweigern darf und verweigert, der Unterhalt durch Entrichtung einer Geldrente zu gewähren; auf die Rente finden die Vorschriften des § 760 (S. 148) Anwendung. Der Mann hat der Frau auch die zur Führung eines abgesonderten Haushalts erforderlichen Sachen aus dem gemeinschaftlichen Haushalte zum Gebrauche herauszugeben, es sei denn, daß die Sachen für ihn unentbehrlich sind oder daß sich solche Sachen in dem der Verfügung der Frau unterliegenden Vermögen befinden. | Die Unterhaltspflicht des Mannes fällt weg oder beschränkt sich auf die Zahlung eines Beitrags, wenn der Wegfall oder die Beschränkung mit Rücksicht auf die Bedürfnisse sowie auf die Vermögens- und Erwerbsverhältnisse der Ehegatten der Billigkeit entspricht. **1361.**

6) Eheliches Güterrecht.[1]
Güterrechtsregister.[2]
(§ 1558—1563.)

a) Führung des Registers. Die Eintragungen in das Güterrechtsregister haben bei dem Amtsgerichte zu geschehen, in dessen Bezirke der Mann seinen Wohnsitz (S. 34) hat. | Durch Anordnung der Landesjustizverwaltung kann die Führung des Registers für mehrere Amtsgerichtsbezirke einem Amtsgericht übertragen werden. **1558.**

b) Wiederholung der Eintragungen. Verlegt der Mann nach der Eintragung seinen Wohnsitz in einen anderen Bezirk, so muß die Eintragung im Register dieses Bezirkes wiederholt werden. Die frühere Eintragung gilt als von neuem erfolgt, wenn der Mann den Wohnsitz in den früheren Bezirk zurückverlegt. **1559.**

c) Eintragung nur auf Antrag. Eine Eintragung in das Register soll nur auf Antrag und nur insoweit erfolgen, als sie beantragt ist. Der Antrag ist in öffentlich beglaubigter Form zu stellen. **1560.** — Die Eintragung erfolgt in den Fällen des § 1357 Abs. 2 (S. 247) und des § 1405 Abs. 3 (S. 256) auf Antrag des Mannes. | In den anderen Fällen ist der Antrag beider Ehegatten erforderlich; jeder Ehegatte ist dem anderen gegenüber zur Mitwirkung verpflichtet. | Der Antrag eines der Ehegatten genügt: 1. zur Eintragung eines Ehevertrags oder einer auf gerichtliche Entscheidung beruhenden Aenderung der güterrechtlichen Verhältnisse der Ehegatten, wenn mit dem Antrage der Ehevertrag oder die mit dem Zeugnisse der Rechtskraft versehene Entscheidung vorgelegt wird; 2. zur Wiederholung einer Eintragung in dem Register eines anderen Bezirkes, wenn mit dem Antrag eine nach der Aufhebung des bisherigen Wohnsitzes ertheilte, öffentlich beglaubigte Abschrift der früheren Eintragung vorgelegt wird. **1561.**

d) Veröffentlichung der Eintragungen. Das Amtsgericht hat die Eintragung durch das für seine Bekanntmachungen bestimmte Blatt zu

[1] Ordnung des Inhalts im Gesetz: I. Gesetzliches Güterrecht. II. Vertragsmäßiges Güterrecht. III. Güterrechtsregister. [2] Siehe Gesetz über die Angel. der freiwill. Gerichtsbarkeit.

veröffentlichen. | Wird eine Aenderung des Güterstandes eingetragen, so hat sich die Bekanntmachung auf die Bezeichnung des Güterstandes und, wenn dieser abweichend von dem Gesetze geregelt ist, auf eine allgemeine Bezeichnung der Abweichung zu beschränken. **1562.**

e) Oeffentlichkeit des Registers. Die Einsicht des Registers ist jedem gestattet. Von den Eintragungen kann eine Abschrift gefordert werden; die Abschrift ist auf Verlangen zu beglaubigen. **1563.**

Gesetzliches Güterrecht.[1]

(§ 1363—1431.)

a) Allgemeine Vorschriften. (§ 1363—1372.)

(Arten des Frauenguts.)

Eingebrachtes Gut.

Das Vermögen der Frau wird durch die Eheschließung der Verwaltung und Nutznießung des Mannes unterworfen (eingebrachtes Gut). | Zum eingebrachten Gute gehört auch das Vermögen, das die Frau während der Ehe erwirbt. **1363.**

Die Verwaltung und Nutznießung des Mannes tritt nicht ein, wenn er die Ehe mit einer in der Geschäftsfähigkeit beschränkten Frau (S. 51) ohne Einwilligung ihres gesetzlichen Vertreters eingeht. **1364.** (Siehe Gütertrennung unter g.)

Jeder Ehegatte kann verlangen, daß der Bestand des eingebrachten Gutes durch Aufnahme eines Verzeichnisses unter Mitwirkung des anderen

Vorbehaltsgut.

Die Verwaltung und Nutznießung des Mannes erstreckt sich nicht auf das Vorbehaltungsgut der Frau. **1365.**

Vorbehaltungsgut sind die ausschließlich zum persönlichen Gebrauche der Frau bestimmten Sachen, insbesondere Kleider, Schmucksachen und Arbeitsgeräthe. **1366.**

Vorbehaltsgut ist, was die Frau durch ihre Arbeit oder durch den selbständigen Betrieb eines Erwerbsgeschäfts erwirbt. **1367.**

Vorbehaltsgut ist, was durch Ehevertrag für Vorbehaltsgut erklärt ist. **1368.**

Vorbehaltsgut ist, was die Frau durch Erbfolge, durch Vermächtniß oder als Pflichttheil erwirbt (Erwerb von Todeswegen) oder was ihr unter Lebenden von einem Dritten unentgeltlich zugewendet wird, wenn der Erblasser durch letztwillige Verfügung, der Dritte bei der Zuwendung bestimmt hat, daß der Er-

Auf das Vorbehaltsgut finden die bei der Gütertrennung für das Vermögen der Frau geltenden Vorschriften entsprechende Anwendung (S. 259), die Frau hat jedoch einen Beitrag zur Bestreitung des ehelichen Aufwandes nur insoweit zu leisten, als der Mann nicht schon durch

[1] Ordnung des Inhalts im Gesetz: 1. Allgem. Vorschriften. 2. Verwaltung u. Nutznießung. 3. Schuldenhaftung. 4. Beendigung der Verwaltung und Nutznießung. 5. Gütertrennung.

Eingebrachtes Gut.

Ehegatten festgestellt wird. Auf die Aufnahme des Verzeichnisses finden die für den Nießbrauch geltenden Vorschriften des § 1035 (S. 197) Anwendung. | Jeder Ehegatte kann den Zustand der zum eingebrachten Gute gehörenden Sachen auf seine Kosten durch Sachverständige feststellen lassen. **1372.**

Vorbehaltsgut.

werb Vorbehaltsgut sein soll. **1369.**

Vorbehaltsgut ist, was die Frau auf Grund eines zu ihrem Vorbehaltsgute gehörenden Rechtes oder als Ersatz für die Zerstörung, Beschädigung oder Entziehung eines zu dem Vorbehaltsgute gehörenden Gegenstandes oder durch ein Rechtsgeschäft erwirbt, das sich auf das Vorbehaltsgut bezieht. **1370.**

die Nutzungen des eingebrachten Gutes einen angemessenen Beitrag erhält. **1371.**

(**Gütertrennung** siehe unter g.)

b) **Rechte des Ehemanns an dem Eingebrachten** (unübertragbar: Das Recht das dem Manne an dem eingebrachten Gute kraft seiner Verwaltung und Nutznießung zusteht, ist nicht übertragbar. **1408.**) Steht der Mann unter Vormundschaft, so hat ihn der Vormund in den Rechten und Pflichten zu vertreten, die sich aus der Verwaltung und Nutznießung des eingebrachten Gutes ergeben. Dies gilt auch dann, wenn die Frau Vormund des Mannes ist. **1409.** (Siehe Abschnitt III.)

1. Besitz. Der Mann ist berechtigt, die zum eingebrachten Gute gehörenden Sachen in Besitz zu nehmen. **1373.** (S. 166.)
2. Umfang seines Verwaltungsrechts. Das Verwaltungsrecht des Mannes umfaßt nicht die Befugniß, die Frau durch Rechtsgeschäfte zu verpflichten oder über eingebrachtes Gut ohne ihre Zustimmung zu verfügen. **1375.**

   Ohne Zustimmung der Frau kann der Mann: 1. über Geld und andere verbrauchbare Sachen der Frau verfügen; 2. Forderungen der Frau gegen solche Forderungen an die Frau, deren Berichtigung aus dem eingebrachten Gute verlangt werden kann, aufrechnen; 3. Verbindlichkeiten der Frau zur Leistung eines zum eingebrachten Gute gehörenden Gegenstandes durch Leistung des Gegenstandes erfüllen. **1376.**

   Der Mann soll Verfügungen, zu denen er nach § 1376 ohne Zustimmung der Frau berechtigt ist, nur zum Zwecke ordnungsmäßiger Verwaltung des eingebrachten Gutes vornehmen. **1377** Abs. 1.
3. Seine Rechte an einem eingebrachten Grundstücke. Gehört zum eingebrachten Gute ein Grundstück sammt Inventar, so bestimmen sich die Rechte und die Pflichten des Mannes in Ansehung des Inventars nach den für den Nießbrauch geltenden Vorschriften des § 1048 Abs. 1 (S. 203). **1378.**

4. Gerichtliche Geltendmachung eines zum Frauengute gehörenden Rechts. Der Mann kann ein zum eingebrachten Gute gehörendes Recht im eigenen Namen geltend machen. Ist er befugt, über das Recht ohne Zustimmung der Frau zu verfügen, so wirkt das Urtheil auch für und gegen die Frau. **1380.**

5. Nutzungsrecht. Der Mann erwirbt die Nutzungen des eingebrachten Gutes in derselben Weise und in demselben Umfange wie ein Nießbraucher. **1383.** (S. 197.)

6. Ersatz der Aufwendungen. Macht der Mann zum Zwecke der Verwaltung des eingebrachten Gutes Aufwendungen, die er den Umständen nach für erforderlich halten darf, so kann er von der Frau Ersatz verlangen, sofern nicht die Aufwendungen ihm selbst zur Last fallen. **1390.**

7. Sein Einwilligungsrecht. Die Frau bedarf zur Verfügung über eingebrachtes Gut der Einwilligung des Mannes. **1395.**

Verfügt die Frau durch Vertrag ohne Einwilligung des Mannes über eingebrachtes Gut, so hängt die Wirksamkeit des Vertrags von der Genehmigung des Mannes ab. Fordert der andere Theil den Mann zur Erklärung über die Genehmigung auf, so kann die Erklärung nur ihm gegenüber erfolgen; eine vor der Aufforderung der Frau gegenüber erklärte Genehmigung oder Verweigerung der Genehmigung wird unwirksam. Die Genehmigung kann nur bis zum Ablaufe von zwei Wochen nach dem Empfange der Aufforderung erklärt werden; wird sie nicht erklärt, so gilt sie als verweigert. | Verweigert der Mann die Genehmigung, so wird der Vertrag nicht dadurch wirksam, daß die Verwaltung und Nutznießung aufhört. **1396.**

Bis zur Genehmigung des Vertrags ist der andere Theil zum Widerrufe berechtigt. Der Widerruf kann auch der Frau gegenüber erklärt werden. | Hat der andere Theil gewußt, daß die Frau Ehefrau ist, so kann er nur widerrufen, wenn die Frau der Wahrheit zuwider die Einwilligung des Mannes behauptet hat; er kann auch in diesem Falle nicht widerrufen, wenn ihm das Fehlen der Einwilligung bei dem Abschlusse des Vertrags bekannt war. **1397.**

Ein einseitiges Rechtsgeschäft, durch das die Frau ohne Einwilligung des Mannes über eingebrachtes Gut verfügt, ist unwirksam. **1398.**

Führt die Frau einen Rechtsstreit ohne Zustimmung des Mannes, so ist das Urtheil dem Manne gegenüber in Ansehung des eingebrachten Gutes unwirksam. | Ein zum eingebrachten Gute gehörendes Recht kann die Frau im

Die Beschränkungen, denen die Frau nach den §§ 1395 bis 1403 unterliegt, muß ein Dritter auch dann gegen sich gelten lassen, wenn er nicht gewußt hat, daß die Frau eine Ehefrau ist. **1404.** (§ 1399, 1401, 1402 siehe S. 256.)

Wege der Klage nur mit Zustimmung des Mannes geltend machen. **1400.**

8. Wirksamkeit einseitiger Rechtsgeschäfte bez. des Eingebrachten. Ein einseitiges Rechtsgeschäft, das sich auf das eingebrachte Gut bezieht, ist dem Manne gegenüber vorzunehmen. | Ein einseitiges Rechtsgeschäft, das sich auf eine Verbindlichkeit der Frau bezieht, ist der Frau gegenüber vorzunehmen; das Rechtsgeschäft muß jedoch auch dem Manne gegenüber vorgenommen werden, wenn es in Ansehung des eingebrachten Gutes ihm gegenüber wirksam sein soll. **1403.**

c) **Die Pflichten des Ehemannes bezüglich des Eingebrachten.**

1. Verwaltung. Der Mann hat das eingebrachte Gut ordnungsmäßig zu verwalten. Ueber den Stand der Verwaltung hat er der Frau auf Verlangen Auskunft zu ertheilen. **1374.**
2. Anlegung des Geldes. Ersetzung anderer verbrauchbarer Sachen. Das zum eingebrachten Gute gehörende Geld hat der Mann nach den für die Anlegung von Mündelgeld geltenden Vorschriften für die Frau verzinslich anzulegen, soweit es nicht zur Bestreitung von Ausgaben bereit zu halten ist. | Andere verbrauchbare (S. 45.) Sachen darf der Mann auch für sich veräußern oder verbrauchen. Macht er von dieser Befugniß Gebrauch, so hat er den Werth der Sachen nach der Beendigung der Verwaltung und Nutznießung zu ersetzen; der Ersatz ist schon vorher zu leisten, soweit die ordnungsmäßige Verwaltung des eingebrachten Gutes es erfordert. **1377** Abs. 2. 3.
3. Kostentragung. Der Mann hat außer den Kosten, welche durch die Gewinnung der Nutzungen entstehen, die Kosten der Erhaltung der zum eingebrachten Gute gehörenden Gegenstände nach den für den Nießbrauch geltenden Vorschriften zu tragen. **1384.** (S. 202.)
4. Lasten und Versicherungsprämien. Der Mann ist der Frau gegenüber verpflichtet, für die Dauer der Verwaltung und Nutznießung zu tragen: 1. die der Frau obliegenden öffentlichen Lasten mit Ausschluß der auf dem Vorbehaltsgute ruhenden Lasten und der außerordentlichen Lasten, die als auf den Stammwerth des eingebrachten Gutes gelegt anzusehen sind; 2. die privatrechtlichen Lasten, die auf den zum eingebrachten Gute gehörenden Gegenständen ruhen; 3. die Zahlungen, die für die Versicherung der zum eingebrachten Gute gehörenden Gegenstände zu leisten sind. **1385.**
5. Wiederkehrende Leistungen. Der Mann ist der Frau gegenüber verpflichtet, für die Dauer der Verwaltung und Nutznießung die Zinsen derjenigen Verbindlichkeiten der Frau zu tragen, deren Berichtigung aus dem eingebrachten Gute verlangt werden kann. Das Gleiche gilt von wiederkehrenden Leistungen anderer Art, einschließlich der von der Frau auf Grund ihrer gesetzlichen Unterhaltspflicht geschuldeten Leistungen

sofern sie bei ordnungsmäßiger Verwaltung aus den Einkünften des Vermögens bestritten werden. | Die Verpflichtung des Mannes tritt nicht ein, wenn die Verbindlichkeiten oder die Leistungen im Verhältnisse der Ehegatten zu einander dem Vorbehaltsgute der Frau zur Last fallen (S. 257). **1386.**

6. Prozeß= und Vertheidigungskosten. Der Mann ist der Frau gegenüber verpflichtet, zu tragen: 1. die Kosten eines Rechtsstreits, in welchem er ein zum eingebrachten Gute gehörendes Recht geltend macht, sowie die Kosten eines Rechtsstreits, den die Frau führt, sofern nicht die Kosten dem Vorbehaltsgute zur Last fallen (S. 257); 2. die Kosten der Vertheidigung der Frau in einem gegen sie gerichteten Strafverfahren, sofern die Aufwendung der Kosten den Umständen nach geboten ist oder mit Zustimmung des Mannes erfolgt, vorbehaltlich der Ersatzpflicht der Frau im Falle ihrer Verurtheilung. **1387.**
7. Haftung. Soweit der Mann nach den §§ 1385 bis 1387 der Frau gegenüber deren Verbindlichkeiten zu tragen hat, haftet er den Gläubigern neben der Frau als Gesammtschuldner (S. 97). **1388.**
8. Ehelicher Aufwand. Der Mann hat den ehelichen Aufwand zu tragen. | Die Frau kann verlangen, daß der Mann den Reinertrag des eingebrachten Gutes, soweit dieser zur Bestreitung des eigenen und des der Frau und den gemeinschaftlichen Abkömmlingen zu gewährenden Unterhalts erforderlich ist, ohne Rücksicht auf seine sonstigen Verpflichtungen zu diesem Zwecke verwendet. **1389.**

d) Rechte und Pflichten der Ehefrau bezüglich ihres Eingebrachten.

1. Zustimmungspflicht. Ist zur ordnungsmäßigen Verwaltung des eingebrachten Gutes ein Rechtsgeschäft erforderlich, zu dem der Mann der Zustimmung der Frau bedarf, so kann die Zustimmung auf Antrag des Mannes durch das Vormundschaftsgericht ersetzt werden, wenn die Frau sie ohne ausreichenden Grund verweigert. Das Gleiche gilt, wenn die Frau durch Krankheit oder durch Abwesenheit an der Abgabe einer Erklärung verhindert und mit dem Aufschube Gefahr verbunden ist. **1379.**
2. Eigenthumserwerb. Erwirbt der Mann mit Mitteln des eingebrachten Gutes bewegliche Sachen, so geht mit dem Erwerbe das Eigenthum auf die Frau über, es sei denn, daß der Mann nicht für Rechnung des eingetragenen Gutes erwerben will. Dies gilt insbesondere auch von Inhaberpapieren und von Orderpapieren, die mit Blankoindossament versehen sind. | Die Vorschriften des Abs. 1 finden entsprechende Anwendung, wenn der Mann mit Mitteln des eingebrachten Gutes ein Recht an Sachen der bezeichneten Art oder ein anderes Recht erwirbt, zu dessen Uebertragung der Abtretungsvertrag genügt (S. 93). **1381.** Haushaltsgegenstände, die der Mann an Stelle der von der Frau eingebrachten, nicht mehr vorhandenen oder werthlos gewordenen Stücke anschafft, werden eingebrachtes Gut. **1382.**
3. Sicherheitsforderungen. Wird durch das Verhalten des Mannes die Be-

sorgniß begründet, daß die Rechte der Frau in einer das eingebrachte Gut erheblich gefährdenden Weise verletzt werden, so kann die Frau von dem Manne Sicherheitsleistung (S. 68) verlangen. | Das Gleiche gilt, wenn die der Frau aus der Verwaltung und Nutznießung des Mannes zustehenden Ansprüche auf Ersatz des Werthes verbrauchbarer (S. 45) Sachen erheblich gefährdet sind. **1391.** Liegen die Voraussetzungen vor, unter denen der Mann zur Sicherheitsleistung verpflichtet ist, so kann die Frau auch verlangen, daß der Mann die zum eingebrachten Gute gehörenden Inhaberpapiere nebst den Erneuerungsscheinen bei einer Hinterlegungsstelle oder bei der Reichsbank mit der Bestimmung hinterlegt, daß die Herausgabe von dem Manne nur mit Zustimmung der Frau verlangt werden kann. Die Hinterlegung von Inhaberpapieren, die nach § 92 (S. 46) zu den verbrauchbaren Sachen gehören, sowie von Zins-, Renten- oder Gewinnantheilscheinen kann nicht verlangt werden. Den Inhaberpapieren stehen Orderpapiere gleich, die mit Blankoindossament versehen sind. | Ueber die hinterlegten Papiere kann der Mann auch eine Verfügung, zu der er nach § 1376 (S. 251) berechtigt ist, nur mit Zustimmung der Frau treffen. **1392.** Der Mann kann die Inhaberpapiere, statt sie nach § 1392 zu hinterlegen, auf den Namen der Frau umschreiben, oder, wenn sie von dem Reiche oder einem Bundesstaat ausgestellt sind, in Buchforderungen gegen das Reich oder den Bundesstaat umwandeln lassen. **1393.**

4. Geltendmachung der Ansprüche gegen den Ehemann. Die Frau kann Ansprüche, die ihr auf Grund der Verwaltung und Nutznießung gegen den Mann zustehen, erst nach der Beendigung der Verwaltung und Nutznießung gerichtlich geltend machen, es sei denn, daß die Voraussetzungen vorliegen, unter denen die Frau nach § 1391 Sicherheitsleistung verlangen kann. Der im § 1389 Abs. 2 bestimmte Anspruch unterliegt dieser Beschränkung nicht. **1394.**

5. Selbständige Rechte der Frau. Die Frau bedarf nicht der Zustimmung des Mannes: 1. zur Annahme oder Ausschlagung einer Erbschaft oder eines Vermächtnisses, zum Verzicht auf den Pflichttheil sowie zur Errichtung des Inventars über eine angefallene Erbschaft; 2. zur Ablehnung eines Vertragsantrags (S. 53) oder einer Schenkung; 3. zur Vornahme eines Rechtsgeschäfts gegenüber dem Manne. **1406.** Die Frau bedarf nicht der Zustimmung des Mannes: 1. zur Fortsetzung eines zur Zeit der Eheschließung anhängigen Rechtsstreits; 2. zur gerichtlichen Geltendmachung eines zum eingebrachten Gute gehörenden Rechtes gegen den Mann; 3. zur gerichtlichen Geltendmachung eines zum eingebrachten Gute gehörenden Rechtes gegen einen Dritten, wenn der Mann ohne die erforderliche Zustimmung der Frau über das Recht verfügt hat; 4. zur gerichtlichen Geltendmachung eines Widerspruchrechts gegenüber einer Zwangsvollstreckung. **1407.** Die Zustimmung des Mannes ist in den Fällen der §§ 1395 bis 1398 (S. 252), des § 1399 Abs. 2 (unter Ziffer 8 und

des § 1400 (S. 253) nicht erforderlich, wenn der Mann durch Krankheit oder durch Abwesenheit an der Abgabe einer Erklärung verhindert und mit dem Aufschube Gefahr verbunden ist. **1401.**

6. Anspruch auf Ersetzung der Zustimmung des Mannes. Ist zur ordnungsmäßigen Besorgung der persönlichen Angelegenheiten der Frau ein Rechtsgeschäft erforderlich, zu dem die Frau der Zustimmung des Mannes bedarf, so kann die Zustimmung auf Antrag der Frau durch das Vormundschaftsgericht ersetzt werden, wenn der Mann sie ohne ausreichenden Grund verweigert. **1402.**

7. Selbständiges Erwerbsgeschäft. Ertheilt der Mann der Frau die Einwilligung zum selbständigen Betrieb eines Erwerbsgeschäfts, so ist seine Zustimmung zu solchen Rechtsgeschäften und Rechtsstreitigkeiten nicht erforderlich, die der Geschäftsbetrieb mit sich bringt. Einseitige Rechtsgeschäfte, die sich auf das Erwerbsgeschäft beziehen, sind der Frau gegenüber vorzunehmen. | Der Einwilligung des Mannes in den Geschäftsbetrieb steht es gleich, wenn die Frau mit Wissen nnd ohne Einspruch des Mannes das Erwerbsgeschäft betreibt. | Dritten gegenüber ist ein Einspruch und der Widerruf der Einwilligung nur nach Maßgabe des § 1435 wirksam. **1405.** (Siehe vertragsmäßiges Güterrecht, S. 261.)

8. Selbständige Verpflichtung zu einer Leistung. Zu Rechtsgeschäften, durch die sich die Frau zu einer Leistung verpflichtet, ist die Zustimmung des Mannes nicht erforderlich. Stimmt der Mann einem solchen Rechtsgeschäfte zu, so ist es in Ansehung des eingebrachten Gutes ihm gegenüber wirksam. Stimmt er nicht zu, so muß er das Rechtsgeschäft, soweit das eingebrachte Gut bereichert wird, nach den Vorschriften über die Herausgabe einer ungerechtfertigten Bereicherung gegen sich gelten lassen. **1399.** (S. 157.)

e) **Schuldenhaftung.**

1. Die Gläubiger des Mannes können nicht Befriedigung aus dem eingebrachten Gute verlangen. **1410.**

2. Die Gläubiger der Frau können ohne Rücksicht auf die Verwaltung und Nutznießung des Mannes Befriedigung aus dem eingebrachten Gute verlangen, soweit sich nicht aus den §§ 1412 bis 1414 ein Anderes ergiebt. Sie unterliegen bei der Geltendmachung der Ansprüche der Frau nicht der im § 1394 [1] bestimmten Beschränkung. | Hat der Mann verbrauchbare Sachen (S. 45) nach § 1377 Abs. 3 [2] veräußert oder verbraucht, so ist er den Gläubigern gegenüber zum sofortigen Ersatze verpflichtet. **1411.** Das eingebrachte Gut haftet für eine Verbindlichkeit der Frau, die aus einem nach der Eingehung der Ehe vorgenommenen Rechtsgeschäft entsteht, nur dann, wenn der Mann seine Zustimmung zu dem Rechtsgeschäft ertheilt oder wenn das Rechtsgeschäft ohne seine Zustimmung ihm gegenüber wirksam ist. | Für die Kosten eines Rechtsstreits der Frau haftet das eingebrachte Gut auch dann, wenn das Urtheil dem Manne gegenüber

[1] S. 255. [2] S. 253; siehe auch S. 45.

in Ansehung des eingebrachten Gutes nicht wirksam ist. **1412.** Das eingebrachte Gut haftet nicht für eine Verbindlichkeit der Frau, die in Folge des Erwerbes einer Erbschaft oder eines Vermächtnisses entsteht, wenn die Frau die Erbschaft oder das Vermächtniß nach der Eingehung der Ehe als Vorbehaltsgut erwirbt. **1413.** Das eingebrachte Gut haftet nicht für eine Verbindlichkeit der Frau, die nach der Eingehung der Ehe in Folge eines zu dem Vorbehaltsgute gehörenden Rechtes oder des Besitzes einer dazu gehörenden Sache entsteht, es sei denn, daß das Recht oder die Sache zu einem Erwerbsgeschäfte gehört, das die Frau mit Einwilligung des Mannes selbständig betreibt. **1414.**

3. Dem Vorbehaltungsgute fallen zur Last im Verhältniß der Ehegatten zu einander: 1. Die Verbindlichkeiten der Frau aus einer unerlaubten Handlung, die sie während der Ehe begeht, oder aus einem Strafverfahren, das wegen einer solchen Handlung gegen sie gerichtet wird; 2. die Verbindlichkeiten der Frau aus einem sich auf das Vorbehaltsgut beziehenden Rechtsverhältniß, auch wenn sie vor der Eingehung der Ehe oder vor der Zeit entstanden sind, zu der das Gut Vorbehaltsgut geworden ist; 3. die Kosten eines Rechtsstreits, den die Frau über eine der in Nr. 1, 2 bezeichneten Verbindlichkeiten führt. **1415.**

4. Im Verhältnisse der Ehegatten zu einander fallen die Kosten eines Rechtsstreites zwischen ihnen dem Vorbehaltungsgute zur Last, soweit nicht der Mann sie zu tragen hat. | Das Gleiche gilt von den Kosten eines Rechtsstreites zwischen der Frau und einem Dritten, es sei denn, daß das Urtheil dem Manne gegenüber in Ansehung des eingebrachten Gutes wirksam ist. Betrifft jedoch der Rechtsstreit eine persönliche Angelegenheit der Frau oder eine nicht unter die Vorschriften des § 1415 Nr. 1, 2 fallende Verbindlichkeit, für die das eingebrachte Gut haftet, so findet diese Vorschrift keine Anwendung, wenn die Aufwendung der Kosten den Umständen nach geboten ist. **1416.**

4. Ersatzleistung an das eine oder andere Frauengut. Wird eine Verbindlichkeit, die nach den §§ 1415, 1416 dem Vorbehaltsgute zur Last fällt, aus dem eingebrachten Gute berichtigt, so hat die Frau aus dem Vorbehaltsgute, soweit dieses reicht, zu dem eingebrachten Gute Ersatz zu leisten. | Wird eine Verbindlichkeit der Frau, die im Verhältnisse der Ehegatten zu einander nicht dem Vorbehaltsgute zur Last fällt, aus dem Vorbehaltsgute berichtigt, so hat der Mann aus dem eingebrachten Gute, soweit dieses reicht, zu dem Vorbehaltsgut Ersatz zu leisten. **1417.**

f) Beendigung der Verwaltung und Nutznießung.

1. Auf Aufhebung dieser Rechte klagen kann die Frau: 1. wenn die	Der Mann	Nach der Beendigung	

Voraussetzungen vorliegen, unter denen die Frau nach § 1391 Sicherheitsleistung (S. 68, 255) verlangen kann; 2. wenn der Mann seine Verpflichtung, der Frau und den gemeinschaftlichen Abkömmlingen Unterhalt zu gewähren, verletzt hat und für die Zukunft eine erhebliche Gefährdung des Unterhalts zu besorgen ist. Eine Verletzung der Unterhaltspflicht liegt schon dann vor, wenn der Frau und den gemeinschaftlichen Abkömmlingen nicht mindestens der Unterhalt gewährt wird, welcher ihnen bei ordnungsmäßiger Verwaltung und Nutznießung des eingebrachten Gutes zukommen würde; 3. wenn der Mann entmündigt ist (S. 33); 4. wenn der Mann nach § 1910 (3. Abschn.) zur Besorgung seiner Verwaltung und Nutznießung der Mann das ... ist auch nach der Beendigung der Verwaltung und Nutznießung zur Fortführung der Verwaltung berechtigt, bis er von der Beendigung Kenntniß erlangt oder sie kennen muß. Ein Dritter kann sich auf diese Berechtigung nicht berufen, wenn er bei der Vornahme eines Rechtsgeschäfts die Beendigung der Verwaltung und Nutznießung kennt oder kennen muß. | Endigt die Verwaltung und Nutznießung in Folge des Todes der Frau, so hat der Mann diejenigen zur Verwaltung gehörenden Geschäfte, mit deren Aufschube Gefahr verbunden ist, zu besorgen, bis der Erbe anderweit Fürsorge treffen kann. **1424.**

der Verwaltung und Nutznießung hat der Mann das eingebrachte Gut der Frau herauszugeben und ihr über die Verwaltung Rechenschaft abzulegen. Auf die Herausgabe eines landwirthschaftlichen Grundstücks findet die Vorschrift des § 592, auf die Herausgabe eines Landguts finden die Vorschriften der §§ 592, 593 (S. 114, 120) entsprechende Anwendung. **1421.** — Wird die Verwaltung und Nutznießung auf Grund des § 1418 (S. 259) durch Urtheil aufgehoben, so ist der Mann zur Herausgabe des eingebrachten Gutes so verpflichtet, wie wenn der Anspruch auf Herausgabe mit der Erhebung der Klage auf Aufhebung der Verwaltung und Nutznießung rechtshängig geworden wäre. **1422.**

Wird die Entmündigung oder Pflegschaft, wegen deren die Aufhebung der Verwaltung und Nutznießung erfolgt ist, wieder aufgehoben oder wird der die Entmündigung aussprechende Beschluß mit Erfolg angefochten, so kann der Mann auf Wiederherstellung seiner Rechte klagen. Das Gleiche gilt, wenn der für todt erklärte Mann noch lebt. | Die Wiederherstellung der Rechte des Mannes tritt mit der Rechtskraft des Urtheils ein.

mögensangelegenheiten einen Pfleger erhalten hat;
5. wenn für den Mann ein Abwesenheitspfleger bestellt und die baldige Aufhebung der Pflegschaft nicht zu erwarten ist. | Die Aufhebung der Verwaltung und Nutznießung tritt mit der Rechtskraft des Urtheils ein. **1418.**

2. Konkurs des Mannes. Die Verwaltung und Nutznießung endigt mit der Rechtskraft des Beschlusses, durch den der Konkurs über das Vermögen des Mannes eröffnet wird. **1419.**

3. Todeserklärung (S. 35). Die Verwaltung und Nutznießung endigt, wenn der Mann für todt erklärt wird, mit dem Zeitpunkte, der als Zeitpunkt des Todes gilt. **1420.**

Hat der Mann ein zum eingebrachten Gute gehörendes Grundstück vermiethet oder verpachtet, so finden, wenn das Mieth- oder Pachtverhältniß bei der Beendigung der Verwaltung und Nutznießung noch besteht, die Vorschriften des § 1056 (S. 204) entsprechende Anwendung. **1423.**

Die Vorschrift des § 1422 findet entsprechende Anwendung. | Im Falle der Wiederherstellung wird Vorbehaltsgut, was ohne die Aufhebung der Rechte des Mannes Vorbehaltsgut geblieben oder geworden sein würde. **1425.** (S. 250.)

g) Gütertrennung.

Tritt nach § 1364 (S. 250) die Verwaltung und Nutznießung des Mannes nicht ein oder endigt sie auf Grund der §§ 1418 bis 1420, so tritt Gütertrennung ein. Für die Gütertrennung gelten die Vorschriften der §§ 1427 bis 1431. **1426.** (Siehe auch § 1436 S. 261.)

1. Ehelicher Aufwand. Der Mann hat den ehelichen Aufwand zu tragen. | Zur Bestreitung des ehelichen Aufwandes hat die Frau dem

Manne einen angemessenen Beitrag aus den Einkünften ihres Vermögens und dem Ertrag ihrer Arbeit oder eines von ihr selbständig betriebenen Erwerbsgeschäfts zu leisten. Für die Vergangenheit kann der Mann die Leistung nur insoweit verlangen, als die Frau ungeachtet seiner Aufforderung mit der Leistung im Rückstande geblieben ist. Der Anspruch des Mannes ist nicht übertragbar. **1427.**

2. Zurückbehaltungsrecht der Frau. Ist eine erhebliche Gefährdung des Unterhalts zu besorgen, den der Mann der Frau und den gemeinschaftlichen Abkömmlingen zu gewähren hat, so kann die Frau den Beitrag zu dem ehelichen Aufwand insoweit zur eigenen Verwendung zurückbehalten, als er zur Bestreitung des Unterhalts erforderlich ist. | Das Gleiche gilt, wenn der Mann entmündigt (S. 33) ist oder wenn er nach § 1910 zur Besorgung seiner Vermögensangelegenheiten einen Pfleger erhalten hat oder wenn für ihn ein Abwesenheitspfleger bestellt ist [wegen körperlicher Gebrechen]. **1428.**

3. Auslegungsregel für Ersatzansprüche der Frau. Macht die Frau zur Bestreitung des ehelichen Aufwandes aus ihrem Vermögen eine Aufwendung oder überläßt sie dem Manne zu diesem Zwecke etwas aus ihrem Vermögen, so ist im Zweifel anzunehmen, daß die Absicht fehlt, Ersatz zu verlangen. **1429.**

4. Ueberläßt die Frau ihr Vermögen ganz oder theilweise der Verwaltung des Mannes, so kann der Mann die Einkünfte, die er während seiner Verwaltung bezieht, nach freiem Ermessen verwenden, soweit nicht ihre Verwendung zur Bestreitung der Kosten der ordnungsmäßigen Verwaltung und zur Erfüllung solcher Verpflichtungen der Frau erforderlich ist, die bei ordnungsmäßiger Verwaltung aus den Einkünften des Vermögens bestritten werden. Die Frau kann eine abweichende Bestimmung treffen. **1430.**

5. Dritten gegenüber ist die Gütertrennung nur nach Maßgabe des § 1435 (S. 261) wirksam. Das Gleiche gilt im Falle des § 1425 (S. 259) von der Wiederherstellung der Verwaltung und Nutznießung, wenn die Aufhebung in das Güterrechtsregister (S. 249) eingetragen worden ist. **1431.**

Vertragsmäßiges Güterrecht.
(§ 1432—1557.)

a) Allgemeine Vorschriften.

1. Inhalt des Ehevertrages. Zeit der Abschließung. Die Ehegatten können ihre güterrechtlichen Verhältnisse durch Vertrag (Ehevertrag) regeln, insbesondere auch nach der Eingehung der Ehe den Güterstand aufheben oder ändern. **1432.**

2. Verweisung auf ein ausländisches Güterrecht. Der Güterstand kann nicht durch Verweisung auf ein nicht mehr geltendes oder auf ein ausländisches Gesetz bestimmt werden. | Hat der Mann zur Zeit der Eingehung der Ehe oder, falls der Vertrag nach der Eingehung der Ehe

geschlossen wird, zur Zeit des Vertragsabschlusses seinen Wohnsitz im Auslande, so ist die Verweisung auf ein an diesem Wohnsitze geltendes Güterrecht zulässig. **1433.**

3. Form des Ehevertrages. Der Ehevertrag muß bei gleichzeitiger Anwesenheit beider Theile vor Gericht oder vor einem Notar geschlossen werden. **1434.**

4. Wirkung Dritten gegenüber. Wird durch Ehevertrag die Verwaltung und Nutznießung des Mannes ausgeschlossen oder geändert, so können einem Dritten gegenüber aus der Ausschließung oder der Aenderung Einwendungen gegen ein zwischen ihm und einem der Ehegatten vorgenommenes Rechtsgeschäft oder gegen ein zwischen ihnen ergangenes rechtskräftiges Urtheil nur hergeleitet werden, wenn zur Zeit der Vornahme des Rechtsgeschäfts oder zur Zeit des Eintritts der Rechtshängigkeit die Ausschließung oder die Aenderung in dem Güterrechtsregister (S. 249) des zuständigen Amtsgerichts eingetragen oder dem Dritten bekannt war. | Das Gleiche gilt, wenn eine in dem Güterrechtsregister eingetragene Regelung der güterrechtlichen Verhältnisse durch Ehevertrag aufgehoben oder geändert wird. **1435.**

5. Auslegungsregel (Eintritt der Gütertrennung: S. 259). Wird durch Ehevertrag die Verwaltung und Nutznießung des Mannes ausgeschlossen oder die allgemeine Gütergemeinschaft, die Errungenschaftsgemeinschaft oder die Fahrnißgemeinschaft aufgehoben, so tritt Gütertrennung ein, sofern sich nicht aus dem Vertrag ein Anderes ergiebt. **1436.**

b) **Allgemeine Gütergemeinschaft** (§ 1437—1518). **Errungenschaftsgemeinschaft** (§ 1519—1548). **Fahrnißgemeinschaft** (§ 1549—1557).

1. Vertragschließende Personen. Vertreter. Ein Ehevertrag, durch den die allgemeine Gütergemeinschaft vereinbart oder aufgehoben wird, kann nicht durch einen gesetzlichen Vertreter geschlossen werden. | Ist einer der Vertragschließenden in der Geschäftsfähigkeit beschränkt, so bedarf er der Zustimmung seines gesetzlichen Vertreters. Ist der gesetzliche Vertreter ein Vormund, so ist die Genehmigung des Vormundschaftsgerichts erforderlich. **1437.**

Die Ehegatten können die Fortsetzung der Gütergemeinschaft durch Ehevertrag ausschließen. | Auf einen Ehevertrag, durch welchen die Fortsetzung der Gütergemeinschaft ausgeschlossen oder die Ausschließung aufgehoben wird, finden die Vorschriften des § 1437 Anwendung. **1508.**

2. Inhalt und Gegenstand des Vertrages.

Allgemeine Gütergemeinschaft.	**Errungenschaftsgemeinschaft.**	**Fahrnißgemeinschaft.**
Das Vermögen des Mannes und das Vermögen der Frau	Was der Mann oder die Frau während der Errungenschaftsgemeinschaft	Auf die Gemeinschaft des beweglichen Vermögens und der Er=

(Allgemeine Gütergemeinschaft.)

werden durch die allgemeine Gütergemeinschaft gemeinschaftliches Vermögen beider Ehegatten (Gesammtgut). Zu dem Gesammtgute gehört auch das Vermögen, das der Mann oder die Frau während der Gütergemeinschaft erwirbt. | Die einzelnen Gegenstände werden gemeinschaftlich, ohne daß es einer Uebertragung durch Rechtsgeschäft bedarf. | Wird ein Recht gemeinschaftlich, das im Grundbuch eingetragen ist oder in das Grundbuch eingetragen werden kann, so kann jeder Ehegatte von dem andern die Mitwirkung zur Berichtigung des Grundbuchs verlangen. **1438.**

Von dem Gesammtgut ausgeschlossen sind Gegenstände, die nicht durch Rechtsgeschäft übertragen werden können. Auf solche Gegenstände finden die bei der Errungenschaftsgemeinschaft

(Errungenschaftsgemeinschaft.)

erwirbt, wird gemeinschaftliches Vermögen beider Ehegatten (Gesammtgut). Auf das Gesammtgut finden die für die allgemeine Gütergemeinschaft geltenden Vorschriften des § 1438 Abs. 2, 3 und der §§ 1442 bis 1453, 1455 bis 1457 Anwendung. **1519.**

Es wird vermuthet, daß das vorhandene Vermögen Gesammtgut sei. **1527.**

Jeder Ehegatte kann verlangen, daß der Bestand seines eigenen und des dem anderen Ehegatten gehörenden eingebrachten Gutes durch Aufnahme eines Verzeichnisses unter Mitwirkung des anderen Ehegatten festgestellt wird. Auf die Aufnahme des Verzeichnisses finden die für den Nießbrauch geltenden Vorschriften des § 1035 (S. 197) Anwendung. | Jeder Ehegatte kann den Zustand der zum eingebrachten Gute gehörenden Sachen auf seine Kosten durch Sachverständige feststellen lassen. **1528.**

Eingebrachtes Gut eines Ehegatten ist, was ihm bei dem Eintritte der Errungenschaftsgemeinschaft gehört. **1520.**

Eingebrachtes Gut eines Ehegatten ist, was er von Todeswegen oder mit

(Fahrnißgemeinschaft.)

rungenschaft (Fahrnißgemeinschaft) finden die für die allgemeine Gütergemeinschaft geltenden Vorschriften Anwendung, soweit sich nicht aus den §§ 1550 bis 1557 ein Anderes ergiebt. **1549.**

Von dem Gesammtgut ausgeschlossen ist das eingebrachte Gut eines Ehegatten. | Auf das eingebrachte Gut finden die bei der Errungenschaftsgemeinschaft für das eingebrachte Gut geltenden Vorschriften Anwendung. **1550.**

Eingebrachtes Gut eines Ehegatten ist das unbewegliche Vermögen, das er bei dem Eintritte der Fahrnißgemeinschaft hat oder während der Gemeinschaft durch Erbfolge, durch Vermächtniß oder mit Rücksicht auf ein künftiges Erbrecht, durch Schenkung oder als Ausstattung erwirbt. | Zum unbeweglichen Vermögen im Sinne dieser Vorschrift gehören Grundstücke nebst Zubehör, Rechte an Grundstücken, mit Ausnahme der Hypotheken, Grundschulden und Rentenschulden, sowie Forde-

(Allgemeine Gütergemeinschaft.)

für das eingebrachte Gut geltenden Vorschriften, mit Ausnahme des § 1524 (S. 264), entsprechende Anwendung. **1439.**

Von dem Gesammtgut ausgeschlossen ist das Vorbehaltsgut. | Vorbehaltsgut ist, was durch Ehevertrag für Vorbehaltsgut eines der Ehegatten erklärt ist oder von einem der Ehegatten nach § 1369 oder 1370 (S. 251) erworben wird. **1440.**

Auf das Vorbehaltsgut der Frau finden die bei der Gütertrennung (S. 259) für das Vermögen der Frau geltenden Vorschriften entsprechende Anwendung; die Frau hat jedoch dem Manne zur Bestreitung des ehelichen Aufwandes einen Beitrag nur insoweit zu leisten, als die in das Gesammtgut fallenden Einkünfte zur Bestreitung des Aufwandes nicht ausreichen. **1441.**

3. Verfügung über den Antheil und

(Errungenschaftsgemeinschaft.)

Rücksicht auf ein künftiges Erbrecht, durch Schenkung oder als Ausstattung erwirbt. Ausgenommen ist ein Erwerb, der den Umständen nach zu den Einkünften zu rechnen ist. **1521.**

Eingebrachtes Gut eines Ehegatten sind Gegenstände, die nicht durch Rechtsgeschäft übertragen werden können, sowie Rechte, die mit seinem Tode erlöschen oder deren Erwerb durch den Tod eines der Ehegatten bedingt ist. **1522.**

Eingebrachtes Gut eines Ehegatten ist, was durch Ehevertrag für eingebrachtes Gut erklärt ist. **1523.**

Eingebrachtes Gut eines Ehegatten ist, was er auf Grund eines zu seinem eingebrachten Gute gehörenden Rechtes oder als Ersatz für die Zerstörung, Beschädigung oder Entziehung eines zum eingebrachten Gute gehörenden Gegenstandes oder durch ein Rechtsgeschäft erwirbt, das sich auf das eingebrachte Gut bezieht. Ausgenommen ist der Erwerb aus dem Betrieb eines Erwerbsgeschäfts. | Die Zugehörigkeit einer durch Rechtsgeschäft erworbenen Forderung zum eingebrachten Gute hat der Schuldner

(Fahrnißgemeinschaft.)

rungen, die auf die Uebertragung des Eigenthums an Grundstücken oder auf die Begründung oder Uebertragung eines der bezeichneten Rechte oder auf die Befreiung eines Grundstücks von einem solchen Rechte gerichtet sind. **1551.** Eingebrachtes Gut eines Ehegatten sind Gegenstände, die nicht durch Rechtsgeschäft übertragen werden können. **1552.** Eingebrachtes Gut eines Ehegatten ist: 1. was durch Ehevertrag für eingebrachtes Gut erklärt ist; 2. was er nach § 1369 (S. 251) erwirbt, sofern die Bestimmung dahin getroffen ist, daß der Erwerb eingebrachtes Gut sein soll. **1553.** Eingebrachtes Gut eines Ehegatten ist, was er in der im § 1524 bezeichneten Weise erwirbt. Ausgenommen ist, was an Stelle von Gegenständen erworben wird, die nur deshalb eingebrachtes Gut sind, weil sie nicht durch Rechtsgeschäft übertragen werden können. **1554.** Vorbehaltsgut des Mannes ist ausgeschlossen. **1555.**

(Allgemeine Gütergemeinschaft.)

die einzelnen Gegenstände. Ein Ehegatte kann nicht über seinen Antheil an dem Gesammtgut und an den einzelnen dazu gehörenden Gegenständen verfügen; er ist nicht berechtigt, Theilung zu verlangen. | Gegen eine Forderung, die zu dem Gesammtgute gehört, kann der Schuldner nur eine Forderung aufrechnen, deren Berichtigung aus dem Gesammtgute verlangt werden kann. **1442.**

(Errungenschaftsgemeinschaft.)

erst dann gegen sich gelten zu lassen, wenn er von der Zugehörigkeit Kenntniß erlangt; die Vorschriften der §§ 406 bis 408 (S. 94) finden entsprechende Anwendung. **1524.**

Das eingebrachte Gut wird für Rechnung des Gesammtguts in der Weise verwaltet, daß die Nutzungen, welche nach den für den Güterstand der Verwaltung und Nutznießung geltenden Vorschriften dem Manne zufallen, zu dem Gesammtgute gehören. | Auf das eingebrachte Gut der Frau finden im übrigen die Vorschriften der §§ 1373 bis 1383, 1390 bis 1417 (S. 251 flg.) entsprechende Anwendung. **1525.**

Vorbehaltsgut der Frau ist, was durch Ehevertrag für Vorbehaltsgut erklärt ist oder von der Frau nach § 1369 oder § 1370 (S. 251) erworben wird. | Vorbehaltsgut des Mannes ist ausgeschlossen. | Für das Vorbehaltsgut der Frau gilt das Gleiche wie für das Vorbehaltsgut bei der allgemeinen Gütergemeinschaft. **1526.**

(Fahrnißgemeinschaft.)

Erwirbt ein Ehegatte während der Fahrnißgemeinschaft durch Erbfolge, durch Vermächtniß oder mit Rücksicht auf ein künftiges Erbrecht, durch Schenkung oder als Ausstattung Gegenstände, die theils Gesammtgut, theils eingebrachtes Gut werden, so fallen die in Folge des Erwerbes entstehenden Verbindlichkeiten im Verhältnisse der Ehegatten zu einander dem Gesammtgut und dem Ehegatten, der den Erwerb macht, verhältnißmäßig zur Last. **1556.**

4. Verwaltung des Gesammtguts. Verantwortlichkeit dafür. Vertretung.

Das Gesammtgut unterliegt der Verwaltung des Mannes. Der Mann ist insbesondere berechtigt, die zu dem Gesammtgute gehörenden Sachen in Besitz zu nehmen, über das Gesammtgut zu verfügen sowie Rechtsstreitigkeiten, die sich auf das Gesammtgut beziehen, im eigenen Namen zu führen. Die Frau wird durch die Verwaltungs-

(Allgemeine Gütergemeinschaft.)	**(Errungenschaftsgemeinschaft.)**
handlungen des Mannes weder Dritten noch dem Manne gegenüber persönlich verpflichtet. **1443.** Der Mann ist der Frau für die Verwaltung des Gesammtguts nicht verantwortlich. Er hat jedoch für eine Verminderung des Gesammtguts zu diesem Ersatz zu leisten, wenn er die Verminderung in der Absicht, die Frau zu benachtheiligen, oder durch ein Rechtsgeschäft herbeiführt, das er ohne die erforderliche Zustimmung der Frau vornimmt. **1456.** — Steht der Mann unter Vormundschaft, so hat ihn der Vormund in den Rechten und Pflichten zu vertreten, die sich aus der Verwaltung des Gesammtguts ergeben. Das gilt auch dann, wenn die Frau Vormund des Mannes ist. **1457.**	§ 1443 findet Anwendung. §§ 1456, 1457 finden Anwendung.

5. Rechte der Frau bei der Verwaltung des Gesammtguts. Der Mann bedarf der Einwilligung der Frau zu einem Rechtsgeschäfte, durch das er sich zu einer Verfügung über das Gesammtgut im Ganzen verpflichtet, sowie zu einer Verfügung über Gesammtgut, durch die eine ohne Zustimmung der Frau eingegangene Verpflichtung dieser Art erfüllt werden soll. **1444.** Der Mann bedarf der Einwilligung der Frau zur Verfügung über ein zu dem Gesammtgute gehörendes Grund-	Ist zur ordnungsmäßigen Verwaltung des Gesammtguts ein Rechtsgeschäft der in den §§ 1444, 1445 bezeichneten Art erforderlich, so kann die Zustimmung der Frau auf Antrag des Mannes durch das Vormundschaftsgericht ersetzt werden, wenn die	Nimmt der Mann ohne Einwilligung der Frau ein Rechtsgeschäft der in den §§ 1444 bis 1446 bezeichneten Art vor, so finden die für eine Verfügung der Frau über eingebrachtes Gut geltenden Vorschriften des § 1396 Abs. 1, und der §§ 1397, 1398 (S. 252) entsprechende Anwendung. | Fordert bei einem Vertrage der andere Theil den Mann auf, die Genehmigung der Frau zu beschaffen, so kann die Erklärung über die Genehmigung nur ihm gegenüber erfolgen; eine vor der Aufforderung dem Manne gegen-	

(Allgemeine Gütergemeinschaft.)

stück sowie zur Eingehung der Verpflichtung zu einer solchen Verfügung. **1445.**

Der Mann bedarf der Einwilligung der Frau zu einer Schenkung aus dem Gesammtgute sowie zu einer Verfügung über Gesammtgut, durch welche das ohne Zustimmung der Frau ertheilte Versprechen einer solchen Schenkung erfüllt werden soll. Das Gleiche gilt von einem Schenkungsversprechen, das sich nicht auf das Gesammtgut bezieht. | Ausgenommen sind Schenkungen, durch die einer sittlichen Pflicht oder einer auf den Anstand zu nehmen den Rücksicht entsprochen wird. **1446.**

Frau sie ohne ausreichenden Grund verweigert. | Das Gleiche gilt, wenn die Frau durch Krankheit oder durch Abwesenheit an der Abgabe einer Erklärung verhindert und mit dem Aufschube Gefahr verbunden ist. **1447.**

über erklärte Genehmigung oder Verweigerung der Genehmigung wird unwirksam. Die Genehmigung kann nur bis zum Ablaufe von 2 Wochen nach dem Empfange der Aufforderung erklärt werden; wird sie nicht erklärt, so gilt sie als verweigert. | Wird die Genehmigung der Frau durch das Vormundschaftsgericht ersetzt, so ist im Falle einer Aufforderung nach Abs. 2 der Beschluß nur wirksam, wenn der Mann ihn dem anderen Theil mittheilt; die Vorschriften des Abs. 2 Satz 2 finden entsprechende Anwendung. **1448.**

Verfügt der Mann ohne die erforderliche Zustimmung der Frau über ein zu dem Gesammtgute gehörendes Recht, so kann die Frau das Recht ohne Mitwirkung des Mannes gegen Dritte gerichtlich geltend machen. **1449.**

Ist der Mann durch Krankheit oder durch Abwesenheit verhindert, ein sich auf das Gesammtgut beziehendes Rechtsgeschäft vorzunehmen oder einen sich auf das Gesammtgut beziehenden Rechtsstreit zu führen, so kann die Frau im eigenen Namen oder im Namen des Mannes das Rechtsgeschäft vornehmen oder den Rechtsstreit führen, wenn mit dem Aufschube Gefahr verbunden ist. **1450.**

(Errungenschaftsgemeinschaft.)

§§ 1444 bis 1449 finden Anwendung.

(Allgemeine Gütergemeinschaft.)

Ist zur ordnungsmäßigen Besorgung der persönlichen Angelegenheiten der Frau ein Rechtsgeschäft erforderlich, das die Frau mit Wirkung für das Gesammtgut nicht ohne Zustimmung des Mannes vornehmen kann, so kann die Zustimmung auf Antrag der Frau durch das Vormundschaftsgericht ersetzt werden, wenn der Mann sie ohne ausreichenden Grund verweigert. **1451.**

6. Selbständige Rechte der Frau außerhalb der Gesammtgutsverwaltung. Auf den selbständigen Betrieb eines Erwerbsgeschäftes durch die Frau finden die Vorschriften des § 1405 entsprechende Anwendung. **1452.** (S. 256.)

Zur Annahme oder Ausschlagung einer der Frau angefallenen Erbschaft oder eines ihr angefallenen Vermächtnisses ist nur die Frau berechtigt; die Zustimmung des Mannes ist nicht erforderlich. Das Gleiche gilt von dem Verzicht auf den Pflichttheil sowie von der Ablehnung eines der Frau gemachten Vertragsantrags oder einer Schenkung. | Zur Errichtung des Inventars über eine der Frau angefallene Erbschaft bedarf die Frau nicht der Zustimmung des Mannes. **1453.**

Zur Fortsetzung eines bei dem Eintritte der Gütergemeinschaft anhängigen Rechtsstreits bedarf die Frau nicht der Zustimmung des Mannes. **1454.**

7. Bereicherung des Gesammtguts durch einen Ehegatten ohne den anderen. Wird durch ein Rechtsgeschäft, das der Mann oder die Frau ohne die erforderliche Zustimmung des anderen Ehegatten vornimmt, das Gesammtgut bereichert, so kann die Herausgabe der Bereicherung aus dem Gesammtgute nach den Vorschriften über die Herausgabe einer ungerechtfertigten Bereicherung (S. 157) gefordert werden. **1455.**

(Errungenschaftsgemeinschaft.)

§§ 1450 bis 1455 finden Anwendung.

8. Gesammtgutsverbindlichkeiten. Der eheliche Aufwand fällt dem Gesammtgute zur Last. **1458.**

Aus dem Gesammtgute können die Gläubiger des Mannes und, soweit sich nicht aus den §§ 1460 bis 1462 ein Anderes er-

Der eheliche Aufwand fällt dem Gesammtgute zur Last. | Das Gesammtgut trägt auch die Lasten des eingebrachten Gutes beider Ehegatten; der Umfang der Lasten bestimmt sich nach den bei dem Güterstande der Verwaltung und Nutznießung für das eingebrachte Gut der

(Allgemeine Gütergemeinschaft.)

giebt, auch die Gläubiger der Frau Befriedigung verlangen (Gesammtgutsverbindlichkeiten). | Für Verbindlichkeiten der Frau, die Gesammtgutsverbindlichkeiten sind, haftet der Mann auch persönlich als Gesammtschuldner (S. 97). Die Haftung erlischt mit der Beendigung der Gütergemeinschaft, wenn die Verbindlichkeiten im Verhältnisse der Ehegatten zu einander nicht dem Gesammtgute zur Last fallen. **1459.**

Das Gesammtgut haftet für eine Verbindlichkeit der Frau, die aus einem nach dem Eintritt der Gütergemeinschaft vorgenommenen Rechtsgeschäft entsteht, nur dann, wenn der Mann seine Zustimmung zu dem Rechtsgeschäft ertheilt oder wenn das Rechtsgeschäft ohne seine Zustimmung für das Gesammtgut wirksam ist. | Für die Kosten eines Rechtsstreits der Frau haftet das Gesammtgut auch dann, wenn das Urtheil dem Gesammtgute gegenüber nicht wirksam ist. **1460.**

Das Gesammtgut haftet nicht für Verbindlichkeiten der Frau, die infolge des Erwerbes einer Erbschaft oder eines Vermächtnisses entstehen, wenn die Frau die Erbschaft oder das Vermächtniß nach dem Eintritte der Gütergemeinschaft als Vorbehaltsgut erwirbt. **1461.**

Das Gesammtgut haftet nicht für eine Verbindlichkeit der Frau, die nach dem Eintritte der Gütergemeinschaft infolge eines zu dem Vorbehaltsgute gehörenden Rechtes oder des Besitzes einer dazu gehörenden Sache entsteht, es sei

(Errungenschaftsgemeinschaft.)

Frau geltenden Vorschriften der §§ 1384 bis 1387 (S. 253 flg.). **1529.**

Das Gesammtgut haftet für die Verbindlichkeiten des Mannes und für die in den §§ 1531 bis 1534 bezeichneten Verbindlichkeiten der Frau (Gesammtgutsverbindlichkeiten). | Für Verbindlichkeiten der Frau, die Gesammtgutsverbindlichkeiten sind, haftet der Mann auch persönlich als Gesammtschuldner. Die Haftung erlischt mit der Beendigung der Errungenschaftsgemeinschaft, wenn die Verbindlichkeiten im Verhältnisse der Ehegatten zu einander nicht dem Gesammtgute zur Last fallen. **1530.**

Das Gesammtgut haftet für Verbindlichkeiten der Frau, die zu den im § 1529 Abs. 2 bezeichneten Lasten des eingebrachten Gutes gehören. **1531.**

Das Gesammtgut haftet für eine Verbindlichkeit der Frau, die aus einem nach dem Eintritte der Errungenschaftsgemeinschaft vorgenommenen Rechtsgeschäft entsteht, sowie für die Kosten eines Rechtsstreits, den die Frau nach dem Eintritte der Errungenschaftsgemeinschaft führt, wenn die Vornahme des Rechtsgeschäfts oder die Führung des Rechtsstreits mit Zustimmung des Mannes erfolgt oder ohne seine Zustimmung für das Gesammtgut wirksam ist. **1532.**

Das Gesammtgut haftet für eine Verbindlichkeit der Frau, die nach dem Eintritte der Errungenschaftsgemeinschaft infolge eines ihr zustehenden Rechtes oder des Besitzes einer ihr gehörenden Sache entsteht, wenn das Recht oder die Sache zu einem Erwerbsgeschäfte gehört, das die Frau mit Einwilligung des Mannes selbständig betreibt. **1533.**

(Allgemeine Gütergemeinschaft.)

denn, daß das Recht oder die Sache zu einem Erwerbsgeschäfte gehört, das die Frau mit Einwilligung des Mannes selbständig betreibt. **1462.**

9. Die Gesammtgutsverbindlichkeiten im Verhältnisse der Ehegatten zu einander. Ersatz von Verwendungen. Berichtigung von Schulden. Im Verhältnisse der Ehegatten zu einander fallen folgende Gesammtgutsverbindlichkeiten dem Ehegatten zur Last, in dessen Person sie entstehen: 1. die Verbindlichkeiten aus einer unerlaubten Handlung, die er nach dem Eintritte der Gütergemeinschaft begeht, oder aus einem Strafverfahren, das wegen einer solchen Handlung gegen ihn gerichtet wird; 2. die Verbindlichkeiten aus einem sich auf sein Vorbehaltsgut beziehenden Rechtsverhältniß, auch wenn sie vor dem Eintritte der Gütergemeinschaft oder vor der Zeit entstanden sind, zu der das Gut Vorbehaltsgut geworden ist; 3. die Kosten eines Rechtsstreits über eine der in Nr. 1, 2 bezeichneten Verbindlichkeiten. **1463.**

Im Verhältnisse der Ehegatten zu einander fallen die Kosten eines Rechtsstreits zwischen ihnen der Frau zur Last, soweit nicht der Mann sie zu tragen hat. | Das Gleiche gilt von den Kosten eines Rechtsstreits zwischen der Frau und einem Dritten, es sei denn, daß das Urtheil dem Gesammtgute gegenüber wirksam ist. Betrifft jedoch der Rechtsstreit eine persönliche Angelegenheit der Frau oder eine nicht

(Errungenschaftsgemeinschaft.)

Das Gesammtgut haftet für Verbindlichkeiten der Frau, die ihr auf Grund der gesetzlichen Unterhaltspflicht obliegen. **1534.** (S. 291.)

Im Verhältnisse der Ehegatten zu einander fallen folgende Gesammtgutsverbindlichkeiten dem Ehegatten zur Last, in dessen Person sie entstehen: 1. die Verbindlichkeiten aus einem sich auf sein eingebrachtes Gut oder sein Vorbehaltsgut beziehenden Rechtsverhältniß, auch wenn sie vor dem Eintritt der Errungenschaftsgemeinschaft oder vor der Zeit entstanden sind, zu der das Gut eingebrachtes Gut oder Vorbehaltsgut geworden ist; 2. die Kosten eines Rechtsstreits, den der Ehegatte über eine der in Nr. 1 bezeichneten Verbindlichkeiten führt. **1535.**

Im Verhältnisse der Ehegatten zu einander fallen dem Manne zur Last: 1. die vor dem Eintritte der Errungenschaftsgemeinschaft entstandenen Verbindlichkeiten des Mannes; 2. die Verbindlichkeiten des Mannes, die der Frau gegenüber aus der Verwaltung ihres eingebrachten Gutes entstehen, soweit nicht das Gesammtgut zur Zeit der Beendigung der Errungenschaftsgemeinschaft bereichert ist; 3. die Verbindlichkeiten des Mannes aus einer unerlaubten Handlung, die er nach dem Eintritte der Errungenschaftsgemeinschaft begeht, oder aus einem Strafverfahren, das wegen einer unerlaubten Handlung gegen ihn gerichtet wird; 4. die Kosten eines Rechtsstreits, den der Mann über eine der in Nr. 1 bis 3 bezeichneten Verbindlichkeiten führt. **1536.**

(Allgemeine Gütergemeinschaft.)

unter die Vorschriften des § 1463 Nr. 1, 2 fallende Gesammtguts-verbindlichkeit der Frau, so findet diese Vorschrift keine Anwendung, wenn die Aufwendung der Kosten den Umständen nach geboten ist. **1464.**

Im Verhältnisse der Ehegatten zu einander fällt eine Ausstattung, die der Mann einem gemeinschaftlichen Kinde aus dem Gesammtgut verspricht oder gewährt, dem Manne insoweit zur Last, als sie das dem Gesammtgut entsprechende Maß übersteigt. | Verspricht oder gewährt der Mann einem nicht gemeinschaftlichen Kinde eine Ausstattung aus dem Gesammtgute, so fällt sie im Verhältnisse der Ehegatten zu einander dem Vater oder der Mutter des Kindes zur Last, der Mutter jedoch nur insoweit, als sie zustimmt oder die Ausstattung nicht das dem Gesammtgut entsprechende Maß übersteigt. **1465.**

Verwendet der Mann Gesammtgut in sein Vorbehaltsgut, so hat er den Werth des Verwendeten zu dem Gesammtgute zu ersetzen. | Verwendet der Mann Vorbehaltsgut in das Gesammtgut, so kann er Ersatz aus dem Gesammtgute verlangen. **1466.**

Was ein Ehegatte zu dem Gesammtgut oder die Frau zu dem Vorbehaltsgute des Mannes schuldet, ist erst nach der Beendigung der Gütergemeinschaft zu leisten; soweit jedoch zur Berichtigung einer Schuld der Frau deren Vorbehaltungsgut ausreicht, hat sie die Schuld schon vorher zu be-

(Errungenschaftsgemeinschaft.)

Die Vorschriften des § 1535 und des § 1536 Nr. 1, 4 finden insoweit keine Anwendung, als die Verbindlichkeiten nach § 1529 Abs. 2 von dem Gesammtgute zu tragen sind. | Das Gleiche gilt von den Vorschriften des § 1535 insoweit, als die Verbindlichkeiten durch den Betrieb eines Erwerbsgeschäfts, der für Rechnung des Gesammtgutes geführt wird, oder infolge eines zu einem solchen Erwerbsgeschäfte gehörenden Rechtes oder des Besitzes einer dazu gehörenden Sache entstehen. **1537.**

Verspricht oder gewährt der Mann einem Kinde eine Ausstattung, so finden die Vorschriften des § 1465 Anwendung. **1538.**

Soweit das eingebrachte Gut eines Ehegatten auf Kosten des Gesammtguts oder das Gesammtgut auf Kosten des eingebrachten Gutes eines Ehegatten zur Zeit der Beendigung der Errungenschaftsgemeinschaft bereichert ist, muß aus dem bereicherten Gute zu dem anderen Gute Ersatz geleistet werden. Weitergehende, auf besonderen Gründen beruhende Ansprüche bleiben unberührt. **1539.**

Sind verbrauchbare (S. 45) Sachen, die zum eingebrachten Gute eines Ehegatten gehört haben, nicht mehr vorhanden, so wird zu Gunsten des Ehegatten vermuthet, daß die Sachen in das Gesammtgut verwendet worden seien und dieses um den Werth der Sachen bereichert sei. **1540.**

Was ein Ehegatte zu dem Gesammtgut oder die Frau zu dem eingebrachten Gute des Mannes schuldet, ist erst nach der Beendigung der Errungenschaftsgemeinschaft zu leisten; soweit jedoch zur Berichtigung einer

(Allgemeine Gütergemeinschaft.)

richtigen. | Was der Mann aus dem Gesammtgute zu fordern hat, kann er erst nach der Beendigung der Gütergemeinschaft fordern. **1467.**

10. Aufhebung der Gütergemeinschaft.

Die Frau kann auf Aufhebung der Gütergemeinschaft klagen: 1. wenn der Mann ein Rechtsgeschäft der in den §§ 1444 bis 1446 (S. 265 flg.) bezeichneten Art ohne Zustimmung der Frau vorgenommen hat und für die Zukunft eine erhebliche Gefährdung der Frau zu besorgen ist; 2. wenn der Mann das Gesammtgut in der Absicht, die Frau zu benachtheiligen, vermindert hat; 3. wenn der Mann seine Verpflichtung, der

Die Aufhebung der Gütergemeinschaft tritt in den Fällen der §§ 1468,

Nach der Beendigung der Gütergemeinschaft findet in Ansehung des Gesammtguts die Auseinandersetzung statt. Bis zur Auseinandersetzung gelten für das Gesammtgut die Vorschriften des § 1442 (S. 264). **1471.**

Die Verwaltung des Gesammtguts steht bis zur Auseinander-

(Errungenschaftsgemeinschaft.)

Schuld der Frau ihr eingebrachtes Gut und ihr Vorbehaltsgut ausreichen, hat sie die Schuld schon vorher zu berichtigen. | Was der Mann aus dem Gesammtgute zu fordern hat, kann er erst nach der Beendigung der Errungenschaftsgemeinschaft fordern. **1541.**

10. Beendigung. Die Frau kann unter den Voraussetzungen des § 1418 Nr. 1, 3 bis 5 und des § 1468 (S. 259, 272), der Mann kann unter den Voraussetzungen des § 1469 (S. 273) auf Aufhebung der Errungenschaftsgemeinschaft klagen. Die Aufhebung tritt mit der Rechtskraft des Urtheils ein. **1542.** — Die Errungenschaftsgemeinschaft endigt mit der Rechtskraft des Beschlusses, durch den der Konkurs über das Vermögen des Mannes eröffnet wird. **1543.** — Die Errungenschaftsgemeinschaft endigt, wenn ein Ehegatte für todt erklärt wird, mit dem Zeitpunkte, der als

(Allgemeine Gütergemeinschaft.)

Frau und den gemeinschaftlichen Abkömmlingen Unterhalt zu gewähren, verletzt hat und für die Zukunft eine erhebliche Gefährdung des Unterhalts zu besorgen ist; 4. wenn der Mann wegen Verschwendung entmündigt ist oder wenn er das Gesammtgut durch Verschwendung erheblich gefährdet; 5. wenn das Gesammtgut infolge von Verbindlichkeiten, die in der Person des Mannes entstanden sind, in solchem Maße überschuldet ist, daß ein späterer Erwerb der Frau erheblich gefährdet wird. **1468.**

Der Mann kann auf Aufhebung der Gütergemeinschaft klagen, wenn das Gesammtgut infolge von Verbindlichkeiten der Frau, die im Verhältnisse der

1469 mit der Rechtskraft des Urtheils ein. Für die Zukunft gilt Gütertrennung. Dritten gegenüber ist die

setzung beiden Ehegatten gemeinschaftlich zu. Die Vorschriften des § 1424 (S. 258) finden entsprechende Anwendung. Jeder Ehegatte ist dem Anderen gegenüber verpflichtet, zu Maßregeln mitzuwirken, die zur ordnungsmäßigen Verwaltung erforderlich sind; die zur Erhaltung nothwendigen Maßregeln kann jeder Ehegatte ohne Mitwirkung des anderen treffen. **1472.** — Was auf Grund eines zu dem Gesammtgute gehörenden Rechtes oder als Ersatz für die Zerstörung, Beschädigung oder Entziehung eines zu dem Gesammtgute gehörenden Gegenstandes oder durch ein Rechtsgeschäft erworben wird, das sich auf das Gesammtgut bezieht, wird Ge-

(Errungenschaftsgemeinschaft.)

Zeitpunkt des Todes gilt (S. 35). **1544.** — Endigt die Errungenschaftsgemeinschaft nach den §§ 1542 bis 1544, so gilt für die Zukunft Gütertrennung (S. 259). Dritten gegenüber ist die Beendigung der Gemeinschaft nur nach Maßgabe des § 1435 (S. 269) wirksam. **1545.** — Nach der Beendigung der Errungenschaftsgemeinschaft findet in Ansehung des Gesammtguts die Auseinandersetzung statt. Bis zur Auseinandersetzung bestimmt sich das Rechtsverhältniß der Ehegatten nach den §§ 1442, 1472, 1473. **1546** Abs. 1. — Endigt die Errungenschaftsgemeinschaft durch die Eröffnung des Konkurses über das Vermögen des Mannes, so kann die Frau auf Wiederherstellung der Gemeinschaft klagen. Das gleiche Recht steht, wenn die Gemeinschaft infolge einer Todeserklärung endigt, dem für todt erklärten Ehegatten zu, falls

(Allgemeine Gütergemeinschaft.)

Ehegatten zu einander nicht dem Gesammtgute zur Last fallen, in solchem Maße überschuldet ist, daß ein späterer Erwerb des Mannes erheblich gefährdet wird. **1469.**

Aufhebung der Gütergemeinschaft nur nach Maßgabe des § 1435 (S. 261) wirksam. **1470.**

sammtgut. Die Zugehörigkeit einer durch Rechtsgeschäft erworbenen Forderung zum Gesammtgute hat der Schuldner erst dann gegen sich gelten zu lassen, wenn er von der Zugehörigkeit Kenntniß erlangt; die Vorschriften der §§ 406 bis 408 (S. 94) finden entsprechende Anwendung. **1473.**

(Errungenschaftsgemeinschaft.)

er noch lebt. | Wird die Gemeinschaft auf Grund des § 1418 Nr. 3 bis 5 aufgehoben, so kann der Mann unter den Voraussetzungen des § 1425 Abs. 1 (S. 264) auf Wiederherstellung der Gemeinschaft klagen. **1547.** — Die Wiederherstellung der Errungenschaftsgemeinschaft tritt in den Fällen des § 1547 mit der Rechtskraft des Urtheils ein. Die Vorschrift des § 1422 (S. 258) findet entsprechende Anwendung. | Dritten gegenüber ist die Wiederherstellung, wenn die Beendigung in das Güterrechtsregister (S. 249) eingetragen worden ist, nur nach Maßgabe des § 1435 (S. 261) wirksam. | Im Falle der Wiederherstellung wird Vorbehaltsgut der Frau, was ohne die Beendigung der Gemeinschaft Vorbehaltungsgut geblieben oder geworden sein würde. **1548.**

11. Vorschriften über die Auseinandersetzung nach Aufhebung der Gütergemeinschaft.

Die Auseinandersetzung erfolgt, soweit nicht eine andere Vereinbarung getroffen wird, nach den §§ 1475 bis 1481. **1474.** — Aus dem Gesammtgute sind zunächst die Gesammtgutsverbindlichkeiten zu berichtigen. Ist eine Gesammtgutsverbindlichkeit noch nicht fällig oder ist sie streitig, so

Die Auseinandersetzung erfolgt, soweit nicht eine andere Vereinbarung getroffen wird, nach den für die allgemeine Gütergemein=

(Allgemeine Gütergemeinschaft.)

ist das zur Berichtigung Erforderliche zurückzubehalten. | Fällt eine Gesammtgutsverbindlichkeit im Verhältnisse der Ehegatten zu einander einem der Ehegatten allein zur Last, so kann dieser die Berichtigung aus dem Gesammtgute nicht verlangen. | Zur Berichtigung der Gesammtgutsverbindlichkeiten ist das Gesammtgut, soweit erforderlich, in Geld umzusetzen. **1475.** — Der nach der Berichtigung der Gesammtgutsverbindlichkeiten verbleibende Ueberschuß gebührt den Ehegatten zu gleichen Theilen. | Was einer der Ehegatten zu dem Gesammtgute zu ersetzen verpflichtet ist, muß er sich auf seinen Theil anrechnen lassen. Soweit die Ersatzleistung nicht durch Anrechnung erfolgt, bleibt er dem anderen Ehegatten verpflichtet. **1476.** — Die Theilung des Ueberschusses erfolgt nach den Vorschriften über die Gemeinschaft (S. 145). | Jeder Ehegatte kann gegen Ersatz des Werthes die ausschließlich zu seinem persönlichen Gebrauche bestimmten Sachen, insbesondere Kleider, Schmucksachen und Arbeitsgeräthe, sowie diejenigen Gegenstände übernehmen, welche er in die Gütergemeinschaft eingebracht oder während der Gütergemeinschaft durch Erbfolge, durch Vermächtniß oder mit Rücksicht auf ein künftiges Erbrecht, durch Schenkung oder als Ausstattung erworben hat. **1477.** — Sind die Ehegatten geschieden und ist einer von ihnen allein für schuldig erklärt, so kann der andere verlangen, daß jedem von ihnen der Werth desjenigen zurückerstattet wird, was er in die Gütergemeinschaft eingebracht hat; reicht der Werth des Gesammtguts zur Rückerstattung nicht aus, so hat jeder Ehegatte die Hälfte des Fehlbetrags zu tragen. | Als eingebracht ist anzusehen, was eingebrachtes Gut gewesen sein würde, wenn Errungenschaftsgemeinschaft bestanden hätte. | Der Werth des Eingebrachten bestimmt sich nach der Zeit der Einbringung. Das im Abs. 1 bestimmte Recht steht auch dem Ehegatten zu, dessen Ehe wegen seiner Geisteskrankheit geschieden worden ist. **1478.** — Wird die Gütergemeinschaft auf Grund des § 1468 oder des § 1469 (S. 272) durch Urtheil aufgehoben, so kann der Ehegatte, welcher das Urtheil erwirkt hat, verlangen, daß die Auseinandersetzung so erfolgt, wie wenn der Anspruch auf Auseinandersetzung mit der Erhebung der Klage auf Aufhebung der Gütergemeinschaft rechtshängig geworden wäre. **1479.** — Wird eine Gesammtgutsverbindlichkeit nicht vor der Theilung des Gesammtguts berichtigt, so haftet dem Gläubiger auch der Ehegatte persönlich als Gesammtschuldner, für den zur Zeit der Theilung eine solche Haftung nicht besteht. Seine Haftung beschränkt sich auf die ihm zugetheilten Gegenstände; die für

(Errungenschaftsgemeinschaft.)

schaft geltenden Vorschriften der §§ 1475 bis 1477, 1479 bis 1481. Auf das eingebrachte Gut der Frau finden die für den Güterstand der Verwaltung und Nutznießung geltenden Vorschriften der §§ 1421 bis 1424 (S. 258) Anwendung. **1546** Abs. 2.

(Allgemeine Gütergemeinschaft.)

die Haftung des Erben geltenden Vorschriften der §§ 1990, 1991 finden entsprechende Anwendung. **1480.** — Unterbleibt bei der Auseinandersetzung die Berichtigung einer Gesammtgutsverbindlichkeit, die im Verhältnisse der Ehegatten zu einander dem Gesammtgut oder dem Manne zur Last fällt, so hat der Mann dafür einzustehen, daß die Frau von dem Gläubiger nicht in Anspruch genommen wird. Die gleiche Verpflichtung hat die Frau dem Manne gegenüber, wenn die Berichtigung einer Gesammtgutsverbindlichkeit unterbleibt, die im Verhältnisse der Ehegatten zu einander der Frau zur Last fällt. **1481.**

12. Der Antheil am Gesammtgut nach dem Tode eines Ehegatten ohne gemeinschaftl. Abkömmling. Wird die Ehe durch den Tod eines der Ehegatten aufgelöst und ist ein gemeinschaftlicher Abkömmling nicht vorhanden, so gehört der Antheil des verstorbenen Ehegatten am Gesammtgute zum Nachlasse. Die Beerbung des Ehegatten erfolgt nach den allgemeinen Vorschriften. **1482.**

13. Ablehnung der Fortsetzung der Gütergemeinschaft nach dem Tode eines Ehegatten. Der überlebende Ehegatte kann die Fortsetzung der Gütergemeinschaft ablehnen. | Auf die Ablehnung finden die für die Ausschlagung einer Erbschaft geltenden Vorschriften der §§ 1943 bis 1947, 1950, 1952, 1954 bis 1957, 1959 (5. Buch) entsprechende Anwendung. Steht der überlebende Ehegatte unter elterlicher Gewalt oder unter Vormundschaft, so ist zur Ablehnung die Genehmigung des Vormundschaftsgerichts erforderlich. | Lehnt der Ehegatte die Fortsetzung der Gütergemeinschaft ab, so gilt das Gleiche wie im Falle des § 1482. **1484.**

14. Die Fortsetzung der Gütergemeinschaft nach dem Tode eines Ehegatten. Zeugniß darüber. Sind bei dem Tode eines Ehegatten gemeinschaftliche Abkömmlinge vorhanden, so wird zwischen dem überlebenden Ehegatten und den gemeinschaftlichen Abkömmlingen, die im Falle der gesetzlichen Erbfolge als Erben berufen sind, die Gütergemeinschaft fortgesetzt. Der Antheil des verstorbenen Ehegatten am Gesammtgute gehört in diesem Falle nicht zum Nachlasse; im übrigen erfolgt die Beerbung des Ehegatten nach den allgemeinen Vorschriften (5. Buch). | Sind neben den gemeinschaftlichen Abkömmlingen andere Abkömmlinge vorhanden, so bestimmen sich ihr Erbrecht und ihre Erbtheile so, wie wenn fortgesetzte Gütergemeinschaft nicht eingetreten wäre. **1483.**

(Fahrnißgemeinschaft.)

Fortgesetzte Gütergemeinschaft tritt nur ein, wenn sie durch Ehevertrag vereinbart ist. **1557.**

Das Gesammtgut der fortgesetzten Gütergemeinschaft besteht aus dem ehelichen Gesammtgute, soweit es nicht nach § 1483 Abs. 2 einem nicht antheilsberechtigten Abkömmlinge zufällt, und aus dem Vermögen, das der überlebende Ehegatte aus dem Nachlasse des verstorbenen Ehe-

(Allgemeine Gütergemeinschaft.)

gatten oder nach dem Eintritte der fortgesetzten Gütergemeinschaft erwirbt. | Das Vermögen, das ein gemeinschaftlicher Abkömmling zur Zeit des Eintritts der fortgesetzten Gütergemeinschaft hat oder später erwirbt, gehört nicht zu dem Gesammtgute. | Auf das Gesammtgut finden die für die eheliche Gütergemeinschaft geltenden Vorschriften des § 1438 Abs. 2, 3 (S. 262) entsprechende Anwendung. **1485.**

Das Nachlaßgericht hat dem überlebenden Ehegatten auf Antrag ein Zeugniß über die Fortsetzung der Gütergemeinschaft zu ertheilen. Die Vorschriften über den Erbschein finden entsprechende Anwendung. **1507.**

Vorbehaltsgut des überlebenden Ehegatten ist, was er bisher als Vorbehaltsgut gehabt hat oder nach § 1369 oder § 1370 (S. 250 flg.) erwirbt. | Gehören zu dem Vermögen des überlebenden Ehegatten Gegenstände, die nicht durch Rechtsgeschäft übertragen werden können, so finden auf sie die bei der Errungenschaftsgemeinschaft für das eingebrachte Gut des Mannes geltenden Vorschriften, mit Ausnahme des § 1524, entsprechende Anwendung. **1486.** — Die Rechte und Verbindlichkeiten des überlebenden Ehegatten sowie der antheilsberechtigten Abkömmlinge in Ansehung des Gesammtguts der fortgesetzten Gütergemeinschaft bestimmen sich nach den für die eheliche Gütergemeinschaft geltenden Vorschriften der §§ 1442 bis 1449, 1455 bis 1457, 1466 (S. 264 flg.); der überlebende Ehegatte hat die rechtliche Stellung des Mannes, die antheilsberechtigten Abkömmlinge haben die rechtliche Stellung der Frau. | Was der überlebende Ehegatte zu dem Gesammtgute schuldet oder aus dem Gesammtgute zu fordern hat, ist erst nach der Beendigung der fortgesetzten Gütergemeinschaft zu leisten. **1487.** — Gesammtgutsverbindlichkeiten der fortgesetzten Gütergemeinschaft sind die Verbindlichkeiten des überlebenden Ehegatten sowie solche Verbindlichkeiten des verstorbenen Ehegatten, die Gesammtgutsverbindlichkeiten der ehelichen Gütergemeinschaft waren. **1488.** — Für die Gesammtgutsverbindlichkeiten der fortgesetzten Gütergemeinschaft haftet der überlebende Ehegatte persönlich. | Soweit die persönliche Haftung den überlebenden Ehegatten nur in Folge des Eintritts der fortgesetzten Gütergemeinschaft trifft, finden die für die Haftung des Erben für die Nachlaßverbindlichkeiten geltenden Vorschriften (siehe 5. Buch) entsprechende Anwendung; an die Stelle des Nachlasses tritt das Gesammtgut in dem Bestande, den es zur Zeit des Eintritts der fortgesetzten Gütergemeinschaft hat. | Eine persönliche Haftung der antheilsberechtigten Abkömmlinge für die Verbindlichkeiten des verstorbenen oder des überlebenden Ehegatten wird durch die fortgesetzte Gütergemeinschaft nicht begründet. **1489.**

Stirbt ein antheilsberechtigter Abkömmling, so gehört sein Antheil an dem Gesammtgute nicht zu seinem Nachlasse. Hinterläßt er Abkömmlinge, die antheilsberechtigt sein würden, wenn er den verstorbenen Ehegatten nicht überlebt hätte, so treten die Abkömmlinge an seine Stelle. Hinterläßt er solche Abkömmlinge nicht, so wächst sein Antheil den übrigen

(Allgemeine Gütergemeinschaft.)

antheilsberechtigten Abkömmlingen und, wenn solche nicht vorhanden sind, dem überlebenden Ehegatten an. **1490.**

Ein antheilsberechtigter Abkömmling kann auf seinen Antheil an dem Gesammtgute verzichten. Der Verzicht erfolgt durch Erklärung gegenüber dem für den Nachlaß des verstorbenen Ehegatten zuständigen Gerichte; die Erklärung ist in öffentlich beglaubigter Form abzugeben. Das Nachlaßgericht soll die Erklärung dem überlebenden Ehegatten und den übrigen antheilsberechtigten Abkömmlingen mittheilen. | Der Verzicht kann auch durch Vertrag mit dem überlebenden Ehegatten und den übrigen antheilsberechtigten Abkömmlingen erfolgen. Der Vertrag bedarf der gerichtlichen oder notariellen Beurkundung. | Steht der Abkömmling unter elterlicher Gewalt oder unter Vormundschaft, so ist zu dem Verzichte die Genehmigung des Vormundschaftsgerichts erforderlich. | Der Verzicht hat die gleichen Wirkungen, wie wenn der Verzichtende zur Zeit des Verzichts ohne Hinterlassung von Abkömmlingen gestorben wäre. **1491.**

15. Ausschließung der Fortsetzung der Güter-Gemeinschaft durch letztwillige Verfügung. Jeder Ehegatte kann für den Fall, daß die Ehe durch seinen Tod aufgelöst wird, die Fortsetzung der Gütergemeinschaft durch letztwillige Verfügung ausschließen, wenn er berechtigt ist, dem anderen Ehegatten den Pflichttheil zu entziehen oder auf Aufhebung der Gütergemeinschaft zu klagen. Auf die Ausschließung finden die Vorschriften über die Entziehung des Pflichttheils (5. Buch) entsprechende Anwendung. **1509.** | Wird die Fortsetzung der Gütergemeinschaft ausgeschlossen, so gilt das Gleiche wie im Falle des § 1482 (S. 275). **1510.**

Jeder Ehegatte kann für den Fall, daß die Ehe durch seinen Tod aufgelöst wird, einen gemeinschaftlichen Abkömmling von der fortgesetzten Gütergemeinschaft durch letztwillige Verfügung ausschließen. | Der ausgeschlossene Abkömmling kann, unbeschadet seines Erbrechts, aus dem Gesammtgute der fortgesetzten Gütergemeinschaft die Zahlung des Betrags verlangen, der ihm von dem Gesammtgute der ehelichen Gütergemeinschaft als Pflichttheil gebühren würde, wenn die fortgesetzte Gütergemeinschaft nicht eingetreten wäre. Die für den Pflichttheilsanspruch (5. Buch) geltenden Vorschriften finden entsprechende Anwendung. | Der dem ausgeschlossenen Abkömmlinge gezahlte Betrag wird bei der Auseinandersetzung den antheilsberechtigten Abkömmlingen nach Maßgabe des § 1500 (S. 279) angerechnet. Im Verhältnisse der Abkömmlinge zu einander fällt er den Abkömmlingen zur Last, denen die Ausschließung zu statten kommt. **1511.**

16. Aufhebung der fortgesetzten Gütergemeinschaft durch den überlebenden Ehegatten. Der überlebende Ehegatte kann die fortgesetzte Gütergemeinschaft jederzeit aufheben. Die Aufhebung erfolgt durch Erklärung gegenüber dem für den Nachlaß des verstorbenen Ehegatten zuständigen Gerichte; die Erklärung ist in öffentlich beglaubigter

(Allgemeine Gütergemeinschaft.)

Form abzugeben. Das Nachlaßgericht soll die Erklärung den antheilsberechtigten Abkömmlingen und, wenn der überlebende Ehegatte gesetzlicher Vertreter eines der Abkömmlinge ist, dem Vormundschaftsgerichte mittheilen. | Die Aufhebung kann auch durch Vertrag zwischen dem überlebenden Ehegatten und den antheilsberechtigten Abkömmlingen erfolgen. Der Vertrag bedarf der gerichtlichen oder notariellen Beurkundung. | Steht der überlebende Ehegatte unter elterlicher Gewalt oder unter Vormundschaft, so ist zu der Aufhebung die Genehmigung des Vormundschaftsgerichts erforderlich. **1492.**

17. Endigung der fortgesetzten Güter-Gemeinschaft. Die fortgesetzte Gütergemeinschaft endigt mit der Wiederverheirathung des überlebenden Ehegatten. | Der überlebende Ehegatte hat, wenn ein antheilsberechtigter Abkömmling minderjährig ist oder bevormundet wird, die Absicht der Wiederverheirathung dem Vormundschaftsgericht anzuzeigen, ein Verzeichniß des Gesammtguts einzureichen, die Gütergemeinschaft aufzuheben und die Auseinandersetzung herbeizuführen. Das Vormundschaftsgericht kann gestatten, daß die Aufhebung der Gütergemeinschaft bis zur Eheschließung unterbleibt und daß die Auseinandersetzung erst später erfolgt. **1493.**

Die fortgesetzte Gütergemeinschaft endigt mit dem Tode des überlebenden Ehegatten. | Wird der überlebende Ehegatte für todt erklärt, so endigt die fortgesetzte Gütergemeinschaft mit dem Zeitpunkte, der als Zeitpunkt des Todes gilt. **1494.** (S. 35.)

18. Klage auf Aufhebung der fortgesetzten Güter-Gemeinschaft. Ein antheilsberechtigter Abkömmling kann gegen den überlebenden Ehegatten auf Aufhebung der fortgesetzten Gütergemeinschaft klagen: 1. wenn der überlebende Ehegatte ein Rechtsgeschäft der in den §§ 1444 bis 1446 (S. 265 flg.) bezeichneten Art ohne Zustimmung des Abkömmlings vorgenommen hat und für die Zukunft eine erhebliche Gefährdung des Abkömmlinges zu besorgen ist; 2. wenn der überlebende Ehegatte das Gesammtgut in der Absicht, den Abkömmling zu benachtheiligen, vermindert hat; 3. wenn der überlebende Ehegatte seine Verpflichtung, dem Abkömmling Unterhalt zu gewähren, verletzt hat, und für die Zukunft eine erhebliche Gefährdung des Unterhalts zu besorgen ist; 4. wenn der überlebende Ehegatte wegen Verschwendung entmündigt ist oder wenn er das Gesammtgut durch Verschwendung erheblich gefährdet; 5. wenn der überlebende Ehegatte die elterliche Gewalt über den Abkömmling verwirkt hat oder, falls sie ihm zugestanden hätte, verwirkt haben würde. **1495.** (Siehe Abschnitt II, Titel 4.)

Die Aufhebung der fortgesetzten Gütergemeinschaft tritt in den Fällen des § 1495 mit der Rechtskraft des Urtheils ein. Sie tritt für alle Abkömmlinge ein, auch wenn das Urtheil auf die Klage eines der Abkömmlinge ergangen ist. **1496.**

(Allgemeine Gütergemeinschaft.)

19. Die Auseinandersetzung nach Beendigung der fortgesetzten Gütergemeinschaft. Beschränkung eines Antheilsberechtigten Abkömmlings. Entziehung seines Antheils. Anderweitige letztwillige Verfügungen über die Theilung. Nach der Beendigung der fortgesetzten Gütergemeinschaft findet in Ansehung des Gesammtguts die Auseinandersetzung statt. | Bis zur Auseinandersetzung bestimmt sich das Rechtsverhältniß der Theilhaber am Gesammtgute nach den §§ 1442, 1472, 1473. **1497.** (S. 264 flg.)

Auf die Auseinandersetzung finden die Vorschriften der §§ 1475, 1476, des § 1477 Abs. 1 und der §§ 1479 bis 1481 Anwendung; an die Stelle des Mannes tritt der überlebende Ehegatte, an die Stelle der Frau treten die antheilsberechtigten Abkömmlinge. Die im § 1476 Abs. 2 Satz 2 bezeichnete Verpflichtung besteht nur für den überlebenden Ehegatten. **1498.** (S. 274.)

Bei der Auseinandersetzung fallen dem überlebenden Ehegatten zur Last: 1. die ihm bei dem Eintritte der fortgesetzten Gütergemeinschaft obliegenden Gesammtgutsverbindlichkeiten, für die das eheliche Gesammtgut nicht haftete oder die im Verhältnisse der Ehegatten zu einander ihm zur Last fielen; 2. die nach dem Eintritte der fortgesetzten Gütergemeinschaft entstandenen Gesammtgutsverbindlichkeiten, die wenn sie während der ehelichen Gütergemeinschaft in seiner Person entstanden wären, im Verhältnisse der Ehegatten zu einander ihm zur Last gefallen sein würden; 3. eine Ausstattung, die er einem antheilsberechtigten Abkömmling über das dem Gesammtgut entsprechende Maß hinaus oder die er einem nicht antheilsberechtigten Abkömmlinge versprochen oder gewährt hat. **1499.**

Die antheilsberechtigten Abkömmlinge müssen sich Verbindlichkeiten des verstorbenen Ehegatten, die diesem im Verhältnisse der Ehegatten zu einander zur Last fielen, bei der Auseinandersetzung auf ihren Antheil insoweit anrechnen lassen, als der überlebende Ehegatte nicht von dem Erben des verstorbenen Ehegatten Deckung hat erlangen können. | In gleicher Weise haben sich die antheilsberechtigten Abkömmlinge anrechnen zu lassen, was der verstorbene Ehegatte zu dem Gesammtgute zu ersetzen hatte. **1500.**

Ist einem antheilsberechtigten Abkömmlinge für den Verzicht auf seinen Antheil eine Abfindung aus dem Gesammtgute gewährt worden, so wird sie bei der Auseinandersetzung in das Gesammtgut eingerechnet und auf die den Abkömmlingen gebührende Hälfte angerechnet. | Der überlebende Ehegatte kann mit den übrigen antheilsberechtigten Abkömmlingen schon vor der Aufhebung der fortgesetzten Gütergemeinschaft eine abweichende Vereinbarung treffen. Die Vereinbarung bedarf der gerichtlichen oder notariellen Beurkundung; sie ist auch denjenigen Abkömmlingen gegenüber wirksam, welche erst später in die fortgesetzte Gütergemeinschaft eintreten. **1501.**

(Allgemeine Gütergemeinschaft.)

Der überlebende Ehegatte ist berechtigt, das Gesammtgut oder einzelne dazu gehörende Gegenstände gegen Ersatz des Werthes zu übernehmen. Das Recht geht nicht auf den Erben über. | Wird die fortgesetzte Gütergemeinschaft auf Grund des § 1495 durch Urtheil aufgehoben, so steht dem überlebenden Ehegatten das im Abs. 1 bestimmte Recht nicht zu. Die antheilsberechtigten Abkömmlinge können in diesem Falle diejenigen Gegenstände gegen Ersatz des Werthes übernehmen, welche der verstorbene Ehegatte nach § 1477 Abs. 2 (S. 274) zu übernehmen berechtigt sein würde. Das Recht kann von ihnen nur gemeinschaftlich ausgeübt werden. **1502.**

Mehrere antheilsberechtigte Abkömmlinge theilen die ihnen zufallende Hälfte des Gesammtguts nach dem Verhältnisse der Antheile, zu denen sie im Falle der gesetzlichen Erbfolge als Erben des verstorbenen Ehegatten berufen sein würden, wenn dieser erst zur Zeit der Beendigung der fortgesetzten Gütergemeinschaft gestorben wäre. | Das Vorempfangene kommt nach den für die Ausgleichung unter Abkömmlingen geltenden Vorschriften zur Ausgleichung, soweit nicht eine solche bereits bei der Theilung des Nachlasses des verstorbenen Ehegatten erfolgt ist. | Ist einem Abkömmlinge, der auf seinen Antheil verzichtet hat, eine Abfindung aus dem Gesammtgute gewährt worden, so fällt sie den Abkömmlingen zur Last, denen der Verzicht zu Statten kommt. **1503.**

Soweit die antheilsberechtigten Abkömmlinge nach § 1480 den Gesammtgutsgläubigern haften, sind sie im Verhältnisse zu einander nach der Größe ihres Antheils an dem Gesammtgute verpflichtet. Die Verpflichtung beschränkt sich auf die ihnen zugetheilten Gegenstände; die für die Haftung des Erben geltenden Vorschriften der §§ 1990, 1991 finden entsprechende Anwendung. **1504.** (5. Buch.)

Die Vorschriften über das Recht auf Ergänzung des Pflichttheils finden zu Gunsten eines antheilsberechtigten Abkömmlinges entsprechende Anwendung; an die Stelle des Erbfalls tritt die Beendigung der fortgesetzten Gütergemeinschaft, als gesetzlicher Erbtheil gilt der dem Abkömmlinge zur Zeit der Beendigung gebührende Antheil an dem Gesammtgut, als Pflichttheil gilt die Hälfte des Werthes dieses Antheils. **1505.** (5. Buch.)

Ist ein gemeinschaftlicher Abkömmling erbunwürdig, so ist er auch des Antheils an dem Gesammtgut unwürdig. Die Vorschriften über die Erbunwürdigkeit finden entsprechende Anwendung. **1506.** (5. Buch.)

Jeder Ehegatte kann für den Fall, daß mit seinem Tode die fortgesetzte Gütergemeinschaft eintritt, den einem antheilsberechtigten Abkömmlinge nach der Beendigung der fortgesetzten Gütergemeinschaft gebührenden Antheil an dem Gesammtgute durch letztwillige Verfügung bis auf die Hälfte herabsetzen. **1512.**

Jeder Ehegatte kann für den Fall, daß mit seinem Tode die fortgesetzte Gütergemeinschaft eintritt, einem antheilsberechtigten Abkömmlinge

(Allgemeine Gütergemeinschaft.)

den diesem nach der Beendigung der fortgesetzten Gütergemeinschaft gebührenden Antheil an dem Gesammtgute durch letztwillige Verfügung entziehen, wenn er berechtigt ist, dem Abkömmlinge den Pflichttheil zu entziehen. Die Vorschriften des § 2336 Abs. 2 bis 4 finden entsprechende Anwendung. | Der Ehegatte kann, wenn er nach § 2338 berechtigt ist, das Pflichttheilsrecht des Abkömmlinges zu beschränken, den Antheil des Abkömmlinges am Gesammtgut einer entsprechenden Beschränkung unterwerfen. **1513.** (5. Buch.)

Jeder Ehegatte kann den Betrag, den er nach § 1512 oder nach § 1513 Abs. 1 einem Abkömmling entzieht, auch einem Dritten durch letztwillige Verfügung zuwenden. **1514.**

Jeder Ehegatte kann für den Fall, daß mit seinem Tode die fortgesetzte Gütergemeinschaft eintritt, durch letztwillige Verfügung anordnen, daß ein antheilsberechtigter Abkömmling das Recht haben soll, bei der Theilung das Gesammtgut oder einzelne dazu gehörende Gegenstände gegen Ersatz des Werthes zu übernehmen. | Gehört zu dem Gesammtgut ein Landgut, so kann angeordnet werden, daß das Landgut mit dem Ertragswerth oder mit einem Preise, der den Ertragswerth mindestens erreicht, angesetzt werden soll. Die für die Erbfolge geltenden Vorschriften des § 2049 (5. Buch) finden Anwendung. | Das Recht, das Landgut zu dem im Abs. 2 bezeichneten Werthe oder Preise zu übernehmen, kann auch dem überlebenden Ehegatten eingeräumt werden. **1515.**

Zur Wirksamkeit der in den §§ 1511 (S. 277) bis 1515 bezeichneten Verfügungen eines Ehegatten ist die Zustimmung des anderen Ehegatten erforderlich. | Die Zustimmung kann nicht durch einen Vertreter ertheilt werden. Ist der Ehegatte in der Geschäftsfähigkeit beschränkt, so ist die Zustimmung seines gesetzlichen Vertreters nicht erforderlich. Die Zustimmungserklärung bedarf der gerichtlichen oder notariellen Beurkundung. Die Zustimmung ist unwiderruflich. | Die Ehegatten können die in den §§ 1511 bis 1515 bezeichneten Verfügungen auch in einem gemeinschaftlichen Testament treffen. **1516.**

20. Der Verzicht eines gemeinschaftlichen Abkömmlings auf seinen Antheil und die Aufhebung des Verzichts. Zur Wirksamkeit eines Vertrags, durch den ein gemeinschaftlicher Abkömmling einem der Ehegatten gegenüber für den Fall, daß die Ehe durch dessen Tod aufgelöst wird, auf seinen Antheil am Gesammtgute der festgesetzten Gütergemeinschaft verzichtet oder durch den ein solcher Verzicht aufgehoben wird, ist die Zustimmung des anderen Ehegatten erforderlich. Für die Zustimmung gelten die Vorschriften des § 1516 Abs. 2, Satz 3, 4.

Die für den Erbverzicht geltenden Vorschriften finden entsprechende Anwendung (5. Buch). **1517.**

21. Anordnungen, die mit den Vorschriften der §§ 1483 bis 1517 (siehe oben die Nummern 13 bis 20) in Widerspruch stehen, können von den

Ehegatten weder durch letztwillige Verfügung noch durch Vertrag getroffen werden. **1518.**

7) Scheidung der Ehe [und Aufhebung der ehelichen Gemeinschaft].

Die Ehe kann aus den in den §§ 1565 bis 1569 bestimmten Gründen geschieden werden. Die Scheidung erfolgt durch Urtheil. Die Auflösung der Ehe tritt mit der Rechtskraft des Urtheils ein. **1564.**

a) Scheidungsgründe.

	Klageverjährung.	Inhalt des Urtheils.	Verzeihung.	Aufhebung der ehelichen Gemeinschaft.
1. Ein Ehegatte kann auf Scheidung klagen, wenn der andere Ehegatte sich des Ehebruchs oder einer nach den §§ 171, 175 des Strafgesetzbuchs strafbaren Handlung (wider die Sittlichkeit) schuldig macht. | Das Recht des Ehegatten auf Scheidung ist ausgeschlossen, wenn er dem Ehebruch oder der strafbaren Handlung zustimmt	Die Scheidungsklage muß in den Fällen der §§ 1565 bis 1568 binnen sechs Monaten von dem Zeitpunkt an erhoben werden, in dem der Ehegatte von dem Scheidungsgrunde Kenntniß erlangt. Die Klage ist ausgeschlossen, wenn seit dem Eintritte des Scheidungsgrundes 10 Jahre verstrichen sind. | Die Frist läuft nicht, solange die häusliche Gemeinschaft der Ehe-	Wird die Ehe aus einem der in den §§ 1565 bis 1568 bestimmten Gründe geschieden, so ist in dem Urtheil auszusprechen, daß der Beklagte die Schuld an der Scheidung trägt. | Hat der Beklagte Wi-	Das Recht auf Scheidung er-	Der Ehegatte, der auf Scheidung zu klagen berechtigt ist, kann statt auf Scheidung auf Aufhebung der ehelichen Gemeinschaft klagen. Beantragt der andere Ehegatte, daß die Ehe, falls die Klage

	Klageverjährung.	**Inhalt des Urtheils.**	**Verzeihung.**	**Aufhebung der ehelichen Gemeinschaft.**
oder sich der Theilnahme schuldig macht; **1565.** 2. wenn der Ehegatte ihm nach dem Leben trachtet; **1566.** 3. wenn der andere Ehegatte ihn böswillig verlassen hat. | Bösliche Verlassung liegt nur vor: 1. wenn ein Ehegatte, nachdem er zur Herstellung der häuslichen Gemeinschaft rechtskräftig verurtheilt worden ist, ein Jahr lang gegen den Willen des anderen Ehegatten in böslicher Absicht dem Urtheile nicht Folge geleistet hat; 2. wenn ein	gatten aufgehoben ist. Wird der zur Klage berechtigte Ehegatte von dem anderen Ehegatten aufgefordert, entweder die häusliche Gemeinschaft herzustellen oder die Klage zu erheben, so läuft die Frist von dem Empfange der Aufforderung an. | Der Erhebung der Klage steht die Ladung zum Sühnetermine gleich. Die Ladung verliert ihre Wirkung, wenn der zur Klage berechtigte Ehegatte im Sühnetermine nicht erscheint, oder wenn drei Monate nach der Beendigung des Sühneverfahrens verstrichen sind	derklage erhoben und wird auch diese für begründet erkannt, so sind beide Ehegatten für schuldig zu erklären. | Ohne Erhebung einer Widerklage ist auf Antrag des Beklagten auch der Kläger für schul-	lischt in den Fällen der §§ 1565	begründet ist, geschieden wird, so ist auf Scheidung zu erkennen. | Für die Klage auf Aufhebung der ehelichen Gemeinschaft gelten die Vorschriften der §§ 1573, 1574. (S. 285.) **1575.**

<table>
<tr><th></th><th>Klageverjährung.</th><th>Inhalt des Urtheils.</th><th>Verzeihung.</th><th>Aufhebung der ehelichen Gemeinschaft.</th></tr>
<tr><td>Ehegatte sich ein Jahr lang gegen den Willen des anderen Ehegatten in böslicher Absicht von der häuslichen Gemeinschaft fern gehalten hat und die Voraussetzungen für die öffentliche Zustellung (CPO § 203) seit Jahresfrist gegen ihn bestanden haben. | Die Scheidung ist im Falle des Abs. 2 Nr. 2 unzulässig, wenn die Voraussetzungen für die öffentliche Zustellung am Schlusse der mündlichen Verhandlung, auf die das Urtheil ergeht, nicht mehr be-</td><td>und nicht vorher die Klage erhoben worden ist. | Auf den Lauf der sechsmonatigen und der dreimonatigen Frist finden die für die Verjährung geltenden Vorschriften der §§ 203, 206 (S. 63 flg.) entsprechende Anwendung. 1571. Ein Scheidungsgrund kann, auch wenn die für seine Geltendmachung im § 1571 bestimmte Frist verstrichen ist, im Laufe des Rechtsstreits geltend gemacht werden, sofern die Frist zur Zeit</td><td>dig zu erklären, wenn Thatsachen vorliegen, wegen deren der Beklagte auf Scheidung klagen könnte oder, falls sein Recht auf Scheidung durch Verzei-</td><td>bis 1568 durch</td><td>Ist auf Aufhebung der ehelichen Gemeinschaft erkannt, so kann jeder der Ehegatten auf Grund des Urtheils die Scheidung beantragen, es sei denn, daß nach der Erlassung des Urtheils die eheliche Gemeinschaft wiederhergestellt worden ist. | Die</td></tr>
</table>

stehen; **1567.** 4. wenn der andere Ehegatte durch schwere Verletzung der durch die Ehe begründeten Pflichten oder durch ehrloses oder unsittliches Verhalten eine so tiefe Zerrüttung des ehelichen Verhältnisses verschuldet hat, daß dem Ehegatten die Fortsetzung der Ehe nicht zugemuthet werden kann. Als schwere Verletzungen der Pflichten gilt auch grobe Mißhandlung. **1568.**	der Erhebung der Klage noch nicht verstrichen war. **1572.** Thatsachen, auf die eine Scheidungsklage nicht mehr gegründet werden kann, dürfen zur Unterstützung einer auf andere Thatsachen gegründeten Scheidungsklage geltend gemacht werden. **1573.**	hung oder durch Zeitablauf ausgeschlossen ist, zur Zeit des Eintritts des von dem Kläger geltend gemachten Scheidungsgrundes berechtigt war, auf Scheidung zu klagen. **1574.**	Verzeihung. **1570.**	Vorschriften der §§ 1570 bis 1574 finden keine Anwendung; wird die Ehe geschieden, so ist der für schuldig erklärte Ehegatte auch im Scheidungsurtheile für schuldig zu erklären. **1576.**

5. wenn der andere Ehegatte in Geisteskrankheit verfallen ist, die Krankheit während der Ehe mindestens 3 Jahre gedauert und einen solchen Grad erreicht hat, daß die geistige Gemeinschaft zwischen den Ehegatten aufgehoben, auch jede Aussicht auf Wiederherstellung dieser Gemeinschaft ausgeschlossen ist. **1569.**

b) Wirkungen der Ehescheidung für die früheren Eheleute und der Aufhebung ehelicher Gemeinschaft.

1. Die geschiedene Ehefrau behält den Familiennamen des Mannes. | Die Frau kann ihren Familiennamen wiederannehmen. War sie vor der Eingehung der geschiedenen Ehe verheirathet, so kann sie auch den

Namen wiederannehmen, den sie zur Zeit der Eingehung dieser Ehe hatte, es sei denn, daß sie allein für schuldig erklärt ist. Die Wiederannahme des Namens erfolgt durch Erklärung gegenüber der zuständigen Behörde; die Erklärung ist in öffentlich beglaubigter Form abzugeben. | Ist die Frau allein für schuldig erklärt, so kann der Mann ihr die Führung seines Namens untersagen. Die Untersagung erfolgt durch Erklärung gegenüber der zuständigen Behörde; die Erklärung ist in öffentlich beglaubigter Form abzugeben. Die Behörde soll der Frau die Erklärung mittheilen. Mit dem Verluste des Namens des Mannes erhält die Frau ihren Familiennamen wieder. **1577.**

2. Der allein für schuldig erklärte Mann hat der geschiedenen Frau den standesmäßigen Unterhalt insoweit zu gewähren, als sie ihn nicht aus den Einkünften ihres Vermögens und, sofern nach den Verhältnissen, in denen die Ehegatten gelebt haben, Erwerb durch Arbeit der Frau üblich ist, aus dem Ertrag ihrer Arbeit bestreiten kann. | Die allein für schuldig erklärte Frau hat dem geschiedenen Manne den standesmäßigen Unterhalt insoweit zu gewähren, als er außer Stande ist, sich selbst zu unterhalten. **1578.**

Soweit der allein für schuldig erklärte Ehegatte bei Berücksichtigung seiner sonstigen Verpflichtungen außer Stande ist, ohne Gefährdung seines standesmäßigen Unterhalts dem anderen Ehegatten Unterhalt zu gewähren, ist er berechtigt, von den zu seinem Unterhalte verfügbaren Einkünften zwei Drittheile oder, wenn diese zu seinem nothdürftigen Unterhalte nicht ausreichen, so viel zurückzubehalten, als zu dessen Bestreitung erforderlich ist. Hat er einem minderjährigen unverheiratheten Kinde oder in Folge seiner Wiederverheirathung dem neuen Ehegatten Unterhalt zu gewähren, so beschränkt sich seine Verpflichtung dem geschiedenen Ehegatten gegenüber auf dasjenige, was mit Rücksicht auf die Bedürfnisse sowie auf die Vermögens- und Erwerbsverhältnisse der Betheiligten der Billigkeit entspricht. | Der Mann ist der Frau gegenüber unter den Voraussetzungen des Abs. 1 von der Unterhaltspflicht ganz befreit, wenn die Frau den Unterhalt aus dem Stamme ihres Vermögens bestreiten kann. **1579.**

Der Unterhalt ist durch Entrichtung einer Geldrente nach Maßgabe des § 760 (S. 148) zu gewähren. Ob, in welcher Art und für welchen Betrag der Unterhaltspflichtige Sicherheit (S. 68) zu leisten hat, bestimmt sich nach den Umständen. | Statt der Rente kann der Berechtigte eine Abfindung in Kapital verlangen, wenn ein wichtiger Grund vorliegt. | Im Uebrigen finden die für die Unterhaltspflicht der Verwandten geltenden Vorschriften der §§ 1607, 1610, des § 1611 Abs. 1, des § 1613 (S. 288 flg.) und für den Fall des Todes des Berechtigten die Vorschriften des § 1615 entsprechende Anwendung. **1580.**

Die Unterhaltspflicht erlischt mit der Wiederverheirathung des Berechtigten. | Im Falle der Wiederverheirathung des Verpflichteten finden die Vorschriften des § 1604 (S. 288 flg.) entsprechende Anwendung. **1581.**

Die Unterhaltspflicht erlischt nicht mit dem Tode des Verpflichteten. | Die Verpflichtung des Erben unterliegt nicht den Beschränkungen des § 1579. Der Berechtigte muß sich jedoch die Herabsetzung der Rente bis auf die Hälfte der Einkünfte gefallen lassen, die der Verpflichtete zur Zeit des Todes aus seinem Vermögen bezogen hat. Einkünfte aus einem Rechte, das mit dem Eintritt eines bestimmten Zeitpunkts oder Ereignisses erlischt, bleiben von dem Eintritte des Zeitpunkts oder des Ereignisses an außer Betracht. | Sind mehrere Berechtigte vorhanden, so kann der Erbe die Renten nach dem Verhältniß ihrer Höhe soweit herabsetzen, daß sie zusammen der Hälfte der Einkünfte gleichkommen. **1582.**

Ist die Ehe wegen Geisteskrankheit eines Ehegatten geschieden, so hat ihm der andere Ehegatte Unterhalt in gleicher Weise zu gewähren wie ein allein für schuldig erklärter Ehegatte. **1583.** (siehe oben 2.)

3. Ist ein Ehegatte allein für schuldig erklärt, so kann der andere Ehegatte Schenkungen, die er ihm während des Brautstandes oder während der Ehe gemacht hat, widerrufen. Die Vorschriften des § 531 (S. 113) finden Anwendung. Der Widerruf ist ausgeschlossen, wenn seit der Rechtskraft des Scheidungsurtheils ein Jahr verstrichen oder wenn der Schenker oder der Beschenkte gestorben ist. **1584.**

4. Hat der Mann einem gemeinschaftlichen Kinde Unterhalt zu gewähren, so ist die Frau verpflichtet, ihm aus den Einkünften ihres Vermögens und dem Ertrag ihrer Arbeit oder eines von ihr selbständig betriebenen Erwerbsgeschäfts einen angemessenen Beitrag zu den Kosten des Unterhalts zu leisten, soweit nicht diese durch die dem Manne an dem Vermögen des Kindes zustehende Nutznießung gedeckt werden. Der Anspruch des Mannes ist nicht übertragbar. | Steht der Frau die Sorge für die Person des Kindes zu und ist eine erhebliche Gefährdung des Unterhalts des Kindes zu besorgen, so kann die Frau den Beitrag zur eigenen Verwendung für den Unterhalt des Kindes zurückbehalten. **1585.**

5. Wird nach § 1575 (S. 283) die eheliche Gemeinschaft aufgehoben, so treten die mit der Scheidung verbundenen Wirkungen ein; die Eingehung einer neuen Ehe ist jedoch ausgeschlossen. Die Vorschriften über die Nichtigkeit und Anfechtbarkeit der Ehe (S. 242) finden Anwendung, wie wenn das Urtheil nicht ergangen wäre. **1586.** — Wird die eheliche Gemeinschaft nach der Aufhebung wiederhergestellt, so fallen die mit der Aufhebung verbundenen Wirkungen weg und tritt Gütertrennung (S. 259) ein. **1587.**

8) Kirchliche Verpflichtungen.

(Siehe S. 237 § **1588.**)

II.

Verwandtschaft.

1) Allgemeine Vorschriften.

Verwandt sind:

a) In gerader Linie Personen, deren eine von der anderen abstammt. **1589** Satz 1.

In der Seitenlinie Personen, die nicht in gerader Linie verwandt sind, aber von derselben dritten Person abstammen. **1589** Satz 2.

} Der Grad der Verwandtschaft bestimmt sich nach der Zahl der sie vermittelnden Geburten. **1589** Satz 3.

b) Als nicht verwandt gelten ein uneheliches Kind und dessen Vater, **1589** Abs. 2.

c) Verschwägert sind die Verwandten eines Ehegatten mit dem anderen Ehegatten. Die Linie und der Grad (siehe oben a) der Schwägerschaft bestimmen sich nach der Linie und dem Grade der sie vermittelnden Verwandtschaft. | Die Schwägerschaft dauert fort, auch wenn die Ehe, durch die sie begründet wurde, aufgelöst ist. **1590.**

2) Eheliche Abstammung.

a) Voraussetzung der Ehelichkeit eines Kindes. Ein Kind, das nach der Eingehung der Ehe geboren wird, ist ehelich, wenn die Frau es vor oder während der Ehe empfangen und der Mann innerhalb der Empfängnißzeit der Frau beigewohnt hat. Das Kind ist nicht ehelich, wenn es den Umständen nach offenbar unmöglich ist, daß die Frau das Kind von dem Manne empfangen hat. | Es wird vermuthet, daß der Mann innerhalb der Empfängnißzeit der Frau beigewohnt habe. Soweit die Empfängnißzeit in die Zeit vor der Ehe fällt, gilt die Vermuthung nur, wenn der Mann gestorben ist, ohne die Ehelichkeit des Kindes angefochten zu haben. **1591.** Als Empfängnißzeit gilt die Zeit von dem 181. bis zu dem 302. Tage vor dem Tage der Geburt des Kindes, mit Einschluß sowohl des 181. als des 302. Tages. | Steht fest, daß das Kind innerhalb eines Zeitraums empfangen worden ist, der weiter als 302 Tage vor dem Tage der Geburt zurückliegt, so gilt zu Gunsten der Ehelichkeit des Kindes dieser Zeitraum als Empfängnißzeit. **1592.**

b) Anfechtung der Ehelichkeit eines Kindes. Die Unehelichkeit eines Kindes, das während der Ehe oder innerhalb 302 Tagen nach der Auflösung der Ehe geboren ist, kann nur geltend gemacht werden, wenn der Mann die Ehelichkeit angefochten hat oder, ohne das Anfechtungsrecht verloren zu haben, gestorben ist. **1593.** — Die Anfechtung der Ehelichkeit kann nur binnen Jahresfrist erfolgen. | Die Frist beginnt mit dem Zeitpunkt, in welchem der Mann die Geburt des Kindes erfährt. | Auf den Lauf der Frist finden die für die Verjährung geltenden Vorschriften der §§ 203, 206 (S. 63 flg.) entsprechende Anwendung. **1594.** — Die Anfechtung der Ehelichkeit kann nicht durch einen Vertreter erfolgen. Ist der Mann in der Geschäftsfähigkeit beschränkt (S. 51), so bedarf er nicht der Zustimmung seines gesetzlichen Vertreters. | Für einen geschäftsunfähigen Mann kann sein gesetzlicher Vertreter mit Genehmigung des Vormundschaftsgerichts die Ehelichkeit anfechten. Hat der gesetzliche Vertreter die Ehelichkeit nicht rechtzeitig angefochten, so kann nach dem Wegfalle der Geschäftsunfähigkeit der Mann selbst die Ehelichkeit in gleicher Weise anfechten, wie wenn er ohne gesetzlichen Vertreter gewesen wäre. **1595.** — Die Anfechtung der Ehelichkeit erfolgt bei Lebzeiten des Kindes durch Erhebung der Anfechtungsklage. Die Klage ist gegen das Kind zu richten. | Wird die Klage zurückgenommen, so ist die Anfechtung als nicht erfolgt anzusehen. Das Gleiche gilt, wenn der Mann vor der Erledigung des Rechtsstreits das Kind als das seinige anerkennt. | Vor der Erledigung des Rechtsstreits kann die Unehelichkeit nicht anderweit geltend gemacht werden. **1596.** — Nach dem Tode des Kindes erfolgt die Anfechtung der Ehelichkeit durch Erklärung gegenüber dem Nachlaßgerichte; die Erklärung ist in öffentlich beglaubigter Form abzugeben. | Das Nachlaßgericht soll die Erklärung sowohl demjenigen mittheilen, welcher im Falle der Ehelichkeit, als auch demjenigen, welcher im Falle der Unehelichkeit Erbe des Kindes ist. Es hat die Einsicht der Erklärung Jedem zu

c) Wird von einer Frau, die sich nach der Auflösung ihrer Ehe wieder verheirathet hat, ein Kind geboren, das nach den §§ 1591 bis 1599 ein eheliches Kind sowohl des ersten als des zweiten Mannes sein würde, so gilt das Kind, wenn es innerhalb 270 Tagen nach der Auflösung der früheren Ehe geboren wird, als Kind des ersten Mannes, wenn es später geboren wird, als Kind des zweiten Mannes. **1600.**

gestatten, der ein rechtliches Interesse glaubhaft macht.

1597. Die Anfechtung der Ehelichkeit ist ausgeschlossen, wenn der Mann das Kind nach der Geburt als das seinige anerkennt. | Die Anerkennung kann nicht unter einer Bedingung oder einer Zeitbestimmung erfolgen. | Für die Anerkennung gelten die Vorschriften des § 1595 Abs. 1. Die Anerkennung kann auch in einer Verfügung von Todeswegen erfolgen. 1598.

Ist die Anerkennung der Ehelichkeit anfechtbar, so finden die Vorschriften der §§ 1595 bis 1597 und, wenn die Anfechtbarkeit ihren Grund in arglistiger Täuschung oder in Drohung hat, neben den Vorschriften des § 203 Abs. 2 und des § 206, auch die Vorschrift des § 203 Abs. 1 entsprechende Anwendung. 1599. (S. 63 flg.)

3) Unterhaltspflicht [aus Verwandtschaft in gerader Linie].
(§ 1601—1615.)

Verwandte in gerader Linie sind verpflichtet, einander Unterhalt zu gewähren. 1601.

a) **Verpflichtungsgrund und Befreiung.** Unterhaltungsberechtigt ist nur, wer außer Stande ist, sich selbst zu unterhalten. | Ein minderjähriges unverheirathetes Kind kann von seinen Eltern, auch wenn es Vermögen hat, die Gewährung des Unterhalts insoweit verlangen, als die Einkünfte seines Vermögens und der Ertrag seiner Arbeit zum Unterhalte nicht ausreichen. 1602.

Unterhaltspflichtig ist nicht, wer bei Berücksichtigung seiner sonstigen Verpflichtungen außer Stande ist, ohne Gefährdung seines standesmäßigen Unterhalts den Unterhalt zu gewähren. | Befinden sich Eltern in dieser Lage, so sind sie ihren minderjährigen unverheiratheten Kindern gegenüber verpflichtet, alle verfügbaren Mittel zu ihrem und der Kinder Unterhalte gleichmäßig zu verwenden. Diese Verpflichtung tritt nicht ein, wenn ein anderer unterhaltspflichtiger Verwandter vorhanden ist; sie tritt auch nicht ein gegenüber einem Kinde, dessen Unterhalt aus dem Stamme seines Vermögens bestritten werden kann. 1603.

b) **Rang der mehreren Bedürftigen unter einander und im Verhältniß zu einem Ehegatten des Verpflichteten.** Sind mehrere Bedürftige vorhanden und ist der Unterhaltspflichtige außer Stande, allen Unterhalt zu gewähren, so gehen unter ihnen die Abkömmlinge den Verwandten der aufsteigenden Linie, unter den Abkömmlingen diejenigen, welche im Falle der gesetzlichen Erbfolge als Erben berufen sein würden, den übrigen Abkömmlingen, unter den Verwandten der aufsteigenden Linie die näheren den entfernteren vor. | Der Ehegatte steht den minderjährigen unverheiratheten Kindern gleich; er geht anderen Kindern und den übrigen

Verwandten vor. Ein geschiedener Ehegatte sowie ein Ehegatte, der nach § 1351 unterhaltsberechtigt (S. 247) ist, geht den volljährigen oder verheiratheten Kindern und den übrigen Verwandten vor. **1609.**

c) Unterhaltspflicht einer Frau den Verwandten gegenüber. Soweit die Unterhaltspflicht einer Frau ihren Verwandten gegenüber davon abhängt, daß sie zur Gewährung des Unterhalts im Stande ist, kommt die dem Manne an dem eingebrachten Gute zustehende Verwaltung und Nutznießung nicht in Betracht. | Besteht allgemeine Gütergemeinschaft, Errungenschaftsgemeinschaft oder Fahrnißgemeinschaft, so bestimmt sich die Unterhaltspflicht des Mannes oder der Frau Verwandten gegenüber so, wie wenn das Gesammtgut dem unterhaltspflichtigen Ehegatten gehörte. Sind bedürftige Verwandte beider Ehegatten vorhanden, so ist der Unterhalt aus dem Gesammtgute so zu gewähren, wie wenn die Bedürftigen zu beiden Ehegatten in dem Verwandtschaftsverhältnisse ständen, auf dem die Unterhaltspflicht des verpflichteten Ehegatten beruht. **1604.**

d) Einfluß der elterlichen Nutznießung auf die Pflicht eines minderjährigen Kindes. Soweit die Unterhaltspflicht eines minderjährigen Kindes seinen Verwandten gegenüber davon abhängt, daß es zur Gewährung des Unterhalts im Stande ist, kommt die elterliche Nutznießung an dem Vermögen des Kindes nicht in Betracht. **1605.**

e) Reihenfolge der Haftung. Die Abkömmlinge sind vor den Verwandten der aufsteigenden Linie unterhaltspflichtig. Die Unterhaltspflicht der Abkömmlinge bestimmt sich nach der gesetzlichen Erbfolgeordnung und dem Verhältnisse der Erbtheile. | Unter den Verwandten der aufsteigenden Linie haften die näheren vor den entfernteren, mehrere gleich nahe zu gleichen Theilen. Der Vater haftet jedoch vor der Mutter; steht die Nutznießung an dem Vermögen des Kindes der Mutter zu, so haftet die Mutter vor dem Vater. **1606.**

Soweit ein Verwandter auf Grund des § 1603 nicht unterhaltspflichtig ist, hat der nach ihm haftende Verwandte den Unterhalt zu gewähren. | Das Gleiche gilt, wenn die Rechtsverfolgung gegen einen Verwandten im Inland ausgeschlossen oder erheblich erschwert ist. Der Anspruch gegen einen solchen Verwandten geht, soweit ein anderer Verwandter den Unterhalt gewährt, auf diesen über. Der Uebergang kann nicht zum Nachtheile des Unterhaltsberechtigten geltend gemacht werden. **1607.**

Der Ehegatte des Bedürftigen haftet vor dessen Verwandten. Soweit jedoch der Ehegatte bei Berücksichtigung seiner sonstigen Verpflichtungen außer Stande ist, ohne Gefährdung seines standesmäßigen Unterhalts den Unterhalt zu gewähren, haften die Verwandten vor dem Ehegatten. Die Vorschriften des § 1607 Abs. 2 finden entsprechende Anwendung. | Das Gleiche gilt von einem geschiedenen unterhaltspflichtigen Ehegatten sowie von einem Ehegatten, der nach § 1351 (S. 247) unterhaltspflichtig ist. **1608.**

f) Das Maß des zu gewährenden Unterhalts bestimmt sich nach der Lebensstellung des Bedürftigen (standesmäßiger Unterhalt). | Der Unterhalt umfaßt den gesammten Lebensbedarf, bei einer der Erziehung bedürftigen Person auch die Kosten der Erziehung und der Vorbildung zu einem Berufe. **1610.**

Wer durch sein sittliches Verschulden bedürftig geworden ist, kann nur den nothdürftigen Unterhalt verlangen. | Der gleichen Beschränkung unterliegt der Unterhaltsanspruch der Abkömmlinge, der Eltern und des Ehegatten, wenn sie sich einer Verfehlung schuldig machen, die den Unterhaltspflichtigen berechtigt, ihnen den Pflichttheil zu entziehen, sowie der Unterhaltsanspruch der Großeltern und der weiteren Voreltern, wenn ihnen gegenüber die Voraussetzungen vorliegen, unter denen Kinder berechtigt sind, ihren Eltern den Pflichttheil zu entziehen. | Der Bedürftige kann wegen einer nach diesen Vorschriften eintretenden Beschränkung seines Anspruchs nicht andere Unterhaltspflichtige in Anspruch nehmen. **1611.**

g) Art und Zeit der Unterhaltsgewährung. Der Unterhalt ist durch Entrichtung einer Geldrente zu gewähren. Der Verpflichtete kann verlangen, daß ihm die Gewährung des Unterhalts in anderer Art gestattet wird, wenn besondere Gründe es rechtfertigen. | Haben Eltern einem unverheiratheten Kinde Unterhalt zu gewähren, so können sie bestimmen, in welcher Art und für welche Zeit im voraus der Unterhalt gewährt werden soll. Aus besonderen Gründen kann das Vormundschaftsgericht auf Antrag des Kindes die Bestimmung der Eltern ändern. | Im Uebrigen finden die Vorschriften des § 760 (S. 148) Anwendung. **1612.**

Für die Vergangenheit kann der Berechtigte Erfüllung oder Schadensersatz wegen Nichterfüllung nur von der Zeit an fordern, zu welcher der Verpflichtete in Verzug gekommen oder der Unterhaltsanspruch rechtshängig geworden ist. **1613.**

Für die Zukunft kann auf den Unterhalt nicht verzichtet werden. | Durch eine Vorausleistung wird der Verpflichtete bei erneuter Bedürftigkeit des Berechtigten nur für den im § 760 Abs. 2 bestimmten Zeitabschnitt oder, wenn er selbst den Zeitabschnitt zu bestimmen hatte, für einen den Umständen nach angemessenen Zeitabschnitt befreit. **1614.**

h) Es erlischt der Unterhaltsanspruch mit dem Tode des Berechtigten oder des Verpflichteten, soweit er nicht auf Erfüllung oder Schadensersatz wegen Nichterfüllung für die Vergangenheit oder auf solche im voraus zu bewirkende Leistungen gerichtet ist, die zur Zeit des Todes des Berechtigten oder des Verpflichteten fällig sind. | Im Falle des Todes des Berechtigten hat der Verpflichtete die Kosten der Beerdigung zu tragen, soweit ihre Bezahlung nicht von dem Erben zu erlangen ist. **1615.**

4) Rechtliche Stellung der ehelichen Kinder.

I. Rechtsverhältniß zwischen den Eltern und dem Kinde im Allgemeinen.

a) Namen. Das Kind erhält den Familiennamen des Vaters. **1616.**

b) Den Eltern Dienste zu leisten in ihrem Hauswesen und Geschäfte ist das Kind, solange es dem elterlichen Hausstand angehört und von den Eltern erzogen oder unterhalten wird, verpflichtet, in einer seinen Kräften und seiner Lebensstellung entsprechenden Weise. **1617.**

c) Das Vermögen volljähriger Kinder im elterlichen Hausstand. Macht ein dem elterlichen Hausstand angehörendes volljähriges Kind zur Bestreitung der Kosten des Haushalts aus seinem Vermögen eine Aufwendung oder überläßt es den Eltern zu diesem Zwecke etwas aus seinem Vermögen, so ist im Zweifel anzunehmen, daß die Absicht fehlt, Ersatz zu verlangen. **1618.**

Ueberläßt ein dem elterlichen Hausstand angehörendes volljähriges Kind sein Vermögen ganz oder theilweise der Verwaltung des Vaters, so kann der Vater die Einkünfte, die er während seiner Verwaltung bezieht, nach freiem Ermessen verwenden, soweit nicht ihre Verwendung zur Bestreitung der Kosten der ordnungsmäßigen Verwaltung und zur Erfüllung solcher Verpflichtungen des Kindes erforderlich ist, die bei ordnungsmäßiger Verwaltung aus den Einkünften des Vermögens bestritten werden. Das Kind kann eine abweichende Bestimmung treffen. | Das gleiche Recht steht der Mutter zu, wenn das Kind ihr die Verwaltung seines Vermögens überläßt. **1619.**

d) Aussteuerpflicht. Der Vater ist verpflichtet, einer Tochter im Falle ihrer Verheirathung zur Einrichtung des Haushalts eine angemessene Aussteuer zu gewähren, soweit er bei Berücksichtigung seiner sonstigen Verpflichtungen ohne Gefährdung seines standesmäßigen Unterhalts dazu im Stande ist und nicht die Tochter ein zur Beschaffung der Aussteuer ausreichendes Vermögen hat. Die gleiche Verpflichtung trifft die Mutter, wenn der Vater zur Gewährung der Aussteuer außer Stande oder wenn er gestorben ist. | Die Vorschriften des § 1604 (S. 291) und des § 1607 Abs. 2 finden entsprechende Anwendung. **1620.**

Der Vater und die Mutter können die Aussteuer verweigern, wenn sich die Tochter ohne die erforderliche elterliche Einwilligung verheirathet. | Das Gleiche gilt, wenn sich die Tochter einer Verfehlung schuldig gemacht hat, die den Verpflichteten berechtigt, ihr den Pflichttheil (5. Buch) zu entziehen. **1621.**

Die Tochter kann eine Aussteuer nicht verlangen, wenn sie für eine frühere Ehe von dem Vater oder der Mutter eine Aussteuer erhalten hat. **1622.**

Der Anspruch auf die Aussteuer ist nicht übertragbar. Er verjährt in einem Jahre von der Eingehung der Ehe an. **1623.**

e) Ausstattungen der Kinder. Was einem Kinde mit Rücksicht auf seine Verheirathung oder auf die Erlangung einer selbständigen Lebensstellung zur Begründung oder zur Erhaltung der Wirthschaft oder der Lebensstellung von dem Vater oder der Mutter zugewendet wird (Ausstattung), gilt, auch wenn eine Verpflichtung nicht besteht, nur insoweit als Schenkung, als die Ausstattung das den Umständen, insbesondere den Vermögensverhältnissen des Vaters oder der Mutter, entsprechende Maß übersteigt. | Die Verpflichtung des Ausstattenden zur Gewährleistung wegen eines Mangels im Rechte oder wegen eines Fehlers der Sache bestimmt sich, auch soweit die Ausstattung nicht als Schenkung gilt, nach den für die Gewährleistungspflicht des Schenkers geltenden Vorschriften. **1624.** (S. 111.)

Gewährt der Vater einem Kinde, dessen Vermögen seiner elterlichen oder vormundschaftlichen Verwaltung unterliegt, eine Ausstattung, so ist im Zweifel anzunehmen, daß er sie aus diesem Vermögen gewährt. Diese Vorschrift findet auf die Mutter entsprechende Anwendung. **1625.**

II. Die elterliche Gewalt des Vaters und der Mutter.

Das Kind steht, solange es minderjährig ist, unter elterlicher Gewalt. **1626.**

Auf die elterliche Gewalt der Mutter finden die für die elterliche Gewalt des Vaters geltenden Vorschriften Anwendung, soweit sich nicht aus den §§ 1687 bis 1697 (siehe die Rubrik „Mutter" und „Beistand der Mutter") ein Anderes ergiebt. **1686.**

a) Befugnisse und Verpflichtungen. Grenzen. Umfang. Haftung.

Vater.

Der Vater hat kraft der elterlichen Gewalt das Recht und die Pflicht, für die Person und das Vermögen des Kindes zu sorgen. **1627.**

Das Recht und die Pflicht, für die Person und das Vermögen des Kindes zu sorgen, erstreckt sich nicht auf Angelegenheiten des Kindes, für die ein Pfleger bestellt ist. **1628.** Siehe auch S. 303 § 1629.

Die Sorge für die Person und das Vermögen umfaßt die Vertretung des Kindes.] Die Vertretung steht

Mutter.

Der Mutter steht die elterliche Gewalt zu: 1. wenn der Vater gestorben oder für todt erklärt ist; 2. wenn der Vater die elterliche Gewalt verwirkt hat und die Ehe aufgelöst ist. | Im Falle der Todeserklärung beginnt die elterliche Gewalt der Mutter mit dem Zeitpunkte, der als Zeitpunkt des Todes des Vaters gilt. **1684.** (S. 35.)

Ist der Vater an der Ausübung der elterlichen Gewalt thatsächlich verhindert oder ruht seine elterliche Gewalt, so übt während der Dauer der

Beistand der Mutter.

Das Vormundschaftsgericht hat der Mutter einen Beistand zu bestellen: 1. wenn der Vater die Bestellung nach Maßgabe des § 1777 (3. Abschnitt) angeordnet hat; 2. wenn die Mutter die Bestellung beantragt; 3. wenn das Vormundschaftsgericht aus besonderen Gründen, insbesondere wegen des Umfanges oder der Schwierigkeit der Vermögensverwaltung, oder in den Fällen der §§ 1666, 1667 (S. 302) die Bestellung im Interesse des Kindes für nöthig erachtet. **1687.**

Vater.

dem Vater insoweit nicht zu, als nach § 1795 (3. Abschnitt) ein Vormund von der Vertretung des Mündels ausgeschlossen ist. Das Vormundschaftsgericht kann dem Vater nach § 1796 die Vertretung entziehen. **1630.**

Der Vater hat bei der Ausübung der elterlichen Gewalt dem Kinde gegenüber nur für diejenige *Sorgfalt* einzustehen, welche er in eigenen Angelegenheiten anzuwenden pflegt. **1664.**

Dem Vater steht kraft der elterlichen Gewalt die *Nutznießung* an dem Vermögen des Kindes zu. **1642.**

Mutter.

Ehe die Mutter die *elterliche Gewalt* mit *Ausnahme der Nutznießung* aus. | Ist die Ehe aufgelöst, so hat das Vormundschaftsgericht der Mutter auf ihren Antrag die Ausübung *zu übertragen*, wenn die elterliche Gewalt des Vaters ruht und keine Aussicht besteht, daß der Grund des Ruhens wegfallen werde. Die Mutter erlangt *in diesem Falle auch die Nutznießung an dem Vermögen* des Kindes. **1685.**

b) *Die (besondere) Sorge für die Person des Kindes umfaßt:*

1. das Recht und die Pflicht, das Kind zu erziehen, zu beaufsichtigen und seinen Aufenthalt zu bestimmen. | Der Vater kann kraft des Erziehungsrechts angemessene *Zuchtmittel* gegen das Kind anwenden. Auf seinen Antrag hat das *Vormundschaftsgericht* ihn durch Anwendung geeigneter Zuchtmittel zu unterstützen. **1631.**

2. das Recht, die *Herausgabe des Kindes* von Jedem zu

Neben dem Vater hat während der Dauer der Ehe die Mutter das Recht und die Pflicht, für die Person des Kindes zu sorgen; zur Vertretung des Kindes ist sie nicht berechtigt, unbeschadet der Vorschrift des § 1685 Abs. 1. Bei einer *Meinungsverschiedenheit* zwischen den Eltern geht die Meinung des Vaters vor. **1634.**

Beistand der Mutter.

Für die Berufung, Bestellung und Beaufsichtigung des Beistandes, *für* seine Haftung und seine Ansprüche, für die ihm zu bewilligende Vergütung und *für* die Beendigung seines Amtes gelten die gleichen *Vorschriften wie bei dem Gegenvormunde* (3. Abschnitt). **1694** Abs. 1.

a) Der Beistand kann für alle *Angelegenheiten*, für gewisse Arten von Angelegenheiten oder für einzelne Angelegenheiten bestellt werden. | Ueber den *Umfang seines Wirkungskreises* entscheidet die Bestellung. Ist der Umfang nicht bestimmt, so fallen alle Angelegenheiten in seinen Wirkungskreis. | *Hat der Vater die Bestellung angeordnet*, so hat das Vormundschaftsgericht Bestimmungen, die er nach Maßgabe des § 1777 (3. Abschnitt) über den Umfang des Wirkungskreises getroffen hat, bei der Bestellung zu befolgen. **1688.**

Vater.

verlangen, der es dem Vater widerrechtlich vorenthält. **1632.**

3. Ist eine Tochter verheirathet, so beschränkt sich die Sorge für ihre Person auf die Vertretung in den die Person betreffenden Angelegenheiten. **1633.**

4. Ist die Ehe aus einem der in den §§ 1565 bis 1568 (S. 282 flg.) bestimmten Gründe geschieden, so steht, solange die geschiedenen Ehegatten leben, die Sorge für die Person des Kindes, wenn ein Ehegatte allein für schuldig erklärt ist, dem anderen Ehegatten zu; sind beide Ehegatten für schuldig erklärt, so steht die Sorge für einen Sohn unter 6 Jahren oder für eine Tochter

Der Ehegatte, dem nach § 1635 die Sorge für die Person des Kindes nicht zusteht, behält die Befugniß, mit dem

Mutter.

Ruht die elterliche Gewalt der Mutter wegen Minderjährigkeit, so hat die Mutter das Recht und die Pflicht, für die Person des Kindes zu sorgen; zur Vertretung des Kindes ist sie nicht berechtigt. Der Vormund des Kindes hat, soweit der Mutter die Sorge zusteht, die rechtliche Stellung eines Beistandes. **1696.**

Beistand der Mutter.

b) Der Beistand hat innerhalb seines Wirkungskreises die Mutter bei der Ausübung der elterlichen Gewalt zu unterstützen und zu überwachen; er hat dem Vormundschaftsgerichte jeden Fall, in welchem es zum Einschreiten berufen ist, unverzüglich anzuzeigen. **1689.**

Die Genehmigung des Beistandes ist innerhalb seines Wirkungskreises zu jedem Rechtsgeschäft erforderlich, zu dem ein Vormund der Genehmigung des Vormundschaftsgerichts oder des Gegenvormundes bedarf. Ausgenommen sind Rechtsgeschäfte, welche die Mutter nicht ohne die Genehmigung des Vormundschaftsgerichts vornehmen kann. Die Vorschriften der §§ 1828 bis 1831 (3. Abschnitt) finden entsprechende Anwendung. | Die Genehmigung des Beistandes wird durch die Genehmigung des Vormundschaftsgerichts ersetzt. | Das Vormundschafts-

Vater.

der Mutter, für einen Sohn, der über 6 Jahre alt ist, dem Vater zu. Das Vormundschaftsgericht kann eine abweichende Anordnung treffen, wenn eine solche aus besonderen Gründen im Interesse des Kindes geboten ist; es kann die Anordnung aufheben, wenn sie nicht mehr erforderlich ist. Das Recht des Vaters zur Vertretung des Kindes bleibt unberührt. **1635.**

Kinde persönlich zu verkehren. Das Vormundschaftsgericht kann den Verkehr näher regeln. **1636.**

Ist die Ehe nach § 1348 Abs. 2 (S. 246) aufgelöst, so gilt in Ansehung der Sorge für die Person des Kindes das Gleiche, wie wenn die Ehe geschieden ist und beide Ehegatten fürschuldig erklärt sind. **1637.**

Mutter.

Wird für das Kind ein Vormund bestellt, weil die elterliche Gewalt des Vaters ruht oder verwirkt ist oder weil die Vertretung des Kindes dem Vater entzogen ist, oder wird für die Erziehung des Kindes an Stelle des Vaters ein Pfleger bestellt, so steht der Mutter die Sorge für die Person des Kindes neben dem Vormund oder dem Pfleger in gleicher Weise zu wie nach § 1634 neben dem Vater. **1698.**

Siehe auch § 1697 unten zu h.

Beistand der Mutter.

gericht soll vor der Entscheidung über die Genehmigung in allen Fällen, in denen das Rechtsgeschäft zu dem Wirkungskreise des Beistandes gehört, den Beistand hören, sofern ein solcher vorhanden und die Anhörung thunlich ist. **1690.**

c) Die Vermögensverwaltung.

1. Das Recht und die Pflicht, für das Vermögen des Kindes zu sorgen (Vermögensverwaltung), erstreckt sich nicht auf das Vermögen, welches

Das Vormundschaftsgericht kann auf Antrag der Mutter dem Bei-

Vater.

das Kind von Todeswegen erwirbt oder welches ihm unter Lebenden von einem Dritten unentgeltlich zugewendet wird, wenn der Erblasser durch letztwillige Verfügung, der Dritte bei der Zuwendung bestimmt hat, daß der Erwerb der Verwaltung des Vaters entzogen sein soll. | Was das Kind auf Grund eines zu einem solchen Vermögen gehörenden Rechtes oder als Ersatz für die Zerstörung, Beschädigung oder Entziehung eines zu dem Vermögen gehörenden Gegenstandes oder durch ein Rechtsgeschäft erwirbt, das sich auf das Vermögen bezieht, ist gleichfalls der Verwaltung des Vaters entzogen. **1638.**

Beistand der Mutter.

stande die Vermögensverwaltung ganz oder theilweise übertragen; soweit dies geschieht, hat der Beistand die Rechte und Pflichten eines Pflegers. **1693.** Siehe auch S. 302 zweite Rubrik.

2. Was das Kind von Todeswegen erwirbt oder was ihm unter Lebenden von einem Dritten unentgeltlich zugewendet wird, hat der Vater nach den Anordnungen des Erblassers oder des Dritten zu verwalten, wenn die Anordnungen von dem Erblasser durch letztwillige Verfügung, von dem Dritten bei der Zuwendung getroffen worden sind. Kommt der Vater den Anordnungen nicht nach, so hat das Vormundschaftsgericht die zu ihrer Durchführung erforderlichen Maßregeln zu treffen. | Der Vater darf von den Anordnungen insoweit abweichen, als es nach § 1803 Abs. 2, 3 (3. Abschnitt) einem Vormunde gestattet ist. **1639.**
3. Der Vater kann nicht in Vertretung des Kindes Schenkungen machen. Ausgenommen sind Schenkungen, durch die einer sittlichen Pflicht oder einer auf den Anstand zu nehmenden Rücksicht entsprochen wird. **1641.**
4. Der Vater hat das seiner Verwaltung unterliegende Geld des Kindes, unbeschadet der Vorschrift des § 1653 (S. 300), nach den für die Anlegung von Mündelgeld geltenden Vorschriften der §§ 1807, 1808 verzinslich anzulegen, soweit es nicht zur Bestreitung von Ausgaben bereit zu halten ist. Das Vormundschaftsgericht kann dem Vater aus besonderen Gründen eine andere Anlegung gestatten. **1642.** Siehe 3. Abschnitt.
5. Erwirbt der Vater mit Mitteln des Kindes bewegliche Sachen, so geht mit dem Erwerbe das Eigenthum auf das Kind über, es sei denn, daß der Vater nicht für Rechnung des Kindes erwerben will. Dies gilt insbesondere auch von Inhaberpapieren und von Orderpapieren, die mit Blankoindossament versehen sind. | Die Vorschriften des Abs. 1 finden entsprechende Anwendung, wenn der Vater mit Mitteln des Kindes ein

Beistand der Mutter.

Soweit die Anlegung des zu dem Vermögen des Kindes gehörenden Geldes in den Wirkungskreis des Beistandes fällt, finden die für die Anlegung von Mündelgeld geltenden Vorschriften der §§ 1809, 1810 entsprechende Anwendung. **1691.**

Vater.

Recht an Sachen der bezeichneten Art oder ein anderes Recht erwirbt, zu dessen Uebertragung der Abtretungsvertrag genügt. **1646.**

6. Macht der Vater bei der Sorge für die Person oder das Vermögen des Kindes Aufwendungen, die er den Umständen nach für erforderlich halten darf, so kann er von dem Kinde Ersatz verlangen, sofern nicht die Aufwendungen ihm selbst zur Last fallen. **1648.** (S. 93.)

7. Der Vater hat das seiner Verwaltung unterliegende Vermögen des Kindes, welches bei dem Tode der Mutter vorhanden ist oder dem Kinde später zufällt, zu verzeichnen und das Verzeichniß, nachdem er es mit der Versicherung der Richtigkeit und Vollständigkeit versehen hat, dem Vormundschaftsgericht einzureichen. Bei Haushaltsgegenständen genügt die Angabe des Gesammtwerths. | Ist das eingereichte Verzeichniß ungenügend, so kann das Vormundschaftsgericht anordnen, daß das Verzeichniß durch eine zuständige Behörde oder durch einen zuständigen Beamten oder Notar aufgenommen wird. Die Anordnung ist für das in Folge des Todes der Mutter dem Kinde zufallende Vermögen unzulässig, wenn die Mutter sie durch letztwillige Verfügung ausgeschlossen hat. **1640.**

Beistand der Mutter. Hat die Mutter ein Vermögensverzeichniß einzureichen, so ist bei der Aufnahme des Verzeichnisses der Beistand zuzuziehen; das Verzeichniß ist auch von dem Beistande mit der Versicherung der Richtigkeit und Vollständigkeit zu versehen. Ist das Verzeichniß ungenügend, so finden, sofern nicht die Voraussetzungen des § 1667 (S. 303) vorliegen, die Vorschriften des § 1640 Abs. 2 entsprechende Anwendung. **1692.**

8. Will der Vater eine neue Ehe eingehen, so hat er seine Absicht dem Vormundschaftsgericht anzuzeigen, auf seine Kosten ein Verzeichniß des seiner Verwaltung unterliegenden Vermögens einzureichen und, soweit in Ansehung dieses Vermögens eine Gemeinschaft zwischen ihm und dem Kinde besteht, die Auseinandersetzung herbeizuführen. Das Vormundschaftsgericht kann gestatten, daß die Auseinandersetzung erst nach der Eheschließung erfolgt. **1669.**

9. Verwaltungshandlungen, zu denen Genehmigung des Vormundschaftsrichters erforderlich ist. Zu Rechtsgeschäften für das Kind bedarf der Vater der Genehmigung des Vormundschaftsgerichts in den Fällen, in denen nach § 1821 Abs. 1 Nr. 1 bis 3, Abs. 2 und nach § 1822 Nr. 1, 3, 5, 8 bis 11 ein Vormund der Genehmigung bedarf. | Das Gleiche gilt für die Ausschlagung einer Erbschaft oder eines Vermächtnisses sowie für den Verzicht auf einen Pflichttheil. Tritt der Anfall an das Kind erst infolge der Ausschlagung des Vaters ein, so ist die Genehmigung nur erforderlich, wenn der Vater neben dem Kinde berufen war. | Die Vorschriften der §§ 1825, 1828 bis 1831 finden entsprechende Anwendung. **1643.** Siehe 3. Abschnitt.

Vater.

Der Vater kann Gegenstände, zu deren Veräußerung die Genehmigung des Vormundschaftsgerichts erforderlich ist, dem Kinde nicht ohne diese Genehmigung zur Erfüllung eines von dem Kinde geschlossenen Vertrags oder zu freier Verfügung überlassen. **1644.**

Der Vater soll nicht ohne Genehmigung des Vormundschaftsgerichts ein neues Erwerbsgeschäft im Namen des Kindes beginnen. **1645.**

10. Die Vermögensverwaltung des Vaters endigt mit der Rechtskraft des Beschlusses, durch den der Konkurs über das Vermögen des Vaters eröffnet wird. | Nach der Aufhebung des Konkurses kann das Vormundschaftsgericht die Verwaltung dem Vater wieder übertragen. **1647.**

d) Die Nutznießung am Vermögen des Kindes. (Siehe § 1642 S. 295.)

1. Das Recht, das dem Vater kraft seiner Nutznießung an dem Vermögen des Kindes zusteht, ist nicht übertragbar. | Das Gleiche gilt von den nach den §§ 1655, 1656 (S. 301) dem Vater zustehenden Ansprüchen, solange sie nicht fällig sind. **1658.**

2. Der Vater erwirbt die Nutzungen des seiner Nutznießung unterliegenden Vermögens in derselben Weise und in demselben Umfange wie ein Nießbraucher. **1652.**

3. Der Vater darf verbrauchbare Sachen, die zu dem seiner Nutznießung unterliegenden Vermögen gehören, für sich veräußern oder verbrauchen, Geld jedoch nur mit Genehmigung des Vormundschaftsgerichts. Macht der Vater von dieser Befugniß Gebrauch, so hat er den Werth der Sachen nach der Beendigung der Nutznießung zu ersetzen; der Ersatz ist schon vorher zu leisten, wenn die ordnungsmäßige Verwaltung des Vermögens es erfordert. **1653.**

Mutter.

Die Nutznießung an dem Vermögen des Kindes erlangt die Mutter in dem Falle des § 1685 Abs. 2: „Ist (nämlich) die Ehe aufgelöst, so hat das Vormundschaftsgericht der Mutter auf ihren Antrag die Ausübung zuübertragen, wenn die elterliche Gewalt des Vaters ruht und keine Aussicht besteht, daß der Grund des Ruhens wegfallen werde."

4. Der Vater hat die Lasten des seiner Nutznießung unterliegenden Vermögens zu tragen. Seine Haftung bestimmt sich nach den für den Güterstand der Verwaltung und Nutznießung geltenden Vorschriften der §§ 1384 bis 1386, 1388 (S. 253 flg). Zu den Lasten gehören auch die Kosten eines Rechtsstreits, der für das Kind geführt wird, sofern sie nicht dem freien Vermögen zur Last fallen, sowie die Kosten der Vertheidigung des Kindes in einem gegen das Kind gerichteten Strafverfahren, vorbehaltlich der Ersatzpflicht des Kindes im Falle seiner Verurtheilung. **1654.**

5. Gehört zu dem der Nutznießung unterliegenden Vermögen ein Erwerbsgeschäft, das von dem Vater im Namen des Kindes betrieben wird, so gebührt dem Vater nur der sich aus dem Betrieb ergebende jährliche Reingewinn. Ergiebt sich in einem Jahre ein Verlust, so

Vater.

verbleibt der Gewinn späterer Jahre bis zur Ausgleichung des Verlustes dem Kinde. **1655.**

6. Steht dem Vater die Verwaltung des seiner Nutznießung unterliegenden Vermögens nicht zu, so kann er auch die Nutznießung nicht ausüben; er kann jedoch die Herausgabe der Nutzungen verlangen, soweit nicht ihre Verwendung zur ordnungsmäßigen Verwaltung des Vermögens und zur Bestreitung der Lasten der Nutznießung erforderlich ist. | Ruht die elterliche Gewalt des Vaters oder ist dem Vater die Sorge für die Person und das Vermögen des Kindes durch das Vormundschaftsgericht entzogen, so können die Kosten des Unterhalts des Kindes aus den Nutzungen insoweit vorweg entnommen werden, als sie dem Vater zur Last fallen. **1656.**

Ist der Vater von der Ausübung der Nutznießung ausgeschlossen, so hat er eine ihm dem Kinde gegenüber obliegende Verbindlichkeit, die infolge der Nutznießung erst nach deren Beendigung zu erfüllen sein würde, sofort zu erfüllen. Diese Vorschrift findet keine Anwendung, wenn die elterliche Gewalt ruht. **1657.**

7) Die Gläubiger des Kindes können ohne Rücksicht auf die elterliche Nutznießung Befriedigung aus dem Vermögen des Kindes verlangen. | Hat der Vater verbrauchbare (S. 54) Sachen nach § 1653 veräußert oder verbraucht, so ist er den Gläubigern gegenüber zum sofortigen Ersatze verpflichtet. **1659.**

Im Verhältnisse des Vaters und des Kindes zu einander finden in Ansehung der Verbindlichkeiten des Kindes die für den Güterstand der Verwaltung und Nutznießung geltenden Vorschriften des § 1415, des § 1416 Abs. 1 und des § 1417 entsprechende Anwendung. **1660.** (S. 257.)

8) Die Nutznießung endigt, wenn sich das Kind verheirathet. Die Nutznießung verbleibt jedoch dem Vater, wenn die Ehe ohne die erforderliche elterliche Einwilligung geschlossen wird. **1661.**

Der Vater kann auf die Nutznießung verzichten. Der Verzicht erfolgt durch Erklärung gegenüber dem Vormundschaftsgerichte; die Erklärung ist in öffentlich beglaubigter Form abzugeben. **1662.**

Hat der Vater kraft seiner Nutznießung ein zu dem Vermögen des Kindes gehörendes Grundstück vermiethet oder verpachtet, so finden, wenn das Mieth- oder Pachtverhältniß bei der Beendigung der Nutznießung noch besteht, die Vorschriften des § 1056 (S. 204) entsprechende Anwendung. | Gehört zu dem der Nutznießung unterliegenden Vermögen ein landwirthschaftliches Grundstück, so findet die Vorschrift des § 592, gehört zu dem Vermögen ein Landgut, so finden die Vorschriften der §§ 592, 593 entsprechende Anwendung. **1663.** (S. 114, 120.)

e) Das freie Vermögen des Kindes. Von der Nutznießung ausgeschlossen (freies Vermögen) sind die ausschließlich zum persönlichen Gebrauche des Kindes bestimmten Sachen, insbesondere Kleider, Schmucksachen und Arbeitsgeräthe. **1650.**

Vater.

Freies Vermögen ist: 1. was das Kind durch seine Arbeit oder durch den ihm nach § 112 (S. 52) gestatteten selbständigen Betrieb eines Erwerbsgeschäfts erwirbt; 2. was das Kind von Todeswegen erwirbt oder was ihm unter Lebenden von einem Dritten unentgeltlich zugewendet wird, wenn der Erblasser durch letztwillige Verfügung, der Dritte bei der Zuwendung bestimmt hat, daß das Vermögen der Nutznießung entzogen sein soll. | Die Vorschriften des § 1638 Abs. 2 (S. 298) finden entsprechende Anwendung. **1651.**

f) Die Eingriffe des Vormundschaftsgerichts in die elterliche Gewalt zu Gunsten des Kindes. Verletzt der Vormundschaftsrichter vorsätzlich oder fahrlässig die ihm obliegenden Pflichten, so ist er dem Kinde nach § 839 Abs. 1, 3 (S. 163) verantwortlich. **1674.**

Der Gemeindewaisenrath hat dem Vormundschaftsgericht Anzeige zu machen, wenn ein Fall zu seiner Kenntniß gelangt, in welchem das Vormundschaftsgericht zum Einschreiten berufen ist. **1675.**

1. Ist der Vater verhindert, die elterliche Gewalt auszuüben, so hat das Vormundschaftsgericht, sofern nicht die elterliche Gewalt nach § 1685 von der Mutter ausgeübt wird, die im Interesse des Kindes erforderlichen Maßregeln zu treffen. **1665.** (S. 295.)
2. Wird das geistige oder leibliche Wohl des Kindes dadurch gefährdet, daß der Vater das Recht der Sorge für die Person des Kindes mißbraucht, das Kind vernachlässigt oder sich eines ehrlosen oder unsittlichen Verhaltens schuldig macht, so hat das Vormundschaftsgericht die zur Abwendung der Gefahr erforderlichen Maßregeln zu treffen. Das Vormundschaftsgericht kann insbesondere anordnen, daß das Kind zum Zwecke der Erziehung in einer geeigneten Familie oder in einer Erziehungsanstalt oder einer Besserungsanstalt untergebracht wird. | Hat der Vater das Recht des Kindes auf Gewährung des Unterhalts verletzt und ist für die Zukunft eine erhebliche Gefährdung des Unterhalts zu besorgen, so kann dem Vater auch die Vermögensverwaltung, sowie die Nutznießung entzogen werden. **1666.**

Das Vormundschaftsgericht soll vor einer Entscheidung, durch welche die

Beistand der Mutter.

Das Vormundschaftsgericht kann in den Fällen des § 1687 Nr. 2, 3 (S. 294) die Bestellung des Beistandes und im Falle des § 1693 (S. 298) die Uebertragung der Vermögensverwaltung auf den Beistand jederzeit aufheben. | Ist die Bestellung des Beistandes nach § 1687 Nr. 2 erfolgt, so soll sie nur mit Zustimmung der Mutter aufgehoben werden. Das Gleiche gilt für die Uebertragung der

Vater.

3. Steht die Sorge für die Person oder die Sorge für das Vermögen des Kindes einem Pfleger zu, so entscheidet bei einer Meinungsverschiedenheit zwischen dem Vater und dem Pfleger über die Vornahme einer sowohl die Person als das Vermögen des Kindes betreffenden Handlung das Vormundschaftsgericht. **1629.**

4. Wird das Vermögen des Kindes dadurch gefährdet, daß der Vater die mit der Vermögensverwaltung oder die mit der Nutznießung verbundenen Pflichten verletzt oder daß er in Vermögensverfall geräth, so hat das Vormundschaftsgericht die zur Abwendung der Gefahr erforderlichen Maßregeln zu treffen. | Das Vormundschaftsgericht kann insbesondere anordnen, daß der Vater ein Verzeichniß des Vermögens einreicht und über seine Verwaltung Rechnung legt. Der Vater hat das Verzeichniß mit der Versicherung der Richtigkeit und Vollständigkeit zu versehen. Ist das eingereichte Verzeichniß ungenügend, so findet die Vorschrift des § 1640 Abs. 2 Satz 1 (S. 299) Anwendung. Das Vormundschaftsgericht kann auch, wenn Werthpapiere, Kostbarkeiten oder Buchforderungen gegen das Reich oder einen Bundesstaat zu dem Vermögen des Kindes gehören, dem Vater die gleichen Verpflichtungen auferlegen, welche nach den §§ 1814 bis 1816, 1818 einem Vormund obliegen; die Vorschriften der §§ 1819, 1820 finden entsprechende Anwendung. | Die Kosten der angeordneten Maßregeln fallen dem Vater zur Last. **1667.** (Siehe 3. Abschnitt.)

Sind die nach § 1667 Abs. 2 zulässigen Maßregeln nicht ausrei-

Sorge für die Person oder das Vermögen des Kindes oder die Nutznießung dem Vater entzogen oder beschränkt wird, den Vater hören, es sei denn, daß die Anhörung unthunlich ist. | Vor der Entscheidung sollen auch Verwandte, insbesondere die Mutter, oder Verschwägerte des Kindes gehört werden,

Beistand der Mutter.

Vermögensverwaltung auf den Beistand. **1695**

Vater.

chend, so kann das Vormundschaftsgericht dem Vater Sicherheitsleistung für das seiner Verwaltung unterliegende Vermögen auferlegen. Die Art und den Umfang der Sicherheitsleistung bestimmt das Vormundschaftsgericht nach seinem Ermessen. **1668.** (S. 68.)

Kommt der Vater den nach den §§ 1667, 1668 getroffenen Anordnungen nicht nach oder erfüllt er die ihm nach den §§ 1640, 1669 (S. 299) obliegenden Verpflichtungen nicht, so kann ihm das Vormundschaftsgericht die Vermögensverwaltung entziehen. Zur Erzwingung der Sicherheitsleistung sind andere Maßregeln nicht zulässig. **1670.**

Das Vormundschaftsgericht kann während der Dauer der elterlichen Gewalt die von ihm getroffenen Anordnungen jederzeit ändern, insbesondere die Erhöhung, Minderung oder Aufhebung der geleisteten Sicherheit anordnen. **1671.**

Bei der Bestellung und Aufhebung der Sicherheit wird die Mitwirkung des Kindes durch die Anordnung des Vormundschaftsgerichts ersetzt. | Die Kosten der Bestellung und Aufhebung der Sicherheit fallen dem Vater zur Last. **1672.**

wenn es ohne erhebliche Verzögerung und ohne unverhältnißmäßige Kosten geschehen kann. Für den Ersatz der Auslagen gilt die Vorschrift des § 1847 Abs. 2. **1673.** (Siehe 3. Abschnitt.)

g) Es ruht die Gewalt des Vaters:

1. wenn er geschäftsunfähig (S. 47) ist. | Das Gleiche gilt,

der Mutter.

Die elterliche

des Vaters.

wenn der Vater in der Geschäftsfähigkeit beschränkt ist oder wenn er nach § 1910 (S. 319.) Abs. 1 einen Pfleger für seine Person und sein Vermögen erhalten hat. Die Sorge für die Person des Kindes steht ihm neben dem gesetzlichen Vertreter des Kindes zu; zur Vertretung des Kindes ist er nicht berechtigt. Bei einer Meinungsverschiedenheit zwischen dem Vater und dem gesetzlichen Vertreter geht die Meinung des gesetzlichen Vertreters vor; **1676**

2. wenn von dem Vormundschaftsgerichte festgestellt wird, daß der Vater auf längere Zeit an der Ausübung der elterlichen Gewalt thatsächlich verhindert ist. | Das Ruhen endigt, wenn von dem Vormundschaftsgericht festgestellt wird, daß der Grund nicht mehr besteht. **1677.**

Solange die elterliche Gewalt des Vaters ruht, ist der Vater nicht berechtigt, sie auszuüben; es verbleibt ihm jedoch die Nutznießung an dem Vermögen des Kindes, unbeschadet der Vorschrift des § 1685 Abs. 2 (S. 295) **1678.**

h) Verlust der elterlichen Gewalt. Der Vater verwirkt die elterliche Gewalt, wenn er wegen eines an dem Kinde verübten Verbrechens oder vorsätzlich verübten Vergehens zu Zuchthausstrafe oder zu einer Gefängnißstrafe von mindestens 6 Monaten verurtheilt wird. Wird wegen des Zusammentreffens mit einer anderen strafbaren Handlung auf eine Gesammtstrafe erkannt, so entscheidet die Einzelstrafe, welche für das an dem Kinde verübte Verbrechen oder Vergehen verwirkt ist. | Die Verwirkung der elterlichen Gewalt tritt mit der Rechtskraft des Urtheils ein. **1680.**

i) Ende der Gewalt. Die elterliche Gewalt des Vaters endigt, wenn er für todt erklärt wird, mit dem Zeitpunkte, der

Endigt oder ruht die elterliche Gewalt des Vaters oder hört aus einem anderen Grunde seine Vermögensverwaltung auf, so hat er dem Kinde das Vermögen herauszu-

der Mutter.

Gewalt der Mutter ruht während ihrer Minderjährigkeit. **1696.** (S. 296 und S. 294 § 1686.)

h) Die Mutter verliert die elterliche Gewalt, wenn sie eine neue Ehe eingeht. Sie behält jedoch unter den im § 1696 (S. 296) bestimmten Beschränkungen das Recht und die Pflicht, für die Person des Kindes zu sorgen. **1697.** (Siehe auch S. 294 § 1686.)

als Zeitpunkt des Todes gilt. | Lebt der Vater noch, so erlangt er die elterliche Gewalt dadurch wieder, daß er dem Vormundschaftsgerichte gegenüber seinen hierauf gerichteten Willen erklärt. 1679.

Der Vater ist auch nach der Beendigung seiner elterlichen Gewalt zur Fortführung der mit der Sorge für die Person und das Vermögen des Kindes verbundenen Geschäfte berechtigt, bis er von der Beendigung Kenntniß erlangt oder sie kennen muß. Ein Dritter kann sich auf diese Berechtigung nicht berufen, wenn er bei der Vornahme eines Rechtsgeschäfts die Beendigung der elterlichen Gewalt kennt oder kennen muß. | Diese Vorschriften finden entsprechende Anwendung, wenn die elterliche Gewalt des Vaters ruht oder aus einem anderen Grunde seine Vermögensverwaltung aufhört. 1682. — Endigt die elterliche Gewalt in Folge des Todes des Kindes, so hat der Vater diejenigen Geschäfte, mit deren Aufschube Gefahr verbunden ist, zu besorgen, bis der Erbe anderweit Fürsorge treffen kann. 1683.

geben und über die Verwaltung Rechenschaft abzulegen. 1681.

Beistand der Mutter.

i) Das Amt des Beistandes endigt auch dann, wenn die elterliche Gewalt der Mutter ruht. 1694 Abs. 2. (Siehe oben g.)

Wegen einer neuen Ehe eines Elterntheils, der Vormund ist, siehe S. 326 h.

5) Rechtliche Stellung der Kinder aus nichtigen Ehen.

a) Die als ehelich geltenden Kinder. Ein Kind aus einer nichtigen Ehe, das im Falle der Gültigkeit der Ehe ehelich sein würde, gilt als ehelich, sofern nicht beide Ehegatten die Nichtigkeit der Ehe bei der Eheschließung gekannt haben. | Diese Vorschrift findet keine Anwendung, wenn die Nichtigkeit der Ehe auf einem Formmangel beruht und die Ehe nicht in das Heirathsregister eingetragen worden ist. 1699.

War dem Vater die Nichtigkeit der Ehe bei der Eheschließung bekannt, so hat er nicht die sich aus der Vaterschaft ergebenden

War der Mutter die Nichtigkeit der Ehe bei der Eheschließung bekannt, so hat sie in Ansehung des Kindes nur diejenigen Rechte, welche im Falle der Scheidung der allein für schuldig erklärten Frau zustehen. | Stirbt der Vater oder endigt seine elterliche Gewalt aus einem anderen Grunde, so hat die Mutter nur das Recht und die Pflicht, für die Person des Kindes zu sorgen; zur Vertretung des

Das Rechtsverhältniß zwischen den Eltern und einem Kinde, das nach § 1699 als ehelich gilt, bestimmt sich, soweit sich nicht aus den §§ 1701, 1702 ein Anderes ergiebt, nach den Vorschriften, die für ein Kind aus einer geschiedenen Ehe gelten, wenn beide Ehegatten für schuldig erklärt sind. **1700.**

Rechte. Die elterliche Gewalt steht der Mutter zu. **1701.**

Kindes ist sie nicht berechtigt. Der Vormund des Kindes hat, soweit der Mutter die Sorge zusteht, die rechtliche Stellung eines Beistandes. | Die Vorschriften des Abs. 2 finden auch dann Anwendung, wenn die elterliche Gewalt des Vaters wegen seiner Geschäftsunfähigkeit oder nach § 1677 ruht. **1702.**

(S. 304 und 322 § 1900.)

b) Die nicht als ehelich geltenden. Gilt das Kind nicht als ehelich, weil beiden Ehegatten die Nichtigkeit der Ehe bei der Eheschließung bekannt war, so kann es gleichwohl von dem Vater, solange er lebt, Unterhalt wie ein eheliches Kind verlangen. Das im § 1612 Abs. 2 (S. 292) bestimmte Recht steht dem Vater nicht zu. **1703.**

c) Ist die Ehe wegen Drohung anfechtbar und angefochten, so steht der anfechtungsberechtigte Ehegatte einem Ehegatten gleich, dem die Nichtigkeit der Ehe bei der Eheschließung unbekannt war. **1704.**

6) Rechtliche Stellung der unehelichen Kinder.

a) Verhältniß zur Mutter 2c. Namenrecht. Vormund. Das uneheliche Kind hat im Verhältnisse zu der Mutter und zu den Verwandten der Mutter die rechtliche Stellung eines ehelichen Kindes. **1705.**

Das uneheliche Kind erhält den Familiennamen der Mutter. | Führt die Mutter in Folge ihrer Verheirathung einen anderen Namen, so erhält das Kind den Familiennamen, den die Mutter vor der Verheirathung geführt hat. | Der Ehemann der Mutter kann durch Erklärung gegenüber der zuständigen Behörde dem Kinde mit Einwilligung des Kindes und der Mutter seinen Namen ertheilen; die Erklärung des Ehemanns sowie die Einwilligungserklärungen des Kindes und der Mutter sind in öffentlich beglaubigter Form abzugeben. **1706.**

Der Mutter steht nicht die elterliche Gewalt über das uneheliche Kind zu. Sie hat das Recht und die Pflicht, für die Person des Kindes zu sorgen; zur Vertretung des Kindes ist sie nicht berechtigt. Der Vormund des Kindes hat, soweit der Mutter die Sorge zusteht, die rechtliche Stellung eines Beistandes. **1707.**

b) Wer als Vater des unehelichen Kindes gilt. Als Vater des unehelichen Kindes im Sinne der §§ 1708 bis 1716 (siehe unten c und d) gilt, wer der Mutter innerhalb der Empfängnißzeit beigewohnt hat, es sei denn, daß auch ein Anderer ihr innerhalb dieser Zeit beigewohnt hat. Eine Beiwohnung bleibt jedoch außer Betracht, wenn es den Umständen nach offenbar unmöglich ist, daß die Mutter das Kind aus dieser Beiwohnung empfangen hat. | Als Empfängnißzeit gilt die Zeit von dem 181. bis zu dem 302. Tage vor dem Tage der Geburt des Kindes, mit Einschluß sowohl des 181. als des 302. Tages. **1717.**

Wer seine Vaterschaft nach der Geburt des Kindes in einer öffentlichen Urkunde anerkennt, kann sich nicht darauf berufen, daß ein Anderer der Mutter innerhalb der Empfängnißzeit beigewohnt habe. **1718.**

c) Die Verpflichtungen des Vaters gegen die uneheliche Mutter.

Der Vater ist verpflichtet, der Mutter die Kosten der Entbindung und die Kosten des Unterhalts für die ersten 6 Wochen nach der Entbindung und, falls in Folge der Schwangerschaft oder der Entbindung weitere Aufwendungen nothwendig werden, auch die dadurch entstehenden Kosten zu ersetzen. Den gewöhnlichen Betrag der zu ersetzenden Kosten kann die Mutter ohne Rücksicht auf den wirklichen Aufwand verlangen. | Der Anspruch steht der Mutter auch dann zu, wenn der Vater vor der Geburt des Kindes gestorben oder wenn das Kind todt geboren ist. | Der Anspruch verjährt in 4 Jahren. Die Verjährung beginnt mit dem Ablaufe von 6 Wochen nach der Geburt des Kindes. **1715.**

Schon vor der Geburt des Kindes kann auf Antrag der Mutter durch einstweilige Verfügung angeordnet werden, daß der Vater den für die ersten 3 Monate dem Kinde zu gewährenden Unterhalt alsbald nach der Geburt an die Mutter oder an den Vormund zu zahlen und den erforderlichen Betrag angemessene Zeit vor der Geburt zu hinterlegen hat. In gleicher Weise kann auf Antrag der Mutter die Zahlung des gewöhnlichen Betrags der nach § 1715 Abs. 1 zu ersetzenden Kosten an die Mutter und die Hinterlegung des erforderlichen Betrags angeordnet werden. | Zur Erlassung der einstweiligen Verfügung ist nicht erforderlich, daß eine Gefährdung des Anspruchs glaubhaft gemacht wird. **1716.**

d) Die Unterhaltungspflichten gegen das uneheliche Kind. Reihenfolge, Dauer, Betrag und Art.

Der Vater ist vor der Mutter und den mütterlichen Verwandten des Kindes unterhaltspflichtig. | Soweit die Mutter oder ein unterhaltspflichtiger mütterlicher Verwandter dem Kinde den Unterhalt gewährt, geht der Unterhaltsanspruch des Kindes gegen den Vater auf die Mutter oder den Ver=	Der Unterhalt	Eine Vereinbarung zwischen dem Vater und dem Kinde über den Unterhalt für	Der Unterhalt ist durch Entrichtung einer Geldrente zu gewähren. | Die Rente ist für

wandten über. Der Uebergang kann nicht zum Nachtheile des Kindes geltend gemacht werden. 1709. — Der Vater des unehelichen Kindes ist verpflichtet, dem Kinde bis zur Vollendung des 16. Lebensjahrs den der Lebensstellung der Mutter entsprechenden Unterhalt zu gewähren. Der Unterhalt umfaßt den gesammten Lebensbedarf sowie die Kosten der Erziehung und der Vorbildung zu einem Berufe. | Ist das Kind zur Zeit der Vollendung des 16. Lebensjahrs in Folge körperlicher oder geistiger Gebrechen außer Stande, sich selbst zu unterhalten, so hat ihm der Vater auch über diese Zeit hinaus Unterhalt zu gewähren; die Vorschrift des § 1603 Abs. 1 (S. 290) findet Anwendung. 1708.

3 Monate vorauszuzahlen. Durch eine Vorausleistung für eine spätere Zeit wird der Vater nicht befreit. | Hat das Kind den Beginn des Vierteljahrs erlebt, so gebührt ihm der volle auf das Vierteljahr entfallende Betrag. 1710.

kann auch für die Vergangenheit verlangt werden. 1711.

die Zukunft oder über eine an Stelle des Unterhalts zu gewährende Abfindung bedarf der Genehmigung des Vormundschaftsgerichts. | Ein unentgeltlicher Verzicht auf den Unterhalt für die Zukunft ist nichtig. 1714.

Der Unterhaltsanspruch erlischt nicht mit dem Tode des Vaters; er steht dem Kinde auch dann zu, wenn der Vater vor der Geburt des Kindes gestorben ist. | Der Erbe des Vaters ist berechtigt, das Kind mit dem Betrag abzufinden, der dem Kinde als Pflichttheil gebühren würde, wenn es ehelich wäre. Sind mehrere uneheliche Kinder vorhanden, so wird die Abfindung so berechnet, wie wenn sie alle ehelich wären. 1712.

Der Unterhaltsanspruch erlischt mit dem Tode des Kindes, soweit er nicht auf Erfüllung oder Schadensersatz wegen Nichterfüllung für die Vergangenheit oder auf solche im voraus zu bewirkende Leistungen gerichtet ist, die zur Zeit des Todes des Kindes fällig sind. 1713 Abs. 1.

e) Die Kosten der Beerdigung hat der Vater zu tragen, soweit ihre Bezahlung nicht von dem Erben des Kindes zu erlangen ist. 1713 Abs. 2.

7) Legitimation unehelicher Kinder.

I. Legitimation durch nachfolgende Ehe.

Ein uneheliches Kind erlangt dadurch, daß sich der Vater mit der Mutter verheirathet, mit der Eheschließung die rechtliche Stellung eines ehelichen Kindes. 1719.

Die Eheschließung zwischen den Eltern hat für die Abkömmlinge des unehelichen Kindes die Wirkungen der

Ist die Ehe der Eltern

Legitimation auch dann, wenn das Kind vor der Eheschließung gestorben ist. 1722.

Der Ehemann der Mutter gilt als Vater des Kindes, wenn er ihr innerhalb der im § 1717 Abs. 2 bestimmten Empfängnißzeit beigewohnt hat, es sei denn, daß es den Umständen nach offenbar unmöglich ist, daß die Mutter das Kind aus dieser Beiwohnung empfangen hat. | Erkennt der Ehemann seine Vaterschaft nach der Geburt des Kindes in einer öffentlichen Urkunde an, so wird vermuthet, daß er der Mutter innerhalb der Empfängnißzeit beigewohnt habe. 1720.

nichtig, so finden die Vorschriften der §§ 1699 bis 1704 entsprechende Anwendung. 1721. (S. 306 flg.)

II. Ehelichkeitserklärung.

1. Zuständigkeit und Inhalt der Erklärung. Versagung.

Ein uneheliches Kind kann auf Antrag seines Vaters durch eine Verfügung der Staatsgewalt für ehelich erklärt werden. | Die Ehelichkeitserklärung steht dem Bundesstaate zu, dem der Vater angehört; ist der Vater ein Deutscher, der keinem Bundesstaat angehört, so steht sie dem Reichskanzler zu. | Ueber die Ertheilung der einem Bundesstaate zustehenden Ehelichkeitserklärung hat die Landesregierung zu bestimmen. 1723.

Die Ehelichkeitserklärung kann nicht unter einer Bedingung oder einer Zeitbestimmung erfolgen. 1724.

Die Ehelichkeitserklärung kann versagt werden, auch wenn ihr ein gesetzliches Hinderniß nicht entgegensteht. 1734.

2. Erfordernisse.

Antrag des Vaters (siehe oben 1). Zur Ehelichkeitserklärung ist die Einwilligung des Kindes und, wenn das Kind nicht das 21. Lebensjahr vollendet hat, die Einwilligung der Mutter erforderlich. Ist der Vater verheirathet, so bedarf er auch

Wird die Einwilligung von der Mutter verweigert, so kann sie auf Antrag des Kindes durch das

Der Antrag auf Ehelichkeitserklärung sowie die Einwilligung der im § 1726 bezeichneten Personen kann nicht durch einen Ver-

Ist der Vater in der Geschäftsfähigkeit beschränkt, so bedarf er zu dem Antrag, außer der Zustimmung seines gesetzlichen Vertreters, der Genehmigung des Vormundschaftsgerichts. |

Ist der Antrag oder die Einwilligung einer der im § 1726 bezeichneten Personen anfecht-

der Einwilligung seiner Frau. | Die Einwilligung hat dem Vater oder der Behörde gegenüber zu erfolgen, bei welcher der Antrag einzureichen ist; sie ist unwiderruflich. | Die Einwilligung der Mutter ist nicht erforderlich, wenn die Mutter zur Abgabe einer Erklärung dauernd außer Stande oder ihr Aufenthalt dauernd unbekannt ist. Das Gleiche gilt von der Einwilligung der Frau des Vaters. 1726.

Vormundschaftsgericht ersetzt werden, wenn das Unterbleiben der Ehelichkeitserklärung dem Kinde zu unverhältnißmäßigem Nachtheile gereichen würde. 1727.

treter erfolgen. | Ist das Kind geschäftsunfähig oder hat es nicht das 14. Lebensjahr vollendet, so kann sein gesetzlicher Vertreter die Einwilligung mit Genehmigung des Vormundschaftsgerichts ertheilen. 1728. (S. 47.)

Ist das Kind in der Geschäftsfähigkeit beschränkt, so gilt das Gleiche für die Ertheilung seiner Einwilligung. | Ist die Mutter des Kindes oder die Frau des Vaters in der Geschäftsfähigkeit beschränkt, so ist zur Ertheilung ihrer Einwilligung die Zustimmung des gesetzlichen Vertreters nicht erforderlich. 1729. (S. 51.)

bar, so gelten für die Anfechtung und für die Bestätigung der anfechtbaren Erklärung die Vorschriften der §§ 1728, 1729. 1731. (S. 49.)

Der Antrag muß die Erklärung des Vaters enthalten, daß er das Kind als das seinige anerkenne. 1725.

Der Antrag sowie die Einwilligungserklärung der im § 1726 bezeichneten Personen bedarf der gerichtlichen oder notariellen Beurkundung. 1730.

3. Hindernisse der Ehelichkeitserklärung. Die Ehelichkeitserklärung ist nicht zulässig, wenn zur Zeit der Erzeugung des Kindes die Ehe zwischen den Eltern nach § 1310 Abs. 1 wegen Verwandtschaft oder Schwägerschaft verboten war. 1732. (S. 240.)

Die Ehelichkeitserklärung kann nicht nach dem Tode des Kindes erfolgen. | Nach dem Tode des Vaters ist die Ehelichkeitserklärung nur zulässig, wenn der Vater den Antrag bei der zuständigen Behörde eingereicht oder bei oder nach der gerichtlichen oder notariellen Beurkundung des Antrags das Gericht oder den Notar mit der Einreichung betraut hat. | Die nach dem Tode des Vaters erfolgte Ehelichkeitserklärung hat die gleiche Wirkung, wie wenn sie vor dem Tode des Vaters erfolgt wäre. **1733.**

4. *Wirksamkeit der Ehelichkeitserklärung.* Auf die Wirksamkeit der Ehelichkeitserklärung ist es *ohne Einfluß*, wenn der Antragsteller nicht der Vater des Kindes ist oder wenn mit Unrecht angenommen worden ist, daß die Mutter des Kindes oder die Frau des Vaters zur Abgabe einer Erklärung dauernd außer Stande oder ihr Aufenthalt dauernd unbekannt sei. **1735.**

5. *Wirkungen der Ehelichkeitserklärung.* Durch die Ehelichkeitserklärung erlangt das Kind die *rechtliche Stellung* eines ehelichen Kindes. **1736.**

Die Wirkungen der Ehelichkeitserklärung *erstrecken sich auf* die Abkömmlinge des Kindes; sie erstrecken sich nicht auf die Verwandten des Vaters. Die Frau des Vaters wird nicht mit dem Kinde, der Ehegatte des Kindes wird nicht mit dem Vater verschwägert. | Die Rechte und Pflichten, die sich aus dem *Verwandtschaftsverhältnisse zwischen dem Kinde und seinen Verwandten* ergeben, bleiben unberührt, soweit nicht das Gesetz ein Anderes vorschreibt. **1737.**

Mit der Ehelichkeitserklärung verliert die Mutter das Recht und die Pflicht, *für die Person des Kindes zu sorgen.* Hat sie dem Kinde *Unterhalt* zu gewähren, so treten Recht und Pflicht wieder ein, wenn die elterliche Gewalt des Vaters endigt oder wenn sie wegen Geschäftsunfähigkeit des Vaters oder nach § 1677 (S. 305) ruht. **1738.**

Der Vater ist dem Kinde und dessen Abkömmlingen *vor der Mutter und den mütterlichen Verwandten* zur Gewährung des Unterhalts verpflichtet. **1739.**

Will der Vater eine Ehe eingehen, während er die elterliche Gewalt über das Kind hat, so finden die Vorschriften der §§ 1669 bis 1671 (S. 304) Anwendung. **1740.**

8) Annahme an Kindesstatt.

Das Vorhandensein eines angenommenen Kindes steht einer weiteren Annahme an Kindesstatt nicht entgegen. **1743.**

a) *Erfordernisse.*

1. *Wer keine ehelichen Abkömmlinge* hat, kann durch *Vertrag* mit einem Anderen diesen an *Kindesstatt* annehmen. **1741** Satz 1.

Der Annahmevertrag kann

Ist der Annehmende

Die *Bestätigung* des Annahmever-

2. Die Annahme an Kindesstatt kann nicht unter einer Bedingung oder einer Zeitbestimmung erfolgen. 1742.

In dem Annahmevertrage kann die Nutznießung des Annehmenden an dem Vermögen des Kindes sowie das Erbrecht des Kindes dem Annehmenden gegenüber ausgeschlossen werden. | Im übrigen können die Wirkungen der Annahme an Kindesstatt in dem Annahmevertrage nicht **geändert** werden. 1767.

3. Der Vertrag bedarf der Bestätigung durch das zuständige Gericht. 1741 Satz 2.

Die Annahme an Kindesstatt tritt mit der Bestätigung in Kraft. Die Vertragschließenden sind schon vor der Bestätigung gebunden. | Die Bestätigung ist nur zu versagen, wenn ein gesetzliches Erforderniß der Annahme an Kindesstatt fehlt. Wird die Bestätigung endgültig versagt, so verliert der Vertrag seine Kraft. 1754.

nicht durch einen Vertreter geschlossen werden. Hat das Kind nicht das 14. Lebensjahr vollendet, so kann sein gesetzlicher Vertreter den Vertrag mit Genehmigung des Vormundschaftsgerichts schließen. | Der Annahmevertrag muß bei gleichzeitiger Anwesenheit beider Theile vor Gericht oder vor einem Notar geschlossen werden. 1750.

in der Geschäftsfähigkeit beschränkt, so bedarf er zur Eingehung des Vertrags, außer der Zustimmung seines gesetzlichen Vertreters, der Genehmigung des Vormundschaftsgerichts. | Das Gleiche gilt für das Kind, wenn es in der Geschäftsfähigkeit beschränkt ist. 1751.

trags kann nicht nach dem Tode des Kindes erfolgen. | Nach dem Tode des Annehmenden ist die Bestätigung nur zulässig, wenn der Annehmende oder das Kind den Antrag auf Bestätigung bei dem zuständigen Gericht eingereicht oder bei oder nach der gerichtlichen oder notariellen Beurkundung des Vertrags das Gericht oder den Notar mit der Einreichung betraut hat. | Die nach dem Tode des Annehmenden erfolgte Bestätigung hat die gleiche Wirkung, wie wenn sie vor dem Tode erfolgt wäre. 1753.

4. Der Annehmende muß das 50. Lebensjahr vollendet haben und mindestens 18 Jahre älter sein als das Kind. **1744.**

Von den Erfordernissen des § 1744 kann Befreiung bewilligt werden, von der Vollendung des 50. Lebensjahrs jedoch nur, wenn der Annehmende volljährig ist. | Die Bewilligung steht dem Bundesstaate zu, dem der Annehmende angehört; ist der Annehmende ein Deutscher, der keinem Bundesstaat angehört, so steht die Bewilligung dem Reichskanzler zu. | Ueber die Ertheilung der einem Bundesstaate zustehenden Bewilligung hat die Landesregierung zu bestimmen. **1745.**

5. Einwilligung.

Wer verheirathet ist, kann nur mit der Einwilligung seines Ehegatten an Kindesstatt annehmen oder angenommen werden. | Die Einwilligung ist nicht erforderlich, wenn der Ehegatte zur Abgabe einer Erklärung dauernd außer Stande oder sein Aufenthalt dauernd unbekannt ist. **1746.** — Ein eheliches Kind kann bis zur Vollendung des 21. Lebensjahrs nur mit Einwilligung der Eltern, ein uneheliches Kind kann bis zum gleichen Lebensalter nur mit Einwilligung der Mutter an Kindesstatt angenommen werden. Die Vorschrift des § 1746 Abs. 2 findet entsprechende Anwendung. **1747.**

Die Einwilligung der in den §§ 1746, 1747 bezeichneten Personen hat dem Annehmenden oder dem Kinde oder dem für die Bestätigung des Annahmevertrags zuständigen Gerichte gegenüber zu erfolgen; sie ist unwiderruflich. | Die Einwilligung kann nicht durch einen Vertreter ertheilt werden. Ist der Einwilligende in der Geschäftsfähigkeit beschränkt, so bedarf er nicht der Zustimmung seines gesetzlichen Vertreters. | Die Einwilligungserklärung bedarf der gerichtlichen oder notariellen Beurkundung. **1748.**
(S. 51.)

Ist der Annahmevertrag oder die Einwilligung einer der in den §§ 1746, 1747 bezeichneten Personen anfechtbar, so gelten für die Anfechtung und für die Bestätigung des anfechtbaren Rechtsgeschäfts die Vorschriften des § 1748 Abs. 2, des § 1750 Abs. 1 und des § 1751. **1755.**
(S. 49, 313.)

b) Als gemeinschaftliches Kind kann ein Kind nur von einem Ehepaar angenommen werden. | Ein angenommenes Kind kann, solange das durch die Annahme begründete Rechtsverhältniß besteht, nur von dem Ehegatten des Annehmenden an Kindesstatt angenommen werden. **1749.**

c) Will ein Vormund seinen Mündel an Kindesstatt annehmen, so soll das Vormundschaftsgericht die Genehmigung nicht ertheilen, solange der Vormund im Amte ist. Will Jemand seinen früheren Mündel an Kindesstatt annehmen, so soll das Vormundschaftsgericht die Genehmigung nicht ertheilen, bevor er über seine Verwaltung Rechnung gelegt und das Vorhandensein des Mündelvermögens nachgewiesen hat. | Das Gleiche gilt, wenn ein zur Vermögensverwaltung bestellter Pfleger seinen Pflegling oder seinen früheren Pflegling an Kindesstatt annehmen will. **1752.**

d) Die Wirksamkeit der Annahme. Auf die Wirksamkeit der Annahme an Kindesstatt ist es ohne Einfluß, wenn bei der Bestätigung des Annahmevertrags mit Unrecht angenommen worden ist, daß eine der in den §§ 1746, 1747 bezeichneten Personen zur Abgabe einer Erklärung dauernd außer Stande oder ihr Aufenthalt dauernd unbekannt sei. **1756.**

e) Wirkungen der Annahme.

1. Durch die Annahme an Kindesstatt erlangt das Kind die rechtliche Stellung eines ehelichen Kindes des Annehmenden. | Wird von einem Ehepaare gemeinschaftlich ein Kind angenommen oder nimmt ein Ehegatte ein Kind des anderen Ehegatten an, so erlangt das Kind die rechtliche Stellung eines gemeinschaftlichen ehelichen Kindes der Ehegatten. **1757.**
2. Das Kind erhält den Familiennamen des Annehmenden. Wird das Kind von einer Frau angenommen, die in Folge ihrer Verheirathung einen anderen Namen führt, so erhält es den Familiennamen, den die Frau vor der Verheirathung geführt hat. In den Fällen des § 1757 Abs. 2 erhält das Kind den Familiennamen des Mannes. | Das Kind darf dem neuen Namen seinen früheren Familiennamen hinzufügen, sofern nicht in dem Annahmevertrag ein Anderes bestimmt ist. **1758.**
3. Durch die Annahme an Kindesstatt wird ein Erbrecht für den Annehmenden nicht begründet. **1759.**
4. Der Annehmende hat über das Vermögen des Kindes, soweit es auf Grund der elterlichen Gewalt seiner Verwaltung unterliegt, auf seine Kosten ein Verzeichniß aufzunehmen und dem Vormundschaftsgericht einzureichen; er hat das Verzeichniß mit der Versicherung der Richtigkeit und Vollständigkeit zu versehen. Ist das eingereichte Verzeichniß ungenügend, so findet die Vorschrift des § 1640 Abs. 2 Satz 1 Anwendung. | Erfüllt der Annehmende die ihm nach Abs. 1 obliegende Verpflichtung nicht, so kann ihm das Vormundschaftsgericht die Vermögensverwaltung entziehen. Die Entziehung kann jederzeit wieder aufgehoben werden. **1760.**
5. Die Wirkungen der Annahme an Kindesstatt erstrecken sich auf die Abkömmlinge des Kindes. Auf einen zur Zeit des Vertragsabschlusses schon vorhandenen Abkömmling und dessen später geborene Abkömm-

linge erstrecken sich die Wirkungen nur, wenn der Vertrag auch mit dem schon vorhandenen Abkömmlinge geschlossen wird. **1762.**

6. Die Wirkungen der Annahme an Kindesstatt erstrecken sich nicht auf die Verwandten des Annehmenden. Der Ehegatte des Annehmenden wird nicht mit dem Kinde, der Ehegatte des Kindes wird nicht mit dem Annehmenden verschwägert. **1763.**
7. Will der Annehmende eine Ehe eingehen, während er die elterliche Gewalt über das Kind hat, so finden die Vorschriften der §§ 1669 bis 1671 (S. 304) Anwendung. **1761.**
8. Die Rechte und Pflichten, die sich aus dem Verwandtschaftsverhältnisse zwischen dem Kinde und seinen Verwandten ergeben, werden durch die Annahme an Kindesstatt nicht berührt, soweit nicht das Gesetz ein Anderes vorschreibt. **1764.**
9. Mit der Annahme an Kindesstatt verlieren die leiblichen Eltern die elterliche Gewalt über das Kind, die uneheliche Mutter das Recht und die Pflicht, für die Person des Kindes zu sorgen. | Hat der Vater oder die Mutter dem Kinde Unterhalt zu gewähren, so treten das Recht und die Pflicht, für die Person des Kindes zu sorgen, wieder ein, wenn die elterliche Gewalt des Annehmenden endigt oder wenn sie wegen Geschäftsunfähigkeit des Annehmenden oder nach § 1677 (S. 47, 305) ruht. Das Recht zur Vertretung des Kindes tritt nicht wieder ein. **1765.**
10. Der Annehmende ist dem Kinde und denjenigen Abkömmlingen des Kindes, auf welche sich die Wirkungen der Annahme erstrecken, vor den leiblichen Verwandten des Kindes zur Gewährung des Unterhalts verpflichtet. | Der Annehmende steht im Falle des § 1611 Abs. 2 (S. 292) den leiblichen Verwandten der aufsteigenden Linie gleich. **1766.**

f) Wiederaufhebung des Rechtsverhältnisses. Das durch die Annahme an Kindesstatt begründete Rechtsverhältniß kann wieder aufgehoben werden. Die Aufhebung kann nicht unter einer Bedingung oder einer Zeitbestimmung erfolgen. | Die Aufhebung erfolgt durch Vertrag zwischen dem Annehmenden, dem Kinde und denjenigen Abkömmlingen des Kindes, auf welche sich die Wirkungen der Annahme erstrecken. | Hat ein Ehepaar gemeinschaftlich ein Kind angenommen oder hat ein Ehegatte ein Kind des anderen Ehegatten angenommen, so ist zu der Aufhebung die Mitwirkung beider Ehegatten erforderlich. **1768.**

Nach dem Tode des Kindes können die übrigen Betheiligten das zwischen ihnen bestehende Rechtsverhältniß durch Vertrag aufheben. Das Gleiche gilt in den Fällen des § 1757 Abs. 2 (S. 315) nach dem Tode eines der Ehegatten. **1769.**

Die für die Annahme an Kindesstatt geltenden Vorschriften des § 1741 Satz 2 und der §§ 1750, 1751, 1753 bis 1755 gelten auch für die Aufhebung. **1770.** (S. 312 flg.)

Schließen Personen, die durch Annahme an Kindesstatt verbunden sind, der Vorschrift des § 1311 (S. 241) zuwider eine Ehe, so tritt mit der

Eheschließung die Aufhebung des durch die Annahme zwischen ihnen begründeten Rechtsverhältnisses ein. | Ist die Ehe nichtig, so wird, wenn dem einen Ehegatten die elterliche Gewalt über den anderen zusteht, diese mit der Eheschließung verwirkt. Die Verwirkung tritt nicht ein, wenn die Nichtigkeit der Ehe auf einem Formmangel beruht und die Ehe nicht in das Heirathsregister eingetragen worden ist. **1771.**

Mit der Aufhebung der Annahme an Kindesstatt verlieren das Kind und diejenigen Abkömmlinge des Kindes, auf welche sich die Aufhebung erstreckt, das Recht, den Familiennamen des Annehmenden zu führen. Diese Vorschrift findet in den Fällen des § 1757 Abs. 2 keine Anwendung, wenn die Aufhebung nach dem Tode eines der Ehegatten erfolgt. **1772.**

III.

Vormundschaft.[1]

(§§ 1773—1895, 1896—1908, 1909—1921.)

Erster Titel: Vormundschaft über Minderjährige (siehe unten erste Rubrik).

Zweiter Titel: Vormundschaft über Volljährige (siehe unten zweite Rubrik). — Auf die Vormundschaft über einen Volljährigen finden die für die Vormundschaft über einen Minderjährigen geltenden Vorschriften Anwendung, soweit nicht aus den §§ 1898 bis 1908 (siehe Rubrik II) sich ein Anderes ergiebt. **1897.**

Dritter Titel: Pflegschaft (siehe unten dritte Rubrik). — Auf die Pflegschaft finden die für die Vormundschaften geltenden Vorschriften entsprechende Anwendung, soweit sich nicht aus dem Gesetz ein Anderes ergiebt (siehe Rubrik III). | Die Bestellung eines Gegenvormundes ist nicht erforderlich. **1915.**

I u. II. Anordnung und Führung der Vormundschaft und Pflegschaft.

Das Vormundschaftsgericht hat die Vormundschaft von Amtswegen anzuordnen. **1774.** (Gesetzliche Vormundschaft giebts nicht mehr.)

1. Gründe für die Bestellung eines Vormunds.

über Minderjährige.	über Volljährige.	Pflegschaft.
Das Vormundschaftsgericht soll, sofern nicht besondere Gründe für die Bestellung mehrerer Vormünder vorliegen, für den Mündel und, wenn mehrere Geschwister zu bevormunden sind, für alle	Ein Volljähriger erhält einen Vormund, wenn er entmündigt ist. **1896.** (S. 33.)	a) Wer unter elterlicher Gewalt oder unter Vormundschaft steht, erhält für Angelegenheiten, an deren Besorgung der Gewalthaber oder der Vormund verhindert ist, einen Pfleger. Er erhält insbesondere einen

[1] Siehe auch das Gesetz über die Angelegenheiten der freiwilligen Gerichtsbarkeit am Schluß dieses Buches.

über Minderjährige.

Mündel nur einen Vormund bestellen. **1775.**

a) Ein Minderjähriger erhält einen Vormund, wenn er nicht unter elterlicher Gewalt steht oder,

b) wenn die Eltern weder in den die Person noch in den das Vermögen betreffenden Angelegenheiten zur Vertretung des Minderjährigen berechtigt sind. **1773** Abs. 1.

c) Ein Minderjähriger erhält einen Vormund auch dann, wenn sein Familienstand nicht zu ermitteln ist. **1773** Abs. 2. (Findelkind.)

2. **Grund für die Bestellung eines Gegenvormunds und dessen Hauptaufgabe.** Neben dem Vormund kann ein Gegenvormund bestellt werden. Er soll bestellt werden, wenn mit der Vormundschaft eine Vermögensverwaltung verbunden ist, es sei denn, daß die Verwaltung nicht erheblich oder daß die Vormundschaft von mehreren Vormündern gemeinschaftlich zu führen ist. | Ist die Vormundschaft von mehreren Vormündern nicht gemeinschaftlich zu führen, so kann der eine Vormund zum Gegenvormunde des anderen bestellt

über Volljährige.

Ein Volljähriger, dessen Entmündigung beantragt ist, kann unter vorläufige Vormundschaft gestellt werden, wenn das Vormundschaftsgericht es zur Abwendung einer erheblichen Gefährdung der Person oder des Vermögens des Volljährigen für erforderlich erachtet. **1906.**

Pflegschaft.

Pfleger zur Verwaltung des Vermögens, das er von Todeswegen erwirbt oder das ihm unter Lebenden von einem Dritten unentgeltlich zugewendet wird, wenn der Erblasser durch letztwillige Verfügung, der Dritte bei der Zuwendung bestimmt hat, daß dem Gewalthaber oder dem Vormunde die Verwaltung nicht zustehen soll. | Tritt das Bedürfniß einer Pflegschaft ein, so hat der Gewalthaber oder der Vormund dem Vormundschaftsgericht unverzüglich Anzeige zu machen. | Die Pflegschaft ist auch dann anzuordnen, wenn die Voraussetzungen für die Anordnung einer Vormundschaft vorliegen, ein Vormund aber noch nicht bestellt ist. **1909.** (Siehe hierzu S. 320 § 1916 flg.)

b) Ein Volljähriger, der nicht unter Vormundschaft steht, kann einen Pfleger für seine Person und sein Vermögen erhalten, wenn er in Folge körperlicher Gebrechen, insbesondere weil er taub, blind oder stumm ist, seine Angelegenheiten nicht zu besorgen vermag. | Vermag ein Volljähriger, der nicht unter Vormundschaft steht, in Folge geistiger und körperlicher Gebrechen einzelne seiner Ange-

über Minderjährige.

legenheiten oder einen be- werden. | Auf die Berufung und Bestellung des Gegen- vormundes finden die für die Berufung und Be- stellung des Vormundes geltenden Vorschriften Anwendung. 1792.

Der Gegenvor- mund hat darauf zu achten, daß der Vor- mund die Vormundschaft pflichtmäßig führt. Er hat dem Vormundschaftsgerichte Pflichtwidrigkeiten des Vor- mundes sowie jeden Fall unverzüglich anzuzeigen, in welchem das Vormund- schaftsgericht zum Ein- schreiten berufen ist, ins- besondere den Tod des Vormunds, oder den Ein- tritt eines andern Um- standes, in Folge dessen das Amt des Vormundes endigt oder die Entlassung des Vormundes erforder- lich wird. | Der Vor- mund hat dem Gegen- vormund auf Verlangen über die Führung der Vormundschaft Auskunft zu ertheilen und die Ein- sicht der sich auf die Vor- mundschaft beziehenden Pa- piere zu gestatten. 1799.

Soweit der Vormund zu einem Rechtsgeschäfte der Genehmigung des Gegenvormundes bedarf, finden die Vorschriften der §§ 1828 bis 1831 entspre- chende Anwendung. 1832.

über Volljährige.

Die Vorschrif- ten über die Be- rufung zur Vor- mundschaft gel- ten nicht für die vorläufige Vormund- schaft. 1907. (S. 348 zweite Rubrik.)

Pflegschaft.

stimmten Kreis seiner An- gelegenheiten, insbesondere seine Vermögensange- legenheiten, nicht zu be- sorgen, so kann er für diese Angelegenheiten einen Pfleger erhalten. | Die Pfleg- schaft darf nur mit Ein- willigung des Ge- brechlichen angeordnet werden, es sei denn, daß eine Verständigung mit ihm nicht möglich ist. 1910.

c) Ein abwesender Voll- jähriger, dessen Aufent- halt unbekannt ist, erhält für seine Vermögensan- gelegenheiten, soweit sie der Fürsorge bedürfen, einen Abwesenheitspfleger. Ein solcher Pfleger ist ihm insbesondere auch dann zu bestellen, wenn er durch Ertheilung eines Auftrags oder einer Vollmacht Für- sorge getroffen hat, aber Umstände eingetreten sind, die zum Widerrufe des Auftrags oder der Voll- macht Anlaß geben. | Das Gleiche gilt von einem Abwesenden, dessen Auf- enthalt bekannt, der aber an der Rückkehr und der Besorgung seiner Ver- mögensangelegenheiten verhindert ist. 1911.

d) Eine Leibesfrucht erhält zur Wahrung ihrer künf- tigen Rechte, soweit diese einer Fürsorge bedürfen, einen Pfleger. Die Für-

über Minderjährige.

3. **Die Berufung des Vormunds und des Gegenvormunds** (siehe oben 2 Schluß).

a) Die gesetzliche Reihenfolge. Als Vormünder sind in nachstehender Reihenfolge berufen:

1. wer von dem Vater des Mündels als Vormund benannt ist;
2. wer von der ehelichen Mutter des Mündels

Der Vater kann einen Vormund nur benennen, wenn ihm zur Zeit seines Todes die elterliche Gewalt über das Kind zusteht; er hat dieses Recht nicht, wenn er in den die Person oder in den das Vermögen betreffenden Angelegenheiten nicht zur Vertretung des Kindes berechtigt ist. | Das Gleiche gilt für die Mutter. | Der Vater kann für ein Kind, das erst nach seinem Tode

über Volljährige.

Der Vater und die Mutter des Mündels sind nicht berechtigt, einen Vormund zu benennen oder jemand von der Vormundschaft auszuschließen. **1898.**

Vor den Großvätern ist der Vater und nach ihm die eheliche Mutter des Mündels als Vormund berufen. | Die Eltern sind nicht berufen, wenn der Mündel von einem Anderen als dem Ehegatten seines Vaters oder seiner Mutter an Kindesstatt angenommen ist. | Stammt der Mündel aus einer nichtigen Ehe, so ist der Vater im Falle des § 1701, die Mutter im Falle des § 1702 nicht berufen. **1899.** (S. 306.)

Pflegschaft.

sorge steht jedoch dem Vater oder der Mutter zu, wenn das Kind, falls es bereits geboren wäre, unter elterlicher Gewalt stehen würde. **1912.**

e) Ist unbekannt oder ungewiß, wer bei einer Angelegenheit der Betheiligte ist, so kann dem Betheiligten für diese Angelegenheit, soweit eine Fürsorge erforderlich ist, ein Pfleger bestellt werden. Insbesondere kann einem Nacherben, der noch nicht erzeugt ist oder dessen Persönlichkeit erst durch ein künftiges Ereigniß bestimmt wird, für die Zeit bis zum Eintritte der Nacherbfolge ein Pfleger bestellt werden. **1913.**

f) Ist durch öffentliche Sammlung Vermögen für einen vorübergehenden Zweck zusammengebracht worden, so kann zum Zwecke der Verwaltung und Verwendung des Vermögens ein Pfleger bestellt werden, wenn die zu der Verwaltung und Verwendung berufenen Personen weggefallen sind. **1914.**

Für die nach § 1909 anzuordnende Pflegschaft gelten die Vorschriften über die Berufung zur Vormundschaft nicht. **1916.**

über Minderjährige.

als Vormund benannt ist;

geboren wird, einen Vormund benennen, wenn er dazu berechtigt sein würde, falls das Kind vor seinem Tode geboren wäre. | Die Benennung des Vormundes erfolgt durch letztwillige Verfügung. **1777.**

3. der Großvater des Mündels von väterlicher Seite;
4. der Großvater des Mündels von mütterlicher Seite. |

Die Großväter sind nicht berufen, wenn der Mündel von einem Anderen als dem Ehegatten seines Vaters oder seiner Mutter an Kindesstatt angenommen ist. Das Gleiche gilt, wenn derjenige, von welchem der Mündel abstammt, von einem Anderen als dem Ehegatten seines Vaters oder seiner Mutter an Kindesstatt angenommen ist und die Wirkungen der Annahme

über Volljährige.

Eine Ehefrau darf **zum Vormund** ihres **Mannes** auch ohne dessen Zustimmung bestellt werden. | Der Ehegatte des **Mündels** darf vor den Eltern und den Großvätern, die ehe-

Pflegschaft.

Wird die Anordnung einer Pflegschaft nach § 1909 Abs. 1 Satz 2 erforderlich, so ist als Pfleger berufen, wer als solcher von dem Erblasser durch letztwillige Verfügung, von dem Dritten bei der Zuwendung benannt worden ist; die Vorschriften des § 1778 finden entsprechende Anwendung. | Für den benannten Pfleger kann der Erblasser durch letztwillige Verfügung, der Dritte bei der Zuwendung die in den §§ 1852 bis 1854 (S. 333 flg.) bezeichneten Befreiungen anordnen. Das Vormundschaftsgericht kann die Anordnungen außer Kraft setzen, wenn sie das Interesse des Pflegebefohlenen gefährden. | Zu einer Abweichung von den Anordnungen des Dritten ist, solange er lebt, seine Zustimmung erforderlich und genügend. Die Zustimmung des Dritten kann durch das Vormundschaftsgericht ersetzt werden, wenn der Dritte zur Abgabe einer Erklärung dauernd außer Stande oder sein Aufenthalt dauernd unbekannt ist. **1917.**

über Minderjährige.	über Volljährige.
sich auf den Mündel erstrecken. 1776. Wer nach § 1776 als Vormund berufen ist, darf ohne seine Zustimmung nur übergangen werden, wenn er nach den §§ 1780 bis 1784 nicht zum Vormunde bestellt werden kann oder soll oder wenn er an der Uebernahme der Vormundschaft verhindert ist oder die Uebernahme verzögert oder wenn seine Bestellung das Interesse des Mündels gefährden würde. | Ist der Berufene nur vorübergehend verhindert, so hat ihn das Vormundschaftsgericht nach dem Wegfalle des Hindernisses auf seinen Antrag an Stelle des bisherigen Vormundes zum Vormunde zu bestellen. | Für eine Ehefrau darf der Mann vor den nach § 1776 Berufenen, für ein uneheliches Kind darf die Mutter vor dem Großvater zum Vormunde bestellt werden. | Neben dem Berufenen darf nur mit dessen Zustimmung ein Mitvormund bestellt werden. 1778.	liche Mutter darf im Falle des § 1702 (S. 307) vor den Großvätern zum Vormunde bestellt werden. | Die uneheliche Mutter darf vor dem Großvater zum Vormunde bestellt werden. 1900.

b) Die Unfähigkeit zur Führung einer Vormundschaft. Zum Vormunde kann nicht bestellt werden, wer geschäftsunfähig oder wegen Geistesschwäche, Verschwendung oder Trunksucht entmündigt ist. **1780.**

c) Instruktionelle Vorschriften für die Auswahl eines Vormundes. Ist die Vormundschaft nicht einem nach § 1776 Berufenen zu übertragen, so hat das Vormundschaftsgericht nach Anhörung des Gemeindewaisenraths (S. 334) den Vormund auszuwählen. | Das Vormundschaftsgericht soll eine Person auswählen, die nach ihren persönlichen Verhältnissen und ihrer Vermögenslage sowie nach den sonstigen Umständen zur Führung der Vormundschaft geeignet ist. Bei der Auswahl ist auf das religiöse Bekenntniß des Mündels Rücksicht zu nehmen. Verwandte und Verschwägerte des Mündels sind zunächst zu berücksichtigen. **1779.** — Zum Vormunde soll nicht bestellt werden; 1. wer minderjährig oder nach § 1906 (S. 318) unter vorläufige Vormundschaft gestellt ist; 2. wer nach § 1910 (S. 319) zur Besorgung seiner Vermögensangelegenheiten einen Pfleger erhalten hat; 3. wer in Konkurs gerathen ist, während der Dauer des Konkurses; 4. wer der bürgerlichen Ehrenrechte für verlustig erklärt ist, soweit sich nicht aus den Vorschriften des Strafgesetzbuchs ein Anderes ergiebt. **1781.** — Zum Vormunde soll nicht bestellt werden, wer durch Anordnung des Vaters oder der ehelichen Mutter des Mündels von der Vormundschaft ausgeschlossen ist. Die Mutter kann den von dem Vater als Vormund Benannten nicht ausschließen. Auf die Ausschließung finden die Vorschriften des § 1777 (S. 321) Anwendung. **1782.** — Eine Frau, die mit einem Anderen als dem Vater des Mündels verheirathet ist, soll nur mit Zustimmung ihres Mannes zum Vormunde bestellt werden. **1783.** — Ein Beamter oder Religionsdiener, der nach den Landesgesetzen einer besonderen Erlaubniß zur Uebernahme einer Vormundschaft bedarf, soll nicht ohne die vorgeschriebene Erlaubniß zum Vormunde bestellt werden. **1784.**

d) Gründe für die Ablehnung einer Vormundschaft. Die Uebernahme der Vormundschaft kann ablehnen: 1. eine Frau, 2. wer das 60. Lebensjahr vollendet hat; 3. wer mehr als 4 minderjährige eheliche Kinder hat; ein von einem Anderen an Kindesstatt angenommenes Kind wird nicht gerechnet; 4. wer durch Krankheit oder durch Gebrechen verhindert ist, die Vormundschaft ordnungsgemäß zu führen; 5. wer wegen Entfernung seines Wohnsitzes von dem Sitze des Vormundschaftsgerichts die Vormundschaft nicht ohne besondere Belästigung führen kann; 6. wer nach § 1844 (S. 336) zur Sicherheitsleistung angehalten wird; 7. wer mit einem Anderen zur gemeinschaftlichen Führung der Vormundschaft bestellt werden soll; 8. wer mehr als eine Vormundschaft oder Pflegschaft führt; die Vormundschaft oder Pflegschaft über mehrere Geschwister gilt nur als eine; die Führung von 2 Gegenvormundschaften steht der Führung einer Vormundschaft gleich.

Das Ablehnungsrecht erlischt, wenn es nicht vor der Bestellung bei dem Vormundschaftsgerichte geltend gemacht wird. **1786.**

4. **Uebernahmepflicht** (für Vormünder und Gegenvormünder). Jeder Deutsche hat die Vormundschaft, für die er von dem Vormundschaftsgericht ausgewählt wird, zu übernehmen, sofern nicht seiner Bestellung zum Vormund einer der in den § 1780 bis 1784 (siehe b und c) bestimmten Gründe entgegensteht. **1785.** — Wer die Uebernahme der Vormundschaft ohne Grund ablehnt, ist, wenn ihm ein Verschulden zur Last fällt, für den Schaden verantwortlich, der dem Mündel dadurch entsteht, daß sich die Bestellung des Vormundes verzögert. | Erklärt das Vormundschaftsgericht die Ablehnung für unbegründet, so hat der Ablehnende, unbeschadet der ihm zustehenden Rechtsmittel, die Vormundschaft auf Erfordern des Vormundschaftsgerichts vorläufig zu übernehmen. **1787.** — Das Vormundschaftsgericht kann den zum Vormund Ausgewählten durch Ordnungsstrafen zur Uebernahme der Vormundschaft anhalten. | Die einzelne Strafe darf den Betrag von 300 Mark nicht übersteigen. | Die Strafen dürfen nur in Zwischenräumen von mindestens 1 Woche verhängt werden. Mehr als 3 Strafen dürfen nicht verhängt werden. **1788.**

5. **Der Akt der Bestellung** des Vormundes und Gegenvormundes. Der Vormund wird von dem Vormundschaftsgerichte durch Verpflichtung zu treuer und gewissenhafter Führung der Vormundschaft bestellt. Die Verpflichtung soll mittelst Handschlags an Eidesstatt erfolgen. **1789.** — Bei der Bestellung des Vormundes kann die Entlassung für den Fall vorbehalten werden, daß ein bestimmtes Ereigniß eintritt oder nicht eintritt. **1790.**

6. **Legitimation des Vormundes** und des Gegenvormundes. Der Vormund erhält eine Bestallung. | Die Bestallung soll enthalten den Namen und die Zeit der Geburt des Mündels, die Namen des Vormundes, des Gegenvormundes und der Mitvormünder sowie im Falle der Theilung der Vormundschaft die Art der Theilung. Ist ein Familienrath eingesetzt, so ist auch dies anzugeben. **1791.** Zu 5 u. 6 siehe § 1792 S. 319.

7. **Umfang der Rechte und Pflichten des Vormundes und Gegenvormundes bei Führung der Vormundschaft.** (Wegen des Pflegers siehe S. 317 § 1915.)

a) Der Vormund hat das Recht und die Pflicht, für die Person und das Vermögen des Mündels zu sorgen, insbesondere den Mündel zu vertreten. **1793.**

b) Das Recht und die Pflicht des Vormundes, für die Person und das Vermögen des Mündels zu sorgen, erstreckt sich nicht auf Angelegenheiten des Mündels, für die ein Pfleger bestellt ist. **1794.**

c) Der Vormund kann den Mündel nicht vertreten: 1. bei einem

Das Vormundschaftsgericht kann dem Vormunde die Vertretung für einzelne Angelegenheiten oder für einen bestimmten Kreis von Ange-

Vormundschaft über Volljährige.

Der Vormund hat für die Person des Mündels nur insoweit zu sorgen, als der Zweck der

Rechtsgeschäfte zwischen seinem Ehegatten oder einem seiner Verwandten in gerader Linie einerseits und dem Mündel andererseits, es sei denn, daß das Rechtsgeschäft ausschließlich in der Erfüllung einer Verbindlichkeit besteht; 2. bei einem Rechtsgeschäfte, das die Uebertragung oder Belastung einer durch Pfandrecht, Hypothek oder Bürgschaft gesicherten Forderung des Mündels gegen den Vormund oder die Aufhebung oder Minderung dieser Sicherheit zum Gegenstande hat oder die Verpflichtung des Mündels zu einer solchen Uebertragung, Belastung, Aufhebung oder Minderung begründet; 3. bei einem Rechtsstreite zwischen den in Nr. 1 bezeichneten Personen sowie bei einem Rechtsstreit über eine Angelegenheit der in Nr. 2 bezeichneten Art. | Die Vorschrift des § 181 (S. 56) bleibt unberührt. **1795.**

legenheiten entziehen. | Die Entziehung soll nur erfolgen, wenn das Interesse des Mündels zu dem Interesse des Vormundes oder eines von diesem vertretenen Dritten oder einer der im § 1795 Nr. 1 bezeichneten Personen in erheblichem Gegensatze steht. **1796.**

Vormundschaft über Volljährige.

Vormundschaft es erfordert. | Steht eine Ehefrau unter Vormundschaft, so tritt die im § 1633 bestimmte Beschränkung nicht ein. **1901.** (S. 296.)

d) Der Vormund ist dem Mündel für den aus einer Pflichtverletzung entstehenden Schaden verantwortlich, wenn ihm ein Verschulden zur Last fällt. Das Gleiche gilt von dem Gegenvormunde. | Sind für den Schaden Mehrere neben einander verantwortlich, so haften sie als Gesammtschuldner. Ist neben dem Vormunde für den von diesem verursachten Schaden der Gegenvormund oder ein Mitvormund nur wegen Verletzung seiner Aufsichtspflicht verantwortlich, so ist in ihrem Verhältnisse zu einander der Vormund allein verpflichtet. **1833.** (S. 161.)

e) Siehe die Anzeigepflichten S. 319 § 1799 und S. 329 § 1834.

f) Macht der Vormund zum Zwecke der Führung der Vormundschaft Aufwendungen, so kann er nach den für den Auftrag geltenden Vorschriften der §§ 669, 670 (S. 135) von dem Mündel Vorschuß oder Ersatz verlangen. Das gleiche Recht steht dem Gegenvormunde zu. | Als Aufwendungen gelten auch solche Dienste des Vormundes oder des Gegenvormundes, die zu seinem Gewerbe oder seinem Berufe gehören. **1835.**

g) Die Vormundschaft wird unentgeltlich geführt. Das Vormundschaftsgericht kann jedoch dem Vormund und aus besonderen Gründen auch dem Gegenvormund eine angemessene Vergütung bewilligen. Die Bewilligung soll nur erfolgen, wenn das Vermögen des Mündels sowie der Umfang und die Bedeutung der vormundschaftlichen Geschäfte es rechtfertigen. Die Vergütung kann jederzeit für die Zukunft geändert oder entzogen werden. | Vor der Bewilligung, Aenderung oder Entziehung soll der Vormund und, wenn ein Gegenvormund vorhanden oder zu bestellen ist, auch dieser gehört werden. **1836.**

h) Will der zum Vormunde bestellte Vater oder die zum Vormunde bestellte eheliche Mutter des Mündels eine Ehe eingehen, so liegen ihnen die im § 1669 (S. 299) bestimmten Verpflichtungen ob. **1845.**

8. **Die Sorge des Vormundes für die Person des Mündels.** Das Recht und die Pflicht des Vormundes, für die Person des Mündels zu sorgen, bestimmt sich nach den für die elterliche Gewalt geltenden Vorschriften der §§ 1631 bis 1633. **1800.** (S. 295.)

Die Sorge für die religiöse Erziehung des Mündels kann dem Vormunde von dem Vormundschaftsgerichte entzogen werden, wenn der Vormund nicht dem Bekenntniß angehört, in dem der Mündel zu erziehen ist. **1801.** (S. 22.)

9. **Die Vermögensverwaltung der Vormünder.** (Rechnungslegung S. 335.)

a) Verzeichnung des Mündel-Vermögens. Der Vormund hat das Vermögen, das bei der Anordnung der Vormundschaft vorhanden ist oder später dem Mündel zufällt, zu verzeichnen und das Verzeichniß, nachdem er es mit der Versicherung der Richtigkeit und Vollständigkeit versehen hat, dem Vormundschaftsgericht einzureichen. Ist ein Gegenvormund vorhanden, so hat ihn der Vormund bei der Aufnahme des Verzeichnisses zuzuziehen; das Verzeichniß ist auch von dem Gegenvormunde mit der Versicherung der Richtigkeit und Vollständigkeit zu versehen. | Der Vormund kann sich bei der Aufnahme des Verzeichnisses der Hilfe eines Beamten, eines Notars oder eines anderen Sachverständigen bedienen. | Ist das eingereichte Verzeichniß ungenügend, so kann das Vormundschaftsgericht anordnen, daß das Verzeichniß durch eine zuständige Behörde oder durch einen zuständigen Beamten oder Notar aufgenommen wird. **1802.**

b) Anlegung des Mündelgeldes. Der Vormund hat das zum Vermögen des Mündels gehörende Geld verzinslich anzulegen, soweit es nicht zur Bestreitung von Ausgaben bereit zu halten ist. **1806.**

Die im § 1806 vorgeschriebene Anlegung von Mündelgeld soll nur erfolgen: **1.** in Forderungen, für die eine sichere Hypothek an einem inländischen Grundstücke besteht, oder in sicheren Grundschulden oder Rentenschulden an inländischen Grundstücken; **2.** in verbrieften Forderungen gegen das Reich oder einen Bundesstaat sowie in Forderungen, die in das Reichsschuldbuch oder in das Staatsschuldbuch eines Bundesstaats eingetragen sind; **3.** in verbrieften Forderungen, deren Verzinsung von dem Reiche

Der Vormund soll die in den §§ 1806 bis 1808 vorgeschriebene Anlegung nur mit Genehmigung des Gegenvormundes bewirken; die Genehmigung des Gegenvormundes wird durch Genehmigung des Vormundschaftsgerichts ersetzt. Ist ein Gegenvormund nicht vorhanden, so soll die Anlegung nur mit Genehmigung des Vormundschaftsgerichts er-

oder einem Bundesstaate gewährleistet ist; 4. in Werthpapieren, insbesondere Pfandbriefen, sowie in verbrieften Forderungen jeder Art gegen eine inländische kommunale Körperschaft oder die Kreditanstalt einer solchen Körperschaft, sofern die Werthpapiere oder die Forderungen von dem Bundesrathe zur Anlegung von Mündelgeld für geeignet erklärt sind; 5. bei einer inländischen öffentlichen Sparkasse, wenn sie von der zuständigen Behörde des Bundesstaats, in welchem sie ihren Sitz hat, zur Anlegung von Mündelgeld für geeignet erklärt ist. | Die Landesgesetze können für die innerhalb ihres Geltungsbereichs belegenen Grundstücke die Grundsätze bestimmen, nach denen die Sicherheit einer Hypothek, einer Grundschuld oder einer Rentenschuld festzustellen ist. **1807.**

Kann die Anlegung den Umständen nach nicht in der im § 1807 bezeichneten Weise erfolgen, so ist das Geld bei der Reichsbank, bei einer Staatsbank oder bei einer anderen durch Landesgesetz dazu für geeignet erklärten inländischen Bank oder bei einer Hinterlegungsstelle anzulegen. **1808.**

folgen, sofern nicht die Vormundschaft von mehreren Vormündern gemeinschaftlich geführt wird. **1810.**

Das Vormundschaftsgericht kann aus besonderen Gründen dem Vormund eine andere Anlegung als die in den §§ 1807, 1808 vorgeschriebene gestatten. **1811.**

Der Vormund soll Mündelgeld nach § 1807 Abs. 1 Nr. 5 oder nach § 1808 nur mit der Bestimmung anlegen, daß zur Erhebung des Geldes die Genehmigung des Gegenvormundes oder des Vormundschaftsgerichts erforderlich ist. **1809.**

c) Die Annahme geschuldeter Leistungen durch den Vormund. Der Vormund bedarf nicht der Genehmigung des Gegenvormundes zur Annahme einer geschuldeten Leistung: 1. wenn der Gegenstand der Leistung nicht in Geld oder Werthpapieren besteht; 2. wenn der Anspruch nicht mehr als 300 Mark beträgt; 3. wenn Geld zurückgezahlt wird, das der Vormund angelegt hat; 4. wenn der Anspruch zu den Nutzungen des Mündelvermögens gehört; 5. wenn der Anspruch auf Erstattung von Kosten der Kündigung oder der Rechtsverfolgung oder auf sonstige Nebenleistungen gerichtet ist. | Die Befreiung nach Abs. 1 Nr. 2, 3 erstreckt sich nicht auf die Erhebung von Geld, bei dessen Anlegung ein Anderes bestimmt worden ist. Die Befreiung nach Abs. 1 Nr. 3 gilt auch nicht für die Erhebung von Geld, das nach § 1807 Abs. 1 Nr. 1 bis 4 angelegt ist. **1813.**

d) Hinterlegungspflicht. Der Vormund hat die zu dem Vermögen des Mündels gehörenden Inhaberpapiere nebst den Erneuerungsscheinen bei einer Hinterlegungsstelle oder bei der Reichsbank mit der Bestimmung zu hinterlegen, daß die Herausgabe der Papiere nur mit Genehmigung des Vormundschaftsgerichts verlangt werden kann. Die Hinterlegung von Inhaberpapieren, die nach § 92 (S. 45) zu den verbrauchbaren Sachen gehören, sowie von Zins-, Renten- oder Gewinnantheilscheinen ist nicht erforderlich. Den Inhaberpapieren stehen Orderpapiere gleich, die mit Blankoindossament versehen sind. **1814.**

Der Vormund kann die Inhaberpapiere, statt sie nach § 1814 zu hinterlegen, auf den Namen des Mündels mit der Bestimmung umschreiben lassen, daß er über sie nur mit Genehmigung des Vormundschaftsgerichts verfügen kann. Sind die Papiere von dem Reiche oder einem Bundesstaat ausgestellt, so kann er sie mit der gleichen Bestimmung in Buchforderungen gegen das Reich oder den Bundesstaat umwandeln lassen. | Sind Inhaberpapiere zu hinterlegen, die in Buchforderungen gegen das Reich oder einen Bundesstaat umgewandelt werden können, so kann das Vormundschaftsgericht anordnen, daß sie nach Abs. 1 in Buchforderungen umgewandelt werden. **1815.**

Das Vormundschaftsgericht kann aus besonderen Gründen anordnen, daß der Vormund auch solche zu dem Vermögen des Mündels gehörende Werthpapiere, zu deren Hinterlegung er nach § 1814 nicht verpflichtet ist, sowie Kostbarkeiten des Mündels in der im § 1814 bezeichneten Weise zu hinterlegen hat; auf Antrag des Vormundes kann die Hinterlegung von Zins-, Renten- und Gewinnantheilscheinen angeordnet werden, auch wenn ein besonderer Grund nicht vorliegt. **1818.**

e) Befolgung von Anordnungen Dritter. Was der Mündel von Todeswegen erwirbt oder was ihm unter Lebenden von einem Dritten unentgeltlich zugewendet wird, hat der Vormund nach den Anordnungen des Erblassers oder des Dritten zu verwalten, wenn die Anordnungen von dem Erblasser durch letztwillige Verfügung, von dem Dritten bei der Zuwendung getroffen worden sind. | Der Vormund darf mit Genehmigung des Vormundschaftsgerichts von den Anordnungen abweichen, wenn ihre Befolgung das Interesse des Mündels gefährden würde. | Zu einer Abweichung von den Anordnungen, die ein Dritter bei einer Zuwendung unter Lebenden getroffen hat, ist, solange er lebt, seine Zustimmung erforderlich und genügend. Die Zustimmung des Dritten kann durch das Vormundschaftsgericht ersetzt werden, wenn der Dritte zur Abgabe einer Erklärung dauernd außer Stande oder sein Aufenthalt dauernd unbekannt ist. **1803.**

f) Weitere Fälle der Abhängigkeit des Vormunds von der Genehmigung des Gegenvormunds. Der Vormund kann über eine Forderung oder über ein anderes Recht, kraft dessen der Mündel eine Leistung verlangen kann, sowie über ein Werthpapier des Mündels nur mit Genehmigung des Gegenvormundes verfügen, sofern nicht nach den §§ 1819 bis 1822 (siehe S. 330 flg.) die Genehmigung des Vormundschaftsgerichts erforderlich ist. Das Gleiche gilt von der Eingehung der Verpflichtung zu einer solchen Verfügung. | Die Genehmigung des Gegenvormundes wird durch die Genehmigung des Vormundschaftsgerichts ersetzt. | Ist ein Gegenvormund nicht vorhanden, so tritt an die Stelle der Genehmigung des Gegenvormundes die Genehmigung des Vormundschaftsgerichts, sofern nicht die Vormundschaft von mehreren Vormündern gemeinschaftlich geführt wird. **1812.**

g) Führung der Vormundschaft durch Mehrere. Mehrere Vormünder führen die Vormundschaft gemeinschaftlich. Bei einer Meinungsverschiedenheit entscheidet das Vormundschaftsgericht, sofern nicht bei der Bestellung ein Anderes bestimmt wird. | Das Vormundschaftsgericht kann die Führung der Vormundschaft unter mehrere Vormünder nach bestimmten Wirkungskreisen vertheilen. Innerhalb des ihm überwiesenen Wirkungskreises führt jeder Vormund die Vormundschaft selbständig. | Bestimmungen, die der Vater oder die Mutter für die Entscheidung von Meinungsverschiedenheiten zwischen den von ihnen benannten Vormündern und für die Vertheilung der Geschäfte unter diese nach Maßgabe des § 1777 (siehe S. 321) getroffen hat, sind von dem Vormundschaftsgerichte zu befolgen, sofern nicht ihre Befolgung das Interesse des Mündels gefährden würde. **1797.**

h) Unwirksame und verbotene Handlungen des Vormundes.

1. Der Vormund kann nicht in Vertretung des Mündels Schenkungen machen. Ausgenommen sind Schenkungen, durch die einer sittlichen Pflicht oder einer auf den Anstand zu nehmenden Rücksicht entsprochen wird. **1804.**

2. Der Vormund darf Vermögen des Mündels nicht für sich verwenden. **1805.**

   Verwendet der Vormund Geld des Mündels für sich, so hat er es von der Zeit der Verwendung an zu verzinsen. **1834.**

3. Ein einseitiges Rechtsgeschäft, das der Vormund ohne die erforderliche Genehmigung des Vormundschaftsgerichts vornimmt, ist unwirksam. Nimmt der Vormund mit dieser Genehmigung ein solches Rechtsgeschäft einem Anderen gegenüber vor, so ist das Rechtsgeschäft unwirksam, wenn der Vormund die Genehmigung nicht in schriftlicher Form vorlegt und der Andere das Rechtsgeschäft aus diesem Grunde unverzüglich zurückweist. **1831.**

i) Vorgeschriebene Mitwirkung des Vormundschaftsgerichts. Das Vormundschaftsgericht kann die Genehmigung zu einem Rechtsgeschäfte nur dem Vormunde gegenüber erklären. **1828.** (Siehe auch unten § 1826.)

1. Steht die Sorge für die Person und die Sorge für das Vermögen des Mündels verschiedenen Vormündern zu, so entscheidet bei einer Meinungsverschiedenheit über die Vornahme einer sowohl die Person als das Vermögen des Mündels betreffenden Handlung das Vormundschaftsgericht. **1798.**

2. Gehören Buchforderungen gegen das Reich oder gegen einen Bundesstaat bei der Anordnung der Vormundschaft zu dem Vermögen des Mündels oder erwirbt der Mündel später solche Forderungen, so

hat der Vormund in das Schuldbuch den Vermerk eintragen zu lassen, daß er über die Forderungen nur mit Genehmigung des Vormundschaftsgerichts verfügen kann. **1816.**

Das Vormundschaftsgericht kann aus besonderen Gründen den Vormund von den ihm nach den §§ 1814, 1816 obliegenden Verpflichtungen entbinden. **1817.**

3. Solange die nach § 1814 oder nach § 1818 hinterlegten Werthpapiere oder Kostbarkeiten nicht zurückgenommen sind, bedarf der Vormund zu einer Verfügung über sie und, wenn Hypotheken-, Grundschuld- oder Rentenschuldbriefe hinterlegt sind, zu einer Verfügung über die Hypothekenforderung, die Grundschuld oder die Rentenschuld der Genehmigung des Vormundschaftsgerichts. Das Gleiche gilt von der Eingehung der Verpflichtung zu einer solchen Verfügung. **1819.**

Das Vormundschaftsgericht soll vor der Entscheidung über die zu einer Handlung des Vormundes erforderliche Genehmigung den Gegenvormund hören, sofern ein solcher vorhanden und die Anhörung thunlich ist. **1826.**

4. Sind Inhaberpapiere nach § 1815 auf den Namen des Mündels umgeschrieben oder in Buchforderungen umgewandelt, so bedarf der Vormund auch zur Eingehung der Verpflichtung zu einer Verfügung über die sich aus der Umschreibung oder der Umwandlung ergebenden Stammforderungen der Genehmigung des Vormundschaftsgerichts. | Das Gleiche gilt, wenn bei einer Buchforderung des Mündels der im § 1816 bezeichnete Vermerk eingetragen ist. **1820.**

5. Der Vormund bedarf der Genehmigung des Vormundschaftsgerichts: 1. zur Verfügung über ein Grundstück oder über ein Recht an einem Grundstücke; 2. zur Verfügung über eine Forderung, die auf Uebertragung des Eigenthums an einem Grundstück oder auf Begründung oder Uebertragung eines Rechtes an einem Grundstück oder auf Befreiung eines Grundstücks von einem solchen Rechte gerichtet ist; 3. zur Eingehung der Verpflichtung zu einer der in Nr. 1, 2 bezeichneten Verfügungen; 4. zu einem Vertrage, der auf den entgeltlichen Erwerb eines Grundstücks oder eines Rechtes an einem Grundstücke gerichtet ist. | Zu den Rechten an einem Grundstück im

Das Vormundschaftsgericht soll den Mündel hören vor der Entscheidung über die Genehmigung eines

Vormundschaft über Volljährige.

Der Vormund kann eine Ausstattung aus

Sinne dieser Vorschriften gehören nicht Hypotheken, Grundschulden und Rentenschulden. **1821.**

6. Der Vormund bedarf der Genehmigung des Vormundschaftsgerichts: 1. zu einem Rechtsgeschäfte, durch das der Mündel zu einer Verfügung über sein Vermögen im Ganzen oder über eine ihm angefallene Erbschaft oder über seinen künftigen gesetzlichen Erbtheil oder seinen künftigen Pflichttheil verpflichtet wird, sowie zu einer Verfügung über den Antheil des Mündels an einer Erbschaft; 2. zur Ausschlagung einer Erbschaft oder eines Vermächtnisses, zum Verzicht auf einen Pflichttheil sowie zu einem Erbtheilungsvertrage; 3. zu einem Vertrage, der auf den entgeltlichen Erwerb oder die Veräußerung eines Erwerbsgeschäfts gerichtet ist, sowie zu einem Gesellschaftsvertrage, der zum Betrieb eines Erwerbsgeschäfts eingegangen wird; 4. zu einem Pachtvertrag über ein Landgut oder einen gewerblichen Betrieb; 5. zu einem Mieth- oder Pachtvertrag oder einem anderen Vertrage, durch den der Mündel zu wiederkehrenden Leistungen verpflichtet wird, wenn das Vertragsverhältniß länger als ein Jahr nach der Vollendung des 21. Lebensjahrs des Mündels fortdauern soll; 6. zu einem Lehrvertrage, der für längere Zeit als ein Jahr geschlossen wird; 7. zu einem auf die Eingehung eines Dienst- oder Arbeitsverhältnisses gerichteten Vertrage, wenn der Mündel zu persönlichen Leistungen für längere Zeit als ein Jahr verpflichtet werden soll; 8. zur Aufnahme von Geld auf den Kredit des Mündels; 9. zur Ausstellung einer Schuldverschreibung

Lehrvertrags oder eines auf die Eingehung eines Dienst- oder Arbeitsverhältnisses gerichteten Vertrags und, wenn der Mündel das 14. Lebensjahr vollendet hat, über die Entlassung aus dem Staatsverbande. | Hat der Mündel das 18. Lebensjahr vollendet, so soll ihn das Vormundschaftsgericht, soweit thunlich, auch hören vor der Entscheidung über die Genehmigung eines der im § 1821 und im § 1822 Nr. 3 bezeichneten Rechtsgeschäfte sowie vor der Entscheidung über die Geneh-

Vormundschaft über Volljährige.

dem Vermögen des Mündels nur mit Genehmigung des Vormundschaftsgerichts versprechen oder gewähren. Zu einem Mieth- oder Pachtvertrage sowie zu einem anderen Vertrage, durch den der Mündel zu wiederkehrenden Leistungen verpflichtet wird, bedarf der Vormund der Genehmigung des Vormundschaftsgerichts, wenn das Vertragsverhältniß länger als 4 Jahre dauern soll. Die Vorschrift des

auf den Inhaber oder zur Eingehung einer Verbindlichkeit aus einem Wechsel oder einem anderen Papiere, das durch Indossament übertragen werden kann; 10. zur Uebernahme einer fremden Verbindlichkeit, insbesondere zur Eingehung einer Bürgschaft; 11. zur Ertheilung einer Prokura; 12. zu einem Vergleich oder einem Schiedsvertrag, es sei denn, daß der Gegenstand des Streites oder der Ungewißheit in Geld schätzbar ist und den Werth von 300 Mark nicht übersteigt; 13. zu einem Rechtsgeschäfte, durch das die für eine Forderung des Mündels bestehende Sicherheit aufgehoben oder gemindert oder die Verpflichtung dazu begründet wird. **1822.**	migung des Beginns oder der Auflösung eines Erwerbsgeschäftes. **1827.**	**Vormundschaft über Volljährige.** § 1822 Nr. 4 bleibt unberührt. **1902.**

7. Der Vormund soll nicht ohne Genehmigung des Vormundschaftsgerichts ein neues Erwerbsgeschäft im Namen des Mündels beginnen oder ein bestehendes Erwerbsgeschäft des Mündels auflösen. **1823.**
8. Der Vormund kann Gegenstände, zu deren Veräußerung die Genehmigung des Gegenvormundes oder des Vormundschaftsgerichts erforderlich ist, dem Mündel nicht ohne diese Genehmigung zur Erfüllung eines von diesem geschlossenen Vertrags oder zu freier Verfügung überlassen. **1824.**
9. Das Vormundschaftsgericht kann dem Vormunde zu Rechtsgeschäften, z denen nach § 1812 die Genehmigung des Gegenvormundes erforderlich ist, sowie zu den im § 1822 Nr. 8 bis 10 bezeichneten Rechtsgeschäften eine allgemeine Ermächtigung ertheilen. Die Ermächtigung soll nur ertheilt werden, wenn sie zum Zwecke der Vermögensverwaltung, insbesondere zum Betrieb eines Erwerbsgeschäfts, erforderlich ist. **1825.**
10. Schließt der Vormund einen Vertrag ohne die erforderliche Genehmigung des Vormundschaftsgerichts, so hängt die Wirksamkeit des Vertrags von der nachträglichen Genehmigung des Vormundschaftsgerichts ab. Die Genehmigung sowie deren Verweigerung wird dem anderen Theile gegenüber erst wirksam, wenn sie ihm durch den Vormund mitgetheilt wird. | Fordert der andere Theil den Vormund zur Mittheilung darüber auf, ob die Genehmigung ertheilt sei, so kann die Mittheilung der Genehmigung nur bis zum Ablaufe von 2 Wochen nach dem Empfange der Aufforderung erfolgen; erfolgt sie nicht, so gilt die Genehmigung als verweigert. | Ist der Mündel volljährig geworden, so

tritt seine Genehmigung an die Stelle der Genehmigung des Vormundschaftsgerichts. **1829.** — Hat der Vormund dem anderen Theile gegenüber der Wahrheit zuwider die Genehmigung des Vormundschaftsgerichts behauptet, so ist der andere Theil bis zur Mittheilung der nachträglichen Genehmigung des Vormundschaftsgerichts zum Widerrufe berechtigt, es sei denn, daß ihm das Fehlen der Genehmigung bei dem Abschlusse des Vertrags bekannt war. **1830.**

III. Befreite Vormünder.

a) Auf Anordnung des Vaters. Der Vater kann, wenn er einen Vormund benennt, die Bestellung eines Gegenvormundes ausschließen. Der Vater kann anordnen, daß der von ihm benannte Vormund bei der Anlegung von Geld den in den §§ 1809, 1810 bestimmten Beschränkungen nicht unterliegen und zu den im § 1812 bezeichneten Rechtsgeschäften der Genehmigung des Gegenvormundes oder des Vormundschaftsgerichts nicht bedürfen soll. Diese Anordnungen sind als getroffen anzusehen, wenn der Vater die Bestellung eines Gegenvormundes ausgeschlossen hat. **1852.** — Der Vater kann den von ihm benannten Vormund von der Verpflichtung entbinden, Inhaber- und Orderpapiere zu hinterlegen und den im § 1816 bezeichneten Vermerk in das Reichsschuldbuch oder das Staatsschuldbuch eintragen zu lassen. **1853.** — Der Vater kann den von ihm benannten Vormund von der Verpflichtung entbinden, während der Dauer seines Amtes Rechnung zu legen. | Der Vormund hat in einem solchen Falle nach dem Ablaufe von je 2 Jahren eine

Auf die nach den §§ 1852 bis 1855 zulässigen Anordnungen finden die Vorschriften des § 1777 (S. 321) Anwendung. **1856.** — Die Anordnungen des Vaters oder der Mutter können von dem Vormundschaftsgericht außer Kraft gesetzt werden,

Vormundschaft über Volljährige. Wird der Vater des Mündels zum Vormunde bestellt, so unterbleibt die Bestellung eines Gegenvormundes. Dem Vater stehen die Befreiungen zu, die nach den §§ 1852 bis 1854 angeordnet werden können. Das Vormundschaftsgericht kann die Befreiungen außer Kraft setzen, wenn sie das Interesse des Mündels gefährden. | Diese Vorschriften finden keine Anwendung, wenn der Vater im Falle der Minderjährigkeit des Mündels zur Vermögensverwaltung nicht berechtigt sein würde. **1903.** —

Uebersicht über den Bestand des seiner Verwaltung unterliegenden Vermögens dem Vormundschaftsgericht einzureichen. Das Vormundschaftsgericht kann anordnen, daß die Uebersicht in längeren, höchstens 5 jährigen Zwischenräumen einzureichen ist. | Ist ein Gegenvormund vorhanden oder zu bestellen, so hat ihm der Vormund die Uebersicht unter Nachweisung des Vermögensbestandes vorzulegen. Der Gegenvormund hat die Uebersicht mit den Bemerkungen zu versehen, zu denen die Prüfung ihm Anlaß giebt. **1854.**

b) Auf Anordnung der ehelichen Mutter. Benennt die eheliche Mutter einen Vormund, so kann sie die gleichen Anordnungen treffen wie nach den §§ 1852 bis 1854 der Vater. **1855.**

wenn ihre Befolgung das Interesse des Mündels gefährden würde. **1857.**

Vormundschaft über Volljährige.

Ist die eheliche Mutter des Mündels zum Vormunde bestellt, so gilt für sie das Gleiche wie nach § 1903 für den Vater. Der Mutter ist jedoch ein Gegenvormund zu bestellen, wenn sie die Bestellung beantragt oder wenn die Voraussetzungen vorliegen, unter denen ihr nach § 1687 Nr. 3 (S. 294) ein Beistand zu bestellen sein würde. Wird ein Gegenvormund bestellt, so stehen der Mutter die im § 1852 bezeichneten Befreiungen nicht zu. **1904.**

IV u. V. Fürsorge und Aufsicht des Vormundschaftsgerichts unter Mitwirkung des Gemeindewaisenraths.

a) Rechte und Pflichten des Gemeindewaisenraths.

1. Der Gemeindewaisenrath hat dem Vormundschaftsgerichte die Personen vorzuschlagen, die sich im einzelnen Falle zum Vormunde, Gegenvormund oder Mitglied eines Familienraths eignen. **1849.**

2. Der Gemeindewaisenrath hat in Unterstützung des Vormundschaftsgerichts darüber zu wachen, daß die Vormünder der sich in seinem Bezirk aufhaltenden Mündel für die Person der Mündel, insbesondere für ihre Erziehung und ihre körperliche Pflege, pflichtmäßig Sorge tragen. Er hat dem Vormundschaftsgerichte Mängel und Pflichtwidrigkeiten, die er in dieser Hinsicht wahrnimmt, anzuzeigen und auf Erfordern über das persönliche Ergehen und das Verhalten eines Mündels Auskunft zu ertheilen. | Erlangt der Gemeindewaisenrath Kenntniß von einer Gefährdung des Vermögens eines Mündels, so hat er dem Vormundschaftsgericht Anzeige zu machen. **1850.**

3. Wird der Aufenthalt eines Mündels in den Bezirk eines anderen Gemeindewaisenraths verlegt, so hat der Vormund dem Ge-

meindewaisenrathe des bisherigen Aufenthaltsorts und dieser dem Gemeindewaisenrathe des neuen Aufenthaltsorts die Verlegung mitzutheilen. **1851** Abs. 2.

b) Mittheilungen des Gerichts an den Waisenrath. Das Vormundschaftsgericht hat dem Gemeindewaisenrathe die Anordnung der Vormundschaft über einen sich in dessen Bezirk aufhaltenden Mündel unter Bezeichnung des Vormundes und des Gegenvormundes sowie einen in der Person des Vormundes oder des Gegenvormundes eintretenden Wechsel mitzutheilen. **1851** Abs. 1.

c) Die Macht des Vormundschaftsgerichts. Das Vormundschaftsgericht hat über die gesammte Thätigkeit des Vormundes und des Gegenvormundes die Aufsicht zu führen und gegen Pflichtwidrigkeiten durch geeignete Gebote und Verbote einzuschreiten. Das Vormundschaftsgericht kann den Vormund und den Gegenvormund zur Befolgung seiner Anordnungen durch Ordnungsstrafen anhalten. Die einzelne Strafe darf den Betrag von 300 Mark nicht übersteigen. **1837.**

d) Anordnungen des Vormundschaftsgerichts.

1. Das Vormundschaftsgericht kann anordnen, daß der Mündel zum Zwecke der Erziehung in einer geeigneten Familie oder in einer Erziehungsanstalt oder einer Besserungsanstalt untergebracht wird. Steht dem Vater oder der Mutter die Sorge für die Person des Mündels zu, so ist eine solche Anordnung nur unter den Voraussetzungen des § 1666 (S. 302) zulässig. **1838.**

2. Der Vormund sowie der Gegenvormund hat dem Vormundschaftsgericht auf Verlangen jeder Zeit über die Führung der Vormundschaft und über die persönlichen Verhältnisse des Mündels Auskunft zu ertheilen. **1839.**

Der Vormund hat über seine Vermögensverwaltung dem Vormundschaftsgerichte Rechnung zu legen. | Die Rechnung ist jährlich zu legen. Das Rechnungsjahr wird von dem Vormundschaftsgerichte bestimmt. | Ist die Verwaltung von geringem Umfange, so kann das Vormundschaftsgericht, nachdem die Rechnung für das 1. Jahr gelegt worden ist, anordnen, daß die Rechnung für längere, höchstens 3jährige Zeitabschnitte zu legen ist. **1840.**

Die Rechnung soll eine geordnete Zusammenstellung der Einnahmen und Ausgaben enthalten, über den Ab- und Zugang des Vermögens Auskunft geben und, soweit Belege ertheilt zu werden pflegen, mit Belegen versehen sein. | Wird ein Erwerbsgeschäft mit kaufmännischer Buchführung betrieben, so genügt als Rechnung eine aus den Büchern gezogene Bilanz. Das Vormundschaftsgericht kann jedoch die Vorlegung der Bücher und sonstigen Belege verlangen. **1841.**

Ist ein Gegenvormund vorhanden oder zu bestellen, so hat ihm der Vormund die Rechnung unter Nachweisung des Vermögensbestandes vorzulegen. Der Gegenvormund hat die Rechnung mit den Bemerkungen zu versehen, zu denen die Prüfung ihm Anlaß giebt. **1842.**

Das Vormundschaftsgericht hat die Rechnung rechnungsmäßig und sachlich zu prüfen und, soweit erforderlich, ihre Berichtigung und Ergänzung herbeizuführen. | Ansprüche, die zwischen dem Vormund und dem Mündel streitig bleiben, können schon vor der Beendigung des Vormundschaftsverhältnisses im Rechtswege geltend gemacht werden. **1843.**

4. Das Vormundschaftsgericht kann aus besonderen Gründen den Vormund anhalten, für das seiner Verwaltung unterliegende Vermögen Sicherheit zu leisten. Die Art und den Umfang der Sicherheitsleistung bestimmt das Vormundschaftsgericht nach seinem Ermessen. Das Vormundschaftsgericht kann, solange das Amt des Vormundes dauert, jederzeit die Erhöhung, Minderung oder Aufhebung der Sicherheit anordnen. | Bei der Bestellung, Aenderung oder Aufhebung der Sicherheit wird die Mitwirkung des Mündels durch die Anordnung des Vormundschaftsgericht ersetzt. | Die Kosten der Sicherheitsleistung sowie der Aenderung oder der Aufhebung fallen dem Mündel zur Last. **1844.** (S. 68.)

e) Weitere Pflichten des Gerichts.

1. Ist ein Vormund noch nicht bestellt oder ist der Vormund an der Erfüllung seiner Pflichten verhindert, so hat das Vormundschaftsgericht die im Interesse des Mündels erforderlichen Maßregeln zu treffen. **1846.**
2. Das Vormundschaftsgericht soll vor einer von ihm zu treffenden Entscheidung auf Antrag des Vormundes oder des Gegenvormundes Verwandte oder Verschwägerte des Mündels hören, wenn es ohne erhebliche Verzögerung und ohne unverhältnißmäßige Kosten geschehen kann. In wichtigen Angelegenheiten soll die Anhörung auch ohne Antrag erfolgen; wichtige Angelegenheiten sind insbesondere die Volljährigkeitserklärung, die Ersetzung der Einwilligung zur Eheschließung im Falle des § 1304 (S. 239), die Ersetzung der Genehmigung im Falle des § 1337 (S. 242), die Entlassung aus dem Staatsverband und die Todeserklärung | Die Verwandten und Verschwägerten können von dem Mündel Ersatz ihrer Auslagen verlangen; der Betrag der Auslagen wird von dem Vormundschaftsgerichte festgesetzt. **1847.**
3. Verletzt der Vormundschaftsrichter vorsätzlich oder fahrlässig die ihm obliegenden Pflichten, so ist er dem Mündel nach § 839 Abs. 1, 3 (S. 163) verantwortlich. **1848.**

VI. Familienrath.

a) Funktion und Zusammensetzung. Der Familienrath besteht aus dem Vormundschaftsrichter als Vorsitzendem und aus mindestens 2, höchstens 6 Mitgliedern. **1860.**

Der Familienrath hat die Rechte und Pflichten des Vormundschaftsgerichts. Die Leitung der Geschäfte liegt dem Vorsitzenden ob. | Die Mitglieder des Familienraths können ihr Amt nur persönlich ausüben. Sie sind in gleicher Weise verantwortlich wie der Vormundschaftsrichter. **1872.** (S. 336.)

b) Anordnung der Einsetzung.

Ein Familienrath soll von dem Vormundschaftsgericht eingesetzt werden, wenn der Vater oder die eheliche Mutter des Mündels die Einsetzung angeordnet hat. | Der Vater oder die Mutter kann die Einsetzung des Familienraths von dem Eintritt oder Nichteintritt eines bestimmten Ereignisses abhängig machen. | Die Einsetzung unterbleibt, wenn die erforderliche Zahl geeigneter Personen nicht vorhanden ist. **1858.**

Ein Familienrath soll von dem Vormundschaftsgericht eingesetzt werden, wenn ein Verwandter oder Verschwägerter des Mündels oder der Vormund oder der Gegenvormund die Einsetzung beantragt und das Vormundschaftsgericht sie im Interesse des Mündels für angemessen erachtet. | Die Einsetzung unterbleibt, wenn der Vater oder die eheliche Mutter des Mündels sie untersagt hat. **1859.**

Für die nach den §§ 1858, 1859, 1861, 1863, 1866 zulässigen Anordnungen des Vaters oder der Mutter gelten die Vorschriften des § 1777 (S. 321). | Die Anordnungen des Vaters gehen den Anordnungen der Mutter vor. **1868.**

Vormundschaft über Volljährige.

Ein Familienrath kann nur nach § 1859 Abs. 1 eingesetzt werden. | Der Vater und die Mutter des Mündels sind nicht berechtigt, Anordnungen über die Einsetzung und Aufhebung eines Familienraths oder über die Mitgliedschaft zu treffen. **1905.**

c) Berufung, Bestellung und Entlassung von Mitgliedern des Familienraths.

Niemand ist verpflichtet, das Amt eines Mitglieds des Familienraths zu übernehmen. **1869.**

Als Mitglied des Familienraths ist berufen, wer von dem Vater oder der ehelichen Mutter des Mündels als Mitglied benannt ist. Die Vorschriften des § 1778 Abs. 1, 2 finden entsprechende Anwendung. **1861.** (S. 321.)

Soweit eine Berufung nach § 1861 nicht vorliegt oder die Berufenen die Uebernahme des Amtes ablehnen, hat das Vormundschaftsgericht die zur Beschlußfähigkeit des Familienraths erforderlichen Mitglieder auszuwählen. Vor der Auswahl sollen der Gemeindewaisenrath und nach Maßgabe des § 1847 (S. 366) Verwandte oder Verschwägerte des Mündels gehört werden. | Die Bestimmung der Zahl weiterer Mitglieder und ihre Auswahl steht dem Familienrathe zu. **1862.**

Sind neben dem Vorsitzenden nur die zur Beschlußfähigkeit des Familienrathes erforderlichen Mitglieder vorhanden, so sind ein oder zwei Ersatzmitglieder zu bestellen. | Der Familienrath wählt die Ersatzmitglieder aus und bestimmt die Reihenfolge, in der sie bei der Verhinderung oder dem Wegfall eines Mitglieds in den Familienrath einzutreten haben. | Hat der Vater oder die eheliche Mutter Ersatzmitglieder benannt und die Reihenfolge ihres Eintritts bestimmt, so ist diese Anordnung zu befolgen. **1863.**

Wird der Familienrath durch vorübergehende Verhinderung eines Mitglieds beschlußunfähig und ist ein Ersatzmitglied nicht vorhanden, so ist für die Dauer der Verhinderung ein Ersatzmitglied zu bestellen. Die Auswahl steht dem Vorsitzenden zu. **1864.**

Zum Mitgliede des Familienraths kann nicht bestellt werden, wer geschäftsunfähig oder wegen Geistesschwäche, Verschwendung oder Trunksucht entmündigt ist. **1865.**

Zum Mitgliede des Familienraths soll nicht bestellt werden: 1. der Vormund des Mündels; 2. wer nach § 1781 oder nach § 1782 (S. 323) nicht zum Vormunde bestellt werden soll; 3. wer durch Anordnung des Vaters oder der ehelichen Mutter des Mündels von der Mitgliedschaft ausgeschlossen ist. **1866.**

Zum Mitgliede des Familienraths soll nicht bestellt werden, wer mit dem Mündel weder verwandt noch verschwägert ist, es sei denn, daß er von dem Vater oder der ehelichen Mutter des Mündels benannt oder von dem Familienrath oder nach § 1864 von dem Vorsitzenden ausgewählt worden ist. **1867.**

Die Mitglieder des Familienraths werden von dem Vorsitzenden durch Verpflichtung zu treuer und gewissenhafter Führung des Amtes bestellt. Die Verpflichtung soll mittelst Handschlags an Eidesstatt erfolgen. **1870.**

Bei der Bestellung eines Mitglieds des Familienraths kann die Entlassung für den Fall vorbehalten werden, daß ein bestimmtes Ereigniß eintritt oder nicht eintritt. **1871.**

Das Amt eines Mitglieds des Familienraths endigt aus denselben Gründen, aus denen nach den §§ 1885, 1886 und 1889 (S. 340) das Amt eines Vormundes endigt. | Ein Mitglied kann gegen seinen Willen nur durch das dem Vormundschaftsgericht im Instanzenzuge vorgeordnete Gericht entlassen werden. **1878.**

d) Einberufung des Familienraths. Wird ein sofortiges Einschreiten nöthig, so hat der Vorsitzende die erforderlichen Anordnungen zu treffen, den Familienrath einzuberufen, ihn von den Anordnungen in Kenntniß zu setzen und einen Beschluß über die etwa weiter erforderlichen Maßregeln herbeizuführen. **1876.**

Der Familienrath wird von dem Vorsitzenden einberufen. Die Einberufung hat zu erfolgen, wenn zwei Mitglieder, der Vormund oder der Gegenvormund sie beantragen oder wenn das Interesse des Mündels sie erfordert. Die Mitglieder können mündlich oder schriftlich eingeladen werden. **1873.**

Ein Mitglied des Familienraths, das ohne genügende Entschuldigung der Einberufung nicht Folge leistet oder die rechtzeitige Anzeige seiner Verhinderung unterläßt oder sich der Theilnahme an der Beschlußfassung enthält, ist von dem Vorsitzenden in die dadurch verursachten Kosten zu verurtheilen. | Der Vorsitzende kann gegen das Mitglied eine Ordnungsstrafe bis zu 100 Mark verhängen. | Erfolgt nachträglich genügende Entschuldigung, so sind die getroffenen Verfügungen aufzuheben. **1875.**

Die Mitglieder des Familienraths können von dem Mündel Ersatz ihrer Auslagen verlangen; der Betrag der Auslagen wird von dem Vorsitzenden festgesetzt. **1877.**

e) Die Berathung des Familienraths. Zur Beschlußfähigkeit des Familienraths ist die Anwesenheit des Vorsitzenden und mindestens zweier Mitglieder erforderlich. | Der Familienrath faßt seine Beschlüsse nach der Mehrheit der Stimmen der Anwesenden. Bei Stimmengleichheit entscheidet die Stimme des Vorsitzenden. | Steht in einer Angelegenheit das Interesse des Mündels zu dem Interesse eines Mitglieds in erheblichem Gegensatze, so ist das Mitglied von der Theilnahme an der Beschlußfassung ausgeschlossen. Ueber die Ausschließung entscheidet der Vorsitzende. **1874.**

f) Die Aufhebung des Familienraths. Das Vormundschaftsgericht hat den Familienrath aufzuheben, wenn es an der zur Beschlußfähigkeit erforderlichen Zahl von Mitgliedern fehlt und geeignete Personen zur Ergänzung nicht vorhanden sind. **1879.**

Der Vater des Mündels kann die Aufhebung des von ihm angeordneten Familienraths für den Fall des Eintritts oder Nichteintritts eines künftigen Ereignisses nach Maßgabe des § 1777 (S. 321) anordnen. Das gleiche Recht steht der ehelichen Mutter des Mündels für den von ihr angeordneten Familienrath zu. | Tritt der Fall ein, so hat das Vormundschaftsgericht den Familienrath aufzuheben. **1880.**

Von der Aufhebung des Familienraths hat das Vormundschaftsgericht die bisherigen Mitglieder, den Vormund und den Gegenvormund in Kenntniß zu setzen. | Der Vormund und der Gegenvormund erhalten neue Bestallungen. Die früheren Bestallungen sind dem Vormundschaftsgerichte zurückzugeben. **1881.**

VII. Beendigung der Vormundschaft.

a) Gründe der Beendigung der Vormundschaft.

1. Die Vormundschaft endigt mit dem Wegfalle der im § 1773 (S. 318) für die Anordnung der Vormundschaft bestimmten Voraussetzungen. **1882.**
2. Wird der Mündel durch nachfolgende Ehe legitimirt, so endigt die Vormundschaft erst dann, wenn die Vaterschaft des Ehemanns durch ein zwischen ihm und dem Mündel ergangenes Urtheil rechtskräftig festgestellt ist oder die Aufhebung der Vormundschaft von dem Vormundschaftsgericht angeordnet wird. | Das Vormundschaftsgericht hat die Aufhebung anzuordnen, wenn es die Voraussetzungen der Legitimation für vorhanden erachtet. Solange der Ehemann lebt, soll die Aufhebung nur angeordnet werden, wenn er die Vaterschaft anerkannt hat oder wenn er an der Abgabe einer Erklärung dauernd verhindert oder sein Aufenthalt dauernd unbekannt ist. **1883.**
3. Ist der Mündel verschollen, so endigt die Vormundschaft erst mit der Aufhebung durch das Vormundschaftsgericht. Das Vormundschaftsgericht hat die Vormundschaft aufzuheben, wenn ihm der Tod des Mündels bekannt wird. | Wird der Mündel für todt erklärt, so endigt die Vormundschaft mit der Erlassung des die Todeserklärung aussprechenden Urtheils. **1884.**

Vorläufige Vormundschaft über Volljährige.

Die vorläufige Vormundschaft endigt mit der Rücknahme oder der rechtskräftigen Abweisung des Antrags auf Entmündigung. | Erfolgt die Entmündigung, so endigt die vorläufige Vormundschaft, wenn auf Grund der Entmündigung ein Vormund bestellt wird. | Die vorläufige Vormundschaft ist von dem Vormundschaftsgericht aufzuheben, wenn der Mündel des vorläufigen vormundschaftlichen Schutzes nicht mehr bedürftig ist. **1908.**

b) Beendigung des vormundschaftlichen Amts. (Entmündigung. Todeserklärung. Tod. Entlassung.)

Das Amt des Vormundes endigt mit seiner Entmündigung. | Wird der Vormund für todt erklärt, so endigt sein Amt mit der Entlassung des die Todeserklärung aussprechenden Urtheils. **1885.**

Den Tod des Vormundes hat dessen Erbe dem Vormundschaftsgericht unverzüglich anzuzeigen. | Den Tod des Gegenvormundes oder eines Mitvormundes hat

Die Vor-

Pflegschaft.

Die Pflegschaft für eine unter elterlicher Gewalt oder unter Vormundschaft stehende Person endigt mit der Beendigung der elterlichen Gewalt oder der Vormundschaft. | Die Pflegschaft für eine Leibes-

der Vormund unverzüglich anzuzeigen. **1894.**

Das Vormundschaftsgericht hat den Vormund zu entlassen, wenn die Fortführung des Amtes, insbesondere wegen pflichtwidrigen Verhaltens des Vormundes, das Interesse des Mündels gefährden würde oder wenn in der Person des Vormundes einer der im § 1781 (S. 323) bestimmten Gründe vorliegt. **1886.**

Das Vormundschaftsgericht kann eine Frau, die zum Vormunde bestellt ist, entlassen, wenn sie sich verheirathet. | Das Vormundschaftsgericht hat eine verheirathete Frau, die zum Vormunde bestellt ist, zu entlassen, wenn der Mann seine Zustimmung zur Uebernahme oder zur Fortführung der Vormundschaft versagt oder die Zustimmung widerruft. Diese Vorschrift findet keine Anwendung, wenn der Mann der Vater des Mündels ist. **1887.**

Ist ein Beamter oder ein Religionsdiener zum Vormunde bestellt, so hat ihn das Vormundschaftsgericht zu entlassen, wenn die Erlaubniß, die nach den Landesgesetzen zur Uebernahme der Vormundschaft oder zur Fortführung der vor dem Eintritt in das Amts- oder Dienstverhältniß übernommenen Vormundschaft erforderlich ist, versagt oder zurückgenommen wird oder wenn die nach den Landesgesetzen zulässige Untersagung der Fortführung der Vormundschaft erfolgt. **1888.**

Das Vormundschaftsgericht hat den Vormund auf seinen Antrag zu entlassen, wenn ein wichtiger Grund vorliegt; ein wichtiger Grund ist insbesondere der Ein-

schriften der §§ 1885 bis 1889, 1893, 1894 finden auf den Gegenvormund ent-

Pflegschaft.

frucht endigt mit der Geburt des Kindes. | Die Pflegschaft zur Besorgung einer einzelnen Angelegenheit endigt mit deren Erledigung. **1918.**

Die Pflegschaft ist von dem Vormundschaftsgericht aufzuheben, wenn der Grund für die Anordnung der Pflegschaft weggefallen ist. **1919.**

Eine nach § 1910 (S. 319) angeordnete Pflegschaft ist von dem Vormundschaftsgericht aufzuheben, wenn der Pflegebefohlene die Aufhebung beantragt. **1920.**

Die Pflegschaft für einen Abwesenden ist von dem Vormundschaftsgericht aufzuheben, wenn der Abwesende an der Besorgung seiner Vermögensangelegenheiten nicht mehr verhindert ist. | Stirbt der Abwesende, so endigt die Pflegschaft erst mit der Aufhebung durch das Vormundschaftsgericht. Das Vormundschaftsgericht hat die Pflegschaft aufzuheben, wenn ihm der Tod des Abwesenden bekannt wird. | Wird der Abwesende für todt erklärt, so endigt die Pflegschaft

tritt eines Umstandes, der den Vormund nach § 1786 Abs. 1 Nr. 2 bis 7 (S. 323) berechtigen würde, die Uebernahme der Vormundschaft abzulehnen. 1889.

sprechende Anwendung. 1895.

Pflegschaft.

mit der Erlassung des die Todeserklärung aussprechenden Urtheils. 1921.

c) Herausgabe des Vermögens und der Bestallung. Schlußrechnung.

Der Vormund hat nach der Beendigung seines Amtes dem Mündel das verwaltete Vermögen herauszugeben und über die Verwaltung Rechenschaft abzulegen. Soweit er dem Vormundschaftsgerichte Rechnung gelegt hat, genügt die Bezugnahme auf diese Rechnung. 1890.

Ist ein Gegenvormund vorhanden, so hat ihm der Vormund die Rechnung vorzulegen. Der Gegenvormund hat die Rechnung mit den Bemerkungen zu versehen, zu denen die Prüfung ihm Anlaß giebt. | Der Gegenvormund hat über die Führung der Gegenvormundschaft und, soweit er dazu im Stande ist, über das von dem Vormunde verwaltete Vermögen auf Verlangen Auskunft zu ertheilen. 1891.

Der Vormund hat die Rechnung, nachdem er sie dem Gegenvormunde vorgelegt hat, dem Vormundschaftsgericht einzureichen. | Das Vormundschaftsgericht hat die Rechnung rechnungsmäßig und sachlich zu prüfen und deren Abnahme durch Verhandlung mit den Betheiligten unter Zuziehung des Gegenvormundes zu vermitteln. Soweit die Rechnung als richtig anerkannt wird, hat das Vormundschaftsgericht das Anerkenntniß zu beurkunden. 1892.

Im Falle der Beendigung der Vormundschaft oder des vormundschaftlichen Amtes finden die Vorschriften der §§ 1682, 1683 (S. 306) entsprechende Anwendung. | Der Vormund hat nach der Beendigung seines Amtes die Bestallung dem Vormundschaftsgericht zurückzugeben. 1893.

Fünftes Buch.

Erbrecht.[1]

Erster Abschnitt. Erbfolge. § 1922—1941. — Zweiter Abschnitt. Rechtliche Stellung des Erben. § 1942—2063. — Dritter Abschnitt. Testament. § 2064—2273. — Vierter Abschnitt. Erbvertrag. § 2274—2302. — Fünfter Abschnitt. Pflichttheil. § 2303—2338. — Sechster Abschnitt. Erbunwürdigkeit. § 2339—2345. — Siebenter Abschnitt. Erbverzicht. § 2346—2352. — Achter Abschnitt. Erbschein. § 2353—2370. — Neunter Abschnitt. Erbschaftskauf. § 2371—2385.

I.

Erbfolge.

(§ 1922—1941.)

1. **Begriffsbestimmungen, „Erbe" und „Miterbe".** Mit dem Tode einer Person (Erbfall) geht deren Vermögen (Erbschaft) als Ganzes auf eine oder mehrere andere Personen (Erben) über. | Auf den Antheil eines Miterben (Erbtheil) finden die sich auf die Erbschaft beziehenden Vorschriften Anwendung. **1922.**

   Erbe kann nur werden, wer zur Zeit des Erbfalls lebt. | Wer zur Zeit des Erbfalls noch nicht lebte, aber bereits erzeugt war, gilt als vor dem Erbfalle geboren. **1923.**
2. Der Begriff **„Erbfall".** Siehe oben Nr. 1. **Erbanfall** s. S. 348.
3. Der Begriff **„Erbschaft"** und **„Erbtheil".** Siehe oben Nr. 1 und S. 371. Fällt ein gesetzlicher Erbe (siehe unten 4c) vor oder nach dem Erbfalle weg und erhöht sich in Folge dessen der Erbtheil eines anderen gesetzlichen Erben, so gilt der Theil, um welchen sich der Erbtheil erhöht, in Ansehung der Vermächtnisse und Auflagen, mit denen dieser Erbe oder der wegfallende Erbe beschwert ist, sowie in Ansehung der Ausgleichungspflicht als besonderer Erbtheil. **1935.** (Siehe auch § 1927 und 1934 auf S. 344 flg.)
4. **Arten der Berufung zur Erbfolge.**

   a) Der Erblasser kann durch einseitige Verfügung von Todeswegen (Testament, letztwillige Verfügung) den Erben bestimmen. **1937.**

   Der Erblasser kann durch Testament einen Verwandten oder den Ehegatten von der gesetzlichen Erbfolge ausschließen, ohne einen Erben einzusetzen. **1938.**

---

[1] Siehe auch das Gesetz über die Angelegenheiten der freiwilligen Gerichtsbarkeit hinter dem BGB.

Der Erblasser kann durch Testament einem Anderen, ohne ihn als Erben einzusetzen, einen Vermögensvortheil zuwenden (Vermächtniß). **1939.**

Der Erblasser kann durch Testament den Erben oder einen Vermächtnißnehmer zu einer Leistung verpflichten, ohne einem Anderen ein Recht auf die Leistung zuzuwenden (Auflage). **1940.**

b) Der Erblasser kann durch Vertrag einen Erben einsetzen sowie Vermächtnisse und Auflagen anordnen (Erbvertrag). | Als Erbe (Vertragserbe) oder als Vermächtnißnehmer kann sowohl der andere Vertragschließende als ein Dritter bedacht werden. **1941.**

c) Gesetzliche Erben der 1. Ordnung sind die Abkömmlinge des Erblassers. | Ein zur Zeit des Erbfalls lebender Abkömmling schließt die durch ihn mit dem Erblasser verwandten Abkömmlinge von der Erbfolge aus. | An die Stelle eines zur Zeit des Erbfalls nicht mehr lebenden Abkömmlinges treten die durch ihn mit dem Erblasser verwandten Abkömmlinge (Erbfoge nach Stämmen). | Kinder erben zu gleichen Theilen. **1924.**

Gesetzliche Erben der 2. Ordnung sind die Eltern des Erblassers und deren Abkömmlinge. | Leben zur Zeit des Erbfalls die Eltern, so erben sie allein und zu gleichen Theilen. | Lebt zur Zeit des

Neue Berufung nach Erledigung einer vorhergehenden. Doppelte Verwandtschaft zum Erblasser.

Ein Verwandter ist nicht zur

Wer in der 1., der 2. oder der 3. Ordnung ver=

Gehört der überlebende Ehegatte zu den erb=

Ehegatte.

Der überlebende Ehegatte des Erblassers ist neben Verwandten der 1. Ordnung zu einem Viertheile, neben Verwandten der 2. Ordnung oder neben Großeltern zur Hälfte der Erbschaft als gesetzlicher Erbe berufen. Treffen mit Großeltern Abkömmlinge von Großeltern zusammen, so erhält der Ehegatte auch von der anderen Hälfte den Antheil, der nach § 1926 den Abkömmlingen zufallen würde. | Sind weder Ver=

Erbfolgeordnung.

Erbfalls der Vater oder die Mutter nicht mehr, so treten an die Stelle des Verstorbenen dessen Abkömmlinge nach den für die Beerbung in der 1. Ordnung geltenden Vorschriften. Sind Abkömmlinge nicht vorhanden, so erbt der überlebende Theil allein. **1925.**

Gesetzliche Erben der 3. Ordnung sind die Großeltern des Erblassers und deren Abkömmlinge. | Leben zur Zeit des Erbfalls die Großeltern, so erben sie allein und zu gleichen Theilen. | Lebt zur Zeit des Erbfalls von den väterlichen oder von den mütterlichen Großeltern der Großvater oder die Großmutter nicht mehr, so treten an die Stelle des Verstorbenen dessen Abkömmlinge. Sind Abkömmlinge nicht vorhanden, so fällt der Antheil des Verstorbenen dem anderen Theile des Großelternpaares und, wenn dieser nicht mehr lebt, dessen

Neue Berufung nach Erledigung einer vorhergehenden. Doppelte Verwandtschaft zum Erblasser.

Erbfolge berufen, solange ein Verwandter einer vorhergehen-

schiedenen Stämmen angehört, erhält den in jedem dieser Stämme ihm zufallenden Antheil. Jeder

berechtigten Verwandten, so erbt er zugleich als Verwandter. Der Erbtheil, der ihm auf Grund

Ehegatte.

wandte der 1. oder der 2. Ordnung noch Großeltern vorhanden, so erhält der überlebende Ehegatte die ganze Erbschaft. **1931.**

Ist der überlebende Ehegatte neben Verwandten der 2. Ordnung oder neben Großeltern gesetzlicher Erbe, so gebühren ihm außer dem Erbtheile die zum ehelichen Haushalte gehörenden Gegenstände, soweit sie nicht Zubehör eines Grundstücks sind, und die Hochzeitsgeschenke als Voraus. Auf den Voraus finden die für Vermächtnisse (S. 380) geltenden Vorschriften Anwendung. **1932.**

Das Erbrecht des überlebenden Ehegatten sowie das Recht auf den Voraus ist ausgeschlossen, wenn der Erblasser zur Zeit

<table>
<tr>
<td>Abkömmlingen zu. | Leben zur Zeit des Erbfalls die väterlichen oder die mütterlichen Großeltern nicht mehr und sind Abkömmlinge der Verstorbenen nicht vorhanden, so erben die anderen Großeltern oder ihre Abkömmlinge allein. | Soweit Abkömmlinge an die Stelle ihrer Eltern oder ihrer Voreltern treten, finden die für die Beerbung in der 1. Ordnung geltenden Vorschriften Anwendung. **1926.**</td>
<td>den Ordnung vorhanden ist. **1930.**</td>
<td>Antheil gilt als besonderer Erbtheil. **1927.**</td>
<td>der Verwandtschaft zufällt, gilt als besonderer Erbtheil. **1934.**</td>
<td>seines Todes auf Scheidung wegen Verschuldens des Ehegatten zu klagen berechtigt war und die Klage auf Scheidung oder auf Aufhebung der ehelichen Gemeinschaft erhoben hatte. **1933.** (S. 282 flg.)</td>
</tr>
</table>

Gesetzliche Erben der 4. Ordnung sind die Urgroßeltern des Erblassers und deren Abkömmlinge. | Leben zur Zeit des Erbfalls Urgroßeltern, so erben sie allein; Mehrere erben zu gleichen Theilen, ohne Unterschied, ob sie derselben Linie oder verschiedenen Linien angehören. | Leben zur Zeit des Erbfalls Urgroßeltern nicht mehr, so erbt von ihren Abkömmlingen derjenige, welcher mit dem Erblasser dem Grade nach am nächsten verwandt ist; mehrere gleich nahe Verwandte erben zu gleichen Theilen. **1928.**

Gesetzliche Erben der 5. Ordnung und der ferneren Ordnungen sind die entfernteren Voreltern des Erblassers und deren Abkömmlinge. Die Vorschriften des § 1928 Abs. 2, 3 finden entsprechende Anwendung. **1929.**

Ist zur Zeit des Erbfalls weder ein Verwandter noch ein Ehegatte des Erblassers vorhanden, so ist der Fiskus des Bundesstaats, dem der Erblasser zur Zeit des Todes angehört hat, gesetzlicher Erbe. Hat der Erblasser mehreren Bundesstaaten angehört, so ist der Fiskus eines jeden dieser Staaten zu gleichem Antheile zur Erbfolge berufen. | War der Erblasser ein Deutscher, der keinem Bundesstaate angehörte, so ist der Reichsfiskus gesetzlicher Erbe. **1936.** (Siehe S. 349 § 1942 Abs. 2.)

II.
Rechtliche Stellung des Erben.
(§ 1942—2385.)

I. Annahme und Ausschlagung der Erbschaft. Fürsorge des Nachlaßgerichts.
II. Haftung des Erben für die Nachlaßverbindlichkeiten.

1. Sicherung des Nachlasses durch das Gericht.

Bis zur Annahme der Erbschaft hat das Nachlaßgericht für die Sicherung des Nachlasses zu sorgen, soweit ein Bedürfniß besteht. Das Gleiche gilt, wenn der Erbe unbekannt oder wenn ungewiß ist, ob er die Erbschaft angenommen hat. | Das Nachlaßgericht kann insbesondere die Anlegung von Siegeln, die Hinterlegung von Geld, Werthpapieren und Kostbarkeiten sowie die Aufnahme eines Nachlaßverzeichnisses anordnen und für denjenigen, welcher Erbe wird, einen Pfleger (Nachlaßpfleger) bestellen. Die Vorschrift des § 1958 findet auf den Nachlaßpfleger keine Anwendung. **1960.** — Vor der Annahme der Erbschaft kann ein Anspruch, der sich gegen den Nachlaß richtet, nicht gegen den Erben gerichtlich geltend gemacht werden. **1958.**

Das Nachlaßgericht hat in den Fällen des § 1960 Abs. 1 einen Nachlaßpfleger zu bestellen, wenn die Bestellung zum Zwecke der gerichtlichen Geltendmachung eines Anspruchs, der sich gegen den Nachlaß richtet, von dem Berechtigten beantragt wird. **1961.**

Für die Nachlaßpflegschaft tritt an die Stelle des Vormundschaftsgerichts das Nachlaßgericht. **1962.**

Wird der Erbe nicht innerhalb einer den Umständen entsprechenden Frist ermittelt, so hat das Nachlaßgericht festzustellen, daß ein anderer Erbe als der Fiskus nicht vorhanden ist. | Die Feststellung begründet die Vermuthung, daß der Fiskus gesetzlicher Erbe sei. **1964.**

Der Feststellung hat eine öffentliche Aufforderung zur Anmeldung der Erbrechte unter Bestimmung einer Anmeldungsfrist vorauszugehen; die Art der Bekanntmachung und die Dauer der Anmeldungsfrist bestimmen sich nach den für das Aufgebotsverfahren geltenden Vorschriften. Die Aufforderung darf unterbleiben, wenn die Kosten dem Bestande des Nachlasses gegenüber unverhältnißmäßig groß sind. | Ein Erbrecht bleibt unberücksichtigt, wenn nicht dem Nachlaßgerichte binnen 3 Monaten nach dem Ablaufe der Anmeldungsfrist nachgewiesen wird, daß das Erbrecht besteht oder daß es gegen den Fiskus im Wege der Klage geltend gemacht ist. Ist eine öffentliche Aufforderung nicht ergangen, so beginnt die 3monatliche Frist mit der gerichtlichen Aufforderung, das Erbrecht oder die Erhebung der Klage nachzuweisen. **1965.**

Von dem Fiskus als gesetzlichem Erben und gegen den Fiskus als gesetzlichen Erben kann ein Recht erst geltend gemacht werden, nachdem von dem Nachlaßgerichte festgestellt worden ist, daß ein anderer Erbe nicht vorhanden ist. **1966.**

Wird vor der Annahme der Erbschaft zur Verwaltung des Nachlasses ein Nachlaßpfleger bestellt, so beginnen die im § 2014 und im § 2015 Abs. 1 (S. 354, 351) bestimmten Fristen mit der Bestellung. **2017.**

Einem nach den §§ 1960, 1961 bestellten Nachlaßpfleger kann eine Inventarfrist nicht bestimmt werden. Der Nachlaßpfleger ist den Nachlaßgläubigern gegenüber verpflichtet, über den Bestand des Nachlasses Auskunft zu ertheilen. Der Nachlaßpfleger kann nicht auf die Beschränkung der Haftung des Erben verzichten. Diese Vorschriften gelten auch für den Nachlaßverwalter. **2012.**

2. Besorgung erbschaftlicher Geschäfte vor der Ausschlagung der Erbschaft.

Besorgt der Erbe vor der Ausschlagung erbschaftliche Geschäfte, so ist er demjenigen gegenüber, welcher Erbe wird, wie ein Geschäftsführer ohne Auftrag (S. 136) berechtigt und verpflichtet. Verfügt der Erbe vor der Ausschlagung über einen Nachlaßgegenstand, so wird die Wirksamkeit der Verfügung durch die Ausschlagung nicht berührt, wenn die Verfügung nicht ohne Nachtheil für den Nachlaß verschoben werden konnte. | Ein Rechtsgeschäft, das gegenüber dem Erben als solchem vorgenommen werden muß, bleibt, wenn es vor der Ausschlagung dem Ausschlagenden gegenüber vorgenommen wird, auch nach der Ausschlagung wirksam. **1959.** — Siehe auch § 1978 unter Ziffer 7 unten.

3. Erbschaftsanfall. Rechte der Annahme oder Ausschlagung.

a) Die Erbschaft geht auf den berufenen Erben unbeschadet des Rechtes über, sie auszuschlagen (Anfall der Erbschaft). **1942 Abs. 1.**

b) Der Erbe kann die Erbschaft annehmen oder ausschlagen, sobald der Erbfall eingetreten ist. **1946.**

Die Annahme und die Ausschlagung können nicht unter einer Bedingung oder einer Zeitbestimmung erfolgen. **1947.**

Die Annahme und die Ausschlagung können nicht auf einen Theil der Erbschaft beschränkt werden. Die

Anfechtung.

Ist die Annahme oder die Ausschlagung anfechtbar, so kann die Anfechtung nur binnen 6 Wochen erfolgen. Die Frist beginnt im Falle der Anfechtbarkeit wegen Drohung mit dem Zeitpunkt, in welchem die Zwangslage aufhört, in den übrigen Fällen mit dem Zeitpunkt, in

Annahme oder Ausschlagung eines Theiles ist unwirksam. **1950.**

Der Fiskus kann die ihm als gesetzlichem Erben angefallene Erbschaft nicht ausschlagen. **1942** Abs. 2.

c) Wer durch Verfügung von Todeswegen als Erbe berufen ist, kann, wenn er ohne die Verfügung als gesetzlicher Erbe berufen sein würde, die Erbschaft als eingesetzter Erbe ausschlagen und als gesetzlicher Erbe annehmen.

d) Wer durch Testament und durch Erbvertrag als Erbe berufen ist, kann die Erbschaft aus dem einen Berufungsgrund annehmen und aus dem anderen ausschlagen. **1948.**

e) Die Annahme gilt als nicht erfolgt, wenn der Erbe über den Berufungsgrund im Irrthume war. | Die Ausschlagung erstreckt sich im Zweifel auf alle Berufungsgründe, die dem Erben zur Zeit der Erklärung bekannt sind. **1949.**

f) Wer zu mehreren Erbtheilen berufen ist, kann, wenn die Berufung auf verschiedenen Gründen beruht, den einen Erbtheil annehmen und den anderen ausschlagen. | Beruht die Berufung auf demselben Grunde, so gilt die Annahme oder Ausschlagung des einen Erbtheils auch für den anderen, selbst wenn der andere erst später anfällt. Die Berufung beruht auf demselben Grunde auch dann, wenn sie in verschiedenen Testamenten oder vertragsmäßig in verschiedenen zwischen denselben Personen geschlossenen Erbverträgen angeordnet ist. | Setzt der Erblasser einen Erben auf mehrere Erbtheile ein, so kann er ihm durch Verfügung von Todeswegen gestatten, den einen Erbtheil anzunehmen und den anderen auszuschlagen. **1951.**

welchem der Anfechtungsberechtigte von dem Anfechtungsgrunde Kenntniß erlangt. Auf den Lauf der Frist finden die für die Verjährung geltenden Vorschriften der §§ 203, 206, 207 (S. 63) entsprechende Anwendung. Die Frist beträgt 6 Monate, wenn der Erblasser seinen letzten Wohnsitz nur im Auslande gehabt hat oder wenn sich der Erbe bei dem Beginne der Frist im Ausland aufhält. Die Anfechtung ist ausgeschlossen, wenn seit der Annahme oder der Ausschlagung 30 Jahre verflossen sind. **1954.**

Die Anfechtung der Annahme oder der Ausschlagung erfolgt durch Erklärung gegenüber dem Nachlaßgerichte. Für die Erklärung gelten die Vorschriften des § 1945 (siehe unter 5). **1955.**

Die Anfechtung der Annahme gilt als Ausschlagung, die Anfechtung der Ausschlagung gilt als Annahme. | Das Nachlaßgericht soll die Anfechtung der Ausschlagung demjenigen mittheilen, welchem die Erbschaft in Folge der Ausschlagung angefallen war. Die Vorschrift des § 1953 Abs. 3 Satz 2 (siehe unter 4) findet Anwendung. **1957.**

4. Ausschlagung der Erbschaft insbesondere.

a) Siehe zunächst oben Ziffer 3.

b) Der Erbe kann die Erbschaft nicht mehr ausschlagen, wenn er sie angenommen hat oder wenn die für die Ausschlagung vorgeschriebene

Frist verstrichen ist; mit dem Ablaufe der Frist gilt die Erbschaft als angenommen. **1943.**

c) Die Ausschlagung kann nur binnen 6 Wochen erfolgen. | Die Frist beginnt mit dem Zeitpunkt, in welchem der Erbe von dem Anfall und dem Grunde der Berufung Kenntniß erlangt. Ist der Erbe durch Verfügung von Todeswegen berufen, so beginnt die Frist nicht vor der Verkündung der Verfügung. Auf den Lauf der Frist finden die für die Verjährung geltenden Vorschriften der §§ 203, 206 (S. 64) entsprechende Anwendung. | Die Frist beträgt 6 Monate, wenn der Erblasser seinen letzten Wohnsitz nur im Auslande gehabt hat oder wenn sich der Erbe bei dem Beginne der Frist im Ausland aufhält. **1944.**

d) Die Ausschlagung erfolgt durch Erklärung gegenüber dem Nachlaßgerichte; die Erklärung ist in öffentlich beglaubigter Form abzugeben. | Ein Bevöllmächtigter bedarf einer öffentlich beglaubigten Vollmacht. Die Vollmacht muß der Erklärung beigefügt oder innerhalb der Ausschlagungsfrist nachgebracht werden. **1945.**

e) Das Recht des Erben, die Erbschaft auszuschlagen, ist vererblich. | Stirbt der Erbe vor dem Ablaufe der Ausschlagungsfrist, so endigt die Frist nicht vor dem Ablaufe der für die Erbschaft des Erben vorgeschriebenen Ausschlagungsfrist. | Von mehreren Erben des Erben kann jeder den seinem Erbtheil entsprechenden Theil der Erbschaft ausschlagen. **1952.**

f) Wird die Erbschaft ausgeschlagen, so gilt der Anfall an den Ausschlagenden als nicht erfolgt. | Die Erbschaft fällt demjenigen an, welcher berufen sein würde, wenn der Ausschlagende zur Zeit des Erbfalls nicht gelebt hätte; der Anfall gilt als mit dem Erbfall erfolgt. | Das Nachlaßgericht soll die Ausschlagung demjenigen mittheilen, welchem die Erbschaft in Folge der Ausschlagung angefallen ist. Es hat die Einsicht der Erklärung jedem zu gestatten, der ein rechtliches Interesse glaubhaft macht. **1953.**

g) Die Versäumung der Ausschlagungsfrist kann in gleicher Weise wie die Annahme angefochten werden. **1956.** (S. 49.)

5. **Anspruch der schwangeren Wittwe an den Nachlaß.** Ist zur Zeit des Erbfalls die Geburt eines Erben zu erwarten, so kann die Mutter, falls sie außer Stande ist, sich selbst zu unterhalten, bis zur Entbindung standesmäßigen Unterhalt aus dem Nachlaß oder, wenn noch andere Personen als Erben berufen sind, aus dem Erbtheile des Kindes verlangen. Bei der Bemessung des Erbtheils ist anzunehmen, daß nur ein Kind geboren wird. **1963.**

6. **Eröffnung des Nachlaßkonkurses.** Siehe unten Ziffer 10 a. Siehe ferner § 2000, 1975—1977 unter Nr. 8 c und § 1988 und 1989 unter Nr. 8 e und Nr. 10 g.

7. **Aufgebot der Nachlaßgläubiger.** (Siehe zunächst unten Ziffer 10 a.) Die Nachlaßgläubiger können im Wege des Aufgebotsverfahrens zur Anmeldung ihrer Forderungen aufgefordert werden. **1970.**

Pflichttheilsrechte, Vermächtnisse und Auflagen werden durch das Aufgebot nicht betroffen, unbeschadet der Vorschrift des § 2060 Nr. 1 (S. 365). **1972.**

Pfandgläubiger und Gläubiger, die im Konkurse den Pfandgläubigern gleichstehen, sowie Gläubiger, die bei der Zwangsvollstreckung in das unbewegliche Vermögen ein Recht auf Befriedigung aus diesem Vermögen haben, werden, soweit es sich um die Befriedigung aus den ihnen haftenden Gegenständen handelt, durch das Aufgebot nicht betroffen. Das Gleiche gilt von Gläubigern, deren Ansprüche durch eine Vormerkung gesichert sind oder denen im Konkurs ein Aussonderungsrecht zusteht, in Ansehung des Gegenstandes ihres Rechtes. **1971.** (Siehe auch unten 10 d.)

Hat der Erbe den Antrag auf Erlassung des Aufgebots der Nachlaßgläubiger innerhalb eines Jahres nach der Annahme der Erbschaft gestellt und ist der Antrag zugelassen, so ist der Erbe berechtigt, die Berichtigung einer Nachlaßverbindlichkeit bis zur Beendigung des Aufgebotsverfahrens zu verweigern. | Der Beendigung des Aufgebotsverfahrens steht es gleich, wenn der Erbe in dem Aufgebotstermine nicht erschienen ist und nicht binnen 2 Wochen die Bestimmung eines neuen Termins beantragt oder wenn er auch in dem neuen Termine nicht erscheint. | Wird das Ausschlußurtheil erlassen oder der Antrag auf Erlassung des Urtheils zurückgewiesen, so ist das Verfahren nicht vor dem Ablauf einer mit der Verkündung der Entscheidung beginnenden Frist von 2 Wochen und nicht vor der Erledigung einer rechtzeitig eingelegten Beschwerde als beendigt anzusehen. **2015.** (Siehe auch unten 10 d.)

Der Erbe kann die Befriedigung eines im Aufgebotsverfahren ausgeschlossenen Nachlaßgläubigers insoweit verweigern, als der Nachlaß durch die Befriedigung der nicht ausgeschlossenen Gläubiger erschöpft wird. Der Erbe hat jedoch den ausgeschlossenen Gläubiger vor den Verbindlichkeiten aus Pflichttheilsrechten, Vermächtnissen und Auflagen zu befriedigen, es sei denn, daß der Gläubiger seine Forderung erst nach der Berichtigung dieser Verbindlichkeiten geltend macht. | Einen Ueberschuß hat der Erbe zum Zwecke der Befriedigung des Gläubigers im Wege der Zwangsvollstreckung nach den Vorschriften über die Herausgabe einer ungerechtfertigten Bereicherung herauszugeben. Er kann die Herausgabe der noch vorhandenen Nachlaßgegenstände durch Zahlung des Werthes abwenden. Die rechtskräftige Verurtheilung des Erben zur Befriedigung eines ausgeschlossenen Gläubigers wirkt einem anderen Gläubiger gegenüber wie die Befriedigung. **1973.** (Siehe auch unten 10 d.)

Ein Nachlaßgläubiger, der seine Forderung später als 5 Jahre nach dem Erbfalle dem Erben gegenüber geltend macht, steht einem ausgeschlossenen Gläubiger gleich, es sei denn, daß die Forderung dem Erben vor dem Ablaufe der 5 Jahre bekannt geworden oder im Aufgebotsverfahren angemeldet worden ist. Wird der Erblasser für todt erklärt, so beginnt die Frist nicht vor der Erlassung des die Todeserklärung aussprechenden Urtheils. | Die dem Erben nach § 1973 Abs. 1 Satz 2 (siehe oben!) obliegende Verpflichtung tritt im Verhältnisse von Verbindlichkeiten aus Pflichttheilsrechten, Vermächtnissen und Auflagen zu einander nur insoweit ein, als der Gläubiger im Falle des Nachlaßkonkurses im Range vorgehen würde. | Soweit ein Gläubiger nach § 1971 (siehe oben!) von dem Aufgebote nicht betroffen wird, finden die Vorschriften des Abs. 1 auf ihn keine Anwendung. **1974.** (Siehe auch unten 10 d.)

8. **Anordnung der Nachlaßverwaltung (Beschränkung der Haftung des Erben).**

a) Gründe: Die Nachlaßverwaltung ist von dem Nachlaßgericht anzuordnen, wenn der Erbe die Anordnung beantragt. | Auf Antrag eines Nachlaßgläubigers ist die Nachlaßverwaltung anzuordnen, wenn Grund zu der Annahme besteht, daß die Befriedigung der Nachlaßgläubiger aus dem Nachlasse durch das Verhalten oder die Vermögenslage des Erben gefährdet wird. Der Antrag kann nicht mehr gestellt werden, wenn seit der Annahme der Erbschaft 2 Jahre verstrichen sind. | Die Vorschriften des § 1785 (S. 324) finden keine Anwendung. **1981.**

Die Anordnung der Nachlaßverwaltung kann abgelehnt werden, wenn eine den Kosten entsprechende Masse nicht vorhanden ist. **1982.**

b) Veröffentlichung. Das Nachlaßgericht hat die Anordnung der Nachlaßverwaltung durch das für seine Bekanntmachungen bestimmte Blatt zu veröffentlichen. **1983.**

c) Wirkungen der Anordnung. Mit der Anordnung der Nachlaßverwaltung verliert der Erbe die Befugniß, den Nachlaß zu verwalten und über ihn zu verfügen. Die Vorschriften der §§ 6, 7 der Konkursordnung[1] finden entsprechende Anwendung. Ein Anspruch, der sich gegen den Nachlaß richtet, kann nur gegen den Nachlaßverwalter geltend gemacht werden. | Zwangsvollstreckungen und Arreste in den Nachlaß zu Gunsten eines Gläubigers, der nicht Nachlaßgläubiger ist, sind ausgeschlossen. **1984.**

Ist die Nachlaßverwaltung angeordnet oder der Nachlaßkonkurs eröffnet, so ist der Erbe den Nachlaßgläubigern für die bisherige Verwaltung des Nachlasses so verantwortlich, wie wenn er von der Annahme der Erbschaft an die Verwaltung für sie als Beauftragter zu führen gehabt hätte. Auf die vor der Annahme der Erbschaft von dem Erben besorgten erbschaftlichen Geschäfte finden die Vorschriften über die Geschäftsführung ohne Auftrag (S. 136) entsprechende Anwendung. | Die

---

[1] KO § 6. Mit der Eröffnung des Verfahrens verliert der Gemeinschuldner die Befugniß, sein zur Konkursmasse gehöriges Vermögen zu verwalten und über dasselbe zu verfügen. | Das Verwaltungs- und Verfügungsrecht wird durch einen Konkursverwalter ausgeübt.

§ 7. Rechtshandlungen, welche der Gemeinschuldner nach der Eröffnung des Verfahrens vorgenommen hat, sind den Konkursgläubigern gegenüber unwirksam; die Vorschriften der §§ 892, 893 BGB (S. 173) bleiben unberührt. | Dem anderen Theile ist die Gegenleistung aus der Masse zurückzugewähren, soweit letztere durch dieselbe bereichert ist. | Hat der Gemeinschuldner Rechtshandlungen am Tage der Eröffnung des Verfahrens vorgenommen, so wird vermuthet, daß sie nach der Eröffnung vorgenommen worden sind.

den Nachlaßgläubigern nach Abs. 1 zustehenden Ansprüche gelten als zum Nachlasse gehörend. | Aufwendungen sind dem Erben aus dem Nachlasse zu ersetzen, soweit er nach den Vorschriften über den Auftrag oder über die Geschäftsführung ohne Auftrag Ersatz verlangen könnte. **1978.** (Siehe S. 134, 136, auch unten 10 d.)

Die Bestimmung einer Inventarfrist (siehe unten) wird unwirksam, wenn eine Nachlaßverwaltung angeordnet oder der Nachlaßkonkurs eröffnet wird. Während der Dauer der Nachlaßverwaltung oder des Nachlaßkonkurses kann eine Inventarfrist nicht bestimmt werden. Ist der Nachlaßkonkurs durch Vertheilung der Masse oder durch Zwangsvergleich beendigt, so bedarf es zur Abwendung der unbeschränkten Haftung der Inventarerrichtung nicht. **2000.**

Die Haftung des Erben für die Nachlaßverbindlichkeiten beschränkt sich auf den Nachlaß, wenn eine Nachlaßpflegschaft zum Zwecke der Befriedigung der Nachlaßgläubiger (Nachlaßverwaltung) angeordnet oder der Nachlaßkonkurs eröffnet ist. **1975.** (Siehe auch unten 10 d.)

Ist die Nachlaßverwaltung angeordnet oder der Nachlaßkonkurs eröffnet, so gelten die in Folge des Erbfalls durch Vereinigung von Recht und Verbindlichkeit oder von Recht und Belastung erloschenen Rechtsverhältnisse als nicht erloschen. **1976.**

Hat ein Nachlaßgläubiger vor der Anordnung der Nachlaßverwaltung oder vor der Eröffnung des Nachlaßkonkurses seine Forderung gegen eine nicht zum Nachlasse gehörende Forderung des Erben ohne dessen Zustimmung aufgerechnet, so ist nach der Anordnung der Nachlaßverwaltung oder der Eröffnung des Nachlaßkonkurses die Aufrechnung als nicht erfolgt anzusehen. | Das Gleiche gilt, wenn ein Gläubiger, der nicht Nachlaßgläubiger ist, die ihm gegen den Erben zustehende Forderung gegen eine zum Nachlasse gehörende Forderung aufgerechnet hat. **1977.** (Siehe auch unten 10 d und S. 365 § 2062.)

d) Verwalter. Der Nachlaßverwalter hat den Nachlaß zu verwalten und die Nachlaßverbindlichkeiten aus dem Nachlasse zu berichtigen. | Der Nachlaßverwalter ist für die Verwaltung des Nachlasses auch den Nachlaßgläubigern verantwortlich. Die Vorschriften des § 1978 Abs. 2 und der §§ 1979, 1980 (S. 354) finden entsprechende Anwendung. **1985.**

Der Nachlaßverwalter darf den Nachlaß dem Erben erst ausantworten, wenn die bekannten Nachlaßverbindlichkeiten berichtigt sind. | Ist die Berichtigung einer Verbindlichkeit zur Zeit nicht ausführbar oder ist eine Verbindlichkeit streitig, so darf die Ausantwortung des Nachlasses nur erfolgen, wenn dem Gläubiger Sicherheit geleistet wird. Für eine bedingte Forderung ist Sicherheitsleistung nicht erforderlich, wenn die Möglichkeit des Eintritts der Bedingung eine so entfernte ist, daß die Forderung einen gegenwärtigen Vermögenswerth nicht hat. **1986.**

Der Nachlaßverwalter kann für die Führung seines Amtes eine angemessene Vergütung verlangen. **1987.**

e) Ende der Verwaltung. Die Nachlaßverwaltung endigt mit der Eröffnung des Nachlaßkonkurses. | Die Nachlaßverwaltung kann aufgehoben werden, wenn sich ergiebt, daß eine den Kosten entsprechende Masse nicht vorhanden ist. **1988.**

9. Weitere Rechte des Erben. Aufschiebende Einreden.

a) Der Erbe ist berechtigt, ein Verzeichniß des Nachlasses (Inventar) bei dem Nachlaßgericht einzureichen (Inventarerrichtung). **1993.**

b) Der Erbe ist berechtigt, die Berichtigung einer Nachlaßverbindlichkeit bis zum Ablaufe der ersten 3 Monate nach der Annahme der Erbschaft, jedoch nicht über die Errichtung des Inventars hinaus, zu verweigern. **2014.** (Siehe auch unten 10d.)

Ist die Anordnung der Nachlaßverwaltung (S. 451) oder die Eröffnung des Nachlaßkonkurses wegen Mangels einer den Kosten entsprechenden Masse nicht thunlich oder wird aus diesem Grunde die Nachlaßverwaltung aufgehoben oder das Konkursverfahren eingestellt, so kann der Erbe die Befriedigung eines Nachlaßgläubigers insoweit verweigern, als der Nachlaß nicht ausreicht. Der Erbe ist in diesem Falle verpflichtet, den Nachlaß zum Zwecke der Befriedigung des Gläubigers im Wege der Zwangsvollstreckung herauszugeben. | Das Recht des Erben wird nicht dadurch ausgeschlossen, daß der Gläubiger nach dem Eintritte des Erbfalls im Wege der Zwangsvollstreckung oder der Arrestvollziehung ein Pfandrecht oder eine Hypothek oder im Wege der einstweiligen Verfügung eine Vormerkung erlangt hat. **1990.** (Siehe auch unten 10d.)

Macht der Erbe von dem ihm nach § 1990 zustehenden Rechte Gebrauch, so finden auf seine Verantwortlichkeit und den Ersatz seiner Aufwendungen die Vorschriften der §§ 1978, 1979 (S. 352, 355) Anwendung.

Die in Folge des Erbfalls durch Vereinigung von Recht und Verbindlichkeit oder von Recht und Belastung erloschenen Rechtsverhältnisse gelten im Verhältnisse zwischen dem Gläubiger und dem Erben als nicht erloschen. | Die rechtskräftige Verurtheilung des Erben zur Befriedigung eines Gläubigers wirkt einem anderen Gläubiger gegenüber wie die Befriedigung. | Die Verbindlichkeiten aus Pflichttheilsrechten, Vermächtnissen und Auflagen hat der Erbe so zu berichtigen, wie sie im Falle des Konkurses zur Berichtigung kommen würden. **1991.** (Siehe auch unten 10d.)

Beruht die Ueberschuldung des Nachlasses auf Vermächtnissen und Auflagen, so ist der Erbe, auch wenn die Voraussetzungen des § 1990 nicht vorliegen, berechtigt, die Berichtigung dieser Verbindlichkeiten nach den Vorschriften der §§ 1990, 1991 zu bewirken. Er kann die Herausgabe der noch vorhandenen Nachlaßgegenstände durch Zahlung des Werthes abwenden. **1992.** (Siehe auch unten 10d.)

Die Berichtigung einer Nachlaßverbindlichkeit durch den Erben müssen die Nachlaßgläubiger als für Rechnung des Nachlasses erfolgt gelten lassen, wenn der Erbe den Umständen nach annehmen durfte, daß der Nachlaß zur Berichtigung aller Nachlaßverbindlichkeiten ausreiche. **1979.** (Siehe auch unten 10d.)

10. **Weitere Pflichten des Erben (Nachlaßverbindlichkeiten. Inventarerrichtung. Unbeschränkte Haftung).**

a) (Siehe oben 8c.) Beantragt der Erbe nicht unverzüglich, nachdem er von der Ueberschuldung des Nachlasses Kenntniß erlangt hat, die Eröffnung des Nachlaßkonkurses, so ist er den Gläubigern für den daraus entstehenden Schaden verantwortlich. Bei der Bemessung der Zulänglichkeit des Nachlasses bleiben die Verbindlichkeiten aus Vermächtnissen und Auflagen außer Betracht. | Der Kenntniß der Ueberschuldung steht die auf Fahrlässigkeit beruhende Unkenntniß gleich. Als Fahrlässigkeit gilt es insbesondere, wenn der Erbe das Aufgebot der Nachlaßgläubiger nicht beantragt, obwohl er Grund hat, das Vorhandensein unbekannter Nachlaßverbindlichkeiten anzunehmen; das Aufgebot ist nicht erforderlich, wenn die Kosten des Verfahrens dem Bestande des Nachlasses gegenüber unverhältnißmäßig groß sind. **1980.** (Siehe auch unten d.)

b) Das Nachlaßgericht hat dem Erben auf Antrag eines Nachlaßgläubigers zur Errichtung des Inventars (siehe oben 9 a.) eine Frist (Inventarfrist) zu bestimmen. Nach dem Ablaufe der Frist haftet der Erbe für die Nachlaßverbindlichkeiten unbeschränkt, wenn nicht vorher das Inventar errichtet wird. | Der Antragsteller hat seine Forderung glaubhaft zu machen. Auf die Wirksamkeit der Fristbestimmung ist es ohne Einfluß, wenn die Forderung nicht besteht. **1994.** (Siehe auch unten d.)

Dem Fiskus als gesetzlichem Erben kann eine Inventarfrist nicht bestimmt werden. Der Fiskus ist den Nachlaßgläubigern gegenüber verpflichtet, über den Bestand des Nachlasses Auskunft zu ertheilen. **2011.**

Steht der Erbe unter elterlicher Gewalt oder unter Vormundschaft, so soll das Nachlaßgericht dem Vormundschaftsgerichte von der Bestimmung der Inventarfrist Mittheilung machen. **1999.**

Ist eine Ehefrau die Erbin und gehört die Erbschaft zum eingebrachten Gute oder zum Gesammtgute, so ist die Bestimmung der Inventarfrist nur wirksam, wenn sie auch dem Manne gegenüber erfolgt. Solange nicht die Frist dem Manne gegenüber verstrichen ist, endigt sie auch nicht der Frau gegenüber. Die Errichtung des Inventars durch den Mann kommt der Frau zustatten.| Gehört die Erbschaft zum Gesammtgute, so gelten diese Vorschriften auch nach der Beendigung der Gütergemeinschaft. **2008.**

Die Inventarfrist soll mindestens 1 Monat, höchstens 3 Monate betragen. Sie beginnt mit der Zustellung des Beschlusses, durch den die Frist bestimmt wird. | Wird die Frist vor der Annahme der Erbschaft bestimmt, so beginnt sie erst mit der Annahme der Erbschaft. | Auf Antrag des Erben kann das Nachlaßgericht die Frist nach seinem Ermessen verlängern. **1995.**

Ist der Erbe durch höhere Gewalt verhindert worden, das Inventar rechtzeitig zu errichten oder die nach den Umständen gerechtfertigte Verlängerung der Inventarfrist zu beantragen, so hat ihm auf seinen Antrag das Nachlaßgericht eine neue Inventarfrist zu bestimmen. Das Gleiche gilt, wenn der Erbe von der Zustellung des Beschlusses, durch den die Inventarfrist bestimmt worden ist, ohne sein Verschulden Kenntniß nicht erlangt hat. | Der Antrag muß binnen 2 Wochen nach der Beseitigung des Hindernisses und spätestens vor dem Ablauf eines Jahres nach dem Ende der zuerst bestimmten Frist gestellt werden. | Vor der Entscheidung soll der Nachlaßgläubiger, auf dessen Antrag die erste Frist bestimmt worden ist, wenn thunlich gehört werden. **1996.**

Auf den Lauf der Inventarfrist und der im § 1996 Abs. 2 bestimmten Frist von 2 Wochen finden die für die Verjährung geltenden Vorschriften des § 203 Abs. 1 und des § 206 entsprechende Anwendung. **1997.** (S. 63 flg.)

Stirbt der Erbe vor dem Ablaufe der Inventarfrist oder der im § 1996 Abs. 2 bestimmten Frist von 2 Wochen, so endigt die Frist nicht vor dem Ablaufe der für die Erbschaft des Erben vorgeschriebenen Ausschlagungsfrist. **1998.**

In dem Inventar sollen die bei dem Eintritte des Erbfalls vorhandenen Nachlaßgegenstände und die Nachlaßverbindlichkeiten vollständig angegeben werden. | Das Inventar soll außerdem eine Beschreibung der Nachlaßgegenstände, soweit eine solche zur Bestimmung des Werthes erforderlich ist, und die Angabe des Werthes enthalten. **2001.**

Führt der Erbe absichtlich eine erhebliche Unvollständigkeit der im Inventar enthaltenen Angabe der Nachlaßgegenstände herbei oder bewirkt er in der Absicht, die Nachlaßgläubiger zu benachtheiligen, die Aufnahme einer nicht bestehenden Nachlaßverbindlichkeit, so haftet er für die Nachlaßverbindlichkeiten unbeschränkt. Das Gleiche gilt, wenn er im Falle des § 2003 (siehe unten) die Ertheilung der Auskunft verweigert oder absichtlich in erheblichem Maße verzögert. | Ist die Angabe der Nachlaßgegenstände unvollständig, ohne daß ein Fall des

Abs. 1 vorliegt, so kann dem Erben zur Ergänzung eine neue Inventarfrist bestimmt werden. 2005. (Siehe auch unten d.)

Der Erbe muß zu der Aufnahme des Inventars eine zuständige Behörde oder einen zuständigen Beamten oder Notar zuziehen. 2002.

Auf Antrag des Erben hat das Nachlaßgericht entweder das Inventar selbst aufzunehmen oder die Aufnahme einer zuständigen Behörde oder einem zuständigen Beamten oder Notar zu übertragen. Durch die Stellung des Antrags wird die Inventarfrist gewahrt. | Der Erbe ist verpflichtet, die zur Aufnahme des Inventars erforderliche Auskunft zu ertheilen. | Das Inventar ist von der Behörde, dem Beamten oder dem Notar bei dem Nachlaßgericht einzureichen. 2003.

Befindet sich bei dem Nachlaßgerichte schon ein den Vorschriften der §§ 2002, 2003 (siehe oben) entsprechendes Inventar, so genügt es, wenn der Erbe vor dem Ablaufe der Inventarfrist dem Nachlaßgerichte gegenüber erklärt, daß das Inventar als von ihm eingereicht gelten soll. 2004.

Ist das Inventar rechtzeitig errichtet worden, so wird im Verhältnisse zwischen dem Erben und den Nachlaßgläubigern vermuthet, daß zur Zeit des Erbfalls weitere Nachlaßgegenstände als die angegebenen nicht vorhanden gewesen seien. 2009.

Das Nachlaßgericht hat die Einsicht des Inventars Jedem zu gestatten, der ein rechtliches Interesse glaubhaft macht. 2010.

c) Der Erbe hat auf Verlangen eines Nachlaßgläubigers vor dem Nachlaßgerichte den Offenbarungseid dahin zu leisten: daß er nach bestem Wissen die Nachlaßgegenstände so vollständig angegeben habe, als er dazu im Stande sei. | Der Erbe kann vor der Leistung des Eides das Inventar vervollständigen. | Verweigert der Erbe die Leistung des Eides, so haftet er dem Gläubiger, der den Antrag gestellt hat, unbeschränkt. Das Gleiche gilt, wenn er weder in dem Termine noch in einem auf Antrag des Gläubigers bestimmten neuen Termin erscheint, es sei denn, daß ein Grund vorliegt, durch den das Nichterscheinen in diesem Termine genügend entschuldigt wird. | Eine wiederholte Leistung des Eides kann derselbe Gläubiger oder ein anderer Gläubiger nur verlangen, wenn Grund zu der Annahme besteht, daß dem Erben nach der Eidesleistung weitere Nachlaßgegenstände bekannt geworden sind. 2006.

d) Haftet der Erbe für die Nachlaßverbindlichkeiten unbeschränkt (siehe oben b, c), so finden die Vorschriften der §§ 1973 bis 1975, 1977 bis 1980, 1989 bis 1992 (S. 352 bis 355, 358) keine Anwendung; der Erbe ist nicht berechtigt, die Anordnung einer Nachlaßverwaltung zu beantragen. Auf eine nach § 1973 oder nach § 1974 eingetretene Beschränkung der Haftung kann sich der Erbe jedoch berufen, wenn später der Fall des § 1994 Abs. 1 Satz 2 oder des § 2005 Abs. 1 (S. 356) eintritt. | Die Vorschriften der §§ 1977 bis 1980 und das Recht des Erben, die Anordnung einer Nachlaßverwaltung zu beantragen, werden nicht dadurch ausgeschlossen, daß der Erbe einzelnen Nachlaßgläubigern gegenüber unbeschränkt haftet. **2013.**

Die Vorschriften der §§ 2014, 2015 (S. 354, 353) finden keine Anwendung, wenn der Erbe unbeschränkt haftet. | Das Gleiche gilt, soweit ein Gläubiger nach § 1971 (S. 353) von dem Aufgebote der Nachlaßgläubiger nicht betroffen wird, mit der Maßgabe, daß ein erst nach dem Eintritte des Erbfalls im Wege der Zwangsvollstreckung oder der Arrestvollziehung erlangtes Recht sowie eine erst nach diesem Zeitpunkt im Wege der einstweiligen Verfügung erlangte Vormerkung außer Betracht bleibt. **2016.**

e) Der Erbe trägt die Kosten der standesmäßigen Beerdigung des Erblassers. **1968.**

f) Der Erbe ist verpflichtet, Familienangehörigen des Erblassers, die zur Zeit des Todes des Erblassers zu dessen Hausstande gehört und von ihm Unterhalt bezogen haben, in den ersten 30 Tagen nach dem Eintritte des Erbfalles in demselben Umfange, wie der Erblasser es gethan hat, Unterhalt zu gewähren und die Benutzung der Wohnung und der Haushaltsgegenstände zu gestatten. Der Erblasser kann durch letztwillige Verfügung eine abweichende Anordnung treffen. | Die Vorschriften über Vermächtnisse finden entsprechende Anwendung. **1969.**

g) Der Erbe haftet für die Nachlaßverbindlichkeiten. | Zu den Nachlaßverbindlichkeiten gehören außer den vom Erblasser herrührenden Schulden die den Erben als solchen treffenden Verbindlichkeiten, insbesondere die Verbindlichkeiten aus Pflichttheilsrechten, Vermächtnissen und Auflagen. **1967.**

Ist ein Erbe zu mehreren Erbtheilen berufen, so bestimmt sich seine Haftung für die Nachlaßverbindlichkeiten in Ansehung eines jeden der Erbtheile so, wie wenn die Erbtheile verschiedenen Erben gehörten. In den Fällen der Anwachsung und des § 1935 gilt dies nur dann, wenn die Erbtheile verschieden beschwert sind. **2007.** (S. 343.)

Ist der Nachlaßkonkurs durch Vertheilung der Masse oder durch Zwangsvergleich beendigt, so finden auf die Haftung des Erben die Vorschriften des § 1973 (S. 353.) entsprechende Anwendung. **1989.** (Siehe auch oben d.)

III. Erbschaftsanspruch. (§§ 2018—2031.)

a) Erbschaftsbesitzer.

Der Erbe kann von Jedem, der auf Grund eines ihm in Wirklichkeit nicht zustehenden Erbrechts etwas aus der Erbschaft erlangt hat (Erbschaftsbesitzer), die

Ueberlebt eine für todt erklärte Person den Zeitpunkt, der als Zeitpunkt ihres Todes gilt, so kann sie die Herausgabe ihres Vermögens nach den für den Erbschaftsanspruch geltenden Vorschriften verlangen. So lange der für todt Erklärte noch lebt, wird die Verjährung

Herausgabe des Erlangten verlangen. 2018.

Wer die Erbschaft durch Vertrag von einem Erbschaftsbesitzer erwirbt, steht im Verhältnisse zu dem Erben einem Erbschaftsbesitzer gleich. 2030.

seines Anspruches nicht vor dem Ablauf eines Jahres nach dem Zeitpunkte vollendet, in welchem er von der Todeserklärung Kenntniß erlangt. | Das Gleiche gilt, wenn der Tod einer Person ohne Todeserklärung mit Unrecht angenommen worden ist. 2031.

b) Gegenstand des herauszugebenden Erbschaftsbesitzes. Als aus der Erbschaft erlangt gilt auch, was der Erbschaftsbesitzer durch Rechtsgeschäft mit Mitteln der Erbschaft erwirbt. | Die Zugehörigkeit einer in solcher Weise erworbenen Forderung zur Erbschaft hat der Schuldner erst dann gegen sich gelten zu lassen, wenn er von der Zugehörigkeit Kenntniß erlangt; die Vorschriften der §§ 406—408 finden entsprechende Anwendung. 2019. (S. 94.)

Der Erbschaftsbesitzer hat dem Erben die gezogenen Nutzungen herauszugeben; die Verpflichtung zur Herausgabe erstreckt sich auch auf Früchte, an denen er das Eigenthum erworben hat. 2020.

c) Ungerechtfertigte Bereicherung des Erbschaftsbesitzers. Soweit der Erbschaftsbesitzer zur Herausgabe außer Stande ist, bestimmt sich seine Verpflichtung nach den Vorschriften über die Herausgabe einer ungerechtfertigten Bereicherung. 2021. (S. 157.)

d) Gegenansprüche des Erbschaftsbesitzers. Der Erbschaftsbesitzer ist zur Herausgabe der zur Erbschaft gehörenden Sachen nur gegen Ersatz aller Verwendungen verpflichtet, soweit nicht die Verwendungen durch Anrechnung auf die nach § 2021 herauszugebende Bereicherung gedeckt werden. Die für den Eigenthumsanspruch geltenden Vorschriften der §§ 1000—1003 (S. 190 flg.) finden Anwendung. | Zu den Verwendungen gehören auch die Aufwendungen, die der Erbschaftsbesitzer zur Bestreitung von Lasten der Erbschaft oder zur Berichtigung von Nachlaßverbindlichkeiten macht. | Soweit der Erbe für Aufwendungen, die nicht auf einzelne Sachen gemacht worden sind, insbesondere für die im Abs. 2 bezeichneten Aufwendungen, nach den allgemeinen Vorschriften in weiterem Umfang Ersatz zu leisten hat, bleibt der Anspruch des Erbschaftsbesitzers unberührt. 2022. (Siehe auch unten e § 2023 Abs. 2.)

e) Umfang des Erbschaftsanspruchs. Hat der Erbschaftsbesitzer zur Erbschaft gehörende Sachen herauszugeben, so bestimmt sich von dem Eintritte der Rechtshängigkeit an der Anspruch des Erben auf Schadensersatz wegen Verschlechterung, Unterganges oder einer aus einem anderen Grunde eintretenden Unmöglichkeit der Herausgabe nach den Vorschriften, die für das Verhältniß zwischen dem Eigenthümer und dem Besitzer von dem Eintritte der Rechtshängigkeit des Eigenthumsanspruchs an gelten (S. 188 flg.). | Das Gleiche gilt von dem Anspruche des Erben auf Herausgabe oder Vergütung von Nutzungen und von dem Anspruche des Erbschaftsbesitzers auf Ersatz von Verwendungen. 2023.

f) Haftung des Erbschaftsbesitzers. Ist der Erbschaftsbesitzer bei dem Beginne des Erbschaftsbesitzes nicht in gutem Glauben, so haftet er so, wie wenn der Anspruch des Erben zu dieser Zeit rechtshängig geworden wäre. Erfährt der Erbschaftsbesitzer später, daß er nicht Erbe ist, so haftet er in gleicher Weise von der Erlangung der Kenntniß an. Eine weitergehende Haftung wegen Verzugs bleibt unberührt. 2024.

Hat der Erbschaftsbesitzer einen Erbschaftsgegenstand durch eine strafbare Handlung oder eine zur Erbschaft gehörende Sache durch verbotene Eigenmacht erlangt, so haftet er nach den Vorschriften über den Schadensersatz wegen unerlaubter Handlungen (S. 159). Ein gutgläubiger Erbschaftsbesitzer haftet jedoch wegen verbotener Eigenmacht nach diesen Vorschriften nur, wenn der Erbe den Besitz der Sache bereits thatsächlich ergriffen hatte. 2025.

Die Haftung des Erbschaftsbesitzers bestimmt sich auch gegenüber den Ansprüchen, die dem Erben in Ansehung der einzelnen Erbschaftsgegenstände zustehen, nach den Vorschriften über den Erbschaftsanspruch. 2029.

g) Verjährung des Anspruchs. Der Erbschaftsbesitzer kann sich dem Erben gegenüber, solange nicht der Erbschaftsanspruch verjährt ist, nicht auf die Ersitzung einer Sache berufen, die er als zur Erbschaft gehörend im Besitze hat. 2026.

h) Verpflichtung des Erbschaftsbesitzers und der Hausgenossen des Erblassers.

1. Der Erbschaftsbesitzer ist verpflichtet, dem Erben über den Bestand der Erbschaft und über den Verbleib der Erbschaftsgegenstände Auskunft zu ertheilen. | Die gleiche Verpflichtung hat, wer, ohne Erbschaftsbesitzer zu sein, eine Sache aus dem Nachlaß in Besitz nimmt, bevor der Erbe den Besitz thatsächlich ergriffen hat. 2027.

2. Wer sich zur Zeit des Erbfalls mit dem Erblasser in häuslicher Gemeinschaft befunden hat, ist verpflichtet, dem Erben auf Verlangen Auskunft darüber zu ertheilen, welche erbschaftliche Geschäfte er geführt hat und was ihm über den Verbleib der Erbschaftsgegenstände bekannt ist. | Besteht Grund zu der Annahme, daß die Auskunft nicht mit der erforderlichen Sorgfalt ertheilt worden ist, so hat der Verpflichtete auf Verlangen des Erben den Offenbarungseid dahin zu leisten: daß er seine Angaben nach bestem Wissen so vollständig gemacht habe, als er dazu im Stande sei. | Die Vorschriften des § 259 Abs. 3 und des § 261 (S. 73.) finden Anwendung. 2028.

IV. Mehrheit von Erben. (§§ 2032—2063.)

Rechtsverhältniß der Erben unter einander.

a) Der Nachlaß bis zur Auseinandersetzung. Hinterläßt der Erblasser mehrere Erben, so wird der Nachlaß gemeinschaftliches Vermögen der Erben. | Bis zur Auseinandersetzung gelten die (nachstehenden) Vorschriften der §§ 2033 bis 2041. **2032.**

Was auf Grund eines zum Nachlasse gehörenden Rechtes oder als Ersatz für die Zerstörung, Beschädigung oder Entziehung eines Nachlaßgegenstandes oder durch ein Rechtsgeschäft erworben wird, das sich auf den Nachlaß bezieht, gehört zum Nachlasse. Auf eine durch ein solches Rechtsgeschäft erworbene Forderung findet die Vorschrift des § 2019 Abs. 2 (S. 359) Anwendung. **2041.**

b) Die Rechte der einzelnen Miterben bis zur Auseinandersetzung. Jeder Miterbe kann über seinen Antheil an dem Nachlasse verfügen. Der Vertrag, durch den ein Miterbe über seinen Antheil verfügt, bedarf der gerichtlichen oder notariellen Beurkundung. | Ueber seinen Antheil an den einzelnen Nachlaßgegenständen kann ein Miterbe nicht verfügen **2033.**

Verkauft ein Miterbe seinen Antheil an einen Dritten, so sind die übrigen Miterben zum Vorkaufe berechtigt. | Die Frist für die Ausübung des Vorkaufsrechts beträgt 2 Monate. Das Vorkaufsrecht ist vererblich. **2034.**

Ist der verkaufte Antheil auf den Käufer übertragen, so können die Miterben das ihnen nach § 2034 dem Verkäufer gegenüber zustehende Vorkaufsrecht dem Käufer gegenüber ausüben. Dem Verkäufer gegenüber erlischt das Vorkaufsrecht mit der Uebertragung des Antheils. | Der Verkäufer hat die Miterben von der Uebertragung unverzüglich zu benachrichtigen. **2035.**

Mit der Uebertragung des Antheils auf die Miterben wird der Käufer von der Haftung für die Nachlaßverbindlichkeiten frei. Seine Haftung bleibt ihm jedoch bestehen, soweit er den Nachlaßgläubigern nach den §§ 1978 bis 1980 verantwortlich ist; die Vorschriften der §§ 1990, 1991 finden entsprechende Anwendung (S. 354 flg.). **2036.**

Ueberträgt der Käufer den Antheil auf einen Anderen, so finden die Vorschriften der §§ 2033, 2035, 2036 entsprechende Anwendung. **2037.**

c) Die Verwaltung des Nachlasses bis zur Auseinandersetzung. Die Verwaltung des Nachlasses steht den Erben gemeinschaftlich zu. Jeder Miterbe ist den Anderen gegenüber verpflichtet, zu Maßregeln mitzuwirken, die zur ordnungsmäßigen Verwaltung erforderlich sind; die zur Erhaltung nothwendigen Maßregeln kann jeder Miterbe ohne Mitwirkung der anderen treffen. | Die Vorschriften der §§ 743, 745, 746,

748 (S. 145) finden Anwendung. Die Theilung der Früchte erfolgt erst bei der Auseinandersetzung. Ist die Auseinandersetzung auf längere Zeit als ein Jahr ausgeschlossen, so kann jeder Miterbe am Schlusse jedes Jahres die Theilung des Reinertrags verlangen. 2038.

Gehört ein Anspruch zum Nachlasse, so kann der Verpflichtete nur an alle Erben gemeinschaftlich leisten und jeder Miterbe nur die Leistung an alle Erben fordern. Jeder Miterbe kann verlangen, daß der Verpflichtete die zu leistende Sache für alle Erben hinterlegt oder, wenn sie sich nicht zur Hinterlegung eignet, an einen gerichtlich zu bestellenden Verwahrer abliefert. 2039.

Die Erben können über einen Nachlaßgegenstand nur gemeinschaftlich verfügen. | Gegen eine zum Nachlasse gehörende Forderung kann der Schuldner nicht eine ihm gegen einen einzelnen Miterben zustehende Forderung aufrechnen. 2040.

d) Das Recht auf Auseinandersetzung. (Theilung.) Siehe erst oben c § 2038 Abs. 2. (Früchte). Jeder Miterbe kann jederzeit die Auseinandersetzung verlangen, soweit sich nicht aus den §§ 2043 bis 2045 ein Anderes ergiebt. | Die Vorschriften des § 749 Abs. 2, 3 und der §§ 750 bis 758 (S. 144) finden Anwendung. 2042.

Soweit die Erbtheile wegen der zu erwartenden Geburt eines Miterben noch unbestimmt sind, ist die Auseinandersetzung bis zur Hebung der Unbestimmtheit ausgeschlossen. | Das Gleiche gilt, soweit die Erbtheile deßhalb noch unbestimmt sind, weil die Entscheidung über eine Ehelichkeitserklärung, über die Bestätigung einer Annahme an Kindesstatt oder über die Genehmigung einer vom Erblasser errichteten Stiftung noch aussteht. 2043.

Der Erblasser kann durch letztwillige Verfügung die Auseinandersetzung in Ansehung des Nachlasses oder einzelner Nachlaßgegenstände ausschließen oder von der Einhaltung einer Kündigungsfrist abhängig machen. Die Vorschriften des § 743 Abs. 2, 3, der §§ 750, 751 und des § 1010 Abs. 1 (S. 193) finden entsprechende Anwendung. | Die Verfügung wird unwirksam, wenn 30 Jahre seit dem Eintritte des Erbfalls verstrichen sind. Der Erblasser kann jedoch anordnen, daß die Verfügung bis zum Eintritt eines bestimmten Ereignisses in der Person eines Miterben oder, falls er eine Nacherbfolge oder ein Vermächtniß anordnet, bis zum Eintritte der Nacherbfolge oder bis zum Anfalle des Vermächtnisses gelten soll. Ist der Miterbe, in dessen Person das Ereigniß eintreten soll, eine juristische Person, so bewendet es bei der dreißigjährigen Frist. 2044.

Jeder Miterbe kann verlangen, daß die Auseinandersetzung bis zur Beendigung des nach § 1970 (S. 351) zulässigen Aufgebotsverfahrens oder bis zum Ablaufe der im § 2061 (S. 365) bestimmten Anmeldungsfrist aufgeschoben wird. Ist das Aufgebot noch nicht beantragt oder die öffentliche Aufforderung nach § 2061 noch nicht erlassen, so kann der Aufschub nur verlangt werden, wenn unverzüglich der Antrag gestellt oder die Aufforderung erlassen wird. **2045.**

e) Grundsätze für die Auseinandersetzung. Aus dem Nachlasse sind zunächst die Nachlaßverbindlichkeiten zu berichtigen. Ist eine Nachlaßverbindlichkeit noch nicht fällig oder ist sie streitig, so ist das zur Berichtigung Erforderliche zurückzubehalten. | Fällt eine Nachlaßverbindlichkeit nur einigen Miterben zur Last, so können diese die Berichtigung nur aus dem verlangen, was ihnen bei der Auseinandersetzung zukommt. | Zur Berichtigung ist der Nachlaß, soweit erforderlich, in Geld umzusetzen. **2046.**

Der nach der Berichtigung der Nachlaßverbindlichkeiten verbleibende Ueberschuß gebührt den Erben nach dem Verhältnisse der Erbtheile. | Schriftstücke, die sich auf die persönlichen Verhältnisse des Erblassers, auf dessen Familie oder auf den ganzen Nachlaß beziehen, bleiben gemeinschaftlich. **2047.**

Der Erblasser kann durch letztwillige Verfügung Anordnungen für die Auseinandersetzung treffen. Er kann insbesondere anordnen, daß die Auseinandersetzung nach dem billigen Ermessen eines Dritten erfolgen soll. Die von dem Dritten auf Grund der Anordnung getroffene Bestimmung ist für die Erben nicht verbindlich, wenn sie offenbar unbillig ist; die Bestimmung erfolgt in diesem Falle durch Urtheil. **2048.**

Hat der Erblasser angeordnet, daß einer der Miterben das Recht haben soll, ein zum Nachlasse gehörendes Landgut zu übernehmen, so ist im Zweifel anzunehmen, daß das Landgut zu dem Ertragswerth angesetzt werden soll. | Der Ertragswerth bestimmt sich nach dem Reinertrage, den das Landgut nach seiner bisherigen wirthschaftlichen Bestimmung bei ordnungsmäßiger Bewirthschaftung nachhaltig gewähren kann. **2049.**

Abkömmlinge, die als gesetzliche Erben zur Erbfolge gelangen, sind verpflichtet, dasjenige, was sie von dem Erblasser bei dessen Lebzeiten als Ausstattung erhalten haben, bei der Auseinandersetzung unter einander zur Ausgeichung zu bringen, soweit nicht der Erblasser bei der Zuwendung ein Anderes angeordnet hat. | Zuschüsse, die zu dem Zwecke gegeben worden sind, als Einkünfte verwendet zu werden, sowie Aufwendungen für die Vorbildung zu einem Berufe sind insoweit zur Ausgleichung zu bringen, als sie das den Vermögensverhältnissen des Erblassers entsprechende Maß überstiegen haben. | Andere Zuwendungen unter Lebenden sind zur Ausgleichung zu bringen, wenn der Erblasser bei der Zuwendung die Ausgleichung angeordnet hat. **2050.**

Fällt ein Abkömmling, der als Erbe zur Ausgleichung verpflichtet sein würde, vor oder nach dem Erbfalle weg, so ist wegen der ihm gemachten Zuwendungen der an seine Stelle tretende Abkömmling zur Ausgleichung verpflichtet. | Hat der Erblasser für den wegfallenden Abkömmling einen Ersatzerben eingesetzt, so ist im Zweifel anzunehmen, daß dieser nicht mehr erhalten soll, als der Abkömmling unter Berücksichtigung der Ausgleichungspflicht erhalten würde. **2051.**

Hat der Erblasser die Abkömmlinge auf dasjenige als Erben eingesetzt, was sie als gesetzliche Erben erhalten würden, oder hat er ihre Erbtheile so bestimmt, daß sie zu einander in demselben Verhältnisse stehen wie die gesetzlichen Erbtheile, so ist im Zweifel anzunehmen, daß die Abkömmlinge nach den §§ 2050, 2051 zur Ausgleichung verpflichtet sein sollen. **2052.**

Eine Zuwendung, die ein entfernterer Abkömmling vor dem Wegfalle des ihn von der Erbfolge ausschließenden näheren Abkömmlinges oder ein an die Stelle eines Abkömmlinges als Ersatzerbe tretender Abkömmling von dem Erblasser erhalten hat, ist nicht zur Ausgleichung zu bringen, es sei denn, daß der Erblasser bei der Zuwendung die Ausgleichung angeordnet hat. | Das Gleiche gilt, wenn ein Abkömmling, bevor er die rechtliche Stellung eines solchen erlangt hatte, eine Zuwendung von dem Erblasser erhalten hat. **2053.**

Eine Zuwendung, die aus dem Gesammtgute der allgemeinen Gütergemeinschaft, der Errungenschaftsgemeinschaft oder der Fahrnißgemeinschaft erfolgt, gilt als von jedem der Ehegatten zur Hälfte gemacht. Die Zuwendung gilt jedoch, wenn sie an einen Abkömmling erfolgt, der nur von einem der Ehegatten abstammt, oder wenn einer der Ehegatten wegen der Zuwendung zu dem Gesammtgut Ersatz zu leisten hat, als von diesem Ehegatten gemacht. | Diese Vorschriften finden auf eine Zuwendung aus dem Gesammtgute der fortgesetzten Gütergemeinschaft entsprechende Anwendung. **2054.**

Bei der Auseinandersetzung wird jedem Miterben der Werth der Zuwendung, die er zur Ausgleichung zu bringen hat, auf seinen Erbtheil angerechnet. Der Werth der sämmtlichen Zuwendungen, die zur Ausgleichung zu bringen sind, wird dem Nachlasse hinzugerechnet, soweit dieser den Miterben zukommt, unter denen die Ausgleichung stattfindet. | Der Werth bestimmt sich nach der Zeit, zu der die Zuwendung erfolgt ist. **2055.**

Hat ein Miterbe durch die Zuwendung mehr erhalten, als ihm bei der Auseinandersetzung zukommen würde, so ist er zur Herauszahlung des Mehrbetrags nicht verpflichtet. Der Nachlaß wird in einem solchen Falle unter die übrigen Erben in der Weise getheilt, daß der Werth der Zuwendung und der Erbtheil des Miterben außer Ansatz bleiben. **2056.**

Jeder Miterbe ist verpflichtet, den übrigen Erben auf Verlangen Auskunft über die Zuwendungen zu ertheilen, die er nach den

§§ 2050 bis 2053 zur Ausgleichung zu bringen hat. Die Vorschriften der §§ 260, 261 (S. 73) über die Verpflichtung zur Leistung des Offenbarungseids finden entsprechende Anwendung. **2057.**

Rechtsverhältniß zwischen den Erben und den Nachlaßgläubigern.

a) Die Erben haften für die gemeinschaftlichen Nachlaßverbindlichkeiten als Gesammtschuldner. **2058.**

b) Bis zur Theilung des Nachlasses kann jeder Miterbe die Berichtigung der Nachlaßverbindlichkeiten aus dem Vermögen, das er außer seinem Antheil an dem Nachlasse hat, verweigern. Haftet er für eine Nachlaßverbindlichkeit unbeschränkt, so steht ihm dieses Recht in Ansehung des seinem Erbtheil entsprechenden Theiles der Verbindlichkeit nicht zu. | Das Recht der Nachlaßgläubiger, die Befriedigung aus dem ungetheilten Nachlasse von sämmtlichen Miterben zu verlangen, bleibt unberührt. **2059.**

c) Nach der Theilung des Nachlasses haftet jeder Miterbe nur für den seinem Erbtheil entsprechenden Theil einer Nachlaßverbindlichkeit: 1. wenn der Gläubiger im Aufgebotsverfahren ausgeschlossen ist; das Aufgebot erstreckt sich insoweit auch auf die im § 1972 (S. 351) bezeichneten Gläubiger sowie auf die Gläubiger, denen der Miterbe unbeschränkt haftet; 2. wenn der Gläubiger seine Forderung später als 5 Jahre nach dem im § 1974 Abs. 1 (S. 354) bestimmten Zeitpunkte geltend macht, es sei denn, daß die Forderung vor dem Ablaufe der 5 Jahre dem Miterben bekannt geworden oder im Aufgebotsverfahren angemeldet worden ist; die Vorschrift findet keine Anwendung, soweit der Gläubiger nach § 1971 (S. 353) von dem Aufgebote nicht betroffen wird; 3. wenn der Nachlaßkonkurs eröffnet und durch Vertheilung der Masse oder durch Zwangsvergleich beendigt worden ist. **2060.**

d) Jeder Miterbe kann die Nachlaßgläubiger öffentlich auffordern, ihre Forderungen binnen 6 Monaten bei ihm oder bei dem Nachlaßgericht anzumelden. Ist die Aufforderung erfolgt, so haftet nach der Theilung jeder Miterbe nur für den seinem Erbtheil entsprechenden Theil einer Forderung, soweit nicht vor dem Ablaufe der Frist die Anmeldung erfolgt oder die Forderung ihm zur Zeit der Theilung bekannt ist. | Die Aufforderung ist durch den Deutschen Reichsanzeiger und durch das für die Bekanntmachungen des Nachlaßgerichts bestimmte Blatt zu veröffentlichen. Die Frist beginnt mit der letzten Einrückung. Die Kosten fallen dem Erben zur Last, der die Aufforderung erläßt. **2061.**

e) Die Anordnung einer Nachlaßverwaltung (S. 351) kann von den Erben nur gemeinschaftlich beantragt werden; sie ist ausgeschlossen, wenn der Nachlaß getheilt ist. **2062.**

f) Die Errichtung des Inventars durch einen Miterben kommt auch den übrigen Erben zustatten, soweit nicht ihre Haftung für die Nachlaßverbindlichkeiten unbeschränkt ist. | Ein Miterbe kann sich den übrigen Erben gegenüber auf die Beschränkung seiner Haftung auch dann berufen, wenn er den anderen Nachlaßgläubigern gegenüber unbeschränkt haftet. **2063.**

III.

Testament.

(§ 2064—2273.)

I. Allgemeine Vorschriften.

a) Die letzte Willensäußerung. Der Erblasser kann ein Testament nur persönlich errichten. **2064.**

Der Erblasser kann eine letztwillige Verfügung nicht in der Weise treffen, daß ein Anderer zu bestimmen hat, ob sie gelten oder nicht gelten soll. | Der Erblasser kann die Bestimmung der Person, die eine Zuwendung erhalten soll, sowie die Bestimmung des Gegenstandes der Zuwendung nicht einem Anderen überlassen. **2065.**

Auflage.

Auf eine Auflage finden die für letztwillige Zuwendungen geltenden Vorschriften der §§ 2065 u. s. w. entsprechende Anwendung. **2192.**

b) Auslegungsregeln für letztwillige Verfügungen.

1. Hat der Erblasser seine gesetzlichen Erben ohne nähere Bestimmung bedacht, so sind diejenigen, welche zur Zeit des Erbfalls (S. 343) seine gesetzlichen Erben sein würden, nach dem Verhältniß ihrer gesetzlichen Erbtheile (S. 344) bedacht. Ist die Zuwendung unter einer aufschiebenden Bedingung oder unter Bestimmung eines Anfangstermins gemacht und tritt die Bedingung oder der Termin erst nach dem Erbfall ein, so sind im Zweifel diejenigen als bedacht anzusehen, welche die gesetzlichen Erben sein würden, wenn der Erblasser zur Zeit des Eintritts der Bedingung oder des Termins gestorben wäre. **2066.**

2. Hat der Erblasser seine Verwandten oder seine nächsten Verwandten ohne nähere Bestimmung bedacht, so sind im Zweifel diejenigen Verwandten, welche zur Zeit des Erbfalls seine gesetzlichen Erben sein würden, als nach dem Verhältniß ihrer gesetzlichen Erbtheile bedacht anzusehen. Die Vorschrift des § 2066 Satz 2 findet Anwendung. **2067.**

3. Hat der Erblasser seine Kinder ohne nähere Bestimmung bedacht und ist ein Kind vor der Errichtung des Testaments mit Hinterlassung von Abkömmlingen gestorben, so ist im Zweifel anzunehmen, daß die Abkömmlinge insoweit bedacht sind, als sie bei der gesetzlichen Erbfolge an die Stelle des Kindes treten würden. **2068.** (S. 344.)

4. Hat der Erblasser einen seiner Abkömmlinge bedacht und fällt dieser nach der Errichtung des Testaments weg, so ist im Zweifel anzunehmen, daß dessen Abkömmlinge insoweit bedacht sind, als sie bei der gesetzlichen Erbfolge an dessen Stelle treten würden. **2069.** (S. 344.)

5. Hat der Erblasser die Abkömmlinge eines Dritten ohne nähere Bestimmung bedacht, so ist im Zweifel anzunehmen, daß diejenigen Abkömmlinge nicht bedacht sind, welche zur Zeit des Erbfalls oder, wenn die Zuwendung unter einer aufschiebenden Bedingung oder unter Bestimmung eines Anfangstermins gemacht ist und die Bedingung oder der Termin erst nach dem Erbfall eintritt, zur Zeit des Eintritts der Bedingung oder des Termins noch nicht erzeugt sind. **2070.**

6. Hat der Erblasser ohne nähere Bestimmung eine Klasse von Personen oder Personen bedacht, die zu ihm in einem Dienst- oder Geschäftsverhältnisse stehen, so ist im Zweifel anzunehmen, daß diejenigen bedacht sind, welche zur Zeit des Erbfalls (S. 343) der bezeichneten Klasse angehören oder in dem bezeichneten Verhältnisse stehen. **2071.**

7. Hat der Erblasser die Armen ohne nähere Bestimmung bedacht, so ist im Zweifel anzunehmen, daß die öffentliche Armenkasse der Gemeinde, in deren Bezirk er seinen letzten Wohnsitz gehabt hat, unter der Auflage bedacht ist, das Zugewendete unter Arme zu verteilen. **2072.**

8. Hat der Erblasser den Bedachten in einer Weise bezeichnet, die auf mehrere Personen paßt, und läßt sich nicht ermitteln, wer von ihnen bedacht werden sollte, so gelten sie als zu gleichen Theilen bedacht. **2073.**

9. Hat der Erblasser eine letztwillige Zuwendung unter einer aufschiebenden Bedingung gemacht, so ist im

Läßt der Inhalt einer letztwilligen Verfügung verschiedene Auslegungen zu, so ist im Zweifel diejenige Auslegung vorzuziehen, bei welcher die Verfügung Erfolg haben kann. **2084.**

Zweifel anzunehmen, daß die Zuwendung nur gelten soll, wenn der Bedachte den Eintritt der Bedingung erlebt. 2074.

10. Hat der Erblasser eine letztwillige Zuwendung unter der Bedingung gemacht, daß der Bedachte während eines Zeitraums von unbestimmter Dauer etwas unterläßt oder fortgesetzt thut, so ist, wenn das Unterlassen oder das Thun lediglich in der Willkür des Bedachten liegt, im Zweifel anzunehmen, daß die Zuwendung von der auflösenden Bedingung abhängig sein soll, daß der Bedachte die Handlung vornimmt oder das Thun unterläßt. 2075.

c) Fälle der Unwirksamkeit letztwilliger Verfügungen von Ehe-

1. Eine letztwillige Verfügung, durch die der Erblasser seinen Ehegatten bedacht hat, ist unwirksam, wenn die Ehe nichtig oder wenn sie vor dem Tode des Erblassers aufgelöst worden ist. Der Auflösung der Ehe steht es gleich, wenn der Erblasser zur Zeit seines Todes auf Scheidung wegen Verschuldens des Ehegatten zu klagen berechtigt war und die Klage auf Scheidung oder auf Aufhebung der ehelichen Gemeinschaft erhoben hatte. 2077 Abs. 1.

2. Eine letztwillige Verfügung, durch die der Erblasser seinen Verlobten bedacht hat, ist unwirksam, wenn das Verlöbniß vor dem Tode des Erblassers aufgelöst worden ist. | Die Verfügung ist nicht unwirksam, wenn anzunehmen ist, daß der Erblasser sie auch für einen solchen Fall getroffen haben würde. 2077 Abs. 2.

d) Anfechtbarkeit der letztwilligen Verfügungen.

Gründe.

Eine letztwillige Verfügung kann angefochten werden, soweit der Erblasser über den Inhalt seiner Erklärung im Irrthume war oder eine Erklärung dieses Inhalts überhaupt nicht abgeben wollte und anzunehmen ist, daß er die Erklärung bei Kenntniß der Sachlage nicht abgegeben haben würde. | Das Gleiche gilt, soweit der Erblasser zu der Verfügung durch die irrige Annahme oder Erwartung des Eintritts oder Nichteintritts eines Umstandes oder widerrechtlich durch Drohung bestimmt worden ist. | Die Vorschriften des § 122 (S. 49) finden keine Anwendung. 2078.

Die Berechtigten.

Zur Anfechtung ist derjenige berechtigt, welchem die Aufhebung der letztwilligen Verfügung unmittelbar zu Statten kommen würde. | Bezieht sich in den Fällen des § 2078 der Irrthum nur auf eine bestimmte Person und ist diese anfechtungsberechtigt oder würde sie anfechtungsberech-

(Fortsetzung S. 370.)

11. **Bezweckt die Bedingung**, unter der eine letztwillige Zuwendung gemacht ist, den **Vortheil eines Dritten**, so gilt sie im Zweifel als eingetreten, wenn der Dritte die zum Eintritte der Bedingung erforderliche Mitwirkung verweigert. **2076.**

12. Ist einer letztwilligen Verfügung der **Vorbehalt einer Ergänzung beigefügt**, die Ergänzung aber unterblieben, so ist die Verfügung wirksam, sofern nicht anzunehmen ist, daß die Wirksamkeit von der Ergänzung abhängig sein sollte. **2086.**

13. Die **Unwirksamkeit einer von mehreren in einem Testament enthaltenen Verfügungen** hat die Unwirksamkeit der übrigen Verfügungen nur zur Folge, wenn anzunehmen ist, daß der Erblasser diese ohne die unwirksame Verfügung nicht getroffen haben würde. **2085.**

gatten.

Gemeinschaftliches Testament.

Ein gemeinschaftliches Testament ist in den Fällen des § 2077 seinem ganzen Inhalte nach unwirksam. | Wird die Ehe vor dem Tode eines der Ehegatten aufgelöst oder liegen die Voraussetzungen des § 2077 Abs. 1 Satz 2 vor, so bleiben die Verfügungen insoweit wirksam, als anzunehmen ist, daß sie auch für diesen Fall getroffen sein würden. **2268.**

Geltendmachung.	**Anfechtungsfrist.**	**Wirkung.**
Die Anfechtung einer letztwilligen Verfügung, durch die ein Erbe eingesetzt, ein gesetzlicher Erbe von der Erbfolge ausgeschlossen, ein Testamentsvollstrecker ernannt oder eine Verfügung solcher Art aufgehoben wird, erfolgt durch Erklärung gegenüber dem Nachlaßgerichte. | Das Nachlaßgericht soll die Anfechtungserklärung demjenigen mittheilen, welchem die angefochtene Verfügung unmittelbar zu Statten kommt. Es hat die Einsicht der Erklärung Jedem zu	Die Anfechtung kann nur binnen Jahresfrist erfolgen. | Die Frist beginnt mit dem Zeitpunkt, in welchem der Anfechtungsberechtigte von dem Anfechtungsgrunde Kenntniß erlangt. Auf den Lauf der Frist finden die für die Verjährung gel-	Ist eine letztwillige Verfügung, durch die eine Verpflichtung zu einer Leistung begründet wird, anfechtbar, so kann der Beschwerte

(Fortsetzung S. 371.)

Anfechtungsgründe.

Eine letztwillige Verfügung kann angefochten werden, wenn der Erblasser einen zur Zeit des Erbfalles vorhandenen Pflichttheilsberechtigten übergangen hat, dessen Vorhandensein ihm bei der Errichtung der Verfügung nicht bekannt war oder der erst nach der Errichtung geboren oder pflichttheilsberechtigt geworden ist. Die Anfechtung ist ausgeschlossen, soweit anzunehmen ist, daß der Erblasser auch bei Kenntniß der Sachlage die Verfügung getroffen haben würde. 2079.

Die Berechtigten.

... tigt sein, wenn sie zur Zeit des Erbfalles gelebt hätte, so ist ein Anderer zur Anfechtung nicht berechtigt. | Im Falle des § 2079 steht das Anfechtungsrecht nur dem Pflichttheilsberechtigten zu. 2080. (S. 343 Erbfall.)

Die Arten der letzt-

II. Erbeinsetzung.

Hat der Erblasser sein Vermögen oder einen Bruchtheil seines Vermögens dem Bedachten zugewendet, so ist die Verfügung als Erbeinsetzung anzusehen, auch wenn der Bedachte nicht als Erbe bezeichnet ist. | Sind dem Bedachten nur einzelne Gegenstände zugewendet, so ist im Zweifel nicht anzunehmen, daß er Erbe sein soll, auch wenn er als Erbe bezeichnet ist. 2087.

Auslegungsregeln für die Erbeinsetzung.

Erbeinsetzung oder Vermächtniß? (Siehe oben § 2087.)

Die Zuwendung eines Pflichttheils ist im Zweifel nicht als Erbeinsetzung anzusehen. 2304.

Hat der Erblasser nur einen Erben eingesetzt und die Einsetzung auf einen Bruchtheil der Erbschaft beschränkt, so tritt in Ansehung des übrigen Theiles die gesetzliche Erbfolge ein. | Das Gleiche gilt, wenn der Erblasser mehrere Erben unter Beschränkung eines jeden auf einen Bruchtheil eingesetzt hat und die Bruchtheile das Ganze nicht erschöpfen. 2088.

Sollen die eingesetzten Erben nach dem Willen des Erblassers die alleinigen Erben sein, so ...

in gemeinschaftlichen Testamenten (auch Erbverträgen).

Haben die Ehegatten in einem gemeinschaftlichen Testamente, durch das sie sich gegenseitig als Erben einsetzen, bestimmt, daß nach dem Tode des Ueberlebenden der beiderseitige Nachlaß an einen Dritten fallen soll, so ist im Zweifel anzunehmen, daß der Dritte für den gesammten Nachlaß als Erbe des zuletzt versterbenden Ehegatten eingesetzt ist. | Haben die Ehegatten in einem

Geltendmachung.

gestatten, der ein rechtliches Interesse glaubhaft macht. | Die Vorschrift des Abs. 1 gilt auch für die Anfechtung einer letztwilligen Verfügung, durch die ein Recht für einen Anderen nicht begründet wird, insbesondere für die Anfechtung einer Auflage. 2081.

Anfechtungsfrist.

tenden Vorschriften der §§ 203, 206, 207 (S. 63 flg.) entsprechende Anwendung. — Die Anfechtung ist ausgeschlossen, wenn seit dem Erbfalle 30 Jahre verstrichen sind. 2082.

Wirkung.

die Leistung verweigern, auch wenn die Anfechtung nach § 2082 ausgeschlossen ist. 2083.

willigen Verfügungen.

tritt, wenn jeder von ihnen auf einen Bruchtheil der Erbschaft eingesetzt ist und die Bruchtheile das Ganze nicht erschöpfen, eine verhältnißmäßige Erhöhung der Bruchtheile ein. 2089.

Ist jeder der eingesetzten Erben auf einen Bruchtheil der Erbschaft eingesetzt und übersteigen die Bruchtheile das Ganze, so tritt eine verhältnißmäßige Minderung der Bruchtheile ein. 2090.

Sind mehrere Erben eingesetzt, ohne daß die Erbtheile bestimmt sind, so sind sie zu gleichen Theilen eingesetzt, soweit sich nicht aus den §§ 2066 bis 2069 (S. 366 flg.) ein Anderes ergiebt. 2091.

Sind von mehreren

Sind einige von mehreren Erben auf einen und denselben Bruchtheil der Erbschaft eingesetzt (gemeinschaftlicher Erbtheil), so finden in Ansehung des gemeinschaftlichen Erbtheils

(Gemeinsch. Testament und Erbvertrag.)

solchen Testament ein Vermächtniß angeordnet, das nach dem Tode des Ueberlebenden erfüllt werden soll, so ist im Zweifel anzunehmen, daß das Vermächtniß dem Bedachten erst mit dem Tode des Ueberlebenden anfallen soll. 2269.

Haben die Ehegatten in einem gemeinschaftlichen Testamente Verfügungen getroffen, von denen anzunehmen ist, daß die Verfügung des einen nicht ohne die Verfügung des Andern getroffen sein würde, so hat die Nichtigkeit oder der Widerruf der einen Verfügung die Unwirksamkeit der anderen zur Folge. | Ein solches Verhältniß der Verfügungen zu einander ist im Zweifel anzunehmen, wenn sich die Ehegatten gegenseitig bedenken oder wenn dem einen Ehe-

Erben die einen auf Bruchtheile, die Anderen ohne Bruchtheile eingesetzt, so erhalten die letzteren den freigebliebenen Theil der Erbschaft. | Erschöpfen die bestimmten Bruchtheile die Erbschaft, so tritt eine verhältnißmäßige Minderung der Bruchtheile in der Weise ein, daß jeder der ohne Bruchtheile eingesetzten Erben so viel erhält wie der mit dem geringsten Bruchtheile bedachte Erbe. **2092.**

die Vorschriften der §§ 2089 bis 2092 entsprechende Anwendung. **2093.**

gatten von dem anderen eine Zuwendung gemacht und für den Fall des Ueberlebens des Bedachten eine Verfügung zu Gunsten einer Person getroffen wird, die mit dem anderen Ehegatten verwandt ist oder ihm sonst nahe steht. | Auf andere Verfügungen als Erbeinsetzungen, Vermächtnisse oder Auflagen findet die Vorschrift des Abs. 1 keine Anwendung. **2270.**

Haben Ehegatten in einem Erbvertrage, durch den sie sich gegenseitig als Erben einsetzen, bestimmt, daß nach dem Tode des Ueberlebenden der beiderseitige Nachlaß an einen Dritten fallen soll, oder ein Vermächtniß angeordnet, das nach dem Tode des Ueberlebenden zu erfüllen ist, so finden die Vorschriften des § 2269 entsprechende Anwendung. **2280.**

Die §§ 2089 bis 2093 finden entsprechende Anwendung, wenn mehreren derselbe Gegenstand vermacht ist. **2157.**

Bestimmungen über das Anwachsungsrecht.

Sind Mehrere Erben in der Weise eingesetzt, daß sie die gesetzliche Erbfolge ausschließen, und fällt einer der Erben vor oder nach dem Eintritte des Erbfalls weg, so wächst dessen Erbtheil den übrigen Erben nach dem Verhältniß ihrer Erbtheile an. Sind einige Erben auf einen gemeinschaftlichen Erbtheil eingesetzt, so tritt die Anwachsung zunächst unter ihnen ein. | Ist durch die Erbeinsetzung nur über einen Theil der Erbschaft verfügt und findet in Ansehung des übrigen Theiles die gesetzliche Erbfolge statt, so tritt die Anwachsung unter den eingesetzten Erben nur ein, soweit sie auf einen gemeinschaftlichen Erbtheil eingesetzt sind. | Der Erblasser kann die Anwachsung ausschließen. **2094.** (S. 343, 344, 371.)

Der durch Anwachsung einem Erben anfallende Erbtheil gilt in Ansehung der Vermächtnisse und Auflagen, mit denen dieser Erbe oder der wegfallende Erbe be-

Das Recht des Ersatz-

schwert ist, sowie in Ansehung der Ausgleichungspflicht als besonderer Erbtheil. 2095. (Siehe unten Pflichttheil.)

Einsetzung eines Ersatzerben und Auslegungsregeln dafür.

Der Erblasser kann für den Fall, daß ein Erbe vor oder nach dem Eintritte des Erbfalles wegfällt, einen Anderen als Erben einsetzen (Ersatzerbe). 2096.

Ist Jemand für den Fall, daß der zunächst berufene Erbe nicht Erbe sein kann oder für den Fall, daß er nicht Erbe sein will, als Ersatzerbe eingesetzt, so ist im Zweifel anzunehmen, daß er für beide Fälle eingesetzt ist. 2097.

Sind die Erben gegenseitig oder sind für einen von ihnen die übrigen als Ersatzerben eingesetzt, so ist im Zweifel anzunehmen, daß sie nach dem Verhältniß ihrer Erbtheile als Ersatzerben eingesetzt sind. | Sind die Erben gegenseitig als Ersatzerben eingesetzt, so gehen Erben, die auf einen gemeinschaftlichen Erbtheil eingesetzt sind, im Zweifel als Ersatzerben für diesen Erbtheil den Anderen vor. 2098. (Siehe unten 2102 und S. 371.)

Ersatzerben geht dem Anwachsungsrechte vor. 2099.

III. Einsetzung eines Nacherben.

Der Erblasser kann einen Erben in der Weise einsetzen, daß dieser erst Erbe wird, nachdem zunächst ein Anderer Erbe geworden ist (Nacherbe). 2100. (Siehe auch § 1923.)

Die Vorschriften des § 1923 (S. 343) finden auf die Nacherbfolge entsprechende Anwendung. 2108 Abs. 1.

Auslegungsregeln für dieselbe.
(Siehe auch S. 371 flg. 2269, 2280.)

Ist eine zur Zeit des Erbfalls noch nicht erzeugte Person als Erbe eingesetzt, so ist im Zweifel anzunehmen, daß sie als Nacherbe eingesetzt ist. Entspricht es nicht dem Willen des Erblassers, daß der Eingesetzte Nacherbe werden soll, so ist die Einsetzung unwirksam. | Das Gleiche gilt von der Einsetzung einer juristischen Person, die erst nach dem Erbfalle zur Entstehung gelangt; die Vorschrift des § 84 (S. 37) bleibt unberührt. 2101.

Die Einsetzung als Nacherbe enthält im Zweifel auch die Einsetzung als Ersatzerbe. | Ist zweifelhaft, ob Jemand als Ersatzerbe oder als Nacherbe eingesetzt ist, so gilt er als Ersatzerbe. 2102.

Hat der Erblasser angeordnet, daß der Erbe mit dem Eintritt eines bestimmten Zeitpunkts oder Ereignisses die Erbschaft einem Anderen herausgeben soll, so ist anzunehmen, daß der Andere als Nacherbe eingesetzt ist. 2103.

Hat der Erblasser angeordnet, daß der Erbe nur bis zu dem Eintritt eines bestimmten Zeitpunkts oder Ereignisses Erbe sein soll, ohne zu bestimmen, wer alsdann die Erbschaft erhalten soll, so ist anzunehmen, daß als Nacherben diejenigen eingesetzt sind, welche die gesetzlichen Erben des Erblassers sein würden, wenn er zur Zeit des Eintritts des Zeitpunkts oder des Ereignisses gestorben wäre. Der Fiskus gehört nicht zu den gesetzlichen Erben im Sinne dieser Vorschrift. **2104.** (S. 344.)

Hat der Erblasser angeordnet, daß der eingesetzte Erbe die Erbschaft erst mit dem Eintritt eines bestimmten Zeitpunkts oder Ereignisses erhalten soll, ohne zu bestimmen, wer bis dahin Erbe sein soll, so sind die gesetzlichen Erben des Erblassers die Vorerben. | Das Gleiche gilt, wenn die Persönlichkeit des Erben durch ein erst nach dem Erbfall eintretendes Ereigniß bestimmt werden soll oder wenn die Einsetzung einer zur Zeit des Erbfalls noch nicht erzeugten Person oder einer zu dieser Zeit noch nicht entstandenen juristischen Person als Erbe nach § 2101 (siehe oben) als Nacherbeinsetzung anzusehen ist. **2105.** (S. 343.)

Hat der Erblasser einen Nacherben eingesetzt, ohne den Zeitpunkt ode das Ereigniß zu bestimmen, mit dem die Nacherbfolge eintreten soll, so fällt die Erbschaft dem Nacherben mit dem Tode des Vorerben an. | Ist die Einsetzung einer noch nicht erzeugten Person als Erbe nach § 2101 Abs. 1 als Nacherbeinsetzung anzusehen, so fällt die Erbschaft dem Nacherben mit dessen Geburt an. Im Falle des § 2101 Abs. 2 tritt der Anfall mit der Entstehung der juristischen Person ein. **2106.**

Hat der Erblasser einem Abkömmlinge, der zur Zeit der Errichtung der letztwilligen Verfügung keinen Abkömmling hat oder von dem der Erblasser zu dieser Zeit nicht weiß, daß er einen Abkömmling hat, für die Zeit nach dessen Tode einen Nacherben bestimmt, so ist anzunehmen, daß der Nacherbe nur für den Fall eingesetzt ist, daß der Abkömmling ohne Nachkommenschaft stirbt. **2107.**

Stirbt der eingesetzte Nacherbe vor dem Eintritte des Falles der Nacherbfolge, aber nach dem Eintritte des Erbfalls, so geht sein Rech auf seine Erben über, sofern nicht ein anderer Wille des Erblassers anzunehmen ist. Ist der Nacherbe unter einer aufschiebenden Bedingung eingesetzt, so bewendet es bei der Vorschrift des § 2074 (S. 368). **2108** Abs. 2. (S. 343.)

Dauer der Wirksamkeit der Nacherbeinsetzung.

Die Einsetzung eines Nacherben wird mit dem Ablaufe von 30 Jahren nach dem Erbfall unwirksam, wenn nicht vorher der Fall der Nacherbfolge eingetreten ist. Sie bleibt auch nach dieser Zeit unwirksam: 1. wenn die Nacherbfolge für den Fall angeordnet ist, daß in der Person des Vorerben oder des Nacherben ein bestimmtes Ereigniß eintritt, und derjenige, in dessen Person das Ereigniß eintreten soll, zur Zeit des Erbfalls lebt;

2. wenn dem Vorerben oder einem Nacherben für den Fall, daß ihm ein Bruder oder eine Schwester geboren wird, der Bruder oder die Schwester als Nacherbe bestimmt ist. | Ist der Vorerbe oder der Nacherbe, in dessen Person das Ereigniß eintreten soll, eine juristische Person, so bewendet es bei der dreißigjährigen Frist. **2109.**

Umfang der Erbschaft des Nacherben.

Das Recht des Nacherben erstreckt sich im Zweifel auf einen Erbtheil, der dem Vorerben in Folge des Wegfalls eines Miterben anfällt. | Das Recht des Nacherben erstreckt sich im Zweifel nicht auf ein dem Vorerben zugewendetes Vorausvermächtniß (S. 382). **2110.**

Zur Erbschaft gehört, was der Vorerbe auf Grund eines zur Erbschaft gehörenden Rechtes oder als Ersatz für die Zerstörung, Beschädigung oder Entziehung eines Erbschaftsgegenstandes oder durch Rechtsgeschäft mit Mitteln der Erbschaft erwirbt, sofern nicht der Erwerb ihm als Nutzung gebührt. Die Zugehörigkeit einer durch Rechtsgeschäft erworbenen Forderung zur Erbschaft hat der Schuldner erst dann gegen sich gelten zu lassen, wenn er von der Zugehörigkeit Kenntniß erlangt; die Vorschriften der §§ 406 bis 408 (S. 94) finden entsprechende Anwendung. | Zur Erbschaft gehört auch, was der Vorerbe dem Inventar eines erbschaftlichen Grundstücks einverleibt. **2111.**

Verfügungsrecht des Vorerben über die Erbschaft. Wirksamkeit. Verlust.

Der Vorerbe kann über die zur Erbschaft gehörenden Gegenstände verfügen, soweit sich nicht aus den Vorschriften der §§ 2113 bis 2115 ein Anderes ergiebt. **2112.**

Die Verfügung des Vorerben über ein zur Erbschaft gehörendes Grundstück oder über ein zur Erbschaft gehörendes Recht an einem Grundstück ist im Falle des Eintritts der Nacherbfolge insoweit unwirksam, als sie das Recht des Nacherben vereiteln oder beeinträchtigen würde. | Das Gleiche gilt von der Verfügung über einen Erbschaftsgegenstand, die unentgeltlich oder zum Zwecke der Erfüllung eines von dem Vorerben ertheilten Schenkungsversprechens erfolgt. Ausgenommen sind Schenkungen, durch die einer sittlichen Pflicht oder einer auf den Anstand zu nehmenden Rücksicht entsprochen wird. | Die Vorschriften zu Gunsten derjenigen, welche Rechte von einem Nichtberechtigten herleiten, finden entsprechende Anwendung. **2113.** (S. 180.)

Gehört zur Erbschaft eine Hypothekenforderung, eine Grundschuld oder eine Rentenschuld, so steht die Kündigung und die Einziehung dem Vorerben zu. Der

Der Erblasser kann den Vorerben von den Be-

Vorerbe kann jedoch nur verlangen, daß das Kapital an ihn nach Beibringung der Einwilligung des Nacherben gezahlt oder daß es für ihn und den Nacherben hinterlegt wird. Auf andere Verfügungen über die Hypothekenforderung, die Grundschuld oder die Rentenschuld finden die Vorschriften des § 2113 Anwendung. **2114.**

Eine Verfügung über einen Erbschaftsgegenstand, die im Wege der Zwangsvollstreckung oder der Arrestvollziehung oder durch den Konkursverwalter erfolgt, ist im Falle des Eintritts der Nacherbfolge insoweit unwirksam, als sie das Recht des Nacherben vereiteln oder beeinträchtigen würde. Die Verfügung ist unbeschränkt wirksam, wenn der Anspruch eines Nachlaßgläubigers oder ein an einem Erbschaftsgegenstande bestehendes Recht geltend gemacht wird, das im Falle des Eintritts der Nacherbfolge dem Nacherben gegenüber wirksam ist. **2115.**

Der Vorerbe hat im Verhältnisse zu dem Nacherben nicht die außerordentlichen Lasten zu tragen, die als auf den Stammwerth der Erbschaftsgegenstände gelegt anzusehen sind. Auf diese Lasten finden die Vorschriften des § 2124 Abs. 2 (siehe die folgende!) Anwendung. **2126.**

Andere (als die gewöhnlichen Erhaltungskosten) Aufwendungen, die der Vorerbe zum Zwecke der Erhaltung von Erbschaftsgegenständen den Umständen nach für erforderlich halten darf, kann er aus der Erbschaft bestreiten. Bestreitet er sie aus seinem Vermögen, so ist der Nacherbe im Falle des Eintritts der Nacherbfolge zum Ersatze verpflichtet. **2124.**

Veränderungen oder Verschlechterungen von Erbschaftssachen, die durch ordnungsmäßige Benutzung herbeigeführt werden, hat der Vorerbe nicht zu vertreten. **2132.**

Wird dem Vorerben die Verwaltung nach den Vorschriften des § 1052 (S. 203) entzogen, so verliert er das Recht, über Erbschaftsgegenstände zu verfügen. | Die Vorschriften zu Gunsten derjenigen, welche Rechte von einem Nichtberechtigten herleiten, finden entsprechende Anwendung. Für die zur Erbschaft gehörenden Forderungen ist die Entziehung der Verwaltung dem Schuldner gegenüber erst wirksam, wenn er von der getroffenen Anordnung Kenntniß erlangt oder wenn ihm eine Mittheilung von der Anordnung zugestellt wird. Das Gleiche gilt von der Aufhebung der Entziehung. **2129.** (S. 180.)

schränkungen und Verpflichtungen des § 2113 Abs. 1 und der §§ 2114, 2116 bis 2119, 2123, 2124 bis 2131, 2133, 2134 (S. 375, 377 bis 379) befreien. **2136.** Hat der Erblasser den Nacherben auf dasjenige eingesetzt, was von der Erbschaft bei dem Eintritte der Nacherbfolge übrig sein wird, so gilt die Befreiung von allen im § 2136 bezeich-

Beschränkung des Vorerben bezüglich der Früchte.

Zieht der Vorerbe Früchte den Regeln einer ordnungsmäßigen Wirthschaft zuwider oder zieht er Früchte deßhalb im Uebermaße, weil dies in Folge eines besonderen Ereignisses nothwendig geworden ist, so gebührt ihm der Werth der Früchte nur insoweit, als durch den ordnungswidrigen oder den übermäßigen Fruchtbezug die ihm gebührenden Nutzungen beeinträchtigt werden und nicht der Werth der Früchte nach den Regeln einer ordnungsmäßigen Wirthschaft zur Wiederherstellung der Sache zu verwenden ist. **2133.**

Pflichten des Vorerben bezüglich der Erbschaft.

Der Vorerbe hat dem Nacherben gegenüber in Ansehung der Verwaltung nur für diejenige Sorgfalt einzustehen, welche er in eigenen Angelegenheiten anzuwenden pflegt. **2131.**

Hat der Vorerbe einen Erbschaftsgegenstand für sich verwendet, so ist er nach dem Eintritte der Nacherbfolge dem Nacherben gegenüber zum Ersatze des Werthes verpflichtet. Eine weitergehende Haftung wegen Verschuldens bleibt unberührt. **2134.**

Geld, das nach den Regeln einer ordnungsmäßigen Wirthschaft dauernd anzulegen ist, darf der Vorerbe nur nach den für die Anlegung von Mündelgeld geltenden Vorschriften anlegen. **2119.** (S. 326.)

Der Vorerbe trägt dem Nacherben gegenüber die gewöhnlichen Erhaltungskosten. **2124** Abs. 1.

Der Vorerbe ist nach dem Eintritte der Nacherbfolge verpflichtet, dem Nacherben die Erbschaft in dem Zustande herauszugeben, der sich bei einer bis zur Herausgabe fortgesetzten ordnungsmäßigen Verwaltung ergiebt. Auf die Herausgabe eines landwirthschaftlichen Grundstücks findet die Vorschrift des § 592 (S. 114), auf die Herausgabe eines Landguts finden die Vorschriften der §§ 592, 593 (S. 120) entsprechende Anwendung.

Der Vorerbe hat auf Verlangen Rechenschaft abzulegen. **2130.**

Die Herausgabepflicht des Vorerben beschränkt sich in den Fällen des § 2137 (siehe die Rubrik daneben) auf die bei ihm noch vorhandenen Erbschaftsgegenstände. Für Verwendungen auf Gegenstände, die er in Folge dieser Beschränkung nicht herauszugeben hat, kann

neten Beschränkungen und Verpflichtungen als angeordnet. **2137** Abs. 1. Das Gleiche ist im Zweifel anzunehmen, wenn der Erblasser bestimmt hat, daß der Vorerbe zur freien Verfügung über die Erbschaft berechtigt sein soll. **2137** Abs. 2.

er nicht Ersatz verlangen. Hat der Vorerbe der Vorschrift des § 2113 Abs. 2 zuwider über einen Erbschaftsgegenstand verfügt oder hat er die Erbschaft in der Absicht, den Nacherben zu benachtheiligen, vermindert, so ist er dem Nacherben zum Schadensersatze verpflichtet. 2138.

Der Vorerbe ist den Nachlaßgläubigern gegenüber verpflichtet, den Eintritt der Nacherbfolge unverzüglich dem Nachlaßgericht anzuzeigen. Die Anzeige des Vorerben wird durch die Anzeige des Nacherben ersetzt. | Das Nachlaßgericht hat die Einsicht der Anzeige Jedem zu gestatten, der ein rechtliches Interesse glaubhaft macht. 2146.

Sicherungsrechte des Nacherben und resp. des Vorerben.

Der Vorerbe hat dem Nacherben auf Verlangen ein Verzeichniß der zur Erbschaft gehörenden Gegenstände mitzutheilen. Das Verzeichniß ist mit der Angabe des Tages der Aufnahme zu versehen und von dem Vorerben zu unterzeichnen; der Vorerbe hat auf Verlangen die Unterzeichnung öffentlich beglaubigen zu lassen. | Der Nacherbe kann verlangen, daß er bei der Aufnahme des Verzeichnisses zugezogen wird. | Der Vorerbe ist berechtigt und auf Verlangen des Nacherben verpflichtet, das Verzeichniß durch die zuständige Behörde oder durch einen zuständigen Beamten oder Notar aufnehmen zu lassen. | Die Kosten der Aufnahme und der Beglaubigung fallen der Erbschaft zur Last. 2121.

Der Nacherbe ist berechtigt, von dem Vorerben Auskunft über den Bestand der Erbschaft zu verlangen, wenn Grund zu der Annahme besteht, daß der Vorerbe durch seine Verwaltung die Rechte des Nacherben erheblich verletzt. 2127.

Der Vorerbe kann den Zustand der zur Erbschaft gehörenden Sachen auf seine Kosten durch Sachverständige feststellen lassen. Das gleiche Recht steht dem Nacherben zu. 2122.

Gehört ein Wald zur Erbschaft, so kann sowohl der Vorerbe als der Nacherbe verlangen, daß das Maß der Nutzung und die Art der wirthschaftlichen Behandlung durch einen Wirthschaftsplan festgestellt werden. Tritt eine erhebliche Aenderung der Umstände ein, so kann jeder Theil eine entsprechende Aenderung des Wirthschaftsplans verlangen. Die Kosten fallen der Erbschaft zur Last. | Das Gleiche gilt, wenn ein Bergwerk oder eine andere auf Gewinnung von Bodenbestandtheilen gerichtete Anlage zur Erbschaft gehört. 2123.

Ist zur ordnungsmäßigen Verwaltung, insbesondere zur Berichtigung von Nachlaßverbindlichkeiten, eine Verfügung erforderlich, die der Vorerbe nicht mit Wirkung gegen den Nacherben vornehmen kann, so ist der Nacherbe dem Vorerben gegenüber verpflichtet, seine Einwilligung zu der Verfügung zu ertheilen. Die Einwilligung ist auf Verlangen in öffentlich beglaubigter Form zu erklären. Die Kosten der Beglaubigung fallen dem Vorerben zur Last. 2120.

Der Vorerbe hat auf Verlangen des Nacherben die zur Erbschaft gehörenden Inhaberpapiere nebst den Erneuerungsscheinen bei einer Hinterlegungsstelle oder bei der Reichsbank mit der Bestimmung zu hinterlegen, daß die Herausgabe nur mit Zustimmung des Nacherben verlangt werden kann. Die Hinterlegung von Inhaberpapieren, die nach § 92 zu den verbrauchbaren Sachen gehören, sowie von Zins-, Renten- oder Gewinnantheilscheinen kann nicht verlangt werden. Den Inhaberpapieren stehen Orderpapiere gleich, die mit Blankoindossament versehen sind. | Ueber die hinterlegten Papiere kann der Vorerbe nur mit Zustimmung des Nacherben verfügen. 2116. (S. 45.)

Der Vorerbe kann die Inhaberpapiere, statt sie nach § 2116 zu hinterlegen, auf seinen Namen mit der Bestimmung umschreiben lassen, daß er über sie nur mit Zustimmung des Nacherben verfügen kann. Sind die Papiere von dem Reiche oder einem Bundesstaat ausgestellt, so kann er sie mit der gleichen Bestimmung in Buchforderungen gegen das Reich oder den Bundesstaat umwandeln lassen. 2117.

Gehören zur Erbschaft Buchforderungen gegen das Reich oder einen Bundesstaat, so ist der Vorerbe auf Verlangen des Nacherben verpflichtet, in das Schuldbuch den Vermerk eintragen zu lassen, daß er über die Forderungen nur mit Zustimmung des Nacherben verfügen kann. 2118.

Wird durch das Verhalten des Vorerben oder durch seine ungünstige Vermögenslage die Besorgniß einer erheblichen Verletzung der Rechte des Nacherben begründet, so kann der Nacherbe Sicherheitsleistung verlangen. | Die für die Verpflichtung des Nießbrauchers zur Sicherheitsleistung geltenden Vorschriften des § 1052 (S. 203) finden entsprechende Anwendung. 2128.

Wirkungen des Eintritts der Nacherbfolge.

Mit dem Eintritte des Falles der Nacherbfolge hört der Vorerbe auf, Erbe zu sein, und fällt die Erbschaft dem Nacherben an. 2139.

Der Nacherbe kann die Erbschaft ausschlagen, sobald der Erbfall eingetreten ist. Schlägt der Nacherbe die Erbschaft aus, so verbleibt sie dem Vorerben, soweit nicht der Erblasser ein Anderes bestimmt hat. 2142.

Ist bei dem Eintritte des Falles der Nacherbfolge die Geburt eines Nacherben zu erwarten, so finden auf den Unterhaltsanspruch der Mutter die Vorschriften des § 1963 (S. 351) entsprechende Anwendung. 2141.

Der Vorerbe ist auch nach dem Eintritte des Falles der Nacherbfolge zur Verfügung über Nachlaßgegenstände in dem gleichen Umfange wie vorher berechtigt, bis er von dem Eintritte Kenntniß erlangt oder ihn kennen muß. Ein Dritter kann sich auf diese Berechtigung nicht berufen, wenn er bei der Vornahme eines Rechtsgeschäfts den Eintritt kennt oder kennen muß. **2140.**

Der Vorerbe haftet nach dem Eintritte der Nacherbfolge für die Nachlaßverbindlichkeiten noch insoweit, als der Nacherbe nicht haftet. Die Haftung bleibt auch für diejenigen Nachlaßverbindlichkeiten bestehen, welche im Verhältnisse zwischen dem Vorerben und dem Nacherben dem Vorerben zur Last fallen. | Der Vorerbe kann nach dem Eintritte der Nacherbfolge die Berichtigung der Nachlaßverbindlichkeiten, sofern nicht seine Haftung unbeschränkt ist, insoweit verweigern, als dasjenige nicht ausreicht, was ihm von der Erbschaft gebührt. Die Vorschriften der §§ 1990, 1991 (S. 354) finden entsprechende Anwendung. **2145.**

Tritt die Nacherbfolge ein, so gelten die in Folge des Erbfalles durch Vereinigung von Recht und Verbindlichkeit oder von Recht und Belastung erloschenen Rechtsverhältnisse als nicht erloschen. **2143.**

Macht der Vorerbe Verwendungen auf die Erbschaft, die nicht unter die Vorschrift des § 2124 fallen, so ist der Nacherbe im Falle des Eintritts der Nacherbfolge nach den Vorschriften über die Geschäftsführung ohne Auftrag zum Ersatze verpflichtet. | Der Vorerbe ist berechtigt, eine Einrichtung, mit der er eine zur Erbschaft gehörende Sache versehen hat, wegzunehmen. **2125.** (S. 376, 377, 136.)

Hat der Vorerbe ein zur Erbschaft gehörendes Grundstück vermiethet oder verpachtet, so finden, wenn das Mieth- oder Pachtverhältniß bei dem Eintritte der Nacherbfolge noch besteht, die Vorschriften des § 1056 (S. 204) entsprechende Anwendung. **2135.**

Die Vorschriften (S. 351 flg.) über die Beschränkung der Haftung des Erben für die Nachlaßverbindlichkeiten gelten auch für den Nacherben; an die Stelle des Nachlasses tritt dasjenige, was der Nacherbe aus der Erbschaft erlangt, mit Einschluß der ihm gegen den Vorerben als solchen zustehenden Ansprüche. | Das von dem Vorerben errichtete Inventar kommt auch dem Nacherben zu Statten. | Der Nacherbe kann sich dem Vorerben gegenüber auf die Beschränkung seiner Haftung auch dann berufen, wenn er den übrigen Nachlaßgläubigern gegenüber unbeschränkt haftet. **2144.**

IV. Vermächtniß. V. Auflage.

Die dabei betheiligten Personen. Ersatzweise und nacheinander Bedachte.

Vermächtniß.

Mit einem Vermächtnisse kann der Erbe oder ein Ver-

Auflage.

Auf eine Auflage finden die für letztwillige Zuwendungen geltenden mächtnißnehmer beschwert werden. Soweit nicht der Erblasser ein Anderes bestimmt hat, ist der Erbe beschwert. **2147.**

Hat der Erblasser für den Fall, daß der zunächst Bedachte das Vermächtniß nicht erwirbt, den Gegenstand des Vermächtnisses einem Anderen zugewendet, so finden die für die Einsetzung eines Ersatzerben geltenden Vorschriften der §§ 2097 bis 2099 (S. 373) entsprechende Anwendung. **2190.**

Hat der Erblasser den vermachten Gegenstand von einem nach dem Anfalle des Vermächtnisses eintretenden bestimmten Zeitpunkt oder Ereigniß an einem Dritten zugewendet, so gilt der erste Vermächtnißnehmer als beschwert. | Auf das Vermächtniß finden die für die Einsetzung eines Nacherben geltenden Vorschriften des § 2102, des § 2106 Abs. 1, des § 2107 und des § 2110 Abs. 1 (S. 373 flg.) entsprechende Anwendung. **2191.**

Auflage.

Vorschriften der §§ 2065, 2147 ꝛc. entsprechende Anwendung. **2192.**

Der Erblasser kann bei der Anordnung einer Auflage, deren Zweck er bestimmt hat, die Bestimmung der Person, an welche die Leistung erfolgen soll, dem Beschwerten oder einem Dritten überlassen. | Steht die Bestimmung dem Beschwerten zu, so kann ihm, wenn er zur Vollziehung der Auflage rechtskräftig verurtheilt ist, von dem Kläger eine angemessene Frist zur Vollziehung bestimmt werden; nach dem Ablaufe der Frist ist der Kläger berechtigt, die Bestimmung zu treffen, wenn nicht die Vollziehung rechtzeitig erfolgt. | Steht die Bestimmung einem Dritten zu, so erfolgt sie durch Erklärung gegenüber dem Beschwerten. Kann der Dritte die Bestimmung nicht treffen, so geht das Bestimmungsrecht auf den Beschwerten über. Die Vorschrift des § 2151 Abs. 3 Satz 2 (S. 382) findet entsprechende Anwendung; zu den Betheiligten im Sinne dieser Vorschrift gehören der Beschwerte und diejenigen, welche die Vollziehung der Auflage zu verlangen berechtigt sind. **2193.**

Auslegungsregeln.

Sind mehrere Erben oder mehrere Vermächtnißnehmer mit demselben Vermächtnisse beschwert, so sind im Zweifel die Erben nach dem Verhältnisse der Erbtheile, die Vermächtnißnehmer nach dem Verhältnisse des Wertes der Vermächtnisse beschwert. **2148.**

Auflage.

Auf eine Auflage finden die für letztwillige Zuwendung geltenden Vorschriften des § 2148, entsprechende Anwendung. **2192.**

Hat der Erblasser bestimmt, daß dem eingesetzten Erben ein Erbschaftsgegenstand nicht zufallen soll, so gilt der Gegenstand als den gesetzlichen Erben vermacht. Der Fiskus gehört nicht zu den gesetzlichen Erben im Sinne dieser Vorschrift. 2149. (S. 344.)

Hat der Erblasser Mehrere mit einem Vermächtniß in der Weise bedacht, daß nur der Eine oder der Andere das Vermächtniß erhalten soll, so ist anzunehmen, daß der Beschwerte bestimmen soll, wer von ihnen das Vermächtniß erhält. 2152.

Ist die Zeit der Erfüllung eines Vermächtnisses dem freien Belieben des Beschwerten überlassen, so wird die Leistung im Zweifel mit dem Tode des Beschwerten fällig. 2181.

Auf eine **Auflage** finden die für letztwillige Verfügungen geltenden Vorschriften des § 2181 entsprechende Anwendung. 2192.

Arten der Vermächtnisse.

Das einem Erben zugewendete Vermächtniß (Vorausvermächtniß) gilt als Vermächtniß auch insoweit, als der Erbe selbst beschwert ist. 2150.

Der Erblasser kann Mehrere mit einem Vermächtniß in der Weise bedenken, daß der Beschwerte oder ein Dritter zu bestimmen hat, wer von den Mehreren das Vermächtniß erhalten soll. | Die Bestimmung des Beschwerten erfolgt durch Erklärung gegenüber demjenigen, welcher das Vermächtniß erhalten soll; die Bestimmung des Dritten erfolgt durch Erklärung gegenüber dem Beschwerten. | Kann der Beschwerte oder der Dritte die Bestimmung nicht treffen, so sind die Bedachten Gesammtgläubiger. Das Gleiche gilt, wenn das Nachlaßgericht dem Beschwerten oder dem Dritten auf Antrag eines der Betheiligten eine Frist zur Abgabe der Erklärung bestimmt hat und die Frist verstrichen ist, sofern nicht vorher die Erklärung erfolgt. Der Bedachte, der das Vermächtniß erhält, ist im Zweifel nicht zur Theilung verpflichtet. 2151.

Der Erblasser kann Mehrere mit einem Vermächtniß in der Weise bedenken, daß der Beschwerte oder ein Dritter zu bestimmen hat, was Jeder von dem vermachten Gegenstand erhalten soll. Die Bestimmung erfolgt nach § 2151 Abs. 2. | Kann der Beschwerte oder der Dritte die Bestimmung nicht treffen, so sind die Bedachten zu gleichen Theilen berechtigt. Die Vorschrift des § 2151 Abs. 3 Satz 2 findet entsprechende Anwendung. 2153. (Siehe auch oben 2152.)

Der Erblasser kann ein Vermächtniß in der Art anordnen, daß der Bedachte von mehreren Gegenständen nur den einen oder den anderen erhalten soll. Ist in einem solchen Falle die Wahl einem Dritten übertragen, so erfolgt sie durch Erklärung gegenüber dem Beschwerten. | Kann der Dritte die Wahl nicht treffen, so geht das Wahlrecht auf den Beschwerten über. Die Vorschrift des § 2151 Abs. 3 Satz 2 findet entsprechende Anwendung. 2154.

Diese Vorschriften finden auf

Hat der Erblasser die vermachte Sache nur der Gattung nach bestimmt, so ist eine den Verhältnissen des Bedachten entsprechende Sache zu leisten. | Ist die Bestimmung der Sache dem Bedachten oder einem Dritten übertragen, so finden die nach § 2154 für die Wahl des Dritten geltenden Vorschriften Anwendung. | Entspricht die von dem Bedachten oder dem Dritten getroffene Bestimmung den Verhältnissen des Bedachten offenbar nicht, so hat der Beschwerte so zu leisten, wie wenn der Erblasser über die Bestimmung der Sache keine Anordnung getroffen hätte. **2155.**

Der Erblasser kann bei der Anordnung eines Vermächtnisses, dessen Zweck er bestimmt hat, die Bestimmung der Leistung dem billigen Ermessen des Beschwerten oder eines Dritten überlassen. Auf ein solches Vermächtniß finden die Vorschriften der §§ 315 bis 319 (S. 80) entsprechende Anwendung. **2156.**

eine **Auflage** entsprechende Anwendung. **2192.**

Mehrere Vermächtnißnehmer zu einem Gegenstand.

Ist Mehreren derselbe Gegenstand vermacht, so finden die Vorschriften der §§ 2089—2093 (S. 371 flg.) entsprechende Anwendung. **2157.**

Ist Mehreren derselbe Gegenstand vermacht, so wächst, wenn einer von ihnen vor oder nach dem Erbfalle wegfällt, dessen Antheil den übrigen Bedachten nach dem Verhältniß ihrer Antheile an. Dies gilt auch dann, wenn der Erblasser die Antheile der Bedachten bestimmt hat. Sind einige der Bedachten zu demselben Antheile berufen, so tritt die Anwachsung zunächst unter ihnen ein. | Der Erblasser kann die Anwachsung ausschließen. **2158.**

Der durch Anwachsung einem Vermächtnißnehmer anfallende Antheil gilt in Ansehung der Vermächtnisse und Auflagen, mit denen dieser oder der wegfallende Vermächtnißnehmer beschwert ist, als besonderes Vermächtniß. **2159.**

Wirksamkeit des Vermächtnisses. Ihre Dauer.

Ein Vermächtniß ist unwirksam, wenn der Bedachte zur Zeit

Ein Vermächtniß bleibt, sofern nicht ein anderer Wille des Erblassers anzunehmen ist, wirksam, wenn der Beschwerte nicht Erbe oder Vermächtnißnehmer wird. Beschwert ist in diesem Falle

Auflage.

Die Unwirksamkeit einer Auflage hat die Unwirksamkeit der unter der Auflage gemachten Zuwendung nur zur Folge, wenn anzunehmen ist, daß der Erblasser die Zuwendung nicht

des Erbfalls nicht mehr lebt. 2160. (S. 343.)

derjenige, welchem der Wegfall des zunächst Beschwerten unmittelbar zu Statten kommt. 2161.

Auflage.

ohne die Auflage gemacht haben würde. 2195.

Auf eine Auflage findet § 2161 entsprechende Anwendung. 2192.

Ein Vermächtniß, das unter einer aufschiebenden Bedingung oder unter Bestimmung eines Anfangstermins angeordnet ist, wird mit dem Ablaufe von 30 Jahren nach dem Erbfall unwirksam, wenn nicht vorher die Bedingung oder der Termin eingetreten ist. | Ist der Bedachte zur Zeit des Erbfalls noch nicht erzeugt oder wird seine Persönlichkeit durch ein erst nach dem Erbfall eintretendes Ereigniß bestimmt, so wird das Vermächtniß mit dem Ablaufe von 30 Jahren nach dem Erbfall unwirksam, wenn nicht vorher der Bedachte erzeugt oder das Ereigniß eingetreten ist, durch das seine Persönlichkeit bestimmt wird. 2162.

Das Vermächtniß bleibt in den Fällen des § 2162 auch nach dem Ablaufe von 30 Jahren wirksam: 1. wenn es für den Fall angeordnet ist, daß in der Person des Beschwerten oder des Bedachten ein bestimmtes Ereigniß eintritt, und derjenige, in dessen Person das Ereigniß eintreten soll, zur Zeit des Erbfalls lebt; 2. wenn ein Erbe, ein Nacherbe oder ein Vermächtnißnehmer für den Fall, daß ihm ein Bruder oder eine Schwester geboren wird, mit einem Vermächtnisse zu Gunsten des Bruders oder der Schwester beschwert ist. | Ist der Beschwerte oder der Bedachte, in dessen Person das Ereigniß eintreten soll, eine juristische Person, so bewendet es bei der 30jährigen Frist. 2163. (S. 36.)

Umfang des Vermächtnisses (Auslegungsregeln).

Das Vermächtniß einer Sache erstreckt sich im Zweifel auf das zur Zeit des Erbfalls vorhandene Zubehör. | Hat der Erblasser wegen einer nach der Anordnung des Vermächtnisnehmers erfolgten Beschädigung der Sache einen Anspruch auf Ersatz der Minderung des Werthes, so erstreckt sich im Zweifel das Vermächtniß auf diesen Anspruch. 2164.

Ist ein zur Erbschaft gehörender Gegenstand vermacht, so kann der Vermächtnißnehmer im Zweifel nicht die Beseitigung der Rechte verlangen, mit denen der Gegenstand belastet ist. Steht dem Erblasser ein Anspruch auf die Beseitigung zu, so erstreckt sich im Zweifel das Vermächtniß auf diesen Anspruch. 2165 Abs. 1.

Ist ein vermachtes Grundstück, das zur Erbschaft gehört, mit einer Hypothek für eine Schuld des Erblassers oder für eine Schuld belastet, zu deren Berich-

Ruht auf einem vermachten Grundstück eine Hypothek, Grundschuld oder Rentenschuld, die

tigung der Erblasser dem Schuldner gegenüber verpflichtet ist, so ist der Vermächtnißnehmer im Zweifel dem Erben gegenüber zur rechtzeitigen Befriedigung des Gläubigers insoweit verpflichtet, als die Schuld durch den Werth des Grundstücks gedeckt wird. Der Werth bestimmt sich nach der Zeit, zu welcher das Eigenthum auf den Vermächtnißnehmer übergeht; er wird unter Abzug der Belastungen berechnet, die der Hypothek im Range vorgehen. | Ist dem Erblasser gegenüber ein Dritter zur Berichtigung der Schuld verpflichtet, so besteht die Verpflichtung des Vermächtnißnehmers im Zweifel nur insoweit, als der Erbe die Berichtigung nicht von dem Dritten erlangen kann. | Auf eine Hypothek der im § 1190 (S. 215) bezeichneten Art finden diese Vorschriften keine Anwendung. **2166.**

dem Erblasser selbst zusteht, so ist aus den Umständen zu entnehmen, ob die Hypothek, Grundschuld oder Rentenschuld als mitvermacht zu gelten hat. **2165** Abs. 2.

Sind neben dem vermachten Grundstück andere zur Erbschaft gehörende Grundstücke mit der Hypothek belastet, so beschränkt sich die im § 2166 bestimmte Verpflichtung des Vermächtnißnehmers im Zweifel auf den Theil der Schuld, der dem Verhältnisse des Werthes des vermachten Grundstücks zu dem Werthe der sämmtlichen Grundstücke entspricht. Der Werth wird nach § 2166 Abs. 1 Satz 2 berechnet. **2167.**

Besteht an mehreren zur Erbschaft gehörenden Grundstücken eine Gesammtgrundschuld oder eine Gesammtrentenschuld und ist eines dieser Grundstücke vermacht, so ist der Vermächtnißnehmer im Zweifel dem Erben gegenüber zur Befriedigung des Gläubigers in Höhe des Theiles der Grundschuld oder der Rentenschuld verpflichtet, der dem Verhältnisse des Werthes des vermachten Grundstücks zu dem Werthe der sämmtlichen Grundstücke entspricht. Der Werth wird nach § 2166 Abs. 1 Satz 2 berechnet. | Ist neben dem vermachten Grundstück ein nicht zur Erbschaft gehörendes Grundstück mit einer Gesammtgrundschuld oder einer Gesammtrentenschuld belastet, so finden, wenn der Erblasser zur Zeit des Erbfalls gegenüber dem Eigenthümer des anderen Grundstücks oder einem Rechtsvorgänger des Eigenthümers zur Befriedigung des Gläubigers verpflichtet ist, die Vorschriften des § 2166 Abs. 1 und des § 2167 entsprechende Anwendung. **2168.**

Das Vermächtniß eines bestimmten Gegenstandes ist unwirksam, soweit der Gegenstand zur Zeit des Erbfalls nicht zur Erbschaft gehört, es sei denn, daß der Gegenstand dem Bedachten auch für den Fall zugewendet sein soll, daß er nicht zur Erbschaft gehört. | Hat der Erblasser nur den Besitz der vermachten Sache, so gilt im Zweifel der Besitz als vermacht, es sei denn, daß er

Ist das Vermächtniß eines Gegenstandes, der zur Zeit des Erbfalls nicht zur Erbschaft gehört, nach § 2169 Abs. 1 wirksam, so hat der Beschwerte den Gegenstand dem Bedachten zu verschaffen. | Ist der Be-

dem Bedachten keinen rechtlichen Vortheil gewährt. | Steht dem Erblasser ein Anspruch auf Leistung des vermachten Gegenstandes oder, falls der Gegenstand nach der Anordnung des Vermächtnisses untergegangen oder dem Erblasser entzogen worden ist, ein Anspruch auf Ersatz des Werthes zu, so gilt im Zweifel der Anspruch als vermacht. | Zur Erbschaft gehört im Sinne des Abs. 1 ein Gegenstand nicht, wenn der Erblasser zu dessen Veräußerung verpflichtet ist. **2169.**

schwerte zur Verschaffung außer Stande, so hat er den Werth zu entrichten. Ist die Verschaffung nur mit unverhältnißmäßigen Aufwendungen möglich, so kann sich der Beschwerte durch Entrichtung des Werthes befreien. **2170.**

Ein Vermächtniß, das auf eine zur Zeit des Erbfalls unmögliche Leistung gerichtet ist oder gegen ein zu dieser Zeit bestehendes gesetzliches Verbot verstößt, ist unwirksam. Die Vorschriften des § 308 (S. 79) finden entsprechende Anwendung. **2171.**

Auflage.

Auf eine Auflage finden die für letztwillige Zuwendungen geltenden Vorschriften der §§ 2065, 2147, 2148, 2154 bis 2156, 2161, 2171, 2181 entsprechende Anwendung. **2192.**

Die Leistung einer vermachten Sache gilt auch dann als unmöglich, wenn die Sache mit einer anderen Sache in solcher Weise verbunden, vermischt oder vermengt worden ist, daß nach den §§ 946 bis 948 (S. 182) das Eigenthum an der anderen Sache sich auf sie erstreckt oder Miteigenthum eingetreten ist, oder wenn sie in solcher Weise verarbeitet oder umgebildet worden ist, daß nach § 950 (S. 183) derjenige, welcher die neue Sache hergestellt hat, Eigenthümer geworden ist. | Ist die Verbindung, Vermischung oder Vermengung durch einen Anderen als den Erblasser erfolgt und hat der Erblasser dadurch Miteigenthum erworben, so gilt im Zweifel das Miteigenthum als vermacht; steht dem Erblasser ein Recht zur Wegnahme der verbundenen Sache zu, so gilt im Zweifel dieses Recht als vermacht. Im Falle der Verarbeitung oder Umbildung durch einen Anderen als den Erblasser bewendet es bei der Vorschrift des § 2169 Abs. 3 (siehe oben Rubrik I). **2172.**

Hat der Erblasser eine ihm zustehende Forderung vermacht, so ist, wenn vor dem Erbfalle die Leistung erfolgt und der geleistete Gegenstand noch in der Erbschaft vorhanden ist, im Zweifel anzunehmen, daß dem Bedachten dieser Gegenstand zugewendet sein soll. War die Forderung auf die Zahlung einer Geldsumme gerichtet, so gilt im Zweifel die entsprechende Geldsumme als vermacht, auch wenn sich eine solche in der Erbschaft nicht vorfindet. **2173.** (Siehe auch wegen der Früchte S. 398 § 2184.)

Wirkungen des Vermächtnißanfalls.
(Begriff Erbfall S. 343.)

Durch das Vermächtniß wird für den Bedachten das Recht begründet, von dem Beschwerten die Leistung des vermachten Gegenstandes zu fordern. 2174.

Hat der Erblasser eine ihm gegen den Erben zustehende Forderung oder hat er ein Recht vermacht, mit dem eine Sache oder ein Recht des Erben belastet ist, so gelten die in Folge des Erbfalls durch Vereinigung von Recht und Verbindlichkeit oder von Recht und Belastung erloschenen Rechtsverhältnisse in Ansehung des Vermächtnisses als nicht erloschen. 2175.

Die Forderung des Vermächtnißnehmers kommt, unbeschadet des Rechtes, das Vermächtniß auszuschlagen, zur Entstehung (Anfall des Vermächtnisses) mit dem Erbfalle. 2176.

Ist das Vermächtniß unter einer aufschiebenden Bedingung oder unter Bestimmung eines Anfangstermins angeordnet und tritt die Bedingung oder der Termin erst nach dem Erbfall ein, so erfolgt der Anfall des Vermächtnisses mit dem Eintritte der Bedingung oder des Termins. 2177.

Ist der Bedachte zur Zeit des Erbfalls noch nicht erzeugt oder wird seine Persönlichkeit durch ein erst nach dem Erbfall eintretendes Ereigniß bestimmt, so erfolgt der Anfall des Vermächtnisses im ersteren Falle mit der Geburt, im letzteren Falle mit dem Eintritte des Ereignisses. 2178.

Für die Zeit zwischen dem Erbfall und dem Anfalle des Vermächtnisses finden in den Fällen der §§ 2177, 2178 die Vorschriften Anwendung, die für den Fall gelten, daß eine Leistung unter einer aufschiebenden Bedingung (S. 55) geschuldet wird. 2170.

Annahme und Ausschlagung des Vermächtnisses.

Der Vermächtnißnehmer kann das Vermächtniß nicht mehr ausschlagen, wenn er es angenommen hat. | Die Annahme sowie die Ausschlagung des Vermächtnisses erfolgt durch Erklärung gegenüber dem Beschwerten. Die Erklärung kann erst nach dem Eintritte des Erbfalls abgegeben werden; sie ist unwirksam, wenn sie unter einer Bedingung oder einer Zeitbestimmung abgegeben wird. 2180 Abs. 1 und 2.

Die für die Annahme und die Ausschlagung einer Erbschaft geltenden Vorschriften des § 1950, des § 1952 Abs. 1, 3 und des § 1953 Abs. 1, 2 (S. 349 flg.) finden entsprechende Anwendung. 2180 Abs. 3.

Art und Zeit der Erfüllung des Vermächtnisses. Rechte und Pflichten des Beschwerten. Auslegungsregeln.

(Wegen der Erfüllungszeit siehe zunächst S. 382 § 2181.)

Ist eine nur der Gattung nach bestimmte Sache vermacht, so hat der Beschwerte die gleichen Verpflichtungen wie ein Verkäufer nach den Vorschriften des § 433 Abs. 1, der §§ 434 bis 437, des § 440 Abs. 2 bis 4 und der §§ 441 bis 444 (S. 99 bis 104). Dasselbe gilt im Zweifel, wenn ein bestimmter nicht zur Erbschaft gehörender Gegenstand vermacht ist, unbeschadet der sich aus dem § 2170 (S. 386) ergebenden Beschränkung der Haftung. | Ist ein Grundstück Gegenstand des Vermächtnisses, so haftet der Beschwerte im Zweifel nicht für die Freiheit des Grundstücks von Grunddienstbarkeiten, beschränkten persönlichen Dienstbarkeiten und Reallasten. **2182.**

Ist eine nur der Gattung nach bestimmte Sache vermacht, so kann der Vermächtnißnehmer, wenn die geleistetete Sache mangelhaft ist, verlangen, daß ihm an Stelle der mangelhaften Sache eine mangelfreie geliefert wird. Hat der Beschwerte einen Fehler arglistig verschwiegen, so kann der Vermächtnißnehmer

Ist ein Vermächtnißnehmer mit einem Vermächtniß oder einer Auflage beschwert, so ist er zur Erfüllung erst dann verpflichtet, wenn er die Erfüllung des ihm zugewendeten Vermächtnisses zu verlangen berechtigt ist. **2186.**

Ein Vermächtnißnehmer, der mit einem Vermächtniß oder einer Auflage beschwert ist, kann die Erfüllung auch nach der Annahme des ihm zugewendeten Vermächtnisses insoweit verweigern, als dasjenige, was er aus dem Vermächtniß erhält, zur Erfüllung nicht ausreicht. | Tritt nach

Der Erblasser kann für den Fall, daß die dem Erben oder einem Vermächtnißnehmer auferlegten Vermächtnisse und Auflagen auf Grund der Beschränkung der Haftung des Erben, wegen eines Pflichttheilsanspruchs oder in Gemäßheit der §§ 2187, 2188

Vollziehung einer Auflage.

Die Vollziehung einer Auflage können der Erbe, der Miterbe und derjenige verlangen, welchem der Wegfall des mit der Auflage zunächst Beschwerten unmittelbar zu Statten kommen würde. Liegt die Vollziehung im öffentlichen Interesse, so kann auch die zuständige Behörde die Vollziehung verlangen. **2194.**

Wird die Vollziehung einer Auflage in Folge eines von dem Beschwerten zu vertretenden Umstandes unmöglich, so kann derjenige, welchem der Wegfall des zunächst Be-

statt der Lieferung einer mangelfreien Sache Schadensersatz wegen Nichterfüllung verlangen. Auf diese Ansprüche finden die für die Gewährleistung wegen Mängel einer verkauften Sache geltenden Vorschriften (S. 101) entsprechende Anwendung. **2183.**

Ist ein bestimmter zur Erbschaft gehörender Gegenstand vermacht, so hat der Beschwerte dem Vermächtnißnehmer auch die seit dem Anfalle des Vermächtnisses (S. 387) gezogenen Früchte sowie das sonst auf Grund des vermachten Rechtes Erlangte herauszugeben. Für Nutzungen, die nicht zu den Früchten gehören, hat der Beschwerte nicht Ersatz zu leisten. **2184.**

Ist eine bestimmte zur Erbschaft gehörende Sache vermacht, so kann der Beschwerte für die nach dem Erbfall auf die Sache gemachten Verwendungen sowie für Aufwendungen, die er nach dem Erbfalle zur Bestreitung von Lasten der Sache gemacht hat, Ersatz nach den Vorschriften verlangen, die für das Verhältniß zwischen dem Besitzer und dem Eigenthümer gelten. **2185.**

§ 2161 (S. 384) ein Anderer an die Stelle des beschwerten Vermächtnißnehmers, so haftet er nicht weiter, als der Vermächtnißnehmer haften würde. | Die für die Haftung des Erben geltenden Vorschriften des § 1992 (S. 354) finden entsprechende Anwendung. **2187.**

Wird die einem Vermächtnißnehmer gebührende Leistung auf Grund der Beschränkung der Haftung des Erben, wegen eines Pflichttheilsanspruchs oder in Gemäßheit des § 2187 gekürzt, so kann der Vermächtnißnehmer, sofern nicht ein anderer Wille des Erblassers anzunehmen ist, die ihm auferlegten Beschwerungen verhältnißmäßig kürzen. **2188.**

gekürzt werden, durch Verfügung von Todeswegen anordnen, daß ein Vermächtniß oder eine Auflage den Vorrang vor den übrigen Beschwerungen haben soll. **2189.**

Vollziehung einer Auflage.

schwerten unmittelbar zu Statten kommen würde, die Herausgabe der Zuwendung nach den Vorschriften über die Herausgabe einer ungerechtfertigten Bereicherung insoweit fordern, als die Zuwendung zur Vollziehung der Auflage hätte verwendet werden müssen. | Das Gleiche gilt, wenn der Beschwerte zur Vollziehung einer Auflage, die nicht durch einen Dritten vollzogen werden kann, rechtskräftig verurtheilt ist und die zulässigen Zwangsmittel erfolglos gegen ihn angewendet worden sind. **2196.** (Siehe S. 157, 381.)

Erbvertrag. Siehe unten Abschnitt IV.

VI. Testamentsvollstrecker.

Form und Inhalt. Wirksamkeit.

Der Erblasser kann durch Testament einen oder mehrere Testamentsvollstrecker ernennen. | Der Erblasser kann für den Fall, daß der ernannte Testamentsvollstrecker vor oder nach der Annahme des Amtes wegfällt, einen anderen Testamentsvollstrecker ernennen. **2197.**

Der Erblasser kann die Bestimmung der Person des Testamentsvollstreckers einem Dritten überlassen. Die Bestimmung erfolgt durch Erklärung gegenüber dem Nachlaßgerichte; die Erklärung ist in öffentlich beglaubigter Form abzugeben. | Das Bestimmungsrecht des Dritten erlischt mit dem Ablauf einer ihm auf Antrag eines der Betheiligten von dem Nachlaßgerichte bestimmten Frist. **2198.**

Der Erblasser kann den Testamentsvollstrecker ermächtigen, einen oder mehrere Mitvollstrecker zu ernennen. | Der Erblasser kann den Testamentsvollstrecker ermächtigen, einen Nachfolger zu ernennen. | Die Ernennung erfolgt nach § 2198 Abs. 1 Satz 2. **2199.**

Hat der Erblasser in dem Testamente das Nachlaßgericht ersucht, einen Testamentsvollstrecker zu ernennen, so kann das Nachlaßgericht die Ernennung vornehmen. | Das Nachlaßgericht soll vor der Ernennung die Betheiligten hören, wenn es ohne erhebliche Verzögerung und ohne unverhältnißmäßige Kosten geschehen kann. **2200.**

Das Nachlaßgericht hat die Einsicht der nach § 2198 Abs. 1 Satz 2, § 2199 Abs. 3, § 2202 Abs. 2, § 2226 Satz 2 abgegebenen Erklärungen Jedem zu gestatten, der ein rechtliches Interesse glaubhaft macht. **2228.** (S. 392.)

Die Ernennung des Testamentsvollstreckers ist unwirksam, wenn er zu der Zeit, zu welcher er das Amt anzutreten hat, geschäftsunfähig oder in der Geschäftsfähigkeit beschränkt ist oder nach § 1910 (S. 319) zur Besorgung seiner Vermögensangelegenheiten einen Pfleger erhalten hat. **2201.**

Zweck der Ernennung (Zuweisung der Aufgaben. Inhalt der Ermächtigung).

Der Erblasser kann einem Testamentsvollstrecker die Verwaltung des Nachlasses übertragen, ohne ihm andere Aufgaben als die Verwaltung zuzuweisen; er kann auch anordnen, daß der Testamentsvollstrecker die Verwaltung nach der Erledigung der ihm sonst zugewiesenen Aufgaben fortzuführen hat. Im Zweifel ist anzunehmen, daß einem solchen Testamentsvollstrecker die im § 2207 (siehe unten) bezeichnete Ermächtigung ertheilt ist. **2209.**

Eine nach § 2209 getroffene Anordnung wird unwirksam, wenn seit dem Erbfalle 30 Jahre verstrichen sind. Der Erblasser kann jedoch anordnen, daß die Verwaltung bis zum Tode des Erben oder des Testamentsvollstreckers oder bis zum Eintritte eines anderen Ereignisses in der Person des Einen oder des Anderen fortdauern soll. Die Vorschrift des § 2163 Abs. 2 (siehe S. 384) findet entsprechende Anwendung. **2210.**

Der Erblasser kann einen Testamentsvollstrecker auch zu dem Zwecke ernennen, daß dieser bis zu dem Eintritt einer angeordneten Nacherbfolge die Rechte des Nacherben ausübt und dessen Pflichten erfüllt. **2222.** (S. 373.)

Der Erblasser kann einen Testamentsvollstrecker auch zu dem Zwecke ernennen, daß dieser für die Ausführung der einem Vermächtnißnehmer auferlegten Beschwerungen sorgt. **2223.**

Mehrere Testamentsvollstrecker führen das Amt gemeinschaftlich; bei einer Meinungsverschiedenheit entscheidet das Nachlaßgericht. Fällt einer von ihnen weg, so führen die Uebrigen das Amt allein. Der Erblasser kann abweichende Anordnungen treffen. | Jeder Testamentsvollstrecker ist berechtigt, ohne Zustimmung der anderen Testamentsvollstrecker diejenigen Maßregeln zu treffen, welche zur Erhaltung eines der gemeinschaftlichen Verwaltung unterliegenden Nachlaßgegenstandes nothwendig sind. **2224.**

Der Erblasser kann anordnen, daß der Testamentsvollstrecker in der Eingehung von Verbindlichkeiten für den Nachlaß nicht beschränkt sein soll. Der Testamentsvollstrecker ist auch in einem solchen Falle zu einem Schenkungsversprechen nur nach Maßgabe des § 2205 Satz 3 (S. 383) berechtigt. **2207.**

Der Erblasser kann den Testamentsvollstrecker nicht von den ihm nach den §§ 2215, 2216, 2218, 2219 (S. 392 bis 394) obliegenden Verpflichtungen befreien. **2220.**

Der Amtsführung

Beginn und **Ende.**

Das Amt des Testamentsvollstreckers beginnt mit dem Zeitpunkt, in welchem der Ernannte das Amt annimmt. | Die Annahme sowie die Ablehnung des Amtes erfolgt durch Erklärung gegenüber dem Nachlaßgerichte. Die Erklärung kann erst nach dem Eintritte des Erbfalls abgegeben werden; sie ist unwirksam, wenn sie unter einer Bedingung oder einer Zeitbestimmung abgegeben wird. | Das Nachlaßgericht kann dem Ernannten auf Antrag eines der Betheiligten eine Frist zur Erklärung über die Annahme bestimmen. Mit dem Ablaufe der Frist gilt das Amt als abgelehnt, wenn nicht die Annahme vorher erklärt wird. **2202.**

Das Amt des Testamentsvollstreckers erlischt, wenn er stirbt oder wenn ein Fall eintritt, in welchem die Ernennung nach § 2201 (S. 390) unwirksam sein würde. **2225.**

Der Testamentsvollstrecker kann das Amt jederzeit kündigen. Die Kündigung erfolgt durch Erklärung gegenüber dem Nachlaßgerichte. Die Vorschriften des § 671 Abs. 2, 3 (S. 136) finden entsprechende Anwendung. **2226.**

Das Nachlaßgericht kann den Testamentsvollstrecker auf Antrag eines der Betheiligten entlassen, wenn ein wichtiger Grund vorliegt; ein solcher Grund ist insbesondere grobe Pflichtverletzung oder Unfähigkeit zur ordnungsmäßigen Geschäftsführung. | Der Testamentsvollstrecker soll vor der Entlassung wenn thunlich gehört werden. **2227.**

Rechtsverhältniß zwischen Testamentsvollstrecker und den Erben.

Auf das Rechtsverhältniß zwischen dem Testamentsvollstrecker und dem Erben finden die für den Auftrag geltenden Vorschriften der §§ 664, 666 bis 668, 670, des § 673 Satz 2 und des § 674 (S. 136) entsprechende Anwendung. **2218** Abs. 1.

Bei einer länger dauernden Verwaltung kann der Erbe jährlich Rechnungslegung verlangen. **2218** Abs. 2. (Siehe auch S. 394 § 2212.

Der Testamentsvollstrecker hat dem Erben unverzüglich nach der Annahme des Amtes ein Verzeichniß der seiner Verwaltung unterliegenden Nachlaßgegenstände und der bekannten Nachlaßverbindlichkeiten mitzutheilen und ihm die zur Aufnahme des Inventars sonst erforderliche Beihilfe zu leisten. | Das Verzeichniß ist mit der Angabe des Tages der Aufnahme zu versehen und von dem Testamentsvollstrecker zu unterzeichnen; der Testamentsvollstrecker hat auf Verlangen die Unterzeichnung öffentlich beglaubigen zu lassen. | Der Erbe kann verlangen, daß er bei der Aufnahme des Verzeichnisses zugezogen wird. | Der Testa=

mentsvollstrecker ist berechtigt und auf Verlangen des Erben verpflichtet, das Verzeichniß durch die zuständige Behörde oder durch einen zuständigen Beamten oder Notar aufnehmen zu lassen. | Die Kosten der Aufnahme und der Beglaubigung fallen dem Nachlasse zur Last. **2215.**

Der Testamentsvollstrecker hat Nachlaßgegenstände, deren er zur Erfüllung seiner Obliegenheiten offenbar nicht bedarf, dem Erben auf Verlangen zur freien Verfügung zu überlassen. Mit der Ueberlassung erlischt sein Recht zur Verwaltung der Gegenstände. | Wegen Nachlaßverbindlichkeiten, die nicht auf einem Vermächtniß oder einer Auflage beruhen, sowie wegen bedingter und betagter Vermächtnisse oder Auflagen kann der Testamentsvollstrecker die Ueberlassung der Gegenstände nicht verweigern, wenn der Erbe für die Berichtigung der Verbindlichkeiten oder für die Vollziehung der Vermächtnisse oder Auflagen Sicherheit leistet. **2217.**

Ueber einen der Verwaltung des Testamentsvollstreckers unterliegenden Nachlaßgegenstand kann der Erbe nicht verfügen. | Die Vorschriften zu Gunsten derjenigen, welche Rechte von einem Nichtberechtigten herleiten (S. 157 flg.), finden entsprechende Anwendung. **2211.**

Der Testamentsvollstrecker ist berechtigt, Verbindlichkeiten für den Nachlaß einzugehen, soweit die Eingehung zur ordnungsmäßigen Verwaltung erforderlich ist. Die Verbindlichkeit zu einer Verfügung über einen Nachlaßgegenstand kann der Testamentsvollstrecker für den Nachlaß auch dann eingehen, wenn er zu der Verfügung berechtigt ist. | Der Erbe ist verpflichtet, zur Eingehung solcher Verbindlichkeiten seine Einwilligung zu ertheilen, unbeschadet des Rechtes, die Beschränkung seiner Haftung für die Nachlaßverbindlichkeiten geltend zu machen. **2206.**

Sonstige Rechte und Pflichten des Testamentsvollstreckers.

Der Testamentsvollstrecker hat die letztwilligen Verfügungen des Erblassers zur Ausführung zu bringen. **2203.**

Der Testamentsvollstrecker hat den Nachlaß zu verwalten. Er ist insbesondere berechtigt, den Nachlaß in Besitz zu nehmen und über die Nachlaßgegenstände zu verfügen. Zu unentgeltlichen Verfügungen ist er nur berechtigt, soweit sie einer sittlichen Pflicht oder einer auf den Anstand zu nehmenden Rücksicht entsprechen. **2205** (siehe auch S. 391 § 2207).

Der Testamentsvollstrecker hat die in den §§ 2203 bis 2206 bestimmten Rechte nicht, soweit anzunehmen ist, daß sie ihm nach dem Willen des Erblassers nicht zustehen sollen. Unterliegen der Verwaltung des Testamentsvollstreckers nur einzelne Nachlaßgegenstände, so stehen ihm die im § 2205 Satz 2 bestimmten Befugnisse nur

Siehe auch S. 393 die Berechtigung aus § 2206.

Der Testamentsvollstrecker hat, wenn mehrere Erben vorhanden sind, die Auseinandersetzung unter ihnen nach Maßgabe der §§ 2042 bis 2056 (S. 362 flg.) zu bewirken. | Der Testamentsvollstrecker hat die Erben über den Auseinandersetzungsplan vor der Ausführung zu hören. **2204.**

in Ansehung dieser Gegenstände zu. | Hat der Testamentsvollstrecker Verfügungen des Erblassers nicht selbst zur Ausführung zu bringen, so kann er die Ausführung von dem Erben verlangen, sofern nicht ein anderer Wille des Erblassers anzunehmen ist. **2208.**

Der Testamentsvollstrecker ist zur ordnungsmäßigen Verwaltung des Nachlasses verpflichtet. | Anordnungen, die der Erblasser für die Verwaltung durch letztwillige Verfügung getroffen hat, sind von dem Testamentsvollstrecker zu befolgen. Sie können jedoch auf Antrag des Testamentsvollstreckers oder eines anderen Betheiligten von dem Nachlaßgericht außer Kraft gesetzt werden, wenn ihre Befolgung den Nachlaß erheblich gefährden würde. Das Gericht soll vor der Entscheidung soweit thunlich die Betheiligten hören. **2216.**

Ein der Verwaltung des Testamentsvollstreckers unterliegendes Recht kann nur von dem Testamentsvollstrecker gerichtlich geltend gemacht werden. **2212.**

Verletzt der Testamentsvollstrecker die ihm obliegenden Verpflichtungen, so ist er, wenn ihm ein Verschulden zur Last fällt, für den daraus entstehenden Schaden dem Erben und, soweit ein Vermächtniß zu vollziehen ist, auch dem Vermächtnißnehmer verantwortlich. | Mehrere Testamentsvollstrecker, denen ein Verschulden zur Last fällt, haften als Gesammtschuldner. **2219.**

Der Testamentsvollstrecker kann für die Führung seines Amtes eine angemessene Vergütung verlangen, sofern nicht der Erblasser ein Anderes bestimmt hat. **2221.**

Die Ansprüche gegen den Nachlaß und gegen den Erben.

Ein Anspruch, der sich gegen den Nachlaß richtet, kann sowohl gegen den Erben als gegen den

Gläubiger des Erben,

---

b) Testaments-

ordentliche:

Ein Testament kann in ordentlicher Form errichtet werden:

1. durch eine von dem Erblasser unter Angabe des Ortes und Tages eigenhändig geschriebene und unterschriebene

Wer minderjährig ist oder Geschriebenes nicht zu lesen vermag, kann ein Testament nicht nach § 2231 Nr. 2 errichten. **2247.**

(Fortsetzung S. 396.)

Testamentsvollstrecker gerichtlich geltend gemacht werden. Steht dem Testamentsvollstrecker nicht die Verwaltung des Nachlasses zu, so ist die Geltendmachung nur gegen den Erben zulässig. Ein Pflichttheilsanspruch kann, auch wenn dem Testamentsvollstrecker die Verwaltung des Nachlasses zusteht, nur gegen den Erben geltend gemacht werden. | Die Vorschrift des § 1958 (S. 347) findet auf den Testamentsvollstrecker keine Anwendung. | Ein Nachlaßgläubiger, der seinen Anspruch gegen den Erben geltend macht, kann den Anspruch auch gegen den Testamentsvollstrecker dahin geltend machen, daß dieser die Zwangsvollstreckung in die seiner Verwaltung unterliegenden Nachlaßgegenstände dulde. 2213.

die nicht zu den Nachlaßgläubigern gehören, können sich nicht an die der Verwaltung des Testamentsvollstreckers unterliegenden Nachlaßgegenstände halten. 2214.

VII. Errichtung und Aufhebung eines Testaments. VIII. Gemeinschaftliches Testament.

a) Fähigkeit zur Errichtung.

Wer in der Geschäftsfähigkeit beschränkt ist, bedarf zur Errichtung eines Testaments nicht der Zustimmung seines gesetzlichen Vertreters. | Ein Minderjähriger kann ein Testament erst errichten, wenn er das 16. Lebensjahr vollendet hat. | Wer wegen Geistesschwäche, Verschwendung oder Trunksucht entmündigt ist, kann ein Testament nicht errichten. Die Unfähigkeit tritt schon mit der Stellung des Antrags ein, auf Grund dessen die Entmündigung erfolgt. 2229.

Hat ein Entmündigter ein Testament errichtet, bevor der die Entmündigung aussprechende Beschluß unanfechtbar geworden ist, so steht die Entmündigung der Giltigkeit des Testaments nicht entgegen, wenn der Entmündigte noch vor dem Eintritte der Unanfechtbarkeit stirbt. | Das Gleiche gilt, wenn der Entmündigte nach der Stellung des Antrags auf Wiederaufhebung der Entmündigung ein Testament errichtet und die Entmündigung dem Antrage gemäß wieder aufgehoben wird. 2230.

Insbesondere zum gemeinschaftlichen Testament.

Ein gemeinschaftliches Testament kann nur von Ehegatten errichtet werden. 2265.

formen. (Anwendung auf den Erbvertrag. Siehe S. 403 IV 1 c.)

außerordentliche:	**Dauer ihrer Gültigkeit.**	**Besonderes über ein gemeinschaftliches Testament.**
I. Ist zu besorgen, daß der Erblasser früher sterben werde, als die Errichtung eines Testaments vor einem Richter oder vor einem Notar möglich ist, so	Ein nach § 2249, § 2250 oder § 2251 errichtetes	Ein ge-

(Fortsetzung S. 397.)

ordentliche:

Erklärung (Privattestament). (Im Gesetz Nr. 2.)
2. vor einem Richter oder vor einem Notar (im Gesetz Nr. 1). **2231.**

Für die Errichtung eines Testaments vor einem Richter oder vor einem Notar gelten die Vorschriften der §§ 2233 bis 2246. **2232.**

Zur Errichtung des Testaments muß der Richter einen Gerichtsschreiber oder zwei Zeugen, der Notar einen zweiten Notar oder zwei Zeugen zuziehen. **2233.**

Als Gerichtsschreiber oder zweiter Notar oder Zeuge kann bei der Errichtung des Testaments nicht mitwirken, wer zu dem Richter oder dem beurkundenden Notar in einem Verhältnisse der im § 2234 bezeichneten Art steht. **2236.** (Siehe auch S. 398 § 2244.)

Als Richter, Notar, Gerichtsschreiber oder Zeuge kann bei der Errichtung des Testaments nicht mitwirken: **1.** der Ehegatte des Erblassers, auch wenn die Ehe nicht mehr besteht; **2.** wer mit dem Erblasser in gerader Linie oder im zweiten Grade der Seitenlinie verwandt oder verschwägert ist. **2234.** Siehe auch S. 288 § 2244.

Als Richter, Notar, Gerichtsschreiber oder Zeuge kann bei der Errichtung des Testaments nicht mitwirken, wer in dem Testamente bedacht wird oder wer zu

Ein nach § 2231 Nr. 2 errichtetes (sog. Privat=)Testament ist auf Verlangen des Erblassers in amtliche Verwahrung zu nehmen. Die Vorschrift des § 2246 Abs. 2 (siehe S. 400) findet Anwendung. **2248.**

Die Errichtung des Testaments erfolgt in der Weise, daß der Erblasser dem Richter oder dem Notar seinen letzten Willen mündlich erklärt oder eine Schrift mit der mündlichen Erklärung übergiebt, daß die Schrift seinen letzten Willen enthalte. Die Schrift kann offen oder verschlossen übergeben werden. Sie kann von dem Erblasser oder von einer anderen Person geschrieben sein. | Wer minderjährig ist oder Geschriebenes nicht zu lesen vermag, kann das Testament nur durch mündliche Erklärung errichten. **2238.**

Ueber die Errichtung des Testaments muß ein Protokoll in deutscher Sprache aufgenommen werden. **2240.**

Das Protokoll muß enthalten: **1.** Ort und Tag der Verhandlung; **2.** die Bezeichnung des Erblassers und der bei der Verhandlung mitwirkenden Personen; **3.** die nach § 2238 (siehe oben) erforderlichen Erklärungen des Erblassers und im Falle der Uebergabe einer Schrift die Feststellung der Uebergabe. **2241.**

Das Protokoll muß vorgelesen, von dem Erblasser genehmigt und von ihm eigenhändig unterschrieben werden. Im Protokolle muß festgestellt werden, daß dies geschehen ist. Das Protokoll soll dem Erblasser auf Verlangen auch zur Durchsicht vorgelegt werden. | Erklärt der Erblasser, daß er nicht schreiben

(Fortsetzung S. 398.)

außerordentliche:

kann er das Testament vor dem Vorsteher der Gemeinde, in der er sich aufhält, oder, falls er sich in dem Bereich eines durch Landesgesetz einer Gemeinde gleichgestellten Verbandes oder Gutsbezirks aufhält, vor dem Vorsteher dieses Verbandes oder Bezirkes errichten. Der Vorsteher muß 2 Zeugen zuziehen. Die Vorschriften der §§ 2234 bis 2246 (siehe daneben) finden Anwendung; der Vorsteher tritt an die Stelle des Richters oder des Notars. | Die Besorgniß, daß die Errichtung eines Testaments vor einem Richter oder vor einem Notar nicht mehr möglich sein werde, muß im Protokolle festgestellt werden. Der Gültigkeit des Testaments steht nicht entgegen, daß die Besorgniß nicht begründet war. **2249.**

II. Wer sich an einem Orte aufhält, der in Folge des Ausbruchs einer Krankheit oder in Folge sonstiger außerordentlicher Umstände dergestalt abgesperrt ist, daß die Errichtung eines Testaments vor einem Richter oder vor einem Notar nicht möglich oder erheblich erschwert ist, kann das Testament in der durch den § 2249 Abs. 1 (siehe oben I) bestimmten Form oder durch mündliche Erklärung vor 3 Zeugen errichten. | Wird die mündliche Erklärung vor 3 Zeugen gewählt, so muß über die Errichtung des Testaments ein Protokoll aufgenommen werden. Auf die Zeugen finden die Vorschriften der §§ 2234, 2235 und des § 2237 Nr. 1 bis 3 (siehe daneben), auf das Protokoll finden die Vorschriften der §§ 2240 bis 2242, 2245 (siehe daneben) Anwendung. Unter Zuziehung eines Dolmetschers kann ein Testament in

(Fortsetzung S. 399.)

Dauer ihrer Gültigkeit.

Testament gilt als nicht errichtet, wenn seit der Errichtung 3 Monate verstrichen sind und der Erblasser noch lebt. | Beginn und Lauf der Frist sind gehemmt, solange der Erblasser außer Stande ist, ein Testament vor einem Richter oder vor einem Notar zu errichten. | Tritt im Falle des § 2251 der Erblasser vor dem Ablaufe der Frist eine neue Seereise an, so wird die Frist dergestalt unterbrochen, daß nach der Beendigung der neuen Reise die volle Frist von neuem zu laufen beginnt. | Wird der Erblasser nach dem Ablaufe der Frist für tot erklärt, so behält das Testa-

Besonderes über ein gemeinschaftliches Testament.

meinschaftliches Testament kann nach § 2249 (siehe daneben Rubrik I) auch dann errichtet werden, wenn die Voraussetzung des § 2249 nur auf Seiten eines der Ehegatten vorliegt. **2266.**

Zur Errichtung eines gemeinschaftlichen Testaments nach § 2231 Nr. 2 (S. 396) genügt es, wenn einer der Ehegatten das Testament in der dort vorgeschriebenen Form errichtet und der andere Ehegatte die Erklärung

ordentliche:

einem Bedachten in einem Verhältnisse der im § 2234 bezeichneten Art steht. | Die Mitwirkung einer hiernach ausgeschlossenen Person hat nur zur Folge, daß die Zuwendung an den Bedachten nichtig ist. **2235.** Siehe unten § 2244.

Als Zeuge soll bei der Errichtung des Testaments nicht mitwirken: **1.** ein Minderjähriger; **2.** wer der bürgerlichen Ehrenrechte für verlustig erklärt ist, während der Zeit, für welche die Aberkennung der Ehrenrechte erfolgt ist; **3.** wer nach den Vorschriften der Strafgesetze unfähig ist, als Zeuge eidlich vernommen zu werden; **4.** wer als Gesinde oder Gehilfe im Dienste des Richters oder des beurkundenden Notars steht. **2237.** Siehe auch unten § 2244.

Die bei der Errichtung des Testaments mitwirkenden Personen müssen während der ganzen Verhandlung zugegen sein. **2239.**

könne, so wird seine Unterschrift durch die Feststellung dieser Erklärung im Protokoll ersetzt. | Das Protokoll muß von den mitwirkenden Personen unterschrieben werden. **2242.**

Wer nach der Ueberzeugung des Richters oder des Notars stumm oder sonst am Sprechen verhindert ist, kann das Testament nur durch Uebergabe einer Schrift errichten. Er muß die Erklärung, daß die Schrift seinen letzten Willen enthalte, bei der Verhandlung eigenhändig in das Protokoll oder auf ein besonderes Blatt schreiben, das dem Protokoll als Anlage beigefügt werden muß. | Das eigenhändige Niederschreiben der Erklärung sowie die Ueberzeugung des Richters oder des Notars, daß der Erblasser am Sprechen verhindert ist, muß im Protokolle festgestellt werden. Das Protokoll braucht von dem Erblasser nicht besonders genehmigt zu werden. **2243.**

Erklärt der Erblasser, daß er der deutschen Sprache nicht mächtig sei, so muß bei der Errichtung des Testaments ein vereideter Dolmetscher zugezogen werden. Auf den Dolmetscher finden die nach den §§ 2234 bis 2237 (siehe oben) für einen Zeugen geltenden Vorschriften entsprechende Anwendung. | Das Protokoll muß in die Sprache, in der sich der Erblasser erklärt, übersetzt werden. Die Uebersetzung muß von dem Dolmetscher angefertigt oder beglaubigt und vorgelesen werden; die Uebersetzung muß dem Protokoll als Anlage beigefügt werden. | Das Protokoll muß die Erklärung des Erblassers, daß er der deutschen Sprache nicht mächtig sei, sowie den Namen des Dolmetschers und die Feststellung enthalten, daß der Dolmetscher die Uebersetzung angefertigt oder beglaubigt und sie vorgelesen hat. Der Dolmetscher muß das Protokoll unterschreiben.. **2244.**

Sind sämmtliche mitwirkende Personen ihrer Versicherung nach der Sprache, in der sich der Erblasser erklärt, mächtig, so ist die Zuziehung

außerordentliche:	**Dauer ihrer Gültigkeit.**	**Besonderes über ein gemeinschaftliches Testament.**
dieser Form nicht errichtet werden. 2250. III. Wer sich während einer Seereise an Bord eines deutschen, nicht zur Kaiserlichen Marine gehörenden Fahrzeugs außerhalb eines inländischen Hafens befindet, kann ein Testament durch mündliche Erklärung vor 3 Zeugen nach § 2250 errichten. 2251.	ment seine Kraft, wenn die Frist zu der Zeit, zu welcher der Erblasser den vorhandenen Nachrichten zu Folge noch gelebt hat, noch nicht verstrichen war. 2252.	beifügt, daß das Testament auch als sein Testament gelten solle. Die Erklärung muß unter Angabe des Ortes und Tages eigenhändig geschrieben und unterschrieben werden. 2267.

eines Dolmetschers nicht erforderlich. Unterbleibt die Zuziehung eines Dolmetschers, so muß das Protokoll in der fremden Sprache aufgenommen werden und die Erklärung des Erblassers, daß er der deutschen Sprache nicht mächtig sei, sowie die Versicherung der mitwirkenden Personen, daß sie der fremden Sprache mächtig seien, enthalten. Eine deutsche Uebersetzung soll als Anlage beigefügt werden. 2245.

c) Die Verwahrung des Testaments.

I. Das über die Errichtung des Testaments aufgenommene Protokoll soll nebst Anlagen, insbesondere im Falle der Errichtung durch Uebergabe einer Schrift nebst dieser Schrift, von dem Richter oder dem Notar in Gegenwart der übrigen mitwirkenden Personen und des Erblassers mit dem Amtssiegel verschlossen, mit einer das Testament näher bezeichnenden Aufschrift, die von dem Richter oder dem Notar zu unterschreiben ist, versehen und in besondere amtliche Verwahrung gebracht werden. | Dem Erblasser soll über das in amtliche Verwahrung genommene Testament ein Hinterlegungsschein ertheilt werden. **2246.**

II. Siehe auch S. 396 § 2248 betr. das sog. Privattestament.

Die Aufhebung eines Testaments kann erfolgen:

a) Durch Widerruf. Ein Testament sowie eine einzelne in einem Testament enthaltene Verfügung kann von dem Erblasser jederzeit widerrufen werden. **2253** Abs. 1.

I. Fähigkeit zum Widerruf.

Die Entmündigung des Erblassers wegen Geistesschwäche, Verschwendung oder Trunksucht steht dem Widerruf eines vor der Entmündigung errichteten Testaments nicht entgegen. **2253** Abs. 2.

II. Form des Widerrufs.

Der Widerruf erfolgt durch Testament. **2254.**

Ein Testament kann auch dadurch widerrufen werden, daß der Erblasser in der Absicht, es aufzuheben, die Testamentsurkunde vernichtet oder an ihr Veränderungen vornimmt, durch die der Wille, eine schriftliche Willenserklärung aufzuheben, ausgedrückt zu werden pflegt. | Hat der Erblasser die Testamentsurkunde vernichtet oder in der bezeichneten Weise verändert, so wird vermuthet, daß er die Aufhebung des Testaments beabsichtigt habe. **2255.**

Ein vor einem Richter oder vor einem Notar oder nach § 2249 (S. 397 außer-

eines gemeinschaftlichen.

Der Widerruf einer Verfügung, die mit einer Verfügung des anderen Ehegatten in dem im § 2270 (siehe S. 372 Rubrik II) bezeichneten Verhältnisse steht, erfolgt bei Lebzeiten der Ehegatten nach den für den Rücktritt von einem Erbvertrage geltenden Vorschriften des § 2296 (S. 407). Durch eine neue Verfügung von Todeswegen kann ein Ehegatte bei Lebzeiten des Anderen seine Verfügung nicht einseitig aufheben. | Das Recht zum Widerruf erlischt mit dem Tode des anderen Ehegatten; der Ueberlebende kann jedoch seine Verfügung aufheben, wenn er das ihm Zugewendete ausschlägt. Auch nach der Annahme der Zuwendung ist der Ueberlebende zur Aufhebung nach Maßgabe des § 2294 (siehe S. 407) und des § 2336 (siehe S. 414) berechtigt. | Ist ein pflichttheilsberechtigter Abkömmling der Ehegatten oder eines der Ehegatten bedacht, so findet die Vorschrift des § 2289 Abs. 2 (siehe S. 405) entsprechende Anwendung. **2271.**

Ein gemeinschaftliches Testament kann nach § 2256 (siehe daneben) nur von beiden Ehegatten zurückgenommen werden. **2272.**

ordentl. Form) errichtetes Testament gilt als widerrufen, wenn die in amtliche Verwahrung genommene Urkunde dem Erblasser zurückgegeben wird. | Der Erblasser kann die Rückgabe jederzeit verlangen. Die Rückgabe darf nur an den Erblasser persönlich erfolgen. Die Vorschriften des Abs. 2 gelten auch für ein nach § 2248 (siehe oben 3b I) hinterlegtes Testament; die Rückgabe ist auf die Wirksamkeit des Testaments ohne Einfluß. **2256.**

b) Durch ein widersprechendes späteres Testament. Durch die Errichtung eines Testaments wird eine früheres Testament insoweit aufgehoben, als das spätere Testament mit dem früheren in Widerspruch steht. | Wird das spätere Testament widerrufen, so ist das frühere Testament in gleicher Weise wirksam, wie wenn es nicht aufgehoben worden wäre. **2258.**

5. **Wirkung eines widerrufenen Widerrufs.** Wird der durch Testament erfolgte Widerruf einer letztwilligen Verfügung widerrufen, so ist die Verfügung wirksam, wie wenn sie nicht widerrufen worden wäre. **2257.** (Siehe auch oben Ziffer 4 b § 2258 Abs. 2.)

6. Behandlung

eines Testaments nach dem Tode des Erblassers.

a) Ablieferung des Privattestaments. Wer ein Testament, das nicht in amtliche Verwahrung gebracht ist, im Besitze hat, ist verpflichtet, es unverzüglich, nachdem er von dem Tode des Erblassers Kenntniß erlangt hat, an das Nachlaßgericht abzuliefern. | Befindet sich ein Testament bei einer anderen Behörde als einem Gericht oder befindet es sich bei einem Notar in amtlicher Verwahrung, so ist es nach dem Tode des Erblassers an das Nachlaßgericht abzuliefern. Das Nachlaßgericht hat, wenn es von dem Testamente Kenntniß erlangt, die Ablieferung zu veranlassen. **2259.**

Eine Anordnung des Erblassers, durch die er verbietet, das Testament alsbald nach seinem Tode zu eröffnen, ist nichtig. **2263.**

b) Eröffnung. Das Nachlaßgericht hat, sobald es von dem Tode des Erblassers Kenntniß erlangt, zur Eröffnung eines in seiner Verwahrung befindlichen Testaments einen Termin zu bestimmen. Zu dem Termine sollen die gesetzlichen Erben des Erblassers und die sonstigen Betheiligten

eines eröffneten gemeinschaftlichen Testaments und eines Erbvertrags.

Bei der Eröffnung eines gemeinschaftlichen Testaments sind die Verfügungen des überlebenden Ehegatten, soweit sie sich sondern lassen, weder zu verkünden noch sonst zur Kenntniß der Betheiligten zu bringen. Von den Verfügungen des verstorbenen Ehegatten ist eine beglaubigte Abschrift anzufertigen. Das Testament ist wieder zu verschließen und in die besondere amtliche Verwahrung zurückzubringen. **2273.**

soweit thunlich geladen werden. | In dem Termin ist das Testament zu öffnen, den Betheiligten zu verkünden und ihnen auf Verlangen vorzulegen. Die Verkündung darf im Falle der Vorlegung unterbleiben. | Ueber die Eröffnung ist ein Protokoll aufzunehmen. War das Testament verschlossen, so ist in dem Protokolle festzustellen, ob der Verschluß unversehrt war. **2260.**

c) Uebersendung ans Nachlaßgericht. Hat ein anderes Gericht als das Nachlaßgericht das Testament in amtlicher Verwahrung, so liegt dem anderen Gerichte die Eröffnung des Testaments ob. Das Testament ist nebst einer beglaubigten Abschrift des über die Eröffnung aufgenommenen Protokolls dem Nachlaßgerichte zu übersenden; eine beglaubigte Abschrift des Testaments ist zurückzubehalten. **2261.**

d) Mittheilung. Das Naßlaßgericht hat die Betheiligten, welche bei der Eröffnung des Testaments nicht zugegen gewesen sind, von dem sie betreffenden Inhalte des Testaments in Kenntniß zu setzen. **2262.**

e) Einsicht. Abschrift. Wer ein rechtliches Interesse glaubhaft macht, ist berechtigt, von einem eröffneten Testament Einsicht zu nehmen sowie eine Abschrift des Testaments oder einzelner Theile zu fordern; die Abschrift ist auf Verlangen zu beglaubigen. **2264.**

Über das gemeinschaftliche Testament siehe:

Fähigkeit S. 395.
Wirksamkeit S. 369.
Auslegungsregeln S. 370.
Formen S. 395.
Aufhebung S. 400.
Eröffnung umstehend S. 401.
Vermächtniß S. 370 flg.

IV.

Erbvertrag. [Schenkung von Todeswegen.]

(§ 2274—2302.)

1. Erfordernisse des Abschlusses.

a) Art desselben: Der Erblasser kann einen Erbvertrag nur persönlich schließen. **2274.**

b) Die Vertragsfähigkeit.

Einen Erbvertrag kann als Erblasser nur	**Ausnahmen.** Ein Ehegatte kann als Erblasser mit seinem Ehegatten einen Erbvertrag schließen, auch wenn er in der Geschäftsfähigkeit beschränkt ist. Er bedarf in diesem Falle der Zu-

schließen, wer unbeschränkt geschäftsfähig ist. 2275 Abs. 1.

stimmung seines gesetzlichen Vertreters; ist der gesetzliche Vertreter ein Vormund, so ist auch die Genehmigung des Vormundschaftsgerichts erforderlich. | Die Vorschriften des Abs. 2 gelten auch für Verlobte. **2275** Abs. 2 und 3.

c) Vertragsform. Ein Erbvertrag kann nur vor einem Richter oder vor einem Notar bei gleichzeitiger Anwesenheit beider Theile geschlossen werden. Die Vorschriften der §§ 2233 bis 2245 (siehe oben Ziffer 3 b S. 396) finden Anwendung; was nach diesen Vorschriften für den Erblasser gilt, gilt für jeden der Vertragschließenden. | Für einen Erbvertrag zwischen Ehegatten oder zwischen Verlobten, der mit einem Ehevertrag in derselben Urkunde verbunden wird, genügt die für den Ehevertrag vorgeschriebene Form (S. 261). **2276.**

2. **Aufbewahrung und Eröffnung.** Die über einen Erbvertrag aufgenommene Urkunde soll nach Maßgabe des § 2246 (S. 400) verschlossen mit einer Aufschrift versehen und in besondere amtliche Verwahrung gebracht werden, sofern nicht die Partheien das Gegentheil verlangen. Das Gegentheil gilt im Zweifel als verlangt, wenn der Erbvertrag mit einem anderen Vertrag in derselben Urkunde verbunden wird. | Ueber einen in besondere amtliche Verwahrung genommenen Erbvertrag soll jedem der Vertragschließenden ein Hinterlegungsschein ertheilt werden. **2277.**

Die für die Eröffnung eines Testaments geltenden Vorschriften der §§ 2259 bis 2263, 2573 finden auf den Erbvertrag entsprechende Anwendung, die Vorschriften des § 2273 Satz 2, 3 jedoch nur dann, wenn sich der Erbvertrag in besonderer amtlicher Verwahrung befindet. **2300.**

3. **Gültiger Inhalt des Erbvertrags.**

In einem Erbvertrage kann jeder der Vertragschließenden vertragsmäßige Verfügungen von Todeswegen treffen. | Andere Verfügungen als Erbeinsetzungen, Vermächtnisse und Auflagen können vertragsmäßig nicht getroffen werden. **2278.**

Ein Vertrag, durch den sich Jemand verpflichtet, eine Verfügung von Todeswegen zu errichten oder nicht zu errichten, aufzuheben oder nicht aufzuheben, ist nichtig. **2302.**

Jeder der Vertragschließenden kann in dem Erbvertrag einseitig jede Verfügung treffen, die durch Testament getroffen werden kann. | Für eine Verfügung dieser Art gilt das Gleiche, wie wenn sie durch Testament getroffen worden wäre. Die Verfügung kann auch in einem Vertrag aufgehoben werden, durch den eine vertragsmäßige Verfügung aufgehoben wird. | Wird der Erbvertrag durch Ausübung des Rücktrittsrechts oder durch Vertrag aufgehoben, so tritt die Verfügung außer Kraft, sofern nicht ein anderer Wille des Erblassers anzunehmen ist. **2299.**

4. **Auf die letztwilligen Verfügungen und Auflagen im Vertrage anzuwendende Vorschriften.** Auf vertragsmäßige Zuwendungen und Auflagen finden die für letztwillige Zuwendungen und Auflagen geltenden Vorschriften entsprechende Anwendung. | Die Vorschriften des § 2077 (siehe S. 368) gelten für einen Erbvertrag zwischen Ehegatten und Verlobten auch insoweit, als ein Dritter bedacht ist. **2279.** (Siehe auch oben S. 370.)

5. **Anfechtbarkeit des Erbvertrages.**

a) Berechtigte. Erforderniß. Form der Erklärung.

Der Erbvertrag kann auf Grund der §§ 2078, 2079 (S. 368 flg.) auch von dem Erblasser angefochten werden; zur Anfechtung auf Grund des § 2079 ist erforderlich, daß der Pflichttheilsberechtigte zur Zeit der Anfechtung vorhanden ist. | Soll nach dem Tode des anderen Vertragschließenden eine zu Gunsten eines Dritten getroffene Verfügung von dem Erblasser angefochten werden, so ist die Anfechtung dem Nachlaßgerichte gegenüber zu erklären. Das Nachlaßgericht soll die Erklärung dem Dritten mittheilen. **2281.**

Die Anfechtung kann nicht durch einen Vertreter des Erblassers erfolgen. Ist der Erblasser in der Geschäftsfähigkeit beschränkt, so bedarf er zur Anfechtung nicht der Zustimmung seines gesetzlichen Vertreters. Für einen geschäftsunfähigen Erblasser kann sein gesetzlicher Vertreter mit Genehmigung des Vormundschaftsgerichts den Erbvertrag anfechten. | Die Anfechtungserklärung bedarf der gerichtlichen oder notariellen Beurkundung. **2282.**

b) Anfechtungsfrist. Die Anfechtung durch den Erblasser kann nur binnen Jahresfrist erfolgen. | Die Frist beginnt im Falle der Anfechtbarkeit wegen Drohung mit dem Zeitpunkt, in welchem die Zwangslage aufhört, in den übrigen Fällen mit dem Zeitpunkt, in welchem der Erblasser von dem Anfechtungsgrunde Kenntniß erlangt. Auf den Lauf der Frist finden die für die Verjährung geltenden Vorschriften der §§ 203, 206 (S. 63 flg.) entsprechende Anwendung. | Hat im Falle des § 2282 Abs. 2 der gesetzliche Vertreter den Erbvertrag nicht rechtzeitig angefochten, so kann nach dem Wegfalle der Geschäftsunfähigkeit der Erblasser selbst den Erbvertrag in gleicher Weise anfechten, wie wenn er ohne gesetzlichen Vertreter gewesen wäre. **2283.**

Die im § 2080 (S. 370) bezeichneten Personen können den Erbvertrag auf Grund der §§ 2078, 2079 nicht mehr anfechten, wenn das Anfechtungsrecht des Erblassers zur Zeit des Erbfalls erloschen ist. **2285.**

c) Bestätigung des anfechtbaren Vertrages. Die Bestätigung eines anfechtbaren Erbvertrages kann nur durch den Erblasser persönlich erfolgen. Ist der Erblasser in der Geschäftsfähigkeit beschränkt, so ist die Bestätigung ausgeschlossen. 2284.

6. Wirkungen des Erbvertrages.

a) Auf das fernere Verfügungsrecht der Vertragschließenden unter Lebenden. Durch den Erbvertrag wird das Recht des Erblassers, über sein Vermögen durch Rechtsgeschäft unter Lebenden zu verfügen, nicht beschränkt. 2286.

Ausnahmen.

Hat der Erblasser in der Absicht, den Vertragserben zu beeinträchtigen, eine Schenkung gemacht, so kann der Vertragserbe, nachdem ihm die Erbschaft angefallen ist, von dem Beschenkten die Herausgabe des Geschenkes nach den Vorschriften über die Herausgabe einer ungerechtfertigten Bereicherung (S. 157) fordern. | Der Anspruch verjährt in 3 Jahren von dem Anfalle der Erbschaft an. 2287.

Hat der Erblasser den Gegenstand eines vertragsmäßig angeordneten Vermächtnisses in der Absicht, den Bedachten zu beeinträchtigen, zerstört, bei Seite geschafft oder beschädigt, so tritt, soweit der Erbe dadurch außer Stand gesetzt ist, die Leistung zu bewirken, an die Stelle des Gegenstandes der Werth. | Hat der Erblasser den Gegenstand in der Absicht, den Bedachten zu beeinträchtigen, veräußert oder belastet, so ist der Erbe verpflichtet, dem Bedachten den Gegenstand zu verschaffen oder die Belastung zu beseitigen; auf diese Verpflichtung finden die Vorschriften des § 2170 Abs. 2 (S. 386) entsprechende Anwendung. Ist die Veräußerung oder die Belastung schenkweise erfolgt, so steht dem Bedachten, soweit er Ersatz nicht von dem Erben erlangen kann, der im § 2287 bestimmte Anspruch gegen den Beschenkten zu. 2288.

b) Auf frühere und spätere letztwillige Verfügungen. Durch den Erbvertrag wird eine frühere letztwillige Verfügung des Erblassers aufgehoben, soweit sie das Recht des vertragsmäßig Bedachten beeinträchtigen würde. In dem gleichen Umfang ist eine spätere Verfügung von Todeswegen unwirksam, unbeschadet der Vorschrift des § 2297 (siehe unten Ziffer 8 Rubrik 2). 2289 Abs. 1.

Ist der Bedachte ein pflichttheilsberechtigter Abkömmling des Erblassers, so kann der Erblasser durch eine spätere letztwillige Verfügung die nach § 2338 (siehe unten V. 5) zulässigen Anordnungen treffen. 2289 Abs. 2.

7. Aufhebung vertragsmäßiger Verfügungen.

Berechtigte. Willensäußerung. Formen. Sonstige Erfordernisse. Ein Erbvertrag sowie eine einzelne vertragsmäßige Verfügung kann durch Vertrag von den Personen aufgehoben werden, die den Erbvertrag geschlossen haben. Nach dem Tode einer dieser Personen kann die Aufhebung nicht mehr erfolgen. | Der Erblasser kann den Vertrag nur persönlich schließen. Ist er in der Geschäftsfähigkeit beschränkt, so bedarf er nicht der Zustimmung seines gesetzlichen Vertreters. | Steht der andere Theil unter Vormundschaft, so ist die Genehmigung des Vormundschaftsgerichts erforderlich. Das Gleiche gilt, wenn er unter elterlicher Gewalt steht, es sei denn, daß der Vertrag unter Ehegatten oder unter Verlobten geschlossen wird. | Der Vertrag bedarf der im § 2276 (S. 403) für den Erbvertrag vorgeschriebenen Form. **2290.**

Eine vertragsmäßige Verfügung, durch die ein Vermächtniß oder eine Auflage angeordnet ist, kann von dem Erblasser durch Testament aufgehoben werden. Zur Wirksamkeit der Aufhebung ist die Zustimmung des anderen Vertragschließenden erforderlich; die Vorschriften des § 2290 Abs. 3 finden Anwendung. | Die Zustimmungserklärung bedarf der gerichtlichen oder notariellen Beurkundung; die Zustimmung ist unwiderruflich. **2291.**

Ein zwischen Ehegatten geschlossener Erbvertrag kann auch durch ein gemeinschaftliches Testament der Ehegatten aufgehoben werden; die Vorschriften des § 2290 Abs. 3 finden Anwendung. **2292.**

8. Rücktritt vom Erbvertrage.

a) Gründe.

I. Der Erblasser kann von dem Erbvertrage zurücktreten, wenn er sich den Rücktritt im Vertrage vorbehalten hat. **2293.**

Soweit der Erblasser zum Rücktritte berechtigt ist, kann er nach dem Tode des anderen Vertragschließenden die vertragsmäßige Verfügung durch Testament aufheben. In den Fällen des § 2294 (siehe daneben) finden die Vorschriften

Sind in einem Erbvertrage von beiden Theilen vertragsmäßige Verfügungen getroffen, so hat die Nichtigkeit einer dieser Verfügungen die Unwirksamkeit des ganzen Vertrags zur Folge. | Ist in einem solchen Vertrage der Rücktritt vorbehalten, so wird durch den Rücktritt eines der Vertragschließenden der ganze Vertrag aufgehoben. Das Rücktrittsrecht erlischt mit dem Tode des anderen Vertragschließenden. Der Ueberlebende kann je-

II. Der Erblasser kann von einer vertragsmäßigen Verfügung zurücktreten, wenn sich der Bedachte einer Verfehlung schuldig macht, die den Erblasser zur Entziehung des Pflichttheils berechtigt oder, falls der Bedachte nicht zu den Pflichttheilsberechtigten gehört, zu der Entziehung berechtigen würde, wenn der Bedachte ein Abkömmling des Erblassers wäre. **2294.**

III. Der Erblasser kann von einer vertragsmäßigen Verfügung zurücktreten, wenn die Verfügung mit Rücksicht auf eine rechtsgeschäftliche Verpflichtung des Bedachten, dem Erblasser für dessen Lebenszeit wiederkehrende Leistungen zu entrichten, insbesondere Unterhalt zu gewähren, getroffen ist und die Verpflichtung vor dem Tode des Erblassers aufgehoben wird. **2295.**

b) Die Rücktrittserklärung und ihre Form. Der Rücktritt kann nicht durch einen Vertreter erfolgen. Ist der Erblasser in der Geschäftsfähigkeit beschränkt, so bedarf er nicht der Zustimmung seines gesetzlichen Vertreters. | Der Rücktritt erfolgt durch Erklärung gegenüber dem anderen Vertragschließenden. Die Erklärung bedarf der gerichtlichen oder notariellen Beurkundung. **2296.**

des § 2336 Abs. 2 bis 4 (siehe unten V.10b) entsprechende Anwendung. **2297.** Siehe auch oben Ziffer 3 § 2299 Abs. 2 und 3.

doch, wenn er das ihm durch den Vertrag Zugewendete ausschlägt, seine Verfügung durch Testament aufheben. | Die Vorschriften des Abs. 1 und des Abs. 2 Satz 1, 2 finden keine Anwendung, wenn ein anderer Wille der Vertragschließenden anzunehmen ist. **2298.**

9. **Schenkung von Todeswegen.** (Schuldversprechen und -Anerkenntniß.)

Auf ein Schenkungsversprechen, welches unter der Bedingung ertheilt wird, daß der Beschenkte den Schenker überlebt, finden die Vorschriften über Verfügungen von Todeswegen Anwendung. Das Gleiche gilt für ein schenkweise unter dieser Bedingung ertheiltes Schuldversprechen oder Schuldanerkenntniß der in den §§ 780, 781 (S. 151) bezeichneten Art. | Vollzieht der Schenker die Schenkung durch Leistung des zugewendeten Gegenstandes, so finden die Vorschriften über Schenkungen unter Lebenden (S. 111.) Anwendung. **2301.**

V.

Pflichttheil.

(§ 2303—2338.)

1. Pflichttheilsberechtigte Personen.

a) Ist ein Abkömmling des Erblassers durch Verfügung von Todeswegen von der Erbfolge ausgeschlossen, so kann er von dem Erben den Pflichttheil verlangen. Der Pflichttheil besteht in der Hälfte des Werthes des gesetzlichen Erbtheils. | Das gleiche Recht steht den Eltern und dem Ehegatten des Erblassers zu, wenn sie durch Verfügung von Todeswegen von der Erbfolge ausgeschlossen sind. **2303.**

b) Entferntere Abkömmlinge und die Eltern des Erblassers sind insoweit nicht pflichttheilsberechtigt, als ein Abkömmling, der sie im Falle der gesetzlichen Erbfolge ausschließen würde, den Pflichttheil verlangen kann oder das ihm Hinterlassene annimmt. **2309.**

2. Entstehungsgrund und -Zeit des Anspruchs. Vererblichkeit und dergl., Verjährung. (Siehe oben Ziffer 1a.) Der Anspruch auf den Pflichttheil entsteht mit dem Erbfalle (S. 343). | Der Anspruch ist vererblich und übertragbar. **2317.**

Der Pflichttheilsanspruch verjährt in 3 Jahren von dem Zeitpunkt an, in welchem der Pflichttheilsberechtigte von dem Eintritte des Erbfalls und von der ihn beeinträchtigenden Verfügung Kenntniß erlangt, ohne Rücksicht auf diese Kenntniß in 30 Jahren von dem Eintritte des Erbfalls an. | Der nach § 2329 (siehe unten 8d) dem Pflichttheilsberechtigten gegen den Beschenkten zustehende Anspruch verjährt in 3 Jahren von dem Eintritte des Erbfalls an. | Die Verjährung wird nicht dadurch gehemmt, daß die Ansprüche erst nach der Ausschlagung der Erbschaft oder eines Vermächtnisses geltend gemacht werden können. **2332.**

3. Art der Zuwendung des Pflichttheils.

a) Die Zuwendung des Pflichttheils ist im Zweifel nicht als Erbeinsetzung anzusehen. **2304.** (Siehe auch unten Ziffer 6.)

b) Ist einem Pflichttheilsberechtigten ein Erbtheil hinterlassen, der geringer ist als die Hälfte des gesetzlichen Erbtheils, so kann der Pflichttheilsberechtigte von den Miterben als Pflichttheil den Werth des an der Hälfte fehlenden Theiles verlangen. **2305.** (Siehe auch unten Ziffer 5.)

4. Die Größe des Pflichttheils. Siehe oben Ziffer 1a Abs. 1 Satz 2 und Ziffer 3. **2303.**

5. Unzulässigkeit seiner Beschränkung.

Ist ein als Erbe berufener Pflichttheilsberechtigter durch die Einsetzung eines Nebenerben, die Ernennung eines Testaments-

Ausnahme.

Hat sich ein Abkömmling in solchem Maße der Verschwendung ergeben oder ist er in solchem Maße überschuldet,

vollstreckers oder eine Theilungsanordnung beschänkt oder ist er mit einem Vermächtniß oder einer Auflage beschwert, so gilt die Beschränkung oder die Beschwerung als nicht angeordnet, wenn der ihm hinterlassene Erbtheil die Hälfte des gesetzlichen Erbtheils nicht übersteigt. Ist der hinterlassene Erbtheil größer, so kann der Pflichttheilsberechtigte den Pflichttheil verlangen, wenn er den Erbtheil ausschlägt; die Ausschlagungsfrist (S. 350) beginnt erst, wenn der Pflichttheilsberechtigte von der Beschränkung oder der Beschwerung Kenntniß erlangt. | Einer Beschränkung der Erbeinsetzung steht es gleich, wenn der Pflichttheilsberechtigte als Nacherbe (S. 373) eingesetzt ist. **2306.**

Ausnahme.

daß sein späterer Erwerb erheblich gefährdet wird, so kann der Erblasser das Pflichttheilsrecht des Abkömmlings durch die Anordnung beschränken, daß nach dem Tode des Abkömmlings dessen gesetzliche Erben das ihm Hinterlassene oder den ihm gebührenden Pflichttheil als Nacherben oder als Nachvermächtnißnehmer nach dem Verhältniß ihrer gesetzlichen Erbtheile erhalten sollen. Der Erblasser kann auch für die Lebenszeit des Abkömmlings die Verwaltung einem Testamentsvollstrecker übertragen; der Abkömmling hat in einem solchen Falle Anspruch auf den jährlichen Reinertrag. | Auf Anordnungen dieser Art finden die Vorschriften des § 2336 Abs. 1 bis 3 (siehe unten 10b) entsprechende Anwendung. Die Anordnungen sind unwirksam, wenn zur Zeit des Erbfalls der Abkömmling sich dauernd von dem verschwenderischen Leben abgewendet hat oder die den Grund der Anordnung bildende Ueberschuldung nicht mehr besteht. **2338.**

6. **Ausschlagung der Zuwendung und die Anfechtbarkeit der Ausschlagung.** Ist ein Pflichttheilsberechtigter mit einem Vermächtnisse bedacht, so kann er den Pflichttheil verlangen, wenn er das Vermächtniß ausschlägt. Schlägt er nicht aus, so steht ihm ein Recht auf den Pflichttheil nicht zu, soweit der Werth des Vermächtnisses reicht; bei der Berechnung des Werthes bleiben Beschränkungen und Beschwerungen der im § 2306 bezeichneten Art außer Betracht. | Der mit dem Vermächtnisse beschwerte Erbe kann den Pflichttheilsberechtigten unter Bestimmung einer angemessenen Frist zur Erklärung über die Annahme des Vermächtnisses auffordern. Mit dem Ablaufe der Frist gilt das Vermächtniß als ausgeschlagen, wenn nicht vorher die Annahme erklärt wird. **2307.**

Hat ein Pflichttheilsberechtigter, der als Erbe oder als Vermächtnißnehmer in der im § 2306 bezeichneten Art beschränkt oder beschwert ist, die Erbschaft oder das Vermächtniß ausgeschlagen, so kann er die Ausschlagung anfechten, wenn die Beschränkung oder die Beschwerung zur Zeit der Ausschlagung weggefallen und der Wegfall ihm nicht bekannt war. | Auf die Anfechtung der Ausschlagung eines Vermächtnisses finden die für die Anfechtung der Ausschlagung einer Erbschaft geltenden Vorschriften (S.350) entsprechende Anwendung. Die Anfechtung erfolgt durch Erklärung gegenüber dem Beschwerten. **2308.**

7. **Sicherungsrecht des Pflichttheilsgläubigers.** Ist der Pflichttheilsberechtigte nicht Erbe, so hat ihm der Erbe auf Verlangen über den Bestand des Nachlasses Auskunft zu ertheilen. Der Pflichttheilsberechtigte kann verlangen, daß er bei der Aufnahme des ihm nach § 260 (S. 73) vorzulegenden Verzeichnisses der Nachlaßgegenstände zugezogen und daß der Werth der Nachlaßgegenstände ermittelt wird. Er kann auch verlangen, daß das Verzeichniß durch die zuständige Behörde oder durch einen zuständigen Beamten oder Notar aufgenommen wird. | Die Kosten fallen dem Nachlasse zur Last. **2314.** (Siehe auch unten 8b § 2313 Abs. 2.)

8. **Berechnung des Pflichttheils.**

a) Feststellung des Erbtheils. Bei der Feststellung des für die Berechnung des Pflichttheils maßgebenden Erbtheils werden diejenigen mitgezählt, welche durch letztwillige Verfügung von der Erbfolge ausgeschlossen sind oder die Erbschaft ausgeschlagen haben oder für erbunwürdig erklärt sind. Wer durch Erbverzicht von der gesetzlichen Erbfolge ausgeschlossen ist, wird nicht mitgezählt. **2310.** (S. 415, 416.)

b) Ermittelung des Nachlaßwerthes und -Bestandes. Landgut. Der Berechnung des Pflichttheils wird der Bestand und der Werth des Nachlasses zur Zeit des Erbfalls zu Grunde gelegt. Bei der Berechnung des Pflichttheils der Eltern des Erblassers bleibt der dem überlebenden Ehegatten gebührende Voraus außer Ansatz. | Der Werth ist, soweit erforderlich, durch Schätzung zu ermitteln. Eine vom Erblasser getroffene Werthbestimmung ist nicht maßgebend. **2311.** (S. 343, 345).

Bei der Feststellung des Werthes des Nachlasses bleiben Rechte und Verbindlichkeiten, die von einer aufschiebenden Bedingung abhängig sind, außer Ansatz. Rechte und Verbindlichkeiten, die von einer auflösenden Bedingung abhängig sind, kommen als unbedingte in Ansatz. Tritt die Bedingung ein, so hat die der veränderten Rechtslage entsprechende Ausgleichung zu erfolgen. | Für ungewisse oder unsichere Rechte sowie für zweifelhafte Verbindlichkeiten gilt das Gleiche wie für Rechte und Verbindlichkeiten, die von einer aufschiebenden Bedingung abhängig sind. Der Erbe ist dem Pflichttheilsberechtigten gegenüber verpflichtet, für die Feststellung eines ungewissen und für die Verfolgung eines unsicheren Rechtes zu sorgen, soweit es einer ordnungsmäßigen Verwaltung entspricht. **2313.**

Hat der Erblasser angeordnet oder ist nach § 2049 (S. 363) anzunehmen, daß einer von mehreren Erben das Recht haben soll, ein zum Nachlasse gehörendes Landgut zu dem Ertragswerthe zu übernehmen, so ist, wenn von dem Rechte Gebrauch gemacht wird, der Ertragswerth auch für die Berechnung des Pflichttheils maßgebend. Hat der Erblasser einen anderen Uebernahmepreis bestimmt, so ist dieser maßgebend, wenn er den Ertragswerth erreicht und den Schätzungswerth nicht übersteigt. | Hinterläßt der Erblasser nur einen Erben, so kann er anordnen, daß der Berechnung des Pflichttheils der Ertragswerth oder ein nach Abs. 1 Satz 2 bestimmter Werth zu Grunde gelegt werden soll. | Diese Vorschriften finden nur Anwendung, wenn der Erbe, der das Landgut erwirbt, zu den im § 2303 (siehe oben Ziffer 1) bezeichneten pflichttheilsberechtigten Personen gehört. **2312.**

c) Anrechnung auf den Pflichttheil. Der Pflichttheilsberechtigte hat sich auf den Pflichttheil anrechnen zu lassen, was ihm von dem Erblasser durch Rechtsgeschäft unter Lebenden mit der Bestimmung zugewendet worden ist, daß es auf den Pflichttheil angerechnet werden soll. | Der Werth der Zuwendung wird bei der Bestimmung des Pflichttheils dem Nachlasse hinzugerechnet. Der Werth bestimmt sich nach der Zeit, zu welcher die Zuwendung erfolgt ist. | Ist der Pflichttheilsberechtigte ein Abkömmling des Erblassers, so findet die Vorschrift des § 2051 Abs. 1 (S 364) entsprechende Anwendung. **2315.**

Der Pflichttheil eines Abkömmlinges bestimmt sich, wenn mehrere Abkömmlinge vorhanden sind und unter ihnen im Falle der gesetzlichen Erbfolge eine Zuwendung der Erblassers zur Ausgleichung zu bringen sein würde, nach demjenigen, was auf den gesetzlichen Erbtheil unter Berücksichtigung der Ausgleichungspflicht bei der Theilung entfallen würde. Ein Abkömmling, der durch Erbverzicht (S. 416) von der gesetzlichen Erbfolge ausgeschlossen ist, bleibt bei der Berechnung außer Betracht. | Ist der Pflichtttheilsberechtigte Erbe und beträgt der Pflichttheil nach Abs. 1 mehr als der Werth des hinterlassenen Erbtheils, so kann der Pflichttheilsberechtigte von den Miterben den Mehrbetrag als Pflichttheil verlangen, auch wenn der hinterlasseue Erbtheil die Hälfte des gesetzlichen Erbtheils erreicht oder übersteigt. | Eine Zuwendung der im § 2050 Abs. 1 (S. 363) bezeichneten Art kann der Erblasser nicht zum Nachtheil eines Pflichttheilsberechtigten von der Berücksichtigung ausschließen. | Ist eine nach Abs. 1 zu berücksichtigende Zuwendung zugleich nach § 2315 auf den Pflichttheil anzurechnen, so kommt sie auf diesen nur mit der Hälfte des Werthes zur Anrechnung. **2316.**

d) Hinzurechnung von Schenkungen:

I. An Dritte.

Hat der Erblasser einem Dritten eine Schenkung gemacht, so kann der Pflichttheilsberechtigte als Ergänzung des Pflichttheils den Betrag verlangen, um den sich der Pflichttheil erhöht, wenn der verschenkte Gegenstand dem Nachlasse hinzu gerechnet wird. Eine

Vorschriften über den Anspruch auf Herausgabe.

Soweit der Erbe zur Ergänzung des Pflichttheils nicht

Ausnahmen.

Die Vor-

verbrauchbare Sache kommt mit dem Werthe in Ansatz, den sie zur Zeit der Schenkung hatte. Ein anderer Gegenstand kommt mit dem Werthe in Ansatz, den er zur Zeit des Erbfalls (S. 343) hat; hatte er zur Zeit der Schenkung einen geringeren Werth, so wird nur dieser in Ansatz gebracht. | Die Schenkung bleibt unberücksichtigt, wenn zur Zeit des Erbfalls 10 Jahre seit der Leistung des verschenkten Gegenstandes verstrichen sind; ist die Schenkung an den Ehegatten des Erblassers erfolgt, so beginnt die Frist nicht vor der Auflösung der Ehe. 2325.

Der Pflichttheilsberechtigte kann die Ergänzung des Pflichttheils auch dann verlangen, wenn ihm die Hälfte des gesetzlichen Erbtheils hinterlassen ist. Ist dem Pflichttheilsberechtigten mehr als die Hälfte hinterlassen, so ist der Anspruch ausgeschlossen, soweit der Werth des mehr Hinterlassenen reicht. 2326.

verpflichtet ist, kann der Pflichttheilsberechtigte von dem Beschenkten die Herausgabe des Geschenkes zum Zwecke der Befriedigung wegen des fehlenden Betrags nach den Vorschriften über die Herausgabe einer ungerechtfertigten Bereicherung (S. 157) fordern. Ist der Pflichttheilsberechtigte der alleinige Erbe, so steht ihm das gleiche Recht zu. | Der Beschenkte kann die Herausgabe durch Zahlung des fehlenden Betrags abwenden. | Unter mehreren Beschenkten haftet der früher Beschenkte nur insoweit, als der später Beschenkte nicht verpflichtet ist. 2329. (Verjährung des Anspruchs siehe oben 2 § 2332 Abs. 2.)

II. An den Pflichttheilsberechtigten.

Hat er selbst ein Geschenk von dem Erblasser erhalten, so ist das Geschenk in gleicher Weise wie das dem Dritten gemachte Geschenk dem Nachlasse hinzuzurechnen und zugleich dem Pflichttheilsberechtigten auf die Ergänzung anzurechnen. Ein nach § 2315 anzurechnendes Geschenk ist auf den Gesammtbetrag des Pflichttheils und der Ergänzung anzurechnen. | Ist der Pflichttheilsberechtigte ein Abkömmling des Erblassers, so findet die Vorschrift des § 2051 Abs. 1 (S. 364) entsprechende Anwendung. 2327.

Ist der Erbe selbst pflichttheilsberechtigt, so kann er die Ergänzung des Pflichttheils soweit verweigern, daß ihm sein eigener Pflichttheil mit Einschluß dessen verbleibt, was ihm zur Ergänzung des Pflichttheils gebühren würde.

schriften der §§ 2325 bis 2329 finden keine Anwendung auf Schenkungen durch die einer sittlichen Pflicht oder einer auf den Anstand zu nehmenden Rücksicht entsprochen wird. 2330.

e) **Behandlung der Zuwendung aus einer Gütergemeinschaft.** Eine Zuwendung, die aus dem Gesammtgute der allgemeinen Gütergemeinschaft, der Errungenschaftsgemeinschaft oder der Fahrnißgemeinschaft (S. 261) erfolgt, gilt als von jedem der Ehegatten zur Hälfte gemacht. Die Zuwendung gilt jedoch, wenn sie an einen Abkömmling, der nur von einem der Ehegatten abstammt, oder an eine Person, von der nur einer der Ehegatten abstammt, erfolgt oder wenn einer der Ehegatten wegen der Zuwendung zu dem Gesammtgute Ersatz zu leisten hat, als von diesem Ehegatten gemacht. | Diese Vorschriften finden auf eine Zuwendung aus dem Gesammtgute der fortgesetzten Gütergemeinschaft (S. 275) entsprechende Anwendung. **2331.**

9. **Die Vertheilung der Pflichttheilslast.**

Der Erbe kann die Erfüllung eines ihm auferlegten Vermächtnisses soweit verweigern, daß die Pflichttheilslast von ihm und dem Vermächtnißnehmer verhältnißmäßig getragen wird. Das Gleiche gilt von einer Auflage. | Einem pflichttheilsberechtigten Vermächnißnehmer gegenüber ist die Kürzung nur soweit zulässig, daß ihm der Pflichttheil verbleibt. | Ist der Erbe selbst pflichttheilsberechtigt, so kann er wegen der Pflichttheilslast das Vermächtniß und die Auflage soweit kürzen, daß ihm sein eigener Pflichttheil verbleibt. **2318.**

Ist einer von mehreren Erben selbst pflichttheilsberechtigt, so kann er nach der Theilung die Befriedigung eines anderen Pflichttheilsberechtigten soweit verweigern, daß ihm sein eigener Pflichttheil verbleibt. Für den Ausfall haften die übrigen Erben. **2319.**

Wer an Stelle des Pflichttheilsberechtigten gesetzlicher Erbe wird, hat im Verhältnisse zu Miterben die Pflichttheilslast und, wenn der Pflichttheilsberechtigte ein ihm zugewendetes Vermächtniß annimmt, das Vermächtniß in Höhe des erlangten Vortheils zu tragen. | Das Gleiche gilt im Zweifel von demjenigen, welchem der Erblasser den Erbtheil des Pflichttheilsberechtigten durch Verfügung von Todeswegen zugewendet hat. **2320.**

Schlägt der Pflichttheilsberechtigte ein ihm zugewendetes Vermächtniß aus, so hat im Verhältnisse der Erben und der Vermächtnißnehmer zu einander derjenige, welchem die Ausschlagung zu Statten kommt, die Pflichttheilslast in Höhe des erlangten Vortheils zu tragen. **2321.**

Ist eine von dem Pflichttheilsberechtigten ausgeschlagene Erbschaft oder ein von ihm ausgeschlagenes Vermächtniß mit einem Vermächtniß oder einer Auflage beschwert, so kann derjenige, welchem die Ausschlagung zu

Der Erblasser kann durch Verfügung von Todeswegen die Pflichttheilslast im Verhältnisse der Erben zu einander einzelnen Erben auferlegen und von den Vorschriften des § 2318 Abs. 1 und der §§ 2320 bis 2323 abweichende Anord-

Statten kommt, das Vermächtniß oder die Auflage soweit kürzen, daß ihm der zur Deckung der Pflichttheilslast erforderliche Betrag verbleibt. **2322.**

Der Erbe kann die Erfüllung eines Vermächtnisses oder einer Auflage auf Grund des § 2318 Abs. 1 insoweit nicht verweigern, als er die Pflichttheilslast nach den §§ 2320 bis 2322 nicht zu tragen hat. **2323.**

nungen treffen. **2324.**

10. Das Recht der Entziehung des Pflichttheils.

a) Zulässige Gründe der Entziehung. Zeit ihres Bestehens. Beweis.

I. Der Erblasser kann einem Abkömmlinge den Pflichttheil entziehen: 1) wenn der Abkömmling dem Erblasser, dem Ehegatten oder einem anderen Abkömmlinge des Erblassers nach dem Leben trachtet; 2) wenn der Abkömmling sich einer vorsätzlichen körperlichen Mißhandlung des Erblassers oder des Ehegatten des Erblassers schuldig macht, im Falle der Mißhandlung des Ehegatten jedoch nur, wenn der Abkömmling von diesem abstammt; 3) wenn der Abkömmling sich eines Verbrechens oder eines schweren vorsätzlichen Vergehens gegen den Erblasser oder dessen Ehegatten schuldig macht; 4) wenn der Abkömmling die ihm dem Erblasser gegenüber gesetzlich obliegende Unterhaltspflicht böswillig verletzt; 5) wenn der Abkömmling einen ehrlosen oder unsittlichen Lebenswandel wider den Willen des Erblassers führt. **2333.** (Siehe auch unten c.)

II. Der Erblasser kann dem Vater den Pflichttheil entziehen, wenn dieser sich einer der im § 2333 Nr. 1, 3, 4 bezeichneten Verfehlungen schuldig macht. Das gleiche Recht steht dem Erblasser der Mutter gegenüber zu, wenn diese sich einer solchen Verfehlung schuldig macht. **2334.**

III. Der Erblasser kann dem Ehegatten den Pflichttheil entziehen, wenn der Ehegatte sich einer Verfehlung schuldig macht, auf Grund deren der Erblasser nach den §§ 1565 bis 1568 (S. 282 flg.) auf Scheidung zu klagen berechtigt ist. | Das Recht zur Entziehung erlischt nicht durch den Ablauf der für die Geltendmachung des Scheidungsgrundes im § 1571 (S. 284) bestimmten Frist. **2335.** (Wegen des Beweises und wegen der Zeit des Bestehens des Grundes siehe unten b § 2336 Abs. 2.)

b) Form der Entziehung. Die Entziehung des Pflichttheils erfolgt durch letztwillige Verfügungen. | Der Grund der Entziehung muß zur Zeit der Errichtung bestehen und in der Verfügung angegeben werden. | Der Beweis des Grundes liegt demjenigen ob, welcher die Entziehung geltend macht. **2336** Abs. 1, 2.

c) Unwirksamkeit der Entziehung. Im Falle des § 2333 Nr. 5 (siehe oben a I) ist die Entziehung unwirksam, wenn sich der Abkömmling zur Zeit des Erbfalls von dem ehrlosen oder unsittlichen

Lebenswandel dauernd abgewendet hat. **2336** Abs. 3. (Siehe auch unten d.)

d) Erlöschen des Rechts. Das Recht zur Entziehung des Pflichttheils erlischt durch Verzeihung. Eine Verfügung, durch die der Erblasser die Entziehung angeordnet hat, wird durch die Verzeihung unwirksam. **2337.**

VI.

Erbunwürdigkeit.

(§ 2339—2345.)

Die Erbunwürdigkeit wird durch Anfechtung des Erbschaftserwerbes geltend gemacht. **2340** Abs. 1.

a) Fälle der Erbunwürdigkeit. Erbunwürdig ist:

1. wer den Erblasser vorsätzlich oder widerrechtlich getödtet oder zu tödten versucht oder in einen Zustand versetzt hat, infolge dessen der Erblasser bis zu seinem Tode unfähig war, eine Verfügung von Todeswegen zu errichten oder aufzuheben; 2. wer den Erblasser vorsätzlich und widerrechtlich verhindert hat, eine Verfügung von Todeswegen zu errichten oder aufzuheben; 3. wer den Erblasser durch arglistige Täuschung oder widerrechtlich durch Drohung bestimmt hat, eine Verfügung von Todeswegen zu errichten oder aufzuheben; 4. wer sich in Ansehung einer Verfügung des Erblassers von Todeswegen einer nach den Vorschriften der §§ 267 bis 274 des Strafgesetzbuchs strafbaren Handlung schuldig gemacht hat. **2339** Abs. 1.

Die Erbunwürdigkeit tritt in den Fällen des Abs. 1 Nr. 3, 4 nicht ein, wenn vor dem Eintritte des Erbfalls die Verfügung, zu deren Errichtung der Erblasser bestimmt oder in Ansehung deren die strafbare Handlung begangen worden ist, unwirksam geworden ist, oder die Verfügung, zu deren Aufhebung er bestimmt worden ist, unwirksam geworden sein würde. **2339** Abs. 2.

Hat sich ein Vermächtnißnehmer einer der im § 2339 Abs. 1 bezeichneten Verfehlungen schuldig gemacht, so ist der Anspruch aus dem Vermächtniß anfechtbar. Die Vorschriften der §§ 2082, 2083 (S. 371), des § 2339 Abs. 2 und der §§ 2341, 2343 finden Anwendung.

b) Geltendmachung der Anfechtung.

1. Von wann ab zulässig? Die Anfechtung ist erst nach dem Anfalle der Erbschaft zulässig. Einem Nacherben gegenüber kann die Anfechtung erfolgen, sobald die Erbschaft dem Vorerben angefallen ist. **2340** Abs. 2. (S. 343, 373.)

2. Bis wann? Die Anfechtung kann nur innerhalb der im § 2082 (S. 371) bestimmten Fristen erfolgen. 2340 Abs. 3.
3. Wodurch? Die Anfechtung erfolgt durch Erhebung der Anfechtungsklage. Die Klage ist darauf zu richten, daß der Erbe für erbunwürdig erklärt wird. 2342 Abs. 1.
4. Anfechtungsberechtigt ist Jeder, dem der Wegfall des Erbunwürdigen, sei es auch nur bei dem Wegfall eines Anderen, zu Statten kommt. 2341.

c) **Ausgeschlossen** ist die Anfechtung, wenn der Erblasser dem Erbunwürdigen verziehen hat. 2343.

d) **Wirkung der Anfechtung.**
1. Zeit des Eintritts. Sie tritt erst mit der Rechtskraft des Urtheils ein. 2342 Abs. 2.
2. Ist ein Erbe für erbunwürdig erklärt, so gilt der Anfall an ihn als nicht erfolgt. | Die Erbschaft fällt demjenigen an, welcher berufen sein würde, wenn der Erbunwürdige zur Zeit des Erbfalls (S. 343) nicht gelebt hätte; der Anfall gilt als mit dem Eintritte des Erbfalls erfolgt. 2344.

Das Gleiche gilt für einen Pflichttheilsanspruch, wenn der Pflichttheilsberechtigte sich einer solchen Verfehlung schuldig gemacht hat. 2345.

VII.

Erbverzicht.

(§ 2346—2352.)

1. Berechtigte. Gegenstand. Umfang der Wirkung.

a) Verwandte sowie der Ehegatte des Erblassers können durch Vertrag mit dem Erblasser auf ihr gesetzliches Erbrecht verzichten. Der Verzichtende ist von der gesetzlichen Erbfolge ausgeschlossen, wie wenn er zur Zeit des Erbfalls nicht mehr lebte; er hat kein Pflichttheilsrecht. | Der Verzicht kann auf das Pflichttheilsrecht beschränkt werden. 2346.

b) Wer durch Testament als Erbe eingesetzt oder mit einem Vermächtnisse bedacht ist, kann durch Vertrag mit dem Erblasser auf die Zuwendung verzichten. Das Gleiche gilt für eine Zuwendung, die in einem Erbvertrag einem Dritten gemacht ist. Die Vorschriften der §§ 2347, 2348 (S. 417) finden Anwendung. 2352.

c) Verzichtet ein Abkömmling oder ein Seitenverwandter des Erblassers auf das gesetzliche Erbrecht, so erstreckt sich die Wirkung des Verzichts auf seine Abkömmlinge, sofern nicht ein Anderes bestimmt wird. 2349.

2. Erfordernisse des Vertrages.

a) Form. Der Erbverzichtsvertrag bedarf der gerichtlichen oder notariellen Beurkundung. **2348.** Siehe auch oben 1 b.

b) Genehmigung. Zu dem Erbverzicht ist, wenn der Verzichtende unter Vormundschaft steht, die Genehmigung des Vormundschaftsgerichts erforderlich; steht er unter elterlicher Gewalt, so gilt das Gleiche, sofern nicht der Vertrag unter Ehegatten oder unter Verlobten geschlossen wird. Siehe auch oben 1 b.

c) Art des Abschlusses. Der Erblasser kann den Vertrag nur persönlich schließen. Siehe auch oben 1 b.

d) Zustimmung und ev. Genehmigung. Ist der Erblasser in der Geschäftsfähigkeit beschränkt, so bedarf er nicht der Zustimmung seines gesetzlichen Vertreters. Ist der Erblasser geschäftsunfähig, so kann der Vertrag durch den gesetzlichen Vertreter geschlossen werden; die Genehmigung des Vormundschaftsgerichts ist in gleichem Umfange wie nach Abs. 1 erforderlich. **2347** Siehe auch oben 1 b.

3. Aufhebung eines Erbverzichts.

Auf einen Vertrag, durch den ein Erbverzicht aufgehoben wird, findet die Vorschrift des § 2348 und in Ansehung des Erblassers auch die Vorschrift des § 2347 Abs. 2 Anwendung. **2351.**

4. Auslegungsregeln.

a) Verzichtet Jemand zu Gunsten eines Anderen auf das gesetzliche Erbrecht, so ist im Zweifel anzunehmen, daß der Verzicht nur für den Fall gelten soll, daß der Andere Erbe wird. **2350** Abs. 1.

b) Verzichtet ein Abkömmling des Erblassers auf das gesetzliche Erbrecht, so ist im Zweifel anzunehmen, daß der Verzicht nur zu Gunsten der anderen Abkömmlinge und des Ehegatten des Erblassers gelten soll. **2350** Abs. 2.

VIII.

Erbschein.

(§ 2353—2370.)

(Ertheilung von Zeugnissen über ein Erbrecht [Erbschein] und die Ernennung als Testamentsvollstrecker.)

1. Das zuständige Gericht.

Das Nachlaßgericht hat dem Erben auf Antrag ein Zeugniß über sein Erbrecht und, wenn er nur zu einem Theile der Erbschaft berufen ist, über die Größe des Erbtheils zu ertheilen (Erbschein). **2353.**

Einem Testaments=

2. Gegenstand und Inhalt des Zeugnisses.

Siehe zunächst oben Ziffer 1.

Hat der Erblasser einen Testamentsvollstrecker ernannt, so ist die Ernennung in dem Erbschein anzugeben. **2364** Abs. 1.

Gehören zu einer Erbschaft, für die es an einem zur Ertheilung des Erbscheins zuständigen deutschen Nachlaßgerichte fehlt, Gegenstände, die sich im Inlande befinden, so kann die Ertheilung eines Erbscheins für diese Gegenstände verlangt werden. | Ein Gegenstand, für den von einer deutschen Behörde ein zur Eintragung des Berechtigten bestimmtes Buch oder Register geführt wird, gilt als im Inlande befindlich. Ein Anspruch gilt als im Inlande befindlich, wenn für die Klage ein deutsches Gericht zuständig ist. **2369.**

In dem Erbscheine, der einem Vorerben ertheilt wird, ist anzugeben, daß eine Nacherbfolge angeordnet ist, unter welchen Voraussetzungen sie eintritt und wer der Nacherbe ist. Hat der Erblasser den Nacherben auf dasjenige eingesetzt, was von der Erbschaft bei dem Eintritte der Nacherbfolge übrig sein wird, oder hat er bestimmt, daß der Vorerbe zur freien Verfügung über die Erbschaft berechtigt sein soll, so ist auch dies anzugeben. **2363** Abs. 1.

3. Voraussetzungen der Zeugniß-Ertheilung.

a) Antrag und seine Begründung.

Siehe zunächst oben Ziffer 1 und 2.

Wer die Ertheilung des Erbscheins als gesetzlicher Erbe beantragt, hat anzugeben: 1. die Zeit des Todes des Erblassers; 2. das Verhältniß, auf dem sein Erbrecht beruht; 3. ob und welche Personen vorhanden sind oder vorhanden waren, durch die er von der Erbfolge ausgeschlossen oder

Wer die Ertheilung des Erbscheins auf Grund einer Verfügung von Todeswegen beantragt, hat die Verfügung zu bezeichnen,

Sind mehrere Erben vorhanden, so ist auf Antrag ein gemeinschaftlicher Erbschein zu ertheilen. Der Antrag kann von jedem der Erben gestellt werden. | In dem Antrage sind die Erben und ihre Erbtheile anzugeben. | Wird der Antrag nicht von allen Erben gestellt, so

vollstrecker hat das Nachlaßgericht auf Antrag ein Zeugniß über die Ernennung zu ertheilen. **2368** Abs. 1 Satz 1. Die Vorschriften über den Erbschein finden auf das Zeugniß entsprechende Anwendung; mit der Beendigung des Amtes des Testamentsvollstreckers wird das Zeugniß kraftlos. **2368** Abs. 3.

sein Erbtheil gemindert werden würde; 4. ob und welche Verfügungen des Erblassers von Todeswegen vorhanden sind; 5. ob ein Rechtsstreit über sein Erbrecht anhängig ist. | Ist eine Person weggefallen, durch die der Antragsteller von der Erbfolge ausgeschlossen oder sein Erbtheil gemindert werden würde, so hat der Antragsteller anzugeben, in welcher Weise die Person weggefallen ist. **2354.**

auf der sein Erbrecht beruht, anzugeben, ob und welche sonstigen Verfügungen des Erblassers von Todeswegen vorhanden sind, und die im § 2354 Abs. 1 Nr. 1, 5, Abs. 2 vorgeschriebenen Angaben zu machen. **2355.**

hat er die Angabe zu enthalten, daß die übrigen Erben die Erbschaft angenommen haben. Die Vorschriften des § 2356 (siehe unten) gelten auch für die sich auf die übrigen Erben beziehenden Angaben des Antragstellers. | Die Versicherung an Eidesstatt[1] ist von allen Erben abzugeben, sofern nicht das Nachlaßgericht die Versicherung eines oder einiger von ihnen für ausreichend erachtet. **2357.**

[1] Siehe unten c.

b) Beweismittel. Der Antragsteller hat die Richtigkeit der in Gemäßheit des § 2354 Abs. 1 Nr. 1, 2, Abs. 2 gemachten Angaben durch öffentliche Urkunden nachzuweisen und im Falle des § 2355 (siehe oben a, Rubrik II) die Urkunde vorzulegen, auf der sein Erbrecht beruht. Sind die Urkunden nicht oder nur mit unverhältnißmäßigen Schwierigkeiten zu beschaffen, so genügt die Angabe anderer Beweismittel.

c) Eidesstattliche Versicherungen. In Ansehung der übrigen nach den §§ 2354, 2355 erforderlichen Angaben hat der Antragsteller vor Gericht oder vor einem Notar an Eidesstatt zu versichern, daß ihm nichts bekannt sei, was der Richtigkeit seiner Angaben entgegensteht. Das Nachlaßgericht kann die Versicherung erlassen, wenn es sie für nicht erforderlich erachtet. | Diese Vorschriften finden keine Anwendung, soweit die Thatsachen bei dem Nachlaßgericht offenkundig sind. **2356.**

d) Gerichtliche Ermittelungen, Feststellungen und Vernehmungen. Das Nachlaßgericht hat unter Be=

Ist der Testamentsvollstrecker in der Verwaltung des Nachlasses beschränkt oder hat der Erblasser angeordnet, daß der Testamentsvollstrecker in der Eingehung von Verbindlichkeiten für den Nachlaß nicht beschränkt sein soll, so ist dies in dem Zeugniß anzugeben. **2368** Abs. 1 Satz 2.

Ist die Ernennung nicht in einer dem

nutzung der von dem Antragsteller angegebenen Beweismittel von Amtswegen die zur Feststellung der Thatsachen erforderlichen Ermittelungen zu veranstalten und die geeignet erscheinenden Beweise aufzunehmen. | Das Nachlaßgericht kann eine öffentliche Aufforderung zur Anmeldung der anderen Personen zustehenden Erbrechte erlassen; die Art der Bekanntmachung und die Dauer der Anmeldungsfrist bestimmen sich nach den für das Aufgebotsverfahren geltenden Vorschriften. **2358.**

Der Erbschein ist nur zu ertheilen, wenn das Nachlaßgericht die zur Begründung des Antrags erforderlichen Thatsachen für festgestellt erachtet. **2359.**

Ist ein Rechtsstreit über das Erbrecht anhängig, so soll vor der Ertheilung des Erbscheins der Gegner des Antragstellers gehört werden. | Ist die Verfügung, auf der das Erbrecht beruht, nicht in einer dem Nachlaßgerichte vorliegenden öffentlichen Urkunde enthalten, so soll vor der Ertheilung des Erbscheins derjenige über die Giltigkeit der Verfügung gehört werden, welcher im Falle der Unwirksamkeit der Verfügung Erbe sein würde. | Die Anhörung ist nicht erforderlich, wenn sie unthunlich ist. **2360.**

Nachlaßgerichte vorliegenden öffentlichen Urkunde enthalten, so soll vor der Ertheilung des Zeugnisses der Erbe, wenn thunlich, über die Giltigkeit der Ernennung gehört werden. **2368** Abs. 2.

4. **Der Fall der Ertheilung eines unrichtigen Erbscheins.**

a) Veranlassungen des Gerichts.

I. Einziehung. Ergiebt sich, daß der ertheilte Erbschein unrichtig ist, so hat ihn das Nachlaßgericht einzuziehen. Mit der Einziehung wird der Erbschein kraftlos.

II. Kraftloserklärung. Kann der Erbschein nicht sofort erlangt werden, so hat ihn das Nachlaßgericht durch Beschluß für kraftlos zu erklären. Der Beschluß ist nach den für die öffentliche Zustellung einer Ladung geltenden Vorschriften der Civilprozeßordnung[1] bekannt zu machen. Mit dem Ablauf eines Monats nach der letzten Einrückung des Beschlusses in die öffentlichen Blätter wird die Kraftloserklärung wirksam. | Das Nachlaßgericht kann von Amtswegen über die Richtigkeit eines ertheilten Erbscheins Ermittelungen veranstalten. **2361.**

[1] § 203.

b) Ansprüche des wirklichen Erben und des zu Unrecht für todt Erklärten.

I. Der wirkliche Erbe kann von dem Besitzer eines unrichtigen Erbscheins die Herausgabe

Dem Nacherben steht

Ist ein Erbschein ertheilt worden, so stehen dem für todt Er-

an das Nachlaßgericht verlangen.

II. Derjenige, welchem ein unrichtiger Erbschein ertheilt worden ist, hat dem wirklichen Erben über den Bestand der Erbschaft und über den Verbleib der Erbschaftsgegenstände Auskunft zu ertheilen. **2362.**

das im § 2362 Abs. 1 bestimmte Recht zu. **2363** Abs. 2.

klärten, wenn er noch lebt, die im § 2362 bestimmten Rechte zu. Die gleichen Rechte hat eine Person, deren Tod ohne Todeserklärung mit Unrecht angenommen worden ist. **2370** Abs. 2.

Dem Testamentsvollstrecker steht das nach § 2362 Abs. 1 bestimmte Recht zu. **2364** Abs. 2.

5. Wirkungen des Erbscheins.

a) Es wird vermuthet, daß demjenigen, welcher in dem Erbschein als Erbe bezeichnet ist, das in dem Erbschein angegebene Erbrecht zustehe und daß er nicht durch andere als die angegebenen Anordnungen beschränkt sei. **2365.**

b) Erwirbt Jemand von demjenigen, welcher in einem Erbschein als Erbe bezeichnet ist, durch Rechtsgeschäft einen Erbschaftsgegenstand, ein Recht an einem solchen Gegenstand oder die Befreiung von einem zur Erbschaft gehörenden Rechte, so gilt zu seinen Gunsten der Inhalt des Erbscheins, soweit die Vermuthung des § 2365 reicht, als richtig, es sei denn, daß er die Unrichtigkeit kennt oder weiß, daß das Nachlaßgericht die Rückgabe des Erbscheins wegen Unrichtigkeit verlangt hat. **2366.**

Die Vorschriften des § 2366 finden entsprechende Anwendung, wenn an denjenigen, welcher in einem Erbschein als Erbe bezeichnet ist, auf Grund eines zur Erbschaft gehörenden Rechtes eine Leistung bewirkt oder wenn zwischen ihm und einem Anderen in Ansehung eines solchen Rechtes ein nicht unter die Vorschrift des § 2366 fallendes Rechtsgeschäft vorgenommen wird, das eine Verfügung über das Recht enthält. **2367.**

Hat eine für todt erklärte Person den Zeitpunkt überlebt, der als Zeitpunkt ihres Todes[1] gilt, oder ist sie vor diesem Zeitpunkte gestorben, so gilt derjenige, welcher auf Grund der Todeserklärung Erbe sein würde, in Ansehung der in den §§ 2366, 2367 bezeichneten Rechtsgeschäfte zu Gunsten des Dritten auch ohne Ertheilung eines Erbscheins als Erbe, es sei denn, daß der Dritte die Unrichtigkeit der Todeserklärung kennt oder weiß, daß die Todeserklärung in Folge einer Anfechtungsklage aufgehoben worden ist. **2370** Abs. 1.

[1] S. 35.

IX.

Erbschaftskauf.

(§ 2371—2385.)

1. Vertrags-Personen.
2. Gegenstand.
3. Form.

Ein Vertrag, durch den der Erbe die ihm angefallene Erbschaft verkauft, bedarf der gerichtlichen oder notariellen Beurkundung. 2371.

Die Vortheile, welche sich aus dem Wegfall eines Vermächtnisses oder einer Auflage oder aus der Ausgleichungspflicht eines Miterben ergeben, gebühren dem Käufer. 2372.

Ein Erbtheil, der dem Verkäufer nach dem Abschlusse des Kaufes durch Nacherbfolge oder in Folge des Wegfalls eines Miterben anfällt, sowie ein dem Verkäufer zugewendetes Vorausvermächtniß ist im Zweifel nicht als mitverkauft anzusehen. Das Gleiche gilt von Familienpapieren und Familienbildern. 2373.

4. Das Rechtsverhältniß zwischen Verkäufer und Käufer. Ihre Rechte und Pflichten.

a) Pflichten des Verkäufers.

I. Der Verkäufer ist verpflichtet, dem Käufer die zur Zeit des Verkaufs vorhandenen Erbschaftsgegenstände mit Einschluß dessen herauszugeben, was er vor dem Verkauf auf Grund eines zur Erbschaft gehörenden Rechtes oder als Ersatz für die Zerstörung, Beschädigung oder Entziehung eines Erbschaftsgegenstandes oder durch ein Rechtsgeschäft erlangt hat, das sich auf die Erbschaft bezog. 2374.

II. Hat der Verkäufer vor dem Verkauf einen Erbschaftsgegenstand verbraucht, unentgeltlich veräußert oder unentgeltlich belastet, so ist er verpflichtet, dem Käufer den Werth des verbrauchten oder veräußerten Gegenstandes, im Falle der Belastung die Werthminderung zu ersetzen. Die Ersatzpflicht tritt nicht ein, wenn der Käufer den Verbrauch oder die unentgeltliche Verfügung bei dem Abschlusse des Kaufes kennt. | Im Uebrigen kann der Käufer wegen Verschlechterung, Unterganges oder einer aus einem anderen Grunde eingetretenen Unmöglichkeit der Herausgabe eines Erbschaftsgegenstandes nicht Ersatz verlangen. 2375.

Aehnliche Verträge.

Die Vorschriften über den Erbschaftskauf finden entsprechende Anwendung auf den Kauf einer von dem Verkäufer durch Vertrag erworbenen Erbschaft sowie auf andere Verträge, die auf die Veräußerung einer dem Veräußerer angefalle-

III. Die Verpflichtung des Verkäufers zur Gewährleistung wegen eines Mangels im Rechte beschränkt sich auf die Haftung dafür, daß ihm das Erbrecht zusteht, daß es nicht durch das Recht eines Nacherben oder durch die Ernennung eines Testamentsvollstreckers beschränkt ist, daß nicht Vermächtnisse, Auflagen, Pflichttheilslasten, Ausgleichungspflichten oder Theilungsanordnungen bestehen und daß nicht unbeschränkte Haftung gegenüber den Nachlaßgläubigern oder einzelnen von ihnen eingetreten ist. | Fehler einer zur Erbschaft gehörenden Sache hat der Verkäufer nicht zu vertreten. **2376.**

IV. Die in Folge des Erbfalls durch Vereinigung von Recht und Verbindlichkeit oder von Recht und Belastung erloschenen Rechtsverhältnisse gelten im Verhältnisse zwischen dem Käufer und dem Verkäufer als nicht erloschen. Erforderlichen Falles ist ein solches Rechtsverhältniß wiederherzustellen. **2377.**

b) Pflichten des Käufers.

I. Der Käufer ist dem Verkäufer gegenüber verpflichtet, die Nachlaßverbindlichkeiten zu erfüllen, soweit nicht der Verkäufer nach § 2376 dafür haftet, daß sie nicht bestehen. | Hat der Verkäufer vor dem Verkauf eine Nachlaßverbindlichkeit erfüllt, so kann er von dem Käufer Ersatz verlangen. **2378.**

II. Dem Verkäufer verbleiben die auf die Zeit vor dem Verkaufe fallenden Nutzungen. Er trägt für diese Zeit die Lasten, mit Einschluß der Zinsen der Nachlaßverbindlichkeiten. Den Käufer treffen jedoch die von der Erbschaft zu entrichtenden Abgaben, sowie die außerordentlichen Lasten, welche als auf den Stammwerth der Erbschaftsgegenstände gelegt anzusehen sind. **2379.**

III. Der Käufer trägt von dem Abschlusse des Kaufes an die Gefahr des zufälligen Unterganges und einer zufälligen Verschlechterung der Erbschaftsgegenstände. Von diesem Zeitpunkt an gebühren ihm die Nutzungen und trägt er die Lasten. **2380.**

IV. Der Käufer hat dem Verkäufer die nothwendigen Verwendungen zu ersetzen, die der Verkäufer vor dem Verkauf auf die Erbschaft gemacht hat. | Für andere vor dem Verkaufe gemachte Aufwendungen hat der Käufer insoweit Ersatz zu leisten, als durch sie der Werth der Erbschaft zur Zeit des Verkaufs erhöht ist. **2381.**

nen oder anderweit von ihm erworbenen Erbschaft gerichtet sind. **2385** Abs. 1.

Im Falle einer Schenkung ist der Schenker nicht verpflichtet, für die vor der Schenkung verbrauchten oder unentgeltlich veräußerten Erbschaftsgegenstände oder für eine vor der Schenkung unentgeltlich vorgenommene Belastung dieser Gegenstände Ersatz zu leisten. Die im § 2376 bestimmte Verpflichtung zur Gewährstung wegen e Mangels

5. Das Rechtsverhältniß Dritten gegenüber.

a) Der Käufer haftet von dem Abschlusse des Kaufes an den Nachlaßgläubigern, unbeschadet der Fortdauer der Haftung des Verkäufers. Dies gilt auch von den Verbindlichkeiten, zu deren Erfüllung der Käufer dem Verkäufer gegenüber nach den §§ 2378, 2379 (siehe oben Ziffer 4) nicht verpflichtet ist. | Die Haftung des Käufers den Gläubigern gegenüber kann nicht durch Vereinbarung zwischen dem Käufer und dem Verkäufer ausgeschlossen oder beschränkt werden. **2382.**

Für die Haftung des Käufers gelten die Vorschriften über die Beschränkung der Haftung[1] des Erben. Er haftet unbeschränkt, soweit der Verkäufer zur Zeit des Verkaufs unbeschränkt haftet. Beschränkt sich die Haftung des Käufers auf die Erbschaft, so gelten seine Ansprüche aus dem Kaufe als zur Erbschaft gehörend. | Die Errichtung des Inventars durch den Verkäufer oder den Käufer kommt auch dem anderen Theile zu statten, es sei denn, daß dieser unbeschränkt haftet. **2383.**

b) Der Verkäufer ist den Nachlaßgläubigern gegenüber verpflichtet, den Verkauf der Erbschaft und den Namen des Käufers unverzüglich dem Nachlaßgericht anzuzeigen. Die Anzeige des Verkäufers wird durch die Anzeige des Käufers ersetzt. | Das Nachlaßgericht hat die Einsicht der Anzeige Jedem zu gestatten, der ein rechtliches Interesse glaubhaft macht. **2384.**

im Rechte trifft den Schenker nicht; hat der Schenker den Mangel arglistig verschwiegen, so ist er verpflichtet, dem Beschenkten den daraus entstehenden Schaden zu ersetzen. **2385 Abs. 2.**

[1] S. 351 flg., 354 flg.,

Alphabetisches Register

zum

Bürgerlichen Gesetzbuch.

(Die Zahlen bedeuten die Seiten des Buches.)

A

[1] Auf S. 53 fehlt hinter Eb die Paragraphenzahl 146.

B

E

F

G

H

J

K

L

M

O

P

Q

R

S

T

U

V

W

Z

Gesetz
über die
Angelegenheiten der freiwilligen Gerichtsbarkeit
vom 17. Mai 1898.

Inhalt
der Gesetzesparagraphen.

Sechster Abschnitt. Schiffspfandrecht. § 100—124. **100.** Antrag auf Eintragung. **101, 102, 103, 104, 105.** Eintragungsbewilligungen im Allgemeinen, bei Berichtigung des Schiffsregisters, Löschung einer Vormerkung oder eines Widerspruchs, Uebertragung und Belastung von Pfandrechten, Löschung von Pfandrechten und ihrer Belastung. **106.** Schiffsbezeichnung und die des einzutragenden Geldbetrags. **107, 108, 109.** Vorschriften über die Form der Eintragungsbewilligung ꝛc., des Antrags und seiner Zurücknahme, der Vollmacht und ihres Widerrufs. **110.** Eintragung auf Ersuchen einer Behörde. **111.** Voraussetzung der Eintragung des Berechtigten. **112.** Urkundenvorlegung. **113, 114, 115, 116, 117, 118.** Datum und Unterschrift, Reihenfolge, Löschung der Eintragungen, Mitbelastungsvermerk und dessen Löschung, Eintragung des Pfandrechts für Theilschuldverschreibungen und eines Testamentsvollstreckers. **119.** Berichtigungen von Amtswegen. **120.** Eintragungsvermerk auf dem Schiffsbriefe. **121.** Benachrichtigungen. **122, 123, 124.** Beschwerde. — **Siebenter Abschnitt.** Handelssachen. § 125—158. **125.** Zuständigkeit für die Registerführung. **126.** Mitwirkung der Organe des Handelsstandes. **127.** Aussetzung einer Verfügung. **128, 129.** Form der Eintragungsanmeldung, notarieller Antrag. **130, 131.** Die Eintragung, ihre Datirung und Unterzeichnung, Benachrichtigung, Zweigniederlassungsvermerk im Hauptregister. **132—140.** Verfahren, Androhung einer Ordnungsstrafe, Festsetzung, erneute Androhung, Einspruch, Ladung zur Verhandlung, Entscheidung, Wiedereinsetzung in den vorigen Stand, Kosten, sofortige Beschwerde. **141, 142, 143, 144.** Von Amtswegen erfolgende Löschung einer erloschenen Firma, einer unrechtmäßigen Eintragung, auf Anordnung des Landgerichts, Einschränkung der L. **145, 146, 147, 148.** Ernennung von Liquidatoren, Revisoren ꝛc., Ausdehnung von Bestimmungen auf das Genossenschaftsregister, wie auf Angelegenheiten, die nicht mit der Registerführung zusammenhängen. **149—158.** Verfahren bei Dispache. — **Achter Abschnitt.** Vereinssachen und Güterrechts-Register. § 159—162, insbesondere (**160**) Beschwerderecht gegen Entscheidung über die Berufung einer Mitgliederversammlung und (**162**) Ertheilung von Bescheinigungen über Eintragungen. — **Neunter Abschnitt.** Offenbarungseid (**163**), Untersuchung und Verwahrung von Sachen (**164, 165**) und Pfandverkauf (**166**). — **Zehnter Abschnitt.** Gerichtliche und notarielle Urkunden. § 167—184. **167.** Amtsgerichtliche Zuständigkeit. **168—182.** Verfahren für die gerichtliche und notarielle Beurkundung. **183.** Beglaubigung einer Unterschrift oder eines Handzeichens. **184.** Zuständigkeit der Geschwaderauditeure. — **Elfter Abschnitt.** Schlußbestimmungen. § 185—200. **185.** Zeitpunkt des Inkrafttretens des Gesetzes. **186, 187, 188.** Abänderung des Reichspersonenstands-, des Genossenschafts- und des Gesetzes betr. das Reichsschuldbuch. **189—200.** Vorbehalte zu Gunsten der Landesgesetzgebung (allgemeine **189**, insbesondere betr. den Vorsitz im Familienrath **190**, die Zuständigkeit anderer Behörden für öffentliche Beglaubigung einer Unterschrift **191**, die Auseinandersetzung von Amtswegen **192**, andere Auseinandersetzungsorgane **193**, das Verfahren nichtgerichtlicher Behörden **194**, Aufsicht der Amtsgerichte über dieselben **195**, die Volljährigserklärung durch die Zentralstelle eines Bundesstaats **196**, Aufbewahrung der Nebenregister **197**, Urkundspersonen **198**, weitere Beschwerde **199**, Uebergangsvorschriften, V. zur Ergänzung und Ausführung des Gesetzes **200**.

A

Abgabe einer Vormundschaft oder (auch Nachlaß-) Pflegschaft.

Das Vormundschaftsgericht kann die Vormundschaft aus wichtigen Gründen an ein anderes Vormundschaftsgericht ab-

Auf die Nachlaßpflegschaft finden die für Vormundschaftssachen geltenden Vorschriften dieses Gesetzes Anwendung. Unberührt bleiben die Vorschriften über die Zuständigkeit des Nachlaßgerichts; das Nachlaßgericht kann jedoch die Pflegschaft nach Maßgabe des § 46 an ein anderes Nachlaßgericht abgeben. **75.**

geben, wenn sich dieses zur Uebernahme der Vormundschaft bereit erklärt; nach der Bestellung des Vormundes ist jedoch dessen Zustimmung erforderlich. | Einigen sich die Gerichte nicht oder verweigert der Vormund oder, wenn mehrere Vormünder die Vormundschaft gemeinschaftlich führen, einer von ihnen seine Zustimmung, so entscheidet das gemeinschaftliche obere Gericht. Eine Anfechtung der Entscheidung findet nicht statt. | Die Vorschriften finden auf die Pflegschaft und die im § 43 bezeichneten Angelegenheiten (Verrichtungen, die nicht eine Vormundschaft oder Pflegschaft betreffen) entsprechende Anwendung. **46.** | Ist über einen Deutschen, der im Auslande seinen Wohnsitz oder Aufenthalt hat, die nach den Vorschriften des Bürgerlichen Gesetzbuchs erforderliche Vormundschaft im Ausland angeordnet, so kann die Anordnung der Vormundschaft im Inland unterbleiben, wenn dies im Interesse des Mündels liegt. | Hat ein Deutscher, über den im Inland eine Vormundschaft angeordnet ist, im Auslande seinen Wohnsitz oder Aufenthalt, so kann das Gericht, bei welchem die Vormundschaft anhängig ist, sie an den ausländischen Staat abgeben, wenn dies im Interesse des Mündels liegt, der Vormund seine Zustimmung ertheilt und der ausländische Staat sich zur Uebernahme bereit erklärt. Verweigert der Vormund oder, wenn mehrere Vormünder die Vormundschaft gemeinschaftlich führen, einer von ihnen seine Zustimmung, so entscheidet an Stelle des Gerichts, bei welchem die Vormundschaft anhängig ist, das im Instanzenzuge vorgeordnete Gericht. Eine Anfechtung der Entscheidung findet nicht statt. | Diese Vorschriften gelten auch für die Pflegschaft. **47.**

Abhelfen, der weitern Beschwerde. Siehe Beschwerde.

Ablehnung eines Richters. Siehe Ausschließung der Richter.

Ablieferung von Testamenten. Das Nachlaßgericht kann im Falle des § 2259 Abs. 1 des BGB (S. 401) den Besitzer des Testaments durch Ordnungsstrafen zur Ablieferung des Testaments anhalten. | Besteht Grund zu der Annahme, daß Jemand ein Testament im Besitze hat, zu dessen Ablieferung er nach § 2259 Abs. 1 des BGB verpflichtet ist, so kann er von dem Nachlaßgerichte zur Leistung des Offenbarungseids angehalten werden; die Vorschriften des § 883 Abs. 2, 3, des § 900 Abs. 1 und der §§ 901, 902, 904 bis 910, 912, 913 der Civilprozeßordnung[1] finden entsprechende Anwendung. **83.**

---

[1] CPO. § 883 Abs. 2, 3. Wird die herauszugebende Sache nicht vorgefunden, so ist der Schuldner verpflichtet, auf Antrag des Gläubigers den Offenbarungseid dahin zu leisten: „daß er die Sache nicht besitze, auch nicht wisse, wo die Sache sich befinde." Das Gericht kann eine der Lage entsprechende Aenderung der vorstehenden Eidesnorm beschließen.

§ 900 Abs. 1. Das Verfahren beginnt mit der Ladung des Schuldners zur Leistung des Offenbarungseides.

§ 901. Gegen den Schuldner, welcher in dem zur Leistung des Offenbarungseides bestimmten Termine nicht erscheint, oder die Leistung des Eides ohne Grund verweigert, hat das Gericht zur Erzwingung der Eidesleistung auf Antrag die Haft anzuordnen.

§ 902. Der verhaftete Schuldner kann zu jeder Zeit bei dem Amtsgerichte des Haftorts beantragen, ihm den Eid abzunehmen. Dem Antrage ist ohne Verzug stattzugeben. | Nach Leistung des Eides wird der Schuldner aus der Haft entlassen und der Gläubiger hiervon in Kenntniß gesetzt.

§ 904. Die Haft ist unstatthaft

a) gegen Mitglieder einer deutschen gesetzgebenden Versammlung während

Abschriften verlangen. Siehe Einsicht und Gerichtsacten.

Abstimmung und Berathung. Gerichtssprache. Sitzungspolizei. Auf das gerichtliche Verfahren finden die Vorschriften des Gerichtsverfassungsgesetzes über die Gerichtssprache,[1] über die Sitzungspolizei[2] und

der Sitzungsperiode, sofern nicht die Versammlung die Vollstreckung genehmigt;

b) gegen Militärpersonen, die zu einem mobilen Truppentheile oder zur Besatzung eines in Dienst gestellten Kriegsfahrzeuges gehören;

c) gegen den Schiffer, die Schiffsmannschaft und alle übrigen auf einem Seeschiff angestellten Personen, wenn das Schiff zum Abgehen (segelfertig) fertig ist.

§ 905. Die Haft wird unterbrochen: 1) gegen Mitglieder einer deutschen gesetzgebenden Versammlung für die Dauer der Sitzungsperiode, wenn die Versammlung die Freilassung verlangt; — 2) gegen Militärpersonen, welche zu einem mobilen Truppentheil oder auf ein in Dienst gestelltes Kriegsfahrzeug einberufen worden, für die Dauer dieser Verhältnisse.

§ 906. Gegen einen Schuldner, dessen Gesundheit durch die Vollstreckung der Haft einer nahen und erheblichen Gefahr ausgesetzt wird, darf, so lange dieser Zustand dauert, die Haft nicht vollstreckt werden.

§ 907. Die Haft wird in einem Raume vollstreckt, in welchem nicht zugleich Untersuchungs- oder Strafgefangene sich befinden.

§ 908. Das Gericht hat bei Anordnung der Haft einen Haftbefehl zu erlassen, in welchem der Gläubiger, der Schuldner und der Grund zur Verhaftung zu bezeichnen sind.

§ 909. Die Verhaftung des Schuldners erfolgt durch einen Gerichtsvollzieher. Der Haftbefehl muß bei der Verhaftung dem Schuldner vorgezeigt und auf Begehren abschriftlich mitgetheilt werden.

§ 910. Vor der Verhaftung eines Beamten, Geistlichen oder Lehrers von öffentlichen Unterrichtsanstalten ist der vorgesetzten Dienstbehörde von dem Gerichtsvollzieher Anzeige zu machen. Die Verhaftung darf erst erfolgen, nachdem die vorgesetzte Behörde für dienstliche Vertretung des Schuldners gesorgt hat. | Die Behörde ist verpflichtet, ohne Verzug die erforderlichen Anordnungen zu treffen und den Gerichtsvollzieher hiervon in Kenntniß zu setzen.

§ 912. Soll die Haft gegen eine dem aktiven Heere oder der aktiven Marine angehörende Militärperson vollstreckt werden, so hat das Gericht die vorgesetzte Militärbehörde um die Vollstreckung zu ersuchen.

§ 913, Die Haft darf die Dauer von sechs Monaten nicht übersteigen. Nach Ablauf der sechs Monate wird der Schuldner von Amtswegen aus der Haft entlassen.

[1] **GVG. Gerichtssprache.** §§ 186—193.

1. Grundsatz.

§ 186. Die Gerichtssprache ist die deutsche.

2. Voraussetzungen der Zuziehung eines Dolmetschers.

§ 187. a) Wird unter Betheiligung von Personen verhandelt, welche der deutschen Sprache nicht mächtig sind, so ist ein Dolmetscher zuzuziehen. Die Führung eines Nebenprotocolls in der fremden Sprache findet nicht statt; jedoch sollen Aussagen und Erklärungen in fremder Sprache, wenn und soweit der Richter dies mit Rücksicht auf die Wichtigkeit der Sache für erforderlich erachtet, auch in der fremden Sprache in das Protokoll oder in eine Anlage niedergeschrieben werden. In den dazu geeigneten Fällen soll dem Protocolle eine durch den Dolmetscher zu beglaubigende Uebersetzung beigefügt werden. | Der Zuziehung eines Dolmetschers bedarf es nicht, wenn der Richter der Sprache, in der sich die betheiligten Parteien erklären, mächtig ist.

§ 188. b) Zur Verhandlung mit tauben oder stummen Personen ist, sofern nicht eine schriftliche Verständigung erfolgt, eine Person als Dolmetscher zuzuziehen, mit deren Hilfe die Verständigung in anderer Weise erfolgen kann.

§ 189 Abs. 1 (Abs. 2 fällt fort). Ob einer Partei, welche taub ist, bei der mündlichen Verhandlung der Vortrag zu gestatten sei, bleibt dem Ermessen des Gerichts überlassen.

3. Eide in nichtdeutscher Sprache.

§ 190. Personen, welche der deutschen Sprache nicht mächtig sind, leisten Eide in der ihnen geläufigen Sprache.

4. Dolmetschereid.

§ 191. Der Dolmetscher hat einen Eid dahin zu leisten, daß er treu und gewissenhaft übertragen werde. Ist der Dolmetscher für Uebertragungen der betreffenden Art im Allgemeinen beeidigt, so genügt die Berufung auf den geleisteten Eid.

Die Beeidigung ist nicht erforderlich, wenn die betheiligten Personen darauf verzichten.

5. Gerichtsschreiber als Dolmetscher.

§ 192. Der Dienst des Dolmetschers kann von dem Gerichtsschreiber wahrgenommen werden. Einer besonderen Beeidigung bedarf es nicht.

6. Ausschließung und Ablehnung des Dolmetschers.

§ 193. Auf den Dolmetscher finden die Vorschriften des § 6 (des Ges. über die Angelegenheiten der freiwilligen Gerichtsb. S. 477) entsprechende Anwendung. Die Entscheidung erfolgt durch das Gericht oder den Richter, von welchem der Dolmetscher zugezogen ist.

[2] GVG. Sitzungspolizei. §§ 177—185.

§ 177. Die Aufrechterhaltung der Ordnung in der Sitzung liegt dem Vorsitzenden ob.

§ 178. Parteien, Beschuldigte, Zeugen, Sachverständige oder bei der Verhandlung nicht betheiligte Personen, welche den zur Aufrechterhaltung der Ordnung erlassenen Befehlen nicht gehorchen, können auf Beschluß des Gerichts aus dem Sitzungszimmer entfernt, auch zur Haft abgeführt und während einer in dem Beschlusse zu bestimmenden Zeit, welche 24 Stunden nicht übersteigen darf, festgehalten werden.

§ 178 GVG. ist auch gegen Militärpersonen anwendbar; denn die Haft ist nicht Strafe.

§ 179. Das Gericht kann gegen Parteien[1], Beschuldigte, Zeugen und Sachverständige oder bei der Verhandlung nicht betheiligte Personen, welche sich in der Sitzung einer Ungebühr schuldig machen, vorbehaltlich der strafgerichtlichen Verfolgung, eine Ordnungsstrafe[2] bis zu 100 Mark oder bis zu 3 Tagen Haft festsetzen und sofort vollstrecken lassen.

[1] Darunter fällt auch der Beistand.

[2] Androhung muß vorausgehen. § 33 des Gesetzes.

§ 180. Das Gericht kann gegen einen bei der Verhandlung betheiligten Rechtsanwalt oder . . . . ., der sich in der Sitzung einer Ungebühr schuldig macht, vorbehaltlich der strafgerichtlichen oder disziplinaren Verfolgung, eine Ordnungsstrafe bis zu 100 Mark festsetzen.

§ 33 des Gesetzes; Androhung muß vorausgehen.

§ 181. Die Vollstreckung der vorstehend bezeichneten Ordnungsstrafen hat der Vorsitzende unmittelbar zu veranlassen.

über die Berathung und Abstimmung[1] entsprechende Anwendung, die Vorschriften über die Gerichtssprache mit den sich aus dem § 9 (siehe Dolmetscher) ergebenden Abweichungen. 8. Siehe auch „Andere Behörden".

§ 182. Die in den §§ 177—181 bezeichneten Befugnisse stehen auch einem einzelnen Richter bei der Vornahme von Amtshandlungen außerhalb der Sitzung zu.

§ 183. Ist in den Fällen der §§ 179, 180, 182 eine Ordnungsstrafe festgesetzt, so findet binnen der Frist von 1 Woche nach der Bekanntmachung der Entscheidung Beschwerde statt, sofern die Entscheidung nicht von dem Reichsgericht oder einem Oberlandesgericht getroffen ist.

Die Beschwerde hat in dem Falle des § 179 keine aufschiebende Wirkung, in den Fällen des § 180 und § 182 aufschiebende Wirkung.

Ueber die Beschwerde entscheidet das Oberlandesgericht.

§ 184. Ist eine Ordnungsstrafe wegen Ungebühr festgesetzt, oder eine Person zur Haft abgeführt, oder eine bei der Verhandlung betheiligte Person entfernt worden, so ist der Beschluß des Gerichts und dessen Veranlassung in das Protokoll aufzunehmen.

§ 185. Wird eine strafbare Handlung in der Sitzung begangen, so hat das Gericht den Thatbestand festzustellen und der zuständigen Behörde das darüber aufgenommene Protokoll mitzutheilen. In geeigneten Fällen ist die vorläufige Festnahme des Thäters zu verfügen.

[1] GVG. Berathung und Abstimmung. §§ 194—200.

§ 194. Bei Entscheidungen dürfen Richter nur in der gesetzlich bestimmten Anzahl mitwirken.

Bei Verhandlungen von längerer Dauer kann der Vorsitzende die Zuziehung von Ergänzungsrichtern anordnen, welche der Verhandlung beiwohnen und im Falle der Verhinderung eines Richters für denselben einzutreten haben.

Abs. 3 fällt fort.

§ 195. Bei der Berathung und Abstimmung dürfen außer den zur Entscheidung berufenen Richtern nur die bei demselben Gerichte zu ihrer juristischen Ausbildung beschäftigten Personen zugegen sein, soweit der Vorsitzende deren Anwesenheit gestattet.

§ 196. Der Vorsitzende leitet die Berathung, stellt die Fragen und sammelt die Stimmen.

Meinungsverschiedenheiten über den Gegenstand, die Fassung und die Reihenfolge der Fragen oder über das Ergebniß der Abstimmung entscheidet das Gericht.

§ 197. Kein Richter, Schöffe oder Geschworener, darf die Abstimmung über eine Frage verweigern, weil er bei der Abstimmung über eine vorhergegangene Frage in der Minderheit geblieben ist.

§ 198. Die Entscheidungen erfolgen, soweit das Gesetz nicht ein Anderes bestimmt, nach der absoluten Mehrheit der Stimmen.

Bilden sich in Beziehung auf Summen, über welche zu entscheiden ist, mehr als zwei Meinungen, deren keine die Mehrheit für sich hat, so werden die für die größte Summe abgegebenen Stimmen den für die zunächst geringeren abgegebenen solange hinzugerechnet, bis sich eine Mehrheit ergiebt.

Bilden sich in einer Strafsache, von der Schuldfrage abgesehen, mehr als zwei Meinungen, deren keine die Mehrheit für sich hat, so werden die dem Beschuldigten nachtheiligsten Stimmen den zunächst minder nachtheiligen solange hinzugerechnet, bis sich eine Mehrheit ergiebt.

§ 199. Die Reihenfolge bei der Abstimmung richtet sich nach dem Dienstalter, bei den Schöffengerichten und den Kammern für Handelssachen nach

Abtretungserklärung. Siehe Schiffsregister.

Abweichung von früheren Entscheidungen. Siehe Beschwerde.

Abwesende Betheiligte. Siehe Pfleger bei Auseinandersetzungen, Pflegschaften und Vormundschaftsgericht. Ziffer 3 und 4.

Aktiengesellschaft, nichtige, Löschung im Handelsregister. Eine in das Handelsregister eingetragene Aktiengesellschaft oder Kommanditgesellschaft auf Aktien kann gemäß den Vorschriften der §§ 142, 143 (siehe Löschungen) als nichtig gelöscht werden, wenn die Voraussetzungen vorliegen, unter denen nach den §§ 309, 310[1] des Handelsgesetzbuchs die Nichtigkeitsklage erhoben werden kann. Das Gleiche gilt für eine in das Handelsregister eingetragene Gesellschaft mit beschränkter Haftung, wenn die Voraussetzungen vorliegen, unter denen nach den §§ 75a, 75b[2] des Gesetzes, betreffend die Gesellschaften

---

dem Lebensalter; der Jüngste stimmt zuerst, der Vorsitzende zuletzt. Wenn ein Berichterstatter ernannt ist, so giebt dieser seine Stimme zuerst ab.

Bei der Abstimmung im Familienrath (§ 1879 BGB) entscheidet das Lebensalter der Mitglieder.

Abs. 2 fällt fort.

§ 200. Schöffen und Geschworene sind verpflichtet, über den Hergang bei der Berathung und Abstimmung Stillschweigen zu beobachten.

§ 200 GVG. findet auf die Mitglieder des Familienraths Anwendung. (S. 336.)

Das gerichtliche Verfahren ist nicht öffentlich. (Vergl. § 134 S. 459.)

[1] § 309 **des Handelsgesetzbuchs.**

Enthält der Gesellschaftsvertrag nicht die nach § 182 Abs. 2 wesentlichen Bestimmungen (1. die Firma und den Sitz der Gesellschaft; 2. den Gegenstand des Unternehmens; 3. die Höhe des Grundkapitals und der einzelnen Actien; 4. die Art der Bestellung und Zusammensetzung des Vorstandes; 5. die Form für die Berufung der Generalversammlung der Aktionäre; 6. die Form für die von der Gesellschaft ausgehenden Bekanntmachungen) oder ist eine dieser Bestimmungen nichtig, so kann jeder Gesellschafter und jedes Mitglied des Vorstandes und des Aufsichtsraths im Wege der Klage beantragen, daß die Gesellschaft für nichtig erklärt werde. Die Vorschriften der §§ 272 (darüber, wer Beklagte ist, die Gesellschaft vertritt, welches Gericht zuständig, über die Einlassungsfrist, die Verbindung mehrerer Anfechtungsprozesse, die Anordnung der Sicherheitsleistung durch den Kläger und die Bekanntmachung des Verhandlungstermins 2c.) und 273 (über die Wirkung des Urtheils, dessen Eintragung in das Handelsregister 2c.) finden entsprechende Anwendung.

§ 310. Ein Mangel, der die Bestimmungen über die Firma oder den Sitz der Gesellschaft, den Gegenstand des Unternehmens, die Bestellung oder Zusammensetzung des Vorstandes, die Form der Bekanntmachungen der Gesellschaft oder die Form der Berufung der Generalversammlung betrifft, kann durch einen den Vorschriften dieses Gesetzbuchs über eine Aenderung des Gesellschaftsvertrags entsprechenden Beschluß der Generalversammlung geheilt werden. Die Berufung der Generalversammlung erfolgt, wenn der Mangel die Bestimmungen über die Form der Berufung betrifft, durch Einrückung in diejenigen Blätter, welche für die Bekanntmachungen der Eintragungen in das Handelsregister des Sitzes der Gesellschaft bestimmt sind.

[2] § 75a **des Gesetzes betr. die Gesellschaften mit beschränkter Haftung.**

Enthält der Gesellschaftsvertrag nicht die nach § 3 Abs. 1 wesentlichen Bestimmungen (1. die Firma und den Sitz der Gesellschaft; 2. den Gegenstand des Unternehmens; 3. den Betrag des Stammkapitals; 4. den Betrag der von jedem Gesellschafter auf das Stammkapital zu leistenden Einlage)

mit beschränkter Haftung, die Nichtigkeitsklage erhoben werden kann. | Ein in das Handelsregister eingetragener Beschluß drr Generalversammlung oder Versammlung der Gesellschafter einer der im Abs. 1 bezeichneten Gesellschaften kann gemäß den Vorschriften der §§ 142, 143 (siehe Löschungen) als nichtig gelöscht werden, wenn er durch seinen Inhalt zwingende Vorschriften des Gesetzes verletzt und seine Beseitigung im öffentlichen Interesse erforderlich erscheint. | In den Fällen des Abs. 1, 2 soll die nach § 142 Abs. 2 zu bestimmende Frist mindestens drei Monate betragen. **144.**

Aenderungen von Gesetzesvorschriften betr. das Reichsschuldbuch. Der § 11 Abs. 2 des Gesetzes, betreffend das Reichsschuldbuch vom 31. Mai 1891 (Reichs-Gesetzbl. S. 321) wird dahin geändert: Zur Ausstellung dieser Bescheinigungen ist das Nachlaßgericht und, falls der Erblasser zur Zeit des Erbfalls im Inlande weder Wohnsitz noch Aufenthalt hatte, auch derjenige Konsul des Reichs zuständig, in dessen Amtsbezirke der Erblasser zur Zeit des Erbfalls seinen Wohnsitz oder seinen gewöhnlichen Aufenthalt hatte, sofern dem Konsul von dem Reichskanzler die Ermächtigung zur Ausstellung solcher Bescheinigungen ertheilt ist. **188.**

Aenderungen von Entscheidungen anderer Behörden mit Zuständigkeit gleich den Amtsgerichten. Durch die Gesetzgebung eines Bundesstaats, in dem für die dem Vormundschaftsgericht oder dem Nachlaßgericht obliegenden Verrichtungen andere Behörden als die Amtsgerichte zuständig sind, kann bestimmt werden, daß die Abänderung einer Entscheidung einer solchen Behörde bei dem Amtsgerichte nachzusuchen ist, in dessen Bezirke die Behörde ihren Sitz hat. In diesem Falle finden auf das Verfahren die Vorschriften der §§ 20 bis 25 (siehe 479 flg., 500) entsprechende Anwendung. | Die Beschwerde findet gegen die Entscheidung des Amtsgerichts statt. **195.**

Aenderung des Bestätigungsbeschlusses. Siehe Bestätigung.

Aenderung von Verfügungen des Vormundschaftsgerichts. Eine Verfügung, durch welche die Genehmigung zu einem Rechtsgeschäft ertheilt oder verweigert wird, kann von dem Vormundschaftsgericht insoweit nicht mehr geändert werden, als die Genehmigung oder deren Verweigerung einem Dritten gegenüber wirksam geworden ist. | Eine Verfügung, durch welche die Zustimmung zu einer Ehelichkeitserklärung ersetzt wird, kann nicht mehr geändert werden, wenn die Ehelichkeitserklärung erfolgt ist. **55.** | Soweit eine Verfügung nach § 55 von dem Vormundschaftsgerichte nicht mehr geändert werden kann, ist auch das Beschwerdegericht nicht berechtigt, sie zu ändern. **62.**

Allgemeine Vorschriften des Gesetzes. Siehe Inhaltsverzeichniß davor.

Allgemeine Vorschriften über die Errichtung gerichtlicher oder notarieller Urkunden. Siehe Urkunden.

Amtsgerichte. Ihre Zuständigkeit. **a)** Die Bestätigung des Vertrags, durch welchen Jemand an Kindesstatt angenommen oder das durch die Annahme an Kindesstatt begründete Rechtsverhältniß wieder aufgehoben wird, gehört zur Zuständigkeit der Amtsgerichte. **65.** | Für die Bestätigung ist das Gericht zuständig, in dessen Bezirke der Annehmende zu der Zeit, zu welcher der Antrag auf Bestätigung eingereicht, oder nach Maßgabe des § 1753 Abs. 2 (S. 313) des

---

oder ist eine dieser Bestimmungen nichtig, so kann jeder Gesellschafter, jeder Geschäftsführer, und wenn ein Aufsichtsrath bestellt ist, jedes Mitglied desselben im Wege der Klage beantragen, daß die Gesellschaft für nichtig erklärt werde. | Die Vorschriften der §§ 272, 273 des Handelsgesetzbuchs (siehe Anmerkung [1]) finden entsprechende Anwendung.

§ 75b. Ein Mangel, der die Bestimmungen über die Firma oder den Sitz der Gesellschaft oder den Gegenstand des Unternehmens betrifft, kann durch einstimmigen Beschluß der Gesellschafter geheilt werden.

Bürgerlichen Gesetzbuchs das Gericht oder der Notar mit der Einreichung betraut wird, seinen Wohnsitz oder in Ermangelung eines inländischen Wohnsitzes seinen Aufenthalt hat. | Ist der Annehmende ein Deutscher und hat er im Inlande weder Wohnsitz noch Aufenthalt, so ist das Gericht zuständig, in dessen Bezirke der Annehmende seinen letzten inländischen Wohnsitz hatte. In Ermangelung eines solchen Wohnsitzes wird das zuständige Gericht, falls der Annehmende einem Bundesstaat angehört, von der Landesjustizverwaltung, anderenfalls von dem Reichskanzler bestimmt. 66. **b)** Für die nach dem Gesetz über die Beurkundung des Personenstandes und die Eheschließung vom 6. Februar 1875 (siehe § 11 Abs. 3 und §§ 14, 65 und 66) dem Gericht I. Instanz obliegenden Verrichtungen sind die Amtsgerichte zuständig. 69. | **c)** Für die dem Nachlaßgericht obliegenden Verrichtungen sind die Amtsgerichte zuständig. 72. Die örtliche Zuständigkeit bestimmt sich nach dem Wohnsitze, den der Erblasser zur Zeit des Erbfalls hatte; in Ermangelung eines inländischen Wohnsitzes ist das Gericht zuständig, in dessen Bezirke der Erblasser zur Zeit des Erbfalls seinen Aufenthalt hatte. | Ist der Erblasser ein Deutscher und hatte er zur Zeit des Erbfalls im Inlande weder Wohnsitz noch Aufenthalt, so ist das Gericht zuständig, in dessen Bezirke der Erblasser seinen letzten inländischen Wohnsitz hatte. In Ermangelung eines solchen Wohnsitzes wird das zuständige Amtsgericht, falls der Erblasser zur Zeit des Erbfalls einem Bundesstaat angehörte, von der Landesjustizverwaltung, anderenfalls von dem Reichskanzler bestimmt. | Ist der Erblasser ein Ausländer und hatte er zur Zeit des Erbfalls im Inlande weder Wohnsitz noch Aufenthalt, so ist jedes Gericht, in dessen Bezirke sich Nachlaßgegenstände befinden, in Ansehung aller im Inlande befindlichen Nachlaßgegenstände zuständig. Die Vorschriften des § 2369 Abs. 2 des Bürgerlichen Gesetzbuchs (S. 418) finden Anwendung. 73. **d)** Für die Führung des Handelsregisters sind die Amtsgerichte zuständig. | Durch Anordnung der Landesjustizverwaltung kann die Führung des Registers für mehrere Amtsgerichtsbezirke einem Amtsgericht übertragen werden. 125. **e)** Die Amtsgerichte sind zuständig für die nach § 146 Abs. 2 (Ernennung der Liquidatoren einer Handelsgesellschaft auf Antrag eines Betheiligten), § 147 (Abberufung der Liquidatoren), § 157 Abs. 2 (Bestimmung des Gesellschafters oder eines Dritten, der Bücher und Papiere der aufgelösten Gesellschaft verwahren soll), § 166 Abs. 3 (Anordnung der Mittheilung von Aufklärungen [Bilanz und dergl.] sowie die Vorlegung der Bücher 2c. auf Antrag eines Kommanditisten), § 192 Abs. 3 (Bestellung der Revisoren für den Hergang bei der Gründung der Aktiengesellschaft), § 254 Abs. 3 (Ermächtigung der Aktionäre zur Berufung der Generalversammlung 2c.), § 266 Abs. 2 (Ernennung von Revisoren zur Prüfung eines Vorganges bei der Gründung 2c.), § 268 Abs. 2 (Bestellung von Vertretern zur Führung des Rechtsstreits wegen Anspruchs aus der Gründung oder aus der Geschäftsführung), § 295 Abs. 2, 3 (Bestellung und Abberufung von Liquidatoren für die aus wichtigen Gründen aufgelöste Aktiengesellschaft), § 302 Abs. 2—4 (Bestimmung, wo die Bücher 2c. der aufgelösten Aktiengesellschaft aufzubewahren 2c.), § 338 Abs. 3 (Anordnung der Mittheilung von Aufklärungen sowie der Vorlegung der Bücher 2c. auf Antrag des stillen Gesellschafters), § 524 Abs. 1, 2 (Anmeldung der Verklarung bei Gericht 2c.), § 530 Abs. 1 (Feststellung der Nothwendigkeit des Verkaufs eines Schiffes durch den Schiffer), § 590 Bestimmung des Zeitpunkts des Antritts der Reise des Schiffes auf Antrag des Befrachters in bestimmten Fällen), § 685 (Urkundliche Bezeugung, daß der Schiffer ein Darlehnsgeschäft einzugehen genöthigt sei), § 729 Abs. 1 (Ernennung der Dispacheure, wenn ein für alle Mal bestellte nicht vorhanden), § 884 Nr. 4 (Ernennung von Taxatoren zur Abschätzung des Versicherungsschadens) des Handelsgesetzbuchs von dem Gerichte zu erledigenden Ange=

legenheiten. | Ist die Führung des Handelsregisters für mehrere Amtsgerichtsbezirke einem Amtsgericht übertragen worden, so gehören zur Zuständigkeit dieses Amtsgerichts auch die im Abs. 1 bezeichneten Angelegenheiten, mit Ausnahme derjenigen Geschäfte, welche den Gerichten nach § 524 Abs. 1, 2, § 530 Abs. 1, §§ 590, 685, § 729 Abs. 1, § 884 Nr. 4 des Handelsgesetzbuchs obliegen. **145.** Soweit in den im § 145 bezeichneten Angelegenheiten ein Gegner des Antragstellers vorhanden ist, hat ihn das Gericht wenn thunlich zu hören. | Gegen die Verfügung, durch welche über den Antrag entschieden wird, findet die sofortige Beschwerde statt. | Eine Anfechtung der Verfügung, durch welche einem nach § 524 Abs. 1, 2, § 530 Abs. 1, § 685, § 729 Abs. 1, § 884 Nr. 4 des Handelsgesetzbuchs gestellten Antrage stattgegeben wird, ist ausgeschlossen. **146.** **f)** Für die gerichtliche Beurkundung eines Rechtsgeschäfts sowie für die gerichtliche Beglaubigung eines Handzeichens sind die Amtsgerichte zuständig. | Für die öffentliche Beglaubigung einer Unterschrift sind außer den Notaren die Amtsgerichte zuständig. Das Gleiche gilt für die Aufnahme der im § 1718 und im § 1720 Abs. 2 (siehe S. 308 flg.) des Bürgerlichen Gesetzbuchs vorgesehenen öffentlichen Urkunden über die Anerkennung der Vaterschaft; für die Aufnahme dieser Urkunden ist, wenn die Anerkennung der Vaterschaft bei der Anzeige der Geburt des Kindes oder bei der Eheschließung seiner Eltern erfolgt, auch der Standesbeamte zuständig, welcher die Geburt oder die Eheschließung beurkundet. **167.** Siehe auch Geschwaderingenieure. **g)** Für die Verrichtungen, welche den Gerichten in Ansehung der nach dem Handelsgesetzbuch oder nach dem Gesetze, betreffend die privatrechtlichen Verhältnisse der Binnenschifffahrt aufzumachenden Dispache obliegen, ist das Amtsgericht des Ortes zuständig, an welchem die Vertheilung der Havereischäden zu erfolgen hat. **149.** Lehnt der Dispacheur den Auftrag eines Betheiligten zur Aufmachung der Dispache aus dem Grunde ab, weil ein Fall der großen Haverei nicht vorliege, so entscheidet über die Verpflichtung des Dispacheurs auf Antrag des Betheiligten das Gericht. Gegen die Verfügung findet die sofortige Beschwerde statt. **150.** Für Klagen auf Ertheilung der Vollstreckungsklausel sowie für Klagen, durch welche Einwendungen gegen die in der Dispache festgestellten Ansprüche geltend gemacht werden oder die bei der Ertheilung der Vollstreckungsklausel als eingetreten angenommene Rechtsnachfolge bestritten wird, ist das Amtsgericht zuständig, welches die Dispache bestätigt hat. Gehört der Anspruch nicht vor die Amtsgerichte, so sind die Klagen bei dem zuständigen Landgerichte zu erheben. **158** Abs. 3. (siehe Dispache, Bestätigung. **158** Abs. 1 und 2) **h)** Im Falle des § 1246 Abs. 2 des Bürgerlichen Gesetzbuchs ist für die Entscheidung des Gerichts das Amtsgericht des Ortes zuständig, an welchem das Pfand aufbewahrt wird. | Vor der Entscheidung sind die Betheiligten soweit thunlich zu hören. **166.** (S. 232.) **i)** In den Fällen, in denen nach den Vorschriften des bürgerlichen Rechtes Jemand den Zustand oder den Werth einer Sache durch Sachverständige feststellen lassen kann, ist für die Ernennung, Beeidigung und Vernehmung der Sachverständigen das Amtsgericht zuständig, in dessen Bezirke sich die Sache befindet. Durch eine ausdrückliche Vereinbarung der Betheiligten kann die Zuständigkeit eines anderen Amtsgerichts begründet werden. | Eine Anfechtung der Verfügung, durch welche dem Antrage stattgegeben wird, ist ausgeschlossen. | Bei dem Verfahren ist der Gegner soweit thunlich zu hören. **164.** **j)** Für die Sicherung des Nachlasses ist jedes Amtsgericht zuständig, in dessen Bezirke das Bedürfniß der Fürsorge hervortritt. Das Gericht soll von den angeordneten Maßregeln dem nach § 73 zuständigen Nachlaßgerichte Mittheilung machen. **74.** (Siehe oben Nr. c.) **k)** Bestellung des Verwahrers. Siehe Letzteres. **l)** Vormundschaftssachen. Für die dem

Vormundschaftsgericht obliegenden Verrichtungen sind die Amtsgerichte zuständig. 35. m) Für die in den §§ 1665, 1846 (S. 302, 336) des Bürgerlichen Gesetzbuchs und im Artikel 23 Abs. 2 des Einführungsgesetzes zum Bürgerlichen Gesetzbuche (S. 28) bezeichneten Maßregeln ist auch das Gericht zuständig, in dessen Bezirke das Bedürfniß der Fürsorge hervortritt. Das Gericht soll, wenn eine Vormundschaft, Pflegschaft oder Beistandschaft anhängig ist, von den angeordneten Maßregeln dem nach § 43 (S. 503) Abs. 2 zuständigen Gerichte Mittheilung machen. 44.

Analphabeten, Betheiligte, die nicht schreiben können. Siehe Beurkundung.

Anerkennung von Unterschriften. Siehe Beglaubigung.

Anerkennung der Vaterschaft. Siehe Amtsgerichte f.

Anfechtung einer gerichtlichen Verfügung. Siehe Beschwerde.

Angelegenheiten der freiwilligen Gerichtsbarkeit. Für diejenigen Angelegenheiten der freiwilligen Gerichtsbarkeit, welche durch Reichsgesetz den Gerichten übertragen sind, gelten, soweit nicht ein Anderes bestimmt ist, die nachstehenden allgemeinen Vorschriften. (Siehe Inhaltsverzeichnis Seite 461). 1. Sind für die im § 1 bezeichneten Angelegenheiten nach Landesgesetz andere als gerichtliche Behörden zuständig, so gelten die in dem ersten Abschnitte für die Gerichte gegebenen Vorschriften auch für die anderen Behörden. | Als gemeinschaftliches oberes Gericht im Sinne der §§ 5, 46 (S. 506, 463) gilt dasjenige Gericht, welches das gemeinschaftliche obere Gericht für die Amtsgerichte ist, in deren Bezirke die Behörden ihren Sitz haben. Durch Landesgesetz kann jedoch bestimmt werden, daß, wenn die Behörden in dem Bezirke desselben Amtsgerichts ihren Sitz haben, dieses als gemeinschaftliches oberes Gericht zuständig ist. | Die Vorschriften des § 8 (S. 465) über die Sitzungspolizei und über die Berathung und Abstimmung sowie die Vorschriften der §§ 6, 10, 11, des § 16 Abs. 2 und des § 31 (S. 477, 488, unten und 501 flg.) finden keine Anwendung. | Durch die Vorschrift des Abs. 1 wird die Verpflichtung der gerichtlichen Behörden, gemäß § 2 Rechtshülfe zu leisten, nicht berührt. 194. (S. 491.)

Anlagen zum Protokoll. Siehe Beurkundung § 176.

Anmeldungen. Die Anmeldungen zur Eintragung in das Handelsregister sowie die zur Aufbewahrung bei dem Gerichte bestimmten Zeichnungen von Unterschriften können zum Protokolle des Gerichtsschreibers des Registergerichts erfolgen. 128.

Annahme an Kindesstatt. Siehe Amtsgerichte, unter a und Bestätigung von Adoptivverträgen.

Antragsberechtigte, siehe Anträge auf Auseinandersetzung.

Anträge auf Aenderung einer Verfügung, siehe Verfügung, für das Schiffsregister, siehe Schiffsregister. Anträge und Erklärungen, ihre Form: Anträge und Erklärungen können zum Protokolle des Gerichtsschreibers des zuständigen Gerichts oder des Gerichtsschreibers eines Amtsgerichts erfolgen. 11. Anträge auf Auseinandersetzung: a) Hinterläßt ein Erblasser mehrere Erben, so hat das Nachlaßgericht auf Antrag die Auseinandersetzung in Ansehung des Nachlasses zwischen den Betheiligten zu vermitteln, sofern nicht ein zur Bewirkung der Auseinandersetzung berechtigter Testamentsvollstrecker vorhanden ist. b) Antragsberechtigt ist jeder Miterbe, der Erwerber eines Erbtheils sowie derjenige, welchem ein Pfandrecht oder ein Nießbrauch an einem Erbtheile zusteht. 86. c) Erfordernisse: In dem Antrage sollen die Betheiligten und die Theilungsmasse bezeichnet werden. | Hält das Gericht vor der Verhandlung mit den Betheiligten eine weitere Aufklärung für angemessen, so hat es den Antragsteller zur Ergänzung des Antrags, insbesondere zur Angabe der den einzelnen Betheiligten in Ansehung des Nachlasses zustehenden Ansprüche, zu veranlassen. Es kann dem Antragsteller auch die Beschaffung der Unterlagen aufgegeben werden. 87.

Armenrecht. Die Vorschriften der

Civilprozeßordnung[1]) über das Armenrecht sowie die Vorschriften der §§ 34 bis 36 der Rechtsanwaltsordnung[2]) finden entsprechende Anwendung. 14.

[1] CPO. Armenrecht. §§ 114—127.

I. Bedingung der Bewilligung des Armenrechts.

1. Erfordernisse in der Person des Bittsuchers.
Wer außer Stande ist, ohne Beeinträchtigung des für ihn und seine Familie nothwendigen Unterhalts die Kosten des Prozesses zu bestreiten, hat auf Bewilligung des Armenrechts Anspruch,

2. wenn die beabsichtigte Rechtsverfolgung oder Vertheidigung nicht muthwillig oder aussichtslos erscheint. § 114, Abs. 1.
In der höheren Instanz bedarf es des Nachweises des Unvermögens nicht, wenn das Armenrecht in der vorherigen Instanz bewilligt war. Hat der Gegner das Rechtsmittel eingelegt, so ist in der höheren Instanz nicht zu prüfen, ob die Rechtsverfolgung oder Rechtsvertheidigung der Partei muthwillig oder aussichtslos erscheinen. § 119, Abs. 2.

3. Ausländer haben auf das Armenrecht nur insoweit Anspruch, als die Gegenseitigkeit verbürgt ist. § 114, Abs. 2.

4. Nachweis der Verhältnisse.
Dem Gesuch ist ein von der obrigkeitlichen Behörde der Partei ausgestelltes Zeugniß beizufügen, in welchem unter Angabe des Standes oder Gewerbes, der Vermögens- und Familienverhältnisse der Partei, sowie des Betrages der von dieser zu entrichtenden direkten Staatssteuer, das Unvermögen zur Bestreitung der Prozeßkosten ausdrücklich bezeugt wird. Für Personen, welche unter Vormundschaft oder Kuratel stehen, kann das Zeugniß auch von der vormundschaftlichen Behörde ausgestellt werden. § 118, Abs. 2.

5. In dem Gesuche ist das Streitverhältniß unter Angabe der Beweismittel darzulegen. § 118, Abs. 3.

6. Form des Gesuchs; es kann vor dem Gerichtsschreiber zu Protokoll erklärt werden. § 118, Abs. 1.

7. Die Bewilligung des Armenrechts erfolgt für jede Instanz besonders, für die erste Instanz einschließlich der Zwangsvollstreckung. § 119, Abs. 1.

II. Entscheidung.

1. Das Gesuch um Bewilligung des Armenrechts ist bei dem Prozeßgericht anzubringen.

2. Ueber das Gesuch um Bewilligung des Armenrechts kann ohne vorgängige mündliche Verhandlung entschieden werden. § 126.

III. Wirkungen des bewilligten Armenrechts.

Durch die Bewilligung des Armenrechts erlangt die Partei:

1. die einstweilige Befreiung von der Berichtigung der rückständigen und künftig erwachsenden Gerichtskosten, einschließlich der Gebühren der Beamten, der den Zeugen und Sachverständigen zu gewährenden Vergütung und der sonstigen baaren Auslagen, sowie der Stempelsteuer.

2. die Befreiung von der Sicherheitsleistung für die Prozeßkosten,

3. das Recht, daß ihr zur vorläufig unentgeltlichen Bewirkung von Zustellungen und von Vollstreckungshandlungen ein Gerichtsvoll-

zieher und, insoweit eine Vertretung durch Anwälte geboten ist, zur vorläufig unentgeltlichen Wahrnehmung ihrer Rechte ein Rechtsanwalt beigeordnet werde. § 115.

Insoweit nicht eine Vertretung durch Anwälte geboten oder ein Anwalt gemäß § 34 der Rechtsanwaltsordnung beigeordnet ist, kann einer armen Partei, welche nicht im Bezirke des Prozeßgerichts wohnt, zur unentgeltlichen Wahrnehmung ihrer Rechte in der mündlichen Verhandlung ein Justizbeamter, der nicht als Richter angestellt ist, oder ein Rechtskundiger, der die vorgeschriebene erste Prüfung für den Justizdienst bestanden hat, auf Antrag beigeordnet werden. Die in Folge dessen erwachsenen baaren Auslagen werden von der Staatskasse bestritten und als Gerichtskosten in Ansatz gebracht. § 116.

4. Die Bewilligung des Armenrechts hat auf die Verpflichtung zur Erstattung der dem Gegner erwachsenden Kosten keinen Einfluß. § 117.
5. Die Bewilligung des Armenrechts erfolgt für jede Instanz besonders, für die erste Instanz einschließlich der Zwangsvollstreckung. § 119, Abs. 1.

IV. Entziehung des Armenrechts.

Das Armenrecht kann zu jeder Zeit entzogen werden, wenn sich ergiebt, daß eine Voraussetzung der Bewilligung nicht vorhanden war oder nicht mehr vorhanden ist. § 121.

Ueber die Entziehung des Armenrechts kann ohne vorgängige mündliche Verhandlung entschieden werden. § 126.

V. Das Armenrecht erlischt mit dem Tode der Person, welcher es bewilligt ist. § 122.

VI. Einziehung und Beitreibung der Kosten, von denen Befreiung bewilligt ist.

1. Die Gerichtskosten, von deren Berichtigung die arme Partei einstweilen befreit ist, können von dem in die Prozeßkosten verurtheilten Gegner nach Maßgabe der für die Beitreibung rückständiger Gerichtskosten geltenden Vorschriften eingezogen werden. § 123, Abs. 1.
2. Die Gerichtskosten, von deren Berichtigung der Gegner der armen Partei einstweilen befreit ist, sind von demselben einzuziehen, soweit er in die Prozeßkosten verurtheilt oder der Rechtsstreit ohne Urtheil über die Kosten beendet ist. § 123, Abs. 2.
3. Die für die arme Partei bestellten Gerichtsvollzieher und Rechtsanwälte sind berechtigt, ihre Gebühren und Auslagen von dem in die Prozeßkosten verurtheilten Gegner beizutreiben. § 124, Abs. 1.

   Eine Einrede aus der Person der armen Partei ist nur insoweit zulässig, als die Aufrechnung von Kosten verlangt wird, welche nach der in demselben Rechtsstreite über die Kosten erlassenen Entscheidung von der armen Partei zu erstatten sind. § 124, Abs. 2.

VII. Verpflichtung zur Nachzahlung der Beträge.

1. Die zum Armenrechte zugelassene Partei ist zur Nachzahlung der Beträge, von deren Berichtigung sie einstweilen befreit war, verpflichtet, sobald sie ohne Beeinträchtigung des für sie und ihre Familie nothwendigen Unterhalts dazu im Stande ist.
2. Dasselbe gilt in Betreff derjenigen Beträge, von deren Bewilligung der Gegner einstweilen befreit war, soweit die arme Partei in die Prozeßkosten verurtheilt ist. § 125.
3. Ueber die Verpflichtung zur Nachzahlung der Beträge, von deren

Aufenthalt der Mündel, siehe Vormundschaftsgericht, Zuständigkeit.

Aufhebung von reichsgesetzlichen Vorschriften: a) Die Vorschriften der §§ 11, 66 [3]) des Gesetzes über die Beurkundung des Personenstandes und die Eheschließung vom 6. Februar 1875 (Reichs-Gesetzbl. S. 23) werden insoweit aufgehoben, als sie der Landesgesetzgebung die Befugniß gewähren, das gerichtliche Verfahren abweichend zu regeln. **186. b)** Der § 150 [4]) des Gesetzes, betreffend die Erwerbs- und Wirthschaftsgenossenschaften, vom 1. Mai 1889 (Reichs-Gesetzbl. S. 55) wird aufgehoben. **187.**

Aufhebung von Adoptivverträgen. Siehe Bestätigung von Adoptivverträgen.

Aufschiebende Wirkung. Siehe Beschwerde.

Auseinandersetzung von Amtswegen in Nachlaßsachen. a) Von Amtswegen. Unberührt bleiben die landesgesetzlichen Vorschriften, nach welchen, wenn die Auseinandersetzung in Ansehung eines Nachlasses nicht binnen einer bestimmten Frist bewirkt ist, das Nachlaßgericht die Auseinandersetzung von Amtswegen zu vermitteln hat; auf die Auseinandersetzung finden die Vorschriften der §§ 88 bis 98 (siehe unten das Verfahren und S. 491) Anwendung. **192. b)** Zuständigkeit. Siehe zunächst Amtsgerichte S. 469. Unberührt bleiben die landesgesetzlichen Vorschriften, nach welchen für die gemäß § 99 den Amtsgerichten obliegenden Verrichtungen andere als gerichtliche Behörden zuständig sind, sowie die landesgesetzlichen Vorschriften, nach welchen in den Fällen der §§ 86, 99 (siehe S. 471, 475)

Berichtigung die zum Armenrechte zugelassene Partei oder der Gegner einstweilen befreit ist, kann ohne vorgängige mündliche Verhandlung entschieden werden. § 126.

VIII. Rechtsmittel.

1. Gegen den Beschluß, durch welchen das Armenrecht bewilligt wird, findet kein Rechtsmittel,
2. gegen den Beschluß, durch welchen das Armenrecht verweigert oder entzogen oder die Nachzahlung von Kosten angeordnet wird, findet die Beschwerde statt. § 127.

[2] **Rechtsanwalts-Ordnung.** § 34—36.

§ 34. Einer Partei, welcher das Armenrecht bewilligt ist, kann auch ... zur unentgeltlichen Wahrnehmung ihrer Rechte von dem ... Gericht ein Rechtsanwalt auf Antrag beigeordnet werden.

§ 35. Gegen die Entscheidung, durch welche die Beiordnung eines Rechtsanwalts abgelehnt wird, steht der Partei die Beschwerde nach Maßgabe der CPO zu.

§ 36. Die Auswahl eines beizuordnenden Rechtsanwalts erfolgt durch den Vorsitzenden des Gerichts aus der Zahl der bei diesem zugelassenen Rechtsanwälte. — Gegen die Verfügung steht der Partei und dem Rechtsanwalte die Beschwerde nach Maßgabe der CPO zu.

[3] § 11, 66 **des Gesetzes über die Beurkundung des Personenstandes** 2c.: Die Bestimmungen des ersten Abschnittes dieses neuen Gesetzes sind also anzuwenden auf das Verfahren auf Ablehnung der Vornahme einer Handlung durch den Standesbeamten und auf das Berichtigungsverfahren.

[4] § 150 **des Gesetzes btr. die Erwerbs- oder Wirthschaftsgenossenschaften** vom 1./5. 89:

„Rechtsmittel betreffend, bedeutungslos wegen § 1, 19 flg.," siehe Inhaltsverzeichnis S. 426.

an Stelle der Gerichte oder neben diesen die Notare die Auseinandersetzung zu vermitteln haben. 193. c) in Nachlaßsachen. Siehe Anträge auf Auseinandersetzung. Siehe auch Pflegschaften S. 490. d) in Ansehung eines Gesammtguts. Nach der Beendigung einer ehelichen Gütergemeinschaft oder einer fortgesetzten Gütergemeinschaft finden auf die Auseinandersetzung in Ansehung des Gesammtguts die Vorschriften der §§ 86 bis 98 entsprechende Anwendung. | Für die Auseinandersetzung ist, falls ein Antheil an dem Gesammtgute zu einem Nachlasse gehört, das Amtsgericht zuständig, welches für die Auseinandersetzung in Ansehung des Nachlasses zuständig ist. Im Uebrigen ist das Amtsgericht zuständig, in dessen Bezirke der Ehemann oder bei fortgesetzter Gütergemeinschaft der überlebende Ehegatte zur Zeit der Beendigung der Gütergemeinschaft seinen Wohnsitz oder in Ermangelung eines inländischen Wohnsitzes seinen Aufenthalt hatte. Hatte der Ehemann oder der Ehegatte zu der bezeichneten Zeit im Inlande weder Wohnsitz noch Aufenthalt, so finden die Vorschriften des § 73 Abs. 2 (S. 469) entsprechende Anwendung. 99. e) Verfahren. Das Gericht hat den Antragsteller und die übrigen Betheiligten, diese unter Mittheilung des Antrags, zu einem Verhandlungstermine zu laden. Die Ladung durch öffentliche Zustellung ist unzulässig. Die Ladung soll den Hinweis darauf enthalten, daß ungeachtet des Ausbleibens eines Betheiligten über die Auseinandersetzung verhandelt werden würde und daß, falls der Termin vertagt oder ein neuer Termin zur Fortsetzung der Verhandlung anberaumt werden sollte, die Ladung zu dem neuen Termin unterbleiben könne. Sind Unterlagen für die Auseinandersetzung vorhanden, so ist in der Ladung zu bemerken, daß die Unterlagen auf der Gerichtsschreiberei eingesehen werden können. 89. Die Frist zwischen der Ladung und dem Termine muß mindestens zwei Wochen betragen. | Diese Vorschrift findet auf eine Vertagung sowie auf einen Termin zur Fortsetzung der Verhandlung keine Anwendung. In diesen Fällen kann die Ladung der zu dem früheren Termine geladenen Betheiligten durch die Verkündung des neuen Termins ersetzt werden. 90. Treffen die erschienenen Betheiligten vor der Auseinandersetzung eine Vereinbarung über vorbereitende Maßregeln, insbesondere über die Art der Theilung, so hat das Gericht die Vereinbarung zu beurkunden. Das Gleiche gilt, wenn nur ein Betheiligter erschienen ist, in Ansehung der von diesem gemachten Vorschläge. | Sind die Betheiligten sämmtlich erschienen, so hat das Gericht die von ihnen getroffene Vereinbarung zu bestätigen. Dasselbe gilt, wenn die nicht erschienenen Betheiligten ihre Zustimmung zu gerichtlichem Protokoll oder in einer öffentlich beglaubigten Urkunde ertheilen. | Ist ein Betheiligter nicht erschienen, so hat das Gericht, sofern er nicht nach Abs. 2 Satz 2 zugestimmt hat, ihm den Inhalt der Urkunde, soweit dieser ihn betrifft, bekannt zu machen und ihn gleichzeitig zu benachrichtigen, daß er die Urkunde auf der Gerichtsschreiberei einsehen und eine Abschrift der Urkunde fordern könne. Die Bekanntmachung muß den Hinweis darauf enthalten, daß, wenn der Betheiligte nicht innerhalb einer von dem Gerichte zu bestimmenden Frist die Anberaumung eines neuen Termins beantrage oder wenn er in dem neuen Termine nicht erscheine, sein Einverständniß mit dem Inhalte der Urkunde angenommen werden würde. Beantragt der Betheiligte rechtzeitig die Anberaumung eines neuen Termins und erscheint er in diesem Termine, so ist die Verhandlung fortzusetzen. Anderenfalls hat das Gericht die Vereinbarung zu bestätigen. 91. War im Falle des § 91 der Betheiligte ohne sein Verschulden verhindert, die Anberaumung eines neuen Termins rechtzeitig zu beantragen oder in dem neuen Termine zu erscheinen, so ist ihm auf Antrag vom dem Gerichte die Wiedereinsetzung in den vorigen Stand zu ertheilen, wenn er binnen zwei Wochen nach der Beseitigung des Hindernisses die Anberaumung eines neuen Termins beantragt und die Thatsachen, welche die Wiedereinsetzung begründen, glaubhaft macht. Eine Versäumung, die in dem Verschulden eines Vertreters ihren Grund hat, wird als eine unverschuldete nicht angesehen. Nach dem Ablauf eines Jahres, von dem Ende der versäumten Frist an gerechnet, kann die Wiedereinsetzung nicht mehr beantragt werden. **92.** Sobald nach Lage der Sache die Auseinandersetzung stattfinden kann, hat das Gericht einen Auseinandersetzungsplan anzufertigen. Sind die erschienenen Betheiligten mit dem Inhalte des Planes einverstanden, so hat das Gericht die Auseinandersetzung zu beurkunden. Sind die Betheiligten sämmtlich erschienen, so hat das Gericht die Auseinandersetzung zu bestätigen; dasselbe gilt, wenn die nicht erschienenen Betheiligten ihre Zustimmung zu gerichtlichem Protokoll oder in einer öffentlich beglaubigten Urkunde ertheilen. | Ist ein Betheiligter nicht erschienen, so hat das Gericht nach § 91 Abs. 3 zu verfahren. Die Vorschriften des § 92 finden entsprechende Anwendung. **93.** Ist vereinbart, daß eine Vertheilung durch das Loos geschehen soll, so wird das Loos, sofern nicht ein Anderes bestimmt ist, für die nicht erschienenen Betheiligten von einem durch das Gericht zu bestellenden Vertreter gezogen. **94.** Ergeben sich bei den Verhandlungen Streitpunkte, so ist ein Protokoll darüber aufzunehmen und das Verfahren bis zur Erledigung der Streitpunkte auszusetzen. Soweit bezüglich der unstreitigen Punkte die Aufnahme einer Urkunde ausführbar ist, hat das Gericht nach den §§ 91, 93 zu verfahren. **95.** Gegen den Beschluß, durch welchen eine vorgängige Vereinbarung oder eine Auseinandersetzung bestätigt, sowie gegen den Beschluß, durch welchen über den Antrag auf Wiedereinsetzung in den vorigen Stand entschieden wird, findet die sofortige Beschwerde statt. Die Beschwerde gegen den Bestätigungsbeschluß kann nur darauf gegründet werden, daß die Vorschriften über das Verfahren nicht beobachtet seien. **96.** Eine vorgängige Vereinbarung sowie eine Auseinandersetzung ist nach dem Eintritte der Rechtskraft des Bestätigungsbeschlusses für alle Betheiligten in gleicher Weise verbindlich wie eine vertragsmäßige Vereinbarung oder Auseinandersetzung. | Bedarf ein Betheiligter zur Vereinbarung oder zur Auseinandersetzung der Genehmigung des Vormundschaftsgerichts, so ist, wenn er im Inlande keinen Vormund, Pfleger oder Beistand hat, für die Ertheilung oder die Verweigerung der Genehmigung an Stelle des Vormundschaftsgerichts das Nachlaßgericht zuständig. **97.** Aus einer vorgängigen Vereinbarung sowie aus einer Auseinandersetzung findet nach dem Eintritte der Rechtskraft des Bestätigungsbeschlusses die Zwangsvollstreckung statt. Die Vorschriften der §§ 795, 797[1] der Civilprozeßordnung

[1] CPO. § 795 Auf die Zwangsvollstreckung aus den in dem vorstehenden Paragraphen erwähnten Schuldtiteln finden die Bestimmungen der §§ 724 bis 793 entsprechende Anwendung, soweit nicht in den §§ 796, 797 abweichende Vorschriften enthalten sind.

§ 797. Die vollstreckbare Ausfertigung gerichtlicher Urkunden wird von dem Gerichtsschreiber des Gerichts ertheilt, welches die Urkunde aufgenommen hat. | Die vollstreckbare Ausfertigung notarieller Urkunden wird von dem Notar ertheilt, welcher die Urkunde verwahrt. Befindet sich die Urkunde in der Verwahrung einer Behörde, so hat diese die vollstreckbare Ausfertigung zu ertheilen. | Die Entscheidung über Einwendungen, welche die Zulässigkeit der Vollstreckungsklausel betreffen, sowie die Entscheidung über Ertheilung einer weiteren vollstreckbaren Ausfertigung erfolgt bei gerichtlichen Urkunden von dem im ersten Absatze bezeichneten Gerichte, bei notariellen Urkunden von dem Amtsgerichte, in dessen Bezirke der im zweiten Absatze bezeichnete Notar oder die daselbst bezeichnete Behörde den Amtssitz hat.

Auf die Geltendmachung von Einwendungen, welche den Anspruch

finden Anwendung. 98. | f) Abwesende Betheiligte. Siehe Pflegschaften S. 491.

Ausfertigungen. a) Wer ein rechtliches Interesse glaubhaft macht, kann verlangen, daß ihm vom Gericht eine Ausfertigung des Erbscheins ertheilt werde. Das Gleiche gilt in Ansehung der im § 84 Satz 2 (S. 478) bezeichneten Zeugnisse sowie in Ansehung der gerichtlichen Verfügungen, die sich auf die Ernennung oder die Entlassung eines Testamentsvollstreckers beziehen. 85. — b) Die Ausfertigung der Protokolle über die gerichtliche Beurkundung eines Rechtsgeschäfts ist von dem Gerichtsschreiber zu unterschreiben und mit dem Gerichtssiegel zu versehen. | Auf Antrag können die Protokolle auch auszugsweise ausgefertigt werden. 182.

Ausführung und Ergänzung dieses Gesetzes. Durch Landesgesetz können Vorschriften zur Ergänzung und Ausführung dieses Gesetzes, mit Einschluß der erforderlichen Uebergangsvorschriften, auch insoweit erlassen werden, als dieses Gesetz Vorbehalte für die Landesgesetzgebung nicht enthält. | Soweit durch Landesgesetz allgemeine Vorschriften über die Errichtung gerichtlicher oder notarieller Urkunden erlassen werden, ist ein Verstoß gegen eine solche Vorschrift unbeschadet der Vorschriften über die Folgen des Mangels der sachlichen Zuständigkeit, ohne Einfluß auf die Gültigkeit der Beurkundung. 200.

Ausschließung der Richter. Ein Richter ist von der Ausübung des Richteramts kraft Gesetzes ausgeschlossen: a) in Sachen, in denen er selbst betheiligt ist oder in denen er zu einem Betheiligten in dem Verhältniß eines Mitberechtigten oder Mitverpflichteten steht; b) in Sachen seiner Ehefrau, auch wenn die Ehe nicht mehr besteht; c) in Sachen einer Person, mit der er in gerader Linie oder im zweiten Grade der Seitenlinie verwandt oder verschwägert ist; d) in Sachen, in denen er als Vertreter eines Betheiligten bestellt oder als gesetzlicher Vertreter eines solchen aufzutreten berechtigt ist. | Ein Richter kann sich der Ausübung seines Amtes wegen Befangenheit enthalten. Die Ablehnung eines Richters ist ausgeschlossen. 6. | Gerichtliche Handlungen sind nicht aus dem Grunde unwirksam, weil sie von einem örtlich unzuständigen Gericht oder von einem Richter vorgenommen sind, der von der Ausübung des Richteramts kraft Gesetzes ausgeschlossen ist. 7.

Ausland. Siehe Bevormundete im Ausland. Pflegbefohlene. Abgabe von Vormundschaftssachen.

Aussetzung des Verfahrens. Siehe Verfahren § 95 (Streitpunkte).

Aussetzung der Vollziehung einer Verfügung. Siehe Verfügung.

Außerkraftsetzung von Anordnungen des Erblassers. Siehe Testamentsvollstrecker, Beschwerde und Meinungsverschiedenheit.

Auszüge aus Protokollen. Siehe Ausfertigungen, Ziffer 2.

B

Beamte im Ausland, ihr Wohnsitz. Siehe Wohnsitz.

---

selbst betreffen, findet die beschränkte Vorschrift des § 767 Abs. 2 keine Anwendung.

Für Klagen auf Ertheilung der Vollstreckungsklausel, sowie für Klagen, durch welche die den Anspruch selbst betreffenden Einwendungen geltend gemacht werden, oder der bei der Ertheilung der Vollstreckungsklausel als bewiesen angenommene Eintritt der Thatsache, von welcher die Vollstreckung aus der Urkunde abhängt, oder die als eingetreten angenommene Rechtsnachfolge bestritten wird, ist das Gericht, bei welchem der Schuldner im deutschen Reiche seinen allgemeinen Gerichtsstand hat, und in Ermangelung eines solchen das Gericht zuständig, bei welchem in Gemäßheit des § 23 gegen den Schuldner Klage erhoben werden kann.

Beeidigung. Siehe Beweis.

Befangenheit des Richters. Siehe Ausschließung.

Beglaubigung, gerichtliche. Siehe auch Amtsgerichte S. 470. Die gerichtliche oder notarielle Beglaubigung einer Unterschrift darf nur erfolgen, wenn die Unterschrift in Gegenwart des Richters oder des Notars vollzogen oder anerkannt wird. | Die Beglaubigung geschieht durch einen unter die Unterschrift zu setzenden Vermerk. Der Vermerk muß die Bezeichnung desjenigen, welcher die Unterschrift vollzogen oder anerkannt hat, enthalten und den Ort und den Tag der Ausstellung angeben sowie mit Unterschrift und Siegel oder Stempel versehen sein. | Diese Vorschriften finden auf die gerichtliche oder notarielle Beglaubigung eines Handzeichens entsprechende Anwendung. **183.**

Beglaubigung von Abschriften, siehe Grundakten.

Behörde. Siehe ihre „Beschwerde".

Beistände. Die Betheiligten können (bei Ermittelungen und Beweisaufnahmen) mit Beiständen erscheinen. Sie können sich, soweit nicht das Gericht das persönliche Erscheinen anordnet, auch durch Bevollmächtigte vertreten lassen. Die Bevollmächtigten haben auf Anordnung des Gerichts oder auf Verlangen eines Betheiligten die Bevollmächtigung durch eine öffentlich beglaubigte Vollmacht nachzuweisen. **12** Abs. 2. Siehe auch Vormundschaft.

Beistandschaft. Siehe Vormundschaft §§ 43, 44.

Bekanntmachungen. Siehe gerichtliche Verfügungen, Verfahren § 91, Handelsregister § 130, Schiffsregister § 121.

Belastung einer eingetragenen Forderung. Siehe Schiffsregister.

Benachrichtigung von Eintragungen. Siehe Güterrechtsregister des zuständigen Vormundschaftsgerichts. Siehe Vormundschaft und Pflegschaft § 50.

Berathung. Siehe Abstimmung.

Berichtigung. Siehe Schiffsregister und Standesregister § 70.

Bescheinigung über Eintragungen. Das Amtsgericht hat auf Verlangen eine Bescheinigung darüber zu ertheilen, daß bezüglich des Gegenstandes einer Eintragung weitere Eintragungen in das Vereins- oder Güterrechtsregister nicht vorhanden sind oder daß eine bestimmte Eintragung in das Register nicht erfolgt ist. **162.**

Beschwerde. a) Fälle der Unzulässigkeit: **a)** Gegen eine Verfügung, durch die dem Antrage des Erben, die Nachlaßverwaltung anzuordnen, stattgegeben wird, ist die Beschwerde unzulässig. **76** Abs. 1. **b)** Gegen einen Beschluß, durch den ein Erbschein für kraftlos erklärt wird, findet die Beschwerde nicht statt. **c)** Das Gleiche gilt von einem Beschlusse, durch den eines der in den §§ 1507, 2368 (S. 276, 420) des Bürgerlichen Gesetzbuchs und den §§ 37, 38 (S. 515) der Grundbuchordnung vorgesehenen gerichtlichen Zeugnisse für kraftlos erklärt wird. **84.**

b) Beschwerdegründe: I. Allgemeine Vorschrift. Gegen die Verfügungen des Gerichts erster Instanz findet das Rechtsmittel der Beschwerde statt. | Ueber die Beschwerde entscheidet das Landgericht. **19.** Siehe auch Meinungsverschiedenheiten zwischen Testamentsvollstreckern. II. In Vormundschaftssachen. Die Beschwerde steht, unbeschadet der Vorschriften des § 20 (siehe unten) zu: **a)** gegen eine Verfügung, durch welche die Anordnung einer Vormundschaft abgelehnt oder eine Vormundschaft aufgehoben wird, Jedem, der ein rechtliches Interesse an der Aenderung der Verfügung hat, sowie dem Ehegatten, den Verwandten und Verschwägerten des Mündels, es sei denn, daß die Verfügung eine vorläufige Vormundschaft betrifft; **b)** gegen eine Verfügung, durch welche die Anordnung einer vorläufigen Vormundschaft abgelehnt oder eine solche Vormundschaft aufgehoben wird, denjenigen, welche den Antrag auf Entmündigung zu stellen berechtigt sind; **c)** gegen eine Verfügung, durch welche die Anordnung einer Pflegschaft abgelehnt oder eine Pflegschaft aufgehoben wird, Jedem, der ein rechtliches Interesse an der Aenderung der Verfügung hat, in den Fällen der §§ 1909, 1910 (S. 318) des Bürgerlichen Gesetzbuchs auch dem Ehegatten sowie den Verwandten und Verschwägerten des Pflegebefohlenen; diese Vorschrift gilt jedoch im Falle des § 1910 nur dann, wenn eine Verständigung mit dem Pflegebefohlenen nicht möglich ist; **d)** gegen eine Verfügung, durch welche die Einsetzung eines Familienraths abgelehnt oder der Familienrath aufgehoben wird, dem Ehegatten sowie den Verwandten und Verschwägerten des Mündels;

> Gegen eine Verfügung, durch die über die Entlassung eines Mitglieds des Familienraths von dem Gerichte, welches dem Vormundschaftsgericht im Instanzenzuge vorgeordnet ist, entschieden wird, findet die Beschwerde an das Oberlandesgericht statt. Die weitere Beschwerde ist ausgeschlossen. **64.**

e) gegen eine Verfügung, durch die in den Fällen des § 1687 Nr. 1, 3 (S. 294) des Bürgerlichen Gesetzbuchs die Bestellung eines Beistandes der Mutter abgelehnt oder die Bestellung aufgehoben wird, dem Ehegatten sowie den Verwandten und Verschwägerten des Kindes; **f)** gegen eine Verfügung, durch die ein Antrag des Gegenvormundes oder des Beistandes zurückgewiesen wird, gegen den gesetzlichen Vertreter wegen pflichtwidrigen Verhaltens einzuschreiten oder den Vormund oder den Pfleger aus einem der im § 1886 (S. 341) des Bürgerlichen Gesetzbuchs bezeichneten Gründe zu entlassen, dem Antragsteller; **g)** gegen eine Verfügung, durch die dem Vormund oder dem Pfleger eine Vergütung bewilligt wird, dem Gegenvormunde; **h)** gegen eine Verfügung, durch welche die Anordnung einer der in den §§ 1665 bis 1667 (S. 302) des Bürgerlichen Gesetzbuchs vorgesehenen Maßregeln abgelehnt oder eine solche Maßregel aufgehoben wird, den Verwandten und Verschwägerten des Kindes; **i)** gegen eine Verfügung, die eine Entscheidung über eine die Sorge für die Person des Kindes oder des Mündels betreffende Angelegenheit enthält, Jedem, der ein berechtigtes Interesse hat, diese Angelegenheit wahrzunehmen. | Die Vorschrift des Abs. 1 Nr. 9 (oben i) findet auf die sofortige Beschwerde keine Anwendung. **57.** III. Die Beschwerde gegen eine Eintragung ist unzulässig. Im Wege der Beschwerde kann jedoch verlangt werden, daß die (Schiffsregister-) Registerbehörde angewiesen wird, nach § 119 (siehe Schiffspfandrecht) einen Widerspruch einzutragen oder eine Löschung vorzunehmen. **122.** IV. In Handelssachen. Die Organe des Handelsstandes sind verpflichtet, die Registergerichte behufs der Verhütung unrichtiger Eintragungen sowie behufs der Berichtigung und Vervollständigung des Handelsregisters zu unterstützen; sie sind berechtigt, Anträge zu diesem Zwecke bei den Registergerichten zu stellen und gegen Verfügungen, durch die über solche Anträge entschieden wird, das Rechtsmittel der Beschwerde zu erheben. | Die näheren Bestimmungen werden von den Landesregierungen getroffen. **126.** V. In Erbschaftssachen. Siehe Meinungsverschiedenheiten, Ziffer 2.

c) Einlegung und Begründung der Beschwerde. Die Beschwerde kann bei dem Gerichte, dessen Verfügung angefochten wird, oder bei dem Beschwerdegericht eingelegt werden. | Die Einlegung erfolgt durch Einreichung einer Beschwerdeschrift oder durch Erklärung zum Protokolle des Gerichtsschreibers desjenigen Gerichts, dessen Verfügung angefochten wird, oder des Gerichtsschreibers des Beschwerdegerichts. **21.** Die Beschwerde kann auf neue Thatsachen und Beweise gestützt werden. **23.**

d) Berechtigte Beschwerdeführer. **a)** Im Allgemeinen. Die Beschwerde steht Jedem zu, dessen Recht durch die Verfügung beeinträchtigt ist. | Soweit eine Verfügung nur auf Antrag erlassen werden kann, und der Antrag zurückgewiesen worden ist, steht die Beschwerde nur dem Antragsteller zu. **20.** Siehe auch Meinungsverschiedenheiten zwischen Testamentsvollstreckern. **b)** In Vormundschaftssachen: Führen mehrere Vormünder oder Pfleger die Vormundschaft oder die Pflegschaft gemeinschaftlich, so kann jeder von ihnen für den Mündel das Beschwerderecht selbstständig ausüben. | Diese Vorschrift findet in den Fällen der §§ 1629, 1798 (S. 303, 329) des Bürgerlichen Gesetzbuchs entsprechende Anwendung. **58.** Ein unter elterlicher Gewalt stehendes Kind oder ein unter Vormundschaft stehender Mündel kann in allen seine Person betreffenden Angelegenheiten ohne Mitwirkung seines gesetzlichen Vertreters das Beschwerderecht ausüben. Das Gleiche gilt in Angelegenheiten, in denen der Mündel vor einer Entscheidung des Vormundschaftsgerichts gehört werden soll. | Diese Vorschriften finden auf Personen, die geschäftsunfähig sind oder nicht das vierzehnte Lebensjahr vollendet haben, keine Anwendung. **59.**

e) Wirkungen der Beschwerde. Die Beschwerde hat nur dann aufschiebende Wirkung, wenn sie gegen eine Verfügung gerichtet ist, durch die eine Strafe festgesetzt wird. | Das Gericht, dessen Verfügung angefochten wird, kann anordnen, daß die Vollziehung auszusetzen ist. Das Beschwerdegericht kann vor der Entscheidung eine einstweilige Anordnung erlassen; es kann insbesondere anordnen, daß die Vollziehung der angefochtenen Verfügung auszusetzen ist. **24.**

f) Entscheidung auf die Beschwerde. Die Entscheidungen über Beschwerden erfolgen bei den Landgerichten durch eine Civilkammer, bei den Oberlandesgerichten und bei dem Reichsgerichte durch einen Civilsenat. Ist bei einem Landgericht eine Kammer für Handelssachen gebildet, so tritt für Handelssachen diese Kammer an die Stelle der Civilkammer. | Die Vorschriften des § 137 des Gerichtsverfassungsgesetzes (betrifft die Verweisung vor die vereinigten Civilsenate) finden entsprechende Anwendung. **30.** Die Entscheidung des Beschwerdegerichts wird in den Fällen, in welchen die sofortige weitere Beschwerde stattfindet, erst mit der Rechtskraft wirksam. Das Beschwerdegericht kann jedoch die sofortige Wirksamkeit der Entscheidung anordnen. **26.**

Die Entscheidung des Beschwerdegerichts ist mit Gründen zu versehen. **25.** Siehe auch S. 468 § 62 und Gründe.

g) Siehe Weitere Beschwerde.

Bestätigungen. a) Von Adoptivverträgen. **a)** Siehe zunächst Amtsgerichte **a.** **b)** Der Beschluß, durch den die Bestätigung ertheilt wird, tritt mit der Bekanntmachung an den Annehmenden in Wirksamkeit. | Ist die Bestätigung noch nach dem Tode des Annehmenden zulässig, so tritt der Beschluß, unbeschadet der Vorschriften des § 1753 Abs. 3 (S. 313) und des § 1770 (S. 316) des Bürgerlichen Gesetzbuchs, mit der Bekanntmachung an das Kind in Wirksamkeit; wird nach dem Tode des Kindes das zwischen den übrigen Betheiligten bestehende Rechtsverhältniß durch Vertrag aufgehoben, so tritt der Beschluß, durch welchen die Aufhebung nach dem Tode des Annehmenden bestätigt wird, mit der Bekanntmachung an die übrigen Betheiligten in Wirksamkeit. | Das Gericht ist zu einer Aenderung des Beschlusses nicht befugt. **67.** **c)** Rechtsmittel: Gegen den Beschluß, durch welchen die Bestätigung ertheilt wird, findet kein Rechtsmittel statt. | Gegen den Beschluß, durch welchen die Bestätigung versagt wird, findet die sofortige Beschwerde statt. Die Beschwerde steht jedem der Vertragschließenden zu, auch wenn der Antrag auf Bestätigung von ihm nicht gestellt war. Die Vorschriften des § 22 Abs. 2 (S. 500), des § 24 Abs. 3 und des § 26 Satz 2 (siehe daneben) finden keine Anwendung. **68.**

b) Von Vereinbarungen in Nachlaßsachen. Siehe Auseinandersetzungen, S. 475 §§ 91, 93 flg.

Beurkundung des Personenstandes und der Eheschließung. Siehe Aufhebung reichsgesetzlicher Vorschriften.

Beurkundung von Rechtsgeschäften, gerichtliche und notarielle.

a) Zuständigkeit, **a)** der Amtsgerichte. Siehe Amtsgerichte S. 470. **b)** Für die nach § 167 (S. 470) den Amtsgerichten obliegenden Verrichtungen sind in Ansehung solcher Personen, die zur Besatzung eines in Dienst gestellten Schiffes der Kaiserlichen Marine gehören oder die in anderer Eigenschaft an Bord eines solchen Schiffes sind, auch die Geschwaderauditeure zuständig, solange das Schiff sich außerhalb eines inländischen Hafens befindet. Den Schiffen stehen die sonstigen Fahrzeuge der Kaiserlichen Marine gleich. | Die Ausfertigung der Protokolle über die Beurkundung eines Rechtsgeschäfts ist von dem Auditeur zu unterschreiben und mit dem Gerichtssiegel zu versehen. | Die Vorschriften des Artikels 44 (S. 8 flg.) des Einführungsgesetzes zum Bürgerlichen Gesetzbuche bleiben unberührt. **184.**

b) Betheiligte. Für die gerichtliche und die notarielle Beurkundung eines Rechtsgeschäfts gelten, unbeschadet der Vorschriften des Bürgerlichen Gesetzbuchs über die Errichtung von Testamenten und Erbverträgen, die §§ 169 bis 182. Als Betheiligter im Sinne der §§ 169 bis 182 ist derjenige anzusehen, dessen Erklärung beurkundet werden soll. **168.**

c) Mitwirkende Personen.

Ist ein Betheiligter nach der Ueberzeugung des Richters oder des Notars taub, blind, stumm oder sonst am Sprechen verhindert, so muß der Richter einen Gerichtsschreiber oder zwei Zeugen, der Notar einen zweiten Notar oder zwei Zeugen zuziehen. **169.** Unberührt bleiben die landesgesetzlichen Vorschriften, nach welchen bei der Beurkundung einer Erklärung in den Fällen des § 169 der Richter an Stelle des Gerichtsschreibers oder der zwei Zeugen eine besonders dazu bestellte Urkundsperson zuziehen kann. | Auf

Ausgeschlossene Personen.

Als Richter, Notar, Gerichtsschreiber oder Zeuge kann bei der Beurkundung nicht mitwirken: **a)** wer selbst Betheiligter ist sowie derjenige, für welchen ein Betheiligter als Vertreter handelt; **b)** der Ehegatte eines Betheiligten, auch wenn die Ehe nicht mehr besteht; **c)** wer mit einem Betheiligten in gerader Linie oder im zweiten Grade der Seitenlinie verwandt oder verschwägert ist; **d)** wer zu demjenigen, für welchen ein Betheiligter als Vertreter handelt, in einem Verhältnisse der unter Nr. 2, 3 bezeichneten Art steht. **170.** | Als Richter, Notar, Gerichtsschreiber oder Zeuge kann bei der Beurkundung nicht mitwirken: **a)** derjenige, zu dessen Gunsten in der Urkunde eine Verfügung getroffen wird; **b)** wer zu demjenigen, zu dessen Gunsten in der Urkunde eine Verfügung getroffen wird, in einem Verhältnisse der im § 170 Nr. 2, 3 bezeichneten Art steht. | Die Mitwirkung einer hiernach ausgeschlossenen Person hat zur Folge, daß die Beurkundung insoweit nichtig ist, als sie eine Verfügung zu Gunsten einer

Dolmetscher.

Ist nach der Ueberzeugung des Richters oder des Notars ein Betheiligter stumm oder sonst am Sprechen verhindert und eine schriftliche Verständigung mit ihm nicht möglich, so muß bei der Beurkundung ein vereideter Dolmetscher zugezogen werden. | Im Protokolle muß festgestellt werden, daß der Richter oder der Notar die Ueberzeugung gewonnen hat, daß der Betheiligte am Sprechen verhindert und eine schriftliche Verständigung mit ihm nicht möglich ist. Das Protokoll muß von dem Dolmetscher genehmigt und unterschrieben werden. | Der Zuziehung eines Zeugen, eines Gerichtsschreibers oder eines zweiten Notars bedarf es in diesem Falle nicht. **178.** Erklärt ein Betheiligter, daß er der deutschen Sprache nicht mächtig sei, so muß bei der Beurkundung ein vereideter Dolmetscher zugezogen werden. Der Zuziehung des Dolmetschers bedarf es nicht, wenn der Richter oder der Notar der Sprache, in der sich der Betheiligte erklärt, mächtig ist; die Beeidigung des Dolmetschers ist nicht erforderlich, wenn der Betheiligte darauf verzichtet. | Das Protokoll muß dem der

die Urkundsperson finden die Vorschriften der §§ 170 bis 172 Anwendung. **198.** Die bei der Beurkundung mitwirkenden Personen müssen bei der Vorlesung, Genehmigung und Unterzeichnung der Urkunde zugegen sein. **174.**

Siehe auch Geschwaderauditeure oben a.

der im Abs. 1 Nr. 1, 2 bezeichneten Personen zum Gegenstande hat. **171.** Als Gerichtsschreiber oder zweiter Notar oder Zeuge kann bei der Beurkundung nicht mitwirken, wer zu dem Richter oder dem beurkundenden Notar in einem Verhältnisse der im § 170 Nr. 2, 3 bezeichneten Art steht. **172.** Als Zeuge soll bei der Beurkundung nicht mitwirken: **a)** ein Minderjähriger; **b)** wer der bürgerlichen Ehrenrechte für verlustig erklärt ist, während der Zeit, für welche die Aberkennung der Ehrenrechte erfolgt ist; **c)** wer nach den Vorschriften der Strafgesetze unfähig ist, als Zeuge eidlich vernommen zu werden; **d)** wer als Gesinde oder Gehülfe im Dienste des Richters oder des beurkundenden Notars steht. **173.**

deutschen Sprache nicht mächtigen Betheiligten durch den Dolmetscher oder, wenn ein Dolmetscher nicht zugezogen worden ist, durch den Richter oder den Notar in der fremden Sprache vorgetragen werden und die Feststellung enthalten, daß dies geschehen ist. | Im Protokoll muß festgestellt werden, daß der Betheiligte der deutschen Sprache nicht mächtig ist. | Der Dolmetscher muß das Protokoll unterschreiben. | Eine Beurkundung ist nicht aus dem Grunde unwirksam, weil den Vorschriften des Abs. 1 zuwider die Zuziehung eines Dolmetschers unterblieben ist. **179.** | Auf den Dolmetscher finden die nach den §§ 170 bis 173 für einen Zeugen geltenden Vorschriften entsprechende Anwendung. **180.**

d) Protokoll über die Verhandlung. Ueber die Verhandlung muß ein Protokoll in deutscher Sprache aufgenommen werden. **175.** Das Protokoll muß enthalten: **a)** Ort und Tag der Verhandlung; **b)** die Bezeichnung der Betheiligten und der bei der Verhandlung mitwirkenden Personen; **c)** die Erklärung der Betheiligten. | Wird in der Erklärung auf eine Schrift Bezug genommen und diese dem Protokoll als Anlage beigefügt, so bildet sie einen Theil des Protokolls. | Das Protokoll soll eine Angabe darüber enthalten, ob der Richter oder der Notar die Betheiligten kennt oder, sofern dies nicht der Fall ist, in welcher Weise er sich Gewißheit über ihre Persönlichkeit verschafft hat. Kann er sich diese Gewißheit nicht verschaffen, wird aber gleichwohl die Aufnahme der Verhandlung verlangt, so sollen der Sachverhalt und dasjenige, was zur Feststellung der Persönlichkeit beigebracht ist, in das Protokoll aufgenommen werden. **176.**

Das Protokoll muß vorgelesen, von den Betheiligten genehmigt und von ihnen eigenhändig unterschrieben werden. Im Protokolle muß festgestellt werden, daß dies geschehen ist. Das Protokoll soll den Betheiligten auf Verlangen auch zur Durchsicht vorgelegt werden. | Erklärt ein Betheiligter, daß er nicht schreiben könne, so muß diese Erklärung im Protokolle festgestellt werden. Bei der Vorlesung und der Genehmi-

Bei der gerichtlichen oder notariellen Beurkundung von Versteigerungen gelten Bieter nicht als Betheiligte; ausgenommen sind solche Bieter, die an ihr Gebot gebunden bleiben. Entfernt sich ein solcher Bieter vor dem Schlusse der Verhandlung, so genügt an Stelle seiner Unterschrift die Angabe des Grundes, aus welchem sie unterblieben ist. **181.**

gung muß der Richter oder der Notar einen Zeugen zuziehen. In den Fällen des § 169 (S. 481) bedarf es dieser Zuziehung nicht; das Gleiche gilt, wenn in anderen Fällen ein Gerichtsschreiber oder ein zweiter Notar zugezogen wird. | Das Protokoll muß von den mitwirkenden Personen unterschrieben werden. 177.

Bevollmächtigte. Siehe Beistände.

Beweismittel und allgemeine Vorschriften darüber. Die Vorschriften der Civilprozeßordnung über den Zeugenbeweis, über den Beweis durch Sachverständige und über das Verfahren bei der Abnahme von Eiden finden entsprechende Anwendung. Ueber die Beeidigung eines Zeugen oder Sachverständigen entscheidet jedoch, unbeschadet der §§ 393, 402[1] der Civilprozeß=

[1] CPO. §§ 393, 402. Unbeeidigt sind zu vernehmen:

1. Personen, welche zur Zeit der Vernehmung das 16. Lebensjahr noch nicht vollendet oder wegen mangelnder Verstandesreife oder wegen Verstandesschwäche von dem Wesen und der Bedeutung des Eides keine genügende Vorstellung haben;
2. Personen, welche nach den Bestimmungen der Strafgesetze unfähig sind, als Zeugen eidlich vernommen zu werden;
3. die nach § 383 Nr. 1—3 und § 384 Nr. 1, 2 zur Verweigerung des Zeugnisses berechtigten Personen, sofern sie von diesem Rechte keinen Gebrauch machen, die im § 384 Nr. 1, 2 bezeichneten Personen jedoch nur dann, wenn sie lediglich über solche Thatsachen vorgeschlagen sind, auf welche sich das Recht zur Verweigerung des Zeugnisses bezieht;
4. Personen, welche bei dem Ausgange des Rechtsstreits unmittelbar betheiligt sind.

Das Prozeßgericht kann die nachträgliche Beeidigung der unter den beiden letzten Nummern bezeichneten Personen anordnen. § 393.

Auf den Beweis durch Sachverständige finden die Vorschriften über den Beweis durch Zeugen entsprechende Anwendung, insoweit nicht in den nachfolgenden Paragraphen abweichende Bestimmungen enthalten sind, § 402.

Anwendung finden die §§ 375—378, 380—386 Abs. 1—3, 387—391 Abs. 1, 392—396, 398, 400, 401 über den Zeugenbeweis, §§ 402, 404 Abs. 1, 2, 405 Abs. 1, 406—414 über den Beweis durch Sachverständige. § 478—484 über den Eid.

CPO. § 383.

Zur Verweigerung des Zeugnisses sind berechtigt:

1. der Verlobte einer Partei;
2. der Ehegatte einer Partei, auch wenn die Ehe nicht mehr besteht;
3. diejenigen, welche mit einer Partei in gerader Linie verwandt, verschwägert oder durch Adoption verbunden, oder in der Seitenlinie bis zum dritten Grade verwandt oder bis zum zweiten Grade verschwägert sind, auch wenn die Ehe, durch welche die Schwägerschaft begründet ist, nicht mehr besteht.

Die unter Nr. 1—3 bezeichneten Personen sind vor der Vernehmung über ihr Recht zur Verweigerung des Zeugnisses zu belehren.

CPO. § 384 Nr. 1, 2.

Das Zeugniß kann verweigert werden:

1. über Fragen, deren Beantwortung dem Zeugen oder einer Person, zu welcher derselbe in einem der im § 383 Nr. 1—3 bezeichneten Verhältnisse steht, einen unmittelbaren vermögensrechtlichen Schaden verursachen würde;
2. über Fragen, deren Beantwortung dem Zeugen oder einem der im § 383 Nr. 1—3 bezeichneten Angehörigen desselben zur Unehre gereichen oder die Gefahr strafgerichtlicher Verfolgung zuziehen würde.

Glaubhaftmachung. Wer eine thatsächliche Behauptung glaubhaft zu machen hat, kann sich aller Beweismittel, mit Ausnahme der Eideszuschiebung, bedienen, auch zur eidlichen Versicherung der Wahrheit der Behauptung zugelassen werden. | Eine Beweisaufnahme, welche nicht sofort erfolgen kann, ist unstatthaft. § 294 CPO.

ordnung, das Ermessen des Gerichts. Behufs der Glaubhaftmachung einer thatsächlichen Behauptung kann ein Betheiligter zur Versicherung an Eidesstatt zugelassen werden. 15.

Bieter. Siehe Beurkundung von Rechtsgeschäften unter d § 181.

Binnenschiffahrt. Siehe Registergericht § 148.

Blinde. Siehe Beurkundung von Rechtsgeschäften unter c Rubrik 1, § 169.

C

Civilkammer. Civilsenat. } Siehe Beschwerde und sofortige Beschwerde.

D

Dispache. a) Zuständiges Gericht. Siehe Amtsgericht unter g.

b) Aufforderungen an den Dispacheur. Auf Antrag des Dispacheurs kann das Gericht einem Betheiligten unter Androhung von Ordnungsstrafen aufgeben, dem Dispacheur die in seinem Besitze befindlichen Schriftstücke, zu deren Mittheilung er gesetzlich verpflichtet ist, auszuhändigen. Die einzelne Strafe darf den Betrag von dreihundert Mark nicht übersteigen. 151.

c) Einsicht in die Dispache. Der Dispacheur ist verpflichtet, jedem Betheiligten Einsicht in die Dispache zu gewähren und ihm auf Verlangen eine Abschrift gegen Erstattung der Kosten zu ertheilen. Das Gleiche gilt, wenn die Dispache nach dem Gesetze, betreffend die privatrechtlichen Verhältnisse der Binnenschiffahrt, von dem Schiffer aufgemacht worden ist, für diesen. 152.

d) Verhandlung über die Dispache. Jeder Betheiligte ist befugt, bei dem Gericht eine Verhandlung über die von dem Dispacheur aufgemachte Dispache zu beantragen. In dem Antrage sind diejenigen Betheiligten zu bezeichnen, welche zu dem Verfahren zugezogen werden sollen. | Wird ein Antrag auf gerichtliche Verhandlung gestellt, so hat das Gericht die Dispache und deren Unterlagen von dem Dispacheur einzuziehen und, wenn nicht offensichtlich die Voraussetzungen der großen Haverei fehlen, den Antragsteller sowie die von ihm bezeichneten Betheiligten zu einem Termine zu laden. Mehrere Anträge können von dem Gerichte zum Zwecke der gleichzeitigen Verhandlung verbunden werden. | Die Ladung muß den Hinweis darauf enthalten, daß, wenn der Geladene weder in dem Termin erscheine noch vorher Widerspruch gegen die Dispache bei dem Gericht anmelde, sein Einverständniß mit der Dispache angenommen werden würde. In der Ladung ist zu bemerken, daß die Dispache und dereu Unterlagen auf der Gerichtsschreiberei eingesehen werden können. | Die Frist zwischen der Ladung und dem Termine muß wenigstens zwei Wochen betragen. 153.

e) Beibringung von Belegen. Erachtet das Gericht eine Vervollständigung der Unterlagen der Dispache für nothwendig, so hat es die Beibringung der erforderlichen Belege anzuordnen. Die Vorschriften des § 151 finden entsprechende Anwendung. 154.

f) Widerspruch gegen die Dispache. Ihre Bestätigung. In dem Termin ist mit den Erschienenen über die Dispache zu verhandeln. | Wird ein Widerspruch gegen die Dispache nicht erhoben und ist ein solcher auch vorher nicht angemeldet, so hat das Gericht die Dispache gegenüber den an dem Verfahren Betheiligten zu bestätigen. | Liegt ein Widerspruch vor, so haben sich die Betheiligten, deren Rechte durch ihn betroffen werden, zu erklären. Wird der Widerspruch als begründet anerkannt oder kommt anderweit eine Einigung zu Stande, so ist die Dispache demgemäß zu berichtigen. Erledigt sich der Widerspruch nicht, so ist die Dispache insoweit zu bestätigen, als sie durch den Widerspruch nicht berührt wird. | Werden durch

Wirksamkeit und Wirkung der Bestätigung. Die Bestätigung der Dispache ist

den Widerspruch die Rechte eines in dem Termine nicht erschienenen Betheiligten betroffen, so wird angenommen, daß dieser den Widerspruch nicht als begründet anerkenne. **155.** Soweit ein Widerspruch nicht gemäß § 155 Abs. 3 erledigt wird, hat ihn der Widersprechende durch Erhebung der Klage gegen diejenigen an dem Verfahren Betheiligten, deren Rechte durch den Widerspruch betroffen werden, zu verfolgen. Die das Vertheilungsverfahren betreffenden Vorschriften der §§ 878, 879[1] der Civilprozeßordnung finden mit der Maßgabe entsprechende Anwendung, daß das Gericht einem Betheiligten auf seinen Antrag, wenn erhebliche Gründe glaubhaft gemacht werden, die Frist zur Erhebung der Klage verlängern kann und daß an die Stelle der Ausführung des Vertheilungsplans die Bestätigung der Dispache tritt. | Ist der Widerspruch durch rechtskräftiges Urtheil oder in anderer Weise erledigt, so wird die Dispache bestätigt, nachdem sie erforderlichen Falles von dem Amtsgericht nach Maßgabe der Erledigung der Einwendungen berichtigt ist. **156.**

nur für das gegenseitige Verhältniß der an dem Verfahren Betheiligten wirksam. | Aus der rechtskräftig bestätigten Dispache findet die Zwangsvollstreckung nach den Vorschriften der Civilprozeßordnung statt. **158** Abs. 1 und 2.

g) **Rechtsmittel.** Gegen die Verfügung, durch welche ein nach § 153 gestellter Antrag auf gerichtliche Verhandlung zurückgewiesen oder über die Bestätigung der Dispache entschieden wird, findet die sofortige Beschwerde statt. Einwendungen gegen die Dispache, welche mittelst Widerspruchs geltend zu machen sind, können nicht im Wege der Beschwerde geltend gemacht werden. **157.**

Dispacheur. Siehe Dispache und Registergericht § 148.

Dolmetscher. **a)** Ausschließung und Ablehnung. Siehe Ausschließung der Richter. **b)** Zuziehung. Siehe Beurkundung c. Ausnahme: Der Zuziehung eines Dolmetschers bedarf es nicht, wenn der Richter der Sprache, in der sich die betheiligten Personen erklären, mächtig ist. **c)** Nichtbeeidigung. Die Beeidigung des Dolmetschers ist nicht erforderlich, wenn die betheiligten Personen darauf verzichten. Auf den Dolmetscher finden die Vorschriften des § 6 (S. 477) entsprechende Anwendung. **9.**

Durchsicht des Protokolls. Siehe Beurkundung von Rechtsgeschäften d § 177.

E

Ehegatten, ihre Rechtsbeziehungen zu einander, siehe Vormundschaftsgericht § 45.

Ehelichkeitserklärung. Siehe Verfügungen und ihre Wirksamkeit § 53 und Aenderung von Verfügungen des Vormundschaftsgerichts.

Eheschließungsgesetz. Verrichtungen danach, siehe Amtsgericht **b.**

CPO. [1] § 878 Abs. 1. Der widersprechende Gläubiger muß ohne vorherige Aufforderung binnen einer Frist von einem Monate, welche mit dem Terminstage beginnt, dem Gerichte nachweisen, daß er gegen die betheiligten Gläubiger Klage erhoben habe.

Nach fruchtlosem Ablaufe dieser Frist wird die Ausführung des Plans ohne Rücksicht auf den Widerspruch angeordnet.

§ 878 Abs. 2. Die Befugniß des Gläubigers, welcher dem Plane widersprochen hat, ein besseres Recht gegen den Gläubiger, welcher einen Geldbetrag nach dem Plane erhalten hat, im Wege der Klage geltend zu machen, wird durch die Versäumung der Frist und durch die Ausführung des Plans nicht ausgeschlossen.

§ 879 Abs. 1. Die Klage ist bei dem Vertheilungsgericht und, wenn

Eidesabnahme. Siehe Beweis.

Eidesstattl. Versicherungen. Siehe Beweis.

Einlegung von Beschwerden. Siehe Beschwerde, sofortige Beschwerde und weitere Beschwerde.

Eingetragene Gesellschaften mit beschr. Haftung, siehe Aktiengesellschaft.

Eingetragene Vereine. Siehe Vereinsregister.

Einschreiten des Registergerichts. Siehe Registergericht.

Einsicht in Nachlaßakten. Hat das Nachlaßgericht nach § 1964 (S. 347) des Bürgerlichen Gesetzbuchs festgestellt, daß ein anderer Erbe als der Fiskus nicht vorhanden ist, so steht die Einsicht der dieser Feststellung vorausgegangenen Ermittelungen Jedem zu, der ein berechtigtes Interesse glaubhaft macht. Das Gleiche gilt von der Einsicht einer Verfügung, welche die Bestimmung einer Inventarfrist oder die Ernennung oder die Entlassung eines Testamentsvollstreckers betrifft, eines Protokolls über die Leistung des im § 79 (S. 490) bezeichneten Eides sowie von der Einsicht eines Erbscheins und eines der in den §§ 1507, 2368 (S. 276, 419) des Bürgerlichen Gesetzbuches und den §§ 37, 38 (siehe in der Grundbuchordnung: Zeugnisse) der Grundbuchordnung vorgesehenen gerichtlichen Zeugnisse. | Von den Schriftstücken, deren Einsicht gestattet ist, kann eine Abschrift gefordert werden; die Abschrift ist auf Verlangen zu beglaubigen. 78. — Siehe auch Gerichtsakten.

Einspruch gegen Verfügungen des Registergerichts. Siehe erst Registergericht, sein Einschreiten § 132 bis 140.

Einstweilige Anordnungen. Siehe Beschwerde.

Eintragungen. Siehe Schiffsregister und Handelsregister.

Eintragungsbewilligungen. Siehe Schiffsregister und Schiffspfandrecht.

Eintragungsvermerk für den Schiffsbrief. Siehe Schriffsbrief und Schiffsregister.

Entlassung eines Familienrathsmitglieds. Siehe Beschwerde II Ziffer 4 Nebenrubrik.

Erbe des eingetragenen Berechtigten. Siehe Schiffsregister.

Erbschaftskäufer.
Erbtheilserwerber. } Siehe Anträge auf Auseinandersetzung, Ziffer 2.

Erbschein. Siehe Ausfertigungen, Beschwerde a^3 § 84.

Ergänzung dieses Gesetzes. Siehe Ausführung.

Erklärungen, Form. Siehe Anträge § 11.

Ermächtigung des Ehemanns zur Kündigung. Siehe Verfügungen des Vormundschaftsgerichts § 53.

Ersetzung von Ermächtigungen oder Zustimmungen. Siehe Verfügungen des Vormundschaftsgerichts § 55.

Ersuchen einer Behörde um Eintragung. Siehe Schiffsregister.

Erwerbs- und Wirthschaftsgenossenschaften. Siehe Aufhebung, Ziffer 2, Registergericht § 148.

Exterritorialität. Siehe örtl. Zuständ. der Gerichte und Wohnsitz § 3 (S. 505).

F

Familienrath. Unberührt bleiben die landesgesetzlichen Vorschriften, welche für den Fall, daß nach Artikel 147 (S. 19) des Einführungsgesetzes zum Bürgerlichen Gesetzbuche die dem Vormundschaftsgericht obliegenden Ver-

---

der Streitgegenstand zur Zuständigkeit der Amtsgerichte nicht gehört, bei dem Landgerichte zu erheben, in dessen Bezirke das Vertheilungsgericht seinen Sitz hat.

§ 879 Abs. 2. Das Landgericht ist für sämmtliche Klagen zuständig, wenn seine Zuständigkeit nach dem Inhalte der erhobenen und in dem Termine nicht zur Erledigung gelangten Widersprüche auch nur in Betreff einer Klage begründet ist, sofern nicht die sämmtlichen betheiligten Gläubiger vereinbaren, daß das Vertheilungsgericht über alle Widersprüche entscheiden solle.

Beschwerde einem [der mehreren Oberlandesgerichte oder an Stelle eines solchen Oberlandesgerichts dem obersten Landesgerichte zugewiesen werden. | Das Gericht, dem nach Abs. 1 die Entscheidung zugewiesen wird, tritt zugleich für die Beschwerde gegen eine Verfügung des Landgerichts an die Stelle des nach § 64 (S. 479) und § 143 Abs. 2 (S. 496) zuständigen Oberlandesgerichts. Auch gilt es im Sinne der §§ 5 (S. 506), 46 (S. 463) als gemeinschaftliches oberes Gericht für alle Gerichte des Bundesstaats. **199.**

Oeffentliche Beglaubigung einer Unterschrift oder von Handzeichen. Unberührt bleiben die landesgesetzlichen Vorschriften, nach welchen für die Aufnahme der nach dem § 1718 (S. 308) und dem § 1720 Abs. 2 (S. 310) des Bürgerlichen Gesetzbuchs erforderlichen öffentlichen Urkunden sowie für die öffentliche Beglaubigung einer Unterschrift außer den Amtsgerichten und Notaren auch andere Behörden oder Beamte zuständig sind. | Durch Landesgesetz kann die Zuständigkeit der Amtsgerichte für die öffentliche Beglaubigung einer Unterschrift oder eines Handzeichens ausgeschlossen werden. **191.** — Siehe Amtsgerichte f Beglaubigung, gerichtliche.

Oeffentliche Sammlungen. Siehe Pflegschaft Ziffer 6 § 42.

Oertliche Zuständigkeit der Gerichte. Siehe Wohnsitz § 3 und S. 468.

Offenbarungseid in nicht streitigen Fällen. Ist in den Fällen der §§ 259, 260, 2028, 2057 (S. 73, 360, 365) des Bürgerlichen Gesetzbuchs der Offenbarungseid nicht vor dem Prozeßgerichte zu leisten, so finden die Vorschriften des § 79 (siehe dahinter) entsprechende Anwendung. **163.** | Verlangt ein Nachlaßgläubiger von dem Erben die Leistung des im § 2006 (S. 357) des Bürgerlichen Gesetzbuchs vorgesehenen Offenbarungseids, so kann die Bestimmung des Termins zur Leistung des Eides sowohl von dem Nachlaßgläubiger als von dem Erben beantragt werden. Zu dem Termine sind beide Theile zu laden. Die Anwesenheit des Gläubigers ist nicht erforderlich. **79.** — Siehe auch Ablieferung von Testamenten und Einsicht in Nachlaßakten.

Ordnungsstrafen. Siehe Registergericht für Handelssachen und Vereinsregister, Ablieferung von Testamenten. Soll in den gesetzlich zugelassenen Fällen Jemand durch Ordnungsstrafen zur Befolgung einer gerichtlichen Anordnung angehalten werden, so muß der Festsetzung der Strafe eine Androhung vorausgehen. Die einzelne Strafe darf den Betrag von dreihundert Mark nicht übersteigen. **33.**

Organe des Handelsstandes, ihre Verpflichtungen. Siehe Beschwerde IV.

P

Personenstandsgesetz. Siehe Amtsgerichte b.

Pfandverkauf. Siehe Amtsgericht, Zuständigkeit h.

Pfandrecht an Schiffen. Siehe Schiffspfandrecht.

Pflegschaften, Arten derselben und die Zuständigkeit für dieselben. **a)** Soll Jemand nach § 1909 (S. 318) des Bürgerlichen Gesetzbuchs einen Pfleger erhalten, so ist, wenn bei einem inländischen Gericht eine Vormundschaft über ihn anhängig ist, für die Pflegschaft dieses Gericht zuständig. Im Uebrigen finden auf die Pflegschaft die Vorschriften des § 36 (siehe Vormundschaften) Anwendung. Für die Pflegschaft über einen Ausländer, für den bei einem inländischen Gericht eine Vormundschaft nicht anhängig ist und der im Inlande weder Wohnsitz noch Aufenthalt hat, ist das Gericht zuständig, in dessen Bezirke das Bedürfniß der Fürsorge hervortritt. **37.** **b)** Auf die Zuständigkeit für die Pflegschaft über einen Gebrechlichen finden die Vorschriften des § 36 (siehe Vormundschaft) Abs. 1, 2 und des § 37 Abs. 2 entsprechende Anwendung. **38.** **c)** Für die Pflegschaft über einen Abwesenden ist das Gericht zuständig, in dessen Bezirke der Abwesende seinen Wohnsitz hat. | Hat der Abwesende im Inlande keinen Wohnsitz, so finden die Vorschriften des § 36 Abs. 2 (S. 503) und des

[1] GVG. §§ 158—169.

§ 158. Das Ersuchen um Rechtshülfe ist an das Amtsgericht zu richten, in dessen Bezirke die Amtshandlung vorgenommen werden soll.

§ 159, 1. Das Ersuchen darf nicht abgelehnt werden.

§ 159, 2. Ausnahme: Das Ersuchen eines nicht im Instanzenzuge vorgesetzten Gerichts ist jedoch abzulehnen, wenn dem ersuchten Gerichte die örtliche Zuständigkeit mangelt oder die vorzunehmende Handlung nach dem Rechte des ersuchten Gerichts verboten ist.

§ 160. Wird das Ersuchen abgelehnt, oder wird der Vorschrift des § 159, 2 zuwider dem Ersuchen stattgegeben, so entscheidet das Oberlandesgericht, zu dessen Bezirke das ersuchte Gericht gehört. Eine Anfechtung dieser Entscheidung findet nur statt, wenn dieselbe die Rechtshülfe für unzulässig erklärt und das ersuchende und das ersuchte Gericht den Bezirken verschiedener Oberlandesgerichte angehören. Ueber die Beschwerde entscheidet das Reichsgericht. — Die Entscheidungen erfolgen auf Antrag der Betheiligten oder des ersuchenden Gerichts ohne vorgängige mündliche Verhandlung.

finden Anwendung. 2. — Siehe auch Angel. d. freiw. Gerichtsbarkeit § 194.

Rechtskraft von Verfügungen. Siehe letzteres.

§ 161. Die Herbeiführung der zum Zwecke von Vollstreckungen, Ladungen und Zustellungen erforderlichen Handlungen erfolgt nach Vorschrift der Prozeßordnungen ohne Rücksicht darauf, ob die Handlungen in dem Bundesstaate, welchem das Prozeßgericht angehört, oder in einem anderen Bundesstaate vorzunehmen sind.

§ 162. Gerichte, Staatsanwaltschaften und Gerichtsschreiber können wegen Ertheilung eines Auftrags an einen Gerichtsvollzieher die Mitwirkung des Gerichtsschreibers des Amtsgerichts in Anspruch nehmen, in dessen Bezirke der Auftrag ausgeführt werden soll. Der von dem Gerichtsschreiber beauftragte Gerichtsvollzieher gilt als unmittelbar beauftragt.

§ 163. Eine Freiheitsstrafe, welche die Dauer von sechs Wochen nicht übersteigt, ist in demjenigen Bundesstaate zu vollstrecken, in welchem der Verurtheilte sich befindet.

§ 164. Soll eine Freiheitsstrafe in dem Bezirke eines anderen Gerichts vollstreckt oder ein in dem Bezirke eines anderen Gerichts befindlicher Verurtheilter zum Zwecke der Strafverbüßung ergriffen und abgeliefert werden, so ist die Staatsanwaltschaft bei dem Landgerichte des Bezirks um die Ausführung zu ersuchen.

Bestimmungen über die Kosten der Rechtshülfe unter den Behörden verschiedener Bundesstaaten.

a) § 165, 1. Im Falle der Rechtshülfe unter den Behörden verschiedener Bundesstaaten sind die baaren Auslagen, welche durch eine Ablieferung oder Strafvollstreckung entstehen, der ersuchten Behörde von der ersuchenden zu erstatten.

b) § 165, 2. Im Uebrigen werden die Kosten der Rechtshülfe von der ersuchenden Behörde nicht erstattet. — Ist eine zahlungspflichtige Partei vorhanden, so sind die Kosten von derselben durch die ersuchende Behörde einzuziehen und der eingezogene Betrag der ersuchten Behörde zu übersenden.

c) § 165, 3. Stempel-Einregistrirungsgebühren oder andere öffentliche Abgaben, welchen die von der ersuchenden Behörde übersendeten Schriftstücke (Urkunden, Protokolle) nach dem Rechte der ersuchten Behörde unterliegen, bleiben außer Ansatz.

d) § 166. Für die Höhe der den geladenen Zeugen und Sachverständigen gebührenden Beträge sind die Bestimmungen maßgebend, welche bei dem Gerichte gelten, vor welches die Ladung erfolgt. — Sind die Beträge nach dem Rechte des Aufenthaltsorts der geladenen Personen höher, so können die höheren Beträge gefordert werden.

Bei weiterer Entfernung des Aufenthaltsorts der geladenen Personen ist denselben auf Antrag ein Vorschuß zu bewilligen.

§ 167. Amtshandlungen außerhalb des Bezirks ohne Ersuchen.

Ein Gericht darf Amtshandlungen außerhalb seines Bezirks ohne Zustimmung des Amtsgerichts des Orts nur vornehmen, wenn Gefahr im Verzuge obwaltet. In diesem Falle ist dem Amtsgerichte des Orts Anzeige zu machen.

§ 169. Mittheilungen von Akten einer öffentlichen Behörde.

Die in einem Bundesstaate bestehenden Vorschriften über die Mittheilung von Akten einer öffentlichen Behörde an ein Gericht dieses Bundesstaats kommen auch dann zur Anwendung, wenn das ersuchende Gericht einem anderen Bundesstaate angehört.

Rechtsmittel. Siehe Beschwerde, sofortige Beschwerde, weitere Beschwerde, Oberlandesgerichte.

Registergericht für Handelssachen und Angelegenheiten nach den Gesetzen betreffend die Erwerbs- und Wirthschaftsgenossenschaften und die Gesellschaften mit beschränkter Haftung. Die Vorschriften des § 146 Abs. 1, 2 finden auf die nach § 43 Abs. 3,[1] § 59,[2] § 81 Abs. 3, 4,[3] § 90[4] des Gesetzes, betreffend die Erwerbs- und Wirthschaftsgenossenschaften, und nach § 66 Abs. 2, 3,[5] § 75[6] des Gesetzes, betreffend die Gesellschaften mit beschränkter Haftung, von dem Registergerichte zu erledigenden Angelegenheiten Anwendung. | Gegen die Verfügung, durch welche der im § 11 des Gesetzes, betreffend die privatrechtlichen Verhältnisse der Binnenschiffahrt,[7] oder der im § 8 des Gesetzes, betreffend die privatrechtlichen Verhältnisse der Flößerei,[8] bezeichnete Antrag auf Beweisaufnahme

---

§ 43 Abs. 3,[1] § 59,[2] § 81 Abs. 3, 4,[3] § 90[4] des Gesetzes, betr. die Erwerbs- und Wirthschaftsgenossenschaften.

[1] Ermächtigung von Genossen zur Berufung der Generalversammlung.

[2] Bestellung des Revisors bei Genossenschaften, die einem Revisionsverbande nicht angehören.

[3] Ernennung und Abberufung der Liquidatoren auf Antrag des Aufsichtsraths oder mindestens des zehnten Theils der Genossen.

[4] Bestimmung des Genossen oder Dritten, dem nach Beendigung der Liquidation die Bücher und Schriften zur Verwahrung zu geben sind, sowie Ermächtigung der Genossen und deren Rechtsnachfolger zur Einsicht der Bücher und Schriften.

[5] (vom 20. 4. 1892.) Bestellung und Abberufung der Liquidatoren auf Antrag von Gesellschaftern aus wichtigen Gründen.

[6] Bestimmung eines Gesellschafters oder eines Dritten, dem die Bücher und Schriften der Gesellschaft nach Beendigung der Liquidation in Verwahrung zu geben sind.

[7] Wird das Schiff oder die Ladung von einem Unfall betroffen, so ist der Schiffer berechtigt und auf Verlangen des Schiffseigners oder eines Ladungsbetheiligten verpflichtet, vor dem Amtsgerichte des Ortes, an welchem die Reise endet und, wenn das Schiff vorher an einem anderen Orte längere Zeit liegen bleiben muß, vor dem Amtsgerichte dieses Ortes eine Beweisaufnahme über den thatsächlichen Hergang, sowie über den Umfang des eingetretenen Schadens und über die zur Abwendung oder Verringerung desselben angewendeten Mittel zu beantragen. Er hat sich selbst zum Zeugnisse zu erbieten und die zur Feststellung des Sachverhältnisses sonst dienlichen Beweismittel zu bezeichnen.

[8] (vom 15. 6. 95.) Wird das Floß von einem Unfall betroffen, so ist der Floßführer berechtigt und auf Verlangen seines Dienstherrn, des Absenders oder des Empfängers des Flosses verpflichtet, vor dem Amtsgerichte des Ortes, an welchem die Reise endet und, wenn das Floß vorher an einem anderen Orte längere Zeit liegen bleiben muß, vor dem Amtsgerichte dieses Ortes eine Beweisaufnahme über den thatsächlichen Hergang, sowie über den Umfang des eingetretenen Schadens und über die zur Abwendung oder Verringerung desselben angewendeten Mittel zu beantragen. Er hat sich selbst zum Zeugnisse

oder der im § 87 Absatz 2 des ersteren Gesetzes[9] bezeichnete Antrag auf Bestellung eines Dispacheurs zurückgewiesen wird, findet die sofortige Beschwerde statt. Eine Anfechtung der Verfügung, durch welche einem solchen Antrage stattgegeben wird, ist ausgeschlossen. **148.** **a)** Zuständigkeit. Siehe Amtsgerichte d und e und Beschwerde b. VI. **b)** Befugnisse und Pflichten.

a) Das Registergericht (für Handelssachen) kann, wenn eine von ihm zu erlassende Verfügung von der Beurtheilung eines streitigen Rechtsverhältnisses abhängig ist, die Verfügung aussetzen, bis über das Verhältniß im Wege des Rechtsstreits entschieden ist. Es kann, wenn der Rechtsstreit nicht anhängig ist, einem der Betheiligten eine Frist zur Erhebung der Klage bestimmen. **127.**

b) Anhaltung zu Anmeldungen und Verfahren darauf. Sobald das Registergericht von einem sein Einschreiten nach den §§ 14[1], 319[2] und dem § 325 Nr. 9[3] des Handelsgesetzbuchs rechtfertigenden Sachverhalte glaubhafte Kenntniß erhält, hat es dem Betheiligten unter Androhung einer Ordnungsstrafe aufzugeben, innerhalb einer bestimmten Frist seiner gesetzlichen Verpflichtung nachzukommen oder die Unterlassung mittels Einspruchs gegen die Verfügung zu rechtfertigen. | Die Beschwerde gegen diese Verfügung ist unzulässig. **132.** Wird innerhalb der bestimmten Frist weder der gesetzlichen Verpflichtung genügt noch Einspruch erhoben, so ist die angedrohte Strafe festzusetzen und zugleich die frühere Verfügung unter Androhung einer erneuten Ordnungsstrafe zu wiederholen. | In gleicher Weise ist fortzufahren, bis der gesetzlichen Verpflichtung genügt oder Einspruch erhoben wird. **133.** Wird rechtzeitig Einspruch erhoben, so hat das Gericht,

---

zu erbieten und die zur Feststellung des Sachverhältnisses sonst dienlichen Beweismittel zu bezeichnen.

[9] Die Dispache ist von dem Schiffer unverzüglich aufzustellen. | Derselbe ist berechtigt und auf Verlangen eines Betheiligten verpflichtet, die Aufstellung einem Sachverständigen (Dispacheur) zu übertragen. In Ermangelung eines für Havereifälle bei der Binnen- oder Seeschifffahrt ein für alle Mal bestellten Dispacheurs hat auf Antrag das Amtsgericht eine geeignete Person als Dispacheur zu bestellen. | Jeder Betheiligte ist verpflichtet, die zur Aufstellung erforderlichen Urkunden, soweit er sie zu seiner Verfügung hat, insbesondere Frachtbriefe, Ladescheine und Fakturen, dem Schiffer oder Dispacheur mitzutheilen.

[1] Wer verpflichtet ist, eine Anmeldung, eine Zeichnung der Unterschrift oder eine Einreichung von Schriftstücken zum Handelsregister vorzunehmen, ist hierzu von dem Registergerichte durch Ordnungsstrafen anzuhalten. Die einzelne Strafe darf den Betrag von 300 M. nicht übersteigen.

[2] Die Mitglieder des Vorstandes oder die Liquidatoren der Aktiengesellschaft sind zur Befolgung der im § 240 Abs. 1, 246 Abs. 1, 260 Abs. 2, 263 Abs. 1, 367 Abs. 1, 2, 272 Abs. 4, 299 und 302 Abs. 2 enthaltenen Vorschriften von dem im § 195 bezeichneten Gerichte durch Ordnungsstrafen anzuhalten. Die Höhe der Strafen bestimmt sich nach § 14 Satz 2. — Abs. 2 des § 319 handelt von dem Ausschluß von Ordnungsstrafen in gewissen Fällen.

[3] Die den Vorstand der Aktiengesellschaft betreffenden Vorschriften (siehe § 319) über die Verhängung von Ordnungsstrafen finden auf die persönlich haftenden Gesellschafter (der Kommanditgesellschaft auf Aktien) entsprechende Anwendung.

wenn sich der Einspruch nicht ohne Weiteres als begründet ergiebt, zur Erörterung der Sache den Betheiligten zu einem Termine zu laden. | Das Gericht kann, auch wenn der Betheiligte nicht erscheint, nach Lage der Sache entscheiden. **134.** Wird der Einspruch für begründet erachtet, so ist die erlassene Verfügung aufzuheben. | Andernfalls hat das Gericht den Einspruch zu verwerfen und die angedrohte Strafe festzusetzen. Das Gericht kann, wenn die Umstände es rechtfertigen, von der Festsetzung einer Strafe absehen oder eine geringere als die angedrohte Strafe festsetzen. | Im Falle der Verwerfung des Einspruchs hat das Gericht zugleich eine erneute Verfügung nach § 132 zu erlassen. Die in dieser Verfügung bestimmte Frist beginnt mit dem Eintritte der Rechtskraft der Verwerfung des Einspruchs. **135.** Wird im Falle des § 133 gegen die wiederholte Verfügung Einspruch erhoben und dieser für begründet erachtet, so kann das Gericht, wenn die Umstände es rechtfertigen, zugleich die früher festgesetzte Strafe aufheben oder an deren Stelle eine geringere Strafe festsetzen. **136.** Gegen die Versäumung der Einspruchsfrist ist auf Antrag nach Maßgabe des § 22 Abs. 2 (S. 500) die Wiedereinsetzung in den vorigen Stand zu ertheilen. **137.** Bei der Festsetzung der Ordnungsstrafe ist der Betheiligte zugleich in die Kosten des Verfahrens zu verurtheilen. **138.** Gegen den Beschluß, durch welchen die Ordnungsstrafe festgesetzt oder der Einspruch verworfen wird, findet die sofortige Beschwerde statt. | Ist die Strafe nach Maßgabe des § 133 (siehe oben) festgesetzt, so kann die Beschwerde nicht darauf gestützt werden, daß die Verfügung, durch welche die Strafe angedroht worden ist, nicht gerechtfertigt gewesen sei. **139.**

c) Soll nach § 37 Abs. 1[1] des Handelsgesetzbuchs gegen eine Person eingeschritten werden, die eine ihr nicht zustehende Firma gebraucht, so finden die Vorschriften der §§ 132—139 (siehe oben) mit der Maßgabe Anwendung, daß **a)** in der nach § 132 zu erlassenden Verfügung dem Betheiligten aufgegeben wird, sich des Gebrauchs der Firma zu enthalten oder binnen bestimmter Frist den Gebrauch der Firma mittelst Einspruchs gegen die Verfügung zu rechtfertigen; **b)** die Ordnungsstrafe festgesetzt wird, falls kein Einspruch erhoben oder der erhobene Einspruch rechtskräftig verworfen ist und der Betheiligte nach der Bekanntmachung der Verfügung dieser zuwidergehandelt hat. **140.**

d) Soll nach § 31 Abs. 2 des Handelsgesetzbuchs[2] das Erlöschen einer Firma von Amtswegen in das Handelsregister eingetragen werden, so hat das Registergericht den eingetragenen Inhaber der Firma oder dessen Rechtsnachfolger von der beabsichtigten Löschung zu benachrichtigen und ihm zugleich eine angemessene Frist zur Geltendmachung eines Widerspruchs zu bestimmen. Die Frist darf nicht weniger als drei Monate betragen. | Sind die bezeichneten Personen oder deren Aufenthalt nicht bekannt, so erfolgt die Benachrichtigung und die Bestimmung der Frist durch Einrückung in diejenigen Blätter, welche für die Bekanntmachungen der Eintragungen in das Handelsregister bestimmt sind. Es kann angeordnet werden, daß die Bekanntmachung noch in andere Blätter eingerückt wird. | Wird Widerspruch

[1] Wer eine nach den Vorschriften dieses Abschnitts (vgl. §§ 18 Abs. 2, 19, 22—24 und 30 HGB) ihm nicht zustehende Firma gebraucht, ist von dem Registergerichte zur Unterlassung des Gebrauchs der Firma durch Ordnungsstrafen anzuhalten. Die Höhe der Strafen bestimmt sich nach § 14 Satz 2 (siehe Anmerkung S. 458).

[2] Das Gleiche (Pflicht der Anmeldung zur Eintragung in das Handelsregister) gilt, wenn die Firma erlischt. Kann die Anmeldung des Erlöschens einer eingetragenen Firma durch die hierzu Verpflichteten nicht auf dem im § 14 bezeichneten Wege (weil Ordnungsstrafen nichts erzielten oder weil die

erhoben, so entscheidet über ihn das Gericht. Gegen die den Widerspruch zurückweisende Verfügung findet die sofortige Beschwerde statt. | Die Löschung darf nur erfolgen, wenn Widerspruch nicht erhoben oder wenn die den Widerspruch zurückweisende Verfügung rechtskräftig geworden ist. **141.**

e) Ist eine Eintragung in das Handelsregister bewirkt, obgleich sie wegen Mangels einer wesentlichen Voraussetzung unzulässig war, so kann das Registergericht sie von Amtswegen löschen. Die Löschung geschieht durch Eintragung eines Vermerkes. | Das Gericht hat den Betheiligten von der beabsichtigten Löschung zu benachrichtigen und ihm zugleich eine angemessene Frist zur Geltendmachung eines Widerspruchs zu bestimmen. | Auf das weitere Verfahren finden die Vorschriften des § 141 Abs. 3, 4 Anwendung. **142.** Die Löschung einer Eintragung kann gemäß den Vorschriften des § 142 auch von dem Landgerichte verfügt werden, welches dem Registergericht im Instanzenzuge vorgeordnet ist. Die Vorschrift des § 30 Abs. 1 Satz 2 (S. 480) findet Anwendung. | Gegen die einen Widerspruch zurückweisende Verfügung des Landgerichts findet die sofortige Beschwerde an das Oberlandesgericht mit der Maßgabe statt, daß die Vorschriften des § 28 Abs. 2, 3 (S. 505) zur entsprechenden Anwendung kommen. Die weitere Beschwerde ist ausgeschlossen. **143.**

c) Form, Inhalt und Bekanntmachung seiner Eintragungen ins Handelsregister. Jede Eintragung soll den Tag, an welchem sie erfolgt ist, angeben und mit der Unterschrift des zuständigen Beamten versehen werden. | Jede Eintragung soll demjenigen, welcher sie beantragt hat, bekannt gemacht werden. Auf die Bekanntmachung kann verzichtet werden. **130.**

d) Behandlung der Eintragung und Löschung einer Zweigniederlassung. Die Eintragung einer Zweigniederlassung ist von Amtswegen dem Registergerichte der Hauptniederlassung mitzutheilen und in dessen Register zu vermerken. Das Gleiche gilt, wenn die Zweigniederlassung aufgehoben wird. **131.**

Reichsgericht. Siehe Beschwerden.

Rechtsstreit, Hinderniß für Eintragungen. Siehe Registergericht b a.

Reihenfolge der Eintragungen im Schiffsreg. Siehe Rangverhältnisse.

Ruhen der elterl. (insbesondere der väterl.) **Gewalt**, Verfügungen deswegen. Eine Verfügung, durch die von dem Vormundschaftsgerichte festgestellt wird, daß der Vater oder die Mutter auf längere Zeit an der Ausübung der elterlichen Gewalt thatsächlich verhindert in, tritt mit der Bestellung des Vormundes in Wirksamkeit; hat jedoch während der Verhinderung des Vaters die Mutter die elterliche Gewalt auszuüben, so wird die Verfügung mit der Bekanntmachung an die Mutter wirksam. | Eine Verfügung, durch die von dem Vormundschaftsgerichte festgestellt wird, daß der Grund für das Ruhen der elterlichen Gewalt des Vaters oder der Mutter nicht mehr besteht, wird mit der Bekanntmachung an den Vater oder an die Mutter wirksam. **51.**

S

Sachverständige. Siehe Beweismittel und Amtsgerichte, Zuständigkeit, S. 468.

Schiffspfandrecht (S. 234). **a)** Voraussetzungen einer Eintragung.

a) In Ansehung eines Pfandrechts an einem im Schiffsregister eingetragenen Schiffe soll, soweit nicht das Gesetz ein Anderes vorschreibt, eine Eintragung nur auf Antrag erfolgen. Der Zeitpunkt, in welchem der Antrag bei der Registerbehörde eingeht, soll auf dem Antrage genau vermerkt werden. | Antragsberechtigt ist Jeder, dessen Recht von der Eintragung betroffen wird oder zu dessen Gunsten die Ein-

bezeichneten Personen nicht zu ermitteln sind) herbeigeführt werden, so hat das Gericht das Erlöschen von Amtswegen einzutragen.

tragung erfolgen soll. Die Vorschriften der §§ 14 bis 18 (S. 510, 514) der Grundbuchordnung finden entsprechende Anwendung. **100.**

b) Eine Eintragung erfolgt, wenn derjenige sie bewilligt, dessen Recht von ihr betroffen wird. **101.**

c) Eine Eintragung soll nur erfolgen, wenn derjenige, dessen Recht durch sie betroffen wird, als der Berechtigte eingetragen ist. | Ist derjenige, dessen Recht durch eine Eintragung betroffen wird, Erbe des Eingetragenen Berechtigten, so findet die Vorschrift des Abs. 1 keine Anwendung, wenn die Uebertragung oder die Aufhebung des Rechtes eingetragen werden soll oder wenn der Eintragungsantrag durch die Bewilligung des Erblassers oder eines Nachlaßpflegers oder durch einen gegen den Erblasser oder den Nachlaßpfleger vollstreckbaren Titel begründet wird. Das Gleiche gilt für eine Eintragung auf Grund der Bewilligung eines Testamentsvollstreckers oder auf Grund eines gegen diesen vollstreckbaren Titels, sofern die Bewilligung oder der Titel gegen den Erben wirksam ist. **111.** — Ausnahmen: I. Zur Berichtigung des Schiffsregisters bedarf es der Bewilligung desjenigen, dessen Recht von der Berichtigung betroffen wird, nicht, wenn die Unrichtigkeit nachgewiesen wird. Dies gilt insbesondere für die Eintragung oder Löschung einer Verfügungsbeschränkung. **102.** II. Ist eine Vormerkung oder ein Widerspruch auf Grund einer einstweiligen Verfügung eingetragen, so bedarf es zur Löschung nicht der Bewilligung des Berechtigten, wenn die einstweilige Verfügung durch eine vollstreckbare Entscheidung aufgehoben ist. Diese Vorschrift findet entsprechende Anwendung, wenn auf Grund eines vorläufig vollstreckbaren Urtheils nach den Vorschriften der Civilprozeßordnung eine Vormerkung oder ein Widerspruch eingetragen ist. **103.** III. In den Fällen, in denen nach gesetzlicher Vorschrift eine Behörde befugt ist, die Registerbehörde um eine Eintragung zu ersuchen, erfolgt die Eintragung auf Grund des Ersuchens der Behörde. **110.**

d) Abtretungserklärung statt der Eintragungsbewilligung. Soll die Uebertragung einer Forderung, für die ein Pfandrecht am Schiffe eingetragen ist oder für die ein solches Pfandrecht als Pfand haftet, eingetragen werden, so genügt es, wenn an Stelle der Eintragungsbewilligung die Abtretungserklärung des bisherigen Gläubigers vorgelegt wird. | Diese Vorschrift findet entsprechende Anwendung, wenn eine Belastung der Forderung eingetragen werden soll. **104.**

e) Inhalt der Bewilligung oder des Antrags. In der Eintragungsbewilligung oder, wenn eine solche nicht erforderlich ist, in dem Eintragungsantrage sind der Name und die Ordnungsnummer, unter welcher das Schiff im Schiffsregister eingetragen ist, sowie die einzutragenden Geldbeträge in Reichswährung anzugeben. **106.**

f) Form der Erkärungen. Eine Eintragung soll nur erfolgen, wenn die Eintragungsbewilligung oder die sonstigen zu der Eintragung erforderlichen Erklärungen vor der Registerbehörde zu Protokoll gegeben oder durch öffentliche oder öffentlich beglaubigte Urkunden nachgewiesen werden. | Andere Voraussetzungen der Eintragung bedürfen, soweit sie nicht bei der Registerbehörde offenkundig sind, des Nachweises durch öffentliche Urkundeu. Die Vorschriften der §§ 33 bis 38 der Grundbuchordnung (S. 515) finden entsprechende Anwendung. **107.** | Für den Eintragungsantrag sowie für die Vollmacht zur Stellung eines solchen gelten die Vorschriften des § 107 Abs. 1 nur, wenn durch den Antrag zugleich eine zu der Eintragung erforderliche Erklärung ersetzt werden soll. **108.**

g) Bei einem Pfandrechte für die Forderung aus einer Schuldverschreibung auf den Inhaber, aus einem Wechsel oder einem anderen Papiere, das durch Indossament übertragen werden kann, soll eine Eintragung nur erfolgen, wenn die Urkunde vorgelegt wird. | Diese Vorschrift findet keine Anwendung, wenn eine Eintragung auf Grund der Bewilligung eines nach den §§ 1189, 1270 des Bürgerlichen Gesetzbuchs (S. 215, 236) bestellten Vertreters oder auf Grund einer gegen diesen erlassenen gerichtlichen Entscheidung bewirkt werden soll. **112.**

b) Form des Antrags- oder Vollmachtswiderrufs. Erklärungen, durch die ein Eintragungsantrag zurückgenommen oder eine zur Stellung des Eintragungsantrags ertheilte Vollmacht widerrufen wird, bedürfen der im § 107 Abs. 1 vorgeschriebenen Form. **109.**

c) Bedingungen der Löschung. Ein Pfandrecht am Schiffe darf nur mit Zustimmung des eingetragenen Eigenthümers, ein das Pfandrecht belastendes Recht nur mit Zustimmung des eingetragenen Pfandgläubigers gelöscht werden. Für eine Löschung, die zur Berichtigung des Schiffsregisters erfolgen soll, ist die Zustimmung nicht erforderlich, wenn die Unrichtigkeit des Registers nachgewiesen wird. **105.**

d) Inhalt und Form der Eintragungen.

a) Jede Eintragung soll den Tag, an welchem sie erfolgt ist, angeben und mit der Unterschrift des zuständigen Beamten versehen werden. **113.**

b) Bei der Eintragung eines Pfandrechts für Theilschuldverschreibungen auf den Inhaber genügt es, wenn der Gesammtbetrag der Forderungen unter Angabe der Anzahl, des Betrags und der Bezeichnung der Theile eingetragen wird. **117.**

c) Ist ein Testamentsvollstrecker ernannt, so ist dies bei der Eintragung des Erben des Gläubigers von Amtswegen miteinzutragen, es sei denn, daß das eingetragene Recht der Verwaltung des Testamentsvollstreckers nicht unterliegt. **118.**

d) Die Löschung eines Rechtes oder einer Verfügungsbeschränkung erfolgt durch Eintragung eines Löschungsvermerkes. **115.**

e) Wegen Belastung mehrerer Schiffe siehe „Mitbelastung“ § 116.

f) Reihenfolge der Eintragungen. Siehe Rangsverhältnisse § 114.

e) Behandlung ungesetzlicher Eintragungen.

a) Ergiebt sich, daß die Registerbehörde unter Verletzung gesetzlicher Vorschriften eine Eintragung vorgenommen hat, durch die das Schiffsregister unrichtig geworden ist, so ist von Amtswegen ein Widerspruch einzutragen.

b) Erweist sich eine Eintragung nach ihrem Inhalt als unzulässig, so ist sie von Amtswegen zu löschen. **119.**

ad a und b. Siehe auch Beschwerde III § 122.

f) Besondere Beurkundungen und Bekanntmachungen der Eintragungen.

a) Jede Eintragung ist baldthunlichst auf dem Schiffszertifikat oder dem Schiffsbriefe zu vermerken. | Wird eine Urkunde über die Pfandforderung vorgelegt, so ist die Eintragung auch auf dieser Urkunde unter kurzer Bezeichnung des Inhalts der Eintragungen, welche dem Pfandrecht im Range vorgehen oder gleichstehen, zu vermerken. Der Vermerk ist mit Unterschrift und Siegel zu versehen. **120.**

b) Jede Eintragung soll dem Antragsteller und dem eingetragenen Eigenthümer sowie im Uebrigen allen aus dem Schiffsregister ersichtlichen Personen bekannt gemacht werden, zu deren Gunsten die Eintragung erfolgt ist oder deren Recht durch sie betroffen wird. Auf die Bekanntmachung kann verzichtet werden **121.**

g) Beschwerden.

a) Die Beschwerde gegen eine Eintragung ist unzulässig. Im Wege der Beschwerde kann jedoch verlangt werden, daß die Registerbehörde angewiesen wird, nach § 119 (siehe oben) einen Widerspruch einzutragen oder eine Löschung vorzunehmen. **122.** Das Beschwerdegericht kann vor der Entscheidung durch eine einstweilige Anordnung der Registerbehörde aufgeben, eine Vormerkung oder einen Widerspruch einzutragen. | Die Vormerkung oder der Widerspruch wird von Amtswegen gelöscht, wenn die Beschwerde zurückgenommen oder zurückgewiesen wird. **123.**

b) Weitere Beschwerde. Siehe Notare als Mandatare § 124.

h) Sicherheitsleistung mittels eines Schiffspfandrechts. Siehe Sicherheitsleistung.

Schiffsregisterangelegenheiten. Siehe Schiffspfandrecht.

Schuldverschreibungen auf den Inhaber, Forderungen daraus, siehe S. 497 g.

Sicherheitsleistungen von Vormund, Pfleger oder Beistand. Liegen nach dem Ermessen des Vormundschaftsgerichts die Voraussetzungen vor, unter denen der Vormund, der Pfleger oder der Beistand zur Sicherheitsleistung angehalten werden kann, so ist das Gericht befugt, das Grundbuchamt um die Eintragung einer Sicherungshypothek an Grundstücken des Vormundes, des Pflegers oder des Beistandes zu ersuchen. Der Vormund, der Pfleger oder der Beistand soll soweit thunlich vorher gehört werden. Die Hypothek entsteht mit der Eintragung. | Diese Vorschriften finden auf die Eintragung eines Pfandrechts an einem im Schiffsregister eingetragenen Schiffe entsprechende Anwendung. **54.**

Sicherung des Nachlasses. Siehe Amtsgerichte, Zuständigkeit S. 469.

Sitzungspolizei. Siehe Abstimmung und Angelegenheiten der freiwilligen Gerichtsbarkeit § 194.

Sofortige Beschwerde.

1) Fälle der Zulässigkeit. a) Die sofortige Beschwerde findet statt (in Vormundschaftssachen) **a)** gegen eine Verfügung, durch die ein als Vormund, Pfleger, Gegenvormund, Beistand oder Mitglied des Familienraths Berufener übergangen wird; **b)** gegen eine Verfügung, durch welche die Weigerung eine Vormundschaft, Pflegschaft, Gegenvormundschaft oder Beistandschaft zu übernehmen, zurückgewiesen wird; **c)** gegen eine Verfügung, durch die ein Vormund, Pfleger, Gegenvormund oder Beistand gegen seinen Willen entlassen wird; **d)** gegen eine Verfügung, durch die der Familienrath aufgehoben oder ein Mitglied des Familienraths gegen seinen Willen entlassen wird; **e)** gegen eine Verfügung, durch die ein Volljähriger unter vorläufige Vormundschaft gestellt wird; **f)** gegen Verfügungen, die erst mit der Rechtskraft wirksam werden. | Die Frist beginnt in den Fällen des Abs. 1 Nr. 1 mit dem Zeitpunkt, in welchem der Beschwerdeführer von seiner Uebergehung Kenntniß erlangt, im Falle der Aufhebung des Familienraths mit dem Zeitpunkt, in welchem das Vormundschaftsgericht die bisherigen Mitglieder von der Aufhebung in Kenntniß setzt. **60.**

b) Gegen eine Verfügung, durch die angeordnet wird, daß eine Eintragung in dem Standesregister zu berichtigen ist, findet die sofortige Beschwerde statt. Die Verfügung tritt erst mit der Rechtskraft in Wirksamkeit. **70.**

c) In Nachlaßsachen. I. Gegen eine Verfügung, durch die dem Antrag eines Nachlaßgläubigers, die Nachlaßverwaltung (S. 352) anzuordnen, stattgeben wird, findet die sofortige Beschwerde statt. Die Beschwerde steht nur dem Erben, bei Miterben jedem Erben, sowie dem Testamentsvollstrecker zu, welcher zur Verwaltung des Nachlasses berechtigt ist. **76.** Abs. 2. II. Gegen eine Verfügung, durch die dem Erben eine Inventarfrist bestimmt wird, findet die sofortige Beschwerde statt. | Das Gleiche gilt von einer Verfügung, durch die über die Bestimmung einer neuen Inventarfrist oder über den Antrag des Erben, die Inventarfrist zu verlängern, entschieden wird. | In den Fällen der Abs. 1, 2 beginnt die Frist zur Einlegung der Beschwerde für jeden Nachlaßgläubiger mit dem Zeitpunkt, in welchem die Verfügung demjenigen Nachlaßgläubiger bekannt gemacht wird, welcher den Antrag auf die Bestimmung der Inventarfrist gestellt hat. **77.** III. Siehe Auseinandersetzung von Amtswegen S. 475 §§ 96, 97.

d) in Erbschaftsangelegenheiten. I. Gegen eine Verfügung, durch die nach den §§ 2151, 2153—2155 (S. 382 flg.), 2192 (S. 384), 2193 (S. 381) und dem § 2198 Abs. 2 (S. 390) des Bürgerlichen Gesetzbuchs dem Beschwerten oder einem Dritten eine Frist zur Erklärung bestimmt wird, findet die sofortige Beschwerde statt. **80.** II. Gegen eine Verfügung, durch die von dem Nachlaßgericht ein Testamentsvollstrecker ernannt oder einem zum Testamentsvollstrecker Ernannten eine Frist zur Erklärung über die Annahme des Amtes bestimmt wird, findet die sofortige Beschwerde statt. | Das Gleiche gilt von einer Verfügung, durch die ein Testamentsvollstrecker gegen seinen Willen entlassen wird. **81.** Siehe auch Meinungsverschiedenheiten § 82.

e) Gegen Bestätigungsversagungen. Siehe Bestätigungen a3.

f) In Handelssachen. Siehe Amtsgerichte, § 146, § 150 S. 469, Dispache g, Registergericht § 148 und 2b, § 139 c, d und e.

g) In Vereinssachen. Siehe Mitgliederversammlung.

2) Einlegungsfrist. Die sofortige Beschwerde ist binnen einer Frist von zwei Wochen einzulegen. Die Frist beginnt mit dem Zeitpunkt, in welchem die Verfügung dem Beschwerdeführer bekannt gemacht worden ist. | Einem Beschwerdeführer, der ohne sein Verschulden verhindert war, die Frist einzuhalten, ist auf Antrag von dem Beschwerdegerichte die Wiedereinsetzung in den vorigen Stand zu ertheilen, wenn er die Beschwerde binnen zwei Wochen nach der Beseitigung des Hindernisses einlegt und die Thatsachen, welche die Wiedereinsetzung begründen, glaubhaft macht. Eine Versäumung der Frist, die in dem Verschulden eines Vertreters ihren Grund hat, wird als eine unverschuldete nicht angesehen. Gegen die Entscheidung über den Antrag findet die sofortige weitere Beschwerde statt. Nach dem Ablauf eines Jahres, von dem Ende der versäumten Frist an gerechnet, kann die Wiedereinsetzung nicht mehr beantragt werden. 22.

3) Sofortige weitere Beschwerde. Siehe weitere Beschwerde d.

Sprechen, daran verhindert. Siehe Beurkundung c.

Standesbeamte, a) Zuständigkeit bei Vaterschaftsanerkennung. Siehe Amtsgerichte S. 470. | b) Anzeigepflicht. Wird bei einem Standesbeamten der Tod einer Person, die ein minderjähriges Kind hinterlassen hat, oder die Geburt eines ehelichen Kindes nach dem Tode des Vaters oder die Geburt eines unehelichen Kindes oder die Auffindung eines Minderjährigen, dessen Familienstand nicht zu ermitteln ist, angezeigt oder wird vor einem Standesbeamten von einer Frau, die ein minderjähriges eheliches Kind hat, eine Ehe geschlossen, so hat der Standesbeamte hiervon dem Vormundschaftsgericht Anzeige zu machen. **48.**

Standesregister, Eintragungsvermerke. Siehe Notare als Mandatare unter c.

Streit über die örtliche Zuständigkeit der Gerichte. Siehe Verhinderung des zuständigen Gerichts S. 502.

Streitpunkte. Siehe Auseinandersetzungen von Amtswegen S. 476 § 95.

Straffestsetzungen. Siehe Ordnungsstrafen.

Stumme. Siehe Beurkundungen c Rubriken I und III.

T

Taube. Siehe Beurkundungen c § 169.

Thatsachenfeststellung. Siehe S. 470 i, 493 Anmerk. und 496 § 51.

Theilschuldverschreibungen. Siehe Schiffspfandrecht, § 117 unter **d.**

Testamentsvollstrecker. a) Eintragung derselben. Siehe Schiffspfandrecht § 118 unter **d.**

b) Ernennung und Amtsannahme. Siehe Sofortige Beschwerde d II und Ausfertigungen Ziffer 2.

c) Beschwerderecht. Siehe Meinungsverschiedenheiten Ziffer 2.

d) Entlassung. Siehe Ausfertigungen Ziffer 2.

Tod einer Person mit minderjährigem Kinde. Siehe Standesamt.

U

Uebergangsvorschriften, Erlaß. Siehe Ausführung und Ergänzung des Gesetzes.

Uebertragung einer Forderung. Siehe Schiffspfandrecht **a** d.

Ungerechtfertigte Verfügungen, Wirksamkeit der Aufhebung. Ist eine Verfügung, durch die Jemand die Fähigkeit oder die Befugniß zur Vornahme eines Rechtsgeschäfts oder zur Entgegennahme einer Willens-

Vorlesung des Protokolls. Siehe Beurkundungen d.

Vormundschaftsgericht.

a) Zuständigkeit für seine Verrichtungen in Vormundschaftssachen. Siehe Amtsgerichte l. Für die Vormundschaft ist das Gericht zuständig, in dessen Bezirke der Mündel zu der Zeit, zu welcher die Anordnung der Vormundschaft erforderlich wird, seinen Wohnsitz oder in Ermangelung eines inländischen Wohnsitzes seinen Aufenthalt hat. Wird die Anordnung einer Vormundschaft über Geschwister erforderlich, die in den Bezirken verschiedener Vormundschaftsgerichte ihren Wohnsitz oder ihren Aufenthalt haben, so ist, wenn für einen der Mündel schon eine Vormundschaft anhängig ist, das für diese zuständige Gericht, anderenfalls dasjenige Gericht, in dessen Bezirke der jüngste Mündel seinen Wohnsitz oder seinen Aufenthalt hat, für alle Geschwister maßgebend. | Ist der Mündel ein Deutscher und hat er im Inlande weder Wohnsitz noch Aufenthalt, so ist das Gericht zuständig, in dessen Bezirke der Mündel seinen letzten inländischen Wohnsitz hatte. In Ermangelung eines solchen Wohnsitzes wird das zuständige Gericht, falls der Mündel einem Bundesstaat angehört, von der Landesjustizverwaltung, anderenfalls von dem Reichskanzler bestimmt. | Für die Vormundschaft über einen Minderjährigen, dessen Familienstand nicht zu ermitteln ist, ist das Gericht zuständig, in dessen Bezirke der Minderjährige aufgefunden wurde. **36.** Wird die Anordnung einer Vormundschaft oder einer Pflegschaft in Folge eines gerichtlichen Verfahrens erforderlich, so hat das Gericht das zuständige Vormundschaftsgericht hiervon zu benachrichtigen. **50.**

b) In sonstigen Sachen. Die Zuständigkeit für eine Verrichtung des Vormundschaftsgerichts, die nicht eine Vormundschaft oder eine Pflegschaft betrifft, bestimmt sich, soweit sich nicht aus dem Gesetz ein Anderes ergiebt, nach den Vorschriften des § 36 Abs. 1, 2; maßgebend ist für jede einzelne Angelegenheit der Zeitpunkt, in welchem das Gericht mit ihr befaßt wird. | Ist für die Person, in Ansehung deren die Verrichtung des Vormundschaftsgerichts erforderlich wird, eine Vormundschaft oder eine Pflegschaft anhängig oder ist der Mutter, unter deren elterlicher Gewalt sie steht, ein Beistand bestellt, so ist das Gericht zuständig, bei welchem die Vormundschaft, Pflegschaft oder Beistandschaft anhängig ist. **43.**

c) In Angelegenheiten zwischen Ehegatten. Wird in einer Angelegenheit, welche die persönlichen Rechtsbeziehungen der Ehegatten zu einander oder das eheliche Güterrecht betrifft, eine Verrichtung des Vormundschaftsgerichts erforderlich, so ist das Gericht zuständig, in dessen Bezirke der Mann seinen Wohnsitz oder in Ermangelung eines inländischen Wohnsitzes seinen Aufenthalt hat. | Ist der Mann ein Deutscher und hat er im Inlande weder Wohnsitz noch Aufenthalt, so finden die Vorschriften des § 36 Abs. 2 entsprechende Anwendung. | Hat der Mann die Reichsangehörigkeit verloren, die Frau sie aber behalten, so ist, wenn der Mann im Inlande weder Wohnsitz noch Aufenthalt hat, das Gericht zuständig, in dessen Bezirke die Frau ihren Wohnsitz oder in Ermangelung eines inländischen Wohnsitzes ihren Aufenthalt hat; hat sie im Inlande weder Wohnsitz noch Aufenthalt, so finden die Vorschriften des § 36 Abs. 2 entsprechende Anwendung. | Für die Zuständigkeit ist in Ansehung jeder einzelnen Angelegenheit der Zeitpunkt maßgebend, in welchem das Gericht mit ihr befaßt wird. **45.**

Vormundschaftssachen sind in den §§ 35 bis 64 dieses Gesetzes behandelt. Siehe Inhaltsverzeichniß in gesetzlicher Reihenfolge und S. 463, 468, 471, 479 flg., 487, 490 flg., 496, 499, 500, 502 flg.

Vorschläge. Siehe Auseinandersetzung von Amtswegen unter e § 91 und Gemeindewaisenrath.

W

Waisenrath. Siehe Gemeindewaisenrath.

Weitere Beschwerde. a) Voraussetzung: Gegen die Entscheidung des Beschwerdegerichts ist das Rechtsmittel der weiteren Beschwerde zulässig, wenn die Entscheidung auf einer Verletzung des Gesetzes beruht. Die Vorschriften der §§ 550, 551, 561, 563 (siehe auch unten d) der Civilprozeßordnung finden entsprechende Anwendung. **27.**[1]

b) Vorschriften für Vormundschaftssachen. Auf die weitere Beschwerde finden die Vorschriften der §§ 57 bis 62 (S. 468, 479 flg., 478, 499) entsprechende Anwendung. **63.**

c) Zuziehung von Anwälten bei Schiffsregistersachen. Siehe Notare als Mandatare § 124.

d) Einlegung. Die weitere Beschwerde kann bei dem Gericht erster Instanz, bei dem Landgericht oder bei dem Oberlandesgericht eingelegt werden. Erfolgt die Einlegung durch Einreichung einer Beschwerdeschrift, so muß diese von einem Rechtsanwalt unterzeichnet sein. Der Zuziehung eines Rechtsanwalts bedarf es nicht, wenn die Beschwerde von einer Behörde oder von einem Notar eingelegt wird, der in der Angelegenheit für den Beschwerdeführer einen Antrag bei dem Gericht erster Instanz gestellt hat. | Soweit eine Verfügung der sofortigen Beschwerde unterliegt, findet auch gegen die Entscheidung des Beschwerdegerichts die sofortige weitere Beschwerde statt. | Das Gericht erster Instanz und das Landgericht sind nicht befugt, der weiteren Beschwerde abzuhelfen. | Im Uebrigen finden die Vorschriften über die Beschwerde entsprechende Anwendung. **29.**

e) Entscheidung. Ueber die weitere Beschwerde entscheidet das Oberlandesgericht. | Will das Oberlandesgericht bei der Auslegung einer reichsgesetzlichen Vorschrift, welche eine der im § 1 (S. 471) bezeichneten Angelegenheiten betrifft, von der auf weitere Beschwerde ergangenen Entscheidung eines anderen Oberlandesgerichts, falls aber über die Rechtsfrage bereits eine Entscheidung des Reichsgerichts ergangen ist, von dieser abweichen, so hat es die weitere

---

[1] CPO.

§ 550. Das Gesetz ist verletzt, wenn eine Rechtsnorm nicht oder nicht richtig angewendet worden ist.

§ 551. Eine Entscheidung ist stets als auf einer Verletzung des Gesetzes beruhend anzusehen: **a)** wenn das erkennende Gericht nicht vorschriftsmäßig besetzt war; **b)** wenn bei der Entscheidung ein Richter mitgewirkt hat, welcher von der Ausübung des Richteramts kraft Gesetzes ausgeschlossen war, sofern nicht dieses Hinderniß mittelst eines Ablehnungsgesuchs ohne Erfolg geltend gemacht ist; **c)** wenn bei der Entscheidung ein Richter mitgewirkt hat, obgleich derselbe wegen Besorgniß der Befangenheit abgelehnt und das Ablehnungsgesuch für begründet erklärt war; **d)** wenn das Gericht seine Zuständigkeit oder Unzuständigkeit mit Unrecht angenommen hat; **e)** wenn eine Partei in dem Verfahren nicht nach Vorschrift der Gesetze vertreten war, sofern sie nicht die Prozeßführung ausdrücklich oder stillschweigend genehmigt hat; **f)** wenn die Entscheidung auf Grund einer mündlichen Verhandlung ergangen ist, bei welcher die Vorschriften über die Oeffentlichkeit des Verfahrens verletzt sind; **g)** wenn die Entscheidung nicht mit Gründen versehen ist. (a—g im Gesetz: 1—7).

§ 561. Für die Entscheidung des Revisionsgerichts sind die in dem angefochtenen Urtheile gerichtlich festgestellten Thatsachen maßgebend. Außer denselben können nur die im § 554 Nr. 2, 3 erwähnten Thatsachen berücksichtigt werden (insoweit die Revision darauf gestützt wird, daß das Gesetz in Bezug auf das Verfahren verletzt sei, die Bezeichnung der Thatsachen, welche den Mangel ergeben — und insoweit die Revision darauf gestützt wird, daß unter Verletzung des Gesetzes Thatsachen festgestellt, übergangen oder als vorgebracht angenommen seien, die Bezeichnung dieser Thatsachen).

§ 563. Ergeben die Entscheidungsgründe zwar eine Gesetzesverletzung, stellt die Entscheidung selbst aber aus anderen Gründen sich als richtig dar, so ist die Revision zurückzuweisen.

Beschwerde unter Begründung seiner Rechtsauffassung dem Reichsgerichte vorzulegen. Der Beschluß über die Vorlegung ist dem Beschwerdeführer bekannt zu machen. | In den Fällen des Abs. 2 entscheidet über die weitere Beschwerde das Reichsgericht. **28.**

Widerruf einer Vollmacht. Siehe Schiffspfandrecht **b.**

Widerspruchseintragung. Siehe Schiffspfandrecht unter **e** und Beschwerde b III.

Wiedereinsetzung in den vorigen Stand bei Auseinandersetzungen von Amtswegen unten **e** §§ 92, 96, Registergericht **bb** § 137, Sofortige Beschwerde Ziffer 2.

Wiederverheirathung. Siehe Standesamt.

Wirksamkeit der Verfügungen. Siehe Verfügungen, Sofortige Beschwerde b § 70 und Volljährigkeitserklärung.

Wohnsitz. Soweit für die örtliche Zuständigkeit (S. 468) der Gerichte der Wohnsitz eines Betheiligten maßgebend ist, bestimmt sich für Deutsche, die das Recht der Exterritorialität (§ 18—21 des deutschen Gerichtsverfassungsgesetzes[1])) genießen, sowie für Beamte des Reichs oder eines Bundesstaats, die im Ausland angestellt sind, der Wohnsitz nach den Vorschriften des § 15[2] der Civilprozeßordnung. Siehe auch Amtsgerichte Ziffer **a** und **c**. **3.**

Z

Zeichnung von Unterschriften. Siehe Anmeldungen und Unterschriften.

Zeitpunkt des Eingangs von Anträgen. Siehe Schiffspfandrecht Ziffer **aa.**

Zeugen. Siehe Beweismittel, Beurkundung § 173.

Zeugnisse über die Rechtskraft. Siehe Verfügungen.

[1] GVG. § 18. Die inländische Gerichtsbarkeit erstreckt sich nicht auf die Chefs und die Mitglieder der bei dem Deutschen Reiche beglaubigten Missionen. Sind diese Personen Staatsangehörige eines der Bundesstaaten, so sind sie nur insofern von der inländischen Gerichtsbarkeit befreit, als der Staat, dem sie angehören, sich der Gerichtsbarkeit über sie begeben hat. | Die Chefs und die Mitglieder der bei einem Bundesstaate beglaubigten Missionen sind der Gerichtsbarkeit dieses Staates nicht unterworfen. | Dasselbe gilt von den Mitgliedern des Bundesraths, welche nicht von demjenigen Staate abgeordnet sind, in dessen Gebiete der Bundesrath seinen Sitz hat. § 19. Auf die Familienglieder, das Geschäftspersonal der im § 18 erwähnten Personen und auf solche Bedienstete derselben, welche nicht Deutsche sind, finden die vorstehenden Bestimmungen Anwendung. § 20. Durch die Bestimmungen der §§ 18, 19 werden die Vorschriften über den ausschließlich dinglichen Gerichtsstand in bürgerlichen Rechtsstreitigkeiten nicht berührt.

Der inländischen Gerichtsbarkeit unterworfen sind die im Deutschen Reiche angestellten Konsuln, sofern nicht in Verträgen des Deutschen Reichs mit anderen Mächten Vereinbarungen über die Befreiung der Konsuln von der inländischen Gerichtsbarkeit getroffen sind.

[2] CPO. § 15. Deutsche, welche das Recht der Exterritorialität genießen, sowie die im Auslande angestellten Beamten des Reichs oder eines Bundesstaats behalten in Ansehung des Gerichtsstandes den Wohnsitz, welchen sie in dem Heimathstaate hatten. In Ermangelung eines solchen Wohnsitzes gilt die Hauptstadt des Heimathstaates als ihr Wohnsitz; ist die Hauptstadt in mehrere Gerichtsbezirke getheilt, so wird der als Wohnsitz geltende Bezirk von der Justizverwaltung durch allgemeine Anordnung bestimmt.

Gehört ein Deutscher einem Bundesstaate nicht an, so gilt als sein Wohnsitz die Stadt Berlin; ist die Stadt Berlin in mehrere Gerichtsbezirke getheilt, so wird der als Wohnsitz geltende Bezirk von dem Reichskanzler durch allgemeine Anordnung bestimmt.

Auf Wahlkonsuln finden diese Bestimmungen keine Anwendung.

Grundbuchordnung

vom 24. März 1897.

Inhalt.

A

Abänderung der Entscheidung eines Grundbuchamts. a) Durch die Gesetzgebung eines Bundesstaats, in welchem die Amtsgerichte nicht zugleich Grundbuchämter sind, kann bestimmt werden, daß die Abänderung einer Entscheidung des Grundbuchamts bei dem Amtsgerichte nachzusuchen ist, in dessen Bezirke das Grundbuchamt seinen Sitz hat. In diesem Falle finden auf das Verfahren die Vorschriften des § 71 Abs. 2 und der §§ 73 bis 77 (Siehe Beschwerde a 2, b, c 1, 2) entsprechende Anwendung. | Die Beschwerde findet gegen die Entscheidung des Amtsgerichts statt. **100.**

b) Durch Landesgesetz kann dem im § 100 bezeichneten Amtsgerichte die Befugniß ertheilt werden, von Amtswegen das Grundbuchamt zu einer nach § 54 (siehe Eintragungen d) zulässigen Eintragung anzuhalten. | Gegen die Anordnung des Amtsgerichts findet Beschwerde nach Maßgabe der Vorschriften des vierten Abschnitts (siehe Beschwerde) statt. **101.**

Abhülfe auf Beschwerde. Siehe Beschwerde c und Abänderung.

Ablehnung von Gerichtspersonen. Siehe Beschwerde c 3 § 81 und Ausschließung.

Ablösungssumme. Siehe Rentenschuld und Grundschuld.

Abschreibung eines Grundstückstheils. Siehe Landesjustizverwaltung und Grundstückstheil.

Abschriften von Urkunden und noch nicht erledigten Anträgen. Siehe Einsicht, Grundakten und Urkunden.

Abtrennung der Schuldurkunde vom Brief. Siehe Hypothek c V, VIII.

Abtretungserklärung. Siehe Eintragungen d 6 I.

Abweichung von einer Entscheidung eines anderen Oberlandesgerichts. Siehe Beschwerde d.

Aktiengesellschaft. Siehe Eintragungen d 7 I.

Altentheil. Siehe Eintragungen b, § 50.

Amtsgericht, seine Befugniß gegenüber einem Grundbuchamt. Siehe Abänderung.

Amtspflicht, ihre Verletzung. Verletzt ein Grundbuchbeamter vorsätzlich oder fahrlässig die ihm obliegende Amtspflicht, so trifft den Betheiligten gegenüber die im § 839 (S 162) des Bürgerlichen Gesetzbuchs bestimmte Verantwortlichkeit an Stelle des Beamten den Staat oder die Körperschaft, in deren Dienste der Beamte steht. Das Recht des Staates oder der Körperschaft, von dem Beamten Ersatz zu verlangen, bleibt unberührt. **12.**

Aenderung. a) einer bisherigen Hypotheken-Forderung. Siehe Hypothek c V.

b) des Grundstücksverzeichnisses. Siehe Landesjustizverwaltung a.

c) Siehe Rechte a.

Anhaltung zu Handlungen. a) Zu Eintragungen. Siehe Abänderung der Entscheidung b.

b) Zur Vorlegung von Briefen. Siehe Hypotheken c IX.

Anlegung eines Grundbuchblatts. a) Verfahren. Siehe landesherrliche Verordnung.

b) eines besonderen Blattes. Ist auf dem Blatte eines Grundstücks ein Erbbaurecht eingetragen, so ist auf Antrag für dieses Recht ein besonderes Grundbuchblatt anzulegen. Die Anlegung erfolgt von Amtswegen, wenn das Recht veräußert oder belastet werden soll. | Die Anlegung wird auf dem Blatte des Grundstücks vermerkt. **7.**

Antheile der Berechtigten. Siehe Eintrag. e II.

Antragsberechtigte siehe Eintrag. a, Rechte des jeweiligen Eigenthümers und Berichtigung des Grundbuchs.

Antragsprincip. Siehe Eintragungen a, Rechte des jeweiligen Eigenthümers und Berichtigung des Grundbuchs.

Aufbewahrung von Urkunden. Siehe Urkunden.

Aufhebung. a) Einstweil. Verfügung. Siehe Eintragungen c 7 § 25.

b) Siehe Rechte a.

Auflassung. Erfordernisse. a) Durch Landesgesetz kann bestimmt werden, daß das Grundbuchamt die Erklärung der Auflassung nur entgegennehmen soll, wenn die nach § 313 des Bürgerlichen Gesetzbuchs erforderliche Urkunde (Grundstücksübertragungsvertrag S. 80) vorgelegt wird. **98.**

b) Im Falle der Auflassung eines Grundstücks sowie im Falle der Bestellung oder Uebertragung eines Erbbaurechts darf die Eintragung nur erfolgen, wenn die erforderliche Einigung des Berechtigten und des anderen Theiles erklärt ist. **20.**

c) Bevollmächtigte. Siehe Eintragungen d 3.

Auseinandersetzung. Nachweis. Siehe Eintragungen d 7 VII und VIII.

Aushändigung der Briefe über Eintragungen. Siehe Hypothek c III.

Ausscheidung von Grundstücken aus dem Grundbuch. Siehe landesherrliche Verordnung f.

Ausschließung der Briefertheilung, nachträgliche. Siehe Hypothek c VIII.

Ausschließung von Gerichts-

personen. a) Gründe. Siehe Beschwerde c 3.

b) Wirksamkeit der Eintragungen. Eine Eintragung in das Grundbuch ist nicht aus dem Grunde unwirksam, weil ein Grundbuchbeamter sie bewirkt hat, der von der Mitwirkung bei der Eintragung kraft Gesetzes oder in Folge einer Ablehnung ausgeschlossen ist. **10.**

Ausschlußurtheil. a) Siehe Hypothek und Grundschuld, Vorlegung des Briefs § 42.

b) Neuer Brief. Siehe Hypothek c VII.

c) Siehe Eintragungen d 9.

Außer Krafttreten, die Landesgesetze, soweit rc. siehe Privatrecht.

Außer Kraft gesetzte Vorschriften. Soweit in Reichsgesetzen oder in Landesgesetzen auf Vorschriften verwiesen ist, welche durch das BGB oder durch dieses Gesetz außer Kraft gesetzt werden, treten an deren Stelle die entsprechenden Vorschriften des BGB oder dieses Gesetzes. Artikel 4 des Einführungsgesetzes zum BGB. (Siehe § 82 Abs. 2 G.B.O. unter „Inkrafttreten".)

Auszug aus dem Grundbuch. Siehe Hypothekenbrief c II § 97.

Auszugseintragung. Siehe Eintragungen (Inhalt b).

B

Bahngrundstücke. Siehe landesherrliche Verordnung.

Beamte. Siehe Grundbuchbeamte.

Befreiung gewisser Grundstücke von der Eintragung. Siehe landesherrliche Verordnung f.

Beglaubigte Abschrift von Urkunden. Siehe Urkunden § 9 und Einsicht a, Bezugnahme, statt der Abschrift: siehe Verweisung.

Behörde, Ersuchen derselben auf Eintragung. Siehe Eintragung d § 39. Selbst. Einlegung der Beschwerde siehe Beschwerde e 2.

Bekanntmachen. Siehe Eintragungen f.

Belastungen a) eines Grundstücks. Siehe Eintragungen.

b) eines Grundstückstheils. Siehe Landesjustizverwaltung und Grundstückstheil.

c) eines Erbbaurechts. Siehe Anlegung eines Grundbuchblatts.

d) einer Forderung. Siehe Eintragungen d 6 I.

e) mehrerer Grundstücke. Siehe Eintragungen e II.

Berichtigung des Grundbuchs. a) Rechte des jeweiligen Eigenthümers. Siehe R. a.

b) Löschungen von Unrichtigkeiten. Siehe Eintr. e I § 27.

c) Die Berichtigung des Grundbuchs durch Eintragung eines Berechtigten darf auch von demjenigen beantragt werden, welcher auf Grund eines gegen den Berechtigten vollstreckbaren Titels eine Eintragung in das Grundbuch verlangen kann, sofern die Zulässigkeit dieser Eintragung von der vorgängigen Berichtigung des Grundbuchs abhängt. **14.**

d) Zur Berichtigung des Grundbuchs bedarf es der Bewilligung desjenigen, dessen Recht von der Berichtigung betroffen wird, nicht, wenn die Unrichtigkeit nachgewiesen wird. Dies gilt insbesondere für die Eintragung oder Löschung einer Verfügungsbeschränkung. **22** Abs. 1.

e) Die Berichtigung des Grundbuchs durch Eintragung eines Eigenthümers oder eines Erbbauberechtigten darf, sofern nicht der Fall des § 14 vorliegt, nur mit Zustimmung des Eigenthümers oder des Erbbauberechtigten erfolgen. **22** Abs. 2.

Beschwerden. a) Fälle der Zulässigkeit: 1. Siehe Abänderung der Entscheidung eines Grundbuchamts durch das Amtsgericht. 2. Gegen die Entscheidungen des Grundbuchamts findet das Rechtsmittel der Beschwerde statt. | Die Beschwerde gegen eine Eintragung ist unzulässig. Im Wege der Beschwerde kann jedoch verlangt werden, daß das Grundbuchamt angewiesen wird, nach § 54 (siehe Eintragungen e) einen Widerspruch einzutragen oder eine Löschung vorzunehmen. **71.** Siehe auch Abänderung der Entscheidung eines Grundbuchamts.

b) Einlegung und Begründung. Die Beschwerde kann bei dem Grundbuchamt oder bei dem Beschwerdegericht eingelegt werden. | Die Einlegung erfolgt durch Einreichung einer Beschwerdeschrift oder durch Erklärung zum Protokolle des Grundbuchamts oder des Gerichtsschreibers des Beschwerdegerichts. 73. Siehe auch Abänderung der Entscheidung eines Grundbuchamts. | Die Beschwerde kann auf neue Thatsachen und Beweise gestützt werden. 74. Siehe auch Abänderung einer Entscheidung.

c) Abhülfe. 1. Ohne Entscheidung. Erachtet das Grundbuchamt die Beschwerde für begründet, so hat es ihr abzuhelfen. 75. Siehe auch oben a 1. 2. vorläufige Abhülfe. Das Beschwerdegericht kann vor der Entscheidung durch eine einstweilige Anordnung dem Grundbuchamt aufgeben, eine Vormerkung oder einen Widerspruch einzutragen. | Die Vormerkung oder der Widerspruch wird von Amtswegen gelöscht, wenn die Beschwerde zurückgenommen oder zurückgewiesen ist. 76. Siehe auch Abänderung einer Entscheidung.

d) Entscheidung. Ueber die Beschwerde entscheidet das Landgericht, in dessen Bezirke das Grundbuchamt seinen Sitz hat. 72. | Die Entscheidung des Beschwerdegerichts ist mit Gründen zu versehen und dem Beschwerdeführer mitzutheilen. 77. Siehe auch Abänderung einer Entscheidung. | Die Entscheidungen über Beschwerden erfolgen bei den Landgerichten durch eine Civilkammer, bei den Oberlandesgerichten und dem Reichsgerichte durch einen Civilsenat. | Die Vorschriften der Civilprozeßordnung über die Ausschließung und Ablehnung der Gerichtspersonen sowie die Vorschriften des § 137[1] des Gerichtsverfassungsgesetzes finden entsprechende Anwendung. 81.

e) Rechtsmittel der weiteren Beschwerde. 1. Voraussetzung. Gegen die Entscheidung des Beschwerdegerichts ist das Rechtsmittel der weiteren Beschwerde zulässig, wenn die Entscheidung auf einer Verletzung des Gesetzes beruht. Die Vorschriften der §§ 550, 551, 561, 563 der Civilprozeßordnung finden entsprechende Anwendung. 78. | Das Gesetz ist verletzt, wenn eine Rechtsnorm nicht oder nicht richtig angenommen worden ist. § 550 CPO. | Eine Entscheidung ist stets als auf einer Verletzung des Gesetzes beruhend anzusehen: 1. wenn das erkennende Gericht nicht vorschriftsmäßig besetzt war; 2. wenn bei der Entscheidung ein Richter mitgewirkt hat, welcher von der Ausübung des Richteramts kraft Gesetzes ausgeschlossen war, sofern nicht dieses Hinderniß mittelst eines Ablehnungsgesuchs ohne Erfolg geltend gemacht ist; 3. wenn bei der Entscheidung ein Richter mitgewirkt hat, obgleich derselbe wegen Besorgniß der Befangenheit abgelehnt und das Ablehnungsgesuch für begründet erklärt war; 4. wenn das Gericht seine Zuständigkeit oder Unzuständigkeit mit Unrecht angenommen hat; 5. wenn eine Partei in dem Verfahren nicht nach Vorschrift der Gesetze vertreten war, sofern sie nicht die Prozeßführung ausdrücklich oder stillschweigend genehmigt hat; 6. wenn die Entscheidung auf Grund einer mündlichen Verhandlung ergangen ist, bei welcher die Vorschriften über die Oeffentlichkeit des Verfahrens verletzt sind; 7. wenn die Entscheidung nicht mit Gründen versehen ist. § 551 CPO. | Für die Entscheidung des Revisionsgerichts sind die in dem angefochtenen Urtheile gerichtlich festgestellten Thatsachen maßgebend. Außer denselben können nur die im § 554 Nr. 2, 3 erwähnten Thatsachen (nämlich insoweit die Revision darauf gestützt wird, daß das Gesetz in Bezug auf das Verfahren verletzt sei, die Bezeichnung der Thatsachen, welche den Mangel ergeben, und insoweit die Revision darauf gestützt wird, daß unter Verletzung des Gesetzes Thatsachen festgestellt, übergangen oder als vorgebracht ange-

[1] „Will ein Civilsenat in einer Rechtsfrage von einer früheren Entscheidung eines anderen Civilsenats oder der vereinigten Civilsenate abweichen, so hat derselbe die Verhandlung und Entscheidung der Sache vor die vereinigten Civilsenate zu verweisen.“

nommen seien, die Bezeichnung dieser Thatsachen) berücksichtigt werden. § 561 CPO. Ergeben die Entscheidungsgründe zwar eine Gesetzesverletzung, stellt die Entscheidung selbst aber aus anderen Gründen sich als richtig dar, so ist die Revision zurückzuweisen. § 563 CPO. — 2. Einlegung und weiteres Verfahren. Die weitere Beschwerde kann bei dem Grundbuchamte, dem Landgericht oder bei dem Oberlandesgericht eingelegt werden. Erfolgt die Einlegung durch Einreichung einer Beschwerdeschrift, so muß diese von einem Rechtsanwalt unterzeichnet sein. Der Zuziehung eines Rechtsanwalts bedarf es nicht, wenn die Beschwerde von einer Behörde oder von dem Notar eingelegt wird, der nach § 15 den Eintragungsantrag gestellt hat. | Das Grundbuchamt und das Landgericht sind nicht befugt, der weiteren Beschwerde abzuhelfen. | Im übrigen finden die Vorschriften über die Beschwerde entsprechende Anwendung. 80.—3. Entscheidung. Ueber die weitere Beschwerde entscheidet das Oberlandesgericht. | Will das Oberlandesgericht bei der Auslegung einer das Grundbuchrecht betreffenden reichsgesetzlichen Vorschrift von der auf weitere Beschwerde ergangenen Entscheidung eines anderen Oberlandesgerichts, falls aber über die Rechtsfrage bereits eine Entscheidung des Reichsgerichts ergangen ist, von dieser abweichen, so hat es die weitere Beschwerde unter Begründung seiner Rechtsauffassung dem Reichsgerichte vorzulegen. Der Beschluß über die Vorlegung ist dem Beschwerdeführer mitzutheilen. | In den Fällen des Abs. 2 entscheidet über die weitere Beschwerde das Reichsgericht. 79.—Durch die Gesetzgebung eines Bundesstaats, in welchem mehrere Oberlandesgerichte errichtet sind, kann die Entscheidung über das Rechtsmittel der weiteren Beschwerde einem der mehreren Oberlandesgerichte oder an Stelle eines solchen Oberlandesgerichtes dem obersten Landesgerichte zugewiesen werden. 102. — Siehe auch oben c 2, 3.

Besondere Grundbücher, für gewisse Gattungen von Grundstücken. Siehe landesherrl. Verordnungen.

Besonderes Grundbuchblatt. — Siehe Anlegung eines Grundbuchblatts b.

Bestandtheile eines Grundstücks. Ein Grundstück soll nur dann einem anderen Grundstück als Bestandtheil zugeschrieben oder mit ihm vereinigt werden, wenn hiervon Verwirrung nicht zu besorgen ist 5.

Bestellung eines Erbbaurechts. Siehe Auflassung b.

Bewilligung. a) Siehe Rechte des jeweiligen Eigenthümers.

b) Siehe Eintragungen d 6 I.

Bezeichnung der Grundstücke. a) Siehe Verzeichniß § 2 und Grundbücher d.

b) Sind in einem Buche, das zufolge landesherrlicher Verordnung als Grundbuch gilt, die Grundstücke nicht nach Maßgabe des § 2 Abs. 2 bezeichnet, so ist diese Bezeichnung von Amtswegen zu bewirken. 89.

Bezirke. Siehe Grundbuch (Einrichtung), Verzeichniß der Grundstücke und landesherrliche Verordnung d.

Bezugnahme. a) auf Urkunden. Siehe U.

b) auf das Güterrechtsregister. Siehe Eintragungen d 7 § 35.

c) auf die Eintragungsbewilligung. Siehe Eintrag. b § 50.

Briefe. Siehe Hypothek, Grundschuld und Rentenschuld und Gesammthypothek.

Bundesstaat. a) Als Bundesstaat im Sinne des BGB und dieses Gesetzes gilt auch das Reichsland Elsaß-Lothringen. Artikel 5, Einf. Gs. z. BGB. (Siehe „Inkraftreten".)

b) Gesetzgebungsbefugniß. Siehe Beschwerde e 3 § 102 und Abänderung einer Entscheidung.

C

Civilkammern und -Senate. Siehe Beschwerden d § 81.

D

Dienstbarkeit. a) Belastung damit. Siehe Landesjustizverwaltung.

b) Siehe Eintragungen b § 50.

c) auf einen Grundstückstheil. Siehe Landesjustizverwaltung.

E

Ehegatten, Güterrecht. Siehe Eintragungen d 7 VI.

Eingetragene Rechte. Uebertragung auf ein anderes Blatt. Siehe Eintrag. e I.

Einigung der Betheiligten. Siehe Auflassung b.

Einlegung der Beschwerden. Siehe Beschwerden b und e 2.

Einrichtung des Grundbuchs. Siehe Grundbuch d.

Einsicht a) des Grundbuchs ꝛc. Die Einsicht des Grundbuchs ist Jedem gestattet, der ein berechtigtes Interesse darlegt. Das Gleiche gilt von Urkunden, auf die im Grundbuche zur Ergänzung einer Eintragung Bezug genommen ist, sowie von den noch nicht erledigten Eintragungsanträgen. | Soweit die Einsicht des Grundbuchs, der im Abs. 1 bezeichneten Urkunden und der noch nicht erledigten Eintragungsanträge gestattet ist, kann eine Abschrift gefordert werden; die Abschrift ist auf Verlangen zu beglaubigen. **11.**

b) Umfang der Einsicht. Die Landesjustizverwaltung kann anordnen, daß die Einsicht des Grundbuchs und der im § 11 Abs. 1 Satz 2 bezeichneten Schriftstücke in weiterem Umfange gestattet und die Ertheilung von Abschriften in weiterem Umfange zulässig sein soll, als es im § 11 vorgeschrieben ist. **93.**

c) Grundakten. Siehe dies.

Einstweilige Anordnungen. a) Vormerkungen. Siehe Beschwerden c 2 und Vormerkungen.

b) Widerspruch. Siehe Beschwerden c 2 und Widerspruch.

Eintragungen (im allgemeinen, auch Uebertragungen und Löschungen). a) Antragsprincip und =Berechtigte. Eine Eintragung soll, soweit nicht das Gesetz ein Anderes vorschreibt (siehe landesherrliche Verordnungen und „Von Amtswegen"), nur auf Antrag erfolgen. Der Zeitpunkt, in welchem ein Antrag bei dem Grundbuchamt eingeht, soll auf dem Antrage genau vermerkt werden. | Antragsberechtigt ist Jeder, dessen Recht von der Eintragung betroffen wird oder zu dessen Gunsten die Eintragung erfolgen soll. **13.**

b) Inhalt. 1. Tag und Unterschrift. Jede Eintragung soll den Tag, an welchem sie erfolgt ist, angeben und mit der Unterschrift des Grundbuchbeamten versehen werden. **45.**

2. Bezeichnung von Rechten. Werden Dienstbarkeiten und Reallasten als Leibgedinge, Leibzucht, Altentheil oder Auszug eingetragen, so bedarf es nicht der Bezeichnung der einzelnen Rechte, wenn auf die Eintragungsbewilligung Bezug genommen wird. **50.**

c) Reihenfolge. 1. Sind in einer Abtheilung des Grundbuchs mehrere Eintragungen zu bewirken, so erhalten sie die Reihenfolge, welche der Zeitfolge der Anträge entspricht; sind die Anträge gleichzeitig gestellt, so ist im Grundbuche zu vermerken, daß die Eintragungen gleichen Rang haben. 2. Werden mehrere Eintragungen, die nicht gleichzeitig beantragt sind, in verschiedenen Abtheilungen unter Angabe desselben Tages bewirkt, so ist im Grundbuche zu vermerken, daß die später beantragte Eintragung der früher beantragten im Range nachsteht. | Diese Vorschriften finden insoweit keine Anwendung, als ein Rangverhältniß nicht besteht oder das Rangverhältniß von den Antragstellern abweichend bestimmt ist. **46.**

d) Voraussetzungen. 1. Antrag (Siehe oben a und unten 6 II u. III Inhalt und Form) oder Ersuchen. In den Fällen, in denen nach gesetzlicher Vorschrift eine Behörde befugt ist, das Grundbuchamt um eine Eintragung zu ersuchen, erfolgt die Eintragung auf Grund des Ersuchens der Behörde. **39.** 2. Vermuthete Ermächtigung und Vollmacht. Ist die zu einer Eintragung erforderliche Erklärung von einem Notar beurkundet oder beglaubigt, so gilt dieser als ermächtigt, im Namen eines Antrags=

berechtigten die Eintragung zu beantragen. 15. — Siehe wegen der Vollmacht unten Ziffer 6 III. Wird im Falle der Auflassung eines Grundstücks, sowie im Falle der Bestellung oder Uebertragung eines Erbbaurechts die erforderliche Einwilligung des Berechtigten und des anderen Theiles durch Bevollmächtigte vor dem Grundbuchamt erklärt, so ist die Vollmacht stempelfrei, wenn das der Einigung zu Grunde liegende Rechtsgeschäft von einem Notar beurkundet und die Vollmacht in der Urkunde ertheilt ist. 31.

3. Vorbehaltloser Antrag. Einem Eintragungsantrage, dessen Erledigung an einen Vorbehalt geknüpft wird, soll nicht stattgegeben werden. 16 Abs. 1. 4. Bestimmung über Erledigung mehrerer Anträge. I. Werden mehrere Eintragungen beantragt, so kann von dem Antragsteller bestimmt werden, daß die eine Eintragung nicht ohne die andere erfolgen soll. 16 Abs. 2. II. Werden mehrere Eintragungen beantragt, durch die dasselbe Recht betroffen wird, so darf die später beantragte Eintragung nicht vor der Erledigung des früher gestellten Antrags erfolgen. 17. 5. Hebung von Hindernissen und Sicherung früherer Anträge inzwischen. Steht einer beantragten Eintragung ein Hinderniß entgegen, so hat das Grundbuchamt entweder den Antrag unter Angabe der Gründe zurückzuweisen oder dem Antragsteller eine angemessene Frist zur Hebung des Hindernisses zu bestimmen. Im letzteren Falle ist der Antrag nach dem Ablaufe der Frist zurückzuweisen, wenn nicht inzwischen die Hebung des Hindernisses nachgewiesen ist. | Wird vor der Erledigung des Antrags eine andere Eintragung beantragt, durch die dasselbe Recht betroffen wird, so ist zu Gunsten des früher gestellten Antrags von Amtswegen eine Vormerkung oder ein Widerspruch einzutragen; die Eintragung gilt im Sinne des § 17 (siehe oben 4) als Erledigung dieses Antrags. Die Vormerkung oder der Widerspruch wird von Amtswegen gelöscht, wenn der früher gestellte Antrag zurückgewiesen wird. 18. 6. Bewilligung. (Siehe Urkunde.) I. Berechtigte. Eine Eintragung erfolgt, wenn Derjenige sie bewilligt, dessen Recht von ihr betroffen wird. 19. Steht ein Recht, das durch die Eintragung betroffen wird, dem jeweiligen Eigenthümer eines Grundstücks zu, so bedarf es der Bewilligung Derjenigen, deren Zustimmung nach § 876 Satz 2 des Bürgerlichen Gesetzbuchs (170) zur Aufhebung des Rechtes erforderlich ist, nur dann, wenn das Recht auf dem Blatte des Grundstücks vermerkt ist. 21. Soll die Uebertragung einer Hypothek, Grundschuld oder Rentenschuld, über die ein Brief ertheilt ist, eingetragen werden, so genügt es, wenn an Stelle der Eintragungsbewilligung die Abtretungserklärung des bisherigen Gläubigers vorgelegt wird. | Diese Vorschrift findet entsprechende Anwendung, wenn eine Belastung der Hypothek, Grundschuld oder Rentenschuld oder die Uebertragung oder Belastung einer Forderung, für die ein eingetragenes Recht als Pfand haftet, eingetragen werden soll. 26. II. Inhalt. In der Eintragungsbewilligung oder, wenn eine solche nicht erforderlich ist, in dem Eintragungsantrag ist das Grundstück übereinstimmend mit dem Grundbuch oder durch Hinweisung auf das Grundbuchblatt zu bezeichnen. Einzutragende Geldbeträge sind in Reichswährung anzugeben. 28. III. Form. Eine Eintragung soll nur erfolgen, wenn die Eintragungsbewilligung oder die sonstigen zu der Eintragung erforderlichen Erklärungen vor dem Grundbuchamte zu Protokoll gegeben oder durch öffentliche oder öffentlich beglaubigte Urkunden nachgewiesen werden. Andere Voraussetzungen der Eintragung bedürfen, soweit sie nicht bei dem Grundbuchamt offenkundig sind, des Nachweises durch öffentliche Urkunden. 29 (siehe unten 7). Für den Eintragungsantrag sowie für die Vollmacht zur Stellung eines solchen gelten die Vorschriften des § 29 nur, wenn durch den Antrag zugleich eine zu der Eintragung erforderliche Erklärung ersetzt werden soll. 30. Erklärungen, durch die ein Eintragungs-

antrag zurückgenommen oder eine zur Stellung des Eintragungsantrags ertheilte Vollmacht widerrufen wird, bedürfen der im § 29 Satz 1 vorgeschriebenen Form. 32. 7. Beibringung von Nachweisen (Zeugnisse, Register). I. Der Nachweis, daß der Vorstand einer Aktiengesellschaft aus den im Handelsregister eingetragenen Personen besteht, wird durch ein Zeugniß des Gerichts über die Eintragung geführt. 33 Abs. 1. II. Das Gleiche gilt von dem Nachweise der Befugniß zur Vertretung einer offenen Handelsgesellschaft, einer Kommanditgesellschaft, einer Kommanditgesellschaft auf Aktien oder einer Gesellschaft mit beschränkter Haftung. 33 Abs. 2. III. Der Nachweis, daß zwischen Ehegatten Gütertrennung oder ein vertragsmäßiges Güterrecht besteht oder daß ein Gegenstand zum Vorbehaltsgut eines Ehegatten gehört, wird durch ein Zeugniß des Gerichts über die Eintragung des güterrechtlichen Verhältnisses im Güterrechtsregister geführt. 34. Ist in den Fällen der §§ 33, 34 das Grundbuchamt zugleich das Registergericht, so genügt statt des Zeugnisses die Bezugnahme auf das Register. 35. IV. Der Nachweis der Erbfolge kann nur durch einen Erbschein geführt werden. Beruht jedoch die Erbfolge auf einer Verfügung von Todeswegen, die in einer öffentlichen Urkunde enthalten ist, so genügt es, wenn an Stelle des Erbscheins die Verfügung und das Protokoll über die Eröffnung der Verfügung vorgelegt werden; erachtet das Grundbuchamt die Erbfolge durch diese Urkunden nicht für nachgewiesen, so kann es die Vorlegung eines Erbscheins verlangen. 36 Abs. 1. V. Das Bestehen der fortgesetzten Gütergemeinschaft sowie die Befugniß eines Testamentsvollstreckers zur Verfügung über einen Nachlaßgegenstand ist nur auf Grund der in den §§ 1507, 2368 des Bürgerlichen Gesetzbuchs vorgesehenen Zeugnisse (S. 276, 419) als nachgewiesen anzunehmen; auf den Nachweis der Befugniß des Testamentsvollstreckers finden jedoch die Vorschriften des Abs. 1 Satz 2 entsprechende Anwendung. 36 Abs. 2. VI. Soll bei einer zu einem Nachlasse gehörenden Hypothek, Grundschuld oder Rentenschuld einer von mehreren Erben als neuer Gläubiger eingetragen werden, so genügt zum Nachweise der Erbfolge und der Eintragungsbewilligung der Erben ein Zeugniß des Nachlaßgerichts. | Das Zeugniß darf nur ausgestellt werden, wenn die Voraussetzungen für die Ertheilung eines Erbscheins vorliegen und die Erklärungen der Erben vor dem Nachlaßgerichte zu Protokoll gegeben oder durch öffentliche oder öffentlich beglaubigte Urkunden nachgewiesen sind. 37. VII. Die Vorschriften des § 37 finden entsprechende Anwendung, wenn bei einer Hypothek, Grundschuld oder Rentenschuld, die zu dem Gesammtgut einer ehelichen Gütergemeinschaft oder einer fortgesetzten Gütergemeinschaft gehört, ein Betheiligter, auf den das Recht bei der Auseinandersetzung übertragen ist, als neuer Gläubiger eingetragen werden soll. 38. Durch Landesgesetz kann bestimmt werden, daß die Vorschriften der §§ 37, 38 entsprechende Anwendung finden, wenn bei einem zum Nachlaß oder zu dem Gesammtgut einer ehelichen Gütergemeinschaft oder einer fortgesetzten Gütergemeinschaft gehörenden Grundstücke oder Erbbaurecht einer von den Betheiligten als Eigenthümer oder Erbbauberechtigter eingetragen werden soll. 99. 8. Vorhandene Eintragung des Berechtigten. Eine Eintragung soll nur erfolgen, wenn derjenige, dessen Recht durch sie betroffen wird, als der Berechtigte eingetragen ist. | Bei einer Hypothek, Grundschuld oder Rentenschuld, über die ein Brief ertheilt ist, steht es der Eintragung des Gläubigers gleich, wenn dieser sich im Besitze des Briefes befindet und sein Gläubigerrecht nach § 1155 des Bürgerlichen Gesetzbuchs (S. 220) nachweist. 40. | Ausnahme: Ist derjenige, dessen Recht durch eine Eintragung betroffen wird, Erbe des eingetragenen Berechtigten, so findet die Vorschrift des §40, Abs. 1 keine Anwendung, wenn die Uebertragung oder die Aufhebung des Rechtes eingetragen werden soll, oder wenn der Eintragungsantrag durch die Bewilligung des Erblassers oder eines Nachlaßpflegers oder durch einen gegen den Erblasser oder den Nachlaßpfleger vollstreckbaren Titel begründet wird. | Das Gleiche gilt für eine Eintragung auf Grund der Bewilligung eines Testamentsvollstreckers oder auf Grund eines gegen diesen vollstreckbaren Titels, sofern die Bewilligung oder der Titel gegen den Erben wirksam ist. **41.** 9. Vorlegung des Briefes und anderer Urkunden. Bei einer Hypothek, über die ein Brief ertheilt ist, soll eine Eintragung nur erfolgen, wenn der Brief vorgelegt wird. (Siehe Hypothek c IX.) Für die Eintragung eines Widerspruchs bedarf es der Vorlegung nicht, wenn die Eintragung durch eine einstweilige Verfügung angeordnet ist und der Widerspruch sich darauf gründet, daß die Hypothek oder die Forderung, für welche sie bestellt ist, nicht bestehe oder einer Einrede unterliege, oder daß die Hypothek unrichtig eingetragen sei. | Der Vorlegung des Hypothekenbriefes steht es gleich, wenn in den Fällen der §§ 1162, 1170, 1171 des BGB (S. 211, 213) auf Grund des Ausschlußurtheils die Ertheilung eines neuen Briefes beantragt wird. Soll die Ertheilung des Briefes nachträglich ausgeschlossen oder die Hypothek gelöscht werden, so genügt die Vorlegung des Ausschlußurtheils. **42.** Die Vorschriften des § 42 finden auf die Grundschuld und die Rentenschuld entsprechende Anwendung. Ist jedoch das Recht für den Inhaber des Briefes eingetragen, so bedarf es der Vorlegung des Briefes nur dann nicht, wenn der Eintragungsantrag durch die Bewilligung eines nach § 1189 des BGB (S. 215) bestellten Vertreters oder durch eine gegen ihn erlassene gerichtliche Entscheidung begründet wird. **43.** Bei einer Hypothek für die Forderung aus einer Schuldverschreibung auf den Inhaber, aus einem Wechsel oder einem anderen Papiere, das durch Indossament übertragen werden kann, soll eine Eintraguug nur erfolgen, wenn die Urkunde vorgelegt wird; die Eintragung ist auf der Urkunde zu vermerken. | Diese Vorschrift findet keine Anwendung, wenn eine Eintragung auf Grund der Bewilligung eines nach § 1189 des BGB (S. 215) bestellten Vertreters oder auf Grund einer gegen diesen erlassenen gerichtlichen Entscheidung bewirkt werden soll. **44.**

e) Besondere Arten der Eintragung. I. Löschungen. Die Löschung eines Rechtes oder einer Verfügungsbeschränkung erfolgt durch Eintragung eines Löschungsvermerks. | Wird bei der Uebertragung eines Grundstücks oder eines Grundstückstheils auf ein anderes Blatt ein eingetragenes Recht nicht mitübertragen, so gilt es in Ansehung des Grundstücks oder des Theiles als gelöscht. **47.** Ein Recht, das auf die Lebenszeit des Berechtigten beschränkt ist, darf nach dessen Tode, falls Rückstände von Leistungen nicht ausgeschlossen sind, nur mit Bewilligung des Rechtsnachfolgers gelöscht werden, wenn die Löschung vor dem Ablauf eines Jahres nach dem Tode des Berechtigten erfolgen soll oder wenn der Rechtsnachfolger der Löschung bei dem Grundbuchamte widersprochen hat; der Widerspruch ist von Amtswegen in das Grundbuch eingetragen. Ist der Berechtigte für todt erklärt, so beginnt die einjährige Frist mit der Erlassung des die Todeserklärung aussprechenden Urtheils. | Der im Abs. 1 vorgesehenen Bewilligung des Rechtsnachfolgers bedarf es nicht, wenn im Grundbuch eingetragen ist, daß zur Löschung des Rechtes der Nachweis des Todes des Berechtigten genügen soll. **23.** Die Vorschriften des § 23 finden entsprechende Anwendung, wenn das Recht mit der Erreichung eines bestimmten Lebensalters des Berechtigten oder mit dem Eintritt eines sonstigen bestimmten Zeitpunkts oder Ereignisses erlischt. **24.** Ist eine Vormerkung oder ein Widerspruch auf Grund einer einstweiligen

Verfügung eingetragen, so bedarf es zur Löschung nicht der Bewilligung des Berechtigten, wenn die einstweilige Verfügung durch eine vollstreckbare Entscheidung aufgehoben ist. Diese Vorschrift findet entsprechende Anwendung, wenn auf Grund eines vorläufig vollstreckbaren Urtheils nach den Vorschriften der Civilprozeßordnung eine Vormerkung oder ein Widerspruch eingetragen ist. 25. Eine Hypothek, eine Grundschuld oder eine Rentenschuld darf nur mit Zustimmung des Eigenthümers des Grundstücks gelöscht werden. | Ein Recht, mit dem eine Hypothek, eine Grundschuld oder eine Rentenschuld belastet ist, darf nur mit Zustimmung desjenigen gelöscht werden, welchem die Hypothek, die Grundschuld oder die Rentenschuld zusteht. Für eine Löschung, die zur Berichtigung des Grundbuchs erfolgen soll, ist die Zustimmung nicht erforderlich, wenn die Unrichtigkeit nachgewiesen wird. 27. II. Gemeinschaften. Soll ein Recht für Mehrere gemeinschaftlich eingetragen werden, so soll die Eintragung in der Weise erfolgen, daß entweder die Antheile der Berechtigten in Bruchtheilen angegeben werden oder das für die Gemeinschaft maßgebende Rechtsverhältniß bezeichnet wird. 48. Werden mehrere Grundstücke mit einem Rechte belastet, so ist auf dem Blatte jedes Grundstücks die Mitbelastung der übrigen von Amtswegen erkennbar zu machen. Das Gleiche gilt, wenn mit einem an einem Grundstücke bestehenden Rechte nachträglich noch ein anderes Grundstück belastet oder wenn im Falle der Uebertragung eines Grundstückstheils auf ein anderes Grundbuchblatt ein eingetragenes Recht mitübertragen wird. | Soweit eine Mitbelastung erlischt, ist dies von Amtswegen zu vermerken. 49. III. Theileintragungen. Bei der Eintragung einer Hypothek für Theilschuldverschreibungen auf den Inhaber genügt es, wenn der Gesammtbetrag der Hypothek unter Angabe der Anzahl, des Betrags und der Bezeichnung der Theile eingetragen wird. | Diese Vorschrift findet entsprechende Anwendung, wenn eine Grundschuld oder eine Rentenschuld für den Inhaber des Briefes eingetragen und das Recht in Theile zerlegt werden soll. 51. IV. Vor- und Nacherbeneintragung. Bei der Eintragung eines Vorerben ist zugleich das Recht des Nacherben und, soweit der Vorerbe von den Beschränkungen seines Verfügungsrechts befreit ist, auch die Befreiung von Amtswegen einzutragen. 52. V. Amt des Testamentsvollstreckers. Ist ein Testamentsvollstrecker ernannt, so ist dies bei der Eintragung des Erben von Amtswegen mit einzutragen, es sei denn, daß der Nachlaßgegenstand der Verwaltung des Testamentsvollstreckers nicht unterliegt. 53. VI. Widerspruchseintragung. Ergiebt sich, daß das Grundbuchamt unter Verletzung gesetzlicher Vorschriften eine Eintragung vorgenommen hat, durch die das Grundbuch unrichtig geworden ist, so ist von Amtswegen ein Widerspruch einzutragen. Erweist sich eine Eintragung nach ihrem Inhalt als unzulässig, so ist sie von Amtswegen zu löschen. (Siehe auch Hypothek c IX.) | Bei einer Hypothek, einer Grundschuld oder einer Rentenschuld bedarf es zur Eintragung eines Widerspruchs der Vorlegung des Briefes nicht, wenn der Widerspruch den im § 42 Abs. 1 Satz 2 (siehe oben d 9) bezeichneten Inhalt hat. Diese Vorschrift findet keine Anwendung, wenn der Grundschuld- oder Rentenschuldbrief auf den Inhaber ausgestellt ist. 54.

f) Bekanntmachung. Jede Eintragung soll: I. dem Antragsteller, II. dem eingetragenen Eigenthümer, III. sowie im Uebrigen allen aus dem Grundbuch ersichtlichen Personen bekannt gemacht werden, zu deren Gunsten die Eintragung erfolgt ist oder deren Recht durch sie betroffen wird. Auf die Bekanntmachung kann verzichtet werden. 55.

g) Wirksamkeit der Eintragungen ausgeschlossener Gerichtspersonen. Siehe Ausschließung.

Elsaß-Lothringen. Siehe Bundesstaat.

Erbbaurecht, Bestellung, Uebertragung, Belastung. Siehe Anlegung eines Grundbuchblatts b, Auflassung b, und Eintragungen d 7 VII § 99.

Erbe. Siehe Eintragungen d 7 V, VI und 8 § 41.

Erbfolge. Siehe Eintragungen d 7 V, VII, VIII.

Erbschein. Siehe Eintragungen d 7 V ꝛc.

Ergänzung des Auszugs aus dem Grundbuche. Siehe Hypothek c II u. V.

Erklärungen. Siehe Eintragungen d 6 IV.

Ersatz. (Regreß.) Siehe Amtspflichtsverletzung.

Ersuchen einer Behörde. Siehe Eintragungen d 1.

F

Familiengut fürstlicher Familien. Siehe landesherrliche Verordnung f.

Fiskus, seine Grundstücke. Siehe landesherrliche Verordnung § 90.

Forderungen. a) ihre Belastung. Siehe Eintragungen d 6 I § 26.

b) Urkunden darüber, ihre Verbindung mit dem Brief. Siehe Hypothek c II.

c) Umwandlung. Siehe ebenda V. |

Fortgesetzte Gütergemeinschaft, Nachweis. Siehe Eintragungen d 7 VI.

Führung der Grundbücher. a) Die Grundbücher werden von den Grundbuchämtern geführt. **1** Abs. 1.

b) Werden nach § 87 (siehe Grundbuch c) mehrere Bücher geführt, so muß jedes Grundstück in einem der Bücher eine besondere Stelle haben. An dieser Stelle ist auf die in den anderen Büchern befindlichen Eintragungen zu verweisen. Die Stelle des Hauptbuchs und die Stellen, auf welche verwiesen wird, gelten zusammen als das Grundbuchblatt. **88.**

c) Ueber mehrere Grundstücke desselben Eigenthümers, die im Bezirke desselben Grundbuchamts belegen sind, kann ein gemeinschaftliches Grundbuchblatt geführt werden, solange hiervon Verwirrung nicht zu besorgen ist. **4.** | Durch landesherrliche Verordnung kann bestimmt werden, daß die Vorschrift des § 4 auch dann Anwendung findet, wenn mehrere Grundstücke desselben Eigenthümers in den Bezirken verschiedener Grundbuchämter belegen sind. **86.**

G

Geldbeträge. Siehe Einträge d 6 II.

Geltung als Grundbuch und Grundbuchblatt. Siehe Grundbuch a.

Gemeinschaft. Siehe Eintragung e II.

Gemeinschaftliche Eintragung. Siehe Eintragung e II.

Gemeinschaftliches Grundbuchblatt. Siehe Grundbuch a und Führung der Grundbücher c.

Gerichte, Herstellung von Theilhypothekenbriefen. Siehe Hypothek c IV.

Gesammtgut, Auseinandersetzung. Siehe Eintragung d 7 VIII.

Gesammthypothek. a) Ueber eine Gesammthypothek soll nur ein Hypothekenbrief ertheilt werden. | Sind die belasteten Grundstücke in den Bezirken verschiedener Grundbuchämter belegen, so soll jedes Amt für die Grundstücke seines Bezirkes einen besonderen Brief ertheilen; die Briefe sind miteinander zu verbinden. **59.** Siehe auch Hypothek c V.

b) Im Falle der Vertheilung einer Gesammthypothek auf die einzelnen Grundstücke ist für jedes Grundstück ein neuer Brief zu ertheilen. **64.**

Gesellschaft mit beschränkter Haftung. Siehe Eintragungen d 7 (Nachweis) II.

Gesetz im Sinne des BGB und dieses Gesetzes ist jede Rechtsnorm. Einführungsgesetz zum BGB § 2 (die Artikel 2 . . . des Einführungsgesetzes zum BGB finden entsprechende Anwendung. 82 G.B.O.)

Grundakten. Die Landesjustizverwaltung kann anordnen, daß Grundakten gehalten werden, und, unbeschadet der Vorschriften des § 11 (siehe Einsicht), auch Anordnungen über die Einsicht der Grundakten und über die Ertheilung von Abschriften treffen. **94.**

Grundbuch. a) Geltung als solches. Durch landesherrliche Verordnung kann bestimmt werden, daß ein bisher geführtes Buch oder mehrere bisher geführte Bücher für sich allein oder zusammen mit einem neuen Buche oder mehreren neuen Büchern als Grundbuch gelten sollen. Die Bestimmung kann auch dann getroffen werden, wenn für Grundstücke, die nicht denselben Eigenthümer haben, ein gemeinschaftliches Blatt besteht; die Vorschrift des § 4 (siehe Führung des Grundbuchs b, c) findet entsprechende Anwendung. 87.

b) G.B.-Blatt. Jedes Grundstück erhält im Grundbuch eine besondere Stelle (Grundbuchblatt). Das Grundbuchblatt ist für das Grundstück als das Grundbuch im Sinne des BGB anzusehen. 3.

c) Führung. Siehe Führung.

d) Die Einrichtung der Bücher bestimmt sich nach den Anordnungen der Landesjustizverwaltung, soweit sie nicht in diesem Gesetze geregelt ist. 1 Abs. 2. | Die Grundbücher sind für Bezirke einzurichten. | Die Bezeichnung der Grundstücke erfolgt in den Büchern nach einem amtlichen Verzeichniß, in welchem die Grundstücke unter Nummern oder Buchstaben aufgeführt sind. Die Einrichtung des Verzeichnisses wird durch landesherrliche Verordnung bestimmt. 2.

e) Einsicht. Siehe Einsicht und Grundakten.

f) Beamte. Siehe Grundbuchbeamte.

g) Wiederherstellung. Siehe W.

h) Besonderes f. gewisse Gattungen. Siehe landesherrliche Verordnung d.

Grundbuchbeamte. a) Verantwortlichkeit. Siehe Amtspflichtsverletzung.

b) Ausschließung. Siehe Beschwerden c 3.

c) Wirksamkeit ihrer Eintragungen. Siehe Ausschließung.

d) Unterschrift. Siehe Eintr. b.

Grundbuchblatt. a) Ausscheidung. Siehe Landesjustizverwaltung.

b) Für besondere Gattungen von Grundstücken. Siehe landesherrliche Verordnung.

c) Für mehrere Grundstücke. Siehe Führung der Grundbücher b, c.

d) Neues. Siehe Landesherrliche Verordnungen e.

Grundschuld. a) Ihre Eintragung und Uebertragung. Siehe Eintrag. a—d.

b) Eintragung bei derselben. Siehe ebenda d 9.

c) Belastung. Siehe Eintragungen d 6 I.

d) Widerspruchseintragung. Siehe daselbst e VI.

e) Briefsbildung. Die Vorschriften der §§ 56 bis 69 (siehe Hypothek c) finden auf den Grundschuldbrief und den Rentenschuldbrief entsprechende Anwendung. Der Rentenschuldbrief muß auch die Ablösungssumme angeben. | Ist eine für den Inhaber des Briefes eingetragene Grundschuld oder Rentenschuld in Theile zerlegt, so ist über jeden Theil ein besonderer Brief herzustellen. 70.

f) Statt einer Hypothek. Siehe dies c V.

g) Zerlegung in Theile. Siehe oben e.

Grundstücke. a) Ihre Eintragung. Siehe Grundbuch a, b und Führung der Grundbücher b.

b) Verzeichniß und Bezeichnung. Siehe Grundbuch d.

c) Bestandtheile. Siehe dies.

d) Uebertragung. Siehe Eintragungen e X.

e) Abschreibung von Theilen. Soll ein Grundstückstheil mit einem Rechte belastet werden, so ist er von dem Grundstück abzuschreiben und als selbständiges Grundstück einzutragen. Ist das Recht eine Dienstbarkeit oder eine Reallast, so kann die Abschreibung unterbleiben, wenn hiervon Verwirrung nicht zu besorgen ist. 6.

Grundstückstheile. a) Ihre Belastung. Siehe Grundstücke e und Landesjustizverwaltung § 96.

b) Ihre Abschreibung. Siehe Grundstücke e.

c) Uebertragungen darauf. Siehe Eintragungen e I, II.

Gütergemeinschaft. Siehe Eintragungen d 7 III, VII.

Güterrecht, -trennung. Siehe Eintragungen d 7 III.

Güterrechtsregister. Siehe ebenda.

H

Hannoversches Königshaus, seine Grundstücke. Siehe landesherrliche Verordnung.

Haupt(grund)buch. Siehe Führung der Grundbücher b.

Hausgut fürstlicher Familien. Siehe landesherrliche Verordnung f.

Hausverfassungen. Siehe Vorbehalte zu Gunsten der Landesgesetze.

Herausgabe von Urkunden. Siehe Urkunden § 9.

Hindernisse der Eintragung. Siehe Eintragungen d 5.

Hohenzollern, fürstliche Familie. Siehe Landesherrliche Verordnungen.

Hypotheken(-Brief). Siehe zunächst Eintragungen. a) Eintragung bei der Hypothek. Eintragungen, die bei der Hypothek erfolgen, sind von dem Grundbuchamt auf dem Hypothekenbriefe zu vermerken; der Vermerk ist mit Unterschrift und Siegel zu versehen. 62 Abs. 1. Siehe ferner auch Eintragungen d 7 VI, VII.

b) Löschung. Siehe Eintragungen d 6 und e, auch hier unter c VIII.

c) Brief. I. Ausstellung. Der Hypothekenbrief wird von dem Grundbuchamt ertheilt. 56 Satz 1. II. Inhalt und Bestandtheile. Er muß die Bezeichnung als Hypothekenbrief enthalten, den Geldbetrag der Hypothek und das belastete Grundstück bezeichnen, sowie mit Unterschrift und Siegel versehen sein. 56 Satz 2. Der Hypothekenbrief soll die Nummer des Grundbuchblatts angeben und einen Auszug aus dem Grundbuch enthalten. | In den Auszug sollen aufgenommen werden: 1. die Bezeichnung des Grundstücks nach dem Inhalte des Grundbuchs; 2. die Bezeichnung des Eigenthümers; 3. der Inhalt der die Hypothek betreffenden Eintragungen und, soweit zur Ergänzung einer Eintragung auf eine Urkunde Bezug genommen ist, auch der Inhalt dieser Urkunde; im Falle des § 1115 Abs. 2 (Darlehen einer Kreditanstalt) des BGB braucht der Inhalt der Satzung nicht aufgenommen zu werden; 4. die kurze Bezeichnung des Inhalts der Eintragungen, welche der Hypothek im Range vorgehen oder gleichstehen. | Der Auszug ist auf Antrag zu ergänzen, wenn sich der Inhalt des Grundbuchs ändert. 57. Durch die Landesjustizverwaltung kann angeordnet werden, daß der im § 57 bezeichnete Auszug aus dem Grundbuche noch andere, als die dort vorgeschriebenen Angaben über das Grundstück enthalten, und daß, wenn sich der Betrag der Hypothek, Grundschuld oder Rentenschuld mindert, auf dem Briefe durch einen Vermerk ersichtlich gemacht werden soll, für welchen Betrag das Recht noch besteht. 97. Ist eine Urkunde über die Forderung, für welche eine Hypothek besteht, ausgestellt, so soll die Urkunde mit dem Hypothekenbriefe verbunden werden. Erstreckt sich der Inhalt der Urkunde auch auf andere Angelegenheiten, so genügt es, wenn ein öffentlich beglaubigter Auszug aus der Urkunde mit dem Hypothekenbriefe verbunden wird. | In Fällen des Abs. 1 unterbleibt die im § 57 Abs. 2 Nr. 3 vorgesehene Aufnahme des Inhalts der Urkunde in den Hypothekenbrief. | Zum Nachweise, daß eine Schuldurkunde nicht ausgestellt ist, genügt eine darauf gerichtete Erklärung des Eigenthümers. 58. III. Empfänger des Briefes. Der Hypothekenbrief ist dem Eigenthümer des Grundstücks, im Falle der nachträglichen Ertheilung dem Gläubiger auszuhändigen. | Auf eine abweichende Bestimmung des Eigenthümers oder des Gläubigers findet die Vorschrift des § 29 Satz 1 entsprechende Anwendung. 60. IV. Theilhypothekenbrief. Ein Theilhypothekenbrief kann von dem Grundbuchamt, einem Gericht oder einem Notare hergestellt werden. | Der Theilhypothekenbrief muß die Bezeichnung als Theilhypothekenbrief sowie eine beglaubigte Abschrift der im § 56 Satz 2 vorgesehenen Angaben des bisherigen Briefes enthalten, den Theilbetrag der Hypothek, auf den er sich bezieht, bezeichnen sowie mit Unterschrift und Siegel versehen sein. Er soll außerdem eine beglaubigte Abschrift der sonstigen Angaben des bisherigen Briefes und der auf diesem befindlichen Vermerke enthalten. Eine mit dem bisherigen Briefe verbundene Schuldurkunde soll in beglaubigter Abschrift mit dem Theilhypothekenbriefe verbunden werden. | Die Herstellung des Theilhypothekenbriefs soll auf dem bisherigen Briefe vermerkt werden. **61.** V. Fernere Vermerke auf dem Brief und dessen Umwandlung. Siehe zunächst oben a und c IV. Wird nach der Ertheilung eines Hypothekenbriefs mit der Hypothek noch ein anderes, in dem Bezirke desselben Grundbuchamts belegenes Grundstück belastet, so ist, sofern nicht die Ertheilung eines neuen Briefes über die Gesammthypothek beantragt wird, die Mitbelastung auf dem bisherigen Briefe zu vermerken und zugleich der Inhalt des Briefes in Ansehung des anderen Grundstücks nach § 57 zu ergänzen. **63.** | Tritt nach § 1177 Abs. 1 (S. 221) oder nach § 1198 des BGB (S. 208) eine Grundschuld oder eine Rentenschuld an die Stelle der Hypothek, so ist, sofern nicht die Ertheilung eines neuen Briefes beantragt wird, die Eintragung der Rechtsänderung auf dem bisherigen Briefe zu vermerken und eine mit dem Briefe verbundene Schuldurkunde abzutrennen. | Das Gleiche gilt, wenn nach § 1180 (S. 210) des BGB an die Stelle der Forderung, für welche eine Hypothek besteht, eine andere Forderung gesetzt wird. **65.** Siehe auch unten VIII. VI. Sammelhypothekenbrief (über mehrere Hypotheken desselben Gläubigers). Stehen einem Gläubiger mehrere Hypotheken zu, die gleichen Rang haben oder im Range unmittelbar auf einander folgen, so ist ihm auf seinen Antrag mit Zustimmung des Eigenthümers über die mehreren Hypotheken ein Hypothekenbrief in der Weise zu ertheilen, daß der Brief die sämmtlichen Hypotheken umfaßt. **66.** VII. Neue Briefe, Voraussetzung, Inhalt. Einem Antrage des Berechtigten auf Ertheilung eines neuen Briefes ist stattzugeben, wenn der bisherige Brief oder in den Fällen der §§ 1162, 1170, 1171 des BGB (S. 211, 213) das Ausschlußurtheil vorgelegt wird. **67.** Wird ein neuer Brief ertheilt, so hat er die Angabe zu enthalten, daß er an die Stelle des bisherigen Briefes tritt. | Vermerke, die nach den §§ 1140, 1145, 1157 des BGB für das Rechtsverhältniß zwischen dem Eigenthümer und dem Gläubiger in Betracht kommen, sind auf den neuen Brief zu übertragen. | Die Ertheilung des Briefes ist im Grundbuche zu vermerken. **68.** Siehe auch unten VIII und Gesammthypothek b. VIII. Unbrauchbarmachung, Voraussetzung, Verfahren. Wird eine Hypothek gelöscht, so ist der Brief unbrauchbar zu machen; das Gleiche gilt, wenn die Ertheilung des Briefes über eine Hypothek nachträglich ausgeschlossen oder an Stelle des bisherigen Briefes ein neuer Hypothekenbrief, ein Grundschuldbrief oder ein Rentenschuldbrief ertheilt wird. Eine mit dem bisherigen Briefe verbundene Schuldurkunde ist abzutrennen und, sofern sie nicht mit dem neuen Hypothekenbriefe zu verbinden ist zurückzugeben. **69.** IX. Vorlegung des Briefs. In den Fällen des § 54 Abs. 1 (S. 517) hat das Grundbuchamt den Besitzer des Briefes zur Vorlegung anzuhalten. In gleicher Weise hat es, wenn in den Fällen des § 42 Abs. 1 Satz 2 (S. 516) und des § 54 Abs. 2 der Brief nicht vorgelegt ist, zu verfahren, um nachträglich den Widerspruch auf dem Briefe zu vermerken. **62** Abs. 2. Siehe auch Eintrag. d 9.—X. Gesammthypothekenbrief. Siehe G.— XI. Widerspruchseintragung. Siehe Eintragung e VI.—XII. Rang. Siehe Eintragung c.

J

Indossable Papiere, Vorlegung. Siehe Eintragung d 9 § 44.

Inhaber, Brief auf den Inhaber. Siehe Eintragung e III und VI.

Neue Thatsachen und Beweise. Siehe Beschwerden b.

Notar. a) Beurkundung einer Vollmacht. Siehe Eintragungen d 2.

b) Herstellung von Theilhypothekenbriefen. Siehe Hypothek c IV.

c) Einlegung der weiteren Beschwerde. Siehe Beschwerden e 2.

O

Oberlandesgericht. Siehe Beschwerden c 3.

Oeffentliche Gewässer und Wege. Siehe Landesjustizverwaltung.

Offene Handelsgesellschaft. Siehe Eintragungen d 7 II.

P

Parzellirung. Siehe Landesjustizverwaltung.

Privatrecht, Landesgesetz. a) Die privatrechtlichen Vorschriften der Landesgesetze treten außer Kraft, soweit nicht in dem BGB oder in diesem Gesetz ein Anderes bestimmt ist. Artikel 55 des Einführungsgesetzes zum BGB. (§ 82 Abs. 2 der G.B.O. siehe Inkrafttreten.) b) Entscheid. über weitere Beschwerde, s. B. c 3.

Protokollarische Form. Siehe Eintragungen d 6 III.

R

Rangverhältniß. Siehe Eintragungen c.

Reallasten, auf Grundstückstheilen. Siehe Landesjustizverwaltung und Eintragungen b.

Rechte. a) Des jeweiligen Eigenthümers eines Grundstücks. Rechte, die dem jeweiligen Eigenthümer eines Grundstücks zustehen, sind auf Antrag auch auf dem Blatte dieses Grundstücks zu vermerken. Antragsberechtigt ist der Eigenthümer des Grundstücks sowie Jeder, dessen Zustimmung nach § 876 Satz 2 des Bürgerlichen Gesetzbuchs (S. 170) zur Aufhebung des Rechtes erforderlich ist. | Der Vermerk ist von Amtswegen zu berichtigen, wenn das Recht geändert oder aufgehoben wird. **8.** Siehe auch Eintragungen d 6 I.

b) Eintragungen von Rechten. Siehe Eintragungen ebenda.

c) Erbpachtsrecht und Rechte zur Gewinnung von Mineralien. Die Vorschriften der §§ 7[1] 20[2] und des § 22 Abs. 2[3] über das Erbbaurecht sowie die Vorschrift des § 50[4] finden auf die in den Artikeln 63, 68 (S. 8 und 2/3) des Einführungsgesetzes zum Bürgerlichen Gesetzbuche bezeichneten Rechte entsprechende Anwendung. **84.**

d) Auf Lebenszeit beschränkte. Siehe Eintragungen e I.

e) Ihr Erlöschen aus anderen Gründen. Siehe ebenda.

f) Auf mehreren Grundstücken. Siehe ebenda II.

Rechtsänderung. a) Ihre Eintragung bis zur Wiederherstellung eines Grundbuchs. Siehe Wiederherstellung.

b) Siehe Rechte a.

c) Vermerk auf Briefen. Siehe Hypothek c V.

Rechtsanwalt, seine Unterzeichnung. Siehe Beschwerde e 2.

Rechtsgeschäft. Siehe Urkunde.

Rechtsmittel. a) gegen Entscheidung des Grundbuchamts. Siehe Beschwerde a und Abänderung einer Entscheidung.

b) Gegen das Beschwerdegericht. Siehe Beschwerde d (weitere Beschwerde).

Rechtsnachfolger, seine Löschungsbewilligung und sein Widerspruch. Siehe Eintragungen e I.

Regalien. Unberührt bleiben die landesgesetzlichen Vorschriften über Regalien. Artikel 73 des Einführungsgesetzes zum BGB. (Siehe § 82 Abs. 2 G.B.O. unter Inkrafttreten.)

---

[1] Anlegung eines Grundbuchblattes.
[2] Erklärung der Einigung des Berechtigten und des anderen Theils, siehe Auflassung.
[3] Berichtigung des Grundbuchs.
[4] Bezugnahme auf die Eintragungsbewilligung. Siehe Auszugseintragung.

Verlag von Veit & Comp. in Leipzig.

Die Handelsgesetzgebung des Deutschen Reiches.

Handelsgesetzbuch vom 10. Mai 1897
einschließlich des Seerechtes.
Allgemeine Deutsche Wechselordnung.
Die ergänzenden Reichsgesetze.

Mit ausführlichem Sachregister
herausgegeben von
Dr. Emil Friedberg,
Königl. Sächs. Geheimer Rath und o. Prof. der Rechte an der Univ. Leipzig.

Fünfte Auflage.

8. 1899. geb. in Ganzleinen 6 *M.*

Von den in das Handelsrecht einschlagenden Rechtsvorschriften ist in dem neuen Handelsgesetzbuch selbst eine noch kleinere Zahl als früher enthalten, sie müssen in anderen Gesetzen, namentlich im Bürgerlichen Gesetzbuch aufgesucht werden. Alle diese Bestimmungen werden in der Friedbergschen Sammlung bei den einschlagenden Paragraphen wiedergegeben. So werden beispielsweise bei § 1 HGB zur Definition des Begriffes Kaufmann im Wortlaut mitgeteilt: CPO § 52 u. 53, BGB §§ 107, 112, 1645, 1655, 1822 u. s. w. — Bei den einzelnen Paragraphen des Handelsgesetzbuches sind die entsprechenden Artikel des alten Handelsgesetzbuches in Klammern bemerkt, ferner wird eine vergleichende Gegenüberstellung der Paragraphen und Artikel des alten und neuen Handelsgesetzbuches gegeben.

Außer dem Handelsgesetzbuch und der Wechselordnung werden noch 24 andere handelsrechtliche Gesetze mitgeteilt, so daß die Sammlung mit Recht den Titel „Die Handelsgesetzgebung des Deutschen Reiches“ führt. Den Schluß bildet ein ausführliches Sachregister.

Die Friedbergsche Sammlung der handelsrechtlichen Gesetze zeichnet sich durch größte Vollständigkeit, durch Korrektheit, gute Ausstattung und billigen Preis vor allen anderen Ausgaben aus

Druck von August Pries in Leipzig.